中国政法大学
优秀博士学位论文丛书

王金根 / 著

信用证不当拒付损害赔偿责任研究

DAMAGES FOR WRONGFUL DISHONOR IN
THE LAW OF LETTERS OF CREDIT

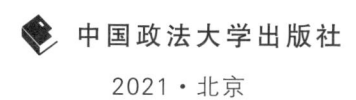

中国政法大学出版社
2021·北京

声　明	1. 版权所有，侵权必究。	
	2. 如有缺页、倒装问题，由出版社负责退换。	

图书在版编目（CIP）数据

信用证不当拒付损害赔偿责任研究/王金根著.—北京：中国政法大学出版社，2021.12
ISBN 978-7-5764-0231-5

Ⅰ.①信… Ⅱ.①王… Ⅲ.①信用证－侵权行为－赔偿－研究－中国 Ⅳ.①D922.281.4

中国版本图书馆 CIP 数据核字(2022)第 006089 号

出 版 者	中国政法大学出版社
地　　址	北京市海淀区西土城路 25 号
邮寄地址	北京 100088 信箱 8034 分箱　邮编 100088
网　　址	http://www.cuplpress.com（网络实名：中国政法大学出版社）
电　　话	010-58908586(编辑部) 58908334(邮购部)
编辑邮箱	zhengfadch@126.com
承　　印	北京中科印刷有限公司
开　　本	880mm×1230mm　1/32
印　　张	18.25
字　　数	440 千字
版　　次	2021 年 12 月第 1 版
印　　次	2021 年 12 月第 1 次印刷
定　　价	99.00 元

总 序

博士研究生教育是我国国民教育的顶端，肩负着培养高层次人才的重要使命，在国民教育体系中具有非常重要的地位。相应地，博士学位是我国学位制度中的最高学位。根据《中华人民共和国学位条例》的规定，在我国，要获得博士学位需要完成相应学科博士研究生教育阶段的各项学习任务和培养环节，特别是要完成一篇高水平的博士学位论文并通过博士学位论文答辩。

博士学位论文是高层次人才培养质量的集中体现。要写出好的博士学位论文，需要作者高端定位，富有思想；需要作者畅游书海，博览群书；需要作者术业专攻，精深阅读；需要作者缜密思考，敏于创新。一位优秀的博士生应该在具备宽广的学术视野和扎实的本学科知识的基础上，聚焦选题，开阔眼界，深耕细作，孜孜以求，提出自己独到深刻创新的系统见解。

为提高法大博士学位论文的整体质量，鼓励广大博士研究生锐意创新，多出成果，法大研究生院设立校级优秀博士学位论文奖，每年通过严格的审评程序，从当年授予的200多篇博士学位论文中择优评选出10篇博士论文作为学校优秀博士学位论文，并对论文作者和其指导教师予以表彰。

优秀博士学位论文凝聚着作者多年研究思考的智慧和指导

教师的思想，是学校博士研究生教育质量的主要载体，是衡量一所大学学术研究和创新能力的重要指标。好的哲学社会科学博士论文，选题上要聚焦国内外学术前沿问题，聚焦国家经济社会发展基础命题和重大问题，形式上要符合学术规范，内容上要富有创新，敢于提出新的思想观点，言而有物，论而有据，文字流畅。法大评出的优秀博士学位论文都体现了这些特点。将法大优秀博士学位论文结集，冠名"中国政法大学优秀博士学位论文丛书"连续出版，是展示法大博士学术风采，累积法学原创成果，促进我国法学学术交流和繁荣法学研究的重要举措。

青年学子最具创造热情和学术活力。从法大优秀博士学位论文丛书中可以看到法大博士理性睿智，沉着坚定，矢志精进的理想追求；可以看到法大博士关注前沿，锐意进取，不断创新的学术勇气；可以看到法大博士心系家国，热血担当，拼搏奋进的壮志豪情。

愿法大优秀博士学位论文丛书成为法学英才脱颖而出的培育平台，成为繁荣法学学术的厚重沃土，成为全面推进依法治国的一块思想园地。

李曙光
中国政法大学研究生院院长、教授、博士生导师

序

本书由王金根博士在其博士论文"信用证不当拒付损害赔偿责任研究"的基础上修改而成,是第一部专门研究信用证不当拒付损害赔偿责任问题的专著。

信用证(独立保函)作为最复杂、技术含量最高的付款、担保与融资工具,因其担保的低成本与付款的确定性与迅捷性在国内外贸易与融资领域被广泛运用。随着我国改革开放、对外贸易与投资的不断发展,我国信用证与独立保函业务的逐年增长,与此有关的纠纷也日益增多。为了正确适用法律,统一裁判尺度,提高裁判效率,促进我国信用证与独立保函业务的发展,最高人民法院于2005年与2016年分别颁布了《关于审理信用证纠纷案件若干问题的规定》和《关于审理独立保函纠纷案件若干问题的规定》。这些司法解释对审判实践中常见的比较重要而原则性的信用证独立性原则、严格相符原则以及欺诈例外等问题作出了比较详细具体的规定,但未对常见但具体复杂的开证人不当拒付损害赔偿问题进行规范。由于法律没有规定,理论界与实务界对信用证法律性质的认定存在争议,导致审判实务中不当拒付损害赔偿出现了适用法律与赔偿范围上的不一,影响了当事人合法权益的保护。鉴于此,王金根的博士论文选题以及本书的出版具有重要的理论价值与实践意义。

信用证不当拒付损害赔偿责任研究

本书紧紧围绕信用证不当拒付损害赔偿责任这一主题,以信用证的功能论、价值论为基础,从比较法的角度,就信用证不当拒付损害赔偿的法律适用、信用证核心构成要素、信用证不当拒付内涵及类型、适格原告与被告以及损害赔偿范围等具体问题展开深入讨论,在借鉴理论与实务上比较发达的美国的有关规则、理论以及判例的基础上,结合我国相关理论、规则与法院判决,提出了一套适合我国法律背景的信用证不当拒付损害赔偿规则。

王金根博士认为,信用证是由商人们创造的一种商事特别制度,本质上属于开证人与受益人之间的特殊金钱债务合同。在处理信用证不当拒付损害赔偿纠纷时,原则上应当适用合同法上的违约损害赔偿规则,同时还应基于信用证的特殊性,根据信用证的独立性原则、严格相符原则及其所追求的商业价值对此予以适当修正。

王金根博士提出,受益人追究开证人不当拒付损害赔偿责任的前提是证明开证人所开立的是信用证,且拒付的是有效信用证。所谓信用证,必须在主体、形式与内容方面满足一定条件,否则,即使名称为信用证,也不应被认定为信用证,从而也就不得追究开证人不当拒付信用证的损害赔偿责任。拒付时信用证是否生效或者失效,对开证人是否应承担预期不当拒付或实际不当拒付责任具有重要意义。此外,受益人须举证证明开证人确实存在不当拒付的行为。当然,即使存在拒付行为,倘若有证据证明存在信用证欺诈,根据信用证欺诈例外规则,开证人享有合法拒付抗辩权。

就不当拒付损害赔偿责任的范围,王金根博士提出,基于信用证的独立性,开证人仅需就信用证项下受益人所遭受的损失承担赔偿责任,而对于受益人在基础合同项下所遭受的损失,则应依基础合同解决；受益人对开证人不承担减轻损失的义务，但如果开证人有证据证明受益人已实际减轻损失，则可从赔偿额中为相应扣除；基于可预见性原则，受益人的索赔范围，除了被拒付金额及其利息外，还应包括因开证人不当拒付所造成的汇率损失、合理的律师费等。

全书不仅全面讨论了信用证不当拒付损害赔偿中的实体问题，而且讨论了其中的程序问题，尤其以信用证功能论、价值论融贯始终，以期实现理论、规则与判例的融会贯通，从而构建体系化的信用证不当拒付损害赔偿理论与规则，是一本难得的信用证法方面的专著。

王金根博士在攻读博士学位期间，不仅应国际著名信用证法专家约翰·F.多兰教授的邀请赴美研习信用证法，而且还在国际著名专业期刊 The Banking Law Journal、Banking & Finance Law Review 等杂志上发表多篇论文，并应邀担任 Banking & Finance Law Review 的匿名审稿人。

作为王金根的博士生导师，对其取得的成就倍感欣喜！希望他继续努力，不断进取，取得更大成绩！

是为序。

高　祥
中国政法大学比较法学研究院教授
中国政法大学国际银行法律与实务研究中心主任
二〇二一年五月九日

ON ELEPHANTS AND GREYHOUNDS
In
LETTER OF CREDIT TRANSACTIONS

In the business world, parties almost always fashion their transactions with governing law in mind. Sometimes, however, they may assume incorrectly that their transaction is subject to contract law and at other times subject to letter of credit law--two different legal regimes.

Fortunately, for a number of quite happy reasons, breach of letter of credit obligations by bank letter of credit issuers are rare. On occasion, of course, there are breaches by issuers, and the parties who sustain loss in virtue of the breach must look to governing legal principles to obtain recovery. Two sources of law that may govern issuer breach are (1) contract law and (2) letter of credit law.

Contract law in many jurisdictions, especially common law jurisdictions is complex. Those navigating contract law's labyrinth might conclude that they are dealing with an elephant—something big, slow, stubborn, and expensive. Those navigating letter of credit law will find the rules, short, brief, and clear, for letter of credit law resembles the greyhound, swift and mercifully less expensive to maintain. Re-

ON ELEPHANTS AND GREYHOUNDS In LETTER OF CREDIT TRANSACTIONS

covering losses under contract law must abide evidence of loss, the need for the injured party to mitigate, and the language of documents (the application agreement, the letter of credit language, the content of notices and documents presented by the beneficiary). These inquiries not only entail considerable time of the parties themselves but also of courts or mediators and often entail serious fees. This is the elephantine approach. Those seeking recovery under letter of credit law (such as Article 5 of the Uniform Commercial Code or International Chamber of Commerce rules) usually need only show the issuance of the credit (and sometimes its confirmation or transfer) and the issuer's dishonor against conforming documents. No need here to show financial loss. Letter of credit law assumes loss in the face amount of the beneficiary's draw. This assumption alone saves the injured party from considerable litigation burdens. This is the greyhound approach.

Often, parties confuse letter of credit law with contract law. For example, when an applicant's issuer wrongfully dishonors a complying presentation, the applicant will seek recovery. In that claim, the applicant's first obligation is to show loss, i. e., what economic losses did it sustain in virtue of the wrongful dishonor. Well, it did not receive the goods or service that the letter of credit beneficiary promised to provide in the underlying contract between the applicant and the beneficiary. Those losses rest on market conditions, the duty of the applicant to mitigate, and the reasonableness of the breach, if dishonor by the issuer constitutes breach of the underlying agreement. Thus, disappointed applicants must rent an elephant or two in order to recover.

The beneficiary of the credit, however, need not shoulder the elephantine burdens of proving its damages. The beneficiary's rights arise under letter of credit law, which assumes the beneficiary's loss to be the face amount of its compliant demand for payment under the credit. No need for elephants here. This is classic letter of credit law. The beneficiary must prove the issuance (normally an easy task), show that its documents complied, and, most easy of all, that the issuer failed to pay or failed in some other respect to give prompt notice of its failure--all greyhound features of letter of credit law.

Applicants and beneficiaries are not the only parties who may sustain injury from the issuer's wrongful dishonor. Transferee beneficiaries, confirmers, and others taking a security interest in the letter of credit may claim damages when the issuer dishonors wrongfully. In each of these cases and others brought by parties not parties to the original letter of credit, the parties must determinewhat rules of what legal regime govern and face the unhappy possibility that their claim may be subject to secured transactions law, contract law, and not letter of credit law. In short, sometimes, they will be dealing with elephants, not greyhounds.

No one ever claimed that letter of credit law is easy, though it is far easier than other legal regimes. But the first step in any analysis is to determine what law governs and whether the parties must corral an elephant or a greyhound.

John F. Dolan

Distinguished Professor of Law Emeritus

Wayne State University Law School, Detroit, Michigan

https://law.wayne.edu/profile/aa0910

目 录
CONTENTS

总　序 / 001

序 / 003

ON ELEPHANTS AND GREYHOUNDS In LETTER OF CREDIT TRANSACTIONS / 006

绪　论 / 001

 一、研究意义 / 001

 二、研究现状 / 002

 三、研究范围与思路 / 013

 四、研究方法 / 016

 五、基本概念 / 017

第一章　信用证基本原理 / 019

 第一节　信用证概述 / 019

  一、信用证交易与信用证 / 019

  二、信用证的类型 / 021

  三、信用证的功能与目标 / 026

四、信用证的基本原则 / 035
　第二节　信用证的法源 / 036
　　一、信用证法源概述 / 036
　　二、国际性法律规范 / 037
　　三、国内法律规范 / 042
　　四、法律漏洞：我国信用证不当拒付损害赔偿规则的
　　　　缺失 / 045
　第三节　信用证的法律性质 / 047
　　一、信用证法律性质的研究意义与角度 / 047
　　二、美国信用证法律性质经典学说 / 049
　　三、我国信用证法律性质观点梳理 / 052
　　四、我国信用证法律性质的应然立场：特殊合同 / 056
　　五、特殊合同说在我国的实践价值——以不当拒付损害赔
　　　　偿适用法律依据为例 / 076
　第四节　本章小结 / 087

第二章　不当拒付损害赔偿责任构成要件（一）：
　　　　有效信用证 / 089
　第一节　信用证核心构成要素 / 090
　　一、主体要素 / 092
　　二、形式要求 / 094
　　三、内容要求 / 098
　　四、非必要要素 / 105

第二节 信用证尚未失效 / 111

一、有效期与交单日期 / 111

二、信用证有效期之例外 / 115

第三节 本章小结 / 123

第三章 不当拒付损害赔偿责任构成要件（二）：
不当拒付 / 126

第一节 不当拒付内涵、类型与例外 / 126

一、承付、议付与偿付内涵 / 126

二、不当拒付内涵 / 133

三、不当拒付类型 / 139

四、不当拒付之例外：欺诈抗辩 / 141

第二节 严格相符下的不当拒付 / 147

一、单证相符标准 / 147

二、严格相符原则原因 / 154

三、美国严格相符不当拒付案评析 / 159

四、我国严格相符不当拒付案评析 / 166

第三节 失权规则下的不当拒付 / 177

一、UCP600 失权规则 / 177

二、1995 UCC §5 失权规则 / 218

三、《结算办法》失权规则 / 229

四、其他规则下的失权规则 / 230

五、失权规则原因 / 235

六、美国失权不当拒付案评析 / 238

七、我国失权不当拒付案评析 / 240

第四节 预期不当拒付 / 246

一、预期不当拒付内涵 / 246

二、预期不当拒付类型 / 249

三、受益人有能力、有意愿且已准备履行 / 255

四、美国信用证预期不当拒付制度对我国的启示 / 261

第五节 本章小结 / 264

第四章 不当拒付损害赔偿责任的适格原告与被告 / 269

第一节 适格原告 / 269

一、受益人 / 269

二、第二受益人 / 273

三、款项受让渡人 / 279

四、法定受让人 / 286

五、被指定人 / 290

六、申请人 / 295

七、交单人 / 296

第二节 适格被告 / 297

一、开证人与保兑人 / 297

二、被指定人 / 300

三、偿付人 / 305

四、通知人 / 307

五、转开证人 / 309

六、申请人 / 312

第三节 本章小结 / 313

第五章 不当拒付损害赔偿基本范围 / 315

第一节 美国不当拒付损害赔偿演变 / 315
一、普通法不当拒付损害赔偿：以纽约州为例 / 315
二、1962 UCC §5-115 不当拒付损害赔偿规则 / 319
三、1995 UCC §5-111 不当拒付损害赔偿规则 / 325
四、简要结论及对我国的启示 / 335

第二节 独立性原则与损害赔偿 / 337
一、独立性原则在不当拒付损害赔偿中的贯彻 / 337
二、美国不当拒付损害赔偿中独立性立场之演变 / 341
三、我国法院判决梳理及应然立场 / 351

第三节 减轻损失规则 / 357
一、减轻损失规则概述 / 357
二、美国受益人减轻损失规则演变 / 361
三、受益人无需减轻损失的原因 / 372
四、我国判决梳理及应然立场 / 376
五、信用证法与合同法减轻损失规定冲突及解决 / 388
六、商业信用证下避免货物损失之应对措施 / 394

第四节 附带损失与间接损失 / 396
一、附带损失与间接损失内涵 / 396
二、1995 UCC §5 间接损失赔偿争议 / 404
三、我国法院判决梳理及应然立场 / 419

第五节 律师费赔偿 / 425
　　一、美国法下的律师费赔偿：各自负担原则及其例外 / 427
　　二、美国不当拒付律师费赔偿规则 / 430
　　三、美国不当拒付律师费赔偿的司法适用 / 447
　　四、我国不当拒付律师费赔偿 / 462
第六节 本章小结 / 475

结　　论 / 477
附　　表　我国信用证不当拒付损害赔偿案例表 / 484
参考文献 / 506
致　　谢 / 562

绪 论

一、研究意义

信用证作为一种重要的贸易支付、担保与融资方式，因其特有的迅捷性、确定性以及低成本与高效率，[1]在贸易尤其是国际贸易中有着非常广泛的商业运用。但是，除了规范信用证具体业务操作的《跟单信用证统一惯例》(UCP600)、《国际备用证惯例》(ISP98)以及《国际见索即付统一规则》(URDG758)等惯例或示范规则以及缔约国甚少的《联合国独立担保与备用信用证公约》之外，[2]只有少数国家对此特殊的商业工具有具体的成文法规范。[3]

我国对外贸易高度发达，信用证业务量在整个外贸支付中占比非常大，信用证交易纠纷也不可避免地增多。[4]我国最高人民法院根据审判实践需要，在总结各级人民法院审判经验的

---

[1] 详见第一章第一节。
[2] 有关规范信用证的国际商事惯例及公约等介绍，见第一章第二节。
[3] 有关详细情况，See Rolf A. Schutze & Gabriele Fontane, *Documentary Credit Law Throughout the World* (ICC Publishing SA No. 633 2001).
[4] 据北大法宝网（www.pkulaw.cn），以信用证纠纷为案由的民事案件数量为2625件，以"最高人民法院关于审理独立保函纠纷案件若干问题的规定"为法律依据查询民事案件数量为152件；据法律文书网（wenshu.court.gov.cn），以信用证纠纷为案由的民事案件数量为1998件，援引了"最高人民法院关于审理独立保函纠纷案件若干问题的规定"的案件数量为492件。查询日期：2021年4月9日。

基础上，借鉴、吸收他国有关法律理论与审判实践经验，分别于2005年和2016年制定了针对信用证与独立保函的司法解释，[1] 从而对实践中颇为突出的信用证独立性、严格相符原则以及信用证欺诈、独立保函的认定、独立保函欺诈等关键问题提供了裁判依据。

但颇为遗憾的是，两部司法解释都未能对开证人不当拒付的损害赔偿问题作出规定，而由于对信用证、独立保函性质认定不清，导致各级人民法院审理不当拒付损害赔偿问题时未能有效解决适用法律问题。[2] 因此，司法审判实践亟须在学理上对此问题做出回应。

二、研究现状

（一）国内研究现状

在笔者搜集范围内，国内研究信用证法的专著主要有如下几部。

一是左晓东所著的《信用证法律研究与实务》，[3] 该书是国内较早系统地研究信用证法律的专著，其主要围绕信用证法律性质、信用证法律关系、信用证开立、通知、单据等问题展开了详尽阐述。

二是高祥教授所著的 *The Fraud Rule in the Law of Letters of Credit*，[4] 该书是我国也是全球第一本系统地研究信用证欺诈的

---

[1]《最高人民法院关于审理信用证纠纷案件若干问题的规定》（法释 [2005] 13号）；《最高人民法院关于审理独立保函纠纷案件若干问题的规定》（法释 [2016] 24号）。为配合《中华人民共和国民法典》的实施，最高人民法院于2020年12月23日对该两部司法解释进行了修正。除另有说明外，本书所援引的最高人民法院司法解释均为修正后的版本。

[2] 详见第一章第三节。

[3] 左晓东：《信用证法律研究与实务》，警官教育出版社1993年版。

[4] Xiang Gao, *The Fraud Rule in the Law of Letters of Credit*: A Comparative Study (Kluwer Law International 2002).

专著。其开篇便论证了信用证即信用证而非其他。

三是孙亦闽主编的《信用证理论与审判实务》一书。[1]该书为论文集形式，重点编入了有关独立性、严格相符原则、信用证欺诈等角度的论文。

四是金赛波、李健所著的《信用证法律》,[2]该书比较全面地吸收了英美等国的研究成果与判例，从信用证性质、独立性、严格相符原则、信用证欺诈等角度深入比较、阐述了信用证法律基本理论。

五是徐冬根所著的《信用证法律与实务研究》,[3]该书也是围绕信用证性质、信用证开立、审单与付款、欺诈等问题展开阐述的。

六是吴庆宝、孙亦闽、金赛波主编的《信用证诉讼原理与判例》,[4]该书对信用证诉讼常见纠纷类型以及信用证欺诈等做了较为详尽的阐述，并对典型案例做了精炼点评。

七是王瑛所著的《信用证欺诈例外原则研究》、[5]房沫的《信用证法律适用问题研究》。[6]这两著作分别研究了信用证欺诈例外问题以及信用证法律适用问题，是国内专题研究信用证具体法律问题的专著。

八是李金泽主编的《UCP600适用与信用证法律风险防控》,[7]该书主要围绕 UCP600 具体法律问题展开，探讨了拒

---

[1] 孙亦闽主编：《信用证理论与审判实务》，厦门大学出版社 2003 年版。
[2] 金赛波、李健：《信用证法律》，法律出版社 2004 年版。
[3] 徐冬根：《信用证法律与实务研究》，北京大学出版社 2005 年版。
[4] 吴庆宝、孙亦闽、金赛波主编：《信用证诉讼原理与判例》，人民法院出版社 2005 年版。
[5] 王瑛：《信用证欺诈例外原则研究》，人民出版社 2011 年版。
[6] 房沫：《信用证法律适用问题研究》，中国民主法制出版社 2012 年版。
[7] 李金泽主编：《UCP600适用与信用证法律风险防控》，法律出版社 2007 年版。

付、免责等问题。

九是郭德香所著的《国际银行独立担保法律问题研究》一书,[1]其主要围绕国际银行独立担保法律关系、国际银行独立担保合同及其履行中需要注意的实体性问题和程序性问题、国际银行独立担保的风险及其防控等问题进行了比较深入的分析和探讨。

十是高祥教授主编的《信用证法律专题研究》,[2]该书是有关信用证具体法律问题的专题合集,主要探讨了失权规则、欺诈例外、默示担保等问题。

十一是高祥教授主编的《独立担保法律问题研究》[3]及刘应民、张亮所著的《独立担保制度研究——以见索即付保函与备用信用证为视角》,[4]他们对独立保函内涵、识别、担保人权利义务及独立担保欺诈类型化等问题进行了深入研究。

这些研究成果基本都有涉及信用证法律性质问题,但多数仅限于学理观点介绍,而未能从我国法背景角度提出可行的且有充分理论说服力的学理观点。就信用证不当拒付问题,学者欠缺系统性研讨,对于开证人预期拒付问题也着墨不多,更遑论类型化分析预期拒付问题。[5]此外,除了徐冬根教授的专著有涉及信用证不当拒付损害赔偿外,[6]其他著作基本没有涉及这一问题。但徐教授在著作中对不当拒付损害赔偿着墨并不多,

---

[1] 郭德香:《国际银行独立担保法律问题研究》,法律出版社2013年版。
[2] 高祥主编:《信用证法律专题研究》,中国政法大学出版社2015年版。
[3] 高祥主编:《独立担保法律问题研究》,中国政法大学出版社2015年版。
[4] 刘应民、张亮:《独立担保制度研究——以见索即付保函与备用信用证为视角》,中国社会科学出版社2017年版。
[5] 徐冬根:《信用证法律与实务研究》,北京大学出版社2005年版,第226~234页。
[6] 徐冬根:《信用证法律与实务研究》,北京大学出版社2005年版,第232~234页。

而且也仅限于对英美判例的简要介绍梳理，[1]缺乏学理上的详尽探讨及对我国司法实务的系统总结。

从论文来看，与本书主题相关的文献主要有如下几篇。

李毅发表的《论信用证的法律性质》一文认为，[2]信用证是基于商业习惯，由开证人单方承担有条件付款责任的自成一类的契约。信用证这一特殊法律性质，主要反映在它所具有的独立性和文义性的本质特征之中。

王丽娜发表的《论信用证之法律性质》一文，[3]在比较分析传统信用证各种法律性质学说的基础上，提出了新合同说。其认为，开证人开立信用证是合同的承诺而非要约，合同的要约是买卖双方通过开证申请人的开证行为向开证人发出的要求进行单据买卖的意思表示；而开证人开立信用证则是对要约之承诺。

刘斌发表的《独立担保的商事法理构造——兼论民法典视野下的独立担保制度建构》[4]以及《独立担保：一个概念的界定》[5]两文则试图将独立担保界定为商事保证，即开证人的单方允诺。

金赛波的博士学位论文《跟单信用证严格相符原则》，[6]高晓力法官发表的《信用证审单标准问题研究》，[7]徐学银、朱鹏飞发表的《信用证审单标准的嬗变——兼论UCP600软化

---

[1] 徐冬根：《信用证法律与实务研究》，北京大学出版社2005年版，第232~234页。

[2] 李毅："论信用证的法律性质"，载《人文杂志》2001年第3期。

[3] 王丽娜："论信用证之法律性质"，载《海南大学学报（人文社会科学版）》2005年第1期。

[4] 刘斌："独立担保的商事法理构造——兼论民法典视野下的独立担保制度建构"，载《环球法律评论》2016年第2期。

[5] 刘斌："独立担保：一个概念的界定"，载《清华法学》2016年第1期。

[6] 金赛波："跟单信用证严格相符原则"，对外经济贸易大学2006年博士学位论文。

[7] 高晓力："信用证审单标准问题研究"，载《人民司法》2002年第4期。

的严格相符标准的确立》[1]三篇论文对信用证的审单标准,尤其是严格相符的内涵及具体判断标准做了比较详尽的分析。

徐冬根发表的《论信用证开证行的独立拒付权》[2]一文重点阐述了单据不符下拒付权是开证人的权利,并应由其独立行使。

贾浩在"Refusal Notice as a Shield or as a Sword"一文中指出,[3]严格失权规则是对严格相符原则的平衡,严格失权规则有助于实现信用证所追求的迅捷、确定与高效目标。作者在分析经典判例及国际商会意见等基础上,系统总结了有效拒付通知构成要素。该文是不可多得的准确理解失权拒付规则的文章。

姜立文发表的《信用证开证银行付款中的违约责任探讨》一文,以信用证合同性质为基点,开证人不当拒付的法律责任是承担信用证项下的款项及利息。但基于信用证的独立性,不应按照基础合同下的实际损失来确定损害赔偿额。当然为避免受益人不当得利,在受益人另行处置货物的情况下,应减去该替代交易所获得的利益。但受益人并不承担减轻损失之义务。[4]这是笔者阅读范围内最早研究信用证不当拒付损害赔偿责任的一篇论文。[5]

---

[1] 徐学银、朱鹏飞:"信用证审单标准的嬗变——兼论 UCP600 软化的严格相符标准的确立",载《经营与管理》2007 年第 12 期。

[2] 徐冬根:"论信用证开证行的独立拒付权",载《国际经贸探索》2006 年第 2 期。

[3] Jia Hao, "Refusal Notice as a Shield or as a Sword: A Comprehensive Analysis of the Validity of a Refusal Notice under UCP 500 and Letter of Credit Law", J. Payment Sys. L., 287 (2006).

[4] 姜立文:"信用证开证银行付款中的违约责任探讨",载《上海金融》2006 年第 10 期,第 67~68 页。

[5] 此文是作者 2000 年硕士学位论文的部分内容。参见姜立文:"信用证项下开证银行付款问题研究",中国社会科学院研究生院 2000 年硕士学位论文。类似文献可参见田卫民:"信用证拒付法律问题研究",广东外语外贸大学 2007 年硕士学位论文;王光:"跟单信用证项下开证行的法律地位",吉林大学 2009 年硕士学位论文。

绪　论

　　王超发表的《完善中国信用证法律体系的立法思考》一文[1]针对信用证司法解释（讨论稿）中缺乏开证人不当拒付责任的规定，建议增加规定："开证人错误拒付付款请求人提示的信用证下单据时，付款请求人有权获得与信用证提示金额相同数额的赔偿。付款请求人没有义务采取措施防止或减轻损害的发生，但对于实际减轻的损害应从赔偿数额中扣除，开证人对减轻的损害金额负举证责任。"

　　苏金玲在《论信用证开证行的法律地位》一文中，[2]简要提及开证人不当拒付下应对受益人承担违约损害赔偿责任，并提出开证人预期不当拒付下受益人无需提交单据。至于不当拒付之适格原告，主要有受益人、受让人、法定受让人，以及汇票出票人、背书人、正当持票人、贴现人等。

　　从上述诸论文内容来看，学者对信用证严格相符原则有了比较深入的分析与阐释，但由于论文发表较早，未能系统归纳总结我国法院就信用证严格相符历年案件中所持基本立场，并予以评析。学界基本上缺乏对信用证不当拒付内涵与类型的深入分析与探讨，例如就开证人预期拒付问题，学者仅仅只是用一段文字予以阐释，并未类型化地归纳开证人预期拒付的表现形式，更遑论预期拒付的构成要件及其法律救济。[3]就开证人不当拒付损害赔偿责任，学者强调开证人应根据《合同法》的

---

[1] 王超："完善中国信用证法律体系的立法思考"，载《商业研究》2003年第19期。
[2] 苏金玲："论信用证开证行的法律地位"，载《国际商务（对外经济贸易大学学报）》1995年第6期。
[3] 苏金玲："论信用证开证行的法律地位"，载《国际商务（对外经济贸易大学学报）》1995年第6期。

规定承担违约责任,但应受信用证独立性之限制,[1]且受益人对开证人并不承担减轻损失之义务。[2]笔者认为此观点非常准确,但遗憾的是,限于篇幅,作者并未能够就此展开分析,更未能够从信用证独立性与商业目标层面深入阐释信用证不当拒付损害赔偿规则的特殊性,以及律师费赔偿在信用证不当拒付中所能够起到的作用。

(二)美国研究现状

美国对信用证法律的研究已有近百年历史。1930年赫尔曼·N. 芬克尔斯坦(Herman N. Finkelstein)出版的 *Legal Aspects of Commercial Letters of Credit* 一书,[3]是美国较早系统介绍商业信用证法律制度的专著。该书从信用证历史、性质、各方当事人法律关系、承付条件、损害赔偿等角度分析了信用证有关问题。

1966年鲍里斯·科佐尔切克(Kozolchyk)出版的 *Commercial Letters of Credit in the Americas* 一书,[4]围绕开证人与申请人、开证人与受益人法律关系等问题,系统比较、分析了美洲各国信用证法律制度,特别是其用专节分析了信用证不当拒付损害赔偿问题。[5]

1974年,亨利·哈菲尔德(Harfield)出版了 *Bank Credits & Acceptances* 一书第5版。[6]该书从信用证类型、单据要求、审单

---

〔1〕 姜立文:"信用证开证银行付款中的违约责任探讨",载《上海金融》2006年第10期。

〔2〕 王超:"完善中国信用证法律体系的立法思考",载《商业研究》2003年第19期。

〔3〕 Herman N. Finkelstein, *Legal Aspects of Commercial Letters of Credit* (Columbia University Press 1930).

〔4〕 Boris Kozolchyk, *Commercial Letters of Credit in the Americas* (Matthew Bender 1966).

〔5〕 Boris Kozolchyk, *Commercial Letters of Credit in the Americas*, at 443~453 (Matthew Bender 1966).

〔6〕 Henry Harfield, *Bank Credits and Acceptances* (The Ronald Press Company 5th ed 1974). 该书第1版出版于1922年,是笔者所知美国最早研究信用证法律的专著。

绪 论

义务、不当履行、承兑、开证人的破产等角度系统介绍了信用证法律制度。

1984年，约翰·F.多兰（John F. Dolan）教授出版了 *The Law of Letters of Credit: Commercial and Standby Credits*，目前最新版本为2007年第4版，并在随后各年都以活页形式进行了更新补充。[1] 该书是目前美国最为系统与权威的研究信用证法律的著作。[2] 它主要从信用证性质、功能、开立、修改、终止、开证人与受益人、开证人与申请人、开证人与第三人、不履行（breach）、救济与抗辩等角度详尽总结、分析了美国信用证判例与理论。尤其是，该书不仅就信用证性质进行了详尽分析，而且就信用证不当拒付损害赔偿问题、信用证独立性对损害赔偿之影响、适格原告与被告、减轻损失义务等问题对美国司法判例进行了系统、全面地总结。[3]

2010年，詹姆斯·E.伯恩等出版了 *UCP 600: An Analytical Commentary* 一书，[4] 该书对 UCP600 的条文做了详尽解读与评析，尤其是其对严格相符原则、拒付通知要求等的解读对本书有关章节颇有启发。

2015年，多兰教授出版了 *The Domestic Standby Letter of Credit Desk Book* 一书，[5] 该书以信用证独立性和信用证付款确定性、

---

〔1〕 John F. Dolan, *The Law of Letters of Credit: Commercial & Standby Credits* (LexisNexis AS Pratt 2018).

〔2〕 See James J. White & Robert S. Summers, *Uniform Commercial Code*, at 1066 note 1 (West 6th ed 2010).

〔3〕 See John F. Dolan, *The Law of Letters of Credit: Commercial & Standby Credits* §9.2 Improper Dishonor (LexisNexis AS Pratt 2018).

〔4〕 James E. Byrne et. al., *UCP 600: An Analytical Commentary* (Institute of International Banking Law & Practice 2010).

〔5〕 John F. Dolan, *The Domestic Standby Letter of Credit Desk Book for Business Professionals, Bankers and Lawyers* (Matthew Bender 2015).

迅捷性、低成本商业目标为主线，系统分析了包括不当拒付损害赔偿在内的备用信用证各法律制度。

2016年，多兰教授出版了 *The Drafting History of UCC Article 5* 一书，[1]该书对于 UCC §5 起草中的一些历史文献按条文顺序进行了汇编，并对各条进行了简要评论，是研究美国 UCC 信用证法律制度演变史不可多得的材料。尤其是为本书美国信用证不当拒付损害赔偿规则演变史的梳理提供了重要参考。

2016年，伯恩教授更新了 *Hawkland UCC Series* §5 的内容。[2]该书系统介绍与评析了美国 1995 UCC §5 条文的具体内涵，尤其是对不当拒付及损害赔偿规定进行了深入解释。[3]

从论文来看，科佐尔切克在"The Legal Nature of the Irrevocable Commercial Letter of Credit"[4]一文中对信用证性质进行了系统梳理，在"Strict Compliance and the Reasonable Document Checker"[5]一文中系统地分析了严格相符原则，并提出了合理审单人标准。

詹姆斯·G. 巴恩斯（James G. Barnes）在"Nonconforming Presentations under Letters of Credit: Preclusion and Final Payment"[6]一

---

[1] John F. Dolan, *The Drafting History of UCC Article* 5 (Carolina Academic Press 2015).

[2] James E. Byrne, *6B Hawkland UCC Series* 5 (Thomson Reuters 2016).

[3] James E. Byrne, *6B Hawkland UCC Series* 5 §§5-108, 5-111 (Thomson Reuters 2016).

[4] Boris Kozolchyk, "The Legal Nature of the Irrevocable Commercial Letter of Credit", 14 Am. J. Comp. L., 395 (1965).

[5] Boris Kozolchyk, "Strict Compliance and the Reasonable Document Checker", 56 Brook L. Rev., 45 (1990).

[6] James G. Barnes, "Nonconforming Presentations under Letters of Credit: Preclusion and Final Payment", 56 Brook. L. Rev., 103 (1990).

文中对比了 UCP 失权规则[1]以及旧版 UCC §5 的禁反言规则，并得出结论：UCP 失权规则要优于禁反言规则，因为失权规则更能够满足信用证所追求的迅捷、确定目标。更为重要的是，它能有效制止开证人不当拒付的动机。

"Damages for Breach of Irrevocable Commercial Letters of Credit" 一文评论指出，[2]开证人不当拒付时根据买卖合同下卖方实际损失认定开证人的损害赔偿范围更为合理。作者认为，在开证人预期不当拒付的情况下要求开证人赔偿信用证金额，而不考虑受益人基础合同下所节约之成本是荒谬的；而按表面金额法计算损害赔偿，则将导致受益人无义务减轻损失，也无权利主张基础合同下的附带损失赔偿。而买卖赔偿法更能兼顾信用证付款的确定性、减轻损失以及赔偿受益人附带损失三者之间的平衡。该观点受到了学者们的批评并最终为 1995 UCC §5 所废弃。[3]

韦恩·雷蒙德·巴尔（Wayne Raymond Barr）在 "Cause of Action by Beneficiary against Bank for Wrongful Dishonor"[4]一文中结合判例详尽分析了不当拒付的表现形式、抗辩事由、适格原告与被告，并根据 1962 UCC §5-114 得出结论：开证人不当拒付时，受益人得主张汇票或索款表面金额，外加基础合同下的附带损失与利息，但应扣除受益人所减轻之损失。但作者强调，对于备用信用证而言，受益人并不存在减轻损失之可能，

---

[1] 即 "preclusion rule"，"失权" 一词最早翻译见李垠："论信用证法上的失权规则"，载高祥主编：《信用证法律专题研究》，中国政法大学出版社 2015 年版，第 146~147 页。

[2] Comments, "Damages for Breach of Irrevocable Commercial Letters of Credit: The Common Law and The Uniform Commercial Code", 25 U. Chi. L. Rev., 667 (1958).

[3] 详见本书第五章第一节。

[4] Wayne Raymond Barr, *Cause of Action by Beneficiary against Bank for Wrongful Dishonor of Draft or Demand for Payment under Letter of Credit*, 6 Causes of Action 337 (Thomson Reuters 2016).

故而备用信用证下受益人可以主张汇票或索款表面金额，而无需承担减轻损失之义务。并认为，律师费损失并非附带损失范畴，故此受益人不得要求开证人赔偿其律师费损失。

基恩·罗利（Keith A. Rowley）在"Anticipatory Repudiation of Letters of Credit"[1]一文中详尽分析了开证人预期不当拒付的类型、构成要件及损害赔偿的范围。作者指出，受益人欲追究开证人预期不当拒付损害赔偿责任，其不仅要证明开证人存在明确的预期不当拒付行为，还需证明其有能力、有意愿且已准备履行义务。就损害赔偿而言，受益人可以主张预期拒付之金额外加附带损失、利息与律师费。

多兰在"The Role of Attorney's Fees in Letter of Credit Litigation"[2]一文中赞同在信用证纠纷案件中实行强制律师费移转规则。根本原因在于，诉讼本身有损于信用证功能的发挥，导致信用证付款确定性、迅捷性、低成本与高效率功能丧失，使得原本属于先付款后诉讼的机制沦落为先争议后付款，从而与从属性担保毫无差别。而律师费移转规则有助于信用证功能与商业目标的实现，能预防开证人的不当拒付行为。

从上述诸专著及论文来看，美国已经形成了对信用证法律制度系统、全面的研究，对信用证法律条文的评注与案例分析甚是发达。尤其是多兰教授通过对信用证商业目标的系统阐释，[3]将之贯穿于包括不当拒付损害赔偿在内的信用证各项法律制度解释，为我们全面、深刻地揭示了信用证这一特殊商事法律制

---

[1] Keith A. Rowley, "Anticipatory Repudiation of Letters of Credit", 56 SMU L. Rev., 2235 (2003).

[2] John F. Dolan, "The Role of Attorney's Fees in Letter of Credit Litigation", 133 Banking L. J., 555 (2016).

[3] John F. Dolan, *The Domestic Standby Letter of Credit Desk Book for Business Professionals, Bankers and Lawyers* §1 (Matthew Bender 2015).

度的内涵,并为本书的研究提供了重要的参考价值。

三、研究范围与思路

(一) 研究范围

商业信用证与备用信用证功能不同,但本质上并无分别,即都遵循独立性原则与严格相符原则,两者的实际运作过程也相同。[1]本书就信用证不当拒付损害赔偿责任的研究,既包括商业信用证下的不当拒付损害赔偿,也包括备用信用证下不当拒付的损害赔偿。

担保基础合同履行的独立担保工具,除了备用信用证外,还有独立保函。据学者研究,独立保函与备用信用证本质上只是名称差异,实质上并无不同。[2]本书的研究范围也包括独立保函下的不当拒付损害赔偿。但鉴于独立保函与备用信用证在实际运作中仍有很大差异,即备用信用证中存在的被指定人、保兑人、转开证人等角色,在独立保函中都不存在。从行文便捷角度出发,除在必要范围内,本书行文措辞上以信用证为主。

然而,基于语言能力限制,本书不会涉及大陆法系国家信用证不当拒付损害赔偿问题,而且本书也并未探讨英国有关问题。之所以如此,一方面是因为材料与精力限制;另一方面是因为基于笔者初步的研究,美国信用证不当拒付损害赔偿演变史更为曲折,对我们深入理解信用证以及信用证不当拒付损害赔偿更为有价值。[3]

---

[1] 参见第一章第一节。
[2] 参见第一章第一节。
[3] 就英国信用证不当拒付损害赔偿,See Peter E. Ellinger & Dora Neo, *The Law and Practice of Documentary Letters of Credit*, at 122~129 (Hart Publishing 2010); Standard Chartered Bank v. Dorchester LNG (2) Ltd [2014] EWCA Civ 1382.

另外,一旦开证人不当拒付,不仅受益人可以追究开证人不当拒付损害赔偿责任,申请人也可以追究开证人不当拒付损害赔偿责任。然申请人追究开证人不当拒付损害赔偿责任的基础并非信用证,而是其与开证人之间的申请协议。[1]基于独立性原则,信用证显然独立于申请协议。[2]因此,本书所研究的自然也就仅限于信用证下的不当拒付损害赔偿,而不涉及申请协议下的不当拒付损害赔偿问题。[3]

总而言之,本书基于比较的视角,重点研究商业信用证与备用信用证不当拒付损害赔偿问题,兼及独立保函不当拒付损害赔偿。

(二)研究思路

本书主体分为三部分,共五章,从信用证基本内涵开始,到逐一探讨信用证不当拒付损害赔偿适用法律、信用证不当拒付构成要件、适格原告与被告等问题,最终重点分析信用证不当拒付损害赔偿范围。最后总结并简要点出其与一般违约损害赔偿的差异所在。

第一部分(第一章)是信用证基本理论概述。除对信用证定义、类型、原则、法源予以介绍外,本章重点阐释了信用证所追求的付款迅捷、确定、低成本与高效率目标。这是贯穿信用证不当拒付损害赔偿责任始终的隐线。

此外,本章还重点研究了信用证性质。信用证性质决定了

---

[1] 1995 UCC §5-108, cmt. 7; John F. Dolan, "Letter of Credit Litigation Under UCC Article 5: A Case of Statutory Preemption", 57 Wayne L. Rev., 1269, 1290~1292, 1293 (2011).

[2] 参见第一章第一节;第五章第二节。

[3] See *Interchemicals Co. v. Bank of Credit*, 635 NYS 2d 194 (NY App. Div. 1995); *Clarendon, Ltd. v. State Bank of Saurashtra*, 77 F. 3d 632 (2d Cir. 1996); John F. Dolan, *The Law of Letters of Credit: Commercial & Standby Credits* §9.03 Improper Payment and Disputes among Applicant, Issuer, and Others (LexisNexis AS Pratt 2018).

绪 论

不当拒付行为的性质,以及损害赔偿所适用的法律等问题。因此信用证性质是本书研究的逻辑起点。就信用证性质而言,国内外观点众多,但从法律行为角度分析,无非是单方法律行为与双方法律行为(合同)之区分。本部分试图论证将信用证界定为特殊合同的合理性,从而认为不当拒付损害赔偿理应适用《民法典》合同编违约损害赔偿规则。当然,鉴于信用证的特殊性,《民法典》合同编违约损害赔偿规则无法完全适用于信用证不当拒付损害赔偿,而是应根据信用证独立性、严格相符以及信用证所追求的迅捷、确定及低成本与高效率目标予以适当修正。

第二部分(第二章至第四章)研究信用证不当拒付损害赔偿责任构成要件与适格原被告。

首先,开证人所开立的文件必须是信用证,且开证人拒付时信用证仍为有效(第二章)。这是在信用证下追究开证人不当拒付损害赔偿责任的前提条件。为此,笔者在该部分试图从主体要求、形式要求以及内容要求等角度阐述信用证必要构成要素。欠缺上述诸要素之一,都不应认定构成信用证,从而不得据此追究开证人不当拒付损害赔偿责任。随后,笔者试图比较分析信用证中若干日期的具体意义,信用证有效期及其例外问题,特别是信用证自动循环条款所引发的不当拒付争议。

其次,开证人不当拒付损害赔偿责任构成要件中的第二个要素是不当拒付(第三章)。为此,我们有必要理解何谓不当拒付。从类型角度来看,开证人不当拒付可被分为实际不当拒付与预期不当拒付。就实际不当拒付而言,其表现形式有二:一是单据严格相符下的不当拒付,二是失权下的不当拒付。预期不当拒付则表现为明示预期不当拒付与默示预期不当拒付。但如果有充分证据证明存在信用证欺诈,则开证人享有合法的拒付抗辩权。

最后,探讨开证人不当拒付损害赔偿下的适格原告与被告(第四章)。一般违约纠纷中并不重要的适格原告与被告问题在信用证不当拒付损害赔偿中之所以凸显,根本原因在于信用证交易的复杂性。实务中,信用证交易涉及的当事人众多,除了开证人与受益人外,还有通知人、转开证人、保兑人、被指定人、交单人、第二受益人、法定受让人、款项受让渡人等。这些主体在信用证不当拒付中承担何种角色?在此章,笔者有必要结合信用证法基本原理就法院判决中所出现的问题予以澄清。

第三部分(第五章)研究开证人不当拒付损害赔偿范围。该部分主要围绕 UCC §5 不当拒付损害赔偿基本规则及其演变、独立性对不当拒付损害赔偿范围的影响、受益人在信用证下是否有义务减轻损失、开证人是否应赔偿间接损失、是否应强制律师费赔偿等内容展开。通过比较与实证分析,笔者试图在借鉴美国信用证法律、法理与判例的有益经验基础上,为我国构建一套适合私法基本理论的信用证不当拒付损害赔偿规则。

四、研究方法

本书主要采用如下分析方法:

(1)历史分析法。本书拟对美国信用证不当拒付损害赔偿制度的成文规则与判例演变进行研究,并探求其背后演变的原因,以期为我国不当拒付损害赔偿规则的构建提供借鉴。

(2)比较分析法。本书拟通过对中美两国信用证不当拒付损害赔偿规则进行比较研究,以最大限度地吸收美国经法院实践证明行之有效的规则与学理,为我所用。当然,比较研究的目的是吸取有益经验与理论,并非简单地照搬照抄。最终理论与规则的构建,仍应注意在本土法律背景下的妥适性。

(3)案例分析法。法律的生命在于经验。因此,比较研究并不能只简单地对美国不当拒付规则作纸面的逻辑分析,而更应深入其具体司法实践,以期更为准确地理解背后的法律精神及存在的问题。而且,理论规则的构建不可能是隔空架床,而是要深入本国司法实践,从中分析有益经验及欠缺之处,在此基础上看能否借鉴美国有益经验,这样才具说服力。从而,案例分析法在本书研究中具有重要意义。

(4)实证分析法。案例分析有个案分析与类案分析之分。单纯的个案分析尽管能够从某种程度上揭示法律规则的具体司法适用,但仍不可避免地存在偏颇的可能。故此,本书在尽可能广的范围内搜集更多案例以进行类案分析,从实证角度分析并揭示中美两国就不当拒付损害赔偿规则的适用,以期从中提炼一定的理论与规律。

此外,本书还采用了常用的规范分析、归纳分析等方法。

五、基本概念

本书涉及的概念众多,基于行文便捷考虑,将于正文相关部分展开阐述。但为便于了解本书主题,在此有必要先简要解释不当拒付一词。

所谓不当拒付,是指开证人或保兑人无合法理由拒绝承付、议付或偿付受益人或被指定人的行为。[1]不当拒付中的"不当"所对应的英文为"wrongful"。[2]就此"wrongful",有学者

---

[1] 参见第三章第一节。
[2] 偶有使用"improper"一词。See John F. Dolan, *The Law of Letters of Credit: Commercial & Standby Credits* §9.02 Improper Dishonor(LexisNexis AS Pratt 2018);1995 UCC §5-111 cmt. 2.

翻译为"错误"。[1]笔者以为,"不当"拒付比"错误"拒付更为妥当。一方面,"wrongful"本意是指"不公平、不公正或违法、不合法",[2]而并不涉及过错问题。另一方面,更为关键的是,信用证不当拒付规则自始至终实行的都是无过错责任。[3]将"wrongful dishonor"翻译为错误拒付,会使人误以为开证人对受益人的拒付损害赔偿责任是建立在过错责任基础之上。因此,错误拒付一词为笔者所不采。

---

[1] 李杰:"试论跟单信用证欺诈中开证行的权利和义务",载孙亦闽主编:《信用证理论与审判实务》,厦门大学出版社 2003 年版,第 396 页;[美] ALI(美国法学会)、NCCUSL(美国统一州法委员会):《美国〈统一商法典〉及其正式评述》(第 2 卷),李昊等译,中国人民大学出版社 2005 年版,第 251、283、284 页。

[2] Byran A. Garner ed., *Black's Law Dictionary*, at 1644 (West 8th ed 2004).

[3] 金赛波编著:《中国信用证法律和重要案例点评(2002 年度)》,对外经济贸易大学出版社 2003 年版,第 274 页。

第一章 信用证基本原理

第一节 信用证概述

一、信用证交易与信用证

信用证最早产生于国际贸易。[1]由于国际货物买卖双方位于不同国家或地区,彼此之间信息不对称,导致买卖双方很难对对方的资信状况有很深的了解。于是就会导致双方"一个不愿意先交货,另一个不愿先付款"的尴尬局面。为有效解决双方信任问题,促进国际贸易顺利进行,商人们发挥聪明才智创造了信用证制度。据此,买卖合同签订后,买方(申请人)向银行(开证人)申请开立信用证。开证人同意后,向卖方(受益人)开出信用证,担保受益人在提交信用证所规定的单

---

[1] *East Girard Sav. Ass'n v. Citizens Nat. Bank and Trust Co. of Baytown*, 593 F. 2d 598 (5th Cir. 1979). 有关商业信用证的历史,See Boris Kozolchyk, *Commercial Letters of Credit in the Americas*, at 3~17 (Matthew Bender 1966); Peter E. Ellinger, *Documentary Letters of Credit: A Comparative Study*, at 24~38 (University of Singapore Press 1970)。当然,现今商业信用证使用范围并不限于国际贸易,国内贸易中也可使用。信用证用于国内贸易主要始于20世纪50年代的美国 [Peter E. Ellinger, *Standby Letters of Credit*, 6 Int'l Bus. Law., 604, 609 (1978)]。为促进我国国内信用证的使用,中国人民银行和中国银行业监督管理委员会(已撤销)于2016年联合修订了《国内信用证结算办法》([2016] 10号),从而1997年《国内信用证结算办法》正式失效(有关《国内信用证结算办法》简要介绍,见本章第二节)。

据后，由开证人对受益人承担直接付款义务。受益人一旦收到信用证并审核确定符合买卖双方约定，便将货物付运并将提单、商业发票等信用证规定的单据提交给开证人。开证人审核确认单据与信用证严格相符后，即向受益人付款。随后，申请人向开证人付款赎单，并凭提单等在目的港提货。由此，国际贸易顺利实现。[1]这种信用证我们一般称为商业信用证，而整个交易过程我们称为信用证交易。

此外，买卖双方也可以约定，卖方付运货物后直接将提单等单据交付买方，并由买方在规定时间直接向卖方付款。当买方违约未能到期履行付款义务时，卖方（受益人）可将买方（申请人）违约声明、提单副本等单据提交开证人，由开证人承担对受益人的付款义务。此种信用证我们称之为备用信用证。当然，实践中备用信用证的使用范围不限于传统的货物价款支付担保。[2]

从上述交易过程可知，无论是在商业信用证还是备用信用证交易中，通常都存在三个当事人，即申请人、开证人与受益人；三个法律关系，即基础合同、申请合同以及信用证本身。[3]

由此可见，信用证与信用证交易不同，信用证只是信用证交易中的一环，其当事人只有两个，即开证人与受益人。本质上来讲，信用证是开证人对受益人开具的于受益人提交相符单

---

[1] Xiang Gao, "Fraud Rule in Law of Letters of Credit in the PRC", 41 Int'l Law., 1067, 1069 (2007).

[2] John F. Dolan, *The Law of Letters of Credit: Commercial and Standby Credit* § 1.06 [1] Adaptability of Standby Credit: Transactions and Industries (LexisNexis AS Pratt 2018).

[3] Xiang Gao & Ross P. Buckley, "The Unique Jurisprudence of Letters of Credit: Its Origin and Sources", 4 San Diego Int'l L. J., 91, 96~97 (2003).

第一章 信用证基本原理

据时予以承付的一种确定书面承诺。[1]

二、信用证的类型

（一）信用证类型划分概述

类型划分有助于更为准确地理解信用证。根据不同标准，信用证可分为不同类型。例如，根据功能不同，信用证可分为商业信用证与备用信用证；根据开证人承付义务是否可撤销，可分为可撤销信用证与不可撤销信用证；根据信用证下除开证人外是否还有其他人承担承付义务，可以分为保兑信用证和非保兑信用证；根据开证人或保兑人支付方式不同，可分为即期付款信用证、延期付款信用证、承兑信用证与议付信用证；根据信用证是否可转让，可分为可转让信用证和不可转让信用证；根据信用证时间或金额是否可以循环，可以分为循环信用证和非循环信用证，等等。[2]但上述诸多分类中，最为基本的是商业信用证与备用信用证的划分。

（二）商业信用证与备用信用证

商业信用证是国际货物买卖合同的重要支付方式，尽管在国内贸易中也会被使用。多数学者认为，商业信用证至少可追

---

[1] See UCP600 Article 2; 1995 UCC §5-102;《国内信用证结算办法》第 2 条。值得强调的是，本书通篇采纳的是开证人而非开证行概念。尽管实务中信用证与独立保函多为银行开立，但并不排除非银行机构享有开立信用证与独立保函的权利。See Commission on Banking Technique and Practice, "When a non-bank issues a letter of credit (30 October 2002)", available at: https://iccwbo.org/publication/when-a-non-bank-issues-a-letter-of-credit, visited on 2021-2-10; UCP600 Drafting Group, *Commentary on UCP600: Article-by-Article Analysis* at 7 (ICC Services Publication Department No. 680 2007).

[2] 详见王卫国主编：《银行法学》，法律出版社 2011 年版，第 248~256 页；张锦源：《信用状理论与实务》，三民书局 2004 年版，第 38~67 页。

溯到中世纪地中海贸易。[1]备用信用证则主要是担保基础合同债务的履行。其产生要比商业信用证晚得多，它大概于20世纪60年代在美国出现。[2]通说认为，备用信用证之所以产生，是源于美国法律限制银行开立从属类型担保。[3]备用信用证一经产生，便在实践中取得巨大反响，在各领域有着广泛适用。[4]

一般认为，商业信用证和备用信用证有如下区别。[5]

首先，两者功能偏重不同。商业信用证主要承担买卖合同下的货款支付功能，而备用证则可用于各种交易，以担保金钱或非金钱债务的履行。开证人开立商业信用证之时，便会预期到受益人会提交单据并要求开证人承付；而备用信用证则通常只有在基础交易发生问题时，受益人才会提交单据要求开证人承付。因此，商业信用证形式和实质都是第一性的，而备用信用证形式是第一性的，而实质却是从属的、第二性的。也正是

---

[1] See Peter E. Ellinger, *Documentary Letters of Credit: A Comparative Study*, at 24~38 (University of Singapore Press 1970). 我国学者徐国栋则将信用证追溯到古罗马时代，参见徐国栋："罗马法中的信用委任及其在现代法中的继受——兼论罗马法中的信用证问题"，载《法学家》2014年第5期，第150~165页。

[2] Peter E. Ellinger, "Standby Letters of Credit", 6 Int'l Bus. Law., 604, 610 (1978).

[3] Ramandeep Kaur Chhina, *Standby Letters of Credit in International Trade* at 10 (Kluwer Law International 2013); Peter E Ellinger, "Standby Letters of Credit", 6 Int'l Bus. Law., 604, 611 (1978); Xiang Gao & Ross P. Buckley, "The Unique Jurisprudence of Letters of Credit: Its Origin and Sources", 4 San Diego Int'l L. J., 91, 98 (2003). But see James E. Byrne, *6B Hawkland UCC Series* §5-102: 135 [Rev] Guarantee; dependent undertakings (Thomson Reuters 2016); 陈检："备用信用证起源之谜"，载高祥主编：《独立担保法律问题研究》，中国政法大学出版社2015年版，第159~217页。

[4] 陈检："备用信用证起源之谜"，载高祥主编：《独立担保法律问题研究》，中国政法大学出版社2015年版，第168~169页；James, E. Byrne, *6B Hawkland UCC Series* §5-101: 5 [Rev] Use of letters of credit (Thomson Reuters 2016); Peter E Ellinger, "Standby Letters of Credit", 6 Int'l Bus. Law., 604, 612~613 (1978).

[5] See e. g., Xiang Gao & Ross P. Buckley, "The Unique Jurisprudence of Letters of Credit: Its Origin and Sources", 4 San Diego Int'l L. J., 91, 100~101 (2003).

第一章　信用证基本原理

因为这一功能区别，导致商业信用证支取是常态，而备用证支取是非常态。[1]

其次，商业信用证通常所要求提交的单据具有一定经济价值，是基础买卖合同下货物价值的体现；而备用信用证所要求提交的单据通常是申请人违约的声明，其本身一般不具有经济价值。[2]正是这一区别导致商业信用证法律制度和备用证法律制度之间存在诸多细微差异。例如，在开证人不当拒付时，商业信用证中的单据对受益人更为重要，故此 UCP 明确要求必须在拒付通知中表明单据处置方式并据此行事，否则失权；而备用信用证中的单据并不具有如此强烈的重要性，所以 ISP98、1995 UCC §5 以及 URDG758 等并不特别强调开证人必须在拒付通知中表明单据处置方式。[3]再如，在损害赔偿计算上，如果商业信用证中受益人已经处置单据以减轻损失，开证人赔偿时可要求将此减轻损失部分予以扣除，而备用信用证则不存在通过处置单据减轻损失并予以扣除的问题。[4]

最后，商业信用证所要求的单据基本已呈现类型化、标准化。而备用信用证由于使用的范围非常广泛，故此单据要求也就非常个性化。[5]

---

[1] James J. White & Robert S. Summers, *Uniform Commercial Code* at 1069-1070 (West 6th ed 2010).

[2] James E. Byrne, *6B Hawkland UCC Series* §5-102：125［Rev］Classification；typology；independent undertakings —Standby letters of credit (Thomson Reuters 2016).

[3] 详见第三章第三节。

[4] 详见第五章第三节。

[5] 陈检："备用信用证起源之谜"，载高祥主编：《独立担保法律问题研究》，中国政法大学出版社 2015 年版，第 173 页。其他差异如不可抗力是否导致信用证有效期顺延 [UCP600 Article 36；ISP98 Rule 3.14 (a)]；分期支款下某一期未支付是否导致随后各期自动失效 [UCP600 Article 32；ISP98 Rule 3.07 (a)]；有效期之外是否还存在交单期限问题 [UCP600 Article 14 (c)]；信用证转让次数是否受限制、是否允许部分转让 [UCP600 Article 38；ISP98 Rule 6.02 (b)]，等等。

当然，商业信用证和备用信用证的差异是非根本性的，两者无论是在独立性原则还是严格相符原则上，都是共同的。故此 UCC 不区两者而一体适用；[1] UCP600 也在可适用范围内将备用信用证纳入其规范范畴。[2] 甚至专门规范备用信用证的 ISP98 本身也并未排除商业信用证的适用。[3]

(三) 备用信用证与独立保函

在商业实践中，独立性承付义务除了信用证之外，还有独立保函。独立保函是指担保人（开证人）向受益人出具的，同意在受益人提交符合保函要求的单据时向其支付一定款项的书面承诺。[4]

独立保函主要源起于欧洲大陆与英国（20 世纪 70 年代），它是为了满足中东石油国家的需求而从从属担保中演化出来的。[5] 它和从属担保最本质的区别在于其独立于基础合同。[6]

备用信用证和独立保函无论是本质还是功能，都是雷同的。两者都是开证人形式上承担第一性付款义务，而实质上承担第二性付款义务。即开证人在申请人基础合同下违约时方才对提交相符单据的受益人承付。[7]

---

[1] James E. Byrne, 6B *Hawkland UCC Series* § 5-102：125 [Rev] Classification; typology; independent undertakings —Standby letters of credit (Thomson Reuters 2016).

[2] See UCP600 Article 1.

[3] ISP98 Preface.

[4] 《最高人民法院关于审理独立保函纠纷案件若干问题的规定》（法释[2016] 24 号，以下简称《独立保函司法解释》）第 1 条。

[5] Ramandeep Kaur Chhina, *Standby Letters of Credit in International Trade* at 15-16 (Kluwer Law International 2013).

[6] URDG 758 Article 5;《独立保函司法解释》第 3 条。另可参见刘斌："独立担保的独立性：法理内涵与制度效力——兼评最高人民法院独立保函司法解释"，载《比较法研究》2017 年第 5 期，第 26~44 页。

[7] Roy Goode, "Abstract Payment Undertaking and the Rules of the International Chamber of Commerce", 39 St. Louis U. L. J., 725, 730 (1995); Roy Goode, *The ICC Uniform Rules for Demand Guarantees*, at 21 (ICC Publications No. 510 1992).

第一章 信用证基本原理

在美国，UCC §5 明确将独立保函纳入其规范范围。[1]在具体判例上，也是将两者同等对待。[2]我国高祥教授形象地将独立保函与备用信用证的关系描述为土豆与山药蛋的关系，两者只是名称不同，本质一样。[3]

当然，也并不是说独立保函和备用信用证并无任何差别。首先，两者起源不同。其次，适用范围上，备用信用证使用范围更为广泛，不管是金钱债务还是非金钱债务，都适用。而独立保函更多地适用于非金钱债务担保。当然，就这一点而言，现在两者的区别已经逐渐模糊。[4]最后，在具体运作上，两者略有区别。例如，备用信用证下涉及的中间人和独立保函并不完全相同。在独立保函中，很少会涉及中间人问题，即使涉及第二家银行，该银行也通常是反担保人，他是应担保人要求而开出另一份独立保函的银行。而备用信用证几乎和商业信用证一样，会涉及通知人、保兑人、被指定人等。[5]

---

〔1〕 1995 UCC §5-102 cmt.6; James, E. Byrne, *6B Hawkland UCC Series* §5-101: 8 [Rev] Names of the letter of credit undertakings; §5-102: 126 [Rev] Classification; typology; independent undertakings—Independent guarantees (Thomson Reuters 2016).

〔2〕 See *American National Bank & Trust Co. v. Hamilton Industry International Inc.*, 583 F. Supp. 164 (ND Ill. 1984); *Banque Paribas v. Hamilton Industries International, Inc.*, 767 F. 2d 380 (7th Cir. 1985); *JP Doumak Inc. v. Westgate Financial Corp.*, 776 NYS 2d 1 (NY App. Div. 2004); *American Express Bank Ltd. v. Banco Espanol de Credito, SA*, 597 F. Supp. 2d 394 (SDNY 2009).

〔3〕 高祥："论国内独立保函与备用信用证在我国的法律地位——兼评最高人民法院独立保函司法解释征求意见稿"，载《比较法研究》2014 年第 6 期，第 6 页；张勇健、沈红雨："《关于审理独立保函纠纷案件若干问题的规定》的理解和适用"，载《人民司法（应用）》2017 年第 1 期，第 25 页。

〔4〕 Ramandeep Kaur Chhina, *Standby Letters of Credit in International Trade* at 16 (Kluwer Law International 2013).

〔5〕 Ramandeep Kaur Chhina, *Standby Letters of Credit in International Trade* at 15 (Kluwer Law International 2013). See also Georges Affaki & Roy Goode, *Guide to ICC Uniform Rules for Demand Guarantees URDG 758* at 9–10 (ICC Services Publications No. 702E

从我国法律背景来看，我们是先有《信用证司法解释》，后又起草了《独立保函司法解释》。[1]原本备用信用证适用《独立保函司法解释》更为妥当。但最高人民法院在起草《独立保函司法解释》时，最终还是将其排除适用于该司法解释之外。[2]因此，国内有关备用信用证的争议纠纷理应仍适用信用证司法解释。[3]

本书赞同认为，独立保函和备用信用证本质类似，都遵循独立性原则、严格相符原则。但在我国目前的法律背景下，已经形成了两套法律体系，两者之间的术语仍存在不一致之处。基于行文便捷考虑，本书主要围绕商业信用证与备用信用证展开探讨，适当兼顾独立保函相关问题，但所得结论对独立保函当然适用。

三、信用证的功能与目标

（一）信用证的功能

信用证自产生以来便在国际国内贸易中发挥了巨大作用，因而被誉为贸易的"生命血液"。[4]这是因为信用证在实践中可

（接上页）2011）；Nelson Enonchong, *The Independence Principle of Letters of Credit and Demand Guarantees* at 34（Oxford University Press 2011）.

〔1〕 参见本章第一节。

〔2〕 高祥："一部走在世界前列的理性创新的司法解释"，载《中国审判》2017年第15期，第27页；张勇健、沈红雨："《关于审理独立保函纠纷案件若干问题的规定》的理解和适用"，载《人民司法（应用）》2017年第1期，第24页。

〔3〕《最高人民法院〈关于审理见索即付独立保函纠纷案件若干问题的指导意见〉（第二稿）的起草说明》，第55页；安徽省合肥市中级人民法院"平安银行股份有限公司与徽商银行股份有限公司信用证议付纠纷案"〔2019〕皖01民初2479号；广东省高级人民法院"北京康正恒信融资担保有限公司与华商银行信用证纠纷案"〔2019〕粤民终979号。

〔4〕 克尔（Kerr）大法官语。See *Harbottle（Mercantile）Ltd. v. National Westminster Bank Ltd.*〔1978〕1 QB 146.

发挥如下功能。

1. 付款与担保功能

付款功能是商业信用证最基本、最核心的功能。商业信用证本身便是基于付款目的而产生的，已如前述。

与商业信用证的直接付款功能不同，备用信用证的根本目的在于担保申请人基础合同履行，但形式上仍表现为付款功能。以前述备用信用证担保买卖合同付款为例，一般情况下备用信用证是备而不用，在受益人付运货物后直接由申请人支付货款。但一旦申请人未支付，则受益人可将信用证所规定的单据提交开证人，开证人在单证相符的条件下必须承付受益人。再如，在工程建设合同中，承建商（受益人）和开发商（申请人）可约定，由开发商向开证人申请开立备用信用证，以担保承建商按进度完成工程后，开发商会按时支付工程款项，否则承建商可按备用信用证要求提交单据要求开证人承付；而承建商也同时必须向开证人申请开立一份以开发商为受益人的备用信用证，以担保承建商能够按时完成工程建设，否则开发商可就工程延期导致的损失向开证人提交单据要求开证人承付信用证项下款项。

而信用证之所以能够起到付款或担保功能，最重要的原因是开证人通常为银行，其信用要远远高于一般的申请人。信用证实质上是用开证人的银行信用替代了申请人的商业信用，[1] 由此实现了信用证担保、付款功能。

信用证担保、付款功能体现的极致便是信用证"先付款、后诉讼"原则。[2] 据此原则，只要受益人提交相符单据给开

---

〔1〕 *Heritage Bank v. Redcom Laboratories, Inc.*, 250 F. 3d 319（5th Cir. 2001）; *Dependable Component Supply, Inc. v. Carrefour Informatique Tremblant, Inc.*, 2011 WL 1832772; *DBJJJ, Inc. v. National City Bank*, 123 Cal. App. 4th 530（2004）, etc.

〔2〕 See *Eakin v. Continental Ill. Nat. Bank & Trust Co.*, 875 F. 2d 114, 116（7th Cir. 1989）.

证人，开证人便应承付。无论是申请人还是开证人都不得以基础合同存在纠纷、受益人基础合同下存在违约等理由抗辩受益人信用证下的支款权利。申请人和受益人基础合同下的纠纷需待到信用证下开证人承付受益人后才由基础合同当事人在基础合同下另行解决。而信用证先付款后诉讼原则不仅有力地保障了受益人的款项权益，而且有效移转了争议诉讼管辖甚至举证责任等，[1]这是其他诸如赊销、托收等付款机制所无法比拟的。

信用证的担保、付款功能有效消解了因信息不对称而导致的贸易双方彼此不信任问题，从而促进了贸易的迅猛发展。

2. 融资功能

除了担保、付款功能外，信用证还可发挥贸易融资功能。例如，在即期商业信用证下，由于申请人不需要提前支付受益人，其只需待到受益人付运货物并将相符单据提交开证人并在开证人承付受益人后，才需向开证人付款赎单。而在远期信用证下，在开证人获得受益人单据后，申请人无需立即偿付开证人便可获得提单等单据提取货物。待到一定期限（诸如是受益人交单后30天、60天等）届满，开证人才需承付受益人，申请人才需偿付开证人。[2]而这时申请人往往已通过信托收据等方式提取并转售货获得收益。因此信用证开立本身，对申请人而言起到的便是融资作用。

而对受益人来讲，其在收到开证人所开立的信用证后，便可将信用证打包贷款，并用此贷款款项来支付其上游供应商。[3]当

---

〔1〕 See John F. Dolan, *The Law of Letters of Credit: Commercial & Standby Credits* § 3.07 The Credit's Functions (LexisNexis AS Pratt 2018).

〔2〕 最高人民法院"中油龙昌（集团）股份有限公司与中国建设银行辽宁省分行营业部、沈阳沈港对外贸易公司信用证垫款纠纷案"[2001]民四终字第22号。

〔3〕 参见陈治东：《国际贸易法》，高等教育出版社2009年版，第231页。

然，受益人也可选择凭借申请人信用证对其供应商开立背对背信用证，[1]或者在信用证允许转让的情况下，[2]受益人可向开证人申请将信用证转开给其供应商。在承兑或延期付款信用证下，受益人在开证人或被指定人承兑或发出延期付款承诺后可将承兑汇票或延期付款承诺予以贴现；[3]议付信用证下，受益人可直接将相符单据交付议付人并要求其议付，从而可以顺利实现资金融通。

备用信用证也同样可以起到融资功能。在前述备用信用证担保买卖合同付款例证中，受益人可放心先行付运货物，并将单据提交申请人要求申请人付款，这本身便是对申请人的资金融通。申请人无需在受益人交货之前或付运货物当时便立即支付货款，而是待到受益人递交单据之时。受益人甚至会进一步给予申请人延期付款的便利，诸如付运后 30 天、60 天等不等期限，此融资功能体现得更为明显。而在担保商业贷款的备用信用证中，信用证融资功能体现得更为直接。如果借款人（申请人）本身资信不佳，其往往难以在市场上借到款项，即使能够借到款项，利率也会很高。而如果其能够找到一信誉良好的开证人为其开立信用证，担保一旦借款人将来违约未及时偿还贷款，则贷款人（受益人）可以按信用证要求提交单据要求开证人承担承付义务。由此，贷款人可放心无忧地以较低利率向借

---

[1] Comments, "Damages for Breach of Irrevocable Commercial Letters of Credit: The Common Law and The Uniform Commercial Code", 25 U. Chi. L. Rev. , 667, 669 note 10 (1958).

[2] UCP600 Article 38; 1995 UCC § 5-112.

[3] UCP600 Articles 7 (c), 8 (c), 12 (b); Rolf Eberth, Petter E. Ellinger, "Deferred Payment Credits: A Comparative Analysis of Their Special Problems", 14 J. Mar. L. & Com. , 387, 387~416 (1983).

款人放贷。[1]

信用证融资功能是担保与付款功能的进一步延伸。之所以基础交易双方当事人能够利用信用证进行融资,中间人特别是银行之所以愿意提供相应融资,关键原因在于他们相信信用证开证人的资信,相信开证人会严格履行信用证下相符交单承付义务。

3. 促进交易功能

除了前述担保、付款以及资金融通功能之外,信用证还能够起到促进交易的作用。一方面,因为信用证能够担保付款并能够提供资金融通功能,这会促使受益人更愿意和申请人签订交易。另一方面,一旦申请人成功通过开证人专业审核并开立出信用证,通常便意味着申请人资信状况良好,受益人可放心与之交易,而无需担心申请人在履行合同的过程中会存在不诚信行为。这是因为,开证人之所以愿意为申请人开立信用证,除了可以赚取一定手续费外,更重要的是,开证人对申请人的资信比较了解,其可通过专业手段获取足够信息确认申请人资信良好,会履行基础合同项下协议;即使申请人最终因各种原因而未履行,在开证人承付受益人后,开证人仍能够向申请人追偿,而申请人仍有资产偿付开证人。因此,开证人不仅为受益人提供了付款担保,还提供了代为审核申请人资信的功能。[2]据学者实证研究,信用证担保、付款功能因交单不符点而大打折

---

[1] See Alireza Gharagozlou, "Cordelia Returns–Using Letters of Credit to Reduce Borrowing Costs", 34 Dayton L. Rev., 305 (2009);安徽省合肥市中级人民法院"平安银行股份有限公司与徽商银行股份有限公司信用证议付纠纷案"[2019]皖 01 民初 2479 号;北京市第二中级人民法院"中国进出口银行与河南天冠企业集团有限公司等信用证融资纠纷案"[2019]京 02 民初 518 号。

[2] See Margaret L. Moses, "The Irony of International Letters of Credit: They Aren't Secure, But They (Usually) Work", 120 Banking L. J., 483 (2003).

扣,反而是开证人对申请人资信审核功能成了基础交易双方选择信用证付款机制的重要原因。[1]

以公司为发行债券而开立备用信用证为例。如果公司资信一般,其所发行之债券要么无人购买,要么必须以低价高利率回报为诱饵进行销售。而如果其能够向银行申请开立备用信用证,以担保将来债券的兑现,则有助于唤起投资人的兴趣。此时,信用证不仅能够为公司发行债券拓宽市场,而且能够以更低利率销售债券,从而顺利实现其融资需求。信用证促进交易功能由此得以实现。

总而言之,担保、付款、融资和促进交易是信用证的基本功能。正是基于这些功能,国际、国内贸易得以迅猛发展。但这些功能特别是担保付款和贸易融资功能得以有效实现,和法律及司法判决本身对信用证商业目标的坚决、有效维护密不可分。

(二)信用证的商业目标

信用证追求如下商业目标:迅捷、确定、低成本与高效率。[2]

1. 信用证付款的迅捷性与高效率

信用证付款的迅捷性与高效率体现在如下几点:首先,与一般商业合同相比,信用证开立简单。一般商业合同的签订,多需双方当事人通过协商谈判才能签订;而信用证的开立,纯粹基于申请人申请,开证人通常无需和受益人协商。如受益人

---

[1] Ronald J. Mann, "The Role of Letters of Credit in Payment Transactions", 98 Mich. L. Rev., 2494, 2521~2530 (2000).

[2] 也可称之为信用证的商业特征或商业价值。商业目标一词源自对多兰教授"commercial objectives"的迻译。See John F. Dolan, *The Domestic Standby Letter of Credit Desk book for Business Professionals, Bankers and Lawyers* §1.02 The Standby's Purpose Drives Its Formalism (Matthew Bender 2015).

审核信用证发现有不符基础合同约定的，可直接联系申请人要求开证人修改信用证。其次，信用证条款简单。国际贸易中基础合同可能非常复杂，一个合同正文加附件可能有成百上千页，但担保其付款的信用证则可能只有短短三四页甚至一两页。而要求受益人提交的单据也非常简单，一般商业信用证下通常只要提单、商业发票、保险单等基本单据，如果再复杂点可能还需要提交质检证书、原产地证书等。备用信用证下则可能更简单，其往往只需受益人提交一份发票与申请人违约声明即可。[1]再次，开证人承付简单。开证人只需对受益人所提交的单据进行表面审核，相符便承付，不符即拒付。[2]开证人无需也无权去核实基础交易情况，诸如受益人是否已经履行了交货义务，所交付货物是否存在瑕疵，申请人是否违反基础合同等。[3]而且开证人审核单据具有时间限制，其必须在收到单据的次日起5个工作日内[4]或不超过7个工作日的合理期限内[5]审单并决定是否承付。[6]最后，如果开证人非以正当理由拒付，受益人起诉开证人不当拒付时，受益人无需举证其基础合同下的实际损失，[7]在开证人拒付通知无效时受益人更是无需举证其对无效拒付通知之信赖与损害。[8]美国甚至允许在一定条件下实行

---

〔1〕 John F. Dolan, *The Domestic Standby Letter of Credit Desk book for Business Professionals*, *Bankers and Lawyers* § 1.05 Celerity in Performing the Standby (Matthew Bender 2015).

〔2〕 参见第三章第二节、第三节。

〔3〕 参见第五章第二节。

〔4〕 UCP600 Article 14 (b);《国内信用证结算办法》第44条。

〔5〕 1995 UCC § 5-108 (b).

〔6〕 详见第三章第二节。

〔7〕 详见第五章第二节。

〔8〕 详见第三章第三节。

第一章 信用证基本原理

简易判决,[1]从而可大大加速审判流程,促进信用证付款迅捷性与高效率的实现。[2]

2. 信用证付款的确定性

信用证是开证人对受益人开具的确定性承付承诺。该确定性一方面体现在信用证付款条件明确具体(definite),诸如受益人必须于何时何地提交何种单据,单据签发人为谁,内容为何,受益人得以支款金额为多少等。另一方面体现在,除非是可撤销信用证,否则未经受益人同意,信用证既不可撤销也不可修改。[3]

此外,信用证付款的确定性还体现在一旦开证人审单确定单据相符,其必须付款,开证人不得以基础合同或申请合同下的抗辩事由对抗受益人的支款权利;且付款之后,除非存在欺诈,否则不得向受益人追索,此即信用证付款终局性(finality)。[4]信用证付款终局性无论是在 UCP600 还是 1995 UCC §5 等中都有体现。[5]如 UCP600 第 16 条、1995 UCC §5-108 条均规定了开证人拒付通知义务及未按要求履行通知义务时构成失权的

---

[1] See John F. Dolan, *The Law of Letters of Credit: Commercial & Standby Credits* §11.06 Summary Judgment (LexisNexis AS Pratt 2018).

[2] 多兰教授将信用证付款迅捷性比喻为格雷伊猎犬(greyhound)。See John F. Dolan, "The Original LC as a 'Document'", 19 DC Insight 18 (January-March 2013), http://www.ssrn.com/link/Wayne-State-U-LEG.html, visited on 2021-2-10.

[3] 有关信用证修改的详尽阐述,参见王金根:"论信用证修改",载梁慧星主编:《民商法论丛》(第 61 卷),法律出版社 2016 年版,第 100~124 页。

[4] See James E. Byrne, *International Letter of Credit Law and Practice* §15: 19. US law —Finality of honor by issuer, confirmer, or paying bank and warranty and subrogation (Thomson Reuters 2017); A. G. Guest ed., *Benjamin's Sale of Goods* at 1694-1695 (Sweet & Maxwell 6th ed 2002); Peter E. Ellinger, *Documentary Letters of Credit: A Comparative Study* at 200-208 (University of Singapore Press 1970).

[5] 另参见《国内信用证结算办法》第 39 条、第 48 条;ISP98 Rule 5.03;URDG758 Article 24.

规则。[1]拒付失权规则既不是基于开证人意愿,也不是基于受益人信赖,更不是基于诸如禁反言等衡平原则,[2]是基于开证人未能严格按 UCP、UCC 等的规定履行拒付通知这一事实,而这是建立在国际银行界对信用证付款功能的共识之上的,是付款终局性这一商业理念的最终体现。[3]

3. 信用证的低成本

只有低成本、高效率的付款机制才具有市场竞争力。信用证的低成本体现在如下方面:首先,信用证付款免去了基础合同双方当事人因彼此不信任而需耗费大量时间精力去调查对方资信状况的费用。其次,信用证付款条件简单明确,开证人无需调查基础交易情况仅需根据单据决定是否承付,从而便利了开证人的工作、节省了判定是否应当承付受益人的成本。最后,开证人一旦不当拒付,受益人可直接索赔开证人不当拒付之金额、外加利息等费用,而无需举证证明其基础合同下的实际损失;[4]再加上美国允许不当拒付案一定条件下适用简易判决,[5]从而大大节省了追究开证人不当拒付的成本。

总而言之,信用证付款机制的迅捷性、确定性、低成本与高效率是信用证商业生命之所在。只有整个信用证法律及各国

---

[1] See *Habib Bank Ltd. v. Convermat Corp.*, 554 NYS 2d 757 (App. Term. 1990); James G. Barnes, "Nonconforming Presentations under Letters of Credit: Preclusion and Final Payment", 56 Brook. L. Rev., 103, 103~109 (1990). 就拒付通知及失权的详尽阐述,参见本书第三章第三节;有关付款确定性的进一步探讨,参见本书第二章第一节。

[2] 1995 UCC §5-108 cmt 3; See also James J. White & Robert S. Summers, *Uniform Commercial Code* at 170 (West 4th ed vol 3 1995).

[3] UCP600 Article 8 (a) (ii); 1995 UCC §5-108 (i), 1995 UCC §5-108 cmt. 3.

[4] 参见第四章第二节。

[5] See John F. Dolan, *The Law of Letters of Credit: Commercial & Standby Credits* §11.06 [1] In General (LexisNexis AS Pratt 2018).

司法判决能够全面贯彻并促进上述商业目标的实现，信用证付款、担保、融资与促进交易功能才能够得以充分、有效发挥。[1]但要确保信用证商业目标与功能的实现，则不仅需要信用证从有效构成要素到开立到承付到不当拒付损害赔偿等整个法律制度设计的通力配合，更为重要的是，我们必须严格、准确且彻底贯彻信用证独立性原则与严格相符原则。

四、信用证的基本原则

信用证建立在独立性原则与严格相符原则基础之上。其中，信用证独立性原则是根本，而严格相符原则是信用证独立性特别是单据性的逻辑延伸。两者共同构成了信用证的基本原则。[2]

（一）信用证独立性原则

信用证独立性原则是信用证机制得以发挥之基石，[3]是整个信用证交易最为核心的"神圣"原则，国际惯例及各国法院均承认其效力。[4]UCC §5则明确以信用证"独立性"为其整编的立法基础。[5]那何谓信用证独立性？如前述，信用证交易

---

〔1〕 1995 UCC §5修改的目的之一便是"维护信用证作为低成本、高效率的支付工具"（See 1995 UCC §5 Prefatory Note）。

〔2〕 See *Ocean Rig ASA v. Safra Nat. Bank of New York*, 72 F. Supp. 2d 193, 198-199 (SDNY 1999); "最高人民法院《关于审理信用证纠纷案件若干问题的规定》的说明"，载 https://www.chinacourt.org/article/detail/2005/12/id/189405.shtml，访问日期：2021年2月10日。

〔3〕 See Henry Harfield, *Bank Credits and Acceptances*, at 28 (The Ronald Press Company 5th ed 1974); 王玧："《关于审理信用证纠纷案件若干问题的规定》的理解与适用"，载《人民司法》2006年第1期，第18页。

〔4〕 David Gray Carlson & William H. Widen, "Letters of Credit, Voidable Preferences, and the 'Independence' Principle", 54 Bus. Law., 1661, 1661 (1999).

〔5〕 1995 UCC §5, Prefatory Note; James E. Byrne, *6B Hawkland UCC Series* §5-101: 14 [Rev] Relationship to letter of credit practice: the role of letter of credit practice in Rev. UCC Article 5 (Thomson Reuters 2016).

至少涉及三个法律关系：一是受益人与申请人之间的基础合同，二是申请人与开证人之间的申请合同，三是开证人与受益人之间的信用证法律关系。在这三个法律关系中，信用证法律关系显然是基于基础合同和申请合同而产生的，但一旦信用证开立出来，便在法律上完全独立于基础合同和申请合同，[1]此即信用证独立性原则。[2]

（二）信用证严格相符原则

严格相符是指信用证下开证人的承付义务取决于受益人提交表面上与信用证条款相一致的单据，否则即使他们完全履行了基础合同项下义务，也不会得到开证人的付款。[3]当然，此所谓"一致"并非要求受益人所交付单据表面上能够与信用证、国际标准银行实务、单据绝对一致，而只需要单单之间、单证之间表面不冲突即可。开证人不能机械地、奴隶化地执行绝对相符要求。[4]

第二节　信用证的法源

一、信用证法源概述

信用证法源是法院裁决信用证争议案件时所需寻找的法律依据。

信用证本质上是由商人创造，具有很强的国际性，故此信用证法源主要表现为各种国际商事惯例或示范规则，诸如UCP、

---

[1] See 1995 UCC § 5-103（d）；UCP600 Article 4；ISP98 Rules 1.06, 1.07；《国内信用证结算办法》第7条。
[2] 参见第五章第二节。
[3] 王卫国主编：《银行法学》，法律出版社2011年版，第262页。
[4] 参见第三章第二节。

URDG、ISP98 等。此外，还有一份由联合国国际贸易法委员会制定的规范独立担保与备用信用证的公约。

至于国内法，很少有国家专门制定信用证法律。[1]但美国 1995 UCC §5 对信用证法律规则作了比较全面的规定。此外，在美国，法院判例也会构成法源；而学说也会构成补充法源。[2]

我国并非判例法国家，故各级法院所判决的信用证案例对后续案件判决并无拘束力。尽管我国在逐步实行案例指导制度，但此指导案例也仅仅具有指导作用，而不具有强制拘束力。[3]至于学说，在我国一般也不视为法源。[4]但我国最高人民法院拥有针对具体问题颁布司法解释的权力。[5]目前，我国最高人民法院分别就信用证和独立保函颁布了司法解释。此外，为鼓励国内贸易信用证使用，中国人民银行颁布了《国内信用证结算办法》，这也是国内信用证争议裁决的法源之一。

二、国际性法律规范

（一）UCP

UCP 全称为"Uniform Customs and Practices for Documentary Credits"。它由国际商会编纂，最早版本颁布于 1933 年，后经多

---

[1] 有关详细情况，See Rolf A. Schutze & Gabriele Fontane, *Documentary Credit Law Throughout the World*（ICC Publishing SA No. 633 2001）.

[2] Xiang Gao & Ross P. Buckley, "The Unique Jurisprudence of Letters of Credit: Its Origin and Sources", 4 San Diego Int'l L. J., 91, 109 (2003).

[3] 《最高人民法院关于案例指导工作的规定》（法发［2010］51 号）第 7 条。从司法实务角度来看，我国典型案例，尤其是最高人民法院公布的典型案例与指导案例，对随后相同或类似案件的审判具有很大说服力。因而，他们事实上起到了类似判例的作用。

[4] 《民法典》第 10 条。

[5] 《最高人民法院关于司法解释工作的规定》（法发［2007］12 号）第 2 条。

轮修订，目前最新版本为 2006 年 UCP600。[1]

时至今日，几乎所有涉及国际货物贸易的商业信用证都并入了 UCP。[2]正因如此，我国最高人民法院才将 UCP 视为一项国际商事惯例。[3]尽管美国学理及判决并未明确赋予 UCP 国际商事惯例效力，但也都承认，即使信用证并未并入 UCP，UCP 也可作为"国际广泛接受的商事实践汇编"而具有"证明价值（probative value）"与说服力。[4]

UCP600 共 39 条，主要规范 UCP 的适用、独立性、开证人与保兑人义务、审单标准、拒付通知、失权规则、免责事项以及信用证转让与款项让渡等。[5]

（二）ISP98

如前述，备用信用证和商业信用证本质上并无区别。早在

---

[1] 有关 UCP 早期修订简要介绍，See Charl Hugo, *The Law Relating to Documentary Credits from a South African Perspective with Special Reference to the Legal Position of the Issuing and Confirming Banks*, at 79~134（PhD Thesis of the University of Sellenbosch 1996）; Xiang Gao, *The Fraud Rule in the Law of Letters of Credit*, at 16~18（Kluwer Law International 2002）.

[2] Xiang Gao, "The Fraud Rule under the UN Convention on Independent Guarantees and Standby Letters of Credit: A Significant Contribution from An International Perspective", 1 Geo. Mason J. Int'l Comm. L., 48, 62（2010）.

[3] 参见《最高人民法院关于审理信用证纠纷案件若干问题的规定》（以下简称《信用证司法解释》）第 2 条。有关 UCP 性质的详尽探讨，See Charl Hugo, *The Law Relating to Documentary Credits from a South African Perspective with Special Reference to the Legal Position of the Issuing and Confirming Banks*, at 146~180（PhD Thesis of the University of Sellenbosch 1996）.

[4] See John F. Dolan, *The Law of Letters of Credit: Commercial & Standby Credits* § 4.06 [1] Nature of the UCP（LexisNexis AS Pratt 2018）.

[5] 此外，国际商会针对电子交单问题颁布了 eUCP（Supplement to Uniform Customs and Practice for Documentary Credits for Electronic Presentations）；针对实务中审单标准问题颁布了 ISBP（International Standard Banking Practice for the Examination of Documents under Documentary Credits）；针对银行间偿付问题颁布了 URR（Uniform Rules for Bank-to-Bank Reimbursements under Documentary Credits），这些都是 UCP 的重要补充。

1977年,国际商会便明确表示,备用信用证符合UCP信用证的定义,只要备用证有明确规定,UCP即可适用。[1]后国际商会于UCP400正式将备用信用证纳入调整范围。[2]但商业信用证和备用信用证毕竟在具体业务操作上略有差别,导致主要规范商业信用证的UCP很多规定对备用信用证都不太适用。[3]于是,伯恩及其领导的工作组在国际商会支持下于1998年编纂了专门规范备用信用证的International Standby Practices(简称ISP98)。[4]

ISP98共10项规则。主要规范了适用范围、定义和解释、开证人与保兑人的承付义务、备用信用证修改、交单、审单、拒付通知、失权与单据处置、信用证转让、款项让渡以及法定转让、信用证失效等。

尽管ISP98主要针对的是备用信用证,但其可以适用于包括独立保函、商业信用证在内的所有独立承付义务。这是因为实践中很难将备用信用证和独立保函甚至商业信用证区分开来。[5]

ISP98颁布后,取得了较大影响。尤其是其定义、解释等条款起草模式直接为UCP600所借鉴。[6]其具体条款也多为法院所援引,以作为对UCP、UCC有关规定的解释或补充。[7]但真正在

---

[1] See Ali Malek QC & David Quest, *Jack*: *Documentary Credits*, at 347 (Tottel Publishing Ltd. 4th ed 2009). 实际上,自备用信用证产生之日起,很多便规定适用UCP222和UCP290,即使当时UCP并未明确将备用信用证纳入适用范围(See Xiang Gao, *The Fraud Rule in the Law of Letters of Credit*: *A Comparative Perspective* at 17 note 66 (Kluwer Law International 2002)。

[2] See UCP400 Article 1. See also UCP500 Article 1; UCP600 Article 1.

[3] 诸如一系列运输单据规则、分期付运与支款规则、限制信用证转让次数规则等。

[4] See ISP98 Preface.

[5] See ISP98 Preface.

[6] See UCP600 Articles 2, 3.

[7] See e. g., *Nissho Iwai Europe PLC v. Korea First Bank*, 99 NY 2d 115 (2002):涉案信用证并未规定适用ISP98,但法院援引了该惯例来解释循环信用证的含义。

备用信用证中明确并入 ISP98 的案件，在中美等国尽管存在，[1]但仍不多见。[2]因此，目前 ISP98 尚难以像 UCP 那样取得国际商事惯例的法律地位。[3]

（三）《联合国独立担保与备用信用证公约》

《联合国独立担保与备用信用证公约》（以下简称《公约》）是由联合国贸易法委员会拟定并在 1995 年经联合国大会通过的，并于 2000 年 1 月 1 日生效。截至 2021 年 3 月 4 日，《公约》生效国家仅有 8 个，美国则仅签字而未生效。[4]由于世界上主要的经济大国都未加入，《公约》的影响力仍然有限。[5]

《公约》共 29 条，主要内容包括适用范围、担保形式与内容、权利义务与例外、临时性法院措施等。《公约》的适用对象主要是独立担保与备用信用证。但是，如果当事人愿意，商业

---

[1] See e. g., *Uniloy Milacron Inc. v. PNC Bank*, *NA*, 2008 US Dist. LEXIS 33063; *Export-Import Bank of the US v. United California Discount Corp.*, 2011 US Dist. LEXIS 6227; *TTI Team Telecom International v. Hutchison 3G UK Ltd.*, 2003 WL 1823104 (2003); *BasicNet SpA. v. CFP Services Ltd.*, 988 NY S. 2d 593 (1st Dep't 2014); 安徽省合肥市中级人民法院"平安银行股份有限公司与徽商银行股份有限公司信用证议付纠纷案"[2019] 皖 01 民初 2479 号。

[2] 实际上，具体业务中备用信用证仍主要适用 UCP（UCP600 Drafting Group, *Commentary on UCP*600: *Article-by-Article Analysis* at 12（ICC Services Publication Department No. 680 2007））。

[3] 参见王玖："《关于审理信用证纠纷案件若干问题的规定》的理解与适用"，载《人民司法》2006 年第 1 期，第 18 页。

[4] 参 见 https://uncitral. un. org/en/texts/payments/conventions/independent_guarantees/status，访问日期：2021 年 2 月 10 日。

[5] 我国并没有加入该公约，从我国银行实务角度来看，直接适用该公约的交易"几乎没有"（参见吴庆宝、孙亦闽、金赛波主编：《信用证诉讼原理与判例》，人民法院出版社 2005 年版，第 162 页）。另在浙江省高级人民法院"中国工商银行股份有限公司义乌分行等诉中国技术进出口总公司公司保函欺诈纠纷案"[2016] 浙民终 922 号案中，受益人抗辩认为我国尚未加入公约，故此公约不予适用，而最终法院判决也并未援引公约欺诈规定。

信用证也可规定适用《公约》。[1]

(四) URDG

URDG 的全称为 "Uniform Rule for Demand Guarantees"。它是国际商会针对独立保函专门制定的一部规则。最早版本为 1991 年 URDG458，目前最新版本为 2009 年 URDG758。

URDG758 共计 35 条，主要对独立保函的适用范围、独立性与单据性、担保人义务、支款、审单、拒付等问题作出了详尽规定。

由于 URDG 在实践中适用频率并不高，中、美等多数国家并不确认 URDG 具有国际商事惯例法律地位。[2]例如，我国的《独立保函司法解释》将 URDG 界定为 "交易示范规则"，即只有当事人明确援引适用时，它才 "构成独立保函的组成部分"。[3]

理论上而言，备用信用证也可适用 URDG758。但实践中，开证人会更倾向于规定备用信用证适用 UCP 或 ISP98。[4]

---

[1] See Explanatory Note by the UNCITRAL secretariat on the United Nations Convention on Independent Guarantees and Standby Letters of Credit, C. Instruments outside scope of Convention.

[2] 《独立保函司法解释》第 5 条；Georges Affaki & Roy Goode, *Guide to ICC Uniform Rules for Demand Guarantees URDG* 758, at 31 (ICC Services Publications No. 702E 2011)。事实上，URDG 在美国影响力微乎其微。1995 UCC §5 修订时，明确强调其修改目的之一是与国际惯例接轨，而此惯例却仅提及 UCP。See 1995 UCC §5-108 (e), cmt. 8.

[3] 张勇健、沈红雨："《关于审理独立保函纠纷案件若干问题的规定》的理解和适用"，载《人民司法（应用）》2017 年第 1 期，第 26 页；最高人民法院 "印度 GMR 卡玛朗加能源公司与印度国家银行班加罗尔分行独立保函欺诈纠纷案" [2019] 最高法民终 413 号；最高人民法院 "中国水利水电第四工程局有限公司与中工国际工程股份有限公司独立保函欺诈纠纷案" [2019] 最高法民终 349 号。

[4] See Georges Affaki & Roy Goode, *Guide to ICC Uniform Rules for Demand Guarantees URDG* 758, at 57, 193 (ICC Services Publications No. 702E 2011); 阎之大："UCP600 修订意见评议"，载《中国外汇》2017 年第 14 期，第 59 页。

三、国内法律规范

（一）UCC

UCC §5 是美国专门规范信用证的法律。[1]其最早版本为 1952 年版，但因只有宾夕法尼亚州采纳，故影响力甚小。现在更具影响力的是 1962 UCC §5 和 1995 UCC §5。[2]自 2009 年 7 月 1 日起，1995 UCC §5 已被美国所有 50 个州以及哥伦比亚特区、美属维尔京群岛、波多黎各等批准生效。[3]

1995 UCC §5 共 18 条，主要规范了定义、适用范围、信用证独立性、开证人与保兑人义务、被指定人与通知人义务、欺诈与伪造、救济措施等。

1995 UCC §5 有效兼顾了开证人、受益人以及申请人之间的利益平衡，坚持了信用证独立性原则与严格相符原则，有效衔接了国际信用证惯例特别是 UCP，并弥补了 UCP 规范涵盖范围的缺漏。它是世界上信用证领域除 UCP 外最为重要的法律之一。[4]

（二）判例

判例在整个信用证法律制度发展过程中起着非常重要的作用。在信用证惯例成文化以及信用证法律制定之前，主要是靠

---

[1] 有关 UCC §5 起草历史，See John F. Dolan, *The Drafting History of UCC Article* 5 (Carolina Academic Press 2015).

[2] 基于此，笔者后文有关 UCC §5 之阐述主要是基于 1962 年与 1995 年版本，特此说明。

[3] James E. Byrne, *6B Hawkland UCC Series* §5-101: 2 [Rev] The Revision of Prior UCC Article 5: Rev. UCC Article 5 (Thomson Reuters 2016). 当然，个别州在通过 1995 UCC §5 时，在措辞上有略做修改。

[4] 尽管 UCC 非常成功，但 UCP 在美国仍有很大影响力。大部分开证人所开立信用证仍会并入 UCP。See e.g., *Great Wall De Venezuela CA v. Interaudi Bank*, 117 F. Supp. 3d 474 (2015).

判例在引导信用证规则的发展。信用证法上的一些重要制度或原则也都是通过判例而逐步确立的。

如"American Steel 案"[1]等确立了信用证独立性原则;[2]"Laudisi 案"[3]等确立了严格相符原则;[4]而"Sztejn 案"等判例则确立了信用证欺诈例外规则,[5]并最终在 UCC 与《公约》中得以成文化。[6]

即使是信用证惯例与法律成文化的今天,判例对信用证法律制度的发展仍有不可忽视的作用,它仍会不断推动信用证法律制度的发展与完善。[7]

(三) 我国司法解释

我国改革开放后,随着国际贸易的不断增长,信用证付款

---

[1] *American Steel Co. v. Irving National Bank*, 266 Fed. 41 (2d Cir. 1920).

[2] 英国相关案例参见:*Urquhart Lindsay & Co. v. Eastern Bank* [1922] 1 KB 318; *Dexters Ltd. v. Schenker & Co.* (1923) 14 Ll L Rep 586.

[3] *Laudisi v. American Exchange National Bank*, 239 NY 234 (1924).

[4] 英国相关案例参见:*English, Scottish & Australia Bank Ltd. v. Bank of South Africa* (1922) 13 Ll L Rep. 21; *Equitable Trust Co. of New York v. Dawson Partners* (1926) 25 Lloyd's Rep. 90, and (1927) 27 Lloyd's Rep. 49.

[5] *Sztejn v. J Henry Schroder Banking Corp.*, 31 NYS 2d 631 (1941). 英国法院判决对信用证欺诈例外规则的确立也具有重大贡献:*United City Merchants Ltd. v. Royal Bank of Canada* [1983] 1 AC 168; [1982] QB 208, CA; [1979] 1 Lloyd's Rep. 267 and [1979] 2 Lloyd's Rep. 498; *Edward Owen Engineering Ltd. v. Barclays Bank International Ltd.* [1978] QB 159.

[6] 有关信用证欺诈的详细介绍,See Xiang Gao, *The Fraud Rule in the Law of Letters of Credit: A Comparative Perspective* (Kluwer Law International 2002).

[7] See e. g., *Banco Santander SA v. Bayfern Ltd. & Ors.* [1999] 2 All ER (Comm.) (QB) 18, aff'd; *Banco Santander SA v. Banque Paribas* [2000] 1 All ER (Comm.) (CA) 776; UCP 600 Articles 7 (c), 8 (c), 12 (b). 美国 UCC 颁布后,普通法和 UCC §5 之间的适用关系:①UCC §5 有规定的,适用 UCC 规定。比如,UCC §5 规定了失权规则,普通法下的禁反言便不适用。②UCC §5 没有规定的,适用普通法。比如律师费,1995 UCC §5-111 只是规定败诉方需赔偿胜诉方律师费,但律师费具体怎么计算,则适用普通法。③UCC §5 的规定和普通法不冲突的,普通法可以起到补充或增强释明作用。

方式争议越来越多,特别是信用证欺诈等问题更是凸显。但我国缺乏规范信用证的法律,当时最高人民法院针对欺诈等争议问题颁布过相关会议纪要与通知,[1]以作为各级法院统一裁判的依据。但会议纪要毕竟效力层级较低,针对问题并不全面系统。故最高人民法院于2005年制定了《信用证司法解释》,2006年1月1日生效。《信用证司法解释》共18条,主要规范了信用证独立性与严格相符原则以及信用证欺诈及其例外等制度。[2]

此外,随着经济全球化的不断推进,我国国际投资与基建工程不断扩大,独立保函业务与纠纷不断增多。由于独立保函领域缺乏统一、广泛适用的国际惯例,各法院在适用法律、欺诈止付等方面裁定不一的情况比较严重,为统一裁判标准,[3]最高人民法院于2016年颁布了《独立保函司法解释》。[4]《独立保函司法解释》共26条,主要规范了独立保函识别标准、生效时间、独立保函独立性与严格相符原则以及欺诈例外等。

---

[1] 最高人民法院《全国沿海地区涉外、涉港澳经济审判工作座谈会纪要》(1989年6月12日法(经)发[1989]12号):确认了独立性原则,严格相符原则,并针对冻结信用证项下款项问题提出规范要求;《最高人民法院关于严禁随意止付信用证项下款项的通知》(法[2003]103号):重申严禁随意裁定止付信用证项下款项。

[2] 参见"最高人民法院《关于审理信用证纠纷案件若干问题的规定》的说明",载https://www.chinacourt.org/article/detail/2005/12/id/189405.shtml,访问日期:2021年2月10日。

[3] 参见张勇健:"最高法院发布审理独立保函纠纷案件司法解释",载http://www.court.gov.cn/zixun-xiangqing-31221.html,访问日期:2021年2月10日;张勇健、沈红雨:"《关于审理独立保函纠纷案件若干问题的规定》的理解和适用",载《人民司法(应用)》2017年第1期,第23页。

[4] 《最高人民法院关于审理独立保函纠纷案件若干问题的规定》(法释[2016]24号)。

(四)《国内信用证结算办法》

《国内信用证结算办法》[1]最早制定于1997年(以下简称"旧《结算办法》"),以"适应国内贸易活动的需要,促进我国社会主义市场经济的健康发展"。[2]但该办法颁布后,并未起到应有效果,实践中利用国内信用证进行结算的比较少。其中可能的原因之一是旧《结算办法》部分条款存在致命缺陷。[3]

2016年,中国人民银行和银监会联合修订了《国内信用证结算办法》[4](以下简称"新《结算办法》"或《结算办法》)。新《结算办法》共60条,分别规定了国内信用证定义、独立性原则、开证、保兑、修改、通知、议付、付款、审单标准等。

四、法律漏洞:我国信用证不当拒付损害赔偿规则的缺失

UCP600、ISP98或URDG758等国际性规则与惯例仅是就信用证操作作了详尽规定,而并未触及不当拒付损害赔偿等法律问题。而未规范损害赔偿,是国际商会有意为之。[5]自然,就

---

[1] 中国人民银行《国内信用证结算办法》(银发[1997]265号)。
[2] 旧《结算办法》第1条。
[3] 参见山东省高级人民法院"中国银行股份有限公司莱芜分行与山东岱银纺织集团股份有限公司信用证纠纷案"[2008]鲁民四终字第113号;最高人民法院"关于中国银行股份有限公司莱芜分行与山东岱银纺织集团股份有限公司信用证纠纷一案的请示的复函"[2009]民四他字第9号。
[4] 中国人民银行、中国银行业监督管理委员会(已撤销)《国内信用证结算办法》([2016]第10号)。
[5] See Xiang Gao, "The Fraud Rule under the UN Convention on Independent Guarantees and Standby Letters of Credit: A Significant Contribution from An International Perspective", 1 Geo. Mason J. Int'l Comm. L., 48, 62 (2010); Rolf A. Schutze & Gabriete Fontane, *Documentary Credit Law Throughout the World*, at 14 (ICC Publishing SA No. 633 2001).

此发生争议的，应适用国内法规范。[1]由此，国内法规范的健全便尤为关键。

在我国，《结算办法》及最高人民法院所颁布的信用证与独立保函司法解释有效地补充了我国信用证纠纷规则的缺失。然而，令人遗憾的是，它们都未能对开证人不当拒付损害赔偿作出规定。司法解释起草过程中，曾有学者呼吁制定不当拒付损害赔偿规则。[2]但最终未被最高人民法院采纳，因为他们认为当时这一问题并不突出。[3]

全面、良好的法律规则有助于促进经济贸易的发展。一国法律能否被称为良法，衡量标准之一是其法律是否能够为商人提供最大程度确定性与可预见性。[4]显然，我国信用证不当拒付损害赔偿规则的缺失，以及学理上对此问题的不关注，是导致裁判中各级法院裁决依据与结果混乱不一的重要原因。从此角度而言，很难说我国信用证法律已经形成了"良法"。

正是基于此，笔者认为研究信用证不当拒付损害赔偿问题有其理论与实践价值。当然，欲探讨我国信用证不当拒付损害赔偿问题，必先要从理论上解决信用证的法律性质问题，以便

---

[1] Rolf A. Schutze & Gabriele Fontane, *Documentary Credit Law Throughout the World*, at 9~10 (ICC Publishing SA No. 633 2001). See also *Bank of Joliet v. Firstar Bank Milwaukee, NA*, 1997 WL 534244 (ND Ill. 1997)：法院以涉案信用证所规定适用的 UCP500 并未规范不当拒付损害赔偿问题为由，适用 UCC §5 规定。

[2] 金赛波编著：《中国信用证法律和重要案例点评（2002）年度》，对外经济贸易大学出版社 2003 年版，第 82 页；王超："完善中国信用证法律体系的立法思考"，载《商业研究》2003 年第 19 期，第 157 页。

[3] 参见"最高人民法院《关于审理信用证纠纷案件若干问题的规定》的说明"，载 https://www.chinacourt.org/article/detail/2005/12/id/189405.shtml，访问日期：2021 年 2 月 10 日。

[4] Xiang Gao, "The Fraud Rule under the UN Convention on Independent Guarantees and Standby Letters of Credit: A Significant Contribution from An International Perspective", 1 Geo. Mason J. Int'l Comm. L., 48, 72 (2010).

确定信用证损害赔偿适用的法律依据,这是后续损害赔偿范围讨论的大前提。

第三节 信用证的法律性质

一、信用证法律性质的研究意义与角度

(一) 研究意义

关于信用证法律性质,法学界和司法界众说纷纭、争议不断,迄今尚未形成共识。而各国立法与国际惯例对信用证法律性质也并未进行明确的界定。正因为在理论上如何界定信用证法律性质引发了诸多争议与困境,以至于有观点认为,这一问题本质上仅在学术上有价值。[1]

显然,该观点并不妥当。信用证法律性质不仅在学术上具有重大意义,在司法实践中也具有重大价值,在我国尤其如此。典型便是信用证不当拒付损害赔偿争议。一旦受益人起诉开证人不当拒付,法院必须要解决的是,不当拒付究竟是何种性质之纠纷、如何计算损害赔偿等等。而要准确回答这一问题,信用证性质研究便是关键。[2]

---

[1] See G. W. Bartholomew, "Relations Between Banker and Seller under Irrevocable Letters of Credit", 5 McGill L. J. , 89, 89 (1959);郭瑜:《国际贸易法》,北京大学出版社2006年版,第373页。

[2] 此外,信用证性质在确定纠纷解决准据法以及管辖权方面也具有重要意义,参见肖伟:"跟单信用证法律性质",载孙亦闽主编:《信用证理论与审判实务》,厦门大学出版社2003年版,第112~113页;肖永平、徐保民:"信用证的法律适用问题初探",载《河南省政法管理干部学院学报》2001年第1期,第40~45页;Carole Murray et al. , *Schmitthoff's Export Trade*:*The Law and Practice of International Trade*, at 212~215 (Sweet & Maxwell 11th ed 2007)。

(二) 研究角度：单方法律行为 vs 合同

学界就信用证性质有如下几种观点：要约承诺说、保证说、禁反言说、代理说、转让更新说、合伙说、无因允诺说、预先承兑说、债务转移说、利益第三人契约说、指示证券说、信用证说、独特承诺说等。[1]

笔者在此无意逐一评价上述诸理论的妥适性，[2]而是拟从合同（双方法律行为）或单方法律行为角度来定性信用证。如此认定信用证性质十分必要，因为它们的成立、生效等规则并不相同。[3]更为重要的是，在我国，它决定了信用证不当拒付损害赔偿责任是否能够适用《民法典》[4]违约损害赔偿规则。[5]

实际上，上述诸理论从法律行为角度看，无非也就是合同说与单方法律行为说的区别。[6]例如，无论是基于要约承诺说、保证说、禁反言说、代理说、转让更新说、合伙说、无因允诺说、债务转移说、利益第三人契约说等何种学说，其本质都依然是合同，只是各理论差异在于该合同如何成立或究竟是何种性质之合同。至于目前学界颇为盛行的信用证就是信用证

---

[1] 参见左晓东：《信用证法律研究与实务》，警官教育出版社1993年版，第175~212页；W. E. McCurdy, "Commercial Letters of Credit", 35 Harv. L. Rev., 539, 563~591 (1922); Boris Kozolchyk, "The Legal Nature of the Irrevocable Commercial Letter of Credit", 14 Am. J. Comp. L., 395, 395~421 (1965).

[2] 就上述诸理论之简要评析，可参见张锦源：《信用状理论与实务》，三民书局2004年版，第127~134页。

[3] 刘斌："论我国独立担保制度的理论基础和规则构建"，载《研究生法学》2010年第6期，第40页。

[4] 《民法典》，即《中华人民共和国民法典》，为表述方便，本书中涉及的我国法律直接使用简称，省去"中华人民共和国"字样，全书统一，不再赘述。

[5] 单方法律行为产生之债能否基于《民法典》第468条规定而适用《民法典》合同编违约损害赔偿规则，从法条措辞文本来看，颇有疑问。详见后述。

[6] See Roeland F. Bertrams, *Bank Guarantees in International Trade*, at 209 (Kluwer Law International 4th rev ed 2013).

说,[1]则认为信用证是一种新型的商业特殊行为（mercantile specialty）。针对商业特殊行为的法律性质为何，是合同还是单方法律行为？有学者认为，"实际上，这种学说是认为信用证因其独特性而属于一种自成一体的契约",[2]"是一种特别的不需要约因的要式契约"。[3]至于独特承诺说，据学者解释，属于开证人对受益人的单方承诺（undertaking），故属于单方法律行为。[4]

二、美国信用证法律性质经典学说

（一）早期立场：合同说

早期美国判例多将信用证界定为合同。如"Maurice O'Meara案"中,[5]法院便认为，一旦银行向受益人开立不可撤销信用证，即在银行与受益人之间产生合同关系；该合同仅仅涉及单据交付，而与产生信用证的买卖合同无关。"Far Eastern Textile案"判决认为,[6]典型信用证交易涉及三个合同，即开证人与申请人之间的申请合同，开证人与受益人之间的信用证合同，

---

[1] Xiang Gao, *The Fraud Rule in the Law of Letters of Credit: A Comparative Perspective*, at 13~14 (Kluwer Law International 2002).

[2] 左晓东：《信用证法律研究与实务》，警官教育出版社1993年版，第212页。

[3] 张锦源：《信用状理论与实务》，三民书局2004年版，第129页；Byran A. Garner ed., *Black's Law Dictionary* at 344, 1434 (West 8th ed 2004): Specialty refers to "formal contract that requires no consideration and has the seal of the signer attached".

[4] 刘斌："独立担保：一个概念的界定"，载《清华法学》2016年第1期，第138页。

[5] *Maurice O'Meara Co. v. National Park Bank of New York*, 239 NY 386 (1925).

[6] *Far Eastern Textile, Ltd. v. City Nat. Bank & Trust Co.*, 430 F. Supp. 193 (1977).

以及申请人与受益人之间的基础合同。[1]

信用证合同说最终为学者哈菲尔德[2]及1962 UCC §5官方评注所确认。[3]

（二）当前观点：独特承诺

尽管1962 UCC §5评注明确指出信用证本质上是合同，但毕竟评注并非条文本身，[4]加上信用证在很多方面具有独特性，非一般合同理论所能解释，故此在1995 UCC §5修订之前，法院判决中偶有出现否定信用证合同性质的观点。例如，在"East Girard案"中，[5]法院便强调，信用证并非一般性合同，而是为满足市场特别需求而产生的独特制度。[6]在"Voest-Alpine案"中，[7]法院援引权威观点认为，开证人对受益人的义务并非合同性的，而是支付受益人的"义务"（engagement），因为受

---

[1] See also *Barclays Bank DCO v. Mercantile National Bank*, 481 F. 2d 1224, 1239 n. 21 (5th Cir. 1973); *J. Zeevi & Sons Ltd. v. Grindlays Bank (Uganda) Ltd.*, 333 NE 2d 168 (NY 1975); *First Arlington National Bank v. Stathis*, 90 Ill. App. 3d 802, 807 (1st Dist. 1980); *Breathless Associates v. First Sav. & Loan Ass'n of Burkburnett*, 654 F. Supp. 832 (1986); *Airline Reporting Corp. v. First Nat. Bank of Holly Hill*, 832 F. 2d 823 (1987); *Integrated Measurement Systems, Inc. v. International Commercial Bank of China*, 757 F. Supp. 938 (1991); *Ultra Scope Intern., Inc. v. Extebank*, 158 Misc. 2d 117 (1992); *Village of Long Grove v. Austin Bank*, 644 NE 2d 456 (Ill Ct. App. 1994); *Osten Meat Co. v. First of America Bank-Southeast Michigan*, NA, 205 Mich. App. 686 (1994).

[2] Henry Harfield, *Bank Credits and Acceptances* at 52 (The Ronald Press Company 5th ed 1974).

[3] 1962 UCC §5-114, cmt. 1.

[4] 条文本身措辞使用的是"engagement"，See 1962 UCC §5-102 (2), §5-103 (1) (a), §5-107, cmt. 2, §5-114, cmts. 1, 2.

[5] *East Girard Sav. Ass'n v. Citizens Nat. Bank and Trust Co. of Baytown*, 593 F. 2d 598, 603 (5th Cir. 1979).

[6] See also *In re Coral Petroleum, Inc.*, 878 F. 2d 830, 832 (5th Cir. 1989).

[7] *Voest-Alpine Intern. Corp. v. Chase Manhattan Bank*, NA, 707 F. 2d 680, 682 (2d Cir. 1983).

第一章 信用证基本原理

益人并未与开证人签订任何协议。[1]

鉴于信用证在多方面具有独特于一般合同的特质，故 1995 UCC §5 官方评注吸收学者观点及有关法院判决，明确删除 1962 UCC §5 "信用证本质上是合同"这一说法，并认为，信用证是一个"独特形式承诺"（idiosyncratic form of undertaking），而 UCC §5 修改的指导精神便是期望通过界定信用证特殊性质，为其建立一套独立的法律框架，并使之与从属担保及一般合同相区分。[2]

1995 UCC §5 信用证性质的界定得到了权威学者多兰和怀特等的支持。他们均认为，信用证本质上并非合同，而是"独特承诺"。鉴于独特承诺与一般合同具有明显区别，故应避免将合同法规则套用在信用证上。[3]从我国法律行为角度来看，此独特承诺性质上即单方法律行为。

概括来讲，多兰教授认为，之所以应将信用证定性为独特承诺，是因为它在如下几个方面具有独特性：①独特生效制度：一经开立便生效；生效无需对价；②书面性；③独特转让制度；④严格相符原则；⑤独立性、单据性原则；⑥独特损害赔偿制度；等等。[4]

---

[1] James J. White & Robert S. Summers, *Uniform Commercial Code* at 711（West 2nd ed 1980）. See also *Boston Hides & Furs, Ltd. v. Sumitomo Bank, Ltd.*, 870 F. Supp. 1153（1994）; *American Coleman Co. v. Intrawest Bank of Southglenn, NA*, 887 F. 2d 1382（1989）; *Dibrell Bros. v. Banca Nazionale Del Lavoro*, 38 F.3d 1571, 1579（11th Cir. 1994）.

[2] See UCC Article 5-101 cmt.

[3] See John F. Dolan, *The Law of Letters of Credit：Commercial & Standby Credits* §2.01 The Credit is Unique, §2.02 [1] A Unique Undertaking（LexisNexis AS Pratt 2018）; James White & Robert Summers, *Uniform Commercial Code* at 1074（West 6th ed 2010）.

[4] See John F. Dolan, *The Law of Letters of Credit：Commercial & Standby Credits* §2.01The Credit is Unique（LexisNexis AS Pratt 2018）.

1995 UCC §5 就信用证性质界定的变化在随后的判例中也有体现。例如，在"In re Montgomery Ward 案"中，[1]法院认为，信用证并非合同，受益人信用证下也不承担任何义务……在开立信用证时，开证人并非与受益人签订合同，而是履行其与申请人之合同义务。

三、我国信用证法律性质观点梳理

（一）学界观点

我国民法学界就信用证性质一贯采纳合同说。[2]例如，王利明教授认为，独立保函（备用信用证）是指与主合同不具有从属性的保证合同。[3]开证人所开立的备用信用证视为要约，受益人接受了该备用信用证而未表示异议的，视为承诺，备用信用证即可成立。[4]梁慧星教授也持相同观点，其认为，"从合同成立的角度而言，独立保证书属于要约，需到达债权人且被债权人接受后，独立保证合同始告成立……债权人之接受属于承诺，不以明示为必要。实务中，债权人对独立保证书的接受几乎均为默示……"[5]

国际经济法学界就信用证性质的认定，多与民法学者观点相似。例如，沈达明等认为，应根据信用证的种类分别探讨，

---

[1] *In re Montgomery Ward*, 292 BR 49 (Bankr. D. Dela. 2003). See also *LaBarge Pipe & Steel Co. v. First Bank*, 550 F. 3d 442 (5th Cir. 2008); *SewChez Intern. Ltd. v. CIT Group/ Commercial Services, Inc.*, 359 F. App'x 722, 724 (9th Cir. 2009); *Salam Jeans Limited v. Regions Bank*, 2010 US Dist. LEXIS 151765.

[2] 王家福主编：《中国民法学·民法债权》，法律出版社 1991 年版，第 893 页。

[3] 王利明：《合同法分则研究》，中国人民大学出版社 2013 年版，第 336 页。

[4] 王利明：《合同法分则研究》，中国人民大学出版社 2013 年版，第 268 页。

[5] 梁慧星主编：《中国民法典草案建议稿附理由：合同编》（下册），法律出版社 2013 年版，第 1286 页。

第一章 信用证基本原理

在可撤销信用证下，受益人不能从开证人处获得具有法律拘束力的允诺，因此双方之间并不存在具有法律拘束力的合同关系；但就不可撤销信用证，自信用证送达受益人时，在开证人与受益人之间便形成了一项对双方当事人都有拘束力的合同。并且指出，"这是目前国际上普遍接受的观点"。[1]该观点为后续许多教科书与著作所沿用。[2]

当然，也有个别学者否认信用证的合同性质。如有观点认为，开证人与受益人之间并不存在一般意义上的合同关系。信用证是开证人对受益人所做的一种"单方债务承诺"。开证人的付款行为属于附条件的单方法律行为。[3]

信用证法专家高祥教授则认为，信用证在若干方面还是与合同不同，无法用合同理论解释：一是信用证是由开证人开立给受益人的，其自开立之时起便生效，因而合同法要约承诺理论无法予以解释；二是信用证无需受益人给予对价；三是信用

---

[1] 沈达明、冯大同编著：《国际贸易法新论》，对外经济贸易大学出版社2015年版，第229~230页。

[2] 如韩德培主编：《国际私法》（第3版），高等教育出版社、北京大学出版社2014年版，第439页；黄进主编：《国际私法》（第2版），法律出版社2005年版，第514~515页；余劲松、吴志攀主编：《国际经济法学》，高等教育出版社2016年版，第153页；陈治东：《国际贸易法》，高等教育出版社2009年版，第225页；郭瑜：《国际贸易法》，北京大学出版社2006年版，第372~373页；王传丽主编：《国际贸易法》（第3版），法律出版社2005年版，第160~161页；左海聪：《国际贸易法》，法律出版社2004年版，第154页；等等。但有必要强调指出的是，在可撤销信用证下，即使开证人有权单方撤销信用证，从而使得开证人与受益人之间的法律关系处于一种不稳定状态，但仍不能否认在信用证被撤销之前他们之间存在着具有法律拘束力的合同法律关系。只有信用证被开证人单方撤销，开证人与受益人之间的合同法律关系才彻底消灭。参见 [德] Johannes C. D. Zahn：《信用状论：兼论托收与保证》，陈冲、温耀源合译，中华企业管理发展中心1980年版，第89页；Rolf A. Schutze & Gabriele Fontane, *Documentary Credit Law Throughout the World*, at 17 [ICC Publishing SA No. 633 (2001)]。

[3] 孙南申主编：《国际商法》，浙江大学出版社2010年版，第109页。

证具有独立性和单据性。因此，信用证是一种特殊制度，是一种新的商业特殊行为，它既不是单纯的票据，也非单纯的合同，而是介于两者之间。[1]

从而可知，民法学者观点几乎一致，认为信用证是合同，而国际经济法学者多是将信用证认定为合同。但专门研究信用证的专家则认为，信用证就是信用证，其具有独特性，非一般合同理论所能解释与适用。

似乎从学术说服力来看，信用证法专家的观点更为有力，毕竟他们是在深入探讨信用证与一般合同差异后所得出的结论。但从法律行为角度来看，高祥教授等并未明确信用证究竟是单方法律行为抑或双方法律行为。[2]如果认定信用证是双方法律行为，则等于承认信用证是合同，只不过是因其具有特殊性，而成为一种独特合同；如果认定信用证是单方法律行为，则其本质上和美国的"独特承诺"说一致。

（二）司法实践观点

我国法院多数观点认为，信用证本质上是合同。[3]例如，在"枣庄金鑫公司案"中，[4]最高人民法院认为，开证人与受益人因信用证交易而形成合同关系，且该合同成立地为受益人所在地。换言之，开证人开出的信用证到达受益人后，经受益

---

[1] Xiang Gao, *The Fraud Rule in the Law of Letters of Credit: A Comparative Perspective* at 13-14 (Kluwer Law International 2002). 类似观点参见房沫：《信用证法律适用问题研究》，中国民主法制出版社2012年版，第22页。

[2] 肖伟："跟单信用证法律性质"，载孙亦闽主编：《信用证理论与审判实务》，厦门大学出版社2003年版，第112~113页。

[3] 参见吴庆宝、孙亦闽、金赛波主编：《信用证诉讼原理与判例》，人民法院出版社2005年版，第53页；张勇健、沈红雨："《关于审理独立保函纠纷案件若干问题的规定》的理解和适用"，载《人民司法（应用）》2017年第1期，第27、29页。

[4] 最高人民法院"中国工商银行新加坡分行与枣庄金鑫非金属晶体材料有限公司等信用证结算纠纷案"[1997]经终字第34号。

人接受,合同便成立。

广东省高级人民法院在"菱电公司案"中判决认为,[1]受益人接受了开证人"开出的不可撤销信用证,双方当事人因此形成了以信用证条款为内容的合同关系"。江苏省高级人民法院在"江都造船厂案"中认为,[2]"信用证是一种特殊的合同,即信用证合同"。天津市高级人民法院在"唐山汇达案"中认为,[3]"信用证法律关系虽有很强的独立性,但其仍具有一般合同的基本特征,诸如标的数量、金额、合同的期限等"。北京市高级人民法院在"宣联食品案"中指出,[4]"信用证是个独立自主的契约","就其性质而言,实际是单据买卖业务"。[5]

---

[1] 广东省高级人民法院"菱电升降机有限公司诉中国光大银行深圳分行信用证纠纷案"[2002]粤高法民四终字第96号。

[2] 江苏省高级人民法院"江都造船厂诉中国工商银行扬州工行、中国银行香港分行信用证纠纷案"[2001]苏经初字第003号

[3] 天津市高级人民法院"中国光大银行天津分行诉唐山汇达集团进出口有限公司信用证纠纷案"[2002]高经终字第51号。

[4] 北京市高级人民法院"株式会社友利银行与北京宣联食品有限公司、中国银行股份有限公司北京市分行信用证纠纷案"[2008]高民终字第516号。

[5] 其他持信用证合同说的法院判决如:吉林省高级人民法院"瑞士纽科货物有限责任公司与中国建设银行吉林省珲春市支行信用证项下货款拒付纠纷案"[1997]吉经初字第100号,最高人民法院[1998]经终字第336号;北京市高级人民法院"哈尔滨经济技术开发区对外经济贸易公司诉意大利信贷银行信用证结算纠纷上诉案"[2000]高经终字第376号;上海市高级人民法院"东方铜业有限公司与中国光大银行上海浦东第二支行信用证纠纷案"[2002]沪高民三(商)终字第2号;天津市高级人民法院"韩国中小企业银行与河北省保定市进出口贸易公司银行信用证纠纷上诉案"[2003]津高民四终字第40号;江苏省高级人民法院"韩国中小企业银行(汉城总行)与连云港口福食品有限公司信用证纠纷案"[2003]苏民三终字第052号;浙江省高级人民法院"株式会社庆南银行与舟山市世创水产有限公司信用证纠纷上诉案"[2010]浙商外终字第15号;山东省高级人民法院"枣庄市对外经济技术合作公司与韩国光州银行信用证纠纷案"[2011]鲁民四终字第19号;北京市高级人民法院"笙华国际物流有限公司与荷兰合作银行有限公司信用证纠纷案"[2013]高民终字第3294号;最高人民法院"无锡湖美热能电力工程有限公司与新加坡星展银行信用证纠纷案"[2017]最高法民终字第327号等。就独立保函,法院认定为合同的案例有:最高人民法院"乌兹特拉斯加股份有限公司、上海

当然，也有法院判决持不同观点。例如，个别法院明确将信用证界定为开证人"根据申请人请求向受益人开立的承担偿付义务的直接允诺"。[1]还有法院明确指出，受益人与开证人"不存在设立权利义务关系的协议"，故二者之间"并不存在合同关系"。[2]

概而言之，尽管多数法院判决有意无意地承认信用证的合同性质，但该观点并未获得一致认可，甚至有法院判决明确否认信用证合同性质，但合同说在司法实践中占主导地位毫无疑问。

四、我国信用证法律性质的应然立场：特殊合同

笔者赞同多数学者及法院判决立场，信用证在本质上为特殊合同，是遵循独立性与严格相符原则的附条件单务金钱债务合同。

（一）对信用证合同说批驳的反批驳

如前述，多兰教授主要从如下几个方面认定信用证具有不同于合同的独特特征：①独特生效制度；②书面性；③独特转让制度；④严格相符原则；⑤独立性、单据性原则；⑥独特损害赔偿制度；等等。[3]

笔者以为，在多兰教授所列举的信用证独特性当中，信用证的书面性并非否定信用证合同性质的理由，因为一般合同也有

（接上页）贝尔股份有限公司、中国进出口银行上海分行独立保函纠纷管辖权异议案"[2014]民申字第64号；浙江省高级人民法院"现代重工有限公司与中国工商银行股份有限公司浙江省分行保证合同纠纷案"[2016]浙民终字第157号，等等。

〔1〕 北京市第三中级人民法院"河北开元房地产开发股份有限公司诉渣打银行（中国）有限公司北京分行信用证开证纠纷案"[2014]三中民（商）初字第12949号。

〔2〕 山东省高级人民法院在"乳山宇信针织有限公司与韩国中小企业银行信用证赔偿纠纷上诉案"[2006]鲁民四终字第25号。

〔3〕 See John F. Dolan, *The Law of Letters of Credit: Commercial & Standby Credits* §2.01 The Credit is Unique (LexisNexis AS Pratt 2018).

部分明确要求采用书面形式的。典型如抵押合同、保理合同、商品房买卖合同等。[1]就独特转让制度而言,此独特性对信用证合同性质认定也无影响,一般合同当中也有基于各种原因而无法自由转让的情形。[2]独立性和严格相符性的确属于信用证独特性所在,但这只是说明信用证并非一般合同,而无法就此认定合同说和信用证独立性、严格相符性相冲突。肯定信用证合同性质,并不等于就一定要否认信用证的独立性与严格相符性。至于独特损害赔偿制度,应强调的是,信用证损害赔偿之所以特殊,关键原因是其具有独立性。换言之,信用证独特损害赔偿制度是信用证独立性在违约损害赔偿制度当中的具体体现。[3]因此,独特损害赔偿制度和信用证合同性质并无冲突。相反,在信用证不当拒付损害赔偿计算方面仍有必要适用合同法违约损害赔偿制度,如全面赔偿、可预见性原则等。[4]

因而,无论是多兰教授还是高祥教授就否定信用证合同性质的理由,关键落脚点在如下两个:一是信用证生效无需对价;二是信用证独特开立制度,此无法用要约承诺理论解释。

1. 对价

首先,对价是普通法系所特有的制度,该制度在我国法律体系中并不存在。[5]因此,在我国法律背景下用对价制度来否定信用证合同性质,并不妥当。

其次,即使是在英美法系国家,也并非缺乏对价,就一定不

---

[1] 《民法典》第400、762条;《城市房地产管理法》第41条。
[2] 《民法典》第894、923、941条。
[3] 对比 UCC §5 所规定的不当拒付损害赔偿规定和 UCC §2 买卖违约责任损害赔偿便可窥见一斑。特别是 1962 UCC 规定更为明显。
[4] 具体参见第五章。
[5] 有关对价理论的详细介绍,参见刘承韪:《英美法对价原则研究:解读英美合同法王国中的"理论与规则之王"》,法律出版社 2006 年版。

能构成合同。[1]例如，英国通说是将信用证界定为合同。就信用证缺乏对价这一问题，他们是通过设定对价例外来解决的。例如，英国权威学者罗伊·古德（Roy Goode）认为："像大多数英国法立场一样，合同必须要有对价支撑并非绝对。一个重要的例外便是抽象付款承诺，即作为一种商事惯例由法律强制执行而无须对价甚至信赖的允诺。跟单信用证和履约担保或见索即付保函便是典型。但显然，这些也是建立在谈判基础之上（bargain-based）的，而非赠与允诺（gift-promises），尽管它们无法与对价制度融合。"[2]

明确将信用证缺乏对价作为合同对价要求之例外的观点也为英国其他权威合同法专家所认同。[3]不仅如此，英国信用证法专家和司法判例也均认可信用证合同性质，他们并没有因为缺乏对价而否认信用证可以构成合同。[4]例如，詹金斯（Jen-

---

〔1〕 根据英美普通法，在契据（deed）或书面封蜡合同、禁反言等例外情况下，即使缺乏对价，仍存在合同。See G. H. Treitel, *The Law of Contract*, at 149~161 (Sweet & Maxwell 11th ed 2000); Richard A. Lord, *Williston on Contracts* §1:7 Formal contracts; introduction (Thomson Reuters 4th ed 2017); Restatement 2nd of Contracts §6 Formal Contract. See also UCC §2-209 (1).

〔2〕 Ewan Mckendrick, *Goode on Commercial Law*, at 77~78 (LexisNexis 4th ed 2009). See also Roy Goode, *Guide to the ICC Uniform Rules for Demand Guarantees* at 11 (ICC Publishing SA No. 510 1992).

〔3〕 G. H. Treitel, *The Law of Contract*, at 152~153 (Sweet & Maxwell 11th ed 2000); Jack Ebetson et. al., *Anson's Law of Contract* at 116 (Oxford University Press 29 ed 2010); H. G. Beale ed., *Chitty on Contracts*, at 337, 503（商务印书馆 30th ed vol 1 2012）; H. G. Beale ed., *Chitty on Contracts*, at 503~504（商务印书馆 30th ed vol 2 2012）.

〔4〕 Ali Malek QC & David Quest, *Jack: Documentary Credits*, at 93 (Tottel Publishing Ltd. 4th ed 2009); Richard King ed., *Gutteridge & Megrah's Law of Banker's Commercial Credits*, at 74~76 (Europa 8th ed 2001); Peter E. Ellinger & Dora Neo, *The Law and Practice of Documentary Letters of Credit*, at 109~111 (Hart Publishing 2010); Nelson Enonchong, *The Independence Principle of Letters of Credit and Demand Guarantees*, at 26 (Oxford University Press 2011); Carole Murray et al., *Schmitthoff's Export Trade: The Law and Practice of International Trade*, at 189 (Sweet & Maxwell 11th ed 2007).

第一章 信用证基本原理

kins）勋爵在权威判例"Hamzeh Malas 案"中指出："一旦信用证开立，便在开证人与受益人之间形成一项合同，尽管此合同缺乏对价支持……信用证已经是一个十分精密的商业制度，大家普遍承认缺乏对价的信用证具有合同拘束力。"[1]雷蒙德（Raymond）勋爵也认为："英国法下不可撤销信用证构成了对价要求的例外。尽管开证人和保兑人义务缺乏受益人对价支持，但仍具有法律拘束力。原理即在于'商事惯例'，即，自不可撤销信用证产生之时起，商人与银行就意图并且接受开证人应当受到信用证拘束。"[2]

而且，即使是在美国，权威合同法专家也明确将信用证认定为商业特殊合同，并没有因其缺乏对价而否认其合同性质。[3]且合同法专家的这一立场得到 Restatement 2nd of Contracts 第 6 条的明确确认。该条规定，信用证像票据、盖印合同一样，都是属于要式合同。[4]

---

〔1〕 *Hamzeh Malas & Sons v. British Imex Industries Ltd.*，［1958］2 QB 127. See also *Urquhart Lindsay & Co. v. Eastern Bank*〔1922〕1 KB 318；*Dexters Ltd. v. Schenker & Co.*，(1923) 14 Ll L Rep 586；*United City Merchants Ltd. v. Royal Bank of Canada*［1983］1 AC 168；*Bunge Corporation v. Vegetable Vitamin Foods Ltd.*［1985］1 Lloyd's Rep 613，etc.

〔2〕 Ali Malek QC & David Quest，*Jack*：*Documentary Credits* at 93（Tottel Publishing Ltd. 4th ed 2009）. See also Richard King ed.，*Gutteridge & Megrah's Law of Banker's Commercial Credits*，at 74~76（Europa 8th ed 2001）；Peter E. Ellinger & Dora Neo，*The Law and Practice of Documentary Letters of Credit*，at 109~111（Hart Publishing 2010）；Nelson Enonchong，*The Independence Principle of Letters of Credit and Demand Guarantees*，at 26（Oxford University Press 2011）；Michael Bridge，*The International Sale of Goods*，at 267（Oxford University Press 3rd ed 2013）；Carole Murray et al.，*Schmitthoff's Export Trade*：*The Law and Practice of International Trade*，at 189（Sweet & Maxwell 11th ed 2007）.

〔3〕 See Richard A. Lord，*Williston on Contracts* § 1：11 Formal contracts；letters of credit；§ 2：23 Letters of credit（Thomson Reuters 4th ed 2017）；Timothy Murray，*Corbin on Contracts* § 10.21 Negotiable Instruments and Documents，and Letters of Credit（Matthew Bender 2018）.

〔4〕 Restatement 2nd of Contracts § 6 Formal Contracts.

再次,信用证无需对价最早源自英国曼斯菲尔德(Mansfield)勋爵对"Pillans案"的判决,[1]并随后为美国学者及1995 UCC §5奉为否认信用证合同说的权威立场。[2]该案中,受益人起诉开证人不当拒付。双方争议之一为,开证人承诺(undertaking)是否为"无对价契约(nudum pactum)"。[3]就此,曼斯菲尔德勋爵指出,"在商人之间的商事案件中,对价并非抗辩事由"。从而,我们可以确认,曼斯菲尔德勋爵明确否定信用证需要对价,但其并未否定信用证为合同,相反,其承认信用证为"契约"。

最后,应指出的是,UCC之所以明确强调信用证无需对价便可强制执行,根本原因不在于信用证缺乏对价。通常情况下信用证都具有对价,[4]只是该对价主要来自申请人。[5]申请人于申请协议中明确承诺,其将向开证人支付开证费,此开证费即开证人对受益人开具并承付信用证的对价。[6]只是,如果允许开证人以其未收到有效对价为由主张信用证无效或对抗受益人付款请求,显然有违信用证独立性,并导致信用证付款确定

[1] Pillans v. Van Mierop, 97 Eng. Rep. 1053 (KB 1765).

[2] 1995 UCC §5-105 cmt; John F. Dolan, *The Law of Letters of Credit: Commercial & Standby Credits* §3.03 [2] The Role of Consideration (LexisNexis AS Pratt 2018); James E. Byrne, *6B Hawkland UCC Series* §5-105:2 [Rev] Consideration and letter of credit promises note 3 (Thomson Reuters 2016).

[3] Byran A. Garner ed., *Black's Law Dictionary* at 1096 (West 8th ed 2004): Nudum pactum is "an agreement that is unenforceable as a contract because it is not 'clothed' with consideration".

[4] See 1995 UCC §5-105 cmt.

[5] See Richard A. Lord, *Williston on Contracts* §7:20. From whom consideration must move (Thomson Reuters 4th ed 2017); Restatement 2nd of Contracts §71 (4). 当然不排除对价还可能来自受益人,如受益人支付保费便是典型, See Rudolph Schlesinger Study on 1952 UCC §5-106, in John F. Dolan, *The Drafting History of UCC Article 5*, at 71~73, note 129 (Carolina Academic Press 2015).

[6] John M. Czarnetzky, "Modernizing Commercial Financing Practices: The Revisions to Article 5 of the Mississippi UCC", 66 Miss L. Rev., 325, 333 (1996).

性、迅捷性商业目标以及付款、担保、融资与促进交易功能落空。[1]从而,排除信用证对价要求从根本上来说是维护信用证独立性以及实现信用证功能与商业目标追求的必然结果,[2]这和是否承认信用证为特殊合同并无必然联系。[3]

因此,笔者以为,缺乏对价本身不足以成为否定信用证合同性质的理由。在我国法律背景下,缺乏对价更不应成为我们将信用证定性为特殊合同的障碍。

2. 信用证开立制度

就信用证开立生效时间,UCP600第7条规定,自开立(issue)信用证之时起,开证人即不可撤销地受到承付义务的约束;1995 UCC §5-106(a)规定,自开证人将信用证发送或传递给通知人或受益人之时起,信用证便已开立并自该时起对开证人具有法律拘束力;ISP98第2:03条规定,一旦备用证脱离开证人控制,即为已开立。[4]据学者解释,上述诸条文表明信用证开立采用发送主义,只要信用证脱离开证人控制即生效。[5]

---

[1] See 1995 UCC §5-105 cmt; James E. Byrne, *6B Hawkland UCC Series* §5-105: 2 [Rev] Consideration and letter of credit promises (Thomson Reuters 2016); Boris Kozolchyk, *Commercial Letters of Credit in the Americas*, at 459, 463~471 (Matthew Bender 1966); Georges Affaki & Roy Goode, *Guide to ICC Uniform Rules for Demand Guarantees URDG* 758, at 189 (ICC Services Publications No. 702E 2011).

[2] See Rudolph Schlesinger Study on 1952 UCC §5-105, in John F. Dolan, *The Drafting History of UCC Article* 5, at 69~74 (Carolina Academic Press 2015).

[3] See 1962 UCC §5-105; §5-114, cmt. 1; Restatement 2nd of Contracts §6.

[4] 另参见《结算办法》第16条,《独立保函司法解释》第4条。

[5] See John F. Dolan, *The Law of Letters of Credit: Commercial & Standby Credits* §5.01 [2] Section 5-106 of the Code (LexisNexis AS Pratt 2018); James E. Byrne et al., *UCP600: An Analytical Commentary*, at 373~374 (Institute of International Banking Law & Practice 2010); James G. Barnes & James E. Byrne, *UCC: Revision of Article* 5, 50 Bus. Law. 1449, 1453 (1995); James White & Robert Summers, *Uniform Commercial Code* at 1089 (West 6th ed 2010); Charles del Busto ed., *Documentary Credits: UCP 500 & 400 Compared*, at 25 (ICC Publisher SA No. 511 1983).

之所以如此规定，是因为自该时起信用证便已经在银行记录中存档。[1]开证人也是自该时起将信用证金额计入其资本充足率，并收取申请人开证费。[2]其有助于贯彻开证人严格责任立法理念，强化开证人在信用证开立方面的责任，即不存在开证人在发出信用证后采用更快捷的方式撤回该信用证的可能性。[3]

由此可见，信用证开立制度在如下两个方面异于一般合同之要约承诺制度：一是信用证生效采纳发送主义，而非到达主义；二是信用证是单方行为，根本不需要受益人的承诺。[4]

(1) 发送主义 vs 到达主义。按上述逻辑解释，的确有道理。然而，信用证生效采用发送主义在法理上是否具有说服力，不无疑问。以商业信用证为例，发送主义在法理上存有如下难以弥补的缺陷。[5]

第一，发送主义与买卖合同开证时间规定不符。买卖合同下，申请人应于合同约定期限内开立信用证。此开立，一定是要求开证人将信用证通知至受益人。换言之，如果申请人已及时申请信用证，但开证人开立迟延或传递迟延，申请人仍应对

---

〔1〕 James E. Byrne et. al. , *UCP600: An Analytical Commentary* at 373 (Institute of International Banking Law & Practice 2010); James E. Byrne, *The Official Commentary on the International Standby Practice*, at 71 (Institute of International Banking Law & Practice 1998).

〔2〕 See Georges Affaki & Roy Goode, *Guide to ICC Uniform Rules for Demand Guarantees URDG 758*, at 234 (ICC Services Publications No. 702E 2011).

〔3〕 李国安主编：《国际融资担保的创新与借鉴》，北京大学出版社2005年版，第25页。

〔4〕 梁慧星主编：《中国民法典草案建议稿附理由：合同编》（下册），法律出版社2013年版，第1286页；Charl Hugo, *The Law Relating to Documentary Credits from a South African Perspective with Special Reference to the Legal Position of the Issuing and Confirming Banks*, at 241 (PhD Thesis of the University of Sellenbosch 1996). But see H. G. Beale ed. , *Chitty on Contracts*, at 503 (商务印书馆 30th ed vol 1 2012)：作者一方面将信用证生效时间解释为发送主义，另一方面又将其定性为特殊合同。

〔5〕 具体阐述见王金根："信用证开立若干问题探讨"，载《对外经贸实务》2011年第11期，第69页。其实，备用信用证下又何尝不是如此。

第一章　信用证基本原理

受益人承担迟延开立信用证的违约责任。[1]然而，发送主义下，一旦开证人发送了信用证，申请人便已履行开证义务。申请人并不承担该信用证能够准时到达受益人的责任。此显与买卖合同及法院解释立场不符。[2]

第二，采用发送主义对开证人与申请人不利。因为，发送主义下，信用证一经发送即已生效，开证人与申请人无权单方修改信用证，即使信用证开立错误。[3]因而，如果信用证在到达受益人之前，开证人擅自撤回信用证或修改信用证，开证人将有可能构成预期不当拒付，受益人可追究开证人预期不当拒付的损害赔偿责任。[4]

因此，笔者以为，信用证生效采用到达主义更为合理。[5]一是到达说和信用证的不可撤销性并不冲突。一旦信用证到达受益人，该信用证便不可撤销，因受益人此时已对信用证产生合理的信赖，除非信用证另有规定。二是到达主义更符合法律

---

〔1〕 See 1962 UCC §5-106 cmt. 1; Paul Todd, *Bills of Lading and Banker's Documentary Credits*, at 19 (Informa 4th ed 2007); Peter E. Ellinger, *Documentary Letters of Credit: A Comparative Analysis*, at 135~136 (University of Singapore Press 1970); H. G. Beale ed., *Chitty on Contracts*, at 389 (商务印书馆 30th ed vol 1 2012); 杨良宜：《信用证》，中国政法大学出版社 1998 年版，第 72~73 页。

〔2〕 See *Sound of Market Street v. Continental Bank International*, 819 F. 2d 384 (3rd Circuit 1987); *Bunge Corporation v. Vegetable Vitamin Foods Ltd.* [1985] 1 Lloyd's Rep 613. See also Agasha Mugasha, *The Law of Letters of Credit and Bank Guarantee*, at 201 (The Federation Press 2003); 郭瑜：《国际贸易法》，北京大学出版社 2006 年版，第 379 页；王利明："根本违约与同时履行抗辩权的行使"，载王利明主编：《中国民法案例与学理研究：债权篇》，法律出版社 1998 年版，第 230~235 页。

〔3〕 *Distribuidora del Pacifico SA v. Gonzales*, 88F. Supp. 538 (1950)：法院认定买方可以在信用证通知至卖方之前要求开证人修改信用证条款。

〔4〕 参见第三章第四节。

〔5〕 See A. G. Guest ed., *Benjamin's Sale of Goods* at 1679 (Sweet & Maxwell 6th ed 2002); G. H. Treitel, *The Law of Contract*, at 153 (Sweet & Maxwell 11th ed 2000); Ali Malek QC & David Quest, *Jack: Documentary Credits*, at 91 (Tottel Publishing Ltd. 4th ed 2009).

精神。因为，在信用证并未到达受益人时，受益人无从知晓，也就无所谓信赖，自然在法律上无给予保护的必要。[1]相反，此时如果不容许开证人撤回信用证，在开证人或申请人因自身原因而错开信用证条款的情况下，反而有损开证人与申请人利益。[2]三是到达主义与我国法律制度更为吻合。[3]例如，我国《民法典》就非对话意思表示生效便明确采纳到达主义。只有无相对人的意思表示，才规定自意思表示完成之时起生效。[4]四是到达主义更吻合信用证业务操作实际。因为信用证实务操作中，受益人交单时通常都需要提交信用证原件，否则开证人有权拒付。[5]因而，认定信用证一经发送即生效对受益人而言并无任何实益。总而言之，正如迈克尔·布里奇（Michael Bridge）所说，在信用证开立生效问题上，"尽管信用证诚信原则要求我们放弃对价要求，甚至是将信用证视为一种单务合同而无需卖方作出承诺行为，但却没有实践需求迫使我们也牺牲要约在受要约人收到该要约才生效这一原则……既然信用证付款方式是为卖方提供履行保障，则法院判决在卖方收到信用证之前便生效是异乎寻常的"。[6]

---

〔1〕 See 1962 UCC §5-106 cmt. 1.

〔2〕 伯恩认为，当开证人开证错误或包含有基础合同未规定之条款，其可在承付受益人后，根据1995 UCC §5-117条代位权规定取得申请人基础合同下对受益人之损害赔偿权利（see James E. Byrne, *6B Hawkland UCC Series* §5-106：1 [Rev] Issuance generally [Thomson Reuters 2016]）。笔者以为，此种解决方案可行，但过于复杂，不如采纳信用证到达主义来得简略、有效。

〔3〕 实际上，到达主义与大多数国家法律规定都更为吻合。See Peter E. Ellinger & Dora Neo, *The Law and Practice of Documentary Letters of Credit*, at 9~10（Hart Publishing 2010）; Charl Hugo, *The Law Relating to Documentary Credits from a South African Perspective with Special Reference to the Legal Position of the Issuing and Confirming Banks*, at 185 (PhD Thesis of the University of Sellenbosch 1996).

〔4〕《民法典》第137、138条。

〔5〕 参见第三章第二节。

〔6〕 See Michael Bridge, *The International Sale of Goods*, at 270（Oxford University Press 3rd ed 2013）.

第一章　信用证基本原理

果如此，我们便可将 UCP600 第 7 条的"开立"、ISP98 第 2：03 条"脱离开证人控制"等解释为自信用证到达受益人时，方才构成开立或脱离开证人控制，而非发送之时。[1] 至于信用证中明确表示信用证于某一日期开立，我们完全可以将之理解为自信用证到达受益人之时起，信用证溯及信用证开立日期生效。

（2）单方行为 vs 合同。就信用证开立属于单方行为，无需受益人承诺的观点，笔者以为，如果按信用证生效采用到达主义，则在法律解释上并不像采纳发送主义那样唯有单方法律行为一种解释。信用证开立至少有可以解释为合同行为的可能。[2] 此时自然需要受益人的承诺。[3] 只是，受益人无需明示表示同意，而仅需根据商业惯例默示同意即可。[4] 换言之，一旦信用证送

---

[1] See Carole Murray et. al., *Schmitthoff's Export Trade*: *The Law and Practice of International Trade*, at 219 (Sweet & Maxwell 11th ed 2007); Peter E. Ellinger & Dora Neo, *The Law and Practice of Documentary Letters of Credit*, at 9~10 (Hart Publishing 2010); Ebenezer Adodo, *Letters of Credit*: *The Law and Practice of Compliance*, at 45~47, 263 note 101 (Oxford University Press 2014); Ali Malek QC & David Quest, *Jack*: *Documentary Credits*, at 23 (Tottel Publishing Ltd. 4th ed 2009). See also Rolf A. Schutze & Gabriele Fontane, *Documentary Credit Law Throughout the World*, at 24 (ICC Publishing SA No. 633 2001); ICC Official Opinion R396；吴庆宝、孙亦闽、金赛波主编：《信用证诉讼原理与判例》，人民法院出版社 2005 年版，第 53 页；张锦源：《信用状理论与实务》，三民书局 2004 年版，第 42 页。

[2] 至于为何建议采合同而非单方法律行为，详见后述。

[3] But see Restatement 2nd of Contracts § 17 cmt. a：信用证为无需受益人承诺的要式合同。

[4] 《民法典》第 140 条。另参见 [德] Johannes C. D. Zahn：《信用状论：兼论托收与保证》，陈冲、温耀源合译，中华企业管理发展中心 1980 年版，第 85~86 页；Rolf A. Schutze & Gabriele Fontane, *Documentary Credit Law Throughout the World*, at 24 (ICC Publishing SA No. 633 2001); Ulrich Drobnig ed., *Principles of European Law on Personal Security*, at 137~144 (Oxford University Press 2007); Roeland F. Bertrams, *Bank Guarantees in International Trade* at 210 (Kluwer Law International 4th rev ed 2013); Charl Hugo, *The Law Relating to Documentary Credits from a South African Perspective with Special Reference to the Legal Position of the Issuing and Confirming Banks*, at 236 (PhD Thesis of the University of Sellenbosch 1996).

达受益人，即在法律上拟制受益人对该信用证默示表示承诺，自此信用证合同成立并生效。自然开证人不得撤销信用证。[1]如经审核受益人认定所开立信用证条款与基础合同约定不符，其可要求申请人修改信用证。[2]

果如此，则并不存在信用证开立制度和一般合同法要约承诺制度无法兼容的问题。实际上，除美国外，包括英国、德国、法国等在内的欧洲大多数国家都采纳要约承诺理论来解释信用证合同。[3]

(二) 信用证定性为合同的原因

前文已经论证了在法理上将信用证定性为合同是可能的，两者并非不可兼容，从而并非只有单方法律行为一种解释途径。那么，为何笔者又偏向于认为将信用证界定为特殊合同？具体理由如下：

---

[1] 参见梁慧星主编：《中国民法典草案建议稿附理由：合同编》(下册)，法律出版社2013年版，第1286页；王利明：《合同法分则研究》，中国人民大学出版社2013年版，第266页；《最高人民法院关于适用〈中华人民共和国担保法〉若干问题的解释》(法释[2000] 44号) 第22条第1款；张勇健、沈红雨："《关于审理独立保函纠纷案件若干问题的规定》的理解和适用"，载《人民司法（应用）》2017年第1期，第29页；Roeland F. Bertrams, *Bank Guarantees in International Trade*, at 211 (Kluwer Law International 4th rev ed 2013); Ulrich Drobnig ed., *Principles of European Law on Personal Security*, at 137~144 (Oxford University Press 2007); Charl Hugo, "Documentary Credits: The Basis of the Bank's Obligation", 117 S. Afr. L. J., 224, 238~239 (2000).

[2] See UCP600 Article 10; ISP98 Rules 2.06, 2.07;《结算办法》第21~22条。

[3] Roeland F. Bertrams, *Bank Guarantees in International Trade*, at 209~210 (Kluwer Law International 4th rev ed 2013); Peter E. Ellinger & Dora Neo, *The Law and Practice of Documentary Letters of Credit*, at 109~111 (Hart Publishing 2010); Ali Malek QC & David Quest, *Jack: Documentary Credits*, at 90~95 (Tottel Publishing Ltd. 4th ed 2009); [德] Johannes C. D. Zahn：《信用状论：兼论托收与保证》，陈冲、温耀源合译，中华企业管理发展中心1980年版，第85~86页。

第一章　信用证基本原理

第一，信用证修改、[1]信用证保兑特别是开证人授权通知人"可以保兑"[2]与沉默保兑,[3]需要要约承诺理论才能予以解释。

第二，我国理论界多数学者并不排斥合同说，司法界多数法院也都认可信用证合同性质。将信用证界定为合同，可以非常容易地与现有法学理论与司法实践相契合，也最为容易被他们所接受。

第三，将信用证界定为特殊合同，可最为便捷地利用《民法典》合同编资源弥补现行司法解释与国际惯例的遗漏。我国并不像美国那样，有明确和详尽的信用证法律规范。目前已有的《信用证司法解释》以及《结算办法》并未规范不当拒付损害赔偿责任问题。显然，我们已经不太可能期望最高人民法院再行起草一部更为全面、完善的司法解释，更是无从期待《结算办法》会规定不当拒付损害赔偿责任问题。而从立法角度看，在可预见的未来，我国立法机关也不太可能会就信用证单独进行立法。毕竟，与传统民商事法律相比，信用证法律制度属于

---

[1] 参见王金根："论信用证修改"，载梁慧星主编：《民商法论丛》（第61卷），法律出版社2016年版，第105~119页；阎之大："UCP600修订意见评议"，载《中国外汇》2017年第14期，第58~59页。

[2] 就开证人保兑授权的方式，SWIFT MT700第49栏规定了"confirm"与"may add"两种。之所以设置"may add"选项，主要是有时受益人并未强烈要求申请人开立保兑信用证。因而，如果受益人收到包含此"may add"授权的信用证，在综合考虑各种因素后要求通知人予以保兑的，通知人即可予以保兑。

[3] 沉默保兑，又叫缄默保兑，是指没有开证人之保兑授权或请求，通知人或其他银行应受益人要求自行承诺对信用证承担保兑责任。一般受益人与沉默保兑人会签订协议确定具体沉默保兑条款［阎之大："UCP600修订意见评议"，载《中国外汇》2017年第14期，第59页；*Dibrell Bros. v. Banca Nazionale Del Lavoro*, 38 F. 3d 1571, 1583 (11th Cir. 1994)］。沉默保兑的实质是沉默保兑人在开证人之外另行向受益人开具了一份信用证［James E. Byrne, *The Official Commentary on the International Standby Practice*, at 66~67 (Institute of International Banking Law & Practice 1998)］。

非常专业却又非常微小的法律领域。[1]加上信用证原本主要是一种银行标准实务，具体操作实践也会随着贸易金融的发展而不断与时俱进。而国际贸易中绝大部分开立的信用证都会规定适用 UCP，[2]抑或者 ISP98 或 URDG758 等。因此，我们也无必要再通过立法方式来制定一部独立的信用证法。正如德国学者约翰尼斯·扎恩（Johannes C. D. Zahn）所说，信用证"系在过去数十年商业往来之惯例上发展，而成为目前之形式；并非法律规定内容所致。纵使用法律之方式先行规定其形式，但由于经济关系变化迅速，恐亦无法为正确之规定。此外，立法者拟在国内立法时，最困难之处在于所规定之内容几乎均已有国际上之定义"。[3]

在立法不可预期、也无必要，司法解释并不全面的情况下，如果我们将信用证定性为合同，显然可以有效避免信用证争议，特别是不当拒付损害赔偿责任无法可依的问题。而且，适用《民法典》合同编，并不会导致不适应效果。因为如后述，信用证不当拒付损害赔偿和一般合同违约损害赔偿最关键的区别在于，在信用证不当拒付损害赔偿中，独立性对损害赔偿具有重大影响。[4]法院只要在审判实践中牢牢把握这一精神，便把握住了信用证损害赔偿问题的核心。

第四，要强调的是，即使是积极反对合同说的多兰教授和

---

[1] 高祥："信用证法律的一些基本问题"，载高祥主编：《信用证法律专题研究》，中国政法大学出版社 2015 年版，第 16 页；陈治东：《国际贸易法》，高等教育出版社 2009 年版，第 238 页。

[2] 李健："尊重国际惯例，规范信用证案件审理——最高人民法院信用证案件审理回顾"，载孙亦闽主编：《信用证理论与审判实务》，厦门大学出版社 2003 年版，第 54~55 页。

[3] [德] Johannes C. D. Zahn：《信用状论：兼论托收与保证》，陈冲、温耀源合译，中华企业管理发展中心 1980 年版，第 3~4 页。

[4] 参见第五章。

第一章 信用证基本原理

高祥教授，也并不反对合同法对信用证法律规范未曾涉及的问题的补充作用。"更为准确地讲，信用证具有独特性，合同法只有在不与信用证性质相冲突时才能补充适用。"[1]因此，我们完全可以将信用证界定为特殊合同，在承认信用证独立性、严格相符性两大核心原则基础上，确认合同法对信用证法的补充作用。

第五，尽管1995 UCC §5有意规避将信用证界定为合同，但此后还是存在不少判例明确承认信用证为特殊合同。[2]这表明信用证合同说仍然具有存在的合理性与深厚根基。而且，就信用证解释，美国法院长久的立场是适用合同解释规则，此在1995 UCC §5之前与之后均概莫如此。[3]例如，信用证当中同样采取对起草人不利的解释原则，有利合同合法有效解释原则，

---

[1] See John F. Dolan, *The Law of Letters of Credit: Commercial & Standby Credits* §2.02 [2] A Unique Undertaking (LexisNexis AS Pratt 2018); Xiang Gao, *The Fraud Rule in the Law of Letters of Credit: A Comparative Perspective*, at 14 (Kluwer Law International 2002).

[2] See e.g., *Dependable Component Supply, Inc. v. Carrefour Informatique Tremblant, Inc.*, 2011 WL 1832772; *Grunwald v. Wells Fargo Bank NA*, 2005 Iowa App. LEXIS 1407; *Banco General Runinahui, SA v. Citibank International*, 97 F.3d 480 (11th Cir. 1996); *Amwest Sur. Ins. Co. v. Concord Bank*, 248 F. Supp. 2d 867 (ED Mo. 2003); *Indoafric Exports Private Ltd. Co. v. Citibank NA*, 2016 WL 6820726 (SDNY 2016); *Cobb Restaurants, LLC v. Texas Capital Bank, NA*, 201 SW 3d 175 (2006); *Great Wall De Venezuela CA v. Interaudi Bank*, 117 F. Supp. 3d 474 (2015); *ACE American Ins. Co. v. Bank of the Ozarks*, 2014 WL 4953566 (SDNY 2014); *Lincoln National Life Insurance v. TCF National Bank*, 2012 US Dist. LEXIS 84889; *ACR Systems, Inc. v. Woori Bank*, 2017 WL 532300.

[3] See Brooke Wunnicke, Diane B. Wunnicke & Paul S. Turner, *Standby & Commercial Letter of Credit*, at 2-28-2-29 (Wolters Kluwer Law & Business 3rd ed 2013). See also *Ocean Rig ASA v. Safra Nat. Bank of New York*, 72 F. Supp. 2d 193 (SDNY 1999); *Ocean Rig ASA v. Safra Nat. Bank of New York*, 72 F. Supp. 2d 193, 198 (SDNY 1999); *NFC Collections LLC v. Deutsche Bank Aktiengesellschaft*, 2013 WL 3337800 (CD Cal. 2013).

两种解释中尽量让单据或条款有意义、合理可能的原则等。[1]此外，信用证上也同样存在合同法中整体解释或者体系解释方法的适用。[2]

(三) 反对信用证单方法律行为性质的理由

从反面来讲，将信用证定性为单方法律行为，存在如下诸多不足。

首先，除法律有明确规定外，我国《民法典》总则编已经排除了当事人任意通过单方法律行为设定债的可能。[3]信用证

---

[1] See e.g., *Ladenburg Thalmann & Co, Inc. v. Signature Bank*, 128 AD 3d 36, 38, 44 (NY App. Div. 2015); *Old Republic Sur. Co. v. Quad City Bank & Trust Co.*, 681 F. Supp. 2d 970 (2009); *National Union Fire Ins. Co. v. Standard Fed. Bank*, 309 F. Supp. 2d 960 (ED Mich. 2004); *Shin-Etsu Chem. Co., Ltd. v. ICICI Bank Ltd.*, 230 NYLJ 19 (NY Sup. Ct. 2003), rev'd on other grounds, 777 NY S 2d (NY App. Div. 2004); *AXA Assurance, Inc. v. Chase Manhattan Bank*, 770 A. 2d 1211 (NJ Super. Ct. App. Div. 2001); *Eastman Software, Inc. v. Texas Commerce Bank, NA*, 28 SW 3d 79 (Tex. App. 2000); *Exxon Co. v. Banque de Paris et des Pays-Bas*, 1987 US App. LEXIS 13388; *Esso Petroleum Canada v. Security Pacific Bank*, 710 F. Supp. 275 (1989); *Temple-Eastex, Inc. v. Addison Bank*, 672 SW 2d 793, 798 (Tex. 1984); *Philadelphia Gear Corp. v. FDIC*, 751 F. 2d 1131, 1139~1140 (10th Cir. 1984); *Bank of North Carolina, NA v. Rock Island Bank*, 630 F. 2d 1243 (1980); *Republic Nat'l Bank v. Northwest Nat'l Bank*, 578 SW 2d 109, 115 (Tex. 1978); *Fair Pavilions, Inc. v. First Nat. City Bank*, 24 AD 2d 109, 264 NYS 2d 255, 258 (NY App. Div. 1965). For more cases, see Wayne Raymond Barr, *Cause of Action by Beneficiary against Bank for Wrongful Dishonor of Draft or Demand for Payment under Letter of Credit* § 32 Rules of Construction, 6 Causes of Action 337 (Thomson Reuters 2016).

[2] *Eastman Software, Inc. v. Texas Commerce Bank, NA*, 28 SW 3d 79 (Tex. App. 2000): 该案中涉及信用证金额自动递减条款和有效期条款冲突问题。法院综合采用体系解释方法、尽量让两个条款均有效力解释方法、对信用证开立人不利解释方法等，判决认为信用证有效，开证人构成不当拒付。我国法院援引《合同法》第125条解释规则对独立保函冲突条款进行解释的案例参见上海市第一中级人民法院"北京丽格林进出口有限公司与荷兰合作银行有限公司上海分行保证合同纠纷案" [2015] 沪一中民六 (商) 初字第S413号, 当然, 该案法院超出预付款保函文本与目的去解释相互冲突条款效力, 不无违背保函独立性精神的疑问。

[3] 参见《民法典》第118条第2款。另参见黄立:《民法债编总论》, 中国政法大学出版社2002年版, 第19页。

第一章　信用证基本原理

本质上属于债。自然，信用证这一债的产生应当回归到民法债的产生理论上。[1]而根据我国《民法典》第118条的规定，债的产生原因，除了合同、不当得利、无因管理、侵权外，剩下的就是"法律"的其他规定。因而，除了法律明文规定可以产生债的单方法律行为（如遗嘱）外，立法已经明确排除了私人通过单方法律行为任意设定债的可能。[2]

其次，我国单方法律行为之债的规则并不完整，如果将信用证性质界定为单方法律行为，对信用证纠纷的裁决将无任何价值。以开证人不当拒付为例，如果将信用证界定为单方法律行为，则开证人不当拒付不是违约，而是其他债务不履行，此时无法直接适用《民法典》合同编违约损害赔偿规则。[3]如果界定为合同，则法院可在结合信用证独立性的基础上，将《民法典》合同编违约损害赔偿规则作为裁决依据直接予以适用。[4]有疑问的是，我们是否可以一方面将信用证界定为单方法律行为之债，另一方面借助《民法典》第468条之规定将《民法典》合同编违约损害赔偿责任规定适用于信用证不当拒付损害

---

〔1〕　参见［德］Johannes C. D. Zahn：《信用状论：兼论托收与保证》，陈冲、温耀源合译，中华企业管理发展中心1980年版，第4页。

〔2〕　参见梁慧星："《中华人民共和国民法总则（草案）》：解读、评论和修改建议"，载《华东政法大学学报》2016年第5期，第17页。

〔3〕　参见崔建远："民法总则应如何设计民事责任制度"，载《法学杂志》2016年第11期，第28页；于飞："我国民法典实质债法总则的确立与解释论展开"，载《法学》2020年第9期，第48页。此外，尽管我国《民法典》总则编专门对民事责任作出规定，并确认了损害赔偿这一救济方法，但信用证开证人不当拒付损害赔偿也无法直接适用总则这一规定，因为总则"民事责任的规定主要来源于侵权责任的规定，而且主要适用于侵权关系"，且第179条损害赔偿的规定"只是一种高度概括性的规定，仍然需要合同法通过具体规则予以完善"。参见王利明："民法分则合同编立法研究"，载《中国法学》2017年第2期，第28页。

〔4〕　参见第五章。

赔偿？[1]笔者以为，此观点有待进一步观察。[2]由于我国《民法典》债法总则缺失，所以《民法典》第三编第一分编合同法通则规定实际上承担了债法总则功能。只是该编哪些条款仅适用于合同，哪些条款既适用于合同之债也适用非合同之债，必须要有一个标准。一个可行的判断依据是看条文措辞，如果使用的是"债权""债务""债权人""债务人"，则既可适用合同之债也可适用非合同之债，[3]但是如果只使用"合同""当事人"，则立法意图仅适用于合同之债。[4]而《民法典》第584条违约损害赔偿规定的是"当事人一方不履行合同义务或者履行合同义务不符合约定，造成对方损失的，损失赔偿额应当相当于因违约所造成的损失，包括合同履行后可以获得的利益；但是，不得超过违约一方订立合同时预见到或者应当预见到的因违约可能造成的损失"。显然，该条规定似乎仅适用于合同之债。[5]再加上第468条使用的措辞是"适用"而非"准用"，以及违约损害赔偿可预见性原则与侵权责任范围因果关系的不兼容性，更加印证了上述立场。[6]

再次，如果将信用证界定为单方法律行为，则在解释某些

---

[1] 《民法典》第468条规定："非因合同产生的债权债务关系，适用有关该债权债务关系的法律规定；没有规定的，适用本编通则的有关规定，但是根据其性质不能适用的除外。"

[2] 参见于飞："我国民法典实质债法总则的确立与解释论展开"，载《法学》2020年第9期，第48页。

[3] 如《民法典》第517~521条、535~542条、545~554条等。

[4] 如《民法典》第三编第一分编（通则）第二章相应条款，第562~567条等。

[5] 参见于飞："我国民法典实质债法总则的确立与解释论展开"，载《法学》2020年第9期，第48页。

[6] 参见于飞："我国民法典实质债法总则的确立与解释论展开"，载《法学》2020年第9期，第48页。当然，退一步而言，即使将信用证界定为单方法律行为，且《民法典》第584条适用（或准用）于单方法律行为之债的损害赔偿责任，也不影响本书的后续结论，特此说明。

问题上仍存有障碍。典型便是含非单据性条款信用证的定性问题。[1]例如，在一案件中，[2]涉案信用证包含了2项非单据性条款，[3]开证人以第2项条件未满足为由拒付。法院判决认为，开证人有权以上述非单据性条件拒付。理论上而言，开证人有义务承付，因为开证人在审单时应忽视非单据性条款。但法院认定一旦非单据性条件构成了银行承付义务的根本性条件，则银行所开具的文书非 UCC §5 意义下的信用证。基于此，法院判决该文书并非信用证而是附条件合同并受其他法律调整。[4]该案给我们带来的解释上的难题是，如果我们将信用证界定为单方法律行为，则一旦该信用证包含有实质上有损信用证独立性以至于法院难以忽视的非单据性条款而不得不认定该"信用证"是从属性担保合同时，这中间解释上如何将包含有某个非单据性条款的单方法律行为性质的信用证，转换为合同性质的从属性担保？同样由开证人单方开具，同样采用 SWIFT 形式，

---

[1] See 1995 UCC § 5-102 cmt 6.

[2] *Majorette Toys (US), Inc. v. Bank of Shawsville*, 18 UCC2d 1217 (WD Va. 1991). See also *Wichita Eagle & Beacon Publishing Co. v. Pacific Nat'l Bank*, 493 F. 2d 1285 (9th Cir. 1974); *Gunn-Olson-Stordahl Joint Venture v. Early Bank*, 748 SW 2d 316, 320 (Tex. App. 1988); *City of Maple Grove v. Marketline Constr. Capital*, 2011 Minn. App. LEXIS 99; *Mayhill Homes Corp. v. Family Fed. Sav. & Loan Ass'n*, 324 SE 2D 340 (SC Ct. App. 1984); *In re Joella Grayson*, 488 BR 579 (Bankr. SD Tex. 2012).

[3] 即：①受益人交付给申请人的货物，必须被申请人接受；②申请人应支付给受益人的价款都必须由申请人直接交付开证人；如果申请人没有接受货物，或没有全额并直接支付开证人，开证人将不会承付受益人。

[4] See James J. White & Robert S. Summers, Uniform Commercial Code, at 1078~1079 (West 6th ed 2010); 1995 UCC § 5-102 cmt. 6; § 5-108 cmt. 9. For detailed discussion on non-documentary conditions, see Richard F. Dole, Jr., "The Essence of A Letter of Credit Under Revised UCC Article 5: Permissible and Impermissible Nondocumentary Conditions Affecting Honor", 35 Hous. L. Rev., 1079, 1087~1117 (1998); Michille Kelly-Louw, *Selective Legal Aspects of Bank Demand Guarantees: The Main Exceptions to the Autonomy Principle*, at 65~71 (VDM Verlag Dr. Muller 2009); Ebenezer Adodo, *Letters of Credit: The Law and Practice of Compliance*, at 231~238 (Oxford University Press 2014).

受益人同样并未明确表示同意,为何不含有某一条款的便是单方法律行为的信用证,而含有某一条款的便是合同性质的从属性担保?信用证单方法律行为说在此问题上显然无能为力。[1]实际上,我国独立保函中也已出现类似问题。独立保函纠纷中,法院首先要解决的问题通常是保函独立性的认定。如果认定开立人所开立的保函具有独立性,则为独立保函,否则便为从属保证。如果将独立保函认定为单方法律行为,则由同一开立人所开立的同一份文件,既有可能被法院认定为单方法律行为(独立保函),又可能会被认定为合同(从属保证),这中间如何解释两者之间的转换,显然是一大障碍。[2]

最后,信用证并不符合单方法律行为之债的构成要件。单方法律行为要产生法律所认可的债的效力,必须要满足四个要件,其中之一是表意人的允诺需向社会上不特定的人发出。[3]

---

〔1〕 James E. Byrne, *6B Hawkland UCC Series* § 5-102:136 [Rev] Non-documentary conditions (Thomson Reuters 2016); John F. Dolan, *The Law of Letters of Credit: Commercial & Standby Credits* § 2.05 [3] The Wichita Rationale and Nondocumentary Conditions (LexisNexis AS Pratt 2018).

〔2〕 参见江苏省南通市中级人民法院"五冶集团上海有限公司与中国建设银行股份有限公司启东支行保证合同纠纷案"[2016]苏06民终2779号。实际上,在最高人民法院《独立保函司法解释》颁布之前,由于法院整体立场不承认国内独立保函,从而导致同样由开立人单方开具的保函,具有涉外因素的会被认定为具有"单方法律行为"性质的独立保函,不具涉外因素的会被认定为具有"合同"性质的从属性保证,这在将独立保函认定为单方法律行为的场合也是无法予以合理解释之问题(参见山东省高级人民法院"中国长江航运集团对外经济技术合作总公司、中国长江航运集团青山船厂与中国建设银行股份有限公司青岛中山路支行海事担保合同纠纷案"[2014]鲁民四终字第147号;四川省高级人民法院"招商银行股份有限公司成都科华路支行与成都华川进出口集团有限公司、华川格鲁吉亚有限公司保函纠纷案"[2013]川民终字第750号)。

〔3〕 其他三个要件为:需做出单方意思表示;表意人需承诺对方并不付出对价;表意人的相对人应当特定或者能够特定。参见杨立新:《债法》,中国人民大学出版社2014年版,第420页;梁慧星主编:《中国民法典草案建议稿附理由:债权总则编》,法律出版社2006年版,第37页。

因而，"如果将取得权利的人已经确定为特定的人，则不是单方允诺，而是合同行为"。[1]显然，信用证是由开证人向特定受益人而非"社会上不特定人"所发出的意思表示，因此其并不符合单方法律行为之债的构成要件。

法律理论之所以要求单方法律行为之债仅限于向不特定公众发出，而不能是对特定相对人发出，是为了贯彻自古罗马法以来便一以贯之的契约原则。据学者研究，在古罗马法中单方法律行为之债是一种例外，其仅涉及两种情形，即"Pollicitatio"[2]和"Votum"[3]。原则上，基于法律行为的债应当产生于双方当事人之间的合意，而非单方意愿，后者仅是例外情形。[4]罗马法这一契约原则为后续大陆法系国家所继承。[5]实质上，我国将悬赏广告定性为合同，也是基于这一原则。[6]依据契约原则，以单方法律行为创设两个特定当事人之间债的关系原则上都应受到限制。因为，基于私法自治，凡私人均有权就涉及自身利益的事项作出决定，既然两个特定当事人均可就涉及自身利益的事项作出决定，则就关涉双方利益的事项，理应由双方共同

---

[1] 杨立新：《债法》，中国人民大学出版社2014年版，第420页。另可参见徐涤宇、黄美玲："单方允诺的效力根据"，载《中国社会科学》2013年第4期，第160页。

[2] 即在地方选举中做出的政治性允诺。

[3] 即神誓。

[4] [意] Oliviero Diliberto："单方允诺作为债的渊源——从罗马法到现代论说"，李云霞译，载费安玲主编：《学说汇纂》（第4卷），元照出版公司2012年版，第16~17页。

[5] 《德国民法典》第305条；[意] Oliviero Diliberto："单方允诺作为债的渊源——从罗马法到现代论说"，李云霞译，载费安玲主编：《学说汇纂》（第4卷），元照出版公司2012年版，第17页。

[6] 《民法典》第499条；梁慧星："《中华人民共和国民法总则（草案）》：解读、评论和修改建议"，载《华东政法大学学报》2016年第5期，第17页。另参见黄茂荣：《债法通则之一：债之概念与债务契约》，厦门大学出版社2014年版，第428页。

决定。[1]那么为何不容许私人单方为自己设定义务,为对方创设权利呢?据学者解释,在诸如赠与等无偿合同下,容许设定债务之人以悔约权,则以单方法律行为设定债务之人,更应赋予其悔约权。因而,必须要有法律上的明文规定,肯定单方法律行为构成债的发生原因,并限制单方表意人悔约权,这样才有法律意义。[2]

总而言之,将信用证认定为单方法律行为,在我国法律背景下仍存在难以克服的理论障碍。加上我国民法有关单方法律行为之债的规则本身仍不完善、健全,于此背景下将信用证界定为单方法律行为也缺乏必要的实践价值。

五、特殊合同说在我国的实践价值——以不当拒付损害赔偿适用法律依据为例

(一)不当拒付损害赔偿案法律适用依据梳理

笔者从相关网站、书籍中搜集出涉信用证不当拒付损害赔偿案共计80起。[3]此80起案件中,有4份样本缺乏案件编号,

---

〔1〕 黄茂荣:《债法通则之一:债之概念与债务契约》,厦门大学出版社2014年版,第428页;陈自强:《无因债权契约论》,中国政法大学出版社2002年版,第192~193页。

〔2〕 黄茂荣:《债法通则之一:债之概念与债务契约》,厦门大学出版社2014年版,第428~429页。

〔3〕 资料来源:http://pkulaw.cn;http://wenshu.court.gov.cn;金赛波编:《中国信用证和贸易融资法律:案例和资料》,法律出版社2005年版;金赛波编著:《中国信用证法律和重要案例点评》,对外经济贸易大学出版社2002年版;金赛波编著:《中国信用证法律和重要案例点评(2002年度)》,对外经济贸易大学出版社2003年版;吴庆宝、孙亦闽、金赛波主编:《信用证诉讼原理与判例》,人民法院出版社2005年版。网站查询截至2021年2月20日。具体统计标准为,二审维持一审不当拒付判决,或二审改判一审合法拒付判决的,仅统计二审判决;一审判决不当拒付,二审改判合法拒付的,仅统计一审判决。如有案件当事人相同、事实雷同,且判决内容基本相同的,则仅计一起。如算雷同案件,则共90起。具体详见文末附表。

故而不知具体年份。剩余 76 起案件中，最早案号时间为 1996 年，最晚为 2020 年，除了 2012 年缺乏样本外，其他各年份都至少有 1 起。且其中最多样本份数年份为 2018 年与 2019 年，均有 7 起。

从法院援引的不当拒付损害赔偿适用法律依据来看，主要有如下四种情形：一是援引《合同法》违约责任规定；二是援引《民法通则》相关规定；三是援引《票据法》或《结算办法》；四是没有援引任何法律依据。当然，由于我国《民法典》刚刚生效，因此暂无援引《民法典》违约责任规定的案例。

表 1　按裁判文书案号时间样本分布

年份（年）	1996	1997	1998	1999	2000	2001	2002	2003	2004
数量（起）	1	1	2	5	4	3	3	4	2
年份（年）	2005	2006	2007	2008	2009	2010	2011	2012	2013
数量（起）	3	1	2	4	3	3	1	0	3
年份（年）	2014	2015	2016	2017	2018	2019	2020	未知	-
数量（起）	5	2	3	5	7	7	2	4	-

1. 依据《合同法》

就开证人对受益人不当拒付损害赔偿明确判决依据《合同法》违约赔偿责任规定的案例有 19 起，[1] 其中包括《合同法》生效前依据《涉外经济合同法》审理的案件 1 起。

就所援引法条来看，援引《合同法》第 107 条违约责任规

---

[1]　如计入雷同案例（上海金融法院"中国葛洲坝集团股份有限公司与意大利裕信银行股份有限公司上海分行独立保函纠纷案"[2018]沪 74 民初 1420 号、[2018]沪 74 民初 1421 号；浙江省宁波市中级人民法院"宁波南衡进出口有限公司与株式会社新韩银行信用证纠纷案"[2020]浙 02 民初 282 号、[2020]浙 02 民初 283 号、[2020]浙 02 民初 284 号），则 24 起。

定的案件有16起；[1]援引《合同法》第174条及《关于审理买卖合同纠纷案件适用法律问题的解释》（以下简称《买卖合同司法解释》）第24、45条的案件1起；[2]援引《合同法》第113条的案件1起。[3]此外，有1起案件因发生于《合同法》生效

---

〔1〕 辽宁省沈阳市中级人民法院"马来西亚KUB电力公司与中国光大银行股份有限公司沈阳分行担保合同纠纷案"[2004]沈中民（4）外初字第12号；山东省高级人民法院"美国美联银行有限公司与山东一方膏业有限公司信用证纠纷案"[2008]鲁民四终字第129号；山东省威海市中级人民法院"山东汇泉工业有限公司与株式会社新韩银行信用证议付纠纷案"[2005]威民二外初字第16号；北京市高级人民法院"株式会社友利银行与北京宣联食品有限公司、中国银行股份有限公司北京市分行信用证纠纷案"[2008]高民终字第516号；浙江省高级人民法院"株式会社庆南银行与舟山市世创水产有限公司信用证纠纷上诉案"[2010]浙商外终字第15号；江苏省南京市中级人民法院"江苏西门控电器有限公司诉东亚银行有限公司信用证纠纷案"[2003]宁民五初字第18号；浙江省高级人民法院"水产业协同组合中央会与舟山市世创水产有限公司信用证纠纷上诉案"[2010]浙商外终字第16号；山东省高级人民法院"枣庄市对外经济技术合作公司与韩国光州银行信用证纠纷案"[2011]鲁民四终字第19号；山东省威海市中级人民法院"威海育铭进出口有限公司与株式会社友利银行信用证纠纷案"[2014]威民二外初字第20号；浙江省杭州市中级人民法院"杭州长乔旅游投资集团股份有限公司与杭州银行股份有限公司西湖支行信用证纠纷案"[2017]浙01民终8763号；上海金融法院"中国葛洲坝集团股份有限公司与意大利裕信银行股份有限公司上海分行独立保函纠纷案"[2018]沪74民初1419号；重庆市第五中级人民法院"重庆市永川区政鑫国有资产经营有限责任公司与中国建设银行股份有限公司南昌铁路支行合同纠纷案"[2018]渝05民终1957号；内蒙古自治区高级人民法院"远洋装饰工程股份有限公司与鄂尔多斯市人民政府、鄂尔多斯银行股份有限公司建设工程施工合同纠纷案"[2016]内民初35号；湖北省武汉海事法院"上海北海船务股份有限公司与中国光大银行股份有限公司南京分行、江苏熔盛重工有限公司海事担保合同纠纷案"[2014]武海法商字第00823号；贵州省贵阳市南明区人民法院"华能赤峰新能源有限公司与中国建设银行股份有限公司贵阳河滨支行合同纠纷案"[2018]黔0102民初14593号；浙江省宁波市中级人民法院"宁波南衡进出口有限公司与株式会社新韩银行信用证纠纷案"[2020]浙02民初281号。

〔2〕 最高人民法院"无锡湖美热能电力工程有限公司与新加坡星展银行信用证纠纷案"[2017]最高法民终字第327号；江苏省高级人民法院[2014]苏商外初字第0004号。

〔3〕 上海市高级人民法院"交通银行股份有限公司上海市分行与保乐力加（中国）贸易有限公司独立保函纠纷案"[2019]沪民终107号。

第一章 信用证基本原理

前，故援引的是《涉外经济合同法》第 23 条利息赔偿的规定。[1]当然，在援引《合同法》第 107 条的同时，有 2 起案件法院同时还援引了第 109 条金钱债务实际履行的规定；[2]有 1 起案件法院还援引了第 112 条其他损失赔偿的规定。[3]

2. 依据《民法通则》

依据《民法通则》裁判开证人对受益人不当拒付损害赔偿案件共 16 起。[4]

就具体条文来看：援引《民法通则》第 111 条违约责任规定的案件共 10 起；[5]援引第 134 条民事责任承担方式的案件共

---

[1] 北京市第一中级人民法院"CNK 交易株式会社诉中国光大银行信用证纠纷案"[1998]一中经初字第 1336 号。

[2] 内蒙古自治区高级人民法院"远洋装饰工程股份有限公司与鄂尔多斯市人民政府、鄂尔多斯银行股份有限公司建设工程施工合同纠纷案"[2016]内民初 35 号；浙江省杭州市中级人民法院"杭州长乔旅游投资集团股份有限公司与杭州银行股份有限公司西湖支行信用证纠纷案"[2017]浙 01 民终 8763 号。

[3] 山东省高级人民法院"美国美联银行有限公司与山东一方膏业有限公司信用证纠纷案"[2008]鲁民四终字第 129 号。

[4] 如计入重审案件（河北省唐山市中级人民法院"唐山海港汇丰能源有限公司诉交通银行股份有限公司广东省分行等信用证纠纷案"[2015]唐民重字第 9 号）则共 17 起。

[5] 天津市第一中级人民法院"唐山汇达集团进出口有限公司与中国光大银行天津分行信用证纠纷案"[2001]一中经初字第 336 号；天津市高级人民法院"韩国中小企业银行与河北省保定市进出口贸易公司银行信用证纠纷上诉案"[2003]津高民四终字第 40 号；天津市第一中级人民法院"大连中星鑫源国际贸易有限公司与韩国株式会社新韩银行信用证纠纷案"[2004]一中民三初字第 105 号；江苏省无锡市中级人民法院"江苏华西国际贸易有限公司诉釜山银行信用证议付纠纷案"[2009]锡民三初字第 55 号；北京市高级人民法院"陕西省粮油食品进出口公司诉荷兰商业银行信用证纠纷上诉案"[2000]高经终字第 295 号；北京市第二中级人民法院"深圳高富瑞粮油食品有限公司诉德意志银行损失赔偿纠纷案"[1996]二中经初字第 471 号；江苏省高级人民法院"常州市金誉来商贸有限公司与株式会社新韩银行信用证议付纠纷案"[2013]苏商外终字第 0024 号；北京市第二中级人民法院"辽宁省纺织品进出口公司诉意大利圣保罗意米银行信用证结算纠纷案"[1999]二中经初字第 1636 号；江苏高级人民法院"江苏华西国际贸易有限公司诉韩国中小企业银行信用证议付纠纷案"[2009]苏商外终字第 0003 号；北京高级人民法院"意

1起;[1]援引第108条债务承担的共案件2起;[2]援引第106条的案件4起;[3]其中有1起案件还援引了《民法通则》第112条损害赔偿范围的规定。[4]值得注意的是,此16起案件中,缺乏案件编号的1起,案件编号在1999年《合同法》生效前的2起,1999年当年的1起,其余案件均为《合同法》生效之后发生。

3. 依据《票据法》或《结算办法》

有2起案件因涉及汇票,且汇票已经开证人承兑。[5]故此法

(接上页)大利信贷银行诉哈尔滨经济技术开发区对外经济贸易公司信用证结算纠纷案"[2000]高经终字第376号。

〔1〕河北省唐山市中级人民法院"唐山海港汇丰能源有限公司诉交通银行股份有限公司广东省分行等信用证纠纷案"[2014]唐民初字第443号(另参见河北省唐山市中级人民法院"唐山海港汇丰能源有限公司诉交通银行股份有限公司广东省分行等信用证纠纷案"[2015]唐民重字第9号。重审判决理由、适用法律与结论与一审判决结论一致)。

〔2〕江苏省镇江市中级人民法院"中国银行镇江分行诉韩国国民银行信用证纠纷案"[2000]镇经二初字第9号;上海市第一中级人民法院"友利银行与乐恩商务有限公司信用证议付纠纷上诉案"[2009]沪一中民五(商)终字第34号。

〔3〕山东省威海中级人民法院"(意大利)纤维素转化设备公司与中国银行威海分行信用证纠纷案"[1998]威经外初字第1号;山东省济南市中级人民法院"山东省农业生产资料有限责任公司与法国兴业银行信用证纠纷案"(案号不详,载山东省高级人民法院关于山东省农业生产资料有限责任公司与法国兴业银行信用证纠纷一案中如何处理免除丧失上诉权效果申请的请示[2010]鲁民四他字第3号);浙江省高级人民法院"中国机械设备工程股份有限公司与中国建设银行股份有限公司杭州宝石支行保证合同纠纷案"[2013]浙商外终字第89号;天津市第一中级人民法院"唐山汇达集团进出口有限公司与中国光大银行天津分行信用证纠纷案"[2001]一中经初字第336号。

〔4〕山东省济南市中级人民法院"山东省农业生产资料有限责任公司与法国兴业银行信用证纠纷案"(案号不详,载山东省高级人民法院关于山东省农业生产资料有限责任公司与法国兴业银行信用证纠纷一案中如何处理免除丧失上诉权效果申请的请示[2010]鲁民四他字第3号)。

〔5〕北京市第二中级人民法院"苏黎世财务有限公司与广东发展银行北京分行涉外票据纠纷案"[1999]二中经初字第1837号;江苏省南京市中级人民法院"日本东海银行神户支店诉中国农业银行南京市分行信用证付款纠纷案"[1999]宁经初字第106号。

院依据《票据法》第44条判决开证人对受益人承担赔偿责任。但在其中1起案件中,[1]法院将开证人不当拒付定性为违约责任,但在损害赔偿时却只依据《票据法》。

另有2起国内证案件,[2]法院判决依据旧《结算办法》第44条判决开证人对受益人承担损害赔偿责任。

4. 未指明具体裁判法律依据

就开证人不当拒付时对受益人如何赔偿,法院未阐明法律依据的案件共计41起。[3]

---

[1] 北京市第二中级人民法院"苏黎世财务有限公司与广东发展银行北京分行涉外票据纠纷案"[1999]二中经初字第1837号。

[2] 山东省高级人民法院"中国银行股份有限公司莱芜分行与山东岱银纺织集团股份有限公司信用证纠纷案"[2008]鲁民四终字第113号;江苏省南京市中级人民法院"中国光大银行股份有限公司南京分行与交通银行股份有限公司江苏省分行信用证纠纷案"[2015]宁商外初字第31号。

[3] 上海市高级人民法院"(韩国)国民银行诉上海苏豪国际贸易有限公司、比利时联合银行上海分行信用证纠纷案"[2001]沪高经终字第339号;山东省高级人民法院"韩国中小企业银行与青岛华天车辆有限公司信用证纠纷上诉案"[2005]鲁民四终字第71号;上海市第二中级人民法院"西安市医药保健品进出口公司诉澳大利亚和新西兰银行集团有限公司信用证付款纠纷案"[1997]沪二中经初字第842号;北京市第二中级人民法院"连云港南天国际经贸有限公司诉德国商业银行股份有限公司布鲁塞尔分行信用证议付纠纷案"[2007]二中初字第6571号;山东省青岛市中级人民法院"三团纺织有限公司与韩国外换银行信用证纠纷案"[2005]青民四初字第317号;上海市高级人民法院"东方铜业有限公司与中国光大银行上海浦东第二支行信用证纠纷案"[2002]沪高民三(商)终字第2号;山东省高级人民法院"烟台市五金矿产机械进出口公司诉韩国外换银行拒付信用证项下货款纠纷上诉案"[1999]鲁经终字第693号;山东省高级人民法院"招商银行股份有限公司青岛分行与韩国输出保险公社信用证纠纷上诉案"[2010]鲁民四终字第227号(未说明一审损害赔偿具体依据法律。汇票已经承兑);上海市第一中级人民法院"通州市博铭家用纺织品有限公司诉意大利西雅那银行股份有限公司信用证议付纠纷"[2008]沪一中民五(商)初字第205号;江苏省高级人民法院"韩国中小企业银行(汉城总行)与连云港口福食品有限公司信用证纠纷案"[2003]苏民三终字第052号;南京市中级人民法院[2002]宁民五初字第46号;福建省高级人民法院"中国银行福建分行诉东亚银行有限公司信用证不符点纠纷案"[2002]闽经终字第126号;福建省高级人民法院"韩国大林株式会社诉中国银行厦门市分行信用

(接上页)证纠纷案"[2003]闽经终字第125号;天津市高级人民法院"北京圣仑恒业国际贸易有限公司与韩国中小企业银行信用证欠款纠纷案"[2002]津高民四终字第5号;上海市高级人民法院"东方汇理银行萨那分行与四川川投进出口有限公司信用证纠纷案"[2007]沪高民四(商)终字第41号;江苏省扬州市中级人民法院"扬州市邗利皮革制品有限公司诉韩国朝兴银行信用证拒付案"(1997年12月26日)(案号不详,载金赛波编:《中国信用证和贸易融资法律:案例和资料》,法律出版社2005年版,第209~212页);浙江省宁波中级人民法院"宁波市江北丛中笑礼品有限公司与宁波市商业银行股份有限公司、意大利国民劳动银行股份有限公司信用证付款纠纷案"[2006]甬民四初字第37号;辽宁省沈阳市中级人民法院"宏照有限公司诉中国农业银行沈阳市盛京支行信用证款项纠纷案"[2000]沈经一初字第313号(该案二审判决并未公开,但根据辽宁省高级人民法院"中国农业银行沈阳市盛京支行与宏照有限公司、沈阳升龙国际酒店有限公司信用证项下款项纠纷一案的审理报告"[2001]辽经一终字第8号,合议庭多数意见认为应维持一审开证人不当拒付判决);山东省青岛市中级人民法院"山东省仪器进出口公司、朝兴银行釜山本部及中国农业银行青岛市分行因受益人请求付款被开证行拒付纠纷案"(案号不详,载吴庆宝、孙亦闽、金赛波主编,《信用证诉讼原理与判例》,人民法院出版社2005年版,第626~637页);江苏省无锡市中级人民法院"韩国大河贸易株式会社与中国农业银行无锡分行、锡山市对外贸易集团公司信用证议付纠纷案"[1999]锡经初字第133号;北京市第二中级人民法院"西班牙商业银行股份有限公司与东亚泛海国际商务咨询(北京)有限公司信用证纠纷案"[2017]京02民终5995号,北京市东城区人民法院[2016]京0101民初1929号;山东省潍坊市中级人民法院"韩国中小企业银行首尔分行与潍坊雅翔国际贸易有限公司信用证纠纷案"[2014]潍外重字第3号(二审山东省高级人民法院以受益人存在欺诈为由撤销一审判决:山东省高级人民法院"韩国中小企业银行首尔分行与潍坊雅翔国际贸易有限公司信用证纠纷案"[2017]鲁民终1023号);江苏省南京市中级人民法院"南京三五〇三投资发展有限公司与RBS联合投资与金融集团、中国建设银行股份有限公司江苏分行、中国银行股份有限公司江苏省分行信用证纠纷案"[2014]宁商外初字第53号;湖北省武汉海事法院"重庆长江轮船公司与台州市银合投资担保有限公司海事担保合同纠纷案"[2016]鄂72民初698号;四川省高级人民法院"招商银行股份有限公司成都科华路支行与成都华川进出口集团有限公司、华川格鲁吉亚有限公司保函纠纷案"[2013]川民终字第750号;江苏省南通市中级人民法院"五冶集团上海有限公司与中国建设银行股份有限公司启东支行保证合同纠纷案"[2016]苏06民终2779号(未说明损害赔偿具体依据法律);山西省太原市中级人民法院"山西省晋阳碳素股份有限公司与泰国盘古银行香港分行信用证项下货款拒付纠纷案"[2001]并知初字第7号;"威海威克贸易

第一章 信用证基本原理

就援引法律条文看,除 2 起案例所公布文本未能说明所依据的法

(接上页)有限公司与株式会社韩亚银行案号均不详,载吴庆宝、孙亦闽、金赛波主编:《信用证诉讼原理与判例》,人民法院出版社 2005 年版,第 638~647 页);四川省高级人民法院"农协银行株式会社与中国农业银行股份有限公司成都总府支行信用证纠纷案"[2018]川民终 187 号;湖南省高级人民法院"发得科技工业股份有限公司与交通银行股份有限公司湖南省分行信用证纠纷案"[2019]湘民终 277号;湖南省长沙市中级人民法院"长沙银行股份有限公司东风路支行、刘创波信用证纠纷案"[2017]湘 01 民终 5367 号;上海市第一中级人民法院"北京佰格林进出口有限公司与荷兰合作银行有限公司上海分行保证合同纠纷案"[2015]沪一中民六(商)初字第 S413 号;内蒙古自治区鄂托克前旗人民法院"鄂尔多斯市上海庙鹰骏环保科技有限公司与长沙农村商业银行股份有限公司金霞支行合同纠纷案"[2019]内 0623 民初 249 号;四川省乐山市中级人民法院"汝城县满天星水力发电厂与中国银行股份有限公司乐山分行合同纠纷案"[2018]川 11 民终 1196 号;广东省佛山市禅城区人民法院"莫某伟、莫某耀等与中国建设银行股份有限公司佛山市分行保证合同纠纷案"[2018]粤 0604 民初 13518 号;江苏省苏州工业园区人民法院"华电内蒙古能源有限公司土默特发电分公司与中信银行股份有限公司苏州分行保证合同纠纷案"[2017]苏 0591 民初 10194 号;安徽省合肥市中级人民法院"平安银行股份有限公司与徽商银行股份有限公司信用证议付纠纷案"[2019]皖 01 民初 2479 号;最高人民法院"中国银行河南省分行与阿拉伯及法兰西联合银行(香港)有限公司独立保函纠纷案"[2018]最高法民终 880 号;上海金融法院"中国工商银行股份有限公司上海市新金桥支行与上海浦东发展银行股份有限公司长沙分行信用证议付纠纷案"[2019]沪 74 民初 2872 号;广东省深圳市中级人民法院"深圳宝安融兴村镇银行有限责任公司与中山市海雅投资有限公司独立保函纠纷案"[2019]粤 03 民终 12094 号;广东省深圳市中级人民法院"中国建设银行股份有限公司深圳福田支行与重庆市涪陵区农业综合开发办公室独立保函纠纷案"[2019]粤 03 民终 18957 号;福建省厦门市中级人民法院"紫金财产保险股份有限公司厦门分公司与厦门金宝大酒店保证保险合同纠纷案"[2020]闽 02 民终2545 号。

如加上类似案例 4 起(福建省高级人民法院"中国银行诉东亚银行信用证不符点纠纷案"[2002]闽经终字第 127 号,[2002]闽经终字第 128 号;广东省深圳市中级人民法院"中国建设银行股份有限公司深圳福田支行与重庆市涪陵区农业综合开发办公室独立保函纠纷案"[2020]闽 02 民终 6749 号;福建省厦门市中级人民法院"紫金财产保险股份有限公司厦门分公司与厦门金宝大酒店保证保险合同纠纷案"[2020]闽 02 民终 2726 号),则共计 45 起。

律外,[1] 其他案件法院多有援引 UCP 或其他信用证或保函法律来确认开证人是否构成不当拒付的情况。而且,这当中有 6 起案件援引了《合同法》第 60 条全面履行,[2] 1 起援引了《合同法》第 125 条解释规则,[3] 1 起援引了《涉外民事法律关系适用法》第 41 条,[4] 1 起援引了《民法通则》第 145 条。[5] 即这 9 起案件中的法院认为信用证或保函是合同并引用了规范合同的相关规定,但在裁决损害赔偿时又忌于援引《合同法》违约责任规定。

(二) 简要评析与建议

从以上统计的 80 起开证人不当拒付损害赔偿案件来看,明确援引《合同法》违约责任规定的仅有 19 起,占比 1/4 不到。尽管援引《民法通则》第 111 条违约责任规定的也有 10 起,然

---

[1] 山东省高级人民法院"招商银行股份有限公司青岛分行与韩国输出保险公社信用证纠纷上诉案"[2010] 鲁民四终字第 227 号;江苏省南通市中级人民法院"五冶集团上海有限公司与中国建设银行股份有限公司启东支行保证合同纠纷案"[2016] 苏 06 民终 2779 号。

[2] 山东省高级人民法院"韩国中小企业银行与青岛华天车辆有限公司信用证纠纷上诉案"[2005] 鲁民四终字第 71 号;武汉海事法院"重庆长江轮船公司与台州市银合投资担保有限公司海事担保合同纠纷案"[2016] 鄂 72 民初 698 号;四川省乐山市中级人民法院"汝城县满天星水力发电厂与中国银行股份有限公司乐山分行合同纠纷案"[2018] 川 11 民终 1196 号;广东省佛山市禅城区人民法院"莫某伟、莫某耀等与中国建设银行股份有限公司佛山市分行保证合同纠纷案"[2018] 粤 0604 民初 13518 号;安徽省合肥市中级人民法院"平安银行股份有限公司与徽商银行股份有限公司信用证议付纠纷案"[2019] 皖 01 民初 2479 号;上海金融法院"中国工商银行股份有限公司上海市新金桥支行与上海浦东发展银行股份有限公司长沙分行信用证议付纠纷案"[2019] 沪 74 民初 2872 号。

[3] 上海市第一中级人民法院"北京茚格林进出口有限公司与荷兰合作银行有限公司上海分行保证合同纠纷案"[2015] 沪一中民六(商) 初字第 S413 号。

[4] 湖南省高级人民法院"发得科技工业股份有限公司与交通银行股份有限公司湖南省分行信用证纠纷案"[2019] 湘民终 277 号。

[5] 四川省高级人民法院"农协银行株式会社与中国农业银行股份有限公司成都总府支行信用证纠纷案"[2018] 川民终 187 号。

而这 10 起案件大多数发生在《合同法》生效之后。毫无疑问，《合同法》正式生效后，法院依然援引《民法通则》第 111 条违约责任规定的，显然是适用法律不当。

此外，有高达 41 起案例就不当拒付损害赔偿未援引裁判依据，占比超过 1/2。而且这 41 起案件中，至少有 9 起案件中的法院认为信用证或保函是合同并援引了规范合同的相关法律条款，甚至是《合同法》的有关规定裁决相关问题，但在随后判决中却又不依据《合同法》违约责任规定裁判不当拒付损害赔偿。

就涉及国内信用证的案件，法院援引旧《结算办法》来判决开证人赔偿受益人赔偿金，并不全面。[1]因为该 44 条并未明确其他赔偿问题，因此仍有必要援引《合同法》有关违约责任与损害赔偿的规定。更何况，2016 年新《结算办法》也已明确删除上述规定。因此，继续援引《结算办法》来作为认定开证人损害赔偿的法律依据已然不可能。

前述所有 80 起案件，除 1 起案例有援引《民法通则》第 112 条损害赔偿范围规定、1 起援引《合同法》第 113 条违约损害赔偿规定外，其他均未援引违约损害赔偿范围规定。显然，凡是涉及违约损害赔偿的争议，《合同法》第 113 条（《民法典》第 584 条）损害赔偿是绕不开的条款。当然，法院也可依据《合同法》第 109、112、113 条（即《民法典》第 579、583 与 584 条）进行裁决。前述统计案例中，的确有个别案例中的法院判决援引《合同法》第 109 条作为裁决依据，但显然并不完整，因为该条规定只解决了开证人必须赔偿受益人信用证款项本身，而未解决受益人利息损失及其他损失赔偿依据问题。从此角度来讲，法院在援引《合同法》第 109 条的基础上，还应援引第

---

[1] 即按单据金额每天 5‰的标准向受益人支付赔偿金。

112、113条，方能为受益人损害赔偿提供完整的法律依据。当然，从本质上来讲，依据《合同法》第109、112、113条或《民法典》第579、583、584条主张金钱债务实际履行及额外损失之赔偿效果和直接依据《民法典》第584条主张损害赔偿效果并无不同。[1]为阐述简便，笔者以下主要围绕《民法典》584条损害赔偿规定展开。

笔者以为，在我国法背景下，明确承认信用证特殊合同性质，不仅法理上不存在障碍，在司法实践中也是可行的。果如此，则开证人信用证下的不当拒付本质上便属违约，自是应按照《民法典》合同编违约损害赔偿的规定对受益人予以赔偿。因而法院在适用法律依据上，当然应援引《民法典》合同编违约责任一章的规定，其中以《民法典》第584条最为核心。只有如此解释，方可有效弥补信用证不当拒付损害赔偿规则缺失的尴尬。当然，毕竟信用证并非一般合同，基于信用证独立性与严格相符原则，以及信用证所追求的迅捷、确定、低成本高效率目标，其在不当拒付损害赔偿构成要件及赔偿范围上，都有其特殊之处。[2]

---

[1] 尽管理论上而言，如果依据《民法典》第579条主张金钱债务实际履行，受益人可能会不受减轻损失规则影响，从而与单独依据《民法典》第584条直接主张损害赔偿略有不同。但此一结论实质上并不成立[参见朱广新：《合同法总则研究》（下册），中国人民大学出版社2018年版，第680~682页；UNIDROIT PICC Article 7.2.1 cmt］。正如下文所述，受益人在信用证不当拒付损害赔偿中对开证人并不承担减轻损失义务，但理由却并非因为信用证只是单纯的金钱债务而已（参见第五章第三节）。实际上，在美国法语境下，"action for price"被认为是损害赔偿之一种，且此"action for price"并不仅仅限于合同"价款"本身，还包括法律所许可的附带损失、利息损失、律师费以及法律费用等的赔偿。See UCC §2-709。

[2] See *Voest-Alpine Intern. Corp. v. Chase Manhattan Bank*, NA, 707 F.2d 680 (2d Cir. 1983).

第四节　本章小结

信用证交易与信用证不同。信用证交易一般都涉及三个当事人（申请人、开证人与受益人）、三个法律关系（基础合同、申请合同与信用证）。而信用证只是信用证交易三个法律关系中的一种，它仅涉及开证人与受益人两方当事人。信用证是指开证人对受益人开具的于受益人提交相符单据时予以承付的确定书面承诺。信用证开证人不限于银行，尽管实践中多为银行开立。

信用证具有付款、担保、融资与促进交易的功能。其追求的是付款的迅捷、确定、低成本与高效率。而信用证独立性原则及严格相符原则便是有效实现上述功能与目标的重要基础。信用证所有法律制度都是构建在上述目标、功能与原则之上的。它们构成了我们解释信用证具体法律制度是否妥当的标尺。

信用证根据不同标准可以分为不同类型。但商业信用证与备用信用证是最为基础的分类。尽管独立保函与备用信用证名称不同，但两者本质并无差异。

目前，国际上规范信用证的规则主要是国际商会制定的UCP600、ISP98以及URDG758，以及联合国国际贸易法委员会制定的《独立担保与备用信用证公约》。至于规范信用证的国内法，比较重要的有美国UCC §5与法院判例，以及我国《结算办法》与两部司法解释。此外，美国学说也能构成信用证的补充法源。

就信用证法律性质而言，美国学者及判例立场已由传统的合同说演变为独特承诺说。此独特承诺从法律行为性质来看，属单方法律行为。然而，美国独特承诺说立场在我国法背景下缺乏土壤。我国学者及法院判决多是肯定信用证特殊合同性质，即遵循独立性与严格相符原则下的附条件单务金钱债务合同。据此，开证人所开立的信用证构成要约，受益人根据商事习惯默认对此要约进行承诺，从而双方之间合同成立。因而，信用证只有到达受益人方才生效。部分学者所理解的信用证生效发送主义并不符合我国有关法律精神。

　　信用证特殊合同说最大的益处在于能够为信用证法律漏洞提供补充法源。由此决定了开证人一旦不当拒付，受益人得根据《民法典》第584条（或579、583与584条）追究开证人损害赔偿责任。当然，毕竟信用证不同于一般合同。二者最典型的差异在于信用证遵循独立性原则与严格相符原则以及追求迅捷、确定等目标，由此导致信用证合同在履行、违约责任等方面存在一系列不同于普通合同的独特特征。

第二章
不当拒付损害赔偿责任构成要件（一）：有效信用证

受益人要追究开证人不当拒付损害赔偿责任，首先应证明双方之间存在有效的信用证。[1]具体而言，首先，开证人所开立的文件为信用证，而非其他；[2]其次，开证人所开立的信用证已经生效；最后，开证人拒付时信用证尚未失效。

开证人所开立的文件构成信用证，这是受益人追究开证人信用证不当拒付损害赔偿责任的当然前提。[3]信用证是否生效对于判定开证人是否构成信用证预期不当拒付非常关键；[4]而

---

[1] James G. Barnes & James E. Byrne, "Letters of Credit", 71 Bus. Law., 1299, 1300 (2016); 张勇健、沈红雨："《关于审理独立保函纠纷案件若干问题的规定》的理解和适用"，载《人民司法（应用）》2017年第1期，第23页。See also *United States Bank, NA v. BankPlus*, 2010 US Dist. LEXIS 33413 (SD Ala. 2010); *Voest-Alpine Trading USA Corp. v. Bank of China*, 142 F. 3d 887, 892 (5th Cir. 1998); *Heritage Bank v. Redcom Laboratories, Inc.*, 250 F. 3d 319 (5th Cir. 2001); *ACR Systems, Inc. v. Woori Bank*, 2017 WL 532300; *Compass Bank v. Morris Cerullo World Evangelism*, 696 Fed. Appx. 184 (9th Cir. 2017).

[2] See Wayne Raymond Barr, *Cause of Action by Beneficiary against Bank for Wrongful Dishonor of Draft or Demand for Payment under Letter of Credit* § 22 Bank Instrument Not a Letter of Credit; § 33 Proof, Generally, 6 Causes of Action 337 (Thomson Reuters 2016).

[3] *Skanska USA Civil Southeast Inc. v. UP Cmty. Fund, LLC*, 2020 US Dist. LEXIS 209596：开证人抗辩认为，其所开立的文件并非"信用证"而是从属性担保，故而应驳回受益人不当拒付损害赔偿请求。

[4] 参见第三章第四节。

信用证是否失效,则对开证人是否应承担实际不当拒付责任至关重要。[1]

就开证人和受益人之间的信用证何时生效,前已述及,此处不赘。[2]以下仅就信用证核心构成要素和失效问题展开探讨。

第一节 信用证核心构成要素

从具体实务来看,信用证通常都包含信用证种类、有效期、到期地点、单据要求、开证人保证承付文句等内容。然而,信用证哪些条款是必需的,缺乏某一内容是否必然导致信用证无效或无法履行(inoperative),抑或有效但并非信用证而是从属担保等问题,无论是UCP600、1995 UCC §5还是ISP98等规定都不是特别明确。我国新《结算办法》就信用证内容列举了22项,[3]

---

〔1〕最高人民法院"安徽博微长安电子有限公司与中国工商银行股份有限公司南京军管支行合同纠纷再审审查与审判监督民事裁定书"[2019]最高法民申396号;江苏省高级人民法院"中电电气(南京)光伏有限公司与阿尔法公司信用证欺诈纠纷案"[2017]苏民终423号。

〔2〕参见第一章第三节。在预付款独立保函实务中,通常会约定以受益人支付了预付款为保函生效要件。此时便可能涉及该保函是否生效及受益人能否追究保函开立人不当拒付损害赔偿的争议问题。对此,可参见上海市第一中级人民法院"北京佰格林进出口有限公司诉荷兰合作银行有限公司上海分行保证合同纠纷案"[2015]沪一中民六(商)初字第S413号,上海市高级人民法院[2017]沪民终222号:该案中,一审法院判决保函开立人构成不当拒付,但二审改判认为预付款保函尚未生效,从而驳回了受益人不当拒付损害赔偿请求。有关预付款保函非单据性生效条件是否成就的判定问题,参见王金根:"论独立保函不当拒付损害赔偿:以中国银行与UBAF独立保函纠纷案为中心",载《经贸法律评论》2021年第1期,第93~95页。

〔3〕《结算办法》第14条。

第二章 不当拒付损害赔偿责任构成要件（一）：有效信用证

URDG758 第 8 条就独立保函内容列举了 11 项，[1] 但也未明确哪些内容属于必须记载事项。[2]

但毫无疑问的是，基于信用证付款确定性、迅捷性、低成本与高效率的要求，以及便利信用证担保、融资功能的发挥，开证人所开立之信用证除了必须含有具名开证人与受益人这一主体要素外，还必须满足一定的形式要求与内容要求。[3] 一旦信用证缺乏必要要素，或者必要要素模糊不清，必然会导致信用证"先付款、后诉讼"目的的落空，而沦落为像普通担保那样的"先诉讼、后付款"制度。

---

〔1〕 URDG758 Article 8. 权威评注认为，这 11 项中，有 6 项属于应规定事项，即申请人、受益人、担保人（或反担保人）、基础合同编号、独立保函（反担保函）编号、金额及货币。其余保函有效期等 5 项为可规定事项 [See Georges Affaki & Roy Goode, *Guide to ICC Uniform Rules for Demand Guarantees URDG* 758, at 64~68 (ICC Services Publications No. 702E 2011)]。但值得强调的是，URDG758 上述必须规定事项并非构成独立保函所必须满足之充分条件，而只是强调适用 URDG758 的独立保函所需满足的条件而已。

〔2〕 But see SWIFT MT 700. SWIFT MT 700 明确列举了 10 项必要内容：27 栏（页次）；40A 栏（跟单信用证形式）；20 栏（信用证号码）；31D 栏（信用证有效期和有效地点）；40E 栏（适用规则）；50 栏（申请人）；59 栏（受益人）；32B 栏（货币与金额）；41a 栏（被指定银行及兑用方式）；49 栏（保兑指示）。注意 SWIFT MT700 所列举之十项必要记载事项并非均为信用证认定必要要素，具体后文详述。

〔3〕 See Boris Kozolchyk, *Commercial Letters of Credit in the Americas*, at 348~368 (Matthew Bender 1966); Boris Kozolchyk, *Chapter 5 Letters of Credit*, at 92~99 [JCB Mohr (Paul Siebeck) Tubingen and Sijthoff & Noordhoff Alphen a/d Rihn 1979]。然而，因独立担保与从属担保存在着纠葛不清、千丝万缕的关系，以及开立人的开立文本中有意无意地混杂独立性因素与从属性因素，导致独立担保的具体判定远比信用证判定复杂（参见刘斌："独立担保的司法判断：困难与路径"，载《法学杂志》2015 年第 10 期，第 76~83 页；李方："独立担保的识别标准"，载高祥主编：《独立担保法律问题研究》，中国政法大学出版社 2015 年版，第 47~86 页）。

一、主体要素

(一) 具名开证人

信用证必须要有具名开证人。[1]开证人是承担有条件付款义务的主体。如果开证人不明确，则不仅无法核实信用证是否真实，更无法确定具体承付义务人，自然此信用证非有效信用证，无需多言。只是需要强调，通知人与受益人一定要核实开证人是否真实存在，否则便有被欺诈的风险。[2]

当然，不是任何人所开立的信用证都构成信用证。鉴于信用证独立性所带来的风险，1995 UCC §5明确排除了作为消费者的个人开立信用证的可能。[3]从我国《独立保函司法解释》来看，我国法院不容许非金融机构的企业开立信用证或保函。[4]由此，这类主体所开立之信用证将会被认定为一般性担保。[5]

(二) 具名受益人

信用证必须要有具名受益人。[6]受益人是信用证下款项支

---

[1] Boris Kozolchyk, *Chapter 5 Letters of Credit*, at 95~96 [JCB Mohr (Paul Siebeck) Tubingen and Sijthoff & Noordhoff Alphen a/d Rihn 1979].

[2] 参见涂启明："警惕出口来证欺诈"，载《金融 & 贸易》2013年第4期，转引自 http://www.chinaforex.com.cn/index.php/cms/item-view-id-34267.shtml，访问日期：2021年2月10日。

[3] 1995 UCC §5-102 (9)。

[4] 《独立保函司法解释》第1条；最高人民法院《全国法院民商事审判工作会议纪要》（法 [2019] 254号）第54条。

[5] 最高人民法院"兖矿铝业国际贸易有限公司、重庆市电煤储运集团华东有限公司买卖合同纠纷再审审查与审判监督民事裁定书" [2019] 最高法民申5016号。

[6] See Boris Kozolchyk, "The Emerging Law of Standby Letters of Credit and Bank Guarantees", 35 *Revista de la Facultad de Derecho de México*, 287, 323 (1985). 在极端情况下，信用证的开证人与受益人可为同一人 [1995 UCC §5-102 (a) (10); James E. Byrne et al., *UCP 600: An Analytical Commentary*, at 121, Institute of International Banking Law & Practice (2010)]。

第二章 不当拒付损害赔偿责任构成要件（一）：有效信用证

取权利的享有人，原则上必须是具名受益人。早期那种非具名受益人信用证（general letter of credit）在实务中已基本不存在。[1]具体原因在于，因信用证独立性、单据性特征，导致实践中极易发生受益人的不诚信支款甚至欺诈。为有效避免潜在风险，开证人以及申请人只会选择开立具名受益人的信用证。所以，信用证一定是开证人与申请人基于对特定受益人身份的信赖才开立的。[2]现今已经很难想象开证人与申请人会开立或申请开立一份任何人都可支取的信用证。[3]尽管 UCC 和 UCP 等并未明确强调信用证必须要有具名受益人，但从其明确限制信用证转让的规定便可见一斑。[4]

当然，要求开具具名受益人的理由不止于此。随着国际贸易的发展，跨境洗钱以及恐怖活动融资犯罪横行，各国均提升了反洗钱、反恐怖活动力度。作为开证人，其当然要承担 KYC（了解客户）、KYB（了解客户业务）及 DD（尽职调查）义务。[5]

---

[1] Boris Kozolchyk, *Chapter 5 Letters of Credit*, at 98 (JCB Mohr (Paul Siebeck) Tubingen and Sijthoff & Noordhoff Alphen a/d Rihn 1979); James E. Byrne, *6B Hawkland UCC Series* §5-102: 33 [Rev] Context in letter of credit practice; § 5-112: 2 [Rev] Transfer of drawing rights distinguished from assignment of proceeds (Thomson Reuters 2016); Rolf A. Schutze & Gabriele Fontane, *Documentary Credit Law Throughout the World*, at 23 (ICC Publishing SA No. 633 2001).

[2] Boris Kozolchyk, "Legal Aspects of Letters of Credit and Related Secured Transactions", 11 U. Miami Inter-Am. L. Rev., 265, 272 (1979); Georges Affaki & Roy Goode, *Guide to ICC Uniform Rules for Demand Guarantees URDG* 758, at 46, 89~90 (ICC Services Publications No. 702E 2011).

[3] See Agasha Mugasha, *The Law of Letters of Credit and Bank Guarantee*, at 26 (The Federation Press 2003).

[4] See UCP600 Article 38; 1995 UCC §5-112; ISP98 Rule 6.03；《结算办法》第 28 条。

[5] 参见《银行办理结售汇业务管理办法》（中国人民银行令 [2014] 第 2 号）第 18 条；《银行办理结售汇业务管理办法实施细则》（汇发 [2014] 53 号）第 4 条。

而了解客户与客户业务不仅限于开证人的申请人，还当然包括受益人。[1]如果开证人因为没有尽到上述义务而为洗钱或恐怖活动提供便利，其将面临监管机构的严惩。[2]因此，从合规角度来看，开证人也不会去开具非具名受益人信用证。

当然，信用证缺乏具名受益人，是否必然导致信用证无效，还是只是导致信用证可撤销，学者意见不一，[3]本书倾向认为信用证无效。但无论结论如何，至少可以肯定的是，开证人可以信用证缺乏具名受益人为由进行抗辩。[4]

二、形式要求

（一）书面形式

不言而喻，信用证应当采用书面形式。[5]科佐尔切克指出：

---

〔1〕 James E. Byrne, *6B Hawkland UCC Series* §5-112: 4 [Rev] Transfer in letter of credit practice (Thomson Reuters 2016). See also Georges Affaki & Roy Goode, *Guide to ICC Uniform Rules for Demand Guarantees URDG* 758, at 47, 90 (ICC Services Publications No. 702E 2011).

〔2〕 参见《外汇管理条例》第47条。

〔3〕 多兰只是强调受益人是信用证必不可少的（indispensable）当事人（See John F. Dolan, *The Domestic Standby Letter of Credit Desk Book for Business Professionals, Bankers and Lawyers* §8.02 [2] Naming the Applicant, the Beneficiary, and the Issuer (Matthew Bender 2015)；科佐尔切克倾向于认为缺乏具名受益人的信用证只是可撤销（voidability）而非无效（nullity）（Boris Kozolchyk, *Chapter 5 Letters of Credit*, at 98 [JCB Mohr (Paul Siebeck) Tubingen and Sijthoff & Noordhoff Alphen a/d Rihn 1979]；而施莱辛格认为尽管"general letter of credit"在现实中几乎难以见到，但考虑到将来继续开立非具名受益人信用证的可能性，不应将具名受益人认定为信用证的必要要素 [see Rudolph Schlesinger Study on 1952 UCC §5-103, in John F. Dolan, *The Drafting History of UCC Article 5*, at 30~31 (Carolina Academic Press 2015)]。

〔4〕 See James E. Byrne, *6B Hawkland UCC Series* §5-108: 16 [Rev] To Whom Issuer's Obligation is Owed (Thomson Reuters 2016).

〔5〕 See Agasha Mugasha, *The Law of Letters of Credit and Bank Guarantee* at 25-26 (The Federation Press 2003); Rolf A. Schutze & Gabriele Fontane, *Documentary Credit Law Throughout the World* at 21 (ICC Publishing SA Noe. 633 2001). 然而，美国早期历史上是承认口头信用证的有效性的，see John F. Dolan, *The Law of Letters of Credit: Commercial & Standby Credits* §3.03 [4] Oral Engagement as a Credit (LexisNexis AS Pratt 2018).

第二章 不当拒付损害赔偿责任构成要件（一）：有效信用证

"作为一种要式允诺，我们不应再将信用证理解为形式上无关紧要的文书……"〔1〕艾伦·W. 阿姆斯特朗更是强调："在跟单信用证的世界里，形式便是一切。"〔2〕实际上从信用证名称来看，"letter"一词便已经告知我们它是通过书面载体来表达开证人对受益人的有条件付款义务。〔3〕在"Mead Corp. 案"中，〔4〕法院明确判决认为，"信用证必须采用书面形式"。〔5〕我国最高人民法院也强调独立保函必须以"书面形式"向受益人出具。〔6〕

强调信用证必须采用书面形式，即意味着否定口头信用证的存在。〔7〕"口头信用证或口头表示到期支付之信用证是难以想象的"，〔8〕"该种义务并非信用证，且无论根据何种适用法律，它都是不可强制执行的"。〔9〕

信用证之所以必须采用书面形式，根本原因在于信用证付

---

〔1〕 Boris Kozolchyk, "The Legal Nature of the Irrevocable Commercial Letter of Credit", 14 Am. J. Comp. L., 395, 421 (1965).

〔2〕 Alan W. Armstrong, "The Letter of Credit as a Lending Device in a Tight Money Market", 22 Bus. Law., 1105, 1107 (1967).

〔3〕 Peter E. Ellinger, *Documentary Letters of Credit: A Comparative Study*, at 181 (University of Singapore Press 1970); 王卫国主编：《银行法学》，法律出版社 2011 年版，第 243 页。

〔4〕 *Mead Corp. v. Farmers & Citizens Bank*, 232 NE 2d 431, 434 (Ohio CP 1967).

〔5〕 See also *BCM Electronics Corporations v. LaSalle Bank*, NA, 59 UCC Rep. Serv. 2d 280 (ND Ill. 2006); *Crow Forgings v. Aero Inds.*, 93 Misc. 2d 65 (App. Term 1978); *Lincoln National Life Insurance v. TCF National Bank*, 2012 US Dist. LEXIS 84889.

〔6〕《独立保函司法解释》第 1 条；另参见张勇健、沈红雨："《关于审理独立保函纠纷案件若干问题的规定》的理解和适用"，载《人民司法（应用）》2017 年第 1 期，第 24 页。

〔7〕 Peter E. Ellinger, *Documentary Letters of Credit: A Comparative Study*, at 181 (University of Singapore Press 1970).

〔8〕 James E. Byrne, *International Letter of Credit and Practice* § 4: 2 UN LC Convention (Thomson Reuters 2017). But see Peter E. Ellinger, *Documentary Letters of Credit: A Comparative Study*, at 181 note 14 (University of Singapore Press 1970).

〔9〕 James E. Byrne, *6B Hawkland UCC Series* § 5-104: 19 [Rev] Variation of Rev. UCC § 5-104 (Thomson Reuters 2016).

款确定性、迅捷性与高效率需求。[1]信用证是开证人对受益人所作出的有条件付款承诺，该条件到底为何，只有通过书面方式记载下来，才能予以确定，并避免不必要的争议，信用证付款确定性、迅捷性与高效率目标才能实现。从更为宏观的角度来讲，书面性或者说形式性是商事交易效率与安全原则在信用证法上的体现。当然，不可否认，书面形式也有助于信用证议付、贴现、转让等融资功能的实现。[2]

随着现代科技的发展，书面形式已不仅限于传统纸质方式，凡是可以通过媒介记录下来的，都属于书面形式。SWIFT信用证正是这一科技发展的结果。现今国际信用证几乎都是通过SWIFT系统开立的。[3]UCP600明确承认了这种现代通讯技术开立信用证的有效性。[4]1995 UCC §5-104则规定得更为直接，"信用证……可以任何可记载的……形式开立"。[5]

（二）签字或证实

除书面要求之外，信用证还必须要有开证人的签名，它是验证开证人身份及其承付义务真实性的基本要求。[6]

---

[1] Boris Kozolchyk, *Chapter 5 Letters of Credit*, at 92 (JCB Mohr (Paul Siebeck) Tubingen and Sijthoff & Noordhoff Alphen a/d Rihn 1979).

[2] Boris Kozolchyk, *Chapter 5 Letters of Credit*, at 92 (JCB Mohr (Paul Siebeck) Tubingen and Sijthoff & Noordhoff Alphen a/d Rihn 1979). 与此同时，UCC规定信用证必须采用书面形式也是反欺诈法的具体要求 [See UCC §1-302, cmt. 1; James E. Byrne, "Contracting out of Revised UCC Article 5 (Letters of Credit)", 40 Loy. L. A. L. Rev., 297, 335 (2006)]。

[3] 1995 UCC §5-104, cmt. 2.

[4] UCP600第11条。

[5] 另可参见《结算办法》第15条。ISP98并未就备用信用证的书面形式作出明确要求，但权威评注认为备用信用证理应采用包括电子方式在内的书面形式开立 [James E. Byrne, *The Official Commentary on the International Standby Practice*, at 20 (Institute of International Banking Law & Practice 1998)]。

[6] *Fifth Third Bank v. Kohl's Indiana*, *LP*, 918 NE 2d 371 (Ind. Ct. App. 2009).

第二章 不当拒付损害赔偿责任构成要件(一):有效信用证

在早期信开信用证中,通知人一般是通过开证人签名来核实信用证的真实性。一旦信用证缺乏开证人签名,即意味着无法核实开证人身份,也无法确认信用证承付义务是否真实,该信用证应不生效力。如果信用证开证人签名系伪造,则对被伪造签名的"开证人"而言,信用证无效。如在"Hilton Group"案中,[1]被告开证人并未向原告开立信用证,原告所持信用证为伪造。最终法院裁决被告不承担不当拒付损害赔偿责任。[2]另在"Amoco Oil 案"中,[3]法院认定,信用证修改因缺乏开证人签字而无效,开证人应继续受原信用证拘束,并对受益人承担不当拒付损害赔偿责任。

但是,就现今更为普遍使用的 SWIFT 信用证而言,基于 SWIFT 系统的高度机密性与安全性,通知人收到 SWIFT 信用证后,通常无需像传统信开信用证那样做进一步核实,便可确定信用证表面真实性。对此,我国法院明确承认,经 SWIFT 发送的电文是对其发送和内容无法否认的电文,因而是"经证实的电文"。[4]

---

[1] *Hilton Group, PLC v. Branch Banking & Trust Co. of South Carolina*, Civil Action No. 2: 05-973-DCN (DSC Nov. 15, 2006).

[2] See also *Compass Bank v. Morris Cerullo World Evangelism*, 696 Fed. Appx. 184 (9th Cir. 2017); *Black River Electric Cooperative v. People's Community State Bank*, 466 SW 3d 638 (Mo. Ct. App. 2015); *Tesoro Refining & Marketing Co. v. National Union Fire Insurance Co.*, 96 F. Supp. 3d 638 (WD Tex. 2015), 833 F. 3d 470 (5th Cir. 2016).

[3] *Amoco Oil Co. v. First Bank and Trust Co.*, 759 SW 2d 877 (Mo. Ct. App. ED 1988).

[4] 北京市第二中级人民法院 "苏黎世财务有限公司与广东发展银行北京分行涉外票据纠纷案" [1999] 二中经初字第 1837 号;湖南省长沙市中级人民法院 "湖南思瑞通钢铁有限公司与中国银行股份有限公司湖南省分行信用证纠纷一审民事判决书" [2017] 湘 01 民初 1568 号;上海市高级人民法院 "脉织控股集团有限公司与交通银行股份有限公司信用证议付纠纷案" [2017] 沪民终 408 号;江苏省高级人民法院 "苏州美恩多贸易有限公司与中国银行张家港分行、奥合银行北京分行信用证纠纷案" [2019] 苏民终 490 号; *Industrial & Commercial Bank Ltd. v. Banco Ambrosiano Veneto SpA* [2003] 1 SLR 221 (Singapore High Ct. 2003); *Standard Bank of London Ltd. v. The Bank of Tokyo Ltd.* [1995] 2 Lloyd's Rep. 169; John F. Dolan, *The Law of Letters of Credit*: *Commercial & Standby Credits* § 5. 01 [4] Authentication (LexisNexis AS Pratt 2018).

而通知人与受益人也只需通过开证人 SWIFT 代码便可知悉具体开证人的身份信息。因此，此类信用证无需实际签名，开证人 SWIFT 代码与发送本身便足以取代传统签名功能。[1]

三、内容要求

除了要满足主体要求以及形式要求外，信用证还必须满足一定的内容要求，否则不应被认定为信用证。

（一）确定承付承诺

信用证必须有开证人确定的承付承诺。首先，信用证必须有开证人的承付承诺，即开证人表示同意在受益人提交相符单据时对其付款。如果缺乏开证人的承付承诺，则该信用证并非有效信用证，[2]而是类似安慰函之类的文件。例如，在"Johnston 案"中，[3]开证人给"受益人"的文件只是告知受益人（建造商），其已对土地所有人作出了贷款承诺，但并未明确表明一旦其拒绝贷款便会承付受益人。[4]法院判决此文件并不构成信用证，因为其缺乏开证人对文件接收人直接的付款允诺（direct promise to pay）。[5]

其次，开证人承付承诺必须是确定的。"确定"一词不仅要

---

[1] See 1995 UCC § 5-104, cmt. 2; Ebenezer Adodo, *Letters of Credit: The Law and Practice of Compliance*, at 40 (Oxford University Press 2014).

[2] James E. Byrne & Lee H. Davis, "New Rules for Commercial Letters of Credit under UCP600", 39 UCC L. J., 301 (2007).

[3] *Johnston v. State Bank*, 195 NW2d 126 (Iowa 1972).

[4] 原文为："Please be advised that we are committed to Mr. Trier for a real estate mortgage loan in the amount of ... subject to our holding first and paramount lien on this property..."

[5] See also *Transparent Products Corp. v. Paysaver Credit Union*, 864 F. 2d 60 (7th Cir. 1988); *United Shippers Co-op. v. Soukup*, 459 N. W. 2d 343 (Minn. App. 1990); *Hendry Construction Co. v. Bank of Hattiesburg*, 562 So. 2d 100 (Miss. 1990).

第二章 不当拒付损害赔偿责任构成要件（一）：有效信用证

求开证人具体承付条件（包括单据条件与具体金额）必须清楚明晰（definite）；[1]而且要求据此作出之承付为终局性承付（final）。[2]一旦开证人承付受益人，便不得再以受益人交单不符等缘由主张向受益人追索。[3]信用证付款终局性是信用证商业生命之所在，更是严格相符原则与失权规则两者平衡的结果。[4]缺乏付款确定性或终局性的信用证对受益人几乎无安全与保障可言，而且也不会有任何中间人愿意参与此类信用证以提供付

---

[1] *Transparent Products Corp. v. Paysaver Credit Union*, 864 F.2d 60, 7 UCC Rep. Serv. 2d 832 (7th Cir. 1988). See also James E. Byrne, *6B Hawkland UCC Series* § 5-102: 133 [Rev] Definite undertaking (Thomson Reuters 2016). 另参照《独立保函司法解释》第3条。实际上，从UCP600第2条信用证一词的界定来看，"definite"一词不仅含有清楚明晰的含义，还含有不可撤销的含义。但鉴于UCP600的定义只是针对UCP600所使用术语的"描述"，并非针对信用证的法律定义。故此很难就得出结论为，UCP600认为可撤销信用证就不是信用证 [James E. Byrne, "Contracting out of Revised UCC Article 5 (Letters of Credit)", 40 Loy. L. A. L. Rev., 297, 374~375 (2006)]。因此，笔者倾向认为应像 UCC § 5-102 那样将"definite"解释为清楚明晰，而不包含不可撤销要素 [James E. Byrne et. al., *UCP 600: An Analytical Commentary*, at 117~118 (Institute of International Banking Law & Practice 2010)]。当然，实践中可撤销信用证已基本不太使用，所以"definite"是否有包含不可撤销的含义，更多的是理论争议。

[2] 确定性第二层含义即信用证付款终局性并非源自"definite"，因为definite仅仅是指信用证条款必须"清楚明晰"。严格来讲，UCP600第2条（其他如URDG758、1995 UCC § 5、《结算办法》等）有关信用证的定义都没有体现信用证付款终局性这一特征。真正体现信用证付款终局性的，是UCP600 Articles 8 (a) (ii)、16 (f)；1995 UCC § 5-108 (i) (4), cmt. 3；ISP98 Rule 2.01 (b)；《结算办法》第39条、第48条等规定。

[3] See UCP600 Articles 8 (a) (ii), 16 (f)；1995 UCC § 5-108 (i) (4), cmt. 3；ISP98 Rule 2.01 (b)；《结算办法》第39条、第48条；Peter E. Ellinger, *Documentary Letters of Credit: A Comparative Study*, at 200~208 (University of Singapore Press 1970); H. G. Beale ed., *Chitty on Contracts*, at 513~514 (商务印书馆 30th ed vol 1 2012); James E. Byrne, *International Letter of Credit Policy and Practice* § 15: 19 US law—Finality of honor by issuer, confirmer, or paying bank and warranty and subrogation (Thomson Reuters 2017); *Bank of East Asia, Ltd. v. Pang*, 140 Wash. 603, 249 P. 1060 (1926); 林建煌:《品读UCP600：跟单信用证统一惯例》，厦门大学出版社2008年版，第34页。

[4] 参见第三章第三节。

款或融资便利。自然,如果开证人在信用证中规定开证人无法获得申请人偿付时便有权向受益人追索的,该信用证不应构成有效信用证。[1]

(二) 承付单据要求

信用证作为一项确定承付承诺,其必然要明确开证人承付受益人的单据条件。信用证本质上是独立于基础合同的单据交易。其中,独立性是根本,单据性是手段。[2]只有信用证明确规定了受益人必须提交的单据,才能构成有效信用证。[3]明确

---

[1] See *Wahbe Tamari v. 'Colprogeca' - Sociedada Geral de Fibras* [1969] 2 Lloyd's Rep 18; James E. Byrne, *6B Hawkland UCC Series* § 5-102: 128 [Rev] Classification; typology; independent undertakings—Irrevocable undertakings to purchase documents by a nominated bank (Thomson Reuters 2016). But see *Greenhill International Pty. Ltd. v. Commonwealth Bank of Australia* [2013] SADC 7; *Commonwealth Bank of Australia v. Greenhill International Pty. Ltd.* [2013] SASCFC 76: 该案中,沉默保兑人保兑时保留了对受益人的追索权。一审法院认定该追索权约定有效,但认为此追索权不能无条件行使,沉默保兑人必须穷尽包括起诉开证人在内的各种措施无果后才得主张对受益人追索权。二审则推翻一审判决,认为如果沉默保兑人与受益人特别约定,沉默保兑人基于基础合同纠纷而有追索权,其便可以对受益人行使追索权,而无需承担默示穷尽各种手段义务。笔者以为,首先,本案涉及的是沉默保兑人,而非开证人,开证人所开立者,仍是不享有追索权的不可撤销付款承诺,故此受益人在信用证下仍享有的是确定付款承诺;其次,沉默保兑本质上是基于受益人申请,沉默保兑人对受益人作出的附条件付款承诺。此时,受益人对沉默保兑人的选择具有自主权。其基本上在合同自由原则下接受附有追索权的保兑,自然难谓有失公平。当然,此附有追索权的保兑是否仍能够称之为保兑,不无疑问!

[2] 参见第一章第一节、第五章第二节。

[3] *Bouzo v. Citibank, NA*, 96 F. 3d 51 (2d Cir. 1996). 当然,在光票信用证 (clean letters of credit) 下,信用证一般只要求受益人提交汇票或支款凭证,而无需提交其他额外单据,是为例外。但即使如此,其所承担之承付义务,也是基于汇票或支款凭证这一完全独立于基础合同的"金融单据",而非外在事实 [See 1995 UCC § 5-102 (a) (6); ISP98 Rule 1.09 (a)]。实践中,光票信用证使用频率极低:See *Continental Casualty Co. v. Southtrust Bank*, 2006 WL 29204, 58 UCC Rep. Serv. 2d (West) 372 (Ala. Jan. 6, 2006); *Travelers Indem. Co. v. US Bank Nat. Ass'n*, 59 UCC Rep. Serv. 2d 786 (Conn. Super. Ct. 2006); *Old Republic Sur. Co. v. Quad City Bank & Trust Co.*, 681 F. Supp. 2d 970 (2009).

第二章　不当拒付损害赔偿责任构成要件（一）：有效信用证

的单据条件实质上是开证人确定的承付意图的外在化表现。

明确的承付单据条件无论对受益人还是对开证人而言，都至关重要，它是确定双方当事人权利与义务的关键。缺乏开证人具体承付单据条件的"信用证"并非真正意义上的信用证。如在"Transparent Products 案"中，[1]法院认为涉案文件并非信用证，因为它并未表明开证人在何种单据条件下承担承付义务。[2]而在"City of Maple Grove 案"中，[3]法院则明确指出，被告所开立文件不仅明确表明为信用证，而且列明了承付的单据条件，符合信用证构成要件，被告认为其所开立文件非信用证的抗辩并不成立。[4]然而，令人遗憾的是，在我国一起名为"履约保函"的纠纷案中，一方面保函并未规定受益人索款必须提交的单据种类与要求，另一方面保函明确指出保函开立人承担的是"连带责任"，但法院却错误地将此保函认定为独立保函并判决保函开立人必须对受益人承担不当拒付的损害赔偿责任。[5]

单据性要求的逻辑结果是：一方面，如果信用证规定开证人承担承付义务的前提并非受益人提交的相符单据，而是需要开证人核实基础合同实际履行情况，显然该信用证并非信用证。正如前述"City of Maple Grove 案"判决所强调的，[6]如果一份文件名为信用证，但却要求开证人在相符交单外判定某一事件

---

[1] *Transparent Products Corp. v. Paysaver Credit Union*, 864 F. 2d 60, 7 UCC Rep. Serv. 2d 832 (7th Cir. 1988).

[2] See also *In re Grayson*, 488 B. R. 579 (Bankr. SD Tex. 2012).

[3] *City of Maple Grove v. Marketline Constr. Capital, LLC*, 2011 Minn. App. LEXIS 99.

[4] See also *JP Doumak Inc. v. Westgate Financial Corp.*, 776 NYS 2d 1 (NY App. Div. 2004).

[5] 广东省佛山市禅城区人民法院"莫某伟、莫某耀等与中国建设银行股份有限公司佛山市分行保证合同纠纷案"[2018] 粤 0604 民初 13518 号。

[6] *City of Maple Grove v. Marketline Constr. Capital, LLC*, 2011 Minn. App. LEXIS 99.

或条件是否发生,则该信用证并非真正信用证,而是其他诸如保证一类的担保。[1]另一方面,如果信用证容许受益人仅凭口头要求而无需提供任何书面文件便可要求开证人承担承付义务,也并非真正意义上的信用证交易。诚如巴恩斯等所言:"无需任何支款请求或仅凭口头要求便自动承担付款义务超出 UCC §5 规范范围。"[2]

信用证独立性与单据性原则决定了如果开证人所开立信用证中混杂了单据条件与非单据条件,开证人将忽略此非单据条件。[3]但是,在 UCC 下,如果非单据性条件是根本性的,则该"信用证"并非有效信用证。[4]在几个有关争议案中,[5]法院均认定信用证所规定的非单据条款从根本上改变了信用证性质,故而开证人所开立的文件并非信用证,而是从属担保。[6]自然地,即使开证人违反此"信用证",也并不构成信用证下的不当

---

〔1〕 另参见广东省深圳市罗湖区人民法院"广东爱玛车业科技有限公司与交通银行股份有限公司深圳罗湖支行信用证纠纷案"[2018]粤 0303 民初 21765 号。But see *Fifth Third Bank v. Kohl's Indiana*, *LP*, 918 NE 2d 371, 376 (Ind. Ct. App. 2009):法院认定开证人诉讼开立之文件构成 UCC §5 所规定之信用证,因为它只是要求受益人而非开证人去核实申请人是否未能满足某一特定条件。

〔2〕 See James G. Barnes et. al. , *The ABCs of UCC Article* 5: *Letters of Credit*, at 31 (American Bar Association 1998). See also 1995 UCC §5-102 (a) (6).

〔3〕 See UCP600 Article 14 (h); ISP98 Rule 4.11; 1995 UCC §5-108 (g); URDG758 Article 7;《结算办法》第 51 条。

〔4〕 See James J. White & Robert S. Summers, *Uniform Commercial Code*, at 1078~1079 (West 6th ed 2010); 1995 UCC §5-102 cmt. 6; §5-108 cmt. 9.

〔5〕 See e. g. , *Majorette Toys* (*US*), *Inc. v. Bank of Shawsville*, 18 UCC2d 1217 (WD Va. 1991); *Wichita Eagle & Beacon Publishing Co. v. Pacific Nat'l Bank*, 493 F. 2d 1285 (9th Cir. 1974); *In re Joella Grayson*, 488 BR 579 (Bankr. SD Tex. 2012).

〔6〕 See James J. White & Robert S. Summers, *Uniform Commercial Code*, at 1078~1079 (West 6th ed 2010); 1995 UCC §5-102 cmt. 6; §5-108 cmt. 9. See also Michille Kelly-Louw, *Selective Legal Aspects of Bank Demand Guarantees*: *The Main Exceptions to the Autonomy Principle*, at 65~71 (VDM Verlag Dr. Muller 2009); Ebenezer Adodo, *Letters of Credit*: *The Law and Practice of Compliance*, at 231~238 (Oxford University Press 2014).

拒付，而只是普通违约而已。尽管 UCP600 等并未涉及这一问题，但理应做相同解释。[1]

最后，值得指出的是，根据 ISP98 第 4.08 条的规定，如果适用 ISP98 的备用信用证并未规定实际需要提交之单据，默认受益人需要提交索款证明，而非认定信用证无效或不可执行，是为例外。[2]

(三) 确定或可客观确定的金额

信用证必须有确定的或可客观确定的款项金额。[3] 信用证金额是开证人承担义务的范围，更是其掌控风险的手段。开证人正是基于信用证金额来确定申请人需提供的担保范围；受益人也是基于信用证金额来判定申请人是否完全履行基础合同下的开证义务，以及其信用证下的具体支款范围。美国法律甚至明确限制开证人开立无具体金额的信用证。[4] 自然，如果"信用证"缺乏金额条款，该信用证应为无效或不可执行，或认定为其他担保类文件。[5] 例如，在"Dodge Motor Trucks 案"中，[6] 法院以"信用证"并未明确规定其对受益人承诺的付款金额为

---

[1] James E. Byrne et. al., *UCP* 600: *An Analytical Commentary*, at 649 (Institute of International Banking Law & Practice 2010). See also ICC Official Opinion TA895 rev.

[2] See James E. Byrne, *The Official Commentary on the International Standby Practice*, at 160 (Institute of International Banking Law & Practice 1998).

[3] Boris Kozolchyk, *Chapter 5 Letters of Credit*, at 96 [JCB Mohr (Paul Siebeck) Tubingen and Sijthoff & Noordhoff Alphen a/d Rihn 1979].

[4] See Comptroller of the Currency Interpretive Ruling (Revised as of January 1, 2000) Sec. 7.1016 (b) (1).

[5] See James E. Byrne, 6*B Hawkland UCC Series* §5-102: 132 [Rev] Definite undertaking (Thomson Reuters 2016); Georges Affaki & Roy Goode, *Guide to ICC Uniform Rules for Demand Guarantees URDG* 758, at 65 (ICC Services Publications No. 702E 2011);《独立保函司法解释》第 3 条。

[6] *Dodge Motor Trucks Inc. v. First National Bank*, 519 F 2d 578 (8th Cir 1975).

由，否定开证人所开立的文件为信用证。[1]

要求信用证必须具有明确款项金额，实际上也即表明，如果开证人所需承担的义务并不是给付一定款项，而是诸如履行建造合同等义务，则该"信用证"并非信用证。[2]然而，根据1995 UCC §5 的规定，此款项金额应做广义理解，并不严格限于金钱，开证人承付的还可以是特定价值项目。[3]

此外，要求信用证规定确定的金额并非要求信用证所规定的金额必须固定，而是只要可客观确定即可。开证人与申请人在不确定具体金额时，完全可以在金额前加上"about"等词，或者规定一定的增减幅度，或规定开证人可客观确定之利率或汇率等指数，或者限定受益人得以支取之最高金额。[4]信用证甚至可明确规定金额自动增减条款。[5]但基于信用证独立性，开证人承付的

---

[1] See also *RHB Bank Bhd v. Dato Lee Hock Soon & Anor* [2013] MLJU 657 [Malaysia]: 涉案争议文件名为独立保函，但伯恩评论认为，缺乏确定金额或可确定金额的"独立保函"是否仍应认定为独立保函不无疑问 [James E. Byrne, *International Letter of Credit und Practice* §70: 9 Other legal systems (Thomson Reuters 2017)]。

[2] See James G. Barnes et. al., *The ABCs of UCC Article 5: Letters of Credit*, at 27 (American Bar Association 1998). See also Georges Affaki & Roy Goode, *Guide to ICC Uniform Rules for Demand Guarantees* URDG 758, at 32 (ICC Services Publications No. 702E 2011).

[3] 1995 UCC §5-102 (a) (12). See also ISP98 Rule 2.01 (Undertaking to Honour by Issuer Any Confirmer to Beneficiary); United Nations Convention on Independent Guarantees and Standby Letters of Credit Article 2 (3) (Undertaking). 但在实践中，开证人开具承付特定价值项目的信用证并不多见 [James E. Byrne, *6B Hawkland UCC Series* §5-102: 104 [Rev] Deliver an item of value (Thomson Reuters 2016)]。参见《结算办法》第2条。

[4] See UCP600 Article 30 (a), (b); ISP98 Rule 3.08.

[5] See URDG758 Article 13; ISP98 Rule 2.06. See also James E. Byrne, *6B Hawkland UCC Series* §5-106: 18 [Rev] Automatic amendment or provisions that are effective without amendment (Thomson Reuters 2016); Soh Chee Seng, *Escalation Clauses in Oil LCs*, in James E. Byrne & Christopher S. Byrnes, 2006 *Annual Review of International Banking Law & Practice*, at 175~179 (Institute of International Banking Law & Practice 2006); 桑一: "国际原油信用证应用特点解析"，载《对外经贸实务》2012年第1期，第55页。但参见四川省高级人民法院"招商银行股份有限公司成都科华路支行与成都华

金额不能是取决于基础合同下受益人得以主张的款项或损失。[1]

四、非必要要素

(一) 开立文件名称

开证人所开立的文件是否必须表明是"信用证"？从UCP600、1995 UCC §5、ISP98等的具体规定来看，显然名称并不重要，关键是实质，即开证人承担的是否相符交单下的独立承付义务。[2]甚至，按UCC规定逻辑，[3]即使开证人所开立的文件名称为"独立保函""独立担保"，也是"信用证"，并适用UCC §5的规定。[4]甚至在一起案件中，法院认定开证人所开

(接上页) 川进出口集团有限公司、华川格鲁吉亚有限公司保函纠纷案"[2013] 川民终字第750号：涉案保函有明确规定减额条款，"本保函之保证金额随承包人所完成的工程进度按比例自动递减"。但法院判决认为，该减额条款并未规定需提交的证实单据，因此是非单据性条件，开立人应不予置理。

[1] See Georges Affaki & Roy Goode, *Guide to ICC Uniform Rules for Demand Guarantees URDG 758*, at 32 (ICC Services Publications No. 702E 2011).

[2] See UCP600 Article 1; 1995 UCC § 5-102; ISP98 Rule 1.01 (b). See also *City of Maple Grove v. Marketline Constr. Capital*, 2011 Minn. App. LEXIS 99; *Transparent Products Corp. v. Paysaver Credit Union*, 864 F. 2d 60 (7th Cir. 1988); *Bouzo v. Citibank, NA*, 96 F. 3d 51 (2d Cir. 1996); *Skanska USA Civil Southeast Inc. v. UP Cmty. Fund, LLC*, 2020 US Dist. LEXIS 209596.

[3] UCP下也可做同样解释。例如，早期便有独立保函明确约定适用UCP的情形。See Jan Cornelis Dekker, *Case Studies on Documentary Credits: Problems, Queries, Answers*, at 16~17 (ICC Publishing SA No. 459 1989).

[4] See 1995 UCC § 5-102 cmt. 6; James G. Barnes et. al., *The ABCs of UCC Article 5: Letters of Credit*, at 24~25 (American Bar Association 1998); James E. Byrne, *6B Hawkland UCC Series* § 5-101: 8 [Rev] Names of the letter of credit undertakings; § 5-102: 130 [Rev] Name of the undertaking however named or described (Thomson Reuters 2016). See also *Speedway Motorsports International Ltd. v. Bronwen Energy Trading, Ltd.*, 706 SE 2d 262 (NC Ct. App. 2011); *American Express Bank Ltd. v. Banco Espanol de Credito, SA*, 597 F. Supp. 2d 394 (SDNY 2009); *JP Doumak Inc. v. Westgate Financial Corp.*, 776 NYS 2d 1 (NY App. Div. 2004); *Constructora Andrade Gutierrez, SA v. American International Insurance Company*, 247 F. Supp. 2d 83 (DPR 2003).

立的"不可撤销信托收据"也构成 UCC §5 所规定的信用证。[1]

只是，在我国法律背景下，由于我国最高人民法院除了颁布了《信用证司法解释》外，还新颁布了《独立保函司法解释》。自然，如果开证人所开立文件名称为"独立保函"或"独立担保"，则除非正文明确表明适用 UCP 规则，否则法院不会认定为"信用证"，也不会适用《信用证司法解释》。因此，在我国法律背景下，开证人所开立的文件，不仅要满足形式要求与内容要求，而且在名称上也要符合要求。当然，正如前述，独立保函与信用证本质并无差别，我国《信用证司法解释》与《独立保函司法解释》在本质上也无差别。[2]因此，上述区分均为形式差异，并不影响独立保函为信用证的实质。从此角度而言，我国与美国规定并无实质不同。

（二）信用证有效期

信用证是否必须要有有效期？理论上来讲，信用证有效期是开证人承担付款义务的时间边界，更是健全、良好银行业务的基本需要。[3]信用证如果没有规定有效期，则开证人的义务

---

[1] *Macomb County Bd. of Com'rs v. Stellar One Bank*, 2010 WL 891247. See also *Toyota Industrial Trucks USA Inc v. Citizens National Bank*, 611 F. 2d 465（1979）：法院判决被告所开立的"line of credit"构成 UCC §5 所规定的信用证；*Fiat Motors of North America, Inc. v. Mellon Bank, NA*, 827 F. 2d 924（1987）：法院判决被告开立的"financing commitment"构成 UCC 所规定的信用证；*Chrysler Motors Corp. v. Florida Nat'l Bank at Gainesville*, 382 So. 2d 32, 38（Fla. Dist. Ct. App. 1979）：法院判决被告开立的"payment authorization"和"cash draft authorization"构成 UCC 所规定的信用证；*TTI Team Telecom International v. Hutchison 3G UK Ltd.*, 2003 WL 1823104（2003）：法院认定"advance payment bond"构成独立保函（备用信用证）。

[2] 参见张勇健、沈红雨："《关于审理独立保函纠纷案件若干问题的规定》的理解和适用"，载《人民司法（应用）》2017年第1期，第25页。另参见第一章第一节、第二节。

[3] *Exxon Co. v. Banque de Paris et des Pays-Bas*, 1987 US App. LEXIS 13388. 就信用证有效期对受益人与申请人的意义，See Lazar Sarna, *Letters of Credit: The Law and Current Practice*, at 135（Carswell Legal Publications 1984）；Roeland F. Bertrams, *Bank*

第二章 不当拒付损害赔偿责任构成要件（一）：有效信用证

以及受益人的权利都会缺乏确定性。[1]正是基于此，UCP600、ISP98 及《结算办法》均明确规定，信用证必须规定有效期。[2]实践中尽管很少发生，[3]但如果信用证的确没有规定有效期，该信用证是否无效？

据 1995 UCC §5 规定，信用证没有规定有效期的，自信用证开立之日起 1 年内有效；信用证规定永久有效的，自开立之日起 5 年内有效。[4]由此，信用证并不因缺乏有效期而无效或不可执行。[5]

但适用 UCP 的信用证未规定有效期的话，效力如何，法院判

（接上页）*Guarantees in International Trade*, at 97（Kluwer Law International 4th rev ed 2013）.

〔1〕 *Consolidated Aluminum Corp. v. Bank of Va.*, 544 F. Supp. 386（D. Md. 1982），aff'd, 704 F. 2d 136（4th Cir. 1983）.

〔2〕 See UCP600 Article 6（d）(i)；ISP98 Rule 9.01；《结算办法》第 14 条。See also URDG758 Article 8.

〔3〕 开证人特别是银行一般都不倾向于开具有效期不太确定（诸如取决于某一不确定事实）的信用证，更何况是没有有效期的信用证［See *The Power PEO, Inc. v. Employees Insurance of Wausau*, 38 P. 3d 1224（Ariz. App. 2002）］。另一原因是，现今多数商业信用证都是通过 SWIFT 系统开立的，而 SWIFT MT700 开证格式中有效期属于必须（mandatory）填写栏目。然而，与此不同，在独立保函中多有出现未规定有效期之情形［Georges Affaki & Roy Goode, *Guide to ICC Uniform Rules for Demand Guarantees URDG* 758, at 168（ICC Services Publications No. 702E 2011）］。正是基于此，URDG758 才规定，如果独立保函未规定有效期的，应自独立保函开立之日起 3 年失效，反担保函则自担保函失效后 30 个日历日失效［URDG758 Article 25（c）］。当然，在备用信用证或独立保函中，有效期可能并不仅限于某一具体日期，也可能是到期事件（See ISP98 Rule 9.01；URDG758 Article 2）。

〔4〕 1995 UCC §5-106（c），（d）.

〔5〕 1995 UCC §5-106 cmt. 4. See also *Transparent Products Corp. v. Paysaver Credit Union*, 864 F. 2d 60（7th Cir. 1988）. 与此精神一致，URDG758 与《联合国独立担保与备用信用证公约》等也规定了独立保函未规定有效期或到期事件时默认的保函有效期限，从而不会因缺乏有效期规定而无效［See URDG758 Article 25（c）；《联合国独立担保与备用信用证公约》第 12 条（c）款；Principles of European Law on Personal Security（PEL/PC）Article 3：106（2）］。

决不一。在"Todi Exports 案"中，[1]涉案信用证规定适用UCP500，但它并未规定信用证有效期，而是强调"汇票在提单付运日期后 15 日内提交，但无论如何不得晚于 1994 年 5 月 30 日"。法院解释认为，尽管信用证并未明确规定有效期，但其所规定的交单日期 1994 年 5 月 30 日可作为有效期看待。

我国暂未见到因信用证缺乏有效期规定而发生争议的案件。但笔者倾向于认为，在缺乏像 UCC 那样明确规定的情况下，"Todi Exports 案"的判决可资借鉴，即将交单期同时解释为信用证有效期。[2]

当然，如果信用证既未规定有效期，也未规定交单期，则在 UCP 下应直接认定该信用证缺乏可执行性而不构成有效信用证。[3] 此时，解释上既不应援引基础合同或以往交易习惯来确定

---

[1] Todi Exports v. Amrav Sportswear Inc., 1997 US Dist. LEXIS 1425 (SDNY, 1997).

[2] Jan Cornelis Dekker, Case Studies on Documentary Credits: Problems, Queries, Answers, at 121 (ICC Publishing SA No. 459 1989). 但参见 [德] Johannes C. D. Zahn：《信用状论：兼论托收与保证》，陈冲、温耀源合译，中华企业管理发展中心 1980 年版，第 52~53 页。

[3] See UCP82 Article 8; Rolf A. Schutze & Gabriele Fontane, Documentary Credit Law Throughout the World, at 21 (ICC Publishing SA No. 633 2001). See also Averbach v. Vnescheconombank, 280 F. Supp. 2d 945 (ND Cal. 2003)：该案适用 UCP400，原信用证有规定明确有效期，但随后开证人的书面通知暂停原信用证付款。受益人起诉认为开证人的书面暂停通知构成对原信用证的修改（即新信用证）。该案的特殊之处在于，信用证付运期限已过，受益人也已经付运基础合同项下货物并提交单据给开证人，故此在缺乏有效期时无法根据付运期限来认定新信用证"有效期"。正是基于此，法院判决认定，没有有效期规定的"义务"（undertaking）不应解释为信用证。而原信用证诉讼时效已过，法院判决受益人败诉。But see Tutill v. Union Savings Bank, 534 NYS 2d 88 (Sup. Ct. 1988)：涉案信用证为备用证，规定自 1985 年 1 月 2 日后可支取一定款项，但并未规定信用证有效期。因信用证明确规定适用 UCP，故此法院判决 UCC 不适用。最终法院根据 1974 年 UCP290 第 41 条中运输单据 21 个日历日规定，认为受益人应在 1985 年 1 月 2 日后的 21 个日历日期限内交单。此案显然错判。此案备用信用证下根本不存在正本运输单据问题，自然也就不存在据此确定交单期限与信用证有效期限的合理理由。该案经上诉后，法院改判认为，信用证中

第二章 不当拒付损害赔偿责任构成要件（一）：有效信用证

信用证有效期，[1]也不应认定信用证有效期为"合理期限"。[2]不得根据基础合同或以往交易习惯确定信用证有效期的理由甚是明显，因为其违反信用证独立性；[3]而不应认定信用证有效期为"合理期限"，是因为合理期限过于模糊，不符合信用证付款确定性、迅捷性目标，不符合 UCP600 的基本精神。[4]

我国《结算办法》同样未规定缺乏有效期的信用证的效力，但解释上也应遵循同样的精神，即在缺乏有效期的情况下，应将交单期同时视为有效期。不同的是，根据《结算办法》的规定，如果信用证未规定交单期，"默认为货物装运日或服务提供日后十五天"。[5]因此，当国内信用证适用《结算办法》时，并不存在既没有规定有效期也缺乏交单期的情形。除非信用证中连"货物装运日或服务提供日"都没有。

（接上页）"payable in full at January 2, 1985" 可作为信用证有效期的判断标准 [*Tuthill v. Union Sav. Bank*, 166 AD 2d 702, 702 (1990)]。当然，该案非常特殊，一般而言，鉴于备用信用证下通常都不存在交单期问题，故在备用信用证缺乏有效期规定时，理应直接认定信用证无效，或仅构成一般从属性担保。

〔1〕 See Peter E. Ellinger, *Documentary Letters of Credit: A Comparative Study*, at 300~301 (University of Singapore Press 1970); James E. Byrne, *International Letter of Credit Law and Practice* §7: 189. PRC Chinese Law (Thomson Reuters 2017).

〔2〕 See *Exxon Co. v. Banque de Paris et des Pays – Bas*, 1987 US App. LEXIS 13388. But see *Lamborn v. Nat'l Park Bank*, 240 NY 520, 148 NE 664, 666 (1925); Peter E. Ellinger, *Documentary Letters of Credit: A Comparative Study*, at 301 (University of Singapore Press 1970).

〔3〕 But see Lazar Sarna, *Letters of Credit: The Law and Current Practice*, at 137 (Carswell Legal Publications 1984).

〔4〕 UCP600 明确删除了 UCP500 开证人审单期限及拒付通知"合理期限""及时"等过于模糊词眼，而代之以固定的"五个银行工作日"。目的即在于维护信用证付款迅捷性、确定性，避免不必要的争议。此外，虽然 UCP600 已不再像 UCP500 第 42 条 d 款那样明确强调银行要避免使用"一个月""六个月"或类似方式标注信用证有效期，但其不鼓励使用模糊时间来界定信用证有效期精神仍在。

〔5〕《结算办法》第 10 条。

ISP98同样要求备用信用证必须规定"有效期,或允许开证人给予合理期限之提前通知而解除备用信用证"。[1]但其并未规定,如果备用信用证未规定有效期,效力如何?据权威评注解释,此取决于适用的当地法律。即缺乏有效期规定的备用信用证或构成从属担保而非信用证,或构成信用证并适用法定的有效期限,如无法定期限,则由法院设定恰当的有效期限。[2]然笔者以为,上述由法院自行设定一恰当之信用证有效期似乎有违信用证付款确定性目的。

(三) 其他非必要要素

信用证是否有明确规定交单地点、信用证兑用方式、适用规则、兑用方式等,对于信用证性质的认定并非关键。即使开证时上述诸信息存在缺失,也完全可以适用UCP600、1995 UCC §5、ISP98、《结算办法》等的规定予以补充。例如,就交单地点,如果信用证有规定被指定人,则受益人不仅可以选择直接向开证人或保兑人交单,还可选择于被指定人处交单;[3]信用证没有规定兑用方式,则原则上开证人必须即期付款而非承兑或延期付款。[4]

---

[1] See ISP98 Rule 9.01. 当然,独立保函中还存在不规定到期日,而规定到期事件,抑或到期日和到期事件同时规定的情形(URDG758 Article 2)。到期事件规定在备用信用证中都不常出现,加上其可能构成非单据性条件的嫌疑,故此ISP98并未规定备用信用证可以规定到期事件[See James E. Byrne, *The Official Commentary on the International Standby Practice*, at 293 (Institute of International Banking Law & Practice 1998)]。

[2] See James E. Byrne, *The Official Commentary on the International Standby Practice*, at 293 (Institute of International Banking Law & Practice 1998).

[3] See 1995 UCC §5-107 cmt. 4; §5-108 cmts. 2, 6; UCP600 Articles 2, 6, 7, 8;《结算办法》第11条。See also Rolf A. Schutze & Gabriele Fontane, *Documentary Credit Law Throughout the World*, at 22 (ICC Publishing SA No. 633 2001).

[4] See 1995 UCC §5-102 (a) (8); ISP98 Rule 2.01 (b). UCP600、《结算办法》下理应做同样解释。

第二章 不当拒付损害赔偿责任构成要件（一）：有效信用证

当然，这并非意味着信用证交单地点甚至信用证兑用方式等都不重要。相反，从信用证付款与融资功能有效发挥的角度来看，信用证条款越是详尽、清晰，越有助于信用证功能的发挥。正是基于此，UCP600、《结算办法》才强调信用证"必须"规定有效期、有效地点、兑用方式等。[1]

第二节 信用证尚未失效

一、有效期与交单日期

（一）信用证有效期

信用证理应规定有效期，已如前述。在该有效期内，只要受益人提交了相符单据，[2]开证人便必须承付受益人，[3]否则构成不当拒付。[4]因此，所谓信用证有效期，实质为信用证交单有效期（expiry date for presentation）。[5]因而，只要受益人于信用证有效期内提交了相符单据，即使开证人实际付款时间，甚至承兑时间在有效期之后，也不影响受益人对开证人享有的

---

[1] UCP600 Article 6；《结算办法》第 14 条。

[2] 实际上，受益人还需满足交单日期限制，容下文再述。

[3] UCP600 Article 6 (e)。See also ISP98 Rules 3.05, 3.13；《结算办法》第 49 条、第 58 条。

[4] See *Gilday v. Suffolk County National Bank*, 100 AD 3d 690, 954 NYS 2d 109 (NY App. Div. 2012)；*Eastman Software, Inc. v. Texas Commerce Bank, NA*, 28 SW 3d 79 (Tex. App. 2000)；*Cypress Bank v. Southwestern Bell Tel. Co.*, 610 SW.2d 185 (Tex. App. 1980)；四川省乐山市中级人民法院"汝城县满天星水力发电厂与中国银行股份有限公司乐山分行合同纠纷案"乐山市中级人民法院［2018］川11民终1196号。

[5] See John F. Dolan, *The Law of Letters of Credit: Commercial & Standby Credits* §5.03 [4][a] Generally (LexisNexis AS Pratt 2018)；Brooke Wunnicke, Diane B. Wunnicke & Paul S. Turner, *Standby & Commercial Letter of Credit*, at 5~44 (Wolters Kluwer Law & Business 3rd ed 2013)。

付款请求权。

（二）交单日期

当然，除了规定一个有效期之外，SWIFT信用证中通常还会规定交单日期（period for presentation）。[1]此时，受益人交单应同时满足有效期与交单日期规定。[2]实务中，信用证之所以在有效期外仍规定交单日期，主要是为加速单据流转，避免货物已到目的地（港），申请人无法及时提货、转售，以至贻误商机。[3]

当然，如果信用证未规定交单日期，且受益人需提交正本运输单据时，受益人还必须遵守UCP所默认的21个日历日规定，即所有单据都应在正本运输单据装运日后21个日历日内提交。凡是未能在交单日期或21个日历日内提交之单据，均称为过期单据。开证人能以此为由拒付。[4]

（三）有效期与交单日期比较

那么，信用证有效期和交单日期（包括21个日历日）有何

---

〔1〕另可参见《结算办法》第10条。交单日期规定主要是针对商业信用证，备用信用证（独立保函）一般并不存在交单日期问题。然而，ISP98并未完全否定交单日期规定，因为在直接付款备用信用证中存在规定交单日期的可能 [See James E. Byrne, *The Official Commentary on the International Standby Practice*, at 106 (Institute of International Banking Law & Practice 1998)]。

〔2〕福建高级人民法院"韩国晓星株式会社诉中国光大银行厦门支行信用证纠纷案"［2003］闽经终字第069号。

〔3〕杨良宜：《信用证》，中国政法大学出版社1998年版，第99页；John F. Dolan, *The Law of Letters of Credit: Commercial & Standby Credits* §5.03 [3] [c] Strict Cases (LexisNexis AS Pratt 2018). 我国《结算办法》第10条第5款规定略有不同：一是默认期为15天；二是不限于必须提交正本运输单据的交单情形，即凡是交单，不论是否必须提交正本运输单据，在信用证没有另行规定时，都必须遵守15天之要求。

〔4〕参见福建省厦门市中级人民法院"韩国晓星株式会社诉中国光大银行厦门支行信用证纠纷案"［2002］厦经初字第234号；*Banco General Runinahui, SA v. Citibank International*, 97 F.3d 480 (11th Cir. 1996).

第二章 不当拒付损害赔偿责任构成要件（一）：有效信用证

区别呢？笔者以为，关键在于受益人信用证有效期届满后交单和交单日期届满后有效期届满前交单的法律效果不同。

如受益人在信用证有效期届满后交单，因信用证已过有效期，开证人不再受信用证拘束，因而也就无需审单、付款或按规定发出拒付通知等义务。[1]对此，国际商会明确指出："已逾信用证到期日即意味着信用证已变得无用，单据不再受 UCP 的约束"。[2]

例如，在"唐山汇达案"中，二审法院便认为："信用证单据需在信用证有效期内提交；信用证到期后，开证行没有义务按照 UCP500 的规定审核单据，因为这一义务已到期日起终止。"受益人在第一次交单不符被拒付后再次交单时，信用证已经失效。自然开证人不再受信用证拘束，进而亦不再受 UCP500 规则的制约，从而也就不应再有该信用证项下的审单与付款责任。[3]

---

[1] 参见《独立保函司法解释》第 11 条。就拒付通知及失权问题，参见第三章第三节。

[2] ICC Official Opinion R13. See also ICC Official Opinion R331; Gary Collyer, *The Guide to Documentary Credit*, at 196（IFS University College 5th ed 2015）; ISP98 Rule5. 04; *Bayerische Vereinsbank Alkiegesellschaft v. National Bank of Pak.* [1997] 1 Lloyd's Rep. 59（QB）; *Todi Exprots v. Amrav Sportswear Inc.*, 1997 US Dist. LEXIS 1425（SDNY 1997）; 吴庆宝、孙亦闽、金赛波主编：《信用证诉讼原理与判例》，人民法院出版社 2005 年版，第 277 页。But see *Pan Pac. Specialties Ltd. v. Shandong Mach. & Equip. I/E Corp.*, 2001 BCD Civ. J. LEXIS 20（BC Sup. Ct. 2001）: holding that late notice of dishonor precludes issuer from raising timeliness issue.

[3] 天津市高级人民法院"唐山汇达集团进出口有限公司与中国光大银行天津分行信用证纠纷案"[2002] 高经终字第 51 号；天津市第一中级人民法院 [2001] 一中经初字第 336 号。另参见山东省高级人民法院"（意大利）纤维素转化设备公司与中国银行威海分行信用证纠纷上诉案"[2000] 鲁经终字第 222 号；江苏省苏州市中级人民法院"安徽淮化股份有限公司与上海浦东发展银行股份有限公司张家港支行合同纠纷案"[2019] 苏 05 民终 4820 号。但参见江苏省扬州市中级人民法院"扬州市邗利皮革制品有限公司诉韩国朝兴银行信用证拒付案"（案号不详，具体载金赛波编：《中国信用证和贸易融资法律：案例和资料》，法律出版社 2005 年版，第 209~211 页）：该案法院置受益人信用证有效期届满后交单于不顾，而认定开证人未能及时退单（第一批交单）及拒付通知迟延（第二批交单）构成失权。

上述结论也与1995 UCC §5的规定一致。[1]根据1995 UCC §5的官方评注,信用证的有效期一过,开证人信用证下有条件付款义务即结束。受益人信用证有效期后交单的,即使交单相符,其也不得以交单相符为由追究开证人不当拒付损害赔偿责任,更不得以开证人未能发出有效拒付通知为由主张开证人失权。[2]

例如,在"Lease America 案"中,[3]开证人拒付通知中并未表明单据处理方式,但法院判决这并不导致开证人失权,因为交单时信用证已经失效。[4]

而如果受益人交单时只是交单日期届满,信用证有效期仍在,则开证人仍承担了接收并审核单据并根据UCP600第16条或1995UCC §5-108(c)等规定发出拒付通知之义务。[5]如果

---

[1] 1995 UCC § 5-108 (d).

[2] 1995 UCC § 5-108 cmt. 3. See also James J. White & Robert S. Summers, *Uniform Commercial Code* at 1117 (West 6th ed 2010); *BEI Intern., Inc. v. Thai Military Bank*, 978 F. 2d 440 (1992). See also ISP98 Rule 5.04; James E. Byrne, *ISP98 & UCP500 Compared* at 139 (Institute of International Banking Law & Practice 2000).

[3] *LeaseAmerica Corp. v. Norwest Bank Duluth, NA*, 940 F. 2d 345 (8th Cir. 1991).

[4] See also *Todi Exports v. Amrav Sportswear Inc.*, 1997 US Dist. LEXIS 1425 (SDNY, 1997); *CVD Equipment Corp. v. Taiwan Glass Industrial Corp.*, 2011 WL 1210199 (SDNY 2011); *Avery Dennison Corp. v. Home Trust & Savings Bank*, 2003 WL 2269715 (ND Iowa 2003); *Banco General Runinahui, SA v. Citibank International*, 97 F. 3d 480 (11th Cir. 1996). But see *Pan Pac. Specialties Ltd. v. Shandong Mach. & Equip. I/E Corp.*, 2001 BCD Civ. J. LEXIS 20 (BC Sup. Ct. 2001).

[5] See also ISP98 Rule 5; URDG758 Article 24;《结算办法》第46、47条;《联合国独立担保与备用信用证公约》第16条第2款。另参见广东省高级人民法院"菱电升降机有限公司诉中国光大银行深圳分行信用证纠纷案"[2002]粤高法民四终字第96号。该案中,法院判决认为:"菱电公司将修改后的单据提交交单行时,已超过了信用证规定的货物发运后15天内递交单据的期限(但仍在信用证有效期内——笔者注),光大银行又在7个银行工作日内将这一'迟交单'的不符点及时通知了交单行。在处理单据的过程中,光大银行的做法符合UCP500第9条、第13条和第14条的规定。"从法院判决措辞来看,法院似承认在交单期限之后信用证有效期之前交单的,开证人承担了根据UCP规定以迟延交单为由进行拒付的义务。

第二章 不当拒付损害赔偿责任构成要件（一）：有效信用证

开证人并未就迟延交单发出拒付通知，即构成失权。[1]

二、信用证有效期之例外

（一）信用证有效期顺延

信用证有效期届满有时并非绝对。[2]有可能信用证规定某一具体日期到期，但该日期刚好是周末或国家法定节假日。为避免受益人交单期限因此而被缩短，UCP600规定："如果信用证有效期或交单日期刚好是接受交单银行的歇业时间，只要该歇

---

[1] But see John F. Dolan, *The Law of Letters of Credit: Commercial & Standby Credits* § 5.03 [3] [c] Strict Cases (LexisNexis AS Pratt 2018); Larry A. DiMatteo & Lucien J. Dhooge, *International Business Law: A Transactional Approach*, at 379 (Thomson West 2nd ed 2006).

[2] 实际上，除了本书所阐述的有效期顺延及按时间自动顺延之例外，还有两种例外。一是如果信用证有效期规定违反了法律所强制保障之利益，则信用证有效期条款无效。例如在 *Leary v. McDowell County National Bank*, 552 SE 2d 420 (W. Va. 2001) 一案中，因为信用证有效期条款与规范工资支付的债券、信用证及其他保护雇佣劳动者承诺（undertakings）的州法律相冲突，法院认定信用证有效期条款无效，受益人可以在信用证失效后支款。See also *International Union of Operating Engineers v. LA Pipeline Construction Co.*, 786 SE 2d 620 (W. Va. 2016)。但此属于极端情形 [James G. Barnes & James E. Byrne, "Letters of Credit", 57 Bus. Law., 1725, 1727 (2002)]。且学者对此判决持批评意见，认为此时最好是开立自动循环信用证 [John F. Dolan, *The Law of Letters of Credit: Commercial & Standby Credits* § 5.03 [4] [b] Hints of a Relaxed Rule (LexisNexis AS Pratt 2018)]。二是开证人与受益人协商延长信用证有效期。此时只要受益人在开证人同意延长之期限内交单即可，开证人不得以此拒付。See *Beckman Cotton Co. v. First National Bank*, 666 F2d 181 (5th Cir 1982); *Consolidated Aluminum Corp. v. Bank of Va.*, 544 F. Supp. 386 (D. Md. 1982), aff'd, 704 F. 2d 136 (4th Cir. 1983)。当然，除此之外，还有一特殊类型，即在分期支款信用证中，若某一期未支取，随后各期即告失效，尽管信用证有效期尚未届满（UCP600 Article 32）。但此失效和一般意义上的信用证失效尚有细微差异。即如果分期支款信用证下受益人某一期未支取，而开证人却接受了随后一期的支款，则该信用证将会恢复使用。当然，开证人在接受随后一期支款时可明确告知受益人，其对该期支款的认可并不等于对随后各期支款的认可，信用证并不因此而恢复有效。See ICC Official Opinion R196.

业非因UCP600第36条不可抗力造成,则有效期或交单日期可相应顺延至重新开业的第一个工作日。"[1]故此,如果存在符合上述信用证有效期顺延的情形,而开证人仍以交单迟延或信用证已经失效为由拒付,受益人可追究开证人的不当拒付责任。[2]

1995 UCC并未明确规定有效期顺延问题,美国法院判决在此问题上也并不一致。例如在"Esso Petroleum Canada案"中,[3]信用证到期日为星期日,法院认定信用证有效期顺延至星期一。但就同样情形,"Avery Dennison案"法院却判决认定信用证有效期不顺延至星期一。[4]就此学者批评认为,即使UCC并未就信用证有效期顺延作出规定,但1995 UCC §5-108(e)要求开证人遵守标准实务,从而根据当时的UCP500第44条及ISP98第3.13条精神,此信用证有效期应为星期一,而非法院所认定的星期日。[5]

有效期顺延规定在URDG758中也有体现。[6]然而,在保函未选择适用URDG758或类似惯例或规范的情况下,法院完全可以依据所适用的国内法做出相应判决。例如,在我国一起保函案件中,法院便依据当时适用的《民法通则》第154条第3款规定,[7]判决保函有效期最后一日因是星期日而顺延至星期一,

---

[1] See UCP600 Article 29 (c). See also ISP98 Rule 3.13;《结算办法》第58条。See also DOCDEX Decision No. 286.

[2] *Beckman Cotton Co. v. First National Bank*, 666 F2d 181 (5th Cir 1982); *Exxon Co. v. Banque de Paris et des Pays-Bas*, 1987 US App. LEXIS 13788. .

[3] *Esso Petroleum Canada a Div of Imperial Oil Ltd v. Security Pacific Bank*, 710 F. Supp. 275 (1989). See also *Addison Bank v. Temple-Eastex, Inc.*, 665 SW 2d 550 (Tex. Ct. App.), rev'd on other grounds, 672 SW 2d 793 (Tex. 1984).

[4] *Avery Dennison Corp. v. Home Trust & Savings Bank*, 2003 WL 2269715 (ND Iowa 2003).

[5] See James E. Byrne, *6B Hawkland UCC Series* §5-106:20 [Rev] Expiry date (Thomson Reuters 2016).

[6] See URDG758 Article 25 (d).

[7] 另可参见《民法典》第203条第2款。

第二章　不当拒付损害赔偿责任构成要件（一）：有效信用证

从而保函受益人并不构成迟延交单，开立人应对受益人承担不当拒付损害赔偿责任。[1]

然而，值得注意的是，UCP600明确将因不可抗力所导致的开证人歇业排除在信用证有效期顺延之外。即，能导致信用证有效期顺延的只能是开证人因正常原因歇业。这主要是考虑到：首先，因不可抗力导致歇业之持续时间不太确定，有损信用证下开证人付款责任确定性精神。[2]其次，如果允许因不可抗力而延长有效期，也易造成开证人无法确知何时该解除申请人所提供的开证担保，以及何时恢复申请人贷款额度。而过于延长显然不利于申请人的利益。[3]再次，如果允许持单等待开证人恢复营业，会对基础合同下的货物处理造成不便。最后，即使规定开证人因不可抗力而歇业不会导致信用证有效期顺延，在实务中也不太可能给受益人造成重大影响，因为受益人通常还可向保兑人或信用证所规定的被指定人交单。[4]当然，无论如何，如受益人最终因不可抗力导致无法交单，申请人与受益人也完全可以通过基础合同予以解决。[5]

但从受益人角度来看，如果因不可抗力导致开证人歇业而无法在有效期内交单，受益人便丧失在开证人恢复营业后继续

---

〔1〕 湖南省长沙市中级人民法院"长沙银行股份有限公司东风路支行、刘某波信用证纠纷案"〔2017〕湘01民终5367号。

〔2〕 See John F. Dolan, 1 *The Law of Letters of Credit*: *Commercial and Standby Credits* §5.03〔4〕〔f〕Need for a Firm Expiry (LexisNexis AS Pratt 2018); Ali Malek QC & David Quest, *Jack*: *Documentary Credits*, at 103 (Tottel Publishing Ltd. 4th ed 2009).

〔3〕 See John F. Dolan, 1 *The Law of Letters of Credit*: *Commercial and Standby Credits* §5.03〔4〕〔f〕Need for a Firm Expiry (LexisNexis AS Pratt 2018).

〔4〕 See Georges Affaki & Roy Goode, *Guide to ICC Uniform Rules for Demand Guarantees URDG* 758, at 171~172 (ICC Services Publications No. 702E 2011).

〔5〕 See John F. Dolan, 1 *The Law of Letters of Credit*: *Commercial and Standby Credits* §5.03〔4〕〔f〕Need for a Firm Expiry (LexisNexis AS Pratt 2018); Ali Malek QC & David Quest, *Jack*: *Documentary Credits*, at 103 (Tottel Publishing Ltd. 4th ed 2009).

交单权利这一规定,显然对其过于严苛。而且,在备用信用证下,也并不存在前述所称如果允许受益人无限等待开证人恢复营业,必将导致对基础合同项下货物处理造成不便等问题。正因为如此,ISP98在吸收备用信用证实践经验的基础上,[1]改变了UCP有关规定,明确赋予受益人在开证人重新开业后的30天内交单的权利。当然,开证人也可以充分通知受益人变更交单地点以避免前述30天延期交单规定。[2]

值得指出的是,我国《结算办法》只规定了法定节假日有效期顺延问题,而未规定信用证有效期是否会因不可抗力导致开证人歇业而顺延。[3]但从逻辑解释来看,应是禁止信用证有效期因不可抗力而顺延,从而最终结论上与UCP600的规定相同。

(二)按时间自动循环信用证

在实务中,还经常出现一种按时间自动循环的信用证,即信用证有效期可以按约定反复延长的信用证。[4]该种信用证主要出现在备用信用证以及为长期分批供货买卖合同提供付款保

---

〔1〕 See George A. Hisert, *Comptroller General Continues to Misunderstand UCP*, in James E. Byrne ed., 1996 *Annual Survey of International Banking Law & Practice*, at 72~74 (Institute of International Banking Law & Practice 1996); *Nobel Ins. Co. v. First Nat'l Bank of Brundid*, 2001 Ala. LEXIS 433.

〔2〕 ISP98 Rule 3.14. See also URDG758 Article 26 (b), (c). 有关 UCP600、ISP98 以及 URDG758 三者关于不可抗力对信用证(独立保函)有效期影响规定之比较,See Georges Affaki & Roy Goode, *Guide to ICC Uniform Rules for Demand Guarantees URDG 758*, at 171~173 (ICC Services Publications No. 702E 2011).

〔3〕《结算办法》第58条。

〔4〕 王卫国主编:《银行法学》,法律出版社2011年版,第255页。与按时间自动循环信用证相对应的是按金额自动循环信用证,即在信用证有效期限内其额度在每次使用完后自动恢复到原来金额的信用证。两者合称自动循环信用证。与自动循环信用证相似,实务中还存在一种自动终止信用证,即信用证中规定申请人可提交一定单据条件使得信用证失效之信用证[*CVD Equipment Corp. v. Taiwan Glass Industrial Corp.*, 2011 WL 1210199 (SDNY 2011)]。实践中,此种条款并不多见,本书不拟涉及此问题。

第二章 不当拒付损害赔偿责任构成要件（一）：有效信用证

障的商业信用证中。[1]

因为信用证特别是备用信用证通常属于无资金贷款（unfunded loan），开证人基于政策限制及风险考虑通常只会开立有效期至多1年的信用证。[2]而在工程建设、船舶建造等工程项目中，基础合同履行期限通常非常长，实践中通常需要开立有效期超过1年的备用信用证。为协调银行政策限制、风险控制与商业实践需求的冲突，便产生了按时间自动循环信用证。[3]在商业信用证中，按时间循环信用证还有助于申请人节省开证费与担保金，有助于受益人避免频繁等证、审证，并能够有效地规避 UCP600 第 32 条分期支款条款弊端的作用。[4]

在此类信用证下，会有一个固定的、通常为1年的信用证有效期，但在一定条件下该有效期可以延长下去的条款，即自动延期条款（常青条款）。[5]例如，只要开证人未在信用证有效期届满前30天向受益人提供不再延长信用证的通知，该信用

---

〔1〕 Ali Malek QC & David Quest, *Jack*: *Documentary Credits*, at 105 (Tottel Publishing Ltd. 4th ed 2009); John F. Dolan, *The Law of Letters of Credit*: *Commercial and Standby Credits* § 5.03 [4] [g] Evergreen Clauses note 351 (Lexis Nexis AS Pratt 2018).

〔2〕 See Charles E. Aster, Esq. & Katheryn C. Patterson Esq. ed., *A Practical Guide to Letters of Credit*, at 133~148 (Executive Enterprises Inc., 1990); John F. Dolan, *The Drafting History of UCC Article 5*, at 95 (Carolina Academic Press 2015); James E. Byrne, *6B Hawkland UCC Series* § 5-101: 17 [Rev] Relationship to bank regulations (Thomson Reuters 2016).

〔3〕 See John F. Dolan, *The Drafting History of UCC Article 5*, at 95 (Carolina Academic Press 2015).

〔4〕 参见王卫国主编：《银行法学》，法律出版社2011年版，第255~256页。另参见最高人民法院"天津天大天财股份有限公司与日本信越化学工业株式会社、中信实业银行天津分行国际货物买卖信用证付款纠纷案"[2004]民四终字第11号。

〔5〕 高祥："循环信用证及其风险防范"，载万鄂湘主编：《涉外商事海事审判指导》，人民法院出版社2009年版，第182页；James E. Byrne, *International Letter of Credit and Practice* § 14.6 US Law-Automatic extension or evergreen clauses and similar devices (Thomson Reuters 2017).

证有效期将自动延长 1 年。实践中通常发生的争议是，该信用证是否已经有效终止，开证人是否构成不当拒付。美国已有多起案例涉及这一问题。[1]

在"3Com 案"中，[2]涉案备用信用证的有效期为 1995 年 5 月 20 日，但其同时规定，"每一日历年结束后本信用证无须书面修改便自动延期，除非我方书面通知你方，我方不再更新信用证（解除通知）"。然而，随后开证人先后多次要求信用证通知人"联系受益人获得撤销信用证之授权（authorization to cancel）"或"请撤销（please cancel）信用证并免除（release）我方责任"，并据此拒付受益人的交单。

受益人起诉开证人不当拒付后，一审法院判决开证人败诉。理由是不更新信用证通知必须是"清楚明晰"，而开证人的电传通知并不满足这一要件。二审赞同一审观点，认为涉案常青信用证的不更新通知或者说解除通知除了必须采用书面形式外，还必须满足清楚明晰这一条件。法院认为，尽管该信用证所约定适用的 UCP 本身并未就解除通知作出明确规定，但根据 UCP 所隐含的基本原则与政策，书面解除通知理应满足清楚明晰的要求。迅捷与确定是信用证交易的重要特征，这也正是信用证得以被频繁使用的原因。而迅捷与确定，却又源自信用证的独立性，以及由此衍生而来的严格相符要求。正是因为受益人有义务提交与信用证严格相符的单据，才能要求开证人承担承付

---

〔1〕 See e. g., *Sports, Inc. v. Sportshop, Inc.*, 14 Kan. App. 2d 141, 783 P. 2d 1318 (1989); *National Union Fire Ins. Co. of Pittsburgh, Pa. v. Manufacturers Hanover Trust Co.*, 598 NYS 2d 228 (1993); *JP Morgan Trust Co., NA v. US Bank, NA*, 446 F. Supp. 2d 956 (ED Wis. 2006); *Golden West Refining Co. v. SunTrust Bank*, 2006 WL 4007267, 538 F. 3d 1343 (2008); *Michigan Commerce Bank v. TDY Industries, Inc.*, 2011 US Dist. LEXIS 137992.

〔2〕 *3Com Corp. v. Banco do Brasil, SA*, 171 F. 3d 739 (1999).

第二章 不当拒付损害赔偿责任构成要件（一）：有效信用证

义务，自然逻辑要求便是信用证的条件与单据要求规定必须清楚明晰。上述精神与要求在 UCP 规则中多有体现。而开证人的解除通知也应满足清楚明晰的要求，如此方才符合 UCP 的精神。

而本案开证人的通知仅仅是"请撤销信用证并免除我方责任"，如果要清楚明晰，开证人解除通知应直接针对常青条款，"我方决定 1996 年 5 月 20 日后不再更新信用证"。尽管如开证人所抗辩，银行使用相似词语来表达解除、撤销以及不更新等意思是相当普遍的，但也只是说明开证人通知可以解释为"不更新通知"。正如一审法院所分析，开证人的通知更容易被解读为请求同意提前撤销信用证。而且，该通知也并未提及信用证有效期，且表达语气与措辞上与最一开始开证人发出的"联系受益人获得撤销信用证之授权"更为接近，故此应当解释为要求提前立即撤销信用证。至于开证人抗辩认为，受益人明知开证人有立即提前撤销信用证的意图，自然应能够推知开证人也不愿于信用证到期后更新信用证。法院同样以开证人有义务提供清楚明晰的解除通知为由驳回。因而最终法院认定，开证人的撤销通知并未有效解除信用证，交单时信用证仍为有效，且受益人交单相符，故开证人构成不当拒付，应对受益人承担不当拒付损害赔偿责任。

尽管从日常生活经验看，法院的判决似乎过于严苛，但法院的整个推理逻辑非常严谨缜密。其从信用证所追求实现的迅捷、确定目标出发，根据信用证独立性、严格相符性等根本精神，一步步推论出开证人拒付通知、解除通知都应当严格符合信用证规定，并满足清楚明晰要求。[1]应当说，这正是信用证

---

[1] See John F. Dolan, *The Law of Letters of Credit: Commercial and Standby Credits* §6.04 [9] Applying the Rule Against Issuer (LexisNexis AS Pratt 2018). See also *Travelers Indem. Co. v. US Bank Nat. Ass'n*, 59 UCC Rep. Serv. 2d 786 (Conn. Super. Ct. 2006).

生命力顽强之所在。只有各方清楚明晰地了解各自的权利义务边界，才能提高信用证的交易效率，达到促进贸易顺利开展的目的。

其实，从整个商法精神看也是如此。与民法相比，商法更注重追求效率，而效率的实现则有赖于交易规则的清楚明晰。而交易规则清楚明晰不仅仅限于法律规则、信用证条款，还包括双方当事人在交易过程中的意思表示。一旦任意一方意思表示存在模棱两可，则在解释上应当采纳对"起草人"不利的解释。[1]从而间接促使当事人选择清楚明晰的措辞表达其意图，最终达到高效的目的。

本案法官正是基于上述逻辑得出结论，认为开证人模棱两可的"请求撤销"通知无法达到其意图的"解除"信用证的法律效果。更何况，开证人的通知将会起到"终结"受益人信用证下合法权益的法律效果，自然只有开证人已经清楚明晰地表达了终结的意图，而受益人也能够清楚地理解开证人的终结意图，信用证才能够被解除，只有如此才符合公平精神。[2]也只有如此，受益人才能更好地根据具体情况采取合理措施维护自身合法权益，诸如要求开证人或延期或承付信用证项下款项，[3]抑或容许申请人另行开具信用证以取代现有信用证。

事实上，"3Com 案"判决并非孤例。在"Old Republic Sur. 案"中，[4]法院便援引"3Com 案"判决，认为开证人解除自动

---

〔1〕 See e. g., *Ocean Rig ASA v. Safra Nat. Bank of New York*, 72 F. Supp. 2d 193 (SDNY 1999).

〔2〕 See James E. Byrne, *International Letter of Credit Law and Practice* §14.7 US Law-Notice of nonrenewal (Thomson Reuters 2017).

〔3〕 See ISP98 Rule 3.09; URDG758 Article 23; *Western Surety Co. v. North Valley Bank*, 2005 Ohio App. Lexis 3200.

〔4〕 *Old Republic Sur. Co. v. Quad City Bank & Trust Co.*, 681 F. Supp. 2d 970 (2009).

第二章 不当拒付损害赔偿责任构成要件（一）：有效信用证

循环信用证的通知不满足清楚明晰要求而无效，[1]从而构成不当拒付。[2]

在笔者所掌握范围内，我国国内尚未见到信用证特别是备用信用证的"自动循环"条款争议，[3]因此无法探究我国法院在类似案件中的态度。但上述美国判决可为我们提供判决思路。暂不论前述美国法院判决推理过程符合 UCP600 的精神，即使是从我国《民法典》有关意思表示的规定来看，上述判决结论也是成立的。我国《民法典》就有相对人的意思表示解释，原则上采表示主义，[4]即以一个理性的对方当事人所通常理解的意思表示为准。由此，前述案例中自动循环解除通知是否能够实现解除通知的效果，不是取决于开证人的内心真实意图，而是取决于其所表达出来的，为处于受益人地位的一般理性人所能理解的意思。

第三节 本章小结

受益人欲追究开证人不当拒付损害赔偿责任，首先便是应

---

[1] 开证人的表述为：This CLEAN IRREVOCABLE LETTER OF CREDIT expires on 06/06/08, and is not automatically renewable without notification from Quad City Bank and Trust Company.

[2] See also *Royal American Bank v. LaSalle National Bank*, Case No. 1-04-0234 (Ill. Ct. App. 2005); *Molter Corp. v. Amwest Surety Insurance Co.*, 642 NE 2d 919 (1994); *International Fidelity Insurance Co. v. State Bank of Commerce*, 1988 US Dist. LEXIS 5397. But see *Textron Financial Corp. v. Citizens Bank of Rhode Island*, 2003 Mass. App. LEXIS 1500.

[3] 最高人民法院"天津天大天财股份有限公司与日本信越化学工业株式会社、中信实业银行天津分行国际货物买卖信用证付款纠纷案"[2004]民四终字第11号中，涉案信用证为保障基础交易合同连续供货款项支付的自动循环信用证，但案件争议是信用证欺诈，而非信用证自动循环效力问题。

[4]《民法典》第142条第1款。

证明双方之间存在有效信用证。即，证明开证人所开立的文件为信用证，而非其他；开证人所开立的信用证已经生效；开证人拒付时信用证尚未失效。

开证人所开立的文件构成信用证，这是受益人追究开证人信用证不当拒付责任的当然前提。原则上，开证人所开立的文件需在主体、形式与内容三方面满足一定要求，方才构成信用证。即，信用证是由具名开证人开具给具名受益人之书面法律文件；该文件需有开证人之签字或以 SWIFT 形式开立；在内容上，其必须表明开证人对受益人确定的承付承诺，有明确的承付单据要求以及确定或可客观确定的承付金额。

信用证必须满足必要的主体、形式与内容要求，这是信用证付款确定性与迅捷性的具体体现，也是信用证付款机制低成本、高效率的必然要求。一旦信用证缺乏必要要素或必要要素模糊不清，必然会导致信用证"先付款、后诉讼"目的落空。

信用证是否有效对于判定开证人是否构成信用证预期不当拒付非常关键；而信用证是否失效，则对开证人是否应承担实际不当拒付责任至关重要。

有效期与交单日期含义不同。一旦有效期届满，信用证即失效，开证人不再承担信用证下承付义务。自然，受益人在有效期届满后交单的，开证人不承担拒付通知义务。而交单日期则仅针对受益人的交单行为。即使受益人在交单日期截止后交单，只要信用证有效期尚未届满，开证人仍承担拒付通知义务，否则会构成失权。

信用证有效期判定上，一定要注意是否存在有效期顺延以及自动循环规定。在自动循环信用证中，开证人尤其要注意其解除循环通知是否清楚明晰。原则上，自动循环解除通知是否能够实现解除通知的效果，不是取决于开证人的内心真实意图，

第二章　不当拒付损害赔偿责任构成要件（一）：有效信用证

而是取决于其所表达出来的，为处于受益人地位的一般理性人所能理解的意思。一旦信用证已顺延，或开证人未能有效解除信用证自动循环的，开证人应就其不当拒付承担损害赔偿责任。

　　我国法语境以及在美国法语境下，信用证有效构成要件及有效期的规定精神大体一致，并无实质差异。唯一需要注意的是，根据1995 UCC §5规定之精神，即使信用证缺乏有效期规定也并不导致信用证无效，而我国因缺乏类似规定而无法得出相同结论。因而在我国，如果信用证缺乏有效期，受益人将无法据此追究开证人不当拒付损害赔偿责任。

第三章
不当拒付损害赔偿责任构成要件（二）：不当拒付

第一节 不当拒付内涵、类型与例外

信用证中与付款相关的概念有承付、议付与偿付。那么，不当拒付中的拒"付"，到底是指拒绝承付、拒绝议付或拒绝偿付，抑或三者都包含，自是有探讨的必要。

一、承付、议付与偿付内涵

（一）承付内涵

与此前各版本相比，UCP600新创了"承付"一词，[1]其实际是借鉴自1995 UCC §5。根据UCP600第2条的规定，承付含义有三："即期付款信用证下的即期付款；延期付款信用证下的作出延期付款承诺并到期付款；以及承兑信用证下对受益人汇票作出承兑并到期付款。"与UCP500规定相比，实际上承付这一概念本身并未改变开证人的付款义务性质，而只是为了条文精炼目的，将它们统一在承付这一概念之下。

1995 UCC §5中，承付是指"开证人信用证下付款或给予

---

〔1〕 也有翻译为兑付。参见〔美〕ALI（美国法学会）、NCCUSL（美国统一州法委员会）：《美国〈统一商法典〉及其正式评述》（第2卷），李昊等译，中国人民大学出版社2005年版，第256页；陈治东：《国际贸易法》，高等教育出版社2009年版，第243页。

一定价值的承诺。除信用证另有规定外,下列三种情形均构成承付:付款;承兑信用证下承兑汇票并于到期日支付票面金额;或延期付款信用证下承担延期付款义务并在到期日履行该义务"。[1]

对比 UCP600 和 1995 UCC §5 的承付可知,两者的核心含义并无不同。或者说,UCP600 基本移植了 1995 UCC §5 中"承付"一词的内涵。当然,也并非两者全无差别。据伯恩教授解释,1995 UCC §5 下的承付一词包含了开证人议付受益人相符交单的情形,而保兑人的承付,实质是包含保兑人的狭义承付行为以及议付行为。[2]换言之,伯恩教授认为,承付下的"付款"一词应作广义理解,其还包括议付信用证下的议付行为。但与此相反,UCP600 下的承付并不包含议付这一概念,承付与议付为并列关系。开证人只能承付,不得议付。[3]或者说,UCP 下的承付概念更为狭义,而 1995 UCC §5 更为广义,其泛指开证人的付款义务。[4]

从 ISP98 的规定来看,其同样对承付一词采用广义理解,即不仅包括狭义的承付(即期付款、远期付款以及承兑并付款),还包括开证人对受益人的议付行为。[5]由此可见,ISP98 所规定的承付在具体含义上与 1995 UCC §5 相同。

---

[1] 1995 UCC §5-102 (a) (8).

[2] James E. Byrne, *6B Hawkland UCC Series* §5-102: 103 [Rev] Negotiation note 1; §5-102: 100 [Rev] "Honor" subsection (a) (8) (Thomson Reuters 2016).

[3] UCP600 Article 7 (a) (v).

[4] James E. Byrne, *6B Hawkland UCC Series* §5-102: 100 [Rev] "Honor" subsection (a) (8) (Thomson Reuters 2016).

[5] See ISP98 Rule 2.01 (b); James E. Byrne, *ISP98 & UCP500 Compared*, at 43 (Institute of International Banking Law & Practice 2000); James E. Byrne, *The Official Commentary on the International Standby Practice*, at 65 (Institute of International Banking Law & Practice 1998).

我国《结算办法》并未采纳"承付"一词，而是统一用"付款"来描述开证人对受益人的承付义务。[1]这一点和《信用证司法解释》的规定相同。[2]与此一致，URDG58 和《公约》也未出现承付概念，而是以付款一词来界定担保人对受益人的义务。[3]

但笔者以为，"付款"一词与 1995 UCC §5、UCP600 及 ISP98 的规定并无实质性差异。因为无论是 1995 UCC §5 下的承付，还是 UCP600、ISP98 下的承付，其最终落脚点均在于开证人的付款行为，只是开证人究竟是直接立即付款，还是要承兑汇票并到期付款，抑或作出延期付款承诺并于到期付款而已。当然，我国《结算办法》下开证人的付款行为是否包含议付，容下文再述。

（二）议付内涵

根据 UCP600 第 2 条的规定，议付是指"被指定银行在其应获得偿付的银行日或在此之前，通过向受益人预付或者同意向受益人预付款项的方式购买相符提示项下的汇票（汇票付款人为被指定银行以外的银行）及/或单据"。据此，要构成 UCP600 下的议付，必须满足如下条件：一是有被授权议付，即成为被指定人；二是购买汇票和/或单据；三是购买的是相符的汇票和/或单据；四是必须在被指定人应获偿付之银行日当日或之前以预付或同意预付的方式购买。由于 UCP600 下开证人无法成为被指定银行，故此开证人自己并不能做出议付。[4]因而，开证人只能对受益人作出承付，而不能对受益人作出议付。但保兑人

---

〔1〕 参见《结算办法》第 2 条、第 17 条、第 44 条等。
〔2〕 《信用证司法解释》第 5 条、第 7 条、第 10 条；《独立保函司法解释》第 1 条、第 6 条、第 8 条等。
〔3〕 See URDG758 Article 19,《联合国独立担保与备用信用证公约》第 2 条。
〔4〕 See UCP600 Articles 2, 6, 7.

第三章 不当拒付损害赔偿责任构成要件（二）：不当拒付

则不同，其不仅可以承付信用证，亦可议付信用证。[1]

我国《结算办法》也对议付一词进行了界定。其强调："议付指可议付信用证项下单证相符或在开证行或保兑行已确认到期付款的情况下，议付行在收到开证行或保兑行付款前购买单据、取得信用证项下索款权利，向受益人预付或同意预付资金的行为。议付行审核并转递单据而没有预付或没有同意预付资金不构成议付。"[2]此定义本质上与 UCP600 之规定并无实质性不同。

而 1995 UCC §5 并未对议付一词进行界定。据权威学者解释，议付可发生于如下两种情形：[3]一是开证人或保兑人不可撤销地承担议付以他人为付款人的汇票。当然，鉴于开证人或保兑人承担了有条件的确定付款义务，其必须无追索权地议付受益人按时提交的相符交单。[4]此时，开证人或保兑人议付行为本质上和承付无异。议付出现的第二种情形，是指授权非保兑人的被指定人议付单据的行为。此种情形下的议付和承付概念不同。[5]

从而，1995 UCC §5 下的议付和 UCP600 不同。在 UCP600 中，非常明确的是，开证人只能承付不能议付，[6]甚至 UCP600 第 6 条明确限制信用证规定受益人提交以申请人为付款人的汇

---

[1] UCP600 Article 8 (a), (b).

[2]《结算办法》第 35 条。

[3] James E. Byrne, *6B Hawkland UCC Series* § 5-102: 103 [Rev] Negotiation (Thomson Reuters 2016).

[4] James E. Byrne, *6B Hawkland UCC Series* § 5-102: 102 [Rev] Means of performance (Thomson Reuters 2016).

[5] James E. Byrne, *6B Hawkland UCC Series* § 5-102: 103 [Rev] Negotiation (Thomson Reuters 2016).

[6] UCP600 Article 7 (a).

票。[1]我国《结算办法》对是否明确限制开证人的议付行为,并无特别规定。但从议付行的定义来看,其强调议付行是需经"开证行指定"的为受益人办理议付的银行,但开证人可指定一家或"任意银行"作为议付信用证的议付行。此规定似乎并未明确否认开证人指定自己办理议付的可能。笔者以为,明确禁止开证人议付受益人交单并无必要,因为其本质上有利于受益人提前融资。[2]但要确保的是,因开证人承担的是确定的付款承诺,在开证人议付的情形下,其无权向受益人追索,正如保兑人在议付受益人的情形下不享有追索权一样。[3]

ISP98并未界定议付,但从起草人的解释来看,其明确肯定议付的本质在于给付对价,并肯定开证人对单据的议付权利,只是开证人的议付是无追索权议付。[4]因而,ISP98下的议付和

---

〔1〕 UCP600 Article 6 (c)。

〔2〕 黑龙江省高级人民法院"上诉人庆安帝圣矿业有限公司与被上诉人中国建设银行股份有限公司哈尔滨开发区支行信用证纠纷案"[2016]黑民终336号;最高人民法院"中国建设银行股份有限公司哈尔滨开发区支行与庆安帝圣矿业有限公司、黑河市佳诚贸易有限公司等信用证纠纷申诉、申请民事裁定书"[2017]最高法民申906号;黑龙江省高级人民法院"呼伦贝尔龙辰物产资源(集团)有限公司与中国建设银行股份有限公司哈尔滨开发区支行、原审被告黑河市佳诚贸易有限公司、西林钢铁集团有限公司信用证纠纷案"[2016]黑民终344号;最高人民法院"呼伦贝尔市龙辰物产资源(集团)有限公司、中国建设银行股份有限公司哈尔滨开发区支行信用证纠纷再审审查与审判监督民事裁定书"[2017]最高法民申1107号。

〔3〕 UCP600 Article 8 (a) (ii);《结算办法》第36条第2款;James E. Byrne, *6B Hawkland UCC Series* §5-102: 103 [Rev] Negotiation (Thomson Reuters 2016). 但参见黑龙江省高级人民法院"上诉人庆安帝圣矿业有限公司与被上诉人中国建设银行股份有限公司哈尔滨开发区支行信用证纠纷案"[2016]黑民终336号;最高人民法院"中国建设银行股份有限公司哈尔滨开发区支行与庆安帝圣矿业有限公司、黑河市佳诚贸易有限公司等信用证纠纷申诉、申请民事裁定书"[2017]最高法民申906号等。

〔4〕 James E. Byrne, *ISP98 & UCP500 Compared*, at 43, 52 (Institute of International Banking Law & Practice 2000); James E. Byrne, *The Official Commentary on the International Standby Practice*, at 75 (Institute of International Banking Law & Practice 1998).

第三章 不当拒付损害赔偿责任构成要件（二）：不当拒付

1995 UCC §5 议付并无不同。

但无论如何，UCP600、1995 UCC §5、ISP98 及我国《结算办法》均强调议付本质上是被指定人对受益人的提前融资行为。而四者议付定义的细节差异，并非本书探讨的重点，也不影响本书的结论。

至于 URDG758 与《公约》，则并未出现议付一词。这是因为独立担保实务中通常都不存在议付行为。

（三）偿付内涵

除承付与议付之外，UCP600 还有一个跟付款有关的概念便是"偿付"，但 UCP600 通篇未对偿付一词进行界定。实际上，从 UCP600 的规定来看，其在如下语境中使用偿付一词：一旦被指定人承付或议付了相符交单并将单据寄往开证人或保兑人，开证人或保兑人保证对该被指定人进行偿付。[1]

1995 UCC §5 也未对偿付一词进行界定，但其在两种语境下使用偿付一词：一是开证人对被指定人的偿付义务；[2] 二是申请人对开证人的偿付义务。[3]

ISP98 也是在两种语境中使用偿付一词，且未对其进行界定：一是开证人对承付或议付之被指定人的偿付义务；二是申请人对开证人的偿付义务。[4]

---

[1] UCP600 Articles 7（c），8（c）. See also Walter（Buddy）Baker & John F. Dolan, *User's Handbook for Documentary Credits under UCP* 600, at 71（ICC Publication No. 694 2008）; Rolf A. Schutze & Gabriele Fontane, *Documentary Credit Law Throughout the World*, at 28（ICC Publishing SA No. 633 2001）. 当然，实务中，还存在另一层次的偿付，即一旦开证人对相符单据进行承付后，其有权根据申请合同的规定要求申请人偿付 [See Walter（Buddy）Baker & John F. Dolan, *User's Handbook for Documentary Credits under UCP* 600, at 72（ICC Publication No. 694 2008）]。

[2] 1995 UCC §5-102（a）（11）.

[3] 1995 UCC §5-102（a）（2），§5-108（i）.

[4] See ISP98 Rules 8.01, 6.05, 6.10 & 6.14.

但我国《结算办法》主要是在第一种语境下使用偿付一词,[1]即开证人对被指定人或保兑人的偿付。它并未涉及开证人承付受益人或偿付被指定人后,要求申请人偿付的权利。[2]实际上,与本书主题相关的偿付概念,也仅是第一种语境下的偿付。

《公约》则并未规定偿付问题。至于 URDG758,偿付一词则只在第 20 条与第 21 条出现。据此,担保人在对受益人付款后,既可要求反担保人"付款",也可要求其"偿付";而反担保人在对担保人付款后,可要求申请人偿付。但 URDG758 也未对偿付进行定义。

而专门规范银行间偿付的 URR 725[3]则对偿付作出明确界定,偿付义务是指"在开证行授权或请求下,偿付行向偿付授权中指定的索偿行作出的,在偿付承诺条件得以满足时,保证偿付该索偿要求的一种独立不可撤销义务"。[4]从该定义可知,它是在开证人与被指定人这一语境下使用偿付一词的。

综上规定,我们可以尝试将第一种语境下的偿付界定如下:信用证下被指定人按信用证规定承付或议付受益人后,开证人或保兑人对被指定人的付款行为。[5]

值得强调的是,尽管 1995 UCC §5 强调,开证人对被指定人的偿付义务,独立于其对受益人之承付义务,[6]但据学者解

---

[1]《结算办法》第 20、39 条。

[2] 参见《独立保函司法解释》第 9 条。

[3] Uniform Rules for Bank-to-Bank Reimbursements under Documentary Credits, ICC Publication No. 725.

[4] URR725 Article 2 (g).

[5] 保兑人也是一特殊被指定人,故此偿付一词定义当然包括开证人"支付"保兑人之情形。

[6] 1995 UCC §5-107 cmt. 1; §5-109. See also UCP600 Article 7 (c);《结算办法》第 20 条、第 38 条;《信用证司法解释》第 10 条。

释,本质上而言,此偿付与承付含义等同。换言之,开证人或保兑人偿付被指定人之义务,即开证人或保兑人承付被指定人之义务。[1]尽管 UCP600、ISP98 及我国《结算办法》并无明确规定,但美国学者的上述结论在 UCP600、ISP98 及我国《结算办法》下也是成立的。[2]至于 URDG758 中,从第 21 条 b 款措辞来看,偿付和付款并无实质区别。

二、不当拒付内涵

那么,不当拒付中的"付"是何含义,是拒绝"承付""议付"还是"偿付",抑或三者都包含?

(一) UCP600 不当拒付内涵

查 UCP600 第 16 条 a 款,拒付一词因实施拒付的主体不同

---

[1] See James G. Barnes et al., *The ABCs of UCC Article 5: Letters of Credit*, at 43~44 (American Bar Association 1998); James E. Byrne, *6B Hawkland UCC Series* §5-102: 162 [Rev] Issuer and confirmer's obligation to reimburse; §5-102: 106 [Rev] Honor, reimbursement, and cover; §5-102: 165 [Rev] Issuer and confirmer's obligation to reimburse (Thomson Reuters 2016).

[2] See James E. Byrne et al., *UCP 600: An Analytical Commentary*, at 137 (Institute of International Banking Law & Practice 2010). James E. Byrne et al., *Standby & Demand Guarantee Practice: Understanding UCP600, ISP98 & URDG758*, at 178~179 (Institute of International Banking Law & Practice 1st ed 2014). 当然,偿付(reimburse)和承付(honor)并非毫无差别。两者的差别具体体现在,要满足承付要件,单据必须在信用证所规定之有效期与交单期内提交开证人或被指定人。但是保兑人或被指定人承付或议付受益人后,其要求偿付之权利并不受"单据必须在信用证所规定之有效期与交单期内提交开证人"之限制。即,偿付不受信用证有效期及交单期限制。此外,偿付义务并不必然以审单为前提,而承付则以审单并确定单据相符为前提。换言之,一旦被指定人要求开证人偿付,开证人即必须偿付,而不得以尚未收到相符单据为由拒付。特别是在开证人指定第三人(偿付人)偿付时更是如此,此时之偿付人并无审单义务。当然,如果开证人承担偿付义务后,审单发现被指定人所递交之单据存在不符点,开证人可向被指定人主张退款。最后,偿付与承付的另一区别是,被指定人的偿付权利不受受益人欺诈之影响。因而,在受益人欺诈时,开证人可以拒绝承付受益人,但不得拒绝善意之被指定人之索偿(See 1995 UCC §5-107 cmt. 1)。

而有不同含义,其或指拒绝承付或指拒绝议付。即,如果是开证人拒付,则是拒绝承付;如果是保兑人拒付,则是拒绝承付或拒绝议付。[1]

但如前述,当保兑人或被指定人确认单据相符并承付或议付受益人后,保兑人或被指定人有权要求开证人偿付。[2]如果开证人此时不当拒绝偿付,查UCP600,并无针对此之明确规定。但UCP600第16条g款规定,当开证人或保兑人拒绝承付或议付并"按照本条规定给予通知时",有权索回已偿付之款项及相应利息。显然,对此条款做反面解释,如果开证人或保兑人拒绝承付或议付,且有给予拒付通知,但是该拒付通知并不符合UCP600第16条规定,则其仍不得要求索回已偿付的款项。况且,在保兑人或按指定行事的被指定人已经进行承付或议付后要求开证人偿付时,第14条b款审单期限规定对此同样适用。因而,如果开证人未能遵守第16条拒付通知要求时,开证人拒绝偿付被指定人的行为同样构成失权(不当拒付)。[3]此时UCP600第16条f款的规定足以容纳上述情形,因为它并非规定,一旦开证人或保兑人未能遵守拒付通知要求,便不得拒绝"承付或议付",而是"丧失声称单据不符之权利"。[4]

基于上述分析,笔者以为,UCP600下的拒付,是指开证人或保兑人拒绝"承付、议付或偿付"被指定人或受益人的行为。

---

[1] UCP600 Article 8 (a) (ii).

[2] UCP600 Article 7 (c).

[3] See *Petra Intern. Banking Corp. v. First American Bank of Virginia*, 758 F. Supp. 1120 (1991); *Hamilton Bank NA v. Kookmin Bank*, 245 F. 3d 82 (2nd Cir. 2001); *Fortis Bank v. Indian Overseas Bank* [2010] EWHC 84 (COMM); *Bankers Trust Co v. State Bank of India* [1991] 2 Lloyd's Rep. 443.

[4] 这一制度,学者称之为"preclusion rule",国内翻译为失权规则。参见李垠:"论信用证法上的失权规则",载高祥主编:《信用证法律专题研究》,中国政法大学出版社2015年版,第147~148页。

自然，不当拒付便是指开证人或保兑人无正当理由拒绝承付、议付或偿付被指定人或受益人的行为。而不当拒付所对应之英文，严格而言，不应是某些学者所使用的"wrongful dishonor",[1]而是"wrongful refusal (to honor, negotiate or reimburse)"。

(二) 1995 UCC §5 不当拒付内涵

但是，UCP600 上述分析对 1995 UCC §5 并不完全适用。1995 UCC §5-102 对拒付（dishonor）一词作了界定，即"未能及时'承付'或采取信用证所要求的诸如承兑之类的临时措施"。[2]显然，从该定义可以看出，"dishonor"是"honor"的反义词，两者具有对应关系。[3]

如前述，由于 1995 UCC §5 语境下偿付与承付一词并无差异，[4]且开证人的承付行为于特定情形下包含议付，[5]故而拒付在 1995 UCC §5 语境下便包括狭义的拒绝承付以及拒绝议付与拒绝偿付。

那么，UCC 下何谓不当拒付？尽管并无明确定义，但据 1995 UCC §5-111 (a)，不当拒付（wrongful dishonor）是开证人不当拒绝或在交单前预期拒绝其信用证下的"支付价款义务"。[6]

---

[1] UCP600 通篇都不曾出现"dishonor"一词。See also SWIFT MT734 (Advice of Refusal).

[2] 1995 UCC § 5-102 (a) (5).

[3] James E. Byrne, 6B Hawkland UCC Series § 5-102: 71 [Rev] Context in letters of credit practice (Thomson Reuters 2016).

[4] See James G. Barnes et al., The ABCs of UCC Article 5: Letters of Credit, at 43~44 (American Bar Association 1998); James E. Byrne, 6B Hawkland UCC Series § 5-102: 162 [Rev] Issuer and confirmer's obligation to reimburse, § 5-102: 106 [Rev] Honor, reimbursement, and cover (Thomson Reuters 2016).

[5] James E. Byrne, 6B Hawkland UCC Series § 5-102: 103 [Rev] Negotiation (Thomson Reuters 2016).

[6] See 1995 UCC § 5-111 (a).

由此可知，不当拒付是开证人或保兑人无合法理由拒绝支付价款行为，此拒绝支付价款既可以是开证人或保兑人拒绝承付、拒绝议付，也可以是拒绝偿付。

由于 UCC 并非像 UCP600 那样严格区分承付（honor）、议付与偿付，而作为"honor"之反义词"dishonor"足以包含拒绝承付、议付与偿付等含义。从此角度而言，UCC 使用"wrongful dishonor"一词涵盖所有的不当"refusal to honor, negotiate or reimburse"并无任何内在不协调。

（三）ISP98 不当拒付内涵

ISP98 并未对拒付一词作出界定。但显然拒付（dishonor）是在"honor"一词的反义基础上使用，[1]由于 ISP98 下的承付是广义概念，其不仅包含狭义之承付，还包括议付。因此，不当拒付便当然包含不当拒绝承付与不当拒绝议付。

而且，第 5.01 条 c 款明确规定："一旦开证人或保兑人拒付，必须向其交单的受益人或被指定人等给予拒付通知，否则将构成失权。"[2]第 8.02 条规定："开证人在先行偿付被指定人时，如果事后开证人收到单据并及时以单据不符为由拒付的，被指定人必须将已偿付的款项退还开证人，但此退还不影响被指定人起诉开证人'不当拒付'的权利。"[3]由这两条规定可知，如果开证人不当拒绝偿付被指定人，或者开证人未能及时给予被指定人拒付通知，开证人将构成不当拒付。因此，ISP98 下的不当拒付还包括不当拒绝偿付。

总而言之，ISP98 下的拒付一词，足以涵盖拒绝承付、拒绝

---

[1] See James E. Byrne, *The Official Commentary on the International Standby Practice*, at 63 (Institute of International Banking Law & Practice 1998).

[2] ISP98 Rule 5.03.

[3] See James E. Byrne, *The Official Commentary on the International Standby Practice*, at 287 (Institute of International Banking Law & Practice 1998).

议付以及拒绝偿付三层含义。这一点上，ISP98 和 1995 UCC §5 并无任何差异。因此，对应的不当拒付便是指开证人或保兑人无正当理由拒绝承付、议付或偿付受益人或被指定人的行为。

（四）URDG758 不当拒付内涵

URDG758 第 24 条并未使用拒绝"付款"或"偿付"概念，而是使用"拒绝索款"（refuse demand）来表达担保人或反担保人在交单不符时拒绝"付款"或"偿付"行为。据此，所谓拒绝索款，便当然包含拒绝付款与拒绝偿付。与此对应，URDG758 下的不当拒付，便是指不当拒绝索款，也即不当拒绝付款或偿付。

由于 URDG758 并无议付概念，独立保函业务中也并无议付实践，故而 URDG758 下的不当拒付并不包括不当拒绝议付。但需要强调的是，URDG758 下的拒绝索款（即拒付）本质上来讲和 ISP98、UCP600 及 1995 UCC §5 的拒付并无任何实质性差异。自然，所谓不当拒绝索款（即不当拒付），便是指担保人无正当理由拒绝付款受益人或反担保人无正当理由拒绝付款或偿付担保人的行为。

（五）《联合国独立担保与备用信用证公约》不当拒付内涵

如前述，《公约》中并无承付、议付、偿付等词，而是一概使用付款一词来统一指称。故而，其所谓的拒付便是指拒绝付款，不当拒付便是指担保人无正当理由拒绝付款受益人或反担保人无正当理由拒绝付款担保人的行为。

（六）《结算办法》不当拒付内涵

我国《结算办法》没有使用承付一词，而是使用付款一词来指称。那么，《结算办法》所谓的拒付，自然是开证人或保兑人拒绝付款的含义。[1]而且，由于第 46 条拒付通知的规

---

[1]《结算办法》第 44 条、第 46 条及第 47 条。

定足以涵盖保兑人或被指定人对开证人的索偿行为，以及保兑人拒绝议付受益人的行为，[1]故此拒付一词也包含开证人拒绝偿付保兑人或其他被指定人以及保兑人拒绝议付受益人的情形。

从此角度而言，《结算办法》中的拒付一词本质上和UCP600、1995 UCC §5中的拒付并无差别，它们都包含狭义的拒绝承付、拒绝议付以及拒绝偿付。自然，所谓不当拒付，便也就是指开证人或保兑人无正当理由拒绝付款（承付）、议付或偿付受益人或被指定人的行为。

尽管我国《信用证司法解释》并不涉及不当拒付问题，但在语境解释上，不当拒付含义和《结算办法》下的含义并无区别。

（七）简要结论

通过上述分析，可以得出如下结论。

首先，UCP600中的"honor"（承付）和1995 UCC §5、ISP98中的"honor"（承付）并非完全一致。因为后两者含义更广，其不仅包含狭义的承付，还包括议付行为。而我国《结算办法》及《信用证司法解释》中并无承付一词，与承付对应的概念为付款。但笔者以为，就本书主题来讲，此类差别并非关键，因此下文基本上并未严格区分四者。

其次，无论是UCP600下的不当拒付，还是1995 UCC §5、ISP98或《结算办法》下的不当拒付，其本质都包含开证人或保兑人不当地拒绝承付、议付与偿付受益人或被指定人。自然，所谓不当拒付，便是指开证人或保兑人无合法理由拒绝承付、议付或偿付受益人或被指定人的行为。

再次，由于URDG758下并无承付或议付概念，而只有付款或偿付。故而URDG758语境下的不当拒付是指担保人或反担保

---

[1]《结算办法》第46条第1款。

人无合法理由拒绝付款或拒绝偿付的行为。至于《公约》，则更是简洁，直接以付款一词来描述担保人独立担保或备用信用证下的义务。故此，所谓不当拒付，便是指担保人无正当理由拒绝付款的行为。但不管措辞如何，其本质上和UCP600、ISP98以及1995 UCC下之不当拒付概念均并无本质差异。

最后，严格意义上而言，UCP600下的不当拒付应当是"wrongful refusal（to honor, negotiate or reimburse）"；与之对应的是，1995 UCC §5、ISP98下的不当拒付为"wrongful dishonor"，我国《结算办法》下的不当拒付为"wrongful refusal（to pay, negotiate or reimburse）"，URDG758下的不当拒付为"wrongful refusal（to pay or reimburse）"以及《公约》下的不当拒付为"wrongful refusal（to pay）"。但是，鉴于语言使用的简练、便捷及比较研究的需要，笔者认为用"wrongful dishonor"一词来表述"wrongful refusal（to honor/pay, negotiate or reimburse）"并无不可。[1]本书也正是在将两者等同的意义上使用这两组词汇的。

三、不当拒付类型

根据开证人拒绝的时间，我们可将不当拒付分为实际不当拒付与预期不当拒付。如果开证人在信用证有效期内、受益人交单之前明示或默示表示将不履行信用证下承付义务，将构成预期不当拒付。[2]受益人交单之后的不当拒付则为实际不当拒付。根据受益人起诉的请求权基础不同，[3]实际不当拒付又可

---

[1] See James E. Byrne et al., *UCP 600: An Analytical Commentary*, at 725 (Institute of International Banking Law & Practice 2010).

[2] 参见本章第四节。

[3] See Wang Jingen, "Reviewing the Kingho Case: Does Actual Return of Documents Trigger the UCP600 Preclusion Rule?", 34 *Banking & Fin. L. Rev.* 417, 438~439 (2019).

分为严格相符下的不当拒付与失权下的不当拒付。

如前所述,开证人在受益人交单相符时便承担了绝对承付义务。如果受益人交单相符,而开证人无正当理由拒绝承付,便当然构成不当拒付。这一类型不当拒付的本质是开证人对严格相符原则的违反。[1]以UCP600为例,其请求权基础为第7、8、15条。本书将此简称为严格相符下的不当拒付。

即使受益人交单确有不符,开证人仍承担严格按照UCP600、1995 UCC §5、ISP98、URDG758或《结算办法》等规定给予拒付通知的义务。如果开证人未能严格满足拒付通知要求,则会丧失声称单据不符的权利。与前述不当拒付是对严格相符原则的违反不同,此类不当拒付是开证人对拒付通知规则的违反。以UCP600为例,对应的请求权基础为第16条。[2]本书将此简称为失权下的不当拒付。

当然,在开证人并未给予拒付通知(inaction)的情况下,严格相符下的不当拒付与失权下的不当拒付的划分可能会存在模糊状态。我们既可将开证人的不作为理解为严格相符下的不当拒付,也可理解为失权下的不当拒付。本书以为,可以考虑的一个简略区分方法是看法院判决,如果最终裁决依据的是失权规则,则划入失权下的不当拒付;如果最终裁决未援引失权规则,则纳入严格相符下的不当拒付。当然,从受益人举证以及法院判决说理便宜角度来看,[3]将它们划分为失权下的不当拒付或许会更为有利。可能正是因为如此,在个别案件中,法

---

[1] 详见本章第二节。
[2] 详见本章第三节。
[3] 详见后述。

院在判决的说理部分也会援引失权规则。[1]本书后续的讨论,是将这类不当拒付纳入严格相符下的不当拒付类型,特此说明。

但值得强调的是,1995 UCC §5-111(a)是将不当拒付(wrongful dishonor)一词和预期不当拒付(repudiation)一词并列使用。从此角度来看,不当拒付与预期拒付两者之间是平行关系,而非从属关系。然而,笔者以为,1995 UCC §5-111(a)中的不当拒付实质上是本书所指的实际不当拒付,从而其与预期不当拒付共同被涵盖在不当拒付(wrongful dishonor)这一概念之下。本书也正是在这一语境中使用不当拒付一词的。

不当拒付类型化的意义,一方面在于明确受益人不当拒付判定的法律依据,另一方面则在于明确受益人追究开证人不当拒付损害赔偿责任时的举证责任。例如,在严格相符下的不当拒付中,受益人必须举证其交单相符;而在失权下的不当拒付中,受益人仅需举证开证人未能遵守相关拒付通知规定。而对于预期不当拒付,受益人则需举证开证人存在明示或默示预期拒付的行为。

四、不当拒付之例外:欺诈抗辩

拒付本身只是客观事实描述,而不含任何法律价值判断。通常而言,不论是开证人违反严格相符原则还是触发失权规则,受益人都可追究开证人的不当拒付损害赔偿责任。但是,如果

---

[1] 如天津市高级人民法院"北京圣仑恒业国际贸易有限公司与韩国中小企业银行信用证欠款纠纷案"[2002]津高民四终字第5号;江苏省高级人民法院"韩国中小企业银行(汉城总行)与连云港口福食品有限公司信用证纠纷案"[2003]苏民三终字第052号;山东省青岛市中级人民法院"三阳纺织有限公司与韩国外换银行信用证纠纷案"[2005]青民四初字第317号;湖南省高级人民法院"发得科技工业股份有限公司与交通银行股份有限公司湖南省分行信用证纠纷案"[2019]湘民终277号。

有充分证据证明存在信用证欺诈,开证人可合法主张欺诈抗辩。[1]

但针对何谓信用证欺诈,开证人主张欺诈抗辩需满足哪些条件,我国《信用证司法解释》[2]及法院判决所确立的条件与

---

[1] See 1995 UCC §5-109;《信用证司法解释》第 8~15 条;《独立保函司法解释》第 12~20 条;《联合国独立担保与备用信用证公约》第 19 条。除了欺诈例外外,实践中还可能存在违法例外、显失公平等情形。但就违法例外之"违法"到底何指,显失公平到何种程度才能导致止付,尚无一致立场,本书对此不予涉及。实际上,我国《独立保函司法解释》制定过程中也曾考虑到显失公平、违法例外等抗辩情形,但由于各国如何界定显失公平等并没有形成统一的标准,故此《独立保函司法解释》最终像《信用证司法解释》一样,仅"审慎确定了受益人欺诈构成独立性原则的唯一例外情形"(参见张勇健、沈红雨:"《关于审理独立保函纠纷案件若干问题的规定》的理解和适用",载《人民司法(应用)》2017 年第 1 期,第 27 页)。有关开证人付款抗辩权的讨论,See Nelson Enonchong, *The Independence Principle of Letters of Credit and Demand Guarantees* (Oxford University Press 2011);刘斌:"论独立担保的修正类型谱系——兼评最高人民法院独立保函司法解释",载《法学杂志》2017 年第 12 期,第 69~79 页。此外,从理论上而言,一般合同法下导致合同无效、可撤销、未生效等抗辩在信用证中也同样存在。See e. g., Peter E. Ellinger & Dora Neo, *The Law and Practice of Documentary Letters of Credit*, at 129 (Hart Publishing 2010); Roeland F. Bertrams, *Bank Guarantees in International Trade*, at 330~331 (Kluwer Law International 4th rev ed 2013); Ewan Mckendrick, *Goode on Commercial Law*, at 1099 (LexisNexis 4th ed 2009);[德] Johannes C. D. Zahn:《信用状论:兼论托收与保证》,陈冲、温耀源合译,中华企业管理发展中心 1980 年版,第 168 页。但在实践中此类争议出现概率很低,参见上海市高级人民法院"北京皕格林进出口有限公司与荷兰合作银行有限公司上海分行保证合同纠纷案" [2017] 沪民终 222 号;最高人民法院"天津港保税区天工国际贸易有限公司、中国光大银行股份有限公司台州支行信用证纠纷再审审查与审判监督案" [2020] 最高法民申 2897 号; Gatx Leasing Corp. v. Capital Bank & Trust Co., 1988 US Dist. LEXIS 16615; Solo Industries UK Ltd v. Canara Bank [2001] All ER (D) 34 (Jul); Balfour Beatty Civil Engineering v. Technical and General Guarantee CO., Ltd. [2000] CLC 252; Safa Ltd. v. Bangue du Caire [2000] Lloyd's Rep. 600; Bolivinter Oil SA v. Chase Manhattan Bank [1984] 1 Lloyd's Rep. 251。然而,基于信用证付款所追求的迅捷、确定、低成本与高效率商业目标以及付款、担保、融资与鼓励交易功能,法律与法院不应鼓励甚至应尽力避免当事人提出此类争议抗辩。

[2] 本质上而言,《独立保函司法解释》就独立保函欺诈所规定之条件与信用证欺诈条件并无不同。

第三章 不当拒付损害赔偿责任构成要件（二）：不当拒付

1995 UCC §5-109 及相关法院判例所确立的条件并不完全一致。相对而言，我国法律对信用证欺诈的要求要比美国的规定更为严格。此严格性主要表现在受益人是否必须具有欺诈故意。[1]

根据我国法院的立场，信用证欺诈必须是受益人所实施的或所知悉的，且受益人存在欺诈的故意与意图。如果该欺诈行为并非受益人所为，也无证据证明受益人知悉该欺诈行为，抑或者受益人并无欺诈意图，则开证人不得主张欺诈抗辩。[2]

例如，最高人民法院曾强调："如果倒签提单的行为是出于受益人进行欺诈的主观恶意，即使倒签提单的行为是承运人所为，倒签提单作为一种欺诈手段，应当被认为构成信用证欺诈，银行可此据此拒付信用证项下的款项；如果倒签提单并非出于受益人的主观恶意，开证申请人的利益也并未因倒签提单遭受实质损害，则不构成信用证欺诈，银行不能以倒签提单为由拒付信用证项下款项。"[3]江苏省高级人民法院正是根据前述立场于判决中指出："受益人没有欺诈的主观恶意。因为从现有证据来看，受益人早已按信用证规定备好货物并运至装运港，海关

---

〔1〕 中美信用证欺诈例外差异性的另一个可能体现是对单据欺诈是否必须满足实质性欺诈要求不同。我国最高人民法院早期立场和美国相同，只要欺诈没有给申请人造成实质性损害，即使单据内容虚假，开证人仍不得主张欺诈抗辩。然而在晚近的一起独立保函争议纠纷中，最高人民法院似乎对单据欺诈改采"简单标准"，而不要求受益人构成实质性欺诈。当然，最高人民法院的这一判决是否代表了立场的转向，仍有待观察。具体参见王金根："论独立保函不当拒付损害赔偿：以中国银行与 UBAF 独立保函纠纷案为中心"，载《经贸法律评论》2021年第1期，第98~101页。

〔2〕 参见王金根："信用证欺诈例外构成要件研究"，载梁慧星主编：《民商法论丛》（第60卷），法律出版社2016年版，第276~319页。But see Xiang Gao, *The Fraud Rule in the Law of Letters of Credit: A Comparative Study*, at 135 (Kluwer Law International 2002); Ewan Mckendrick, *Goode on Commercial Law*, at 1104~1107 (LexisNexis 4th ed 2009).

〔3〕 最高人民法院"关于连云港口福食品有限公司与韩国中小企业银行信用证纠纷一案的请示的复函"[2003] 民四他字第33号。

也已对此批货物放行；开证人没有证据证明受益人付运的货物无价值或货物价值低劣，也无证据证明受益人参与了倒签提单并进行欺诈。故此，开证人不得据此主张信用证欺诈止付。"[1]

最高人民法院的前述立场随后得以进一步确认："司法实践中，认定是否构成信用证欺诈，不仅要从行为本身考察，更重要的是，考察行为人是否具有主观恶意，确保慎重启动信用证欺诈例外制度。"[2]

但1995 UCC §5-109条对此持完全不同立场。其认为，只要能举证证明单据是伪造或实质性虚假，开证人便可合法拒付，即使该单据伪造或虚假并非受益人实施。[3]正如伯恩教授所强调："在判定是否存在信用证欺诈时，单据的伪造或虚假性是关键。当单据是伪造的或虚假的时，受益人是否知悉欺诈无关紧要，因为信用证欺诈并非普通法下的欺诈。银行对虚假或伪造单据不承担承付义务，只要能够证明单据虚假或伪造，即可拒绝承付，而无须考虑受益人的欺诈意图。"[4]

多兰也指出，"必须是受益人欺诈"意味着从法政策上将第三人欺诈风险置于由申请人承担，这显然与1995 UCC §5-109

---

[1] 江苏省高级人民法院"韩国中小企业银行（汉城总行）与连云港口福食品有限公司信用证纠纷案"[2003]苏民三终字第052号。

[2] 最高人民法院民事审判第四庭："妥善审理信用证案件 应对国际金融危机——关于当前国际金融危机下人民法院审理信用证案件面临问题及其对策的调研报告"，载《人民法院报》2009年5月28日。另参见山东省潍坊市中级人民法院"韩国中小企业银行首尔分行与潍坊雅翔国际贸易有限公司信用证纠纷案"[2014]潍外重字第3号；山东省高级人民法院[2017]鲁民终1023号。但参见北京市西城区人民法院"大连汇丰达国际贸易有限公司与株式会社韩亚银行信用证纠纷案"[2015]年西民（商）初字第06132号。

[3] 1995 UCC §5-109 cmt. 1.

[4] James E. Byrne, *6B Hawkland UCC Series* §5-109：3 [Rev] Basis：forged or materially fraudulent documents (Thomson Reuters 2016)；James E. Byrne et al., *UCP 600：An Analytical Commentary*, at 301~302 (Institute of International Banking Law & Practice 2010).

第三章 不当拒付损害赔偿责任构成要件（二）：不当拒付

(a) 精神不符。[1]实际上，多兰和伯恩教授的观点在 1995 UCC §5-109 官方评注中也有间接体现。因为官方评注并未明确要求认定信用证欺诈时，必须证明受益人存在欺诈意图。换言之，在适用欺诈例外规则时，只有单据的性质才是决定性因素，而非欺诈人身份。不论是谁进行欺诈，只要单据构成伪造或虚假，便得适用欺诈例外规则。[2]

在这一点上，《公约》的规定与 1995 UCC §5-109 一致。《公约》规定："凡受益人提交之'任何单据非真实或系伪造'，依诚信行事之保证人有权拒绝付款受益人。"[3]从立法措辞来看，《公约》并不要求单据伪造必须是由受益人实施或受益人知悉；只要有明确证据表明单据不真实或系伪造，开证人一概可以拒付。[4]

总而言之，由于受法传统与法政策的影响，美国信用证法

---

[1] See John F. Dolan, *The Law of Letters of Credit: Commercial and Standby Credits* §7.04 [4] [c] Plaintiff's Burden: A Limit on the Fraud Defense (LexisNexis AS Pratt 2018).

[2] Xiang Gao, *The Fraud Rule in the Law of Letters of Credit: A Comparative Study* at 85 (Kluwer Law International 2002); Xiang Gao & Ross P. Buckley, "A Comparative Analysis of the Standard of Fraud Required under the Fraud Rule in Letter of Credit Law", 13 Duke J. Comp. & Int'l L., 293, 324~325 (2003).

[3] 《联合国独立担保与备用信用证公约》第 19 条第 1 款。

[4] See Xiang Gao, *The Fraud Rule in the Law of Letters of Credit: A Comparative Perspective*, at 117 (Kluwer Law International 2002); Ewan Mckendrick, *Goode on Commercial Law*, at 1107 (LexisNexis 4th ed 2009). 从措辞来看，我国《独立保函司法解释》第 12 条 "受益人提交的第三方单据系伪造或内容虚假的" 和《联合国独立担保与备用信用证公约》规定并无不同，即理论上而言，凡是受益人提交的第三方单据系伪造或虚假，开证人或担保人即可有权以欺诈为由拒付。但法院在具体裁决中立场如何，是否和信用证一样强调必须是受益人伪造单据或知悉单据伪造方才构成欺诈例外，仍有待进一步观察。从最高人民法院《独立保函司法解释》起草人所作解释说明来看，似乎强调必须是受益人实施了欺诈，方才构成独立保函欺诈例外（参见张勇健、沈红雨："关于审理独立保函纠纷案件若干问题的规定"的理解和适用"，载《人民司法（应用）》2017 年第 1 期，第 27 页）。

以及《公约》和我国信用证法下开证人以欺诈为由合法拒付的条件并不相同，由此导致在我国法下开证人构成不当拒付，而在美国法以及《公约》语境下不一定会构成不当拒付。

然而，如果开证人或申请人以受益人欺诈为由拒付或申请法院止付，而最终法院判决不构成信用证欺诈或者存在信用证欺诈例外之例外情形，[1]则开证人应对受益人承担不当拒付损害赔偿责任，且其不得以法院止付令构成不可抗力为由主张免除法院止付令期间的受益人利息损失赔偿责任。[2]从中美两国不当拒付损害赔偿责任案件来看，已出现多起法院判决受益人不构成欺诈从而认定开证人应承担不当拒付损害赔偿责任的情形。[3]

---

[1]《信用证司法解释》第 10 条；1995 UCC §5-109 (a)。

[2] 最高人民法院"中国银行股份有限公司河南省分行与阿拉伯及法兰西联合银行（香港）有限公司独立保函纠纷案"[2018] 最高法民终 880 号；上海金融法院"中国葛洲坝集团股份有限公司与意大利裕信银行股份有限公司上海分行独立保函纠纷案"[2018] 沪 74 民初 1419 号；上海金融法院"中国工商银行股份有限公司上海市新金桥支行与上海浦东发展银行股份有限公司长沙分行信用证议付纠纷案"[2019] 沪 74 民初 2872 号。另参见王金根："论独立保函不当拒付损害赔偿：以中国银行与 UBAF 独立保函纠纷案为中心"，载《经贸法律评论》2021 年第 1 期，第 102 页。

[3] 参见天津市高级人民法院"韩国中小企业银行与河北省保定市进出口贸易公司银行信用证纠纷上诉案"[2003] 津高民四终字第 40 号；山东高级人民法院"招商银行股份有限公司青岛分行与韩国输出保险公社信用证纠纷上诉案"[2010] 鲁民四终字第 227 号；浙江省高级人民法院"中国机械设备工程股份有限公司与中国建设银行股份有限公司杭州宝石支行保证合同纠纷案"[2013] 浙商外终字第 89 号；潍坊市中级人民法院"韩国中小企业银行首尔分行与潍坊雅翔国际贸易有限公司信用证纠纷案"[2014] 潍外重字第 3 号；江苏省南京市中级人民法院"中国光大银行股份有限公司南京分行与交通银行股份有限公司江苏省分行信用证纠纷案"[2015] 宁商外初字第 31 号；江苏省南通市中级人民法院"五冶集团上海有限公司与中国建设银行股份有限公司启东支行保证合同纠纷案"[2016] 苏 06 民终 2779 号；北京市第二中级人民法院"西班牙商业银行股份有限公司与东亚泛海国际商务咨询（北京）有限公司信用证纠纷案"[2017] 京 02 民终 5995 号；北京市东城区人民法院 [2016] 京 0101 民初 1929 号；上海金融法院"中国工商银行股份有限公

… 第三章 不当拒付损害赔偿责任构成要件（二）：不当拒付

第二节 严格相符下的不当拒付

一、单证相符标准

信用证下开证人承担的是有条件承付义务。只有受益人严格按信用证规定提交相符单据，开证人的承付义务才成为绝对。[1] UCP600、1995 UCC §5、《结算办法》以及《信用证司法解释》等都对此作出了明确规定。[2]

只是，开证人应当依据何种标准来判定受益人是否交单相符，该审单标准是宽是严，影响的不仅仅是申请人、开证人与受益人的利益，更是影响了整个商业社会对信用证付款、担保与融资机制的信赖。

根据宽严程度的不同，审单标准可分为三种：镜像原则、实

（接上页）司上海市新金桥支行与上海浦东发展银行股份有限公司长沙分行信用证议付纠纷案"[2019]沪74民初2872号；广东省深圳市中级人民法院"深圳宝安融兴村镇银行有限责任公司与中山市海雅投资有限公司独立保函纠纷案"[2019]粤03民终12094号；上海市高级人民法院"交通银行股份有限公司上海市分行与保乐力加（中国）贸易有限公司独立保函纠纷案"[2019]沪民终107号；福建省厦门市中级人民法院"紫金财产保险股份有限公司厦门分公司与厦门金宝大酒店保证保险合同纠纷案"[2020]闽02民终2545号，[2020]闽02民终2726号；浙江省宁波市中级人民法院"宁波南衡进出口有限公司与株式会社新韩银行信用证纠纷案"[2020]浙02民初281号；Bank of Joliet v. Firstar Bank Milwaukee, NA, 1997 WL 534244 (ND Ill. 1997); Shaanxi Jinshan TCI Elecs. Corp. v. FleetBoston Fin. Corp., 2004 Mass. App. LEXIS 440; CE Casecnan Water & Energy Co. v. Korea First Bank, 1998 NY App. Div. LEXIS 3366.

[1] MSF Holding Ltd. v. Fiduciary Trust Co. Intern., 435 F. Supp. 2d 285 (2006); Cooperative Agricole Groupement De Producteurs Bovins De L'Ouest v. Banesto Banking Corporation, et. al, 1989 WL 82454; Beyene v. Irving Trust Co., 762 F. 2d 4 (2d Cir. 1985).

[2] UCP600 Articles 2, 7, 8; 1995 UCC §5-108; ISP98 Rule 4; URDG758 Article 19;《结算办法》第2条、第44条；《信用证司法解释》第5条；《独立保函司法解释》第6条。

质相符原则与严格相符原则。[1]

（一）镜像原则

所谓镜像原则，"是指受益人所提交的单据必须与信用证规定如同镜像一样绝对一致，任何细小偏差都不可接受"。[2]

镜像原则不仅是最为严格的审单标准，也是对受益人最为不利的标准。据统计，受益人首次交单中与信用证的不符率高达70%以上。[3]值得注意的是，该不符率还并非按照镜像标准去统计。[4]故此，如果严格按照镜像标准去要求受益人提交相符单据，几乎可以预见的是，受益人首次交单不符的概率将会更高。果如此，则信用证所谓的为受益人提供迅捷、确定的付款保障目标将会落空。而且，高概率的拒付及因此而导致的受益人补救不符也将不可避免地增加信用证交易成本，影响信用证运行机制的效率。[5]因此，无论是学者还是法院判决都已不采用镜像标准。[6]

---

[1] See *Voest-Alpine Trading USA Corp. v. Bank of China*, 167 F. Supp. 2d 940 (SD Tex. 2000).

[2] See Boris Kozolchyk, "Strict Compliance and the Reasonable Document Checker", 56 Brook L. Rev., 45, 50 (1990).

[3] UCP 600 Introduction.

[4] 尽管 UCP600 序言中并未言明 70%不符率是按什么标准统计，但由于镜像原则过于严格而导致实务中适用该标准审单的并不常见，国际标准银行实务也从未将镜像原则作为银行信用证审单标准，因此可以肯定不会是按镜像标准统计。

[5] 徐冬根："银行信用证审单标准的法哲学思考：精确性、模糊性还是原则性"，载《现代法学》2004年第5期，第122页；高晓力："信用证严格相符原则研究"，载孙亦闽主编：《信用证理论与审判实务》，厦门大学出版社 2003 年版，第 201~202 页。

[6] See Brooke Wunnicke, Diane B. Wunnicke & Paul S. Turner, *Standby & Commercial Letter of Credit*, at 4~16 (Wolters Kluwer Law & Business 3rd ed 2013). See also Boris Kozolchyk, "Strict Compliance and the Reasonable Document Checker", 56 Brook L. Rev., 45, 50~55 (1990), 科佐尔切克教授认为，镜像标准是一项模糊的审单标准，因为首先，有时会没有明确的镜像以供识别；其次，当受益人和保兑人对信用证条款的理解与开证申请人的理解不一致时，镜像标准是无助的；再次，当证明某些单据中的陈述与其他单据中的陈述是否一致时，镜像标准也是不尽合理的；最后，当存在开证人或申请人恶意时，镜像标准也是无助的。

第三章 不当拒付损害赔偿责任构成要件（二）：不当拒付

国际商会本身也明确反对镜像原则。[1]

（二）实质相符原则

与镜像原则的刻板僵化不同，实质相符原则则允许受益人所提交的单据与信用证要求之间存有一定差异，只是该差异在多大程度上属于允许范围，需要开证人审单时注意考虑该不符点是否足以造成开证人有不确定感，是否导致开证人将作出对自身不利的决定。[2]美国及我国有个别判例便是有意或无意地遵循实质相符审单标准。[3]

但实质相符原则因具有如下缺陷而为学者所批判。[4]首先，实质相符原则是三个审单标准中最为主观、最为宽松与最为模糊的标准，因而也是对申请人最为不利的标准。因为只要开证人审查认定受益人所交付单据大体差不多，便可以承付；而申请人也就必须偿付开证人。[5]

其次，实质相符原则也对开证人不利。因为开证人审单人

---

[1] See UCP600 Article 14 (d); ISBP 745 Para. C3.

[2] 徐冬根：《信用证法律与实务研究》，北京大学出版社2005年版，第171页；徐冬根："银行信用证审单标准的法哲学思考：精确性、模糊性还是原则性"，载《现代法学》2004年第5期，第122页。

[3] See e. g., Banco Espanol de Credito v. State Street Bank & Trust Co., 385 F. 2d 230, 234 (CA 1 1967); Flagship Cruises, Ltd. v. New Eng. Merchants Nat. Bank, 569 F. 2d 669, 701 (1st Cir. 1978); First National Bank v. Wynne, 256 SE 2d 383 (1979); First Arlington National Bank v. Stathis, 90 Ill. App. 3d 802, 814~816 (1st Dist. 1980); Crocker Commercial Services, Inc. v. Countryside Bank, 538 F. Supp. 1360 (ND Ill. 1981); 最高人民法院"中国银行山西省分行与太原电子厂、山西省国际贸易广告公司信用证开证及担保纠纷案"[2000]经终字第79号；最高人民法院"中国工商银行哈尔滨市分行、哈尔滨纺织品进出口公司与黑龙江龙涤集团公司信用证纠纷案"[1998]经终字第152号；黑龙江最高人民法院[1995]黑经初字第40号；辽宁省沈阳市中级人民法院"宏照有限公司诉中国农业银行沈阳市盛京支行信用证贷款纠纷案"[2000]沈经一初字第313号。

[4] 徐冬根："银行信用证审单标准的法哲学思考：精确性、模糊性还是原则性"，载《现代法学》2004年第5期，第122页。

[5] See Travis Bank & Trust v. State of Texas, 1983 Tex. App. LEXIS 5225.

员不仅仅要对单据知识熟练掌握，还必须懂得一定的买卖、运输、保险等基础合同知识。再加上，他们必须在短短 5 个或 7 个工作日内便作出决定，[1]而且无从去咨询律师等各领域专业人士。显然，这已经超出了开证人审单人员的能力范围。[2]我们几乎不可能要求开证人熟悉他们开立的成千上万份信用证所涉及的各种商业惯例与贸易术语。[3]

再次，该原则在一定程度上对受益人也不利，因为该标准过于模糊，也过于带有"人治"色彩，从而必然会导致审单标准混乱，并使受益人对开证人审单变得不再确定、无法预测，从而最终导致信用证付款确定性丧失。[4]

复次，实质相符原则与信用证付款迅捷性要求相冲突。实质相符标准下开证人需要考虑的因素太多、太过繁杂，但责任又太重，稍有不慎必将是被申请人或受益人起诉，故此产生的实际结果必然是开证人审单效率低下、审单成本增加，最终导致付款迅捷性要求无法有效实现，而有损信用证功能的发挥。[5]

最后，该原则因为要求开证人审单时必须综合考虑包括基础交易在内的诸多因素，导致其有破坏信用证独立性与单据性

---

[1] See UCP600 Article 14 (a); 1995 UCC §5-108 (b); ISP98 Rule 5.01 (a); URDG758 Article 24;《结算办法》第 44 条。

[2] See *American Coleman Co. v. Intrawest Bank of Southglenn*, NA, 1987 WL 28579.

[3] *J H Rayner & Co., Ltd. v. Hambros Bank Ltd.* [1943] 1 KB 37. See also *Lamborn v. Lake Shore Banking & Trust Co.*, 196 App. Div. 504 (1921), aff'd 231 NY 616 (1921).

[4] 徐冬根："银行信用证审单标准的法哲学思考：精确性、模糊性还是原则性"，载《现代法学》2004 年第 5 期，第 122 页。

[5] See *Osten Meat Co. v. First of America Bank-Southeast Michigan*, NA, 205 Mich. App. 686 (1994); *Airlines Reporting Corp. v. Norwest Bank*, NA, 529 NW 2d 449 (1995); *LeaseAmerica Corp. v. Norwest Bank Duluth*, 940 F. 2d 345 (8th Cir. 1991); *Van Zeeland Oil Co. v. Lawrence Agency, Inc.*, 704 F. Supp. 2d 711 (WD Mich. 2010).

第三章　不当拒付损害赔偿责任构成要件（二）：不当拒付

之嫌。[1]

正是因为上述诸多缺陷，该原则也逐渐为理论与实务所抛弃。典型例证便是 1995 UCC §5 及我国《信用证司法解释》与《独立保函司法解释》均明确表示不采纳实质审单标准。[2]

（三）严格相符原则

严格相符原则并不要求受益人所交付单据表面上能够与信用证、国际标准银行实务、单据之间绝对一致，而只需单据之间、单证之间不冲突即可。只要单据之间、单证之间的差异是微小的，不会引发歧义、不会因此而危及开证人的法律地位，开证人也不会因此而被误导产生损失，便都是在可容许范围之内。[3] 开证人不能机械性地、奴隶化地执行绝对相符要求。[4] 正如我国法院在一起判决中所说："信用证'严格相符'并不要

---

〔1〕 王佩："信用证下开证银行的审单义务"，载沈四宝主编：《国际商法论丛》（第1卷），法律出版社1999年版，第300页；徐冬根："《信用证法律与实务研究》，北京大学出版社2005年版，第171页。See also *Far Eastern Textile, Ltd. v. City Nat. Bank & Trust Co.*, 430 F. Supp. 193 (1977); *Avery Dennison Corp. v. Home Trust & Savings Bank*, 2003 WL 2269715 (ND Iowa 2003).

〔2〕 1995 UCC §5-108 cmt. 1；"最高人民法院《关于审理信用证纠纷案件若干问题的规定》的说明"，载 https://www.chinacourt.org/article/detail/2005/12/id/189405.shtml，访问日期：2021年2月10日；张勇健："最高法院发布审理独立保函纠纷案件司法解释"，载 http://www.court.gov.cn/zixun-xiangqing-31221.html，访问日期：2021年2月10日。

〔3〕 See ISBP745, Para. A23. See also *Boston Hides & Furs, Ltd. v. Sumitomo Bank, Ltd.*, 870 F. Supp. 1153 (1994); *Osten Meat Co. v. First of America Bank-Southeast Michigan, NA*, 205 Mich. App. 686 (1994); *Integrated Measurement Systems, Inc. v. International Commercial Bank of China*, 757 F. Supp. 938, 944 (ND Ill. 1991); *American Airlines, Inc. v. FDIC*, 610 F. Supp. 199 (D. Kan. 1985); *Flagship Cruises, Ltd. v. New England Merchants Nat. Bank of Boston*, 569 F.2d 699, 705 (1st Cir. 1978); *Tosco Corp. v. Federal Deposit Ins. Corp.*, 723 F.2d 1242 (6th Cir. 1983); 广东省汕头市中级人民法院"中国工商银行汕头分行与海岸实业集团公司代开信用证纠纷案"[2001] 汕中法经二初字第20号。

〔4〕 *Integrated Measurement Systems, Inc. v. International Commercial Bank of China*, 757 F. Supp. 938 (ND Ill. 1991); *Vest v. Pilot Point National Bank*, 996 SW 2d 14 (Tex. App. 1999).

求一字不差,一些并不导致人们对单据正常理解的不一致的存在,并不必然构成'不符点',并以此为据认定为'单单不符、单证不符'。毕竟,信用证项下单据中存在不一致是较常见的现象,信用证是用来付款的工具,而不是拒付的工具。"[1]

所以,一般性拼写错误,诸如将"machine"拼写为"mashine","Smith"拼写为"Smithh",等等,都是属于不会引发歧义的微小错误,开证人不得以此拒付。[2]但是,如果微小错误足以产生歧义,则将构成不符点,而不满足严格相符要求。例如就提单上的货描"MRT 5571 INSTALL KIT PRECISE TABLE"与商业发票等其他单据上的货描"MRT 5671 INSTALL KIT PRECISE TABLE"不同是否构成不符点,我国专家解释认为"尽管只是一字之差,但两串数字却可以理解为代表了不同的产品型号,不同的货物,因而不属于不足以引起歧义的微小错误"。[3]

上述足以引起歧义的标准也为美国法院所接受。他们同样认为,如果错拼、错误描述或者单词遗漏足以导致一个理性的审单员要去核查单据背后的情况才能确定是否相符,或者足以引起诉讼纠纷,或者足以怀疑受益人并未履行基础合同项下义务或受益人实施了欺诈,或者需要征询法律专家的意见,则该

---

〔1〕 福建省高级人民法院"中国银行福建分行诉东亚银行有限公司信用证不符点纠纷案"〔2002〕闽经终字第126号。另参见"《最高人民法院关于审理信用证纠纷案件若干问题的规定》的说明",载 https://www.chinacourt.org/article/detail/2005/12/id/189405.shtml,访问日期:2021年2月10日。

〔2〕 See ISBP745 Para. A23. See also *Pasir Gudang Edible Oils Sdn Bhd v. Bank of New York*, Index No. 603531/95(NY Sup. Ct. July 1, 2001);*Uniloy Milacron Inc. v. PNC Bank, NA*, 2008 US Dist. LEXIS 33063;*Voest-Alpine Trading USA Corp. v. Bank of China*, 288 F. 3d 262(5th Cir. 2002).

〔3〕 国商银咨复字200505号。另参见福建省厦门市中级人民法院"韩国晓星株式会社诉中国光大银行厦门支行信用证纠纷案"〔2002〕厦经初字第234号;广东省高级人民法院"菱电升降机有限公司诉中国光大银行深圳分行信用证纠纷案"〔2002〕粤高法民四终字第96号。

第三章 不当拒付损害赔偿责任构成要件（二）：不当拒付

"微小错误"也将被认定为不符点。[1]例如，在"Beyene案"中，提单将被通知人的名字"Sofan"错拼为"Soran"，法院认定构成严重不符，因为这很有可能构成两个完全不同的主体。上诉人也没有提出在中东"Soran"会明显被认定是"Sofan"的无心错误拼写效果。[2]

大家公认的严格相符标准的经典判例是英国的"Equitable Trust案"[3]与美国的"Laudisi案"。[4]在"Laudisi案"中，法院判决认为，"如果［银行］在授权范围内行事，则其对汇票的付款会获得法律保障。但如果它超越这些限制，则将自担付款风险"。[5]

由于严格相符审单标准所具有的诸多优点，其已经成为信用证领域所通行的审单标准。然而，鉴于审单的复杂性，为尽量统一各国银行审单标准，并降低信用证拒付率，国际商会银

---

［1］ See *Breathless Associates v. First Sav. & Loan Ass'n of Burkburnett*, 654 F. Supp. 832, 837~838（1986）; *Osten Meat Co. v. First of America Bank-Southeast Michigan*, *NA*, 205 Mich. App. 686, 693（1994）; *Van Zeeland Oil Co. v. Lawrence Agency, Inc.*, 704 F. Supp. 2d 711（WD Mich. 2010）; *Ocean Rig ASA v Safra Nat. Bank of New York*, 72 F. Supp. 2d 193（SDNY 1999）, etc.

［2］ *Beyene v. Irving Trust Co.*, 762 F. 2d 4, 5（2d Cir. 1985）. See also *Bank of Cochin, Ltd. v. Manufacturers Hanover Trust Co.*, 808 F. 2d 209（2d Cir. 1986）; *Hanil Bank v. PT Bank Negara Indonesia*, 2000 US Dist. LEXIS 2444; also *Pasir Gudang Edible Oils Sdn Bhd v. Bank of New York*, Index No. 603531/99（NY Sup. Ct. 1999）.

［3］ *Equitable Trust Co. of New York v. Dawson Partners Ltd*,（1927）2 Lloyd's Rep 49. See also *English, Scottish & Australia Bank Ltd. v. Bank of South Africa*,（1922）13 Ll L Rep. 21.

［4］ *Laudisi v. American Exchange National Bank*, 239 NY 234（1924）. See also *Voest-Alpine Intern. Corp. v. Chase Manhattan Bank*, *NA*, 707 F. 2d, 682（2d Cir. 1983）; *Ocean Rig ASA v Safra Nat. Bank of New York*, 72 F. Supp. 2d 193, 199（SDNY 1999）; *CI Union de Bananeros de Urubá, SA v. Citibank*, *NA*, Index No. 602314/1999（NY Sup. Ct., 12 April 2000）; *Travelers Indem. Co. v. US Bank Nat. Ass'n*, 59 UCC Rep. Serv. 2d 786（Conn. Super. Ct. 2006）. See also John F. Dolan, *The Law of Letters of Credit*: *Commercial and Standby Credits* § 6.03 [2] Level of Strictness（LexisNexis AS Pratt 2018）.

［5］ *Laudisi v. American Exchange National Bank*, 239 NY 234, 239（1924）.

行委员会于 2002 年组织专家起草了 ISBP 645,[1]后分别于 2007 年（ISBP 681）与 2013 年（ISBP 745）进行了修订。[2]

当然，正如 UCP600 主要针对商业信用证一样，ISBP 745 也主要规定了商业信用证下单据审单要求，而对备用信用证与独立保函下可能要求提交的单据未予涉及。为此，国际商会近年正组织专家负责制定专门适用于独立保函的审单标准。

针对国内信用证审单，我国有关机构也制定了《国内信用证审单规则》。[3]该规则在充分借鉴 ISBP 的基础上，立足于我国国内有关业务实践，对商业发票、运输单据等审核事项进行了阐释，为我国国内信用证审单确立了一套统一的标准。

二、严格相符原则原因

严格相符原则是信用证独立性特别是单据性的逻辑结果，两者共同构成了信用证基本原则。[4]虽然，严格相符原则自产生以来，便受到不少严厉批判，[5]但其地位始终都未被动摇，[6]根本原因即在于该原则背后所体现的精神。

首先，申请人与开证人之间的委托代理关系决定了，作为

---

[1] ICC *International Standard Banking Practice for the Examination of Documents under UCP600.*

[2] See ICC, *International Standard Banking Practice for the Examination of Documents under UCP600 at 10*（ICC Services Publications No. 745E 2013）.

[3] 《国内信用证审单规则》（中国支付清算协会、中国银行业协会公告 [2016] 第 11 号）。

[4] See *Ocean Rig ASA v. Safra Nat. Bank of New York*, 72 F. Supp. 2d 193, 198-199（SDNY 1999）；"最高人民法院《关于审理信用证纠纷案件若干问题的规定》的说明"，载 https://www.chinacourt.org/article/detail/2005/12/id/189405.shtml，访问日期：2021 年 2 月 10 日。

[5] Peter E. Ellinger, *New Problems of Strict Compliance in Letters of Credit*, J. Bus. L., 320, 321（1988）.

[6] *Gian Singh & Co., Ltd. v. Banque de l'Indochine* [1974] 1 WLR 1234.

第三章　不当拒付损害赔偿责任构成要件（二）：不当拒付

申请人的代理人，[1]开证人只能在申请人的严格授权范围之内行事。一旦开证人偏离申请人授权范围，其便无权要求申请人偿付。[2]正如"J. H. Rayner案"法官所指出的，[3]开证人必须严格按照申请人的要求去做。因为很有可能存在一些开证人所并不知悉的对单据做出如此限制或要求的原因。自然，开证人不能单纯地凭所谓常识审单而忽略或抛弃申请人所规定的某一具体要求。[4]

其次，严格相符原则能够更好地兼顾信用证交易的各方利益。由于国际国内贸易异常复杂，作为只是单据专家的开证人很难弄清类似性质或功能的货物或标的中的专业性术语的差异所在。因此，容许这些对基础交易知之甚少的开证人"自由裁量"，确定具有不同描述或名称的货物或标的实际是否一样，根本不可能。即使可能，开证人也将面临卷入基础交易纠纷的风险。[5]而从申请人与受益人的角度来看，赋予开证人过于宽泛

---

[1] 申请人与开证人之间是否为代理关系，学者间存在争议。就此详尽探讨已超出本书范围，笔者只是去强调，两者之间存在代理的因素，但和传统代理法律关系又不完全相同。See Henry Harfield, *Bank Credits and Acceptances*, at 103~104 (The Ronald Press Company 5th ed 1974).

[2] See Rolf A. Schutze & Gabriele Fontane, *Documentary Credit Law Throughout the World*, at 31 (ICC Publishing SA No. 633 2001); Carole Murray et al., *Schmitthoff's Export Trade: The Law and Practice of International Trade*, at 192 (Sweet & Maxwell 11th ed 2007); John Mo, *International Commercial Law*, at 488 (LexisNexis 6th ed 2015). 另参见浙江省温州市中级人民法院"广东发展银行温州支行诉温州市进出口公司等4人委托开立信用证纠纷案"[2000]温经初字第451号。

[3] *J H Rayner & Co., Ltd. v. Hambros Bank Ltd.* [1943] 1 KB 37.

[4] See also *Laudisi v. American Exchange National Bank*, 239 NY 234, 239 (1924); *Equitable Trust Co. of New York v. Dawson Partners Ltd.* (1927) 2 Lloyd's Rep 49.

[5] John F. Dolan, *The Domestic Standby Letter of Credit Desk Book for Business Professionals, Bankers and Lawyers* § 5.02 [2] Standard for Examining Documents (Matthew Bender 2015). See also *Consolidated Aluminum Corp. v. Bank of Va.*, 544 F. Supp. 386 (D. Md. 1982), aff'd, 704 F. 2d 136 (4th Cir. 1983); *Board of Trade of San Francisco v. Swiss Credit Bank*, 728 F. 2d 1241 (1984).

的"自由裁量"权利,也将会是一种灾难。[1]因为,对申请人而言,他将"不复能知悉,其是否可获得所要求之单据";[2]对受益人而言,信用证付款确定性与迅捷性将无从谈起。[3]

最后,严格相符原则更能够实现信用证付款的迅捷、确定、低成本与高效率。[4]即,对基础交易知之甚少的开证人仅需按照信用证要求,流程化地审核单据表面,单证相符便承付,不符便拒付并以电讯等迅捷方式告知受益人不符点所在。[5]受益人则可在信用证有效期及交单期内补救不符并再次交单。商业实践已经使得这一审单模式变得非常便捷、高效。[6]正如"Voest-Alpine案"法院所指出,"坚持'严格相符原则'有助于只需处理单据的开证人迅速行事,提高信用证使用效率,并避免给开证人施加不必要的义务,而危及其对申请人的偿付权"。[7]

---

〔1〕 左晓东:《信用证法律研究与实务》,警官教育出版社 1993 年版,第 270 页;广东省汕头市中级人民法院"中国工商银行汕头分行与海岸实业集团公司代开信用证纠纷案"[2001]汕中法经二初字第 20 号。

〔2〕 [德] Johannes C. D. Zahn:《信用状论:兼论托收与保证》,陈冲、温耀源合译,中华企业管理发展中心 1980 年版,第 123 页。

〔3〕 张勇健:"最高法院发布审理独立保函纠纷案件司法解释",载 http://www.court.gov.cn/zixun-xiangqing-31221.html,访问日期:2021 年 2 月 10 日。

〔4〕 See *Toyota Tsusho Corp. v. Comerica Bank*, 929 F. Supp. 1065 (ED Mich. 1996); *American Coleman Co. v. Intrawest Bank of Southglenn*, NA, 1987 WL 28579; *Todi Exports v. Amrav Sportswear Inc.*, 1997 US Dist. LEXIS 1425 (SDNY, 1997); *Voest-Alpine Intern. Corp. v. Chase Manhattan Bank*, NA, 707 F. 2d 680, 682~683 (2d Cir. 1983).

〔5〕 就拒付通知,参见本章第三节。

〔6〕 John F. Dolan, *The Law of Letters of Credit: Commercial and Standby Credits* § 6.02 Two Views on Document Compliance-Strict Compliance vs. Substantial Compliance (LexisNexis AS Pratt 2018). See also *Ocean Rig ASA v. Safra Nat. Bank of New York*, 72 F. Supp. 2d 193 (SDNY 1999); *Osten Meat Co. v. First of America Bank-Southeast Michigan*, NA, 205 Mich. App. 686 (1994); *Philadelphia Gear Corp. v. Central Bank*, 717 F. 2d 230, 236 (5th Cir. 1983).

〔7〕 *Voest-Alpine Int'l Corp. v. Chase Manhattan Bank NA*, 707 F. 2d 680, 682~683 (2d Cir. 1983). See also *Mago International v. LHB AG*, 833 F. 3d 270 (2016).

第三章 不当拒付损害赔偿责任构成要件（二）：不当拒付

总而言之，严格相符原则既有助于维护信用证付款的迅捷性和确定性，又有助于低成本与高效率地实现目标；既能够克服镜像审单原则的过度僵化，又能克服实质相符标准的过度模糊，从而比较好地兼顾了开证人、申请人与受益人等信用证交易各方当事人的利益。[1]

正是因为如此，该审单原则已为UCP600、[2]1995 UCC §5、ISP98、URDG758、我国《结算办法》[3]《信用证司法解释》与《独立保函司法解释》[4]以及中美两国法院判例、[5]法

---

[1] John F. Dolan, *The Law of Letters of Credit: Commercial and Standby Credits* §6.02 Two Views on Document Compliance-Strict Compliance vs. Substantial Compliance (LexisNexis AS Pratt 2018)；张锦源：《信用状理论与实务》，三民书局2004年版，第32页。

[2] UCP从未使用"strict compliance"一词，但学者多认为其采纳的是严格相符原则（参见阎之大：《UCP600解读与例证》，中国商务出版社2007年版，第152~155页；Walter (Buddy) Baker & John F. Dolan, *User's Handbook for Documentary Credits under UCP 600*, at 66, 67 (ICC Publication No. 694 2008)）。

[3] 1995 UCC §5-108, cmt. 1；ISP98 Rules 4.01, 4.09；URDG758 Article 19；《结算办法》第44条。

[4] "最高人民法院《关于审理信用证纠纷案件若干问题的规定》的说明"，载 https://www.chinacourt.org/article/detail/2005/12/id/189405.shtml，访问日期：2021年2月10日；张勇健："最高法院发布审理独立保函纠纷案件司法解释"，载 http://www.court.gov.cn/zixun-xiangqing-31221.html，访问日期：2021年2月10日。

[5] See e.g. *Dependable Component Supply, Inc. v. Carrefour Informatique Tremblant, Inc.*, 2011 WL 1832772；*LaBarge Pipe & Steel Co. v. First Bank*, 550 F.3d 442 (5th Cir. 2008)；*Avery Dennison Corp. v. Home Trust & Savings Bank*, 2003 WL 2269715 (ND Iowa 2003)；*Bank of Cochin, Ltd. v. Manufacturers Hanover Trust Co.*, 808 F.2d 209 (2d Cir. 1986)；*Chase Manhattan Bank v. Equibank*, 550 F.2d 882, 886 (3rd Cir. 1977)；*Courtaulds North America, Inc. v. North Carolina National Bank*, 528 F.2d 802 (4th Cir. 1975)；最高人民法院"瑞士纽科货物有限责任公司与中国建设银行吉林省珲春市支行信用证项下货款拒付纠纷案"[1998]经终字第336号；最高人民法院"潮连物资（香港）有限公司与中国农业银行湖南省分行信用证交易纠纷案"[1999]经终字第432号；广东省高级人民法院"深圳发展银行诉ELEKTA（医科达）信用证纠纷案"[2006]粤高法民四终字第72号；江苏省南通市中级人民法院"五冶集团上海有限公司与中国建设银行股份有限公司启东支行保证合同纠纷案"[2016]苏06民终2779号；等等。

学理论界[1]等所普遍接受。

不可否认,严格相符原则在更大程度上比较偏向保护开证人甚至申请人利益。[2]但信用证严格相符原则配合以独立性原则,足以比较好地平衡受益人的利益。[3]只要受益人能够做到:开证前,与申请人妥善协商信用证单据条款;开证后,严格审证,及时修改不利要求;收到合格信用证后,做到早备货、早交单、早补救,必要时及时联系申请人协商解决,[4]定会将严格相符标准所带来的不利影响降到最低。[5]更何况,UCP600、1995 UCC §5以及我国《结算办法》等为了平衡受益人与开证人之间的利益,还规定了与严格相符原则相配套的严格失权制度。[6]

---

[1] See John F. Dolan, *The Law of Letters of Credit: Commercial and Standby Credits* §6.02 Two Views on Document Compliance-Strict Compliance vs. Substantial Compliance (LexisNexis AS Pratt 2018); Henry Harfield, *Bank Credits and Acceptances*, at 73 (The Ronald Press Company 5th ed 1974);徐冬根:"银行信用证审单标准的法哲学思考:精确性、模糊性还是原则性",载《现代法学》2004年第5期,第121~127页。

[2] Xiang Gao & Ross P. Buckley, "The Unique Jurisprudence of Letters of Credit: Its Origin and Sources", 4 San Diego Int'l L. J., 91, 124 (2003).

[3] John F. Dolan, *The Law of Letters of Credit: Commercial and Standby Credits* §6.05 [3] Implicit Cases (LexisNexis AS Pratt 2018).

[4] See *Alaska Textile Co., Inc. v. Chase Manhattan Bank*, 982 F.2d 813, 816, 824 (2d Cir. 1992); Ronald J. Mann, "The Role of Letters of Credit in Payment Transactions", 98 Mich. L. Rev., 2494, 2497, 2513~2514 (2000).

[5] John F. Dolan, *The Law of Letters of Credit: Commercial and Standby Credits* §6.05 [3] Implicit Cases (LexisNexis AS Pratt 2018); John F. Dolan, "Strict Compliance with Letters of Credit: Striking a Fair Balance", 102 Banking L. J., 18, 28~29 (1985).

[6] John F. Dolan, "Strict Compliance with Letters of Credit: Striking a Fair Balance", 102 Banking L. J., 18, 29~32 (1985); John F. Dolan, *The Law of Letters of Credit: Commercial and Standby Credits* §6.06 [2] [d] Estoppel and Defets Asserted After the Fact (LexisNexis AS Pratt 2018);李垠:"论信用证法上的失权规则",载高祥主编:《信用证法律专题研究》,中国政法大学出版社2015年版,第153页。

第三章 不当拒付损害赔偿责任构成要件（二）：不当拒付

三、美国严格相符不当拒付案评析

（一）概述

在 LexisNexis 上以"letter of credit"和"wrongful dishonor"为关键词、时间设置为 1996 年 1 月 1 日至 2019 年 8 月 31 日，[1]共搜得 135 起案件。另以"letter of credit"和"improper dishonor"为关键词，得案件 8 起。随后在对本书进行更新时，以"letter of credit"和"wrongful dishonor / improper dishonor"关键词，时间设置为 2019 年 9 月 1 日至 2021 年 2 月 20 日，分别搜得 4 起和 3 起案件。[2]剔除重复与不相关的案件，共 34 起不当拒付损害赔偿案，其中 24 起本质上属于严格相符不当拒付问题。[3]但法院真正以不符点不成立而判决开证人败诉的仅有 6 起。[4]

这 6 起不当拒付案中，涉及的不符点争议分别是"/"的含

---

[1] 时间之所以设置为 1996 年 1 月 1 日，主要是便于和我国进行比较，笔者目前所搜集到的我国不当拒付案件编号最早为 1996 年。此次查询时间为 2019 年 10 月 5 日。

[2] 此次查询时间为 2021 年 3 月 16 日。

[3] 另 10 起涉及失权不当拒付（当然，当中 *Voest-Alpine Trading USA Corp. v. Bank of China*, 167 F. Supp. 2d 940 (SD Tex. 2000) 一案既构成严格相符不当拒付，也构成失权不当拒付）；还有 1 起因为讨论的仅仅是损害赔偿问题，而无法确定不当拒付类型。

[4] 其余 18 起案件争议诸如所开立文件是否为信用证、开证人欺诈止付抗辩是否成立、信用证是否失效、损害赔偿范围等。更早期涉及严格相符不当拒付案件如：*Tosco Corp. v. Federal Deposit Ins. Corp.*, 723 F. 2d 1242 (6th Cir. 1983); *Boston Hides & Furs, Ltd. v. Sumitomo Bank, Ltd.*, 870 F. Supp. 1153 (1994); *Integrated Measurement Systems, Inc. v. International Commercial Bank of China*, 757 F. Supp. 938 (ND Ill. 1991); *Optopics Laboratories Corp. v. Savannah Bank of Nigeria, Ltd.*, 816 F. Supp. 898 (1993); *Ultra Scope Intern., Inc. v. Extebank*, 158 Misc. 2d 117 (1992); *Optopics Laboratories Corp. v. Savannah Bank of Nigeria, Ltd.*, 816 F. Supp. 898 (1993)。

义，[1]拼写错误与正本单据、[2]未提交信用证原件、[3]信用证修改书原件、[4]即期汇票是否构成不符点问题，[5]以及受益人交单前是否需要告知开证人申请人违约问题。[6]

应当说，经过上百年的发展，美国法院对信用证相符判定掌握得比较准确，至少从上述6起判决结论来看，应是如此。对此，我们可以"Grunwald案"与"Landburg Thalmann案"的法院判决推理为例。

（二）"Grunwald案"：未提交信用证原件是否构成不符

在"Grunwald案"中，[7]信用证要求受益人支款时提交信用证原件，以便开证人或被指定人承付或议付时将款项背书于信用证。但受益人交单时未提供信用证原件，开证人拒付。随后受益人向开证人提交证书证明通知人从未向受益人出具信用证原件。开证人再度拒付。庭审中，受益人证人指出："我相信在这一地区经常开立信用证的金融机构标准实务是，如果提交

---

[1] *Heritage Bank v. Redcom Laboratories, Inc.*, 250 F. 3d 319 (5th Cir. 2001)：涉案信用证要求受益人提交单据为"一份发票/提单"。受益人只提交了发票。开证人抗辩认为收益人没有提交提单。法院判决受益人只需提交发票或提单之一便可，开证人构成不当拒付。有关"/"符号含义的解释，参见 ISBP 745 Para. A2 (a)。

[2] *Voest-Alpine Trading USA Corp. v. Bank of China*, 167 F. Supp. 2d 940 (SD Tex. 2000)：该案开证人还因其拒付通知不符 UCP500 要求而被认定失权。

[3] *Grunwald v. Wells Fargo Bank NA*, 2005 Iowa App. LEXIS 1407：受益人未按信用证要求提交信用证原件，一审法院判决开证人不当拒付。但二审改判受益人交单不符，开证人合法拒付。

[4] *Ladenburg Thalmann & Co, Inc. v. Signature Bank*, 128 AD 3d 36 (NY App. Div. 2015)：信用证经多次修改，受益人未能提交信用证修改书2原件，开证人拒付。法院判决开证人不当拒付。

[5] *All American Semiconductor, Inc. v. Wells Fargo Bank Minnesota, NA*, 2003 US Dist. LEXIS 26429：争议不符点之一是受益人未按备用信用证要求提交即期汇票。法院判决认为信用证并未明确要求汇票必须为流通票据，受益人提交支款请求也满足这一要求。

[6] *Marquette Transp. Fin., LLC v. Soleil Chtd. Bank*, 2020 US Dist. LEXIS 4867。

[7] *Grunwald v. Wells Fargo Bank NA*, 2005 Iowa App. LEXIS 1407。

第三章 不当拒付损害赔偿责任构成要件（二）：不当拒付

未经篡改的信用证复印件，外加原件已经遗失、被盗或毁损的受益人证明，开证人即会承付。"一审据此判决开证人败诉。一审认为，当地标准实务表明银行通常会认定信用复印件外加受益人证明具有与信用证原件相当的效力。开证人拒付行为未能遵守此惯例，也未提供证据证明在此种情况下承付受益人会损害信用证的效用与吸引力。因而，开证人应对受益人承担不当拒付损害赔偿责任。

开证人上诉后，二审法院推翻一审判决，认为开证人并无义务越过单据四角去寻找能够补救不符点、遗失或不一致的事实。尽管1995 UCC §5-108 要求开证人审单时遵循惯例，但要求遵循惯例的目的在于权衡、掌握严格相符分寸。鉴于实践中个别法院过于放大微小拼写错误而判决开证人拒付合法，UCC起草人意图借此标准明确银行实务概念来修正开证人的错误实践以及法院的错误判决。[1]而未能提交信用证原件并不属于"微小不符"，因为开证人要求提交信用证原件并非毫无意义。

笔者以为，二审法院判决结论完全准确。因为信用证条款本身清楚无误，受益人必须提交信用证原件。一旦受益人未能提交原件，便当然与信用证明确规定不符，开证人有权据此拒付。[2]当然，更为关键的原因是，正如二审所言，未能提交信用证原件并非微小不符。因为在实践中，开证人要求受益人提

---

〔1〕 See, e. g., *Tosco Corp. v. Federal Deposit Ins. Corp.*, 723 F. 2d 1242, 1247~1248 (6th Cir. 1983); *New Braunfels Nat. Bank v. Odiorne*, 780 SW 2d 313 (Tex. Ct. App. 1989).

〔2〕 See *Brul v. MidAmerican Bank & Trust Company*, 820 F. Supp. 1311 (D. Kan. 1993); *Airlines Reporting Corp. v. Norwest Bank*, *NA*, 529 NW 2d 449 (Minn. Ct. App. 1995); *MEPT 757 Third Avenue LLC v. Sterling National Bank*, Index No. 652089-2016 (Sup. Ct., NY Co., NY 2016); *Export-Import Bank of the US v. United California Discount Corp.*, 738 F. Supp. 2d 1047 (2010); *Arch Specialty Insurance Co. v. First Community Bank of Eastern Arkansas*, 2016 US Dist. LEXIS 114337; *LaBarge Pipe & Steel Co. v. First Bank*, 550 F. 3d 442 (2008).

交信用证原件多是基于明确目的。[1]根据多兰教授的分析，提交信用证原件具有如下意义。[2]

首先，提交信用证原件有助于开证人确认交单人即信用证受益人。如果开证人所开立信用证并未要求受益人提交信用证原件，则开证人一般不会接受受益人的直接交单，而会要求受益人通过他自己的银行转交单据，以避免因不熟悉受益人而遭受欺诈或导致错误承付问题。毕竟，要开证人去核实受益人身份，并非易事，且耗时费力，显然超出了开证人审单范畴，从而与信用证付款的迅捷、确定、高效与低成本目标相违背。

其次，提交信用证原件也有助于避免重复承付受益人。如果受益人可以无需根据信用证要求提交信用证原件，则不诚信的受益人完全可以一边将信用证原件交付被指定人，并要求被指定人承付或议付，然后另一边向开证人交单，谎称信用证原件已遗失，从而获得双倍信用证项下款项。特别是在自由议付信用证下，这种风险非常高，毕竟开证人无法确认是否有银行议付了受益人单据，或意图欺诈的受益人将来是否会再向其他银行议付。而要求受益人提交信用证原件，则可有效避免这种重复承付的风险。

---

〔1〕 就 SWIFT 信用证下是否存在信用证原件问题，See ICC Official Opinion TA 806。就备用信用证下要求提交信用证原件可能给开证人带来的困境，See Bill Nartker, "Consequences and Desirability of Requiring Presentation of the Original Operative Instrument", 19 DCW, 28, 28~31 (2015 June).

〔2〕 John F. Dolan, "The Original LC as a 'Document'", 19 DC Insight 18 (January-March 2013), available at: http://www.ssrn.com/link/Wayne-State-U-LEG.html, visited on 2021-2-10; John F. Dolan, "Documentary Compliance in Letter of Credit Law: What's in a Name, and What Need for an Original?", 28 Banking & Fin. L. Rev., 121, 125 (2012). See also Bill Nartker, "Consequences and Desirability of Requiring Presentation of the Original Operative Instrument", 19 DCW, 28, 28 (2015 June); James E. Byrne, *The Official Commentary on the International Standby Practice*, at 129 (Institute of International Banking Law & Practice 1998).

第三章 不当拒付损害赔偿责任构成要件（二）：不当拒付

再次，如果信用证允许部分支款，则需受益人提交原件以便在信用证上备注每次支款金额，[1]从而可以有效避免超额支款问题。

最后，要求受益人提交信用证原件，也可避免受益人伪造或变造信用证。这最后一点正是"Grunwald 案"二审法院所阐明的要求提交信用证原件的目的之一。

至于受益人是否可以通过担保来保障开证人并不会因未提交信用证原件而可能给其带来潜在风险，从而弥补受益人交单不符。笔者认为不可，此不符点不应基于受益人提供担保而免除。因为担保是否能够提供充分保障，存有疑问；即使能够给开证人提供充分保障，开证人仍存在被第三人持信用证原件索赔的风险。[2]这种风险并不会因受益人提交了担保而消失。[3]

要强调的是，提交信用证原件通常是开证人要求，而非申请人要求。[4]正因为如此，ISP98 明确赋予开证人是否更换或重新签发被偷被盗或遗失之信用证原件的自由裁量权，即使信用证原件是受益人必须提交的单据之一。同理，开证人有决定是否放弃要求信用证原件而直接承付受益人的权利。一旦开证人

---

[1] *LaBarge Pipe & Steel Co. v. First Bank*, 550 F. 3d 442, 447 (2008).

[2] John F. Dolan, "Documentary Compliance in Letter of Credit Law: What's in a Name, and What Need for an Original?", 28 Banking & Fin. L. Rev., 121, 126 (2012). But see *GAN General Ins. Co. v. National Bank of Canada* [1997] OJ No. 6400 (SCJ), aff'd, (1999) 44 BLR (2d) 67 (OCA).

[3] 因为该案规定适用 UCP500。故此巴恩斯和伯恩评论认为，法院也可以信用证适用 UCP500 为由驳回开证人应遵守"当地"惯例之观点，因为不同于 UCC，UCP 500 第 13 条 a 款明确要求开证人遵循"国际标准银行实务"，而非"当地"实务。See James G. Barnes & James E. Byrne, "Letters of Credit", 61 Bus. Law., 1591, 1592 (2006).

[4] But see *International-Matex Tank Terminals-Illinois v. Chemical Bank*, 2009 US Dist. LEXIS 92371：该案中，信用证申请合同而非信用证本身要求受益人提交信用证原件。法院判决开证人不得以受益人未提交信用证原件为由拒付。

承付受益人，申请人不得以受益人未提交信用证原件为由拒绝偿付开证人，或者主张开证人不当承付。[1]尽管 UCP600 并未涉及这一问题，但一般标准是银行实务都承认开证人拒绝更换信用证原件的权利，同时也承认开证人自行判定是否放弃要求受益人提交信用证原件的权利。因为要求提交信用证原件原本便是基于开证人之要求，以保护开证人利益为目的。[2]

（三）"Ladenburg 案"：未提交信用证修改书是否构成不符

与"Grundwald 案"不同，在"Ladenburg 案"中，[3]涉案备用信用证要求受益人支款时必须提交信用证原件及修改书。该信用证共修改 6 次。受益人交单时只提交了信用证原件及部分修改书原件。因无法提供修改书 2 原件，受益人便联系开证人，由开证人出具了修改书的"真实复印件"（true copy）。双方无争议的是，修改书 2 仅是将信用证有效期延长至 2010 年 8 月 31 日，随后修改书 3、4、5、6 进一步延期至 2015 年 8 月 31 日。

法院最终判决受益人交单相符，开证人构成不当拒付。因为，受益人所提交的修改书 2 尽管并非原件，但却是由开证人提供给受益人的真实复印件。双方对修改书 2 的内容真实性也并无争议，且最终被后续修改书取代。因此，毫无疑问，此复印件并不会误导开证人并给其造成损害。此外，法院还从条款解释角度阐释开证人拒付不当。信用证要求受益人提交"the original of this standby letter of credit, and all amendments, if any"，由于信用证和修改书之间用逗号隔开，"original"一词并不必然

---

[1] ISP98 Rule 3.12.

[2] See James E. Byrne, *ISP98 & UCP500 Compared* at 82–83 (Institute of International Banking Law & Practice 2000).

[3] *Ladenburg Thalmann & Co, Inc. v. Signature Bank*, 128 AD 3d 36 (NY App. Div. 2015).

第三章 不当拒付损害赔偿责任构成要件（二）：不当拒付

构成对"所有修改书"的限定。至少，解释上具有歧义。一旦信用证条款理解存在歧义，理应采取对开证人不利的解释。故此，法院认定，开证人并未明确要求受益人必须提供所有修改书原件，从而开证人构成不当拒付。

笔者赞同此法院判决。首先，尽管受益人遗失信用证修改书 2，但开证人业已重新签发了修改书 2（true copy），此重新签发之修改书尽管并非"原件"，但其功能与原件无异。如果开证人有意拒付，则不应去重新出具修改书 2；一旦出具，其自应受此重新签发的修改书 2 的拘束。此正是 ISP98 第 3.12 条所隐含之精神。[1] 从此角度而言，受益人交单与信用证严格相符，开证人不当拒付。

其次，正如前述，要求提交信用证原件的目的是保障开证人利益，避免其遭受潜在第三人支款或不诚信受益人二度支款风险。但本案并不存在此类风险。受益人所遗失者，仅修改书 2 而非信用证本身，任何第三人或者受益人都无法单纯凭修改书 2 要求开证人承付。因此，开证人并不存在二度承付或需对潜在第三人承付风险。况且，修改书 2 仅只是延长信用证有效期，并被后续各修改书所取代，其本身已失去效用。开证人要求受益人提交修改书原件已失去维护自身利益的价值。故此，受益人即使提交的是自行复印的复件，开证人也不应以此为由拒付。[2]

---

〔1〕 本案适用 1995 UCC §5，但 ISP98 第 3.12 条作为银行惯例所体现的精神仍具有很强的说服力。

〔2〕 James E. Byrne, *6B Hawkland UCC Series* §5-108：6 [Rev] Presentation of original letter of credit (Thomson Reuters 2016)；John F. Dolan, "Documentary Compliance in Letter of Credit Law：What's in a Name, and What Need for an Original?", 28 Banking & Fin. L. Rev., 121, 125~126 (2012). But see *Piaggio & CSpA v. The Bank of Nova Scotia*, CV-11-9066-00CL (Ont Sup Ct) (3-30-2011).

最后，就法院所采的模糊条款解释精神，也不失其合理性。严格相符原则的目的之一在于维护开证人利益。但是要受益人做到严格相符，首要前提便是开证人所规定的单据要求必须清楚明晰，否则受益人将无所适从。[1]如果开证人因有意无意而开具模糊条款，在解释上应采取不利开证人之解释。[2]此解释原则本质上来讲不过是对亲开证人（pro-issuer）的严格相符原则的一种制衡而已。[3]

四、我国严格相符不当拒付案评析

（一）概述

据笔者搜集，我国信用证与独立保函不当拒付案件共80起，剔除其中因失权而导致的不当拒付案件后，属于因违反严格相符原则而导致的不当拒付共64起。[4]当然，在这64起案件中，因开证人拒付不符点不成立而被法院判决构成不当拒付

---

[1] See e.g., *Marino Indus. Corp. v. Chase Manhattan Bank*, NA, 686 F.2d 112 (2nd Cir 1982).

[2] See e.g., *Shin-Etsu Chem. Co., Ltd. v. ICICI Bank Ltd.*, 230 NYLJ 19 (NY Sup. Ct. 2003). 另参见第一章第三节。

[3] See Wang Jingen, "Understanding Notice of Refusal Period in UCP600", 135 Banking L. J. 289, 296 (2018).

[4] 当然，这64起案件当中，有1起一审基于单据相符而判决开证人构成不当拒付，二审则直接以开证人自行放单申请人构成失权判决开证人败诉（北京高级人民法院"意大利信贷银行诉哈尔滨经济技术开发区对外经济贸易公司信用证结算纠纷案"[2000] 高经终字第376号，北京市第二中级人民法院 [1998] 二中经初字第55号）；另1起案件法院则同时判决开证人构成严格相符的不当拒付 [（单据相符）与失权的不当拒付（自行放单）（北京市高级人民法院"陕西省粮油食品进出口公司诉荷兰商业银行信用证纠纷上诉案"[2000] 高经终字第295号）]。如果再计入雷同案件，则共计73起，详见后述。

第三章　不当拒付损害赔偿责任构成要件（二）：不当拒付

的案件共计 23 起。[1] 余下 41 起案件中，开证人并未争议不符

[1]　北京市第二中级人民法院"深圳高富瑞粮油食品有限公司诉德意志银行损失赔偿纠纷案"［1996］二中经初字第 471 号；北京第二中级人民法院"意大利信贷银行诉哈尔滨经济技术开发区对外经济贸易公司信用证结算纠纷案"［1998］二中经初字第 55 号；辽宁省沈阳市中级人民法院"宏照有限公司诉中国农业银行沈阳市盛京支行信用证贷款纠纷案"［2000］沈经一初字第 313 号；江苏省镇江市中级人民法院"中国银行镇江分行诉韩国国民银行信用证纠纷案"［2000］镇经二初字第 9 号；北京市高级人民法院"陕西省粮食食品进出口公司诉荷兰商业银行信用证纠纷上诉案"［2000］高经终字第 295 号山西省太原市中级人民法院"山西省晋阳碳素股份有限公司与泰国盘古银行香港分行信用证项下货款拒付纠纷案"［2001］并知初字第 7 号；上海市高级人民法院"（韩国）国民银行诉上海苏豪国际贸易有限公司、比利时联合银行上海分行信用证纠纷案"［2001］沪高经终字第 339 号；福建省高级人民法院"中国银行福建分行诉东亚银行有限公司信用证不符点纠纷案"［2002］闽经终字第 126 号；福建省高级人民法院"韩国大林株式会社诉中国银行厦门市分行信用证纠纷案"［2003］闽经终字第 125 号；山东高级人民法院"韩国中小企业银行与青岛华天车辆有限公司信用证纠纷上诉案"［2005］鲁民四终字第 71 号；山东省威海市中级人民法院"山东汇泉工业有限公司与株式会社新韩银行信用证议付纠纷案"［2005］威民二外初字第 16 号；上海市高级人民法院"东方汇理银行萨那分行与四川川投进出口有限公司信用证纠纷案"［2007］沪高民四（商）终字第 41 号；北京市第二中级人民法院"连云港南天国际经贸有限公司与德国商业银行股份有限公司布鲁塞尔分行信用证议付纠纷案"［2007］二中民初字第 6571 号；浙江省高级人民法院"株式会社庆南银行与舟山市世创水产有限公司信用证纠纷上诉案"［2010］浙商外终字第 15 号；浙江省高级人民法院"水产业协同组合中央会与舟山市世创水产有限公司信用证纠纷上诉案"［2010］浙商外终字第 16 号；四川省高级人民法院"招商银行股份有限公司成都科华路支行与成都华川进出口集团有限公司、华川格鲁吉亚有限公司保函纠纷案"［2013］川民终字第 750 号；最高人民法院"无锡湖美热能电力工程有限公司与新加坡星展银行信用证纠纷案"［2017］最高法民终 327 号，江苏省高级人民法院［2014］苏商外初字第 0004 号；山东省威海市中级人民法院"威海育铭进出口有限公司与株式会社友利银行信用证纠纷案"［2014］威民二外初字第 20 号；山东省青岛市中级人民法院"山东省仪器进出口公司、朝兴银行釜山本部及中国农业银行青岛市分行信用证纠纷案"（案号不详，载吴庆宝、孙亦闽、金赛波主编：《信用证诉讼原理与判例》，人民法院出版社 2005 年版，第 626~637 页）；威海威克贸易有限公司与株式会社韩亚银行信用证纠纷案（案号及审理法院不详，载吴庆宝、孙亦闽、金赛波主编：《信用证诉讼原理与判例》，人民法院出版社 2005 年版，第 638~643 页）；安徽省合肥市中级人民法院"平安银行股份有限公司与徽商银行股份有限公司信用证议付纠纷案"［2019］皖 01 民初 2479 号；最高人民法院"中国银行股份有限公司河南省分行与阿拉伯及法兰西联合银行（香港）有限公司独立保函纠纷案"［2018］最高法民终 880 号；上海市高

点而是以受益人欺诈、保函失效等理由拒付而被法院判决构成不当拒付，笔者在文末附表中以实质性严格相符不当拒付案表述之，以区别于因不符点不成立而被判不当拒付之情形。[1]因此类

（接上页）级人民法院"交通银行股份有限公司上海市分行与保乐力加（中国）贸易有限公司独立保函纠纷案"［2019］沪民终107号。当然，如果计入雷同案件，则共25起：福建省高级人民法院"中国银行诉东亚银行信用证不符点纠纷案"［2002］闽经终字第127号，［2002］闽经终字第128号。

［1］ 上海市第二中级人民法院"西安市医药保健品进出口公司诉澳大利亚和新西兰银行集团有限公司信用证付款纠纷案"［1997］沪二中经初字第842号；山东省威海中级人民法院"（意大利）纤维素转化设备公司与中国银行威海分行信用证纠纷案"［1998］威经外初字第1号；北京市第二中级人民法院"辽宁省纺织品进出口公司诉意大利圣保罗意米银行信用证结算纠纷案"［1999］二中经初字第1636号；北京市第二中级人民法院"苏黎世财务有限公司与广东发展银行北京分行涉外票据纠纷案"［1999］二中经终字第1837号；天津市高级人民法院"北京圣仑恒业国际贸易有限公司与韩国中小企业银行信用证欠款纠纷案"［2002］津高民四终字第5号；江苏省高级人民法院"韩国中小企业银行（汉城总行）与连云港口福食品有限公司信用证纠纷案"［2003］苏民三终字第052号；天津市高级人民法院"韩国中小企业银行与河北省保定市进出口贸易公司银行信用证纠纷上诉案"［2003］津高民四终字第40号；江苏省南京市中级人民法院"江苏西门控电器有限公司诉东亚银行有限公司信用证纠纷案"［2003］宁民五初字第18号；辽宁省沈阳市中级人民法院"马来西亚KUB电力公司与中国光大银行股份有限公司沈阳分行担保合同纠纷案"［2004］沈中民（4）外初字第12号；山东省青岛市中级人民法院"三阳纺织有限公司与韩国外换银行信用证纠纷案"［2005］青民四初字第317号；浙江省宁波中级人民法院"宁波市江北丛中笑礼品有限公司与宁波市商业银行股份有限公司、意大利国民劳动银行股份有限公司信用证付款纠纷案"［2006］甬民四初字第37号；上海市第一中级人民法院"通州市博铭家用纺织品有限公司诉意大利西雅那银行股份有限公司信用证议付纠纷"［2008］沪一中民五（商）初字第205号；山东省高级人民法院"中国银行股份有限公司莱芜分行与山东岱银纺织集团股份有限公司信用证纠纷案"［2008］鲁民四终字第113号；山东省高级人民法院"招商银行股份有限公司青岛分行与韩国输出保险公社信用证纠纷上诉案"［2010］鲁民四终字第227号；浙江省高级人民法院"中国机械设备工程股份有限公司与中国建设银行股份有限公司杭州宝石支行保证合同纠纷案"［2013］浙商外终字第89号；江苏省南京市中级人民法院"南京三五〇三投资发展有限公司与RBS联合投资与金融集团、中国建设银行股份有限公司江苏分行、中国银行股份有限公司江苏省分行信用证纠纷案"［2014］宁商外初字第53号；湖北省武汉海事法院"上海北海船务股份有限

第三章 不当拒付损害赔偿责任构成要件（二）：不当拒付

争议已在前文有所涉及，此处不赘。

（接上页）公司与中国光大银行股份有限公司南京分行、江苏熔盛重工有限公司海事担保合同纠纷案"[2014]武海法商字第00823号；河北省潍坊市中级人民法院"韩国中小企业银行首尔分行与潍坊雅翔国际贸易有限公司信用证纠纷案"[2014]潍外重字第3号；江苏省南京市中级人民法院"中国光大银行股份有限公司南京分行与交通银行股份有限公司江苏省分行信用证纠纷案"[2015]宁商外初字第31号；上海市第一中级人民法院"北京丽格林进出口有限公司与荷兰合作银行有限公司上海分行保证合同纠纷案"[2015]沪一中民六（商）初字第S413号；内蒙古自治区高级人民法院"远洋装饰工程股份有限公司与鄂尔多斯市人民政府、鄂尔多斯银行股份有限公司建设工程施工合同纠纷案"[2016]内民初35号；江苏省南通市中级人民法院"五冶集团上海有限公司与中国建设银行股份有限公司启东支行保证合同纠纷案"[2016]苏06民终2779号；湖北省武汉海事法院"重庆长江轮船公司与台州市银合投资担保公司海事担保合同纠纷案"[2016]鄂72民初698号；北京市第二中级人民法院"西班牙商业银行股份有限公司与东亚泛海国际商务咨询（北京）有限公司信用证纠纷案"[2017]京02民终5995号；浙江省杭州市中级人民法院"杭州长乔旅游投资集团股份有限公司与杭州银行股份有限公司西湖支行信用证纠纷案"[2017]浙01民终8763号；湖南省长沙市中级人民法院"长沙银行股份有限公司东风路支行、刘创波信用证纠纷案"[2017]湘01民终5367号；江苏省苏州工业园区人民法院"华电内蒙古能源有限公司土默特发电分公司与中信银行股份有限公司苏州分行保证合同纠纷案"[2017]苏0591民初10194号；四川省高级人民法院"农协银行株式会社与中国农业银行股份有限公司成都总府支行信用证纠纷案"[2018]川民终187号；上海金融法院"中国葛洲坝集团股份有限公司与意大利裕信银行股份有限公司上海分行独立函纠纷案"[2018]沪74民初1419号；重庆市第五中级人民法院"重庆市永川区政鑫国有资产经营有限责任公司与中国建设银行股份有限公司南昌铁路支行合同纠纷案"[2018]渝05民终1957号；四川省乐山市中级人民法院"汝城县满天星水力发电厂与中国银行股份有限公司乐山分行合同纠纷案"[2018]川11民终1196号；广东省佛山市禅城区人民法院"莫某伟、莫某耀等与中国建设银行股份有限公司佛山市分行保证合同纠纷案"[2018]粤0604民初13518号；贵州省贵阳市南明区人民法院"华能赤峰新能源有限公司与中国建设银行股份有限公司贵阳河滨支行合同纠纷案"[2018]黔0102民初14593号；湖南省高级人民法院"发得科技工业股份有限公司与交通银行股份有限公司湖南省分行信用证纠纷案"[2019]湘民终277号；内蒙古自治区鄂托克前旗人民法院"鄂尔多斯市上海庙鹰骏环保科技有限公司与长沙农村商业银行股份有限公司金霞支行合同纠纷案"[2019]内0623民初249号；广东省深圳市中级人民法院"深圳宝安融兴村镇银行有限责任公司与中山市海雅投资有限公司独立保函纠纷案"[2019]粤

因不符点不成立而被判构成不当拒付的那23起案件中，涉及的不符点争议主要是正本单据、货物名称、货物单位、货物质量、发票种类与金额、汇票金额与付款期限、单据语言、单据格式或内容、非单据性条款、装船批注、数据冲突等。

不可否认，这当中有不少案例法院判决非常准确，能够根据信用证基本原则与UCP具体规则、国际标准银行实务就不符点做出精确分析。如正本单据问题、[1]等外品问题、[2]单据语

（接上页）03民终12094号；上海金融法院"中国工商银行股份有限公司上海市新金桥支行与上海浦东发展银行股份有限公司长沙分行信用证议付纠纷案"[2019]沪74民初2872号；广东省深圳市中级人民法院"中国建设银行股份有限公司深圳福田支行与重庆市涪陵区农业综合开发办公室独立保函纠纷案"[2019]粤03民终18957号；福建省厦门市中级人民法院"紫金财产保险股份有限公司厦门分公司与厦门金宝大酒店保证保险合同纠纷案"[2020]闽02民终2545号；浙江省宁波市中级人民法院"宁波南衡进出口有限公司与株式会社新韩银行信用证纠纷案"[2020]浙02民初281号；山东省济南市中级人民法院"山东省农业生产资料有限责任公司与法国兴业银行信用证纠纷案"（案号不详，载山东省高级人民法院"关于山东省农业生产资料有限责任公司与法国兴业银行信用证纠纷一案中如何处理免除丧失上诉权效果申请的请示"[2010]鲁民四他字第3号）。若加上雷同案件，上海金融法院"中国葛洲坝集团股份有限公司与意大利裕信银行股份有限公司上海分行独立保函纠纷案"[2018]沪74民初1420号，[2018]沪74民初1421号；广东省深圳市中级人民法院"中国建设银行股份有限公司深圳福田支行与重庆市涪陵区农业综合开发办公室独立保函纠纷案"[2020]粤03民终6749号；福建省厦门市中级人民法院"紫金财产保险股份有限公司厦门分公司与厦门金宝大酒店保证保险合同纠纷案"[2020]闽02民终2726号；浙江省宁波市中级人民法院"宁波南衡进出口有限公司与株式会社新韩银行信用证纠纷案"[2020]浙02民初282号，[2020]浙02民初283号，[2020]浙02民初284号，则共计48起。

[1] 北京市第二中级人民法院"深圳高富瑞粮油食品有限公司诉德意志银行损失赔偿纠纷案"[1996]二中经字第471号；山东省青岛市中级人民法院"山东省仪器进出口公司、朝兴银行釜山本部及中国农业银行青岛市分行信用证纠纷案"（案号不详，载吴庆宝、孙亦闽、金赛波主编：《信用证诉讼原理与判例》，人民法院出版社2005年版，第626~637页）。

[2] 福建省高级人民法院"韩国大林株式会社诉中国银行厦门市分行信用证纠纷案"[2003]闽经终字第125号；厦门市中级人民法院[2002]厦经初字第321号。

第三章 不当拒付损害赔偿责任构成要件（二）：不当拒付

言问题、[1]非单据条件问题、[2]保函约定条件是否成就问题[3]等，都是比较精准分析的典型。然而上述诸案例中，法院判决也有不少意见存在牵强或不严谨之处。在此进行逐案详尽探讨已超出本书范围，以下仅以"东亚银行案"（提单不符点）和"湖美公司案"（数据冲突）为例，予以评析。

（二）"东亚银行案"：单据是否可以互相补救

在"东亚银行案"中，[4]开证人以提单上的数量单位"packages"与信用证及商业发票的"yards"不同为由拒付。但法院基于装箱单上有具体换算标准而判决受益人交单相符，[5]开证人不当拒付。本质上来讲，法院实际上是主张提单不符点可由装箱单补救。笔者以为，此判决不妥。[6]具体理由如下。

首先，单据不同，各自承担功能不同，申请人可能使用的地方不同，如果容许其他单据来补救另一单据的缺漏信息，显非妥当。因为极有可能申请人只是中间商，其最终会将该批单据转售他人，一旦单据缺乏某些信息，又怎能让申请人便于转售？即使该缺乏之信息能够通过其他单据补救，但申请人转售合同中是否必然有明确要求申请人必须随同提交该其他单据？

---

[1] 北京市第二中级人民法院"连云港南天国际经贸有限公司与德国商业银行股份有限公司布鲁塞尔分行信用证议付纠纷案"[2007] 二中民初字第6571号。

[2] 浙江省高级人民法院"株式会社庆南银行与舟山市世创水产有限公司信用证纠纷上诉案"[2010] 浙商外终字第15号，浙江省舟山市中级人民法院 [2008] 舟民二初字第25号。

[3] 四川省高级人民法院"招商银行股份有限公司成都科华路支行与成都华川进出口集团有限公司、华川格鲁吉亚有限公司保函纠纷案"[2013] 川民终字第750号。

[4] 福建省高级人民法院"中国银行福建分行诉东亚银行有限公司信用证不符点纠纷案"[2002] 闽经终字第126号，福州市中级人民法院 [2001] 榕经初字第42号。

[5] 重量备忘录/装箱单表述为：计575 PACKAGES, 116, 711 YRDS。

[6] 但参见吴庆宝、孙亦闽、金赛波主编：《信用证诉讼原理与判例》，人民法院出版社2005年版，第296页。

就算是最终法院能够审判确定是否存在转售以及是否需要随同提交其他补救单据,从而决定上述信息缺失是否将给申请人造成损失,但问题是,开证人审单人员又如何能够在短短5个或7个审单工作日内通过单据表面内容做出前述判断?[1]

其次,如果涉及复杂交易,受益人提交的单据达上百张,又如何让审单人员去核实某一缺漏信息是否可以通过其他单据予以补救?[2]如果法院强行给开证人施加此项义务,则信用证审单成本必将大增,信用证付款的"低成本、高效率"又如何体现?当然,多数情况下信用证要求的单据可能会比较简单,几张到几十张不等。问题是,多少张单据的情况下,要求开证人必须审查单据彼此之间是否可以补救,超过多少张单据便免除开证人此项义务呢?而且,如果容许根据单据数量多少来判定是否可以彼此补救,则信用证的付款确定性又何在?

再次,受益人完全可以自行控制单据不符风险,其完全可以在制单备单过程中尽量避免信息错误或遗漏;也完全可以尽早交单以便一旦开证人拒付,仍有足够时间修改不符点。即使仍无法做到,其还可以和申请人联系,尽量争取申请人放弃不符点。据专家证人指出,信用证实践中有绝大多数的单据不符点是由申请人同意放弃不符点而顺利结汇的。[3]如果我们轻易置原本应由受益人控制风险、避免风险并当然应承担风险的精神立场于不顾,而要求开证人必须综合所有单据信息来认定受益人某一份

---

[1] See John F. Dolan, *The Law of Letters of Credit: Commercial and Standby Credits* §6.05 [2] [c] The Flagship Case (LexisNexis AS Pratt 2018).

[2] 有些信用证要求的单据达百页以上,See e.g., *Bankers Trust Co. v. State Bank of India* [1991] 2 Lloyd's Rep. 443.

[3] See *Alaska Textile Co., Inc. v. Chase Manhattan Bank*, 982 F. 2d 813, 816, 824 (2d Cir. 1992); *Bankers Trust Co. v. State Bank of India* [1991] 2 Lloyd's Rep. 443. See also Ronald J. Mann, "The Role of Letters of Credit in Payment Transactions", 98 Mich. L. Rev., 2494, 2497, 2513~2514 (2000).

第三章　不当拒付损害赔偿责任构成要件（二）：不当拒付

单据信息的缺失是否可以通过其他单据来补足，显然不当。信用证付款确定性、迅捷性与低成本、高效率也必将大打折扣。[1]

最后，要知道，当开证人以不符点为由拒付时，最终受益人起诉开证人不当拒付的，往往是申请人拒绝放弃不符点所致。否则，开证人、申请人与受益人完全可以在法院之外解决彼此争议。果如此，一旦法院判决开证人不当拒付，开证人则仍将面临无法向申请人索偿，或只能通过起诉申请人的方式才能索偿的困境。因而，从法政策角度而言，何不坚持严格之审单原则与相符精神，以避免上述连续纠纷与争议之发生？反过来还可促使受益人备单制单甚至审证过程中更为谨慎，以更好地维护自身利益。而且就算如此，也不等于置受益人利益于不顾。只要其理由充分，受益人仍可能在基础合同下起诉申请人而获相应救济。

总之，笔者以为，一旦受益人交单不符，开证人即可拒付，受益人不得以某一单据不符点可借由其他单据予以补救为由追究开证人不当拒付责任。[2]当然，笔者认同此案法院审判结果，开证人构成不当拒付。理由则在于开证人拒付通知仅表述申请人拒付，而非开证人拒付。但令人遗憾的是，受益人与法院都未谈及此一问题。[3]

（三）"湖美公司案"：FOB 与 CIF 价格相同是否冲突

在"湖美公司案"中，[4]开证人提出不符点为"原产地证明第 9 栏所列 FOB 价格为 8 938 290.98 美元，而发票显示 CIF 价格与之相同，即 8 938 290.98 美元，构成了冲突"。就此不符

---

〔1〕 金赛波："信用证单证不符类型和拒付通知问题"，载孙亦闽主编：《信用证理论与审判实务》，厦门大学出版社 2003 年版，第 309 页。

〔2〕 See also *Mago International v. LHB AG*, 833 F. 3d 270 (2016).

〔3〕 参见本章第三节。

〔4〕 最高人民法院 "无锡湖美热能电力工程有限公司与新加坡星展银行信用证纠纷案" [2017] 最高法民终 327 号；江苏省高级人民法院 [2014] 苏商外初字第 0004 号。

— 173 —

点,一审判决认定不符点不成立。因为,原产地证明第9栏FOB价格和发票CIF价格并非同类数据。开证人"应审查的是单证之间、单单之间的CIF价格是否存在矛盾"。"而不是将货物的CIF价格和FOB价格进行比较。"开证人误将两者比较之行为"显然违反UCP600第14条d款比较同类数据的审单规则",且该审查"系对货物FOB价格适当性的审查,是对基础交易的介入……违背了UCP600关于银行审单不得介入基础交易的基本原则"。

二审最高人民法院维持一审结论,但理由改为:首先,原产地证书第9栏FOB表述不应被理解为"国际贸易术语项下货物的FOB价格","对该FOB的合理理解应当是指引性的,即指引当事人在此栏中填入相应的货物价格";其次,"尽管原产地证书第9栏数据与发票CIF价格数据一致,但单据之间并不矛盾,不会导致对该单据的理解产生歧义"。

笔者以为,一审以原产地证书第9栏FOB价格与发票CIF价格非"同类数据"为由认定不符不成立,明显是对FOB与CIF价格的误解。无论是FOB还是CIF,都是国际贸易中使用的贸易术语,其因准确、简便地界定了买卖双方运输与保险费承担、货物风险移转时间等而在国际贸易中被频繁使用。CIF价格和FOB价格的差异主要在于,前者卖方承担了货物运至目的港的运费、保险费,而FOB下卖方无需承担此类费用。但无论两者数据如何不同,其都属于"同类数据"毫无疑问。[1]至于一审认为,开证人以FOB价格与CIF价格不符为由拒付构成了对基础交易的介入,显属过度解读。开证人只是单纯基于单据之间数据冲突进行拒付,其并没有介入到基础交易当中。[2]

---

〔1〕 徐捷:"探讨星展银行信用证拒付案",载《中国外汇》2017年第14期。
〔2〕 徐捷:"探讨星展银行信用证拒付案",载《中国外汇》2017年第14期,第54页。

第三章　不当拒付损害赔偿责任构成要件（二）：不当拒付

至于二审最高人民法院所认定的，原产地证书第 9 栏下的 FOB 并非贸易术语，因为其表述后缺乏"装运港"。[1] FOB 术语后面没有列明港口不等于没有港口。实质上，因为本案要求的是 CIF 价格，而 CIF 价格后面又明确指出目的港是印度尼西亚杜迈，至于装运港具体为何，就货物价格来讲并不那么重要，因此并无必要必须列明。[2] 但显然，受益人必然会在某一港口将货物装上船舶。此时，原产地证书上 FOB 价格便是指受益人在该具体港口下的货物价格。因此，单纯以 FOB 后没有接装运港为由认定其不属于贸易术语是不当的。实际上，根据原产地证书背面条款以及《中国—东盟自由贸易区原产地规则》，[3] 受益人填写正面第 9 栏 FOB 价格的目的是确认进口产品是否享受优惠关税待遇。按《中国—东盟自由贸易区原产地规则》的规定，原产产品可分为两类，完全获得产品和非完全获得产品。[4] 对于非完全获得产品评定是否享有优惠关税待遇采纳的标准是增值判断标准，即非中国—东盟自由贸易区的成分占制成品总价值（FOB 价格）的比例不超过 60%，且最后生产工序系在中国—东盟自由贸易区成员国境内完成。[5] 因此，第 9 栏 FOB 确属贸易术语无疑。

---

〔1〕 But see DOCDEX Decision No. 331.
〔2〕 当然，对买方而言，装运港并非对其毫无意义，因为 CIF 合同下，买方要自卖方在装运港将货物装上船舶之时起承担货物毁损灭失风险。
〔3〕 中国—东盟自由贸易区原产地证书背面说明 3（原产地标准）；《中国—东盟自由贸易区原产地规则》二至六。
〔4〕 《中国—东盟自由贸易区原产地规则》二。
〔5〕 参见《中国—东盟自由贸易区原产地规则》四（非完全获得或生产）："（一）：符合下列条件应视为规则二（二）所指的原产产品：1. 原产于任一成员方的成分应不少于 40%；或 2. 原产于一成员方境外（即非中国—东盟自由贸易区）的材料、零件或产物的总价值不超过所获得或生产产品 FOB 价格的 60%，且最后生产工序在成员方境内完成。其计算公式为：（非中国—东盟自由贸易区的材料价值+不明原产地的材料价值）/FOB 价格×100%<60%。"

退一步讲，如果按最高人民法院的认定，该 FOB 并非贸易术语，则其到底为何，受益人又依据何标准来填写 FOB 下的金额？最高人民法院认为，"对该'（FOB）'的合理理解应当是'指引性'的，即指引当事人在此栏中填入'相应的货物价格'"，问题是，受益人如何填写相应价格？此"FOB"又如何指引当事人填写"相应价格"？如果缺乏贸易术语作为参照，受益人岂不是可以任意填写一数字，而开证人都不得据此拒付？如本案中，受益人根据"指引性的 FOB"而填入 CIF 价格，能否实现原产地证书所要求实现的确认该笔进口货物是否享受优惠关税的功能？毫无疑问，包含了到目的港运费与保险费的价格，是根本无法核算出真实的非成员国材料与加工后成品 FOB 价格的比例的。[1]

当然，笔者认同法院的判决结论，理由是原产地证书第 9 栏 FOB 价格与发票 CIF 价格之间不冲突。FOB 价格和 CIF 价格相同，有如下几种可能：一是受益人填写错误；二是受益人未能安排运输并购买保险；三是运费与保险费为零甚至为负。[2] 本案中，既然受益人已经提交了提单与保险单，则前述第二种情形显然不成立。尽管实践中运费与保险费为零甚至为负的概率微乎其微，但仍不失其存在的可能性。而基于信用证独立性原则，运费与保险费是否为零或为负，与开证人无关。[3] 既然运费与保险费为零或为负有其可能性，则说明原产地证书第 9 栏 FOB 价格与发票 CIF 价格之间不冲突，从而开证人也就无需

---

〔1〕 徐捷："探讨星展银行信用证拒付案"，载《中国外汇》2017 年第 14 期，第 55 页。

〔2〕 徐捷："探讨星展银行信用证拒付案"，载《中国外汇》2017 年第 14 期，第 53~55 页。

〔3〕 徐捷："探讨星展银行信用证拒付案"，载《中国外汇》2017 年第 14 期，第 53 页。

考虑受益人是否填写错误问题。至于 CIF 价格和 FOB 价格相同是否有损原产地证书功能，笔者以为，既然原产地证书第 8 栏已经注明了 WO（完全获得），则不影响申请人目的港关税优惠。

（四）简要比较

总体而言，从以上所统计的我国 23 起不当拒付损害赔偿案来看，相当部分案件法院判决要么结论直接错误，要么结论准确但理由不当。美国的伯恩教授曾断言："已公开的［信用证］纠纷案中，有超过半数判决是错的，而那些判决结论正确的案件中，又有超过半数的理由是错的。"[1]此评断来形容美国法院判决或许有所夸张，至少从前述统计的美国 6 起不当拒付争议案来看，并非如此。但用其来形容我国法院判决，则大体是准确的。

这当中的原因，或许是我国信用证业务起步较晚、法学院校不重视、法院与法官还比较欠缺信用证及相关贸易专业知识，对信用证法基本理论掌握有待进一步提高，导致法院在不符点认定上把握并不完全到位，而造成不当判决比例相对较高。当然，不可否认的是，信用证审单本身不少争议都存在模糊或可争议之处，由此也导致部分案件中，存在对法院判决见仁见智的问题，这在前述"湖美公司案"审判前后的学界与银行界的争议中可见一斑。

第三节　失权规则下的不当拒付

一、UCP600 失权规则

信用证付款遵循严格相符原则，[2]一旦受益人交单相符，

---

［1］ James E. Byrne, "Going Beyond the Four Corners: Reflections on Teaching Letters of Credit as a Subset of International Banking Law", 3 Am. U. Bus. L. Rev., 1, 13 (2014).
［2］ UCP600 Article 14.

开证人（或保兑人）即承担绝对承付义务。[1]如果受益人交单不符，则开证人可拒绝承付。只是其拒绝承付应严格遵守UCP600第16条所规定的条件，否则将构成失权。[2]

（一）拒付通知失权

UCP600第16条对开证人（和保兑人）的拒付通知有着明确而严格的要求。[3]根据该条c款与d款的规定，一项有效拒付通知必须满足如下条件。

1. 拒付意图

开证人拒付通知必须表明拒付意图。而所谓表明拒付意图，是指拒付通知中不仅要明确表示拒付，而且该拒付表示不得模棱两可，且必须是开证人自己的拒付意图。

（1）表明拒付。如果拒付通知中并未表明"拒付"，则该拒付通知不合格。换言之，开证人拒付通知必须明确传达拒付的意思，该拒付意图不能通过所谓默示或推论的方式得出。但就明确表达拒付的方式，不一定非得要使用"拒付"这一措辞，只要有能够明确传达拒绝接受单据、拒绝承付或议付的意思即可。[4]实践中，无论是我国还是美国都存在多起案例，因为开证人没有明确表达拒付意图，而被法院判定构成失权并应对受益人承担不当拒付损害赔偿责任。

---

[1] UCP600 Articles 7, 8, 15.

[2] UCP600 Article 16.

[3] UCP600 Article 16 (c), (d).

[4] James E. Byrne et al., *UCP 600: An Analytical Commentary* at 740 (Institute of International Banking Law & Practice 2010). But see Gary Collyer, *Frequently Asked Questions under UCP 600* §16.76 (Collyer Consulting LLP 2009)：国际商会银行委员会前技术顾问科勒强调，"未承兑/未支付通知"（advice of unacceptance/ unpaid）并不等于表示拒付。

第三章 不当拒付损害赔偿责任构成要件（二）：不当拒付

例如，在"Voest-Alpine 案"中，[1]受益人交单不符，开证人拒付。拒付电文为："经审核，我方发现不符点如下：……我方正与申请人联系不符点事宜。单据由贵方全权处理，风险自负。"受益人起诉开证人不当拒付。一审判决开证人该拒付电文不满足拒付通知要求，因为：①开证人并未明确表明其拒绝接受单据；②尽管单据不符，但开证人表明其联系过申请人是否接受单据，这使得开证人在申请人放弃不符点时仍具有接受单据的可能性，并且表明开证人并未拒绝接受单据；③开证人直到审单期限届满后才通过电传正式表明其拒绝接受单据。一审法院认为，开证人上述拒付电文仅仅只是状况报告，即在其联系申请人之前，并不会拒绝接受单据。而且直到开证人收到单据翌日起第 7 个银行工作日之后，开证人才首次提到其拒绝接受单据。故此，一审判决开证人失权，应对受益人承担不当拒付责任。[2]

该案上诉后，二审维持一审判决，认为开证人未能根据通常接受的惯例，使用标准语言来表示拒付，而其表示联系申请人放弃不符点导致拒付表示产生模棱两可，使得主张存在不符点的单据在将来仍有被接受的可能。因而，一审正确地认定开证人的拒付通知并非有效拒付通知。尽管该案适用的是 UCP500，但在 UCP600 下结论理应相同。因为开证人在其不符通知中并无任何一处有表明开证人拒付或拒绝接受单据或有表达类似意思的词汇。

---

〔1〕 *Voest-Alpine Trading USA Corp. v. Bank of China*, 288 F. 3d 262（5th Cir. 2002）.

〔2〕 参见龚柏华、龙凤："美国 Voest-Alpine 贸易公司诉中国银行信用证不当拒付案评析"，载《国际商务研究》2003 年第 1 期，第 57~62 页。See also Ebenezer Adodo, *Letters of Credit: The Law and Practice of Compliance*, at 249（Oxford University Press 2014）.

我国的"华西案"也涉及类似争议。[1]该案中,开证人不符通知电文为:"根据UCP600第16条,我方通知如下不符点:……我方正就不符点征求申请人的意见。我方持有单据,一切风险由贵方承担。如果您已从偿付行获得偿付,请退款。"法院认为,该电文通知并不符合UCP600的规定,其并没有直接声明拒付。开证人仅凭"如果您已从偿付行获得偿付,请退款"的文意来推断并得出其拒付的意思表示,显然与UCP600规定本意不符。[2]

当然,开证人的拒付意图既可以在拒付通知抬头中体现(SWIFT MT734),也可在正文中以"拒绝接受单据"等表达。[3]

(2)拒付意图清楚明晰。开证人拒付意图不得模棱两可。如果开证人拒付采用SWIFT MT 734格式或拒付正文中明确表明"拒付",但其他行文措辞却与"拒付"相矛盾,可能会导致拒付意图不明,则不构成有效拒付。[4]

如在我国的"一方膏业案"中,法院便强调:"充分有效的

---

〔1〕 江苏省无锡市中级人民法院"江苏华西国际贸易有限公司诉釜山银行信用证议付纠纷案"〔2009〕锡民三初字第55号。

〔2〕 另参见江苏省南京市中级人民法院"日本东海银行神户支店诉中国农业银行南京市分行信用证付款纠纷案"〔1999〕宁经初字第106号;Docdex Decision No. 282。

〔3〕 参见江苏省无锡市中级人民法院"江苏华西国际贸易有限公司诉韩国中小企业银行信用证议付纠纷案"〔2009〕锡民三初字第56号,江苏省高级人民法院〔2009〕苏商外终字第0003号;DOCDEX Decision No. 303;*Bulgrains & Co Limited v. Shinhan Bank*〔2013〕EWHC 2498 (QB)。See also James G. Barnes & James E. Byrne, *Letters of Credit: 2000 Cases*, 56 Bus. Law. , 1805, 1806 note 5 (2001)。

〔4〕 王金根:"信用证拒付通知制度研究",载胡家勇、宋巍主编:《经济与法论丛》,中国社会科学出版社2016年版,第144页;James E. Byrne et al. , *UCP 600: An Analytical Commentary*, at 740 (Institute of International Banking Law & Practice 2010)。

第三章 不当拒付损害赔偿责任构成要件（二）：不当拒付

拒付电文应当明确表达拒绝单据的意思，说明银行拒付所依赖的不符点及单据处理方法，不应对是否拒绝单据模棱两可。"[1]

从本质上来看，要求拒付意图表示不得模棱两可，与信用证所追求的付款迅捷性、确定性目标一致。只有各方清楚明晰地了解各自的权利义务边界，才能提高信用证交易效率，达到促进贸易顺利流转的目的。而效率的实现则有赖于交易规则包括各方当事人意思表示的清楚、明晰。只有如此，信用证付款迅捷性、确定性的意图才能实现。而且，这也是平衡开证人与受益人利益的必然结果。否则，一方面法律要求受益人提交严格相符单据，另一方面却纵容或容许开证人在拒付意图上模棱两可，这对受益人而言，显非公平。也只有开证人清楚明晰地表明拒付意图，受益人才能做出迅速应对，从而避免不必要之损失。

（3）开证人拒付。拒付通知必须明确表明开证人拒付，而非申请人拒付。[2]其背后逻辑在于，信用证下开证人对受益人承担了独立的第一性付款义务，该付款义务不仅和基础合同无关，更是与申请合同无关。[3]申请人并非信用证当事人，其在信用证下并无承付或议付义务，也无承付或议付权利。自然，开证人是否承付，只能是开证人自身之意图，而不应是申请人之意图。[4]

---

[1] 山东省高级人民法院"美国美联银行有限公司与山东一方膏业有限公司信用证纠纷上诉案"[2008]鲁民四终字第129号。另参见国商银咨复字200702号。

[2] See UCP600 Articles 14（a），16（c）；ICC Official Opinion R329；Charles del Busto, *Case Studies on Documentary Credits under UCP*500 at 111（ICC Publishing SA No. 535 1995）.

[3] UCP600 Articles 4，5；吴庆宝、孙亦闽、金赛波主编：《信用证诉讼原理与判例》，人民法院出版社2005年版，第280页。

[4] 王金根："信用证拒付通知制度研究"，载胡家勇、宋巍主编：《经济与法论丛》，中国社会科学出版社2016年版，第149页。

但是实践中,多有开证人拒付通知不规范,仅表示申请人拒付。如在"Cooperative Agricole Groupement 案"中,[1]开证人拒付通知表述的是"申请人拒绝接受单据"。但遗憾的是,法院并未探讨开证人单纯表示申请人拒付是否影响开证人拒付通知效力。而在"Toyota Tsusho 案"中,法院则明确指出:"只有开证人才有权决定接受或者拒绝交单。故此拒付通知中只是陈述申请人拒绝接受是错误的,也是误导人的。"[2]

我国也存在类似情形。在"东亚银行案"中,[3]开证人拒付通知表述为"申请人拒付";在"福鼎海鸥案"中,[4]开证人也只是表明申请人拒付。但令人惋惜的是,庭审中,当事人要么仅争议单证不符点是否存在,要么是直接承认开证人拒付通知有效,从而最终导致对受益人不利之法律后果。如果两案受益人能够紧抓开证人拒付通知并未表达"开证人"拒付这一要素,则结论理应有所不同。[5]

2. 拒付不符点

开证人拒付通知中必须一次性列明所有据以拒付的不符点,[6]

―――――――――

〔1〕 *Cooperative Agricole Groupement De Producteurs Bovins De L'Ouest v. Banesto Banking Corporation, et al*, 1989 WL 82454.

〔2〕 *Toyota Tsusho Corp. v. Comerica Bank*, 929 F. Supp. 1065, 1074 (ED Mich. 1996).

〔3〕 福建省高级人民法院"中国银行福建分行诉东亚银行有限公司信用证不符点纠纷案"〔2002〕闽经终字第126号。

〔4〕 福建省高级人民法院"福建福鼎海鸥水产食品有限公司与韩国外换银行济州分行信用证议付纠纷上诉案"〔2014〕闽民终字第402号,〔2014〕闽民终字第403号。

〔5〕 另参见山东省高级人民法院"美国美联银行有限公司与山东一方膏业有限公司信用证纠纷上诉案"〔2008〕鲁民四终字第129号。但参见上海市第一中级人民法院"兴杰国际私人有限公司诉上海银行浦东分行信用证纠纷案"〔2000〕沪一中经初字第3号。

〔6〕 See Jan Cornelis Dekker, *More Case Studies on Documentary Credits: Problems, Queries, Answers*, at 53 (ICC Publishing SA, No. 489 1991).

第三章 不当拒付损害赔偿责任构成要件（二）：不当拒付

而且，该不符点表述必须清楚明晰。其直接目的是便于受益人及时作出有效应对，诸如修改单据并再次交单，抑或在补救不可能且申请人不放弃不符点时及时转售或运回货物等。[1]其背后的根本精神则是保障信用证付款的迅捷性、确定性。

（1）不含不符点的拒付通知无效。如果开证人在拒付通知中根本就没有列举任何拒付不符点，则该拒付通知无效，开证人构成失权。[2]例如，在"Esso Petroleum 案"中，[3]开证人电话通知拒付，但却未告知拒付不符点，法院认定开证人拒付通知无效，构成失权。[4]

但有疑问的是，在受益人或交单人表提不符点的情况下，开证人若审单认定表提不符点成立并据此拒付时，是否仍有必要重复受益人或交单人不符点表述？对此，美国有若干判例明确要求开证人需再度重复不符点所在，即使受益人或交单人已经清楚知悉。[5]但有学者批评认为，要求开证人重复受益人或交单人已经列明的不符点是多此一举。[6]

---

［1］ 参见王金根："信用证拒付通知制度研究"，载胡家勇、宋巍主编：《经济与法论丛》，中国社会科学出版社 2016 年版，第 149 页；Ebenezer Adodo, *Letters of Credit: The Law and Practice of Compliance*, at 250~251（Oxford University Press 2014）.

［2］ ICC Official Opinion R329.

［3］ *Esso Petroleum Canada a Div of Imperial Oil Ltd. v. Security Pacific Bank*, 710 F. Supp. 275 (1989).

［4］ See also *American Employers Ins. Co. v. Pioneer Bank and Trust Co.* 538 F. Supp. 1354 (ND Ill. 1981); *Agri Export Coop v. Universal Sav. Ass'n*, 767 F. Supp. 824 (SD Tex. 1991). But see *All American Semiconductor, Inc. v. Wells Fargo Bank Minnesota, NA*, 2003 US Dist. LEXIS 26429.

［5］ See *Alaska Textile Co., Inc. v. Chase Manhattan Bank, NA*, 982 F. 2d 813 (2d Cir. 1992); *Creaciones Con Idea v. MashreqBank*, 51 E Supp. 2d 423 (SDNY 1999).

［6］ See Brooke Wunnicke, Diane B. Wunnicke & Paul S. Turner, *Standby & Commercial Letter of Credit*, at 6-38-6-39 (Wolters Kluwer Law & Business 3rd ed 2013).

本书认为，从 UCP600 的具体措辞来看，其要求所有拒付通知中都必须表明据以拒付的每一个不符点，而并未设定任何例外。而开证人单纯表示单据不符而未列明具体不符点，将会导致受益人无从修改，因为被指定人所列不符点是否都成立，是否都应修改，即使那些列举的微小瑕疵亦是如此？被指定人的不符点表述是否都满足清楚明晰要求？被指定人不符点是否都已告知受益人？不无疑问。从谨慎开证人角度来看，显然，在拒付通知中重复表述被指定人不符点更为稳妥。而且，开证人对受益人承担了独立审单义务，此独立审单义务并不会因为被指定人履行了审单便会得以免除。更何况，要求重复被指定人不符点表述，对开证人而言，也并不过分，而且这也完全符合信用证付款迅捷、确定、高效的要求。[1]

（2）一次性列明所有不符点。开证人必须一次性列明所有不符点。[2] 开证人在发出一份拒付通知后，事后不得再次拒付并列明新的不符点，即使该第二次拒付仍在有效拒付期限内。[3] 其根本目的同样在于便于受益人及时修改不符点，并维护信用证付款迅捷性、确定性与高效率。如果允许开证人多次提出不符点，将会给受益人修改不符点造成困扰。[4] 因而，"Toyota

---

[1] Gary Collyer, *Frequently Asked Questions under UCP 600* § 16.52 (Collyer Consulting LLP 2009). But see Jan Cornelis Dekker, *More Case Studies on Documentary Credits: Problems, Queries, Answers* at 50 (ICC Publishing SA, No. 489 1991); James G. Barnes & James E. Byrne, "Letters of Credit: 1999 Cases", 55 Bus. Law., 2005, 200~2008 (2000).

[2] 王金根：“信用证拒付通知制度研究”，载胡家勇、宋巍主编：《经济与法论丛》，中国社会科学出版社 2016 年版，第 149 页。

[3] Jan Cornelis Dekker, *Case Studies on Documentary Credits: Problems, Queries, Answers*, at 57 (ICC Publishing SA No. 459 1989).

[4] 此外，一次性通知所有不符点也有助于信用证融资功能之发挥。[德] Johannes C. D. Zahn：《信用状论：兼论托收与保证》，陈冲、温耀源译，中华企业管理发展中心 1980 年版，第 156~157 页。

Tsusho案"法院所持的"只要在有效审单期限内,开证人仍然可以发出第二份拒付通知"这一观点并不妥当。[1]

据此,一旦开证人拒付通知中只列明某些不符点,则事后不得再主张其他未列明不符点。[2]开证人仅列出某些不符点的行为表明其已经放弃了其他不符点。[3]

如在"Kerr-McGee Chemical案"中,[4]开证人在发出拒付通知列明不符点后,再度拒付并提出了新的不符点。法院判决开证人第二次拒付所列不符点无效。而在"WL Hamilton案"中,[5]律师主张保兑人拒付通知中暗含了装箱单和提单数据冲突问题,法院判决保兑人并未明确列举该不符点。"如保兑人未能在

---

[1] *Toyota Tsusho Corp. v. Comerica Bank*, 929 F. Supp. 1065, 1075 (ED Mich 1996). See also ICC Official Opinion R739/TA676rev.

[2] 王金根:"信用证拒付通知制度研究",载胡家勇、宋巍主编:《经济与法论丛》,中国社会科学出版社2016年版,第149页。Jan Cornelis Dekker, *Case Studies on Documentary Credits: Problems, Queries, Answers*, at 57 (ICC Publishing SA No. 459 1989). 值得注意的是,这一精神立场和一般商事合同解释立场完全不同。在一般商事合同中,如果当事人基于某一非法理由而拒绝履行其合同义务,不排除其将来基于所发现的在拒绝履行当时便已经存在的其他合法理由来主张其拒绝履行的合法性 [Ebenezer Adodo, *Letters of Credit: The Law and Practice of Compliance*, at 253 (Oxford University Press 2014); Carole Murray et. al., *Schmitthoff's Export Trade: The Law and Practice of International Trade*, at 107 (Sweet & Maxwell 11th ed 2007)]。这也正是失权规则被称为严格失权规则的原因之一。

[3] See *Heritage Bank v. Redcom Laboratories, Inc.*, 250 F. 3d 319 (5th Cir. 2001). See also ICC Official Opinion R196. 但基于每一次支款的独立性,在受益人前一次支款中未提出的不符点,在后一次支款中开证人仍可主张 [See *Occidental Fire & Casualty Co. v. Continental Bank, NA*, 918 F. 2d 1312 (7th Cir. 1990)]。

[4] *Kerr-McGee Chemical Corp. v. Federal Deposit Insurance Corp.*, 872 F. 2d 971 (11th Cir. 1989). See also *Pro-Fab, Inc. v. Vipa, Inc.*, 772 F. 2d 847 (11th Cir. 1985).

[5] *WL Hamilton Eng'g, PC v. Bank Umum Servitia (PT)*, No. CV-99-20455-GHK (AJWx) (CD Cal. 2000), in James E. Byrne & Christopher S. Byrnes, 2001 *Annual Survey of Letters of Credit Law & Practice*, at 277 (Institute of International Banking Law & Practices 2001).

拒付通知中明确列举某一不符点，则事后不得据此拒付。"[1]

我国法院也坚持开证人只享有一次拒付通知权利。例如，在"乐恩案"中，[2]开证人拒付不符点表述为"船运公司不一致"。但随后开证人又传真交单人与受益人说："船运公司不符的含义包括以下：贵方提交的提单的承运人 ANL Singapore Pte. Ltd 的代理人是两家公司，即仁仁公司和 Universal Concord. Inc.。此处不明确，究竟是哪一家作为 ANL Singapore Pte. Ltd 的代理。"法院正确判决认为，开证人第一次拒付通知不符是指提单上船运公司与信用证指定承运人不符。而开证人随后补充解释"实际上是提出了一个新的不符点，即提单签署问题"。此与 UCP600 所规定的仅允许一次性列明所有不符点的要求相违背。故而开证人第二份拒付通知无效。[3]

但是，受益人在补救不符后再度交单的，就新出现的不符点，不影响开证人再度以不符为由拒付的权利。例如，在"TAESANS&T 案"中，[4]受益人第一次提交了租船提单，而非信用证要求的海运提单。开证人拒付后，受益人重新提交了海运提单，但开证人再度以提单未表明承运人为由拒付。就开证人拒付是否违反了一次性通知不符点的义务，法院认为，受益

---

［1］ See also *Kerr-McGee Chemical Corp. v. Federal Deposit Ins. Corp.* , 872 F 2d 971 (11th Cir. 1989)；*Barclays Bank DCO v. Mercantile Nat. Bank*，481 F. 2d 1224 (5th Cir. 1973)；*Corporation de Mercadeo Agricola v. Mellon Bank International*，608 F 2d 43 (2d Cir. 1979)；*Export - Import Bank of the US v. United California Discount Corp.* , 484 Fed. Appx. 91 (2012)；*Continental Casualty Co. v. Southtrust Bank*，No. 1041136, 2006 WL 29204, 58 UCC Rep. Serv. 2d (West) 372 (Ala. Jan. 6, 2006).

［2］ 上海市第一中级人民法院"友利银行与乐恩商务有限公司信用证议付纠纷上诉案"［2009］沪一中民五（商）终字第34号。

［3］ See also ICC Official Opinions R196, R271, R431, R672/TA605rev, R739/TA676rev; TA898.

［4］ 山东省日照市中级人民法院"株式会社 TAESANS&T 与日照银行股份有限公司信用证议付纠纷案"［2016］鲁11民初76号。

第三章 不当拒付损害赔偿责任构成要件（二）：不当拒付

人"第一次提交的租船提单与第二次提交的海运提单的法律性质不同"。租船提单并不要求必须表明承运人，而海运提单必须表明承运人身份。因而法院认为，受益人"未在租船提单中表明承运人不构成不符点，而未在海运提单中表明承运人则构成不符点"，开证人"没有在第一次租船提单拒付通知中注明无承运人名称系不符点并无不当"。

（3）自行审核的不符点。UCP600只赋予了开证人联系申请人是否放弃不符点的权利，[1]而没有容许开证人将单据直接交由申请人并由申请人来审核或试图发现更多不符点的权利。因而，开证人所提的所有不符点都应是其自行审核的不符点，而非申请人所提不符点。或者说，开证人承担了自行审核的义务，该义务不能交由申请人来完成。毕竟申请人并非信用证当事人，单据交由其审核有违信用证独立性原则。[2]

例如，在"E & H Partners案"中，[3]开证人将单据交由申请人审核，以图发现更多不符点。法院判决开证人违反了独立审单义务。[4]该案适用的是UCP500。尽管UCP600在措辞上略不同于UCP500，例如UCP500第14条将开证人独立审单也纳入失权规定范围，[5]而UCP600却将开证人独立审单义务移至UCP600第14条a款，由此引发了开证人违反独立审单是否适用失权规则的疑问。但借助反面解释UCP600第16条b款，本书认为开证人违反联系申请人放弃不符点授权规定而容许申请

---

〔1〕 UCP600 Article 16 (b).

〔2〕 See *E & H Partners v. Broadway National Bank.* 39 F. Supp. 2d 275 (SDNY 1998).

〔3〕 *E & H Partners v. Broadway National Bank.* 39 F. Supp. 2d 275 (SDNY 1998).

〔4〕 *E & H Partners v. Broadway National Bank.* 39 F. Supp. 2d 275, 284~285 (SDNY 1998).

〔5〕 UCP600 Article 14 (b).

人审核单据以发现新的不符点或者直接交由申请人审单并据申请人所发现的不符点拒付的，将导致开证人丧失依据申请人所提出的不符点拒付的权利。[1]

（4）不符点表述清楚明晰。如同拒付意图必须清楚明晰一样，开证人拒付不符点表述也必须清楚明晰，而不应让受益人或交单人去揣度不符点具体所在。[2]判断标准是：理性受益人或交单人是否能够合理理解具体不符单据以及具体不符点性质。[3]正如"Toyota Tsusho案"法院所强调："不应要求信用证受益人去揣测拒付通知中语言措辞所表达的各种可能意思。拒付通知应当采用清楚明晰的语言措辞来表达拒付理由。"[4]

清楚明晰的不符点通知有助于受益人及时采取措施修改不符点并在信用证交单期限内再度提交单据。这与信用证是付款工具而非拒付工具的目的相吻合，也是信用证的生命力所在。

然而，在美国有多起案例便是因为开证人拒付不符点表述不清而被判决失权。如在"Hamilton Bank案"中，[5]开证人拒付通知中不符点表述为，所提交单据"与信用证条款不符"。法院判决认定开证人不符点表述过于模糊，从而失权，应对议付

---

〔1〕 但参见最高人民法院"仁和国际有限公司与中国光大银行股份有限公司杭州分行信用证议付纠纷案"[2017]最高法民申3346号：只有UCP600第16条c、d款才会触发失权规则的适用。

〔2〕 Toyota Tsusho Corp. v. Comerica Bank, 929 F. Supp. 1065 (ED Mich. 1996).

〔3〕 See Ebenezer Adodo, *Letters of Credit: The Law and Practice of Compliance*, at 250~251 (Oxford University Press 2014).

〔4〕 Toyota Tsusho Corp. v. Comerica Bank, 929 F. Supp. 1065, 1075 (ED Mich. 1996).

〔5〕 Hamilton Bank NA v. Kookmin Bank, 245 F. 3d 82 (2nd Cir. 2001).

第三章　不当拒付损害赔偿责任构成要件（二）：不当拒付

人承担损害赔偿责任。[1]

明确要求拒付不符点清楚明晰也为我国法院所支持。在"金誉来案"中,[2]开证人拒付不符点表述为："提单、装箱单、商业发票中存在不同的目的地（目的港）。"就此表述，一审法院判决认定其清楚明晰。因为受益人所提交单据中各单据"所载明的目的地都是胡志明市，而信用证要求的目的地是韩国釜山，单据与信用证之间存在不相符之处，只要经过简单审查就能发现上述不符点"。但二审推翻一审判决，认定开证人拒付通知无效，理由为：拒付通知"对不符点的描述至少要具备两项内容，一是何种单据存在不符点，二是该单据在哪一方面与信用证或其他单据不符"。显然，涉案"拒付通知关于不符点的描述不具体、不完整，不能构成有效的拒付通知"。[3]

然而，不符点到底表述到何种程度才构成"清楚明晰"？如果信用证要求提交海运提单，开证人将不符点表述为"提交了租

---

〔1〕　王金根："信用证拒付通知制度研究"，载胡家勇、宋巍主编：《经济与法论丛》，中国社会科学出版社 2016 年版，第 146 页。See also *WL Hamilton Eng'g, PC v. Bank Umum Servitia (PT)*, No. CV-99-20455-GHK (AJWx) (CD Cal. 2000); *Kerr-McGee Chemical Corp. v. Federal Deposit Ins. Corp.*, 872 F2d 971 (11th Cir. 1989); *Exchange Mut. Ins. Co. v. Commerce Union Bank*, 686 SW2d 913 (Tenn App 1984); *Philadelphia Gear Corp. v. Central Bank*, 717 F. 2d 230 (5th Cir. 1983); *Toyota Tsusho Corp. v. Comerica Bank*, 929 F. Supp. 1065 (ED Mich. 1996).

〔2〕　江苏省高级人民法院"常州市金誉来商贸有限公司与株式会社新韩银行信用证议付纠纷案"[2013] 苏商外终字第 0024 号。

〔3〕　王金根："信用证拒付通知制度研究"，载胡家勇、宋巍主编：《经济与法论丛》，中国社会科学出版社 2016 年版，第 148~149 页。另参见上海市高级人民法院"东方汇理银行萨那分行等与四川川投进出口有限公司信用证纠纷案" [2007] 沪高民四（商）终字第 41 号。See also ICC Official Opinions R672/TA605rev; R699/TA607; R578; TA627 rev; TA778rev; TA898, 中国国际商会银行委员国商银咨复字 200603 号、200406 号。

船提单",是否清楚明晰? 在"华西案"中,[1]法院认为,单纯"提交了租船提单"不构成有效拒付通知。根据 UCP600 的规定,额外单据开证人应不予理会。[2]本案中,租船合同提单并非海运提单,自然不属于信用证所要求之单据,开证人应不予理会。因而,开证人"必须对于信用证所要求的某一或某些单据不符进行声明而不能仅表示提交了某单据"。法院进一步强调,既然本案信用证明确要求受益人提交海运提单,如果开证人认为受益人仅"提交了租船提单而未提交全套清洁装船海运提单,其应表述为'没有提交全套清洁装船海运提单'或'租船合同提单与全套清洁装船海运提单不符',而不能仅声明'提交了租船合同提单'"。[3]

但该案开证人在被诉前曾就不符点表述是否符合 UCP 要求提交 DOCDEX 裁决。DOCDEX 裁决却认定开证人"提交了租船提单"不符点表述构成有效拒付。[4]

那么,DOCDEX 和我国法院就不符点表述是否清楚明晰所持冲突立场,何者更具说服力? 笔者以为,我国法院判决似乎过于机械性地解释 UCP600 拒付通知要求,过于侧重保护受益人利益,而忽视了一个从事商事交易的理性受益人所应具有的最起码的理解与判断能力。[5]就"提交了租船合同提单"这一不

---

〔1〕 江苏省无锡市中级人民法院"江苏华西国际贸易有限公司诉韩国中小企业银行信用证议付纠纷案"[2009]锡民三初字第 56 号,江苏省高级人法院[2009]苏商外终字第 0003 号。另参见江苏省无锡市中级人民法院"江苏华西国际贸易有限公司诉釜山银行信用证议付纠纷案"[2009]锡民三初字第 55 号。

〔2〕 UCP600 Article 14 (g)。

〔3〕 王金根:"信用证拒付通知制度研究",载胡家勇、宋巍主编:《经济与法论丛》,中国社会科学出版社 2016 年版,第 148~149 页。

〔4〕 DOCDEX Decision No. 303.

〔5〕 See *Bulgrains & Co Limited v. Shinhan Bank* [2013] EWHC 2498 (QB);山东省高级人民法院"韩国外换银行株式会社与华夏银行股份有限公司青岛分行信用证纠纷案"[2009]鲁民四终字第 38 号。See also Ebenezer Adodo, *Letters of Credit: The Law and Practice of Compliance*, at 251~252 (Oxford University Press 2014).

符点,从理性受益人角度来看,显然其不可能不明白是针对运输单据而言。而信用证要求的到底是提单还是租船提单,无需开证人言明,因为信用证单据要求已经清楚列明。一个理性受益人可以非常快速地理清开证人单据不符点所指。

从这个角度而言,实际上前述"金誉来案"也存在同样问题。[1]就开证人拒付不符点表述"提单、装箱单、商业发票中存在不同的目的地(目的港)",笔者反而认同一审法院判决。作为理性受益人,其不可能不知道他所提交单据中各单据所载明的目的地都是胡志明市,而信用证要求的是韩国釜山。"只要经过简单审查就能发现上述不符点。"因此,开证人拒付不符点表示并不存在不清楚明晰之处。

当然,从实务角度讲,为了避免不必要的争议与麻烦,建议开证人在表述不符时,应尽量清楚明晰。[2]

3. 单据处理方式[3]

一旦开证人拒付,则被拒付单据所有权仍属受益人。[4]为便于受益人及时修改不符或对货物做其他紧急处理以减轻损失,开证人在拒付通知中有必要明确告知受益人(或交单人)如何处理不符单据。UCP600 在 UCP500 所规定的退单和持单等候指示基础上增加了两种:"开证行持有单据直至收到申请人通知弃

---

[1] 江苏省高级人民法院"常州市金誉来商贸有限公司与株式会社新韩银行信用证议付纠纷案"[2013]苏商外终字第 0024 号。

[2] See Gary Collyer, *Frequently Asked Questions under UCP* 600 §16.76 (Collyer Consulting LLP 2009). 另参见山东省高级人民法院"美国美联银行有限公司与山东一方膏业有限公司信用证纠纷上诉案"[2008]鲁民四终字第 129 号;福建省高级人民法院"福建福鼎海鸥水产食品有限公司与韩国外换银行济州分行信用证议付纠纷上诉案"[2014]闽民终字第 403 号。

[3] Wang Jingen, *Disposition of Documents Dishonored in UCP600 – Part I*, 135 Banking L. J. 607 (2018).

[4] ICC Official Opinions R120; R269.

权并同意接受该弃权,或在同意接受弃权前从交单人处收到进一步指示";"银行按照先前从交单人处收到的指示行事"。[1]

其中,按照先前交单人指示行事,本质上和持单等候交单人指示并无任何区别,但显然更有效率。理论上即使是在UCP500时期,也应容许开证人如此处理单据。毕竟,商法注重效率,也符合当事人意图。等于是受益人在交单面函中给予了开证人按其指示行事的要约,如果开证人同意按此指定行事,则是对受益人的要约表示承诺,从而双方达成了修改 UCP500 单据处置方式的协议。当然,UCP600 明确承认此拒付不符点表述方式,有助于避免当事人之间无谓的争议。

至于持单并联系申请人是否放弃不符点这一新增单据处置方式,则是对信用证实务及司法审判实践的回应。[2]一般而言,在商业信用证下,开证人在审单确定单据不符并拒付后,再主动联系申请人放弃不符点,是符合受益人与申请人意图的,毕竟基础交易当事人的真实意图是交易的顺利履行,而非单纯因单据轻微瑕疵而拒付。尤其是考虑到,通常受益人交单不符率都很高,而大部分情况下受益人与申请人都愿意请求开证人放弃不符点并接受单据以便申请人及时提取货物。[3]因此,联系申请人是否放弃不符点有其现实意义,也是便捷、灵活的处理手段。信用证法律应当鼓励这种实务操作模式,因为其完全符合信用证付款迅捷性、确定性这一根本商业目标;有利于促进

---

[1] UCP600 Article 16 (c) (iii) b), d).

[2] See UCP600 Drafting Group, *Commentary on UCP600*: *Article-by-Article Analysis* at 73 (ICC Services Publication Department No. 680 2007).

[3] 此主要针对商业信用证而言,实践中备用信用证下申请人同意放弃不符点的概率很低。See John F. Dolan, *The Domestic Standby Letter of Credit Desk Book for Business Professionals, Bankers and Lawyers* §9.03 Defective Documents-Waiver and Cure (Matthew Bender 2015).

申请人与受益人交易顺利进行;有助于有效降低商业信用证不符点拒付率。[1]但由于UCP500并未明确肯定这种单据处理方式,导致实践中多有观点认为开证人含有上述单据处置方式的拒付通知无效。[2]UCP600则是对这一实务"错误"判决的纠正。

当然,实践中开证人单据处置方式表述并不需要严格按照UCP600单据处理的措辞,而只需传达出相关意思即可。例如在一回复意见中,针对开证人单据处置表述"我方持有单据直至收到申请人放弃不符点或交单人的指示",国际商会银行委员会认为尽管措辞上和UCP600第16条规定略有差异,但显然仍然符合UCP600所规定的第二种单据处置方式的表述。[3]甚至,开证人可以使用简练单词表述相关含义。例如,在SWIFT MT734拒付中,便用"hold, notify, return, previnst"来分别表示UCP600所规定的四种单据处置方式。对此,各国法院判决也表示认可。[4]

此外,既然UCP600所确定的单据处置方式只有上述四种,原则上开证人只能从上述单据处置方式中进行选择,而不能选

---

〔1〕 See John F. Dolan, *The Law of Letters of Credit, Commercial and Standby Credits* §6.06 [2] [c] [vi] Waiving Defects (LexisNexis AS Pratt 2018);王金根:"信用证拒付通知制度研究",载胡家勇、宋巍主编:《经济与法论丛》,中国社会科学出版社2016年版,第153页。

〔2〕 See e. g., *Voest-Alpine Trading USA Corp. v. Bank of China*, 142 F. 3d 887 (5th Cir. 1998);ICC Official Opinion R418;中国国际商会银行委员会国商银咨复字200702号。

〔3〕 ICC Official Opinion R775/TA754rev. See also ICC Official Opinion R774/TA699rev.

〔4〕 王金根:"信用证拒付通知制度研究",载胡家勇、宋巍主编:《经济与法论丛》,中国社会科学出版社2016年版,第153~154页。See also *Fortis Bank v. Indian Overseas Bank* [2011] EWCA Civ. 58; *Bulgrains & Co Limited v. Shinhan Bank* [2013] EWHC 2498 (QB);江苏省高级人民法院"常州市金誉来商贸有限公司与株式会社新韩银行信用证议付纠纷案"[2013]苏商外终字第0024号。But See James E. Byrne et al., *UCP 600: An Analytical Commentary*, at 743, 747 (Institute of International Banking Law & Practice 2010).

择其他处置方式，诸如"我方持有单据，一切风险由贵方承担"，[1]否则构成失权。[2]

但无论如何，开证人拒付通知中必须表述单据处置方式，一旦遗漏，便会构成失权，从而应对受益人承担不当拒付损害赔偿责任。[3]例如在"LaBarge 案"[4]以及"Amwest 案"[5]中，开证人拒付通知未能表明单据处理方式，是法院判决开证人失权的重要理由。笔者虽然不曾见到我国法院以开证人拒付通知未表明单据处置方式而判决开证人失权的情形，但上述立场在我国同样成立。

4. 拒付通知时限

一旦开证人决定拒付，其必须"自交单之次日起，不迟于5个银行工作日终了给予拒付通知"。[6]就此规定，有如下几点值得注意。[7]

---

[1] 注意，上述表述和"Documents are held with us at your disposal"有实质性区别。因为后者明确表明单据处置权限在受益人或交单人，本质上和 UCP600 第 16 条所规定的银行持有单据等候交单人进一步指示无区别。故此 DOCDEX Decision No. 300 明确指出，"Documents are held with us at your disposal"的表述仍可接受。当然，专家也特别强调，这种表述是"不可取的"（not desirable）。

[2] See DOCDEX Decision No. 296; UCP600 Drafting Group, *Commentary on UCP 600: Article-by-Article Analysis*, at 73 (ICC Services Publication Department No. 680 2007).

[3] 王金根: "信用证拒付通知制度研究"，载胡家勇、宋巍主编: 《经济与法论丛》，中国社会科学出版社 2016 年版，第 154 页; DOCDEX Decisions No. 282, No. 296. But see *Philadelphia Gear Corp. v. Central Bank*, 717 F. 2d 230 (5th Cir. 1983); *CI Union de Bananeros de Urubá, SA v. Citibank, NA*, Index No. 602314/1999 (NY Sup. Ct., 12 April 2000) [For criticism on this case, see James E. Byrne & Christopher S. Byrnes, 2001 *Annual Survey of Letters of Credit Law & Practice* at 212 (Institute of International Banking Law & Practices 2001)].

[4] *LaBarge Pipe & Steel Co. v. First Bank*, 550 F. 3d 442 (5th Cir. 2008).

[5] *Amwest Sur. Ins. Co. v. Concord Bank*, 248 F. Supp. 2d 867 (ED Mo. 2003).

[6] See UCP600 Article 16 (d).

[7] See Wang Jingen, *Understanding Notice of Refusal Period in UCP600*, 135 Banking L. J. 289 (2018).

第三章　不当拒付损害赔偿责任构成要件（二）：不当拒付

（1）拒付通知期限的起算。

首先，此5个银行工作日拒付期限应是自"交单"，即开证人"收到"单据的次日开始计算，而不是自受益人（或交单人）寄出单据之时起计算。[1]

在"CVD Equipment 案"中，[2]受益人起诉开证人不当拒付，理由之一便是开证人未能遵守5个银行工作日审单期限。但法院驳回受益人该主张，认为开证人审单期限应当自开证人收到单据，而非自受益人将单据交付被指定人之时起计算。从而认定开证人并未违反审单期限限制。[3]与此类似，在"金誉来案"中，[4]一审法院正确指出，5个银行工作日"应当从新韩银行收到单据时开始计算，而不是金誉来公司邮寄时开始计算"。[5]

---

〔1〕 UCP600 Drafting Group, *Commentary on UCP600: Article-by-Article Analysis* at 23, 35（ICC Services Publication Department No. 680 2007）. See also Georges Affaki & Roy Goode, *Guide to ICC Uniform Rules for Demand Guarantees URDG* 758, at 95（ICC Services Publications No. 702E 2011）.

〔2〕 *CVD Equipment Corp. v. Taiwan Glass Industrial Corp.*, 2011 WL 1210199（SDNY 2011）.

〔3〕 See also *Mam Apparel & Textiles Ltd. v. NCL Worldwide Logistics USA, Inc.*, 2020 US Dist. LEXIS 133657; *CI Union de Bananeros de Urubá, SA v. Citibank, NA*, Index No. 602314/1999（NY Sup. Ct., 12 April 2000）; *Todi Exports v. Amrav Sportswear Inc.*, 1997 US Dist. LEXIS 1425（SDNY, 1997）; *Second National Bank of Toledo v. M. Samuel & Sons, Inc.*, 12 F 2d 963（2d Cir. 1926）.

〔4〕 江苏省无锡市中级人民法院"常州市金誉来商贸有限公司与株式会社新韩银行信用证议付纠纷案"[2012]锡商外初字第0021号。

〔5〕 另参见山东省高级人民法院"韩国外换银行株式会社与青岛银行股份有限公司信用证纠纷上诉案"[2009]鲁民四终字第37号。就开证人收到单据具体日期争议，参见福建省厦门市中级人民法院"韩国大林株式会社诉中国银行厦门市分行信用证纠纷案"[2002]厦经初字第321号；福建省高级人民法院[2003]闽经终字第125号；河南省郑州市中级人民法院"INTRACO TRADING PTE LTD 诉中国银行股份有限公司河南省分行信用证纠纷案"[2010]郑民三初字第830号；河南省高级人民法院[2012]豫法民三终字第0017号；最高人民法院[2013]民申字第1380号。

其次，开证人必须是"收到"了单据才开始计算拒付期限。如交单人并未将单据交付开证人而是电提不符点，开证人不受5个银行工作日拘束。因为单据并未递交至开证人，开证人审单义务并未触发，自然5个银行工作日的拒付期限也未开始计算。故而，即使是开证人因各种原因而未能"及时"回复交单人是否放弃电提所列不符点，开证人对此也不承担责任。

在"纽科案"中，[1]一审法院便强调，信用证拒付期限是从开证人收到单据翌日起开始计算。而本案开证人自始至终都未收到单据，也未行使过审单权利，因此其就电提不符点的拒付不受审单期限限制。[2]

再次，当受益人交单不完整时，如何认定开证人何时"收到单据"？理论上而言，除非受益人明确表示将随后补充完整所遗漏的单据，否则应推定受益人完整交单，开证人即应着手于交单次日起审单并及时通知受益人单据遗漏这一不符点。[3]从而，受益人知道单据存在遗漏本身并不足以阻止开证人拒付期限的起算。

实际上，该结论也可从UCP600规定中推论出来。因为其第16条d款明确要求开证人自"交单"之次日起5个银行工作日内拒付。而何谓交单，根据UCP600第2条的规定，要么是指交

---

〔1〕 最高人民法院"瑞士纽科货物有限公司诉中国建设银行吉林省珲春市支行信用证项下款项拒付纠纷案"[1998]经终字第336号；吉林省高级人民法院[1997]吉经初字第100号。

〔2〕 另参见浙江省杭州市中级人民法院"现代重工有限公司与中国工商银行股份有限公司浙江省分行保证合同纠纷案"[2014]浙杭商外初字第60号；浙江省高级人民法院[2016]浙民终字第157号。

〔3〕 See James E. Byrne, *6B Hawkland UCC Series* §5-108：8 [Rev] Preclusion rule (Thomson Reuters 2016); ICC Official Opinion R415. See also Georges Affaki & Roy Goode, *Guide to ICC Uniform Rules for Demand Guarantees URDG* 758, at 97 (ICC Services Publications No. 702E 2011).

第三章　不当拒付损害赔偿责任构成要件（二）：不当拒付

单行为要么是交付的单据本身。而该定义并未要求信用证所有单据全部交齐才构成交单。因而，逻辑结论是，只要受益人有将单据交付开证人，开证人拒付期限即应于下一个银行工作日开始计算，如果受益人交单不全，开证人可以拒付，但不得以此为由推延拒付日期。[1]

令人诧异的是，在"JP Doumak 案"中，[2]受益人提交了其他单据，但并未提交索款书。一审以开证人迟延拒付构成失权为由判决开证人败诉。但二审却推翻一审判决，认为受益人不完整交单不构成交单，从而开证人迟延拒付不构成失权。[3]就此，学者批评认为这是此案判决意见中最为震惊的观点。该学者认为："除另有明确相反表示外，提交了信用证下大部分单据的交单行为应被认定为信用证下的交单行为。"[4]

复次，受益人于银行营业时间结束后交单，是认定为当日交单还是次一银行工作日交单？UCP 对此并未作出明确规定。但据 ICC 意见，除非开证人当场明确表示认定为次一银行工作日交单，否则应认定构成当日交单，从而开证人拒付期限从次一银行工作日开始计算。[5]

---

[1] See also ISP98 Rule 3.02; URDG758 Article 14 (b).

[2] JP Doumak Inc. v. Westgate Financial Corp., 776 NYS 2d 1 (NY App. Div. 2004).

[3] 涉案信用证为备用证，且未表明适用法律。法院根据开证人所在地解释认为应适用纽约州和新泽西州统一商法典。学者就该案的批评意见在 UCP 下也同样具有指导意义。

[4] See James E. Byrne & Christopher S. Byrnes, 2005 *Annual Survey of Letters of Credit Law & Practice*, at 307~310 (Institute of International Banking Law & Practices 2005). 伯恩甚至认为，受益人提交了单据本身即足以满足"索款"要求：法院未能理解信用证及法律中"demand"一词的双重含义。况且，有充分理由认为交单本身便推定具有索款意图［James E. Byrne, *6B Hawkland UCC Series* §5-102：82［Rev］Draft or demand (Thomson Reuters 2016)］。

[5] ICC Official Opinions R265, R648.

笔者以为该观点合理。UCP明确赋予开证人拒绝受益人营业时间结束后交单的权利。[1]当然，开证人也可以放弃该权利。[2]如果开证人放弃该权利并接受受益人营业时间结束后的交单，而未作其他表示的，从保护受益人合理信赖角度来讲，应认定为是当日交单。开证人明显可通过明确的言辞避免模糊的产生，却怠于消除受益人营业时间结束后交单到底是当日交单抑或次一银行工作日交单这一疑问的，应做不利于开证人的解释。只有如此，才能促进商事效率的实现。[3]

理解这一点对受益人非常关键，尤其是在受益人的交单时间为信用证所规定的交单期限最后一天的情况下。如果受益人刚好是在开证人营业时间结束后交单，而开证人也明确告知受益人将会视为次一银行工作日交单，则受益人可清楚明白其已经构成交单迟延。自然受益人便可及时采取合理措施以减轻损失，而没有必要空等5个到7个日历日[4]甚至更长时间。[5]

又次，受益人必须严格按照开证人指示交单至指定地点方才构成有效交单，开证人审单与拒付期限才开始计算。[6]

在一案件中，[7]开证人于信用证中明确限定了交单地点，但受益人却交单至该行另一分行。至信用证到期时开证人都未承付。开证人认为，既然受益人并未满足信用证规定的交单地

---

[1] See UCP600 Article 33.

[2] See James E. Byrne, *ISP*98 & *UCP*500 *Compared*, at 330 (Institute of International Banking Law & Practice 2000).

[3] But see ISP98 Rules 3.05, 3.11; URR 725 Article 11 (a) (i).

[4] 例如，星期六、星期日均为非银行工作日。

[5] 例如，五个银行审单工作期限中，刚好碰上国庆等法定节假日。

[6] See CI Union de Bananeros de Urabá, SA v. Citibank, NA, No. 602134/1999 (NY Sup. Ct. April 12, 2000).

[7] International - Matex Tank Terminals - Illinois v. Chemical Bank, 2009 US Dist. LEXIS 92371.

点要求,开证人并无义务给予拒付通知。开证人此抗辩完全符合逻辑。但法院却驳回开证人抗辩认为,开证人并未举证密歇根州有先例支持其观点,而且也会导致极端而不合逻辑的结果。即,如果开证人可因其未履行不符拒付通知义务而合法拒付,则 UCP600 第 16 条规定将失去效用。

笔者以为,该法院判决值得商榷。因为,当受益人将单据交至错误地点时,应承付信用证的开证人并不知道受益人已经交单,[1] 而实际接收受益人交单的银行部门不会明了单据究竟应当转寄何处,它们也不会去花费时间来弄明白应当转交给哪个地址。[2] 在信用证下,即使是开证人分支机构也被认为是独立的不同主体。[3] 因此,不能认为交单给开证人某一分支机构即是交单给开证人。[4]

最后,UCP 收到单据次一银行工作日起开始计算,是指开证人收到单据当"日"(即日历日)后的次一银行工作日,而非

---

[1] James E. Byrne & Christopher S. Byrnes, 2010 *Annual Review of International Banking Law & Practice*, at 539 (Institute of International Banking Law & Practice 2010).

[2] See John F. Dolan, *The Domestic Standby Letter of Credit Desk Book for Business Professionals, Bankers and Lawyers* §8.03 The Standby's "Terms" (Matthew Bender 2015).

[3] UCP 600 Article 3; 1995 UCC §5-116 (b); ISP98 Rule 2.02; James E. Byrne, *6B Hawkland UCC Series* §5-102: 117 [Rev] Branches (Thomson Reuters 2016). 另参见浙江省高级人民法院"中国民生银行股份有限公司苏州分行等与浙江华茂国际贸易有限公司等信用证欺诈纠纷上诉案"[2011] 浙商外终字第 50 号:该案法院判决认为,开证人宁波民生银行与被指定议付人苏州民生银行系同属于同一法人下的分支机构,分别领有营业执照,其在总行授权范围内开展经营活动,并承担相应的民事责任,故两者具有相对的独立性。But see Michael Bridge ed., *Benjamin's Sale of Goods*, at 2001 (Sweet & Maxwell 8th ed 2010).

[4] See *CI Union de Bananeros de Urab, SA v. Citibank, NA*, Index No. 602134/1999 (NY Sup. Ct. April 12, 2000). See also Georges Affaki & Roy Goode, *Guide to ICC Uniform Rules for Demand Guarantees URDG 758*, at 95 (ICC Services Publications No. 702E 2011).

开证人收到单据的"银行工作日"后的次一银行工作日。这是UCP600和ISP98的不同所在。[1]此差别的关键点在于，如果开证人收发室或工作人员于星期日（非银行工作日）接收了受益人所提交的单据，按UCP600的规定，除开证人有明确相反表示外，该单据于该日到达，开证人应于次一银行工作日（即星期一）开始计算5个银行工作日审单期限。然而，如果是按ISP98规定，则受益人交单视为于星期一到达，开证人审单期限自次一银行工作日即星期二开始计算。[2]当然，如果单据到达日期本身便是银行工作日，则两者之间并无区别。

如前所述，开证人有权拒绝在营业时间结束之后接受交单，自然也就意味着其有权拒绝在非银行工作日接受交单。但不论基于何种原因，开证人工作人员于非银行工作日接受交单的，该单据应当视为是在该日（日历日）交付开证人，除非开证人有明确相反表示。因为，UCP600对"银行工作日"有着特别界定，[3]且凡是特别要求银行工作日而非日历日时，UCP600具体条文措辞都有（且理应有）明确强调。既然UCP600规定，开证人拒付通知应自交单之"日"后的5个"银行工作日"发出，[4]则此处之"日"显然不应混同为"银行工作日"。[5]如果起草人有意将此处之日历日等同为银行工作日，其必须作

---

〔1〕 ISP98 Rule 5.01 (a) (iii). But see James E. Byrne, *ISP98 & UCP500 Compared*, at 135 (Institute of International Banking Law & Practice 2000): Byrne 教授认为，尽管UCP并未表明收到单据的"日"必须是日历日还是营业日，但应推定认为是营业日。

〔2〕 James E. Byrne & Lee H. Davis, *New Rules for Commercial Letters of Credit under UCP600*, 39 UCC L. J., 301 2007.

〔3〕 See UCP Article 2.

〔4〕 UCP Article 16 (d).

〔5〕 See *Hong Kong Huihuang Industrial Co. v. Allahabad Bank* [2016] HKEC 1165; [2016] HKCU 2564, in James E. Byrne et al., 2017 *Annual Review of International Banking Law & Practice*, at 515 (Institute of International Banking Law & Practice 2017).

出清楚无误的规定。唯有如此解释，方能实现严格拒付通知与失权规则的目的，即平衡受益人因严格相符原则而带来的不利。换言之，在解释拒付通知与失权规则时，如果存在两种或以上可能的解释，则理应采纳对受益人有利而非对开证人有利的解释。

（2）发送主义 vs 到达主义。

UCP 只是要求开证人 5 个银行工作日内发出即可，而无需在该时间段内到达受益人（或交单人）。换言之，信用证拒付通知是采纳发送主义而非到达主义。[1]因而，信用证拒付通知一旦发出，其中途遗失、迟延的风险均由受益人承担。

对此，有学者持反对意见认为，既然拒付通知的目的是确保受益人知悉拒付事实，自然受益人只有收到通知才能实现这一效果，故此拒付通知所采纳者为到达主义。[2]"Bulgrains 案"受益人便是提出这一抗辩。[3]

本书以为，发送主义更为合理。至于采纳发送主义而非到达主义的原因，有如下几点。首先，开证人原则上采纳电讯方式拒付，只有在电讯方式不可能时，UCP600 才允许采纳其他快捷方式，诸如快递等。[4]如果认定采纳到达主义，一旦电讯方式不可能，则对开证人非常不利，因为他们根本无法保证拒付

---

[1] See James E. Byrne et al., *UCP 600: An Analytical Commentary* at 750, 1304 (Institute of International Banking Law & Practice 2010); Ebenezer Adodo, *Letters of Credit: The Law and Practice of Compliance*, at 245 (Oxford University Press 2014); Gary Collyer, *Frequently Asked Questions under UCP 600* § 16.2 (Collyer Consulting LLP 2009).

[2] 王金根："信用证拒付通知制度研究"，载胡家勇、宋巍主编：《经济与法论丛》，中国社会科学出版社 2016 年版，第 160~161 页；Rolf A. Schutze & Gabriele Fontane, *Documentary Credit Law Throughout the World* at 32 (ICC Publishing SA No. 633 2001).

[3] *Bulgrains & Co Limited v. Shinhan Bank* [2013] EWHC 2498 (QB).

[4] UCP600 Article 16 (d).

通知能够在5个银行工作日内到达受益人。要知道,电讯方式不可能或电讯故障,这不一定是开证人的原因或过错所导致,[1]也并不一定就能为开证人所及时知悉。此时不应对无过错的开证人施加保证快递或电讯等能够在5个银行工作日内到达受益人的义务与责任。更何况,如此解释,也将人为减少开证人的实际审单时间。

其次,受益人交单不符,此时受益人才是法律上的"过错"方,开证人属"无过错"方。如果因受益人这一过错方交单不符,便要开证人这一无过错方去承担保证拒付通知准时到达受益人或承担拒付通知中途遗失的风险,显然不符合公平精神。[2]

最后,UCP600第35条规定,通知中途遗失风险开证人不承担责任。自然其逻辑结论便是应由受益人去承担拒付通知中途遗失的风险,从而开证人只需保证在5个银行工作日内发出拒付通知即可。[3]

对此,我国法院也予以认可。如在"金誉来案"中,法院判决指出,既然开证人已经于5个银行工作日内发出拒付通知,其便不应认定为构成失权。[4]

---

[1] See Charles del Busto, *Case Studies on Documentary Credits under UCP*500, at 41~42, 116~117 (ICC Publishing SA No. 535 1995).

[2] 参见王金根:"交货不符通知制度研究",载《西南政法大学学报》2011年第2期,第3~9页。

[3] See Charles del Busto, *Case Studies on Documentary Credits under UCP*500, at 116~117 (ICC Publishing SA No. 535 1995);王金根:"信用证拒付通知制度研究",载胡家勇、宋巍主编:《经济与法论丛》,中国社会科学出版社2016年版,第164页。See also *Bulgrains & Co Limited v. Shinhan Bank* [2013] EWHC 2498 (QB).

[4] 江苏省无锡市中级人民法院"常州市金誉来商贸有限公司与株式会社新韩银行信用证议付纠纷案"[2012] 锡商外初字第0021号。另参见浙江省杭州市中级人民法院"现代重工有限公司与中国工商银行股份有限公司浙江省分行保证合同纠纷案"[2014] 浙杭商外初字第60号。

第三章　不当拒付损害赔偿责任构成要件（二）：不当拒付

但无论如何，开证人有义务举证证明其已经在5个银行工作日内发出了拒付通知。[1]一方面这是谁主张谁举证的逻辑结果；另一方面，也是只有开证人才掌握了具体证据信息。

(3) 拒付通知期限的截止。

对此，有两点值得注意。一是开证人在第5个银行工作日"终了"拒付即可，而无需遵守其自身工作时间限制。[2]换言之，开证人只需在第5个银行工作日24:00截止前发出拒付通知即可。受益人不得以开证人系在第5个银行工作日工作时间结束后拒付为由主张开证人迟延拒付。[3]

原因在于UCP600明确区分了"银行工作日[4]"和"营业时间[5]"两个概念。从术语准确角度而言，应该认为在UCP概念体系下，"银行工作日"非"营业时间"，两者不应去做同一解释。[6]而且，开证人信用证部门就电讯拒付通知何时能够发出，有时非其所能控制，因为这取决于电讯服务提供商。[7]

---

[1] See Ebenezer Adodo, *Letters of Credit: The Law and Practice of Compliance*, at 245~246 (Oxford University Press 2014). See also *Habib Bank, Ltd. v. National City Bank, et al.*, 1999 US Dist. LEXIS 4549.

[2] See James E. Byrne et al., *UCP 600: An Analytical Commentary*, at 742, 750 (Institute of International Banking Law & Practice 2010); Gary Collyer, *Frequently Asked Questions under UCP 600* §16.2 (Collyer Consulting LLP 2009); ICC Official Opinions R545, R424.

[3] But see James E. Byrne et al., *Standby & Demand Guarantee Practice: Understanding UCP600, ISP98 & URDG758*, at 183 (Institute of International Banking Law & Practice 1st ed 2014).

[4] UCP600 Article 2.

[5] UCP600 Article 33.

[6] 王金根："信用证拒付通知制度研究"，载胡家勇、宋巍主编：《经济与法论丛》，中国社会科学出版社2016年版，第164页。

[7] See James E. Byrne et al., *UCP 600: An Analytical Commentary*, at 742, 750 (Institute of International Banking Law & Practice 2010).

因而，在这一点上，《民法典》第 203 条规定不应适用。[1]

例如，在一起案件中，[2]开证人于第 5 个银行工作日发出电报表示拒付，"于当日 18：45 分"到达交单人接收系统。法院认定开证人拒付通知有效，即开证人有权在第 5 个银行工作日营业时间结束后表示拒付。[3]

二是据 UCP600 第 14 条 b 款规定，开证人或保兑人 5 个银行工作日审单期限前仍有"最长"（maximum）一词限制。就该最长期限和第 16 条 d 款 5 个银行工作日之间关系如何理解，存在争议。例如，假设受益人于信用证到期前 4 天向开证人提交了信用证所规定的单据，开证人于次日审单认定发票缺乏信用证所要求的标识并决定拒付。但其却迟至第 5 个银行工作日（即信用证有效期届满后）通知拒付。此时开证人拒付是否符合时限要求？如果字面解释"maximum"，似乎是否定，开证人在第一天结束时就已经确定拒付，其理应最晚在第二天或者第三天[4]通知拒付，从而受益人至少还有一天时间去修改不符单据。

但本书认为上述理解不妥。实际上，UCP600 第 14 条 b 款和 16 条 d 款规定的 5 个银行工作日属于分别计算、互不影响的问题，尽管两者都是自收到单据的翌日起计算。理由在于，一方面，从条文之间的关系来看，UCP600 第 14 条 b 款针对的是审单期限，而 16 条 d 款针对的是拒付期限。两者之间并不必然要统一一致，相互影响。彼此分别计算，并不必然违反条款本身意

---

[1]《民法典》第 203 条第 2 款规定："期间的最后一日的截止时间为二十四时；有业务时间的，停止业务活动的时间为截止时间。"

[2] 广东省深圳市中级人民法院"四川汇某化纤有限公司与中国某银行股份有限公司深圳市分行信用证纠纷上诉案"[2011] 深中法民二终字第 483 号。

[3] 另参见浙江省杭州市中级人民法院"现代重工有限公司与中国工商银行股份有限公司浙江省分行保证合同纠纷案"[2014] 浙杭商外初字第 60 号。

[4] 如果开证人需要联系申请人是否放弃不符点的话。

第三章 不当拒付损害赔偿责任构成要件（二）：不当拒付

图。[1]另一方面，从 UCP600 的起草过程来看，鉴于 UCP500 所确定的"合理"（最长不超过 7 个银行工作日）审单期限以及"及时"发出拒付通知两个模糊概念所带来的不确定性与争议，[2]起草组一致认定应当予以改变。如果在 UCP600 拒付期限上再限定一个"最长"，则其本质和"及时"或"合理"仍无任何区别，显然有违起草者意图。要知道，起草组修改 UCP600 的目标之一便是要消除概念或条款的模糊性，增加信用证付款确定性与迅捷性。[3]

---

[1] See *Datapoint Corp. v. M & I Bank*, 665 F. Supp. 722（WD Wis. 1987）：该法院便明确区分了 UCP400 第 16 条 c 款（合理审单期限）和 d 款（毫不迟延给予不符拒付通知）两款规定。其中，审单期限是自收到单据之翌日起，而拒付期限则是决定拒付之时起，两者分别起算但有效衔接。其和 UCP600 规定的差别在于 UCP600 修改了拒付起算时间，并非自决定拒付之时，而是自收到单据之翌日起。但两者的共同点是维持了审单期限和拒付期限分别计算。实际上，UCP600 之所以修改拒付通知起算期限，一方面是因为开证人是否决定拒付，何时决定拒付，往往只是内部决议，通常并不为受益人所知悉。故此，受益人很难举证主张开证人存在未能"及时"拒付。另一方面则是要弥补 UCP500 拒付通知起算期限存在的缺陷。因为从条款字面意义理解，失权规则仅针对的是"决定拒付后是否及时给予拒付"，而并不针对"迟延审单"［John F. Dolan,"Weakening the Letter of Credit Product: The New Uniform Customs Practice for Documentary Credits",1994 Int'l Bus. L. J. 149, 158（1994）］。尽管开证人迟延审单的确违反了 UCP500 下对受益人的义务，但违反该义务不等于会产生失权效果。当然，实践中法院多会从条文背后目的出发解释认为，开证人迟延审单也会构成失权［See John F. Dolan, *The Law of Letters of Credit: Commercial and Standby Credits* § 6.06［2］［c］［ii］The UCP500 drafting glitch（LexisNexis AS Pratt 2018）; *DBJJJ, Inc. v. National City Bank*, 123 Cal. App. 4th 530（2004）］。但仍偶有法院采严格文义解释。例如，在 *NV Koninklijke Sphinx Gustavsberg v. Cooperative Centrale, Raiffeisen-Bocrenleenbank BA*［2004］439 HKCU（Hong Kong High Ct.）一案中，法院便判决认为，"（UCP500）第 13 条迟延审单并不导致适用第 14 条失权规则"。

[2] See e. g. *Banco General Runinahui, SA v. Citibank International*, 97 F. 3d 480（11th Cir. 1996）; *DBJJJ, Inc. v. National City Bank*, 123 Cal. App. 4th 530（2004）.

[3] See Pavel Andrle,"On 'Reasonable Time' and Holding Documents at Disposal of the Presenter", in Ron Katz ed., *Insight into UCP600: Collected Articles from DCI 2003 to 2008*, at 103~104（ICC Service Publication No. 682 2008）. See also N. D. George,"Delete 'Reasonable Time' and 'Without Delay' from the UCP", in Ron Katz ed., *Insight into UCP600: Collected Articles from DCI 2003 to 2008*, at 89~91（ICC Service Publication No. 682 2008）.

笔者所持立场也为其他学者所认同。例如，多兰教授便认为，UCP600 "规则是很明确的，在5个银行工作日内通知拒付是及时的。旧版 UCP 中审单期限是否合理这一争议不再是棘手问题"，"失权规则并不适用于审单期限"。[1]

那么，如何理解 UCP600 第 14 条的"最长"审单期限？笔者以为，可以理解为国际惯例鼓励开证人尽早审单、尽早决定是否拒付，但即使其待到5个银行工作日终了之前给予拒付通知，也不因此承担不利法律后果。

总而言之，及时拒付通知有助于受益人及时补救不符点或转售货物甚至可能时中途停运；而从开证人角度来看，及时通知也并未给其带来任何过重负担。[2]故而，开证人理应严格遵守 UCP600 拒付通知时限要求，否则将会构成失权，应对受益人承担损害赔偿责任。[3]例如在"Bank of Cochin 案"中，[4]法院认为开证人迟延 12 至 13 天才通知保兑人单据具体不符点，构成失权。在"Integrated Measurement Systems 案"中，[5]开证人

---

[1] John F. Dolan, *The Law of Letters of Credit: Commercial and Standby Credits* § 6.06 [2] [c] [v] Timeliness (LexisNexis AS Pratt 2018). See also Georges Affaki & Roy Goode, *Guide to ICC Uniform Rules for Demand Guarantees URDG* 758, at 135 (ICC Services Publications No. 702E 2011).

[2] John F. Dolan, *The Law of Letters of Credit: Commercial and Standby Credits* § 6.06 [2] [c] [iii] The Pre-UCP600 Preclusion Rule (LexisNexis AS Pratt 2018).

[3] See Charles del Busto, *Case Studies on Documentary Credits under UCP*500 at 118-120 (ICC Publishing SA No. 535 1995). 当然，信用证当事人可在信用证中明确规定缩短或延长审单与拒付期限。See *Mahonia Ltd. v. JP Morgan Chase Bank* [2003] EWHC 1927 (QB); *In re Montgomery Ward*, 292 BR 49 (Bankr. D. Dela. 2003).

[4] *Bank of Cochin, Ltd. v. Manufacturers Hanover Trust Co.*, 808 F.2d 209 (2d Cir. 1986).

[5] *Integrated Measurement Systems, Inc. v. International Commercial Bank of China*, 757 F. Supp. 938 (1991).

第三章 不当拒付损害赔偿责任构成要件（二）：不当拒付

收到受益人的单据的时间是 3 月 10 日，其却在 3 月 30 日才给受益人发出拒付通知。法院判决开证人失权。[1]

我国法院也严格遵守开证人拒付期限要求。例如，在"农业生产资料公司案"中，就开证人拒付期限，法院明确指出，"如果单单、单证不符，则应当在 2007 年 11 月 7 日工作日结束之前，发出拒付通知，指出不符点"。而开证人却迟至 2007 年 11 月 13 日才向交单人发出拒付电，不符合 UCP600 拒付通知时限要求，构成失权，从而应对受益人承担不当拒付损害赔偿责任。[2]

---

[1] See also *Kuntal, SA v. Bank of New York*, 703 F. Supp. 312 (SDNY 1989); *Heritage Bank v. Redcom Laboratories, Inc.*, 250 F. 3d 319, 327 (5th Cir. 2001); *Petra Int'l Forest Prods., Inc. v. Shinhan Bank*, 860 F. Supp. 151 (SDNY 1994); *Amwest Sur. Ins. Co. v. Concord Bank*, 248 F. Supp. 2d 867 (ED Mo. 2003); *International Trade Relationship and Export v. Citibank*, 2000 US Dist. LEXIS 4076 (SDNY 2000); *ACE American Ins. Co. v. Bank of the Ozarks*, 2014 WL 4953566 (SDNY 2014); *Colonial Cedar Co. v. Royal Wood Products, Inc.*, 1984 Fla. App. LEXIS 12861; *Banco do Brasil, SA v. City Nat'l Bank*, 1992 Fla. App. LEXIS 4748; *Full-Bright Industrial Co. v. Lerner Stores, Inc.*, 1994 US Dist. LEXIS 3381 (SDNY 1994); *Banque de L'Union Haitienne, SA v. Manufacturers Hanover Int'l Banking Corp.*, 787 F. Supp. 1416 (SD Fla. 1991).

[2] 山东省济南市中级人民法院"山东省农业生产资料有限责任公司与法国兴业银行信用证纠纷案"（案号不详，载山东省高级人民法院"关于山东省农业生产资料有限责任公司与法国兴业银行信用证纠纷一案中如何处理免除丧失上诉权效果申请的请示"［2010］鲁民四他字第 3 号）。另参见江苏省南京市中级人民法院"江苏西门控电器有限公司诉东亚银行有限公司信用证纠纷案"［2003］宁民五初字第 18 号；山东省高级人民法院"烟台市五金矿产机械进出口公司与韩国外换银行拒付信用证项下货款纠纷上诉案"［1999］鲁经终字第 693 号；天津市第一中级人民法院"大连中垦鑫源国际贸易有限公司与韩国株式会社新韩银行信用证纠纷案"［2004］一中民三初字第 105 号；天津市高级人民法院"北京圣仑恒业国际贸易有限公司与韩国中小企业银行信用证欠款纠纷案"［2002］津高民四终字第 5 号；北京市第一中级人民法院"CNK 交易株式会社诉中国光大银行信用证纠纷案"［1998］一中经初字第 1336 号；北京市高级人民法院"哈尔滨经济技术开发区对外经济贸易公司诉意大利信贷银行信用证结算纠纷上诉案"［2000］高经终字第 376 号；广州海事法院"开证人农行深圳罗湖支行对外付款取得多式联运单据诉君皇公司未付款赎单提货返还货物或货款案"（案号不详，载 http://china.findlaw.cn/case/7852.html，访问日次：2018 年 12 月 30 日）。

5. 拒付通知发出方式

开证人"必须以电讯方式发出拒付通知"。只有电讯方式不可能时，才能"以其他快捷方式通知"。[1]由此可知，开证人拒付通知方式有两种：一是电讯方式；二是其他快捷方式。但两者之间是先后而非并列关系。此规定同样是为了便于受益人及时修改不符或做其他紧急处理。

何谓电讯，UCP未作出明确界定。一般SWIFT、电邮、电传、电报等属于电讯方式固无疑问。[2]但电话是否构成电讯方式？早期国际商会认为不包括电话。[3]但此后另一回复意见中，国际商会银行委员会改变立场，明确肯定电讯方式包括电话。[4]

美国则早已确认了开证人通过电话方式表述拒付的有效性。如在"Datapoint案"中，[5]法院判决认为开证人可通过电话通知受益人拒付决定与不符点。另在"Banco General Runinahui案"中，[6]法院也是判决认为交单后2天内以电话拒付构成及时拒付，从而间接肯定电话拒付的有效性。[7]

尽管笔者尚未见到我国法院对此问题的态度。但从信用证拒付通知目的来看，应当肯定电话通知足以构成有效拒付通知。只是我们也应顾虑电话通知内容难以固定保存的缺陷，一旦发生争议，则开证人将极为被动。可能正是基于电话通知可能存

---

[1] UCP600 Article 16 (d).
[2] UCP600 Article 16 (d).
[3] ICC Official Opinions R99.
[4] ICC Official Opinion R262. See also Gary Collyer, *Frequently Asked Questions under UCP 600* §16.1 (Collyer Consulting LLP 2009).
[5] *Datapoint Corp. v. M & I Bank*, 665 F. Supp. 722 (WD. Wis. 1987).
[6] *Banco General Runinahui, SA v. Citibank International*, 97 F.3d 480 (11th Cir. 1996).
[7] See also *Esso Petroleum Canada v. Security Pacific Bank*, 710 F. Supp. 275 (1989); *LaBarge Pipe & Steel Co. v. First Bank*, 550 F.3d 442 (2008); *Habib Bank, Ltd. v. National City Bank, et al.*, 1999 US Dist. LEXIS 4549.

在的风险,我国新《结算办法》明确要求开证人提供"书面拒付通知"。[1]

何谓其他快捷方式,UCP 也未作出界定。国际商会确认快递属于其他快捷方式之一。[2] 而美国银行实务界除了确认快递(如 DHL、UPS、FedEx 等[3])外,也承认航空信件为快捷方式。[4]

除此之外,实务中偶尔会存在多种电讯方式组合的通知方式,如电话和电传相结合。[5] 学者认为,此种电讯组合通知方式尽管从技术层面讲并非"一个通知",但其并非 UCP600 第 16 条所预计到,且符合迅捷、充分的通知目的,理应鼓励与提倡。[6] 当然,前提是两者之间是互相印证而非彼此补充。[7]

一旦开证人未能以迅捷方式发出拒付通知,即构成失权,应对受益人承担不当拒付损害赔偿责任。在前述"Datapoint 案"中,[8] 开证人在收到单据当天便认定单据存在不符点并拒付。

---

[1]《结算办法》第 47 条。

[2] See Charles del Busto, *Case Studies on Documentary Credits under UCP500*, at117 (ICC Publishing SA No. 535 1995).

[3] See Ebenezer Adodo, *Letters of Credit: The Law and Practice of Compliance*, at246 (Oxford University Press 2014).

[4] Jia Hao, "Refusal Notice as a Shield or as a Sword: A Comprehensive Analysis of the Validity of a Refusal Notice under UCP 500 and Letter of Credit Law", J. Payment Sys. L. , 287, 318 (2006).

[5] ICC Official Opinion R262; *Total Energy Asia Limited v. Standard Chartered Bank (Hongkong) Limited*, HCCL 68/ 2002; HKCU 2134/ 2006; *Rafsanjan Pistachio Producers Cooperative v. Bank Leumi* [1992] 1 Lloyd's Rep. 513; *Seaconsar (Far East) Ltd v. Bank Markazi Jamhouri Islami Iran* [1999] 1 Lloyd's Rep. 36.

[6] James E. Byrne et al. , *UCP 600: An Analytical Commentary*, at 738 (Institute of International Banking Law & Practice 2010).

[7] See *Esso Petroleum Canada v. Security Pacific Bank*, 710 F. Supp. 275 (1989).

[8] *Datapoint Corp. v. M & I Bank*, 665 F. Supp. 722 (WD Wis. 1987). See also *Hamilton Bank NA v. Kookmin Bank*, 245 F. 3d 82 (2nd Cir. 2001); *LaBarge Pipe & Steel Co. v. First Bank*, 550 F. 3d 442 (5th Cir. 2008). But see *Crist v. J. Henry Schroder Bank & Trust Co.*, 693 F. Supp. 1429 (SDNY 1988).

开证人随即邮寄（mail）拒付通知给交单人。法院判决认为，开证人应通过电话或传真通知受益人不符点，以便后者及时补救。从而判决开证人构成失权，应对受益人承担不当拒付损害赔偿责任。

（二）实际退单失权

1. 实际退单行为是否适用失权规则[1]

UCP500 曾规定，失权规则也适用于开证人未能实际"将单据交由交单人处置或返还交单人"。[2]而 UCP600 第 16 条却删除了该规定，只强调开证人"拒付通知内容"未能满足要求的，构成失权。对此变化，如何解读便存在争议。

有判决基于文义解释认为，只有开证人拒付通知内容未能满足 UCP600 第 16 条的要求，才会构成失权；而开证人未实际将单据交由受益人处置或未退还受益人的，不构成失权。[3]也有学者强调，UCP600 第 16 条的措辞变化不应导致和 UCP500 失权规则有所不同。UCP600 下，失权规则应继续适用于开证人未实际将单据交由受益人处置或未能退还受益人的情形。从而，开证人应言行一致，不仅要言语上表示单据交由受益人处置或退回受益人，在行动上也要如此。[4]

笔者以为，第二种观点更为合理，我们不应将 UCP600 的措

---

[1] Wang Jingen, "Disposition of Documents Dishonored in UCP600-Part II", 136 Banking L. J., 37 (2019); 王金根："UCP 600 信用证失权规则研究"，载《国际经济法学刊》2020 年第 3 期，第 133~139 页。

[2] UCP500 Article 14 (e).

[3] 参见湖北省武汉市中级人民法院"仁和国际有限公司与中国光大银行股份有限公司杭州分行信用证议付纠纷案"[2013] 鄂武汉中民商外初字第 00014 号；湖北省高级人民法院 [2016] 鄂民终 184 号；最高人民法院 [2017] 最高法民申 3346 号。

[4] James E. Byrne et al., *UCP* 600: *An Analytical Commentary*, at 746 (Institute of International Banking Law & Practice 2010).

辞变化理解为起草人有意改变国际银行界以及司法实务界所长久确立的失权规则。

首先,UCP600 失权规则是否有意改变 UCP500 规定,并不明确。至少从起草人意见来看,他们并无该明确意图。如果起草人有意将拒付通知后的实际退单排除在失权规则之外,起草过程中必然会有一系列解释说明甚至争议过程,至少应当要合理解释做出如此改变的原因。[1]而实际上,据 UCP600 起草组负责人科勒(Collyer)解释,UCP600 和 UCP500 的措辞本质上并无实质性改变。UCP600 第 16 条新措辞并非起草组有意改变开证人未能按照拒付通知要求退单构成失权这一国际标准银行实务。而之所以在措辞上做了改变,纯属为了条文表述美观(cosmetics reasons),使之更为齐整。[2]这一点也获得了 UCP600 生效后 ICC 官方意见的支持:未实际退单构成失权。[3]实际上,ICC 此回复意见只不过是维持自 1974 年 UCP290 以来所长久确立的国际银行标准实践而已。[4]

其次,如果开证人未按拒付通知表述实际将单据退回受益人不构成失权,则此问题必然只能交由诸如侵权法等国内法处置。而在 UCP600 下统一适用失权规则,一方面有助于国际标准银行实务与法律实务的统一,避免各国法院根据自身国内侵权法或民法等不一致的规则来裁决;另一方面在一定程度上有助

---

[1] See UCP600 Drafting Group, *Commentary on UCP 600: Article-by-Article Analysis*, ICC Services Publication Department, No. 680, pp. 72~74; Ebenezer Adodo, *Letters of Credit: The Law and Practice of Compliance*, at 264~265 (Oxford University Press 2014).

[2] See Ebenezer Adodo, *Letters of Credit: The Law and Practice of Compliance*, at 264-265 (Oxford University Press 2014).

[3] See ICC Official Opinions R744, TA891rev.

[4] See UCP290 Article 8 (f). See also ICC Official Opinions R214, R546; Ebenezer Adodo, *Letters of Credit: The Law and Practice of Compliance*, at 264 (Oxford University Press 2014).

于保护开证人利益,以便其得以继续享受信用证独立性原则给其带来的利益。因为,当基础买卖合同货物价格上涨,如果受益人按侵权责任追究开证人损害赔偿责任,则开证人可能将不得不赔偿受益人价格上涨部分损失;而如果按信用证不当拒付承担损害赔偿责任,则根据信用证独立性原则,开证人无需赔偿受益人基础合同下的损失。[1]

最后,失权规则的目的之一是敦促开证人及时审单并告知拒付不符点,以便受益人能够采取有效应对措施,诸如补救单据不符点从而促进交易顺利进行,抑或做其他紧急处置以便减轻损失避免资源浪费。而如果不将开证人实际退单行为纳入失权规则,则上述意图的实现必将大打折扣。毕竟很多情况下只有及时退单,受益人才有可能及时补救不符并再次交单,抑或是将以提单为核心的代表货物所有权的整套单据及时转售他人以减轻损失;即使转售不可能,至少受益人也可及时提货以避免产生不必要的滞期费、滞港费等损失。很难想象,在开证人明确告知拒付后,却不将单据实际退回受益人,甚至是直接将单据交由申请人,上述拒付通知目的仍能够实现。[2] 换言之,开证人及时退单和清楚明晰表明单据不符点的根本目的一样,都是便于受益人及时修改不符点或减轻损失。从而,我们在解释上没有理由将开证人未能清楚明晰指出单据不符点设定为失

---

[1] See James E. Byrne et al., *Standby & Demand Guarantee Practice*: *Understanding UCP600, ISP98 & URDG758*, at 187 (Institute of International Banking Law & Practice 1st ed 2014). 另参见第五章第二节。

[2] See James E. Byrne et al., *UCP 600*: *An Analytical Commentary*, at 756 (Institute of International Banking Law & Practice 2010); Ebenezer Adodo, *Letters of Credit*: *The Law and Practice of Compliance*, at 263~264 (Oxford University Press 2014). But see ISP98 Rule 5.07; James E. Byrne, *The Official Commentary on the International Standby Practice*, at 222 (Institute of International Banking Law & Practice 1998).

第三章 不当拒付损害赔偿责任构成要件（二）：不当拒付

权规则的适用范围，却将开证人未及时退单排除在外。[1]

实际上，我国法院在 UCP500 时期判决了若干开证人未实际退单而构成失权的案例。[2] 在 UCP600 生效后，我们部分法院也是继续按照原来司法惯性裁判，虽有可能法院并未意识到 UCP600 措辞上的变化。[3]

2. 实际退单应遵循的原则

开证人实际退单应遵循"及时、完整、无条件、原样"原则。即开证人不仅要实际退单，而且在拒付通知中表示退单或应受益人要求退单后，其必须及时、无条件按其收到的原样退单。

何谓及时，DOCDEX 裁决说：无论是 UCP 抑或是 ICC 文件均

---

[1] But see eUCP2.0 Article e8. 电子单据和纸质单据不同。电子单据通常并不具有经济价值，也不具有唯一性，即使不及时退单也不会影响受益人补救不符权利的行使，故此，eUCP 下受益人电子交单时，开证人并不会因未及时退单而失权。这一点上和备用信用证类似，详见下述。

[2] 江苏省无锡市中级人民法院"韩国大河贸易株式会社与中国农业银行无锡分行、锡山市对外贸易集团公司信用证议付纠纷案"[1999] 锡经初字第 133 号；北京市高级人民法院"哈尔滨经济技术开发区对外经济贸易公司诉意大利信贷银行信用证结算纠纷上诉案"[2000] 高经终字第 376 号；上海市高级人民法院"东方铜业有限公司与中国光大银行上海浦东第二支行信用证纠纷案"[2002] 沪高民三（商）终字第 2 号；江苏省扬州市中级人民法院"扬州市邗利皮革制品有限公司诉韩国朝兴银行信用证拒付案"（案号不详，具体载金赛波编：《中国信用证和贸易融资法律：案例和资料》，法律出版社 2005 年版，第 209~211 页）；北京市高级人民法院"陕西省粮油食品进出口公司诉荷兰商业银行信用证纠纷上诉案"[2000] 高经终字第 295 号；山东省高级人民法院"烟台市五金矿产机械进出口公司与韩国外换银行拒付信用证项下货款纠纷上诉案"[1999] 鲁经终字第 693 号。

[3] 唐山市中级人民法院"唐山海港汇丰能源有限公司诉交通银行股份有限公司广东省分行等信用证纠纷案"[2014] 唐民初字第 443 号；河北省唐山市中级人民法院 [2015] 唐民重字第 9 号。但参见河北省高级人民法院"唐山海港汇丰能源有限公司诉交通银行股份有限公司广东省分行等信用证纠纷案"[2016] 冀民终 229 号）；最高人民法院 [2016] 最高法民申 3323 号。另参见湖北省武汉市中级人民法院"仁和国际有限公司与中国光大银行股份有限公司杭州分行信用证议付纠纷案"[2013] 鄂武汉中民商外初字第 00014 号；湖北省高级人民法院 [2016] 鄂民终 184 号；最高人民法院 [2017] 最高法民申 3346 号。

未明确规定退回单据的具体时间或者单据应"毫不迟延"地退回。然而，虽没有明确具体时间要求，但商业实践要求开证人优先处理商业单据退回业务，因为迟延退回会影响受益人的权利。[1]在一起案件中，[2]包括科勒在内的专家证人表示，开证人一旦表示退单或应要求退单，通常的实践是会在1个到2个工作日退回。尽管该案是英国法院判决，但鉴于专家证人在信用证领域的权威性，上述意见无论是在我国还是美国，理应值得尊重。毕竟开证人退单，只不过是将所收到的单据复印存档后直接通过诸如快递等快捷方式退回而已，不至于需要花费太多时间准备。

在"仁和案"中，交单人于2013年1月9日要求开证人将单据退回，但开证人迟至同年1月22日才将全套单证寄回。但受益人并未准确抓住这一关键问题，而耗费时间在论证未退回提单正本究竟是开证人遗失还是交单人遗失等争议上，最终导致法院认定受益人未能举证开证人遗失单据而被判败诉。[3]如果受益人能够抓住迟延退单问题，结果或许完全不同。

而所谓完整，是指开证人必须按其从受益人处所收到的单据正副本份数原样退回。如果开证人遗漏退回任意一份单据，便有可能构成失权。例如在"大河贸易案"中，开证人以单据不符拒付。在受益人要求退单后，开证人却遗漏退回第三份正本提单，法院判决开证人构成失权。[4]

当然，实践中可能会更为复杂，因为受益人究竟向交单人提交了几份单据，交单人又究竟向开证人提交了几份单据，单

---

[1] DOCDEX Decision No. 244.
[2] *Fortis Bank v. Indian Overseas Bank* [2011] EWCA Civ 58.
[3] 湖北省高级人民法院"仁和国际有限公司与中国光大银行股份有限公司杭州分行信用证议付纠纷案"[2016] 鄂民终184号。
[4] 江苏省无锡市中级人民法院"韩国大河贸易株式会社与中国农业银行无锡分行、锡山市对外贸易集团公司信用证议付纠纷案"[1999] 锡经初字第133号。

第三章 不当拒付损害赔偿责任构成要件（二）：不当拒付

据是否是在邮寄途中遗失，还是在交单人处遗失，抑或开证人处遗失，都涉及证据与事实判断问题。因此，开证人与受益人都应注意保存好交单与收单证据。特别是在收到单据后，开证人应立即给交单人与受益人收单收据，告知其何时收到何种单据。[1]否则的话，一旦发生争议，双方均缺乏有力证据，则要完全取决于法院的自由裁量。这正是"仁和案"的关键问题所在。[2]该案中，开证人通知交单人拒付并退回单据。但交单人收到退单时发现其中一份正本提单缺少第一页，取代的是复印件。开证人与受益人争议该提单正本是否有提交给开证人。最终，二审法院认定受益人无法举证证明正本提单第一页是在提交开证人后在开证人处遗失而判决其败诉。[3]

但是，如果受益人接受信用证要求直接将 1/3 正本提单邮寄申请人这样的软条款的，因受益人并未将该正本单据交付开证人，开证人显然无义务退回该单据，更无义务去要求申请人，或者协助受益人要求申请人退还。[4]

所谓无条件，是指开证人不能对单据之退回附加任何条件，诸如以交单人退回开证人已支付款项为前提。理由有二：一是

---

[1] Charles E. Aster, Esq. & Katheryn C. Patterson Esq. ed., *A Practical Guide to Letters of Credit*, at 210~211 (Executive Enterprises Inc., 1990).

[2] 参见武汉市中级人民法院"仁和国际有限公司与中国光大银行股份有限公司杭州分行信用证议付纠纷案"[2013] 鄂武汉中民商外初字第00014号；湖北省高级人民法院 [2016] 鄂民终184号；最高人民法院 [2017] 最高法民申3346号。

[3] 湖北省高级人民法院"仁和国际有限公司与中国光大银行股份有限公司杭州分行信用证议付纠纷案"[2016] 鄂民终184号。

[4] See James E. Byrne et al., *UCP 600: An Analytical Commentary*, at 746 (Institute of International Banking Law & Practice 2010); Jan Cornelis Dekker, *Cases Studies on Documentary Credits: Problems, Queries, Answers*, at 58 (ICC Publishing SA No. 459 1989); Jan Cornelis Dekker, *More Case Studies on Documentary Credits: Problems, Queries, Answers*, at 57 (ICC Publishing SA, No. 489 1991); ICC Official Opinion R429; 山东省青岛市中级人民法院"伊藤忠商事（香港）有限公司与中国光大银行青岛分行信用证案"[1996] 青经二初字第22号。But see ICC Official Opinion R 105.

一旦拒付，单据所有权便完整回归受益人；二是退单目的在于便于受益人补救不符或及时处置货物以减轻损失，而对退单限定条件显然无法实现上述目的。

对此，"Banco di Roma 案"做了详尽分析。[1]该案中，原告为开证人，被告为通知人兼被指定人。通知人错误通知信用证，导致单据不符，开证人通知拒付。拒付通知中开证人尽管表示单据交由通知人"处置"，但却要求通知人先偿付开证人，并据此拒绝配合通知人转售货物以减轻损失。双方争议问题是开证人是否严格履行了拒付通知义务。法院认为，从本案当时生效的1962 UCC §5-112 和 UCP222 第8条规定来看，两者均未将交单人偿付开证人作为单据交由交单人处置的前提条件。而且，将交单人偿付开证人作为开证人将单据交由交单人处置为前提条件，显然与失权规则设置的目的相冲突。因为许多信用证都涉及国际商事交易并要求提交代表货物所有权的单据。要求实际返还被拒付的单据对于商事交易当事人而言能够有效避免商事困境，毕竟在没有提单时转售货物是难以实现的。本案中，开证人拒付本身并无疑问，然而其拒绝将单据退回通知人，导致通知人无法通过转售货物或提取货物并寄放免税区的方式减轻损失。法院认为，开证人坚持要求通知人先行偿付开证人，才肯将单据退回通知人的行为并不妥当。一旦开证人拒付，即应将单据交由交单人处置，而不得附加任何前置性条件，以免妨碍交单人采取减轻损失措施。[2]

―――――――――――

〔1〕 *Banco di Roma v. Fidelity Union Trust Co.*, 464 F. Supp. 817 (1979). See also *Bankers Trust Co v. State Bank of India* [1991] 2 Lloyd's Rep. 443.

〔2〕 但令人遗憾的是，该案中无论是当时生效的 UCC 还是 UCP 都未明确规定开证人未能将单据交由交单人处置的法律效果。因而，法院根据合同法规则判决认为，因为开证人的拒付行为合法，故此交单人处于类似于合同违约方的地位。开证人未能将单据交由交单人处置类似于违反了减轻损失义务。但交单人应举证开证人未能减轻损失而导致损失扩大之部分。相应地，法院判决认为交单人可相应减少损害赔偿，减少之部分相当于如果开证人及时将单据交由交单人处置时所能避免之损

第三章 不当拒付损害赔偿责任构成要件（二）：不当拒付

在"一方膏业案"中，[1]开证人接连发出4份拒付通知，其中第三份拒付函电称："申请人已经拒绝单证，我们将在收到6503.40美元费用后退单给贵行。"显然，开证人此拒付通知就退单限定了先决条件。但由于法院认定开证人只能发出一份拒付通知，故而并未就第三次通知措辞是否妥当作出认定。

最后，开证人仅有义务按照其实际收到单据的状态退回单据，而无需采取任何诸如对提单进行背书或在货物到港时协助货物清关或存放仓库或购买保险等辅助措施。[2]因为 UCP 并未给开证人施加背书等的协助义务。[3]而且，未背书便原样退回提单并不会危及受益人对货物的所有权，也不会给受益人带来太大的麻烦与负担。因为受益人完全可将原正本提单交回承运人以便换取新提单。[4]

但是，不论基于何种原因，开证人在收到单据后将提单背书给申请人，事后又拒付的，则其必须确保将提单再度背书成凭

（接上页）失。因此，本案最终法院采纳判决的并非失权理论，而是减轻损失规则，就扩大部分无权要求赔偿。

〔1〕 山东省高级人民法院"美国美联银行有限公司与山东一方膏业有限公司信用证纠纷上诉案"［2008］鲁民四终字第129号。

〔2〕 Charles del Busto, *Case Studies on Documentary Credits under UCP*500, at 117 (ICC Publication No. 535, 1995). See also *Fortis Bank v. Indian Overseas Bank* [2011] EWCA Civ. 58.

〔3〕 ICC Official Opinion R214. Charles del Busto, *Case Studies on Documentary Credits under UCP*500, at 96 (ICC Publishing SA No. 535 1995); *Fortis Bank v. Indian Overseas Bank* [2011] EWCA Civ 58. But see Ali Malek QC & David Quest, *Jack: Documentary Credits*, at 119 (Tottel Publishing Ltd. 4th ed 2009); Ebenezer Adodo, *Letters of Credit: The Law and Practice of Compliance*, at 260, 267 (Oxford University Press 2014); James E. Byrne et al., *UCP 600: An Analytical Commentary*, at 312 (Institute of International Banking Law & Practice 2010).

〔4〕 See Ebenezer Adodo, *Letters of Credit: The Law and Practice of Compliance*, at 267 (Oxford University Press 2014).

受益人指示或空白背书。否则，开证人将会因未能原样退回单据而被认定构成失权。[1]

总而言之，及时退单是商法迅捷、高效原则之要求；而完整、无条件退单则是对受益人单据所有权的基本尊重。只有开证人及时、完整且无条件退单，信用证拒付通知的目的、信用证付款迅捷性、确定性的功能才能实现。但开证人仅需按原样退单，而无需在法律上承担更多诸如背书等协作义务。

二、1995 UCC §5 失权规则

（一）规则概述

1995 UCC 拒付通知失权规则规定于 §5-108 条。该规定是 1995 UCC §5 的新规定，它基本上参考借鉴了当时生效的 UCP500 第 14 条。之所以移植 UCP500 相应规定，一方面在于跟国际惯例接轨，[2]另一方面在于维护信用证付款的确定性与终局性。[3]

据此，开证人（或保兑人）享有自交单次日起不超过 7 个工作日的合理期限审核单据是否相符。[4]该期限并不因开证人联系申请人是否放弃不符点而延长；[5]也不会因申请人未能偿

---

[1] ICC Official Opinion R744/TA744rev. 另参见河南省郑州市中级人民法院"INTRACO TRADING PTE LTD. 诉中国银行股份有限公司河南省分行信用证纠纷案"[2010] 郑民三初字第 830 号。

[2] See James G. Barnes, "Internationalization of Revised UCC Article 5--Letters of Credit", 16 Nw. J. Int'l L. & Bus. 215, 215~223 (1996); James J. White, "Influence of International Practice on the Revision of Article 5 of the UCC", 16 Nw. J. Int'l L. & Bus. 189, 189~214 (1995).

[3] 1995 UCC §5-108 cmt. 3.

[4] 1995 UCC §5-108 (b).

[5] 1995 UCC §5-108, cmt. 2. See also *DBJJJ, Inc. v. National City Bank*, 123 Cal. App. 4th 530 (2004). But see 1998 International Financial Services Association, *Statement of Practice: Reasonable Time for Examination & Notice of Dishonor*.

第三章　不当拒付损害赔偿责任构成要件（二）：不当拒付

付开证人或申请人账户上没有充足款项而延长。[1]开证人可以联系申请人是否放弃不符点，但最终是否决定拒付，必须由开证人自行决定。开证人审单期限始于其收到单据之次日，[2]而非交单人寄出单据之日。[3]只有在信用证所规定的地点交单，才构成有效交单。[4]即使受益人或交单人只是部分交单，开证人审单及拒付通知义务仍旧开始起算，而并非待到所有单据交齐，拒付通知期限才开始计算。当然，交单人另有指示除外。[5]开证人决定拒付时，必须清楚明晰地告知受益人（交单人）凭以拒付的所有不符点。[6]一旦开证人只列明部分不符点，则意味着放弃了其他不符点。[7]开证人只需发出拒付通知即可，无需保证拒付通知于不超过7个工作日的审单期限内到达受益人。[8]

（二）规则解读：基于和UCP之比较

与UCP600相比，1995 UCC §5失权规则有如下几点值得注意。

---

［1］　1995 UCC §5-108, cmt. 2.

［2］　See *Crocker Commercial Services, Inc. v. Countryside Bank*, 538 F. Supp. 1360 (ND Ill. 1981).

［3］　See James E. Byrne, *6B Hawkland UCC Series* §5-102: 175 [Rev] Delivery (Thomson Reuters 2016).

［4］　1995 UCC §5-108, cmt. 2. But see *International-Matex Tank Terminals-Illinois v. Chemical Bank*, 2009 US Dist. LEXIS 92371.

［5］　See James E. Byrne, *6B Hawkland UCC Series* §5-108: 10 [Rev] Refusal & notice: a default rule (Thomson Reuters 2016). But see *JP Doumak, Inc. v. Westgate Financial Corp.*, 776 NYS 2d 1 (NY App. Div. 2004).

［6］　See *Integrated Measurement Systems, Inc. v. International Commercial Bank of China*, 757 F. Supp. 938 (1991).

［7］　See *Golden West Refining Co. v. SunTrust Bank*, 538 F. 3d 1233 (2008); *Travelers Indem. Co. v. US Bank Nat. Ass'n*, 59 UCC Rep. Serv. 2d 786 (Conn. Super. Ct. 2006); *Export-Import Bank of the US v. United Cal. Discount Corp.*, 738 F. Supp. 2d 1047 (2010). See also James E. Byrne, *6B Hawkland UCC Series* §5-108: 10 [Rev] Refusal & notice: a default rule (Thomson Reuters 2016).

［8］　2003 UCC §1-202 (d).

第一，据1995 UCC §5-108（c）规定，失权规则仅针对拒付通知是否及时以及是否有明确表达拒付不符点，而并未规定开证人未能于拒付通知中告知单据处置方式构成失权。据学者解释，1995 UCC §5有意将单据处置排除在失权规则之外。[1]这一点和ISP98[2]以及URDG758[3]的规定类似。

至于其理由，则和1995 UCC §5的适用范围有关。如前述，信用证有商业信用证和备用信用证之分，两者的差别之一在于信用证下单据要求和单据性质不一样。[4]在商业信用证下，受益人通常需要提交的是提单、保险单等具有经济价值的单据，而备用信用证下，受益人需要提交的则通常是申请人违约申明等并不具有经济价值的单据。[5]商业信用证下，一旦受益人将

---

[1] See James E. Byrne, *6B Hawkland UCC Series* §5-108：11 [Rev] Preclusion rule (Thomson Reuters 2016).

[2] ISP98 Rule 5.07. 1995 UCC §5和ISP98失权规则的相同之处在于都不要求拒付通知中告知单据处置。而不同在于ISP98并未规范开证人并未退单或交由益人处置时的法律效果，而是交由国内法规范 [James E. Byrne, *ISP98 & UCP500 Compared*, at 253~254 (Institute of International Banking Law & Practice 2000)]；如后文所述，UCC下开证人或保兑人仍应另行告知单据处置方式，否则应对受益人承担损害赔偿责任。

[3] URDG758 Article 24 (d). Georges Affaki & Roy Goode, *Guide to ICC Uniform Rules for Demand Guarantees URDG* 758, at 182, 186, 414~415 (ICC Services Publications No. 702E 2011)：URDG同样并不要求在拒付通知中告知单据处置方式，担保人也不会因此而失权。但担保人可能会就未退回单据或未将单据交由受益人处置而要根据国内法承担责任。

[4] 参见第一章第一节。

[5] See *CI Union de Bananeros de Urubá, SA v. Citibank, NA*, Index No. 602314/1999 (NY Sup. Ct., 12 April 2000)：该案中，涉案信用证为备用信用证，受益人所需提交单据仅为提单副本以及其他单据副本或复件。开证人以单据不符为由拒付，但却未按当时适用的UCP500表述单据处置方式，而只是说明"urgently, please let us have your authorization to either send docs on approval basis to issuing bank or cable I/B for approval to pay despite discrepancies"。显然，严格意义上，该措辞并不符合UCP500单据处置要求。但法院却最终以备用信用证和商业信用证不同，备用信用证下被拒付单据并无经济价值等原因判决开证人拒付通知符合要求。

第三章 不当拒付损害赔偿责任构成要件（二）：不当拒付

提单等交由开证人，在后者将单据退回之前，受益人往往难以进行补救不符或对单据所代表货物进行处置。而备用证则不一样，除极端情形下受益人需提交法院或仲裁机构裁决书外，一般申请人违约声明等都可轻易获取，受益人根本不需要开证人退单就可补救不符点，更不存在处置单据以减轻损失问题。因此，商业信用证下，单据对受益人意义重大，自然开证人拒付通知中必须要明确告知受益人单据将如何处置。而备用信用证下，并无此迫切要求。[1]既然现实中商业信用证更多的是受UCP规范，[2]而美国国内证又主要是备用信用证，故此UCC以国内备用信用证特性为基础，制定了上述不同于UCP的拒付通知要求与失权规则。[3]

但要强调的是，尽管开证人拒付通知中并不要求告知单据处置方式，开证人也并不因此而失权，但并不意味着他们并不承担告知受益人单据处置方式的义务。1995 UCC §5-108（h）规定，开证人拒付后必须将单据退还受益人或交由受益人处置，并将此"告知"受益人。从而也就意味着，开证人要么在拒付通知中告知受益人单据处置方式，要么在发出拒付通知后再行通知受益人单据处置方式。一旦开证人违反此义务，则应根据1995 UCC §5-111（c）对受益人或交单人承担损害赔偿责任。[4]注意，1995 UCC §5-108（h）及§5-111（c）规定的意义还在

---

〔1〕 See James E. Byrne, *ISP*98 & *UCP*500 *Compared*, at 253 (Institute of International Banking Law & Practice 2000); Georges Affaki & Roy Goode, *Guide to ICC Uniform Rules for Demand Guarantees URDG* 758, at 182, 186, 414~415 (ICC Services Publications No. 702E 2011).

〔2〕 James E. Byrne, *6B Hawkland UCC Series* §5-106：4 [Rev] Irrevocable undertakings (Thomson Reuters 2016).

〔3〕 根据巴恩斯于2017年12月15日对笔者问题的电子邮件回复。

〔4〕 See James E. Byrne, *6B Hawkland UCC Series* §5-111：6 [Rev] Other wrongful conduct by issuer or confirmer (Thomson Reuters 2016).

于，其排除了侵权法对开证人拒不退单或拒不交由交单人或受益人处置的适用。[1]

然而，现实中在根据1995 UCC §5 开立的信用证下，仍是建议开证人严格在拒付通知中明确告知受益人单据处置方式。[2] 此为保全其合法权益并避免有效争议的唯一方法。否则，受益人是否可以根据1995 UCC §5-108（e）要求开证人遵守包括UCP在内的"标准实务"，不无疑问。[3]

第二，1995 UCC §5 下，开证人审单期限取决于两个：一个是合理期限，一个是最长期限 7 个工作日，起算日均为收到单据的次日起计算。然而，这一规定存在类似 UCP500 的缺陷。即开证人审单期限并非固定，而是要取决于单据复杂程度、银行审单人员配备情况、银行内部操作流程等受益人事先所无法确定的因素。从而导致受益人根本无法确定开证人是否在合理期限内进行审单并发出拒付通知。一旦发生争议，受益人举证上存在很大困难。[4] 正如多兰教授所批评，1995 UCC §5 不超过 7 个工作日的合理期限规则并不精确，易导致不确定性与争议。[5]

---

[1] See James E. Byrne, *6B Hawkland UCC Series* §5-108：18 [Rev] Disposition of presented documents (Thomson Reuters 2016); 1995 UCC §1-103 (b). But see *Amwest Sur. Ins. Co. v. Concord Bank*, 248 F. Supp. 2d 867 (ED Mo. 2003).

[2] 据学者观察，UCC 失权规则实际上适用频率较低，因为大部分信用证都约定适用 UCP [James E. Byrne, *6B Hawkland UCC Series* §5-108：11 [Rev] Preclusion rule (Thomson Reuters 2016)]。

[3] 根据 2017 年 11 月 2 日多兰教授对本人问题的当面回复。当然，多兰教授的结论是明确肯定的，认为开证人必须遵守包括 UCP 在内的国际惯例。故此，一旦开证人或保兑人未能在拒付通知中表明单据处置方式，便会构成失权。

[4] See *BCM Electronics Corporations v. LaSalle Bank, NA*, 59 UCC Rep. Serv. 2d 280 (ND Ill. 2006).

[5] John F. Dolan, *The Law of Letters of Credit: Commercial and Standby Credits* §4.04 [2] [c] Time for Honor or Dishonor (LexisNexis AS Pratt 2018).

第三章 不当拒付损害赔偿责任构成要件（二）：不当拒付

第三，尽管 1995 UCC §5 拒付通知规定移植于 UCP500，但却对后者分别规定审单期限和拒付期限导致的缺陷有所克服。在 UCP500 下，开证人审单期限始于收到单据；而拒付期限有两个限制：一个是作出拒付决定和发出拒付通知之间的时间"不得迟延"；二是不迟于收到单据之翌日起第 7 个银行工作日。[1]而 1995 UCC §5 则明智地将审单期限与拒付期限合一，审单期限即开证人拒付期限。[2]从而有效克服了条款解释上的困境与实务争议的困扰，并给予了信用证交易各方以及法官明确清晰的规则。

第四，1995 UCC §5 并未明确规定拒付通知内容，而只是强调开证人必须告知受益人或交单人所有不符点。因而，拒付

〔1〕 据 UCP500 第 14 条 d 款，开证人在决定拒付时，必须"不得迟延地……但不迟于收到单据之翌日起第七个银行工作日"发出拒付通知。从该规定来看，其发出通知的时间要求有两个限制：一是"不得迟延地"，即作出拒付决定和发出拒付通知之间的时间不得迟延。二是"不迟于收到单据之翌日起第七个银行工作日"。其中，第一个要求是内限性要求，至于何谓"不得迟延地"，并无确切时间要求，具体则要根据单据复杂程度、银行内部操作流程、相关人员配备等来判定〔但有判例表明，开证人要做到"不得迟延地"，首要前提便是其已经按照 UCP500 第 13 条 b 款"在合理期限内"审核了单据，See *DBJJJ, Inc. v. National City Bank*, 123 Cal. App. 4th 530（2004）〕。UCP500 之所以如此规定，目的是为了保护受益人利益，以便于其能修改不符点或对单据及时作出其他处理。且，如此规定对开证人并无重大不利，因为，一旦银行在发现不符点并决定拒付后，发出拒付通知是一件比较简单的事情，法律没有理由允许开证人在这方面花费不合理时间。而第二个要求则是外延性限定，即无论单据如何复杂，银行内部操作如何繁杂，银行都必须在收到单据之翌日起 7 个银行工作日内发出通知。在 *LaBarge Pipe & Steel Co. v. First Bank*，550 F. 3d 442（2008）一案中，开证人决定拒付后当即通过普通邮件通知拒付，并在 3 天后电话通知拒付。就电话拒付，法院认定，开证人自决定拒付到通过电话通知拒付之间已过 3 天时间，很难谈得上是"及时"。

〔2〕 John F. Dolan, *The Law of Letters of Credit: Commercial and Standby Credits* §6.06［2］［c］［iii］ The Pre-UCP600 Preclusion Rule（LexisNexis AS Pratt 2018）; James E. Byrne, *6B Hawkland UCC Series* §5-108: 11［Rev］ Preclusion rule（Thomson Reuters 2016）.

通知应满足何种要求，拒付意图是否必须明确，并不确定。[1]但据学者解释，拒付通知中的拒付意图至少不应"模糊"，不符点表述理应"充分"。由此，拒付通知只是单纯指出所交单据与信用证不符不应被认为满足了1995 UCC §5拒付通知要求。拒付通知应当满足最低限度的清楚清晰，即足以使得受益人能够准确理解拒付通知措辞含义，能够明确具体不符单据以及不符性质。但拒付通知完全可以使用缩略语表述，且不必由律师用非常正式而严谨的措辞来草拟，更无须告知具体补救信息。[2]

第五，1995 UCC §5并未明确拒付通知方式是否必须采用电讯方式或在电讯方式不可能时需采用其他迅捷方式。但根据1995 UCC §5-108条官方评注解释，开证人理应在审单后"及时"给予拒付通知。如果开证人第一天审单便决定拒付，则其有义务尽快（shortly）给予拒付通知，甚至是当天就应通知受益人。[3]并且强调，UCC明确接受"Datapoint案"法院推理。[4]在"Datapoint案"中，开证人在收到单据当天便认定单据存在不符点并拒付，随即邮寄拒付通知给交单人。法院判决认为，开证人应通过电话或传真通知受益人不符点，以便后者及时补救。因此可以认定，尽管1995 UCC §5并未像UCP那样明确要求拒付通知方式必须迅捷，但根据起草人真实意图以及信用证拒付通知目的，开证人拒付通知仍必须采用电讯方式，只有在不可能时才考虑其他迅捷方式。

第六，1995 UCC §5明确移植了UCP500严格失权规则，

---

[1] James E. Byrne, *6B Hawkland UCC Series* §5-108：11 [Rev] Preclusion rule (Thomson Reuters 2016).

[2] James E. Byrne, *6B Hawkland UCC Series* §5-108：11 [Rev] Preclusion rule (Thomson Reuters 2016).

[3] 1995 UCC §5-108, cmt. 4.

[4] *Datapoint Corp. v. M & I Bank*, 665 F. Supp. 722 (WD Wis. 1987).

第三章　不当拒付损害赔偿责任构成要件（二）：不当拒付

而否定了普通法下的禁反言规则。[1]失权规则与禁反言规则的区别在于，后者需要受益人存在合理信赖，以及因该信赖而遭受损失。[2]例如，在信用证有效期即将届满前，受益人才将单据递交开证人，而此时一旦开证人认定单据存在不符点，受益人便无法在信用证有效期届满前对单据进行补救。根据禁反言规则，即使受益人收到有效拒付通知，仍将无法对不符点进行补救这一客观事实决定了受益人无法因开证人未及时发出有效拒付通知而主张损害赔偿。[3]

而根据严格失权规则，拒付通知是开证人承担的绝对义务，一旦违反，开证人便丧失了声称单据不符权利，即使受益人并未产生信赖。[4]那么，这是否会导致受益人不当得利？学者认为，只要没有欺诈，受益人便不存在不当得利问题。因为受益人为了获得信用证款项，已经放弃了对单据的所有权。而单据，特别是在商业信用证下的商业单据通常都是代表了一定经济价值的。更

---

[1]　1995 UCC §5-108, cmt. 3; James J. White, "Influence of International Practice on the Revision of Article 5 of the UCC", 16 Nw. J. Int'l L. & Bus. 189, 208~209 (1995). 多兰教授将"preclusion rule"解释为是一种"strict estoppel rule"。See John F. Dolan, *The Law of Letters of Credit: Commercial and Standby Credits* §6.06 [2] [a] In General (LexisNexis AS Pratt 2018).

[2]　John F. Dolan, *The Law of Letters of Credit: Commercial and Standby Credits* §6.06 [2] [b] The Classic Estoppel Case (LexisNexis AS Pratt 2018).

[3]　See *Wing On Bank Ltd. v. American National Bank & Trust Co.*, 457 F. 2d 328 (5th Cir. 1972); *Flag-ship Cruises Ltd. v. New England Merchants National Bank*, 569 F 2d 699 (1978); *Board of County Comm'rs v. Colorado Nat. Bank*, 43 Colo. App. 186, 607 P2d 1010 (1979), modified, 634 P2d 32 (Colo. 1981); *LeaseAmerica Corp. v. Norwest Bank Duluth, NA*, 940 F. 2d 345 (8th Cir. 1991); *Lennox Indus. Inc. v. Mid-Am. Nat. Bank*, 550 NE 2d 971 (1988); *American Coleman Co. v. Intrawest Bank of Southglenn, NA*, 887 F. 2d 1382 (1989); *Breathless Associates v. First Sav. & Loan Ass'n of Burkburnett*, 654 F. Supp. 832 (1986); *Philadelphia Gear Corp. v. Central Bank*, 717 F. 2d 230 (5th Cir. 1983).

[4]　1995 UCC §5-108, cmt. 3. For different opinion, see Georges Affaki & Roy Goode, *Guide to ICC Uniform Rules for Demand Guarantees URDG 758*, at 136 (ICC Services Publications No. 702E 2011).

何况，开证人已经对受益人承诺，对单据提供专业审核意见。[1]

1995 UCC §5 之所以改采严格拒付通知规则，是因为普通法下禁反言规则需要受益人举证证明其存在信赖以及基于此信赖而遭受损失。从而，受益人必须承担很大举证责任，诸如是否对开证人的行为或表述产生合理信赖，是否遭受损失、遭受多大损失，该损失是否是因信赖开证人行为或表述所致，损失是否具有确定性。而这些举证要求通常都是耗费时间且异常困难的，导致实践中争议不断，最终使得信用证这一先付款后诉讼功能丧失殆尽，明显有损信用证付款确定性与迅捷性目标的实现。[2]而严格失权规则更为注重效率，并能有效避免传统禁反言举证麻烦以及导致诉讼效率低下等弊端。[3]正如"Toyota Tsusho 案"法院所指出的："严格拒付通知要求是和严格相符交单义务相对应的。要求受益人和开证人均受严格要求限制有助于增加信用证法的确定性与高效性。在诸如本案中，如果要求受益人证明其有能力补救单据不符点将会引发诸多事实争议并要求进行猜测，从而使得案件更为复杂。更何况，各位精明的当事人很清楚规范信用证的严格相符规则，也应当意识到大量法院判决要求信用证开证人坚持严格通知标准。从而，本案坚持严格拒付通知要求与公平原则这一基本精神相符合。"[4]

---

[1] James J. White & Robert S. Summers, *Uniform Commercial Code*, at 1120 (West 6th ed 2010).

[2] See James G. Barnes, "Nonconforming Presentations under Letters of Credit: Preclusion and Final Payment", 56 Brook. L. Rev., 103, 108~109 (1990). See also *LaBarge Pipe & Steel Co. v. First Bank*, 550 F. 3d 442 (5th Cir. 2008) (1995 La. UCC Article 5); *Banque de L'Union Haitienne, SA v. Manufacturers Hanover Int'l Banking Corp.*, 787 F. Supp. 1416 (SD Fla. 1991); *Hamilton Bank, NA v. Kookmin Bank*, 245 F. 3d 82 (2nd Cir. 2001).

[3] John F. Dolan, *The Law of Letters of Credit: Commercial and Standby Credits* §4.06 [2] [d] Preclusion Against the Issuer or the Confirmer (LexisNexis AS Pratt 2018).

[4] *Toyota Tsusho Corp. v. Comerica Bank*, 929 F. Supp. 1065, 1074 (ED Mich. 1996).

第三章 不当拒付损害赔偿责任构成要件（二）：不当拒付

第七，1995 UCC 明文规定，即使开证人拒付通知未能指出受益人或交单人信用证有效期届满后交单，[1]或存在虚假单据、伪造单据等信用证欺诈行为，[2]都不导致失权规则的适用。[3]此即失权例外规则。

UCP600 没有明文规定失权例外，但解释上和 UCC 并无实质区别。理由在于，一旦信用证有效期届满，即意味着开证人信用证下以及 UCP600 下对受益人所承担的包括拒付通知在内的一切义务都已失效。因此，即使开证人并未就有效期届满后交单通知受益人，也并不因此失权。[4]而且，信用证已失效并非属于单据瑕疵，而是信用证瑕疵，自然无需适用失权规则。[5]

---

〔1〕 实务中，开证人仍通常会就信用证有效期届满后交单给予拒付通知，但法律上并无此义务。受益人不得因开证人通常会给予拒付通知而主张构成 UCC §2-208 所规定的"履约过程或交易过程"See James E. Byrne, *6B Hawkland UCC Series* §5-108：13 [Rev] Preclusion rule—Exclusions—Expiration（Thomson Reuters 2016）.

〔2〕 See *Golden West Refining Co. v. SunTrust Bank*, 538 F. 3d 1233（2008）; *Amwest Sur. Ins. Co. v. Concord Bank*, 248 F. Supp. 2d 867（ED Mo. 2003）; *ACE American Ins. Co. v. Bank of the Ozarks*, 2014 WL 4953566（SDNY 2014）.

〔3〕 1995 UCC §5-108（h），cmt. 3. See also ISP98 Rue 5.04.

〔4〕 See ICC Official Opinions R13, R331；天津市高级人民法院"唐山汇达集团进出口有限公司与中国光大银行天津分行诉信用证纠纷上诉案"[2002] 高经终字第 51 号；Roeland F. Bertrams, *Bank Guarantees in International Trade*, at 330（Kluwer Law International 4th rev ed 2013）; John F. Dolan, *The Law of Letters of Credit：Commercial and Standby Credits* §6.04 [8] Timeliness（LexisNexis AS Pratt 2018）; James E. Byrne, *ISP98 & UCP500 Compared*, at 139（Institute of International Banking Law & Practice 2000）.

〔5〕 See *CVD Equipment Corp. v. Taiwan Glass Industrial Corp.*, 2011 WL 1210199（SDNY 2011）; *Todi Exports v. Amrav Sportswear Inc.*, 1997 US Dist. LEXIS 1425（SDNY, 1997）. But see *Pan Pac. Specialties Ltd. v. Shandong Mach. & Equip. I/E Corp.*, 2001 BCD Civ. J. LEXIS 20（BC Sup. Ct. 2001）. 但参见江苏省扬州市中级人民法院"扬州市邗利皮革制品有限公司诉韩国朝兴银行信用证拒付案"（案号不详，具体载金赛波编：《中国信用证和贸易融资法律：案例和资料》，法律出版社 2005 年版，第 209~211 页）：该案法院置受益人信用证有效期届满后交单于不顾，而认定开证人拒付通知迟延构成失权。

而至于存在单据伪造或虚假等信用证欺诈行为，由于开证人 UCP600 下所承担的仅是单据表面审核义务，只要单据表面不符，开证人即应通知受益人或交单人。至于单据欺诈这种潜在不符点，则并非开证人拒付通知义务范围，自然也就不适用失权规则。更何况，要求开证人必须在短短 5 个银行工作日内举证受益人存在欺诈，也不可能。[1] 就此，多兰教授明确指出，"如果要求开证人在五个银行工作日内发现并通知欺诈，显然是对 UCP 失权规则的误用"。[2]

实际上，法院在具体判决中也是如此认定的。例如早在"Boston Hides 案"中，[3] 法院便指出，UCP400 第 16 条失权规定针对的只是单据表面瑕疵，而不适用于欺诈拒付。理由在于受益人本身存在欺诈，不值得法律保护。况且，拒付通知针对的是表面瑕疵，而单据欺诈则属于隐蔽瑕疵。开证人也无法在审单期限内判定单据是否存在隐蔽瑕疵或者欺诈。否则便对开证人施加过于严重的惩罚。[4]

---

〔1〕 王金根："信用证欺诈例外构成要件研究"，载梁慧星主编：《民商法论丛》（第 60 卷），法律出版社 2016 年版，第 304~309 页。See also James E. Byrne et al. , *UCP* 600: *An Analytical Commentary*, at 754 (Institute of International Banking Law & Practice 2010); James J. White & Robert S. Summers, *Uniform Commercial Code*, at 174 (West 4th ed vol 3 1995); James E. Byrne, *6B Hawkland UCC Series* § 5-108: 14 [Rev] Preclusion rule—Exclusions— Fraud (Thomson Reuters 2016).

〔2〕 John F. Dolan, *The Law of Letters of Credit*: *Commercial and Standby Credits* § 6.06 [2] [c] [iii] The Pre-UCP600 Preclusion Rule (LexisNexis AS Pratt 2018).

〔3〕 Boston Hides & Furs, Ltd. v. Sumitomo Bank, Ltd. , 870 F. Supp. 1153 (1994).

〔4〕 Boston Hides & Furs, Ltd. v. Sumitomo Bank, Ltd. , 870 F. Supp. 1153, 1162 (1994). See also American National Bank and Trust Co. of Chicago v. Hamilton Industries Intern. , Inc. , 583 F. Supp. 164 (ND Ill. 1984); Banque Paribas v. Hamilton Industries International, Inc. , 767 F. 2d 380 (7th Cir. 1985); Hamilton Bank, NA v. Kookmin Bank, 245 F. 3d 82 (2nd Cir. 2001); Amwest Sur. Ins. Co. v. Concord Bank, 248 F. Supp. 2d 867 (ED Mo. 2003); *ACE American Ins. Co. v. Bank of the Ozarks*, 2014 WL 4953566 (SDNY 2014). But see *Semetex Corp. v. UBAF Arab Am. Bank*, 51 F. 3d 13 (2nd Cir. 1995).

第三章　不当拒付损害赔偿责任构成要件（二）：不当拒付

尽管笔者尚未见到我国法院对此问题的明确判决，但无论是从我国《信用证司法解释》的规定还是最高人民法院所表达的意见来看，都没有明确要求 UCP 下开证人必须在 5 个银行工作日内提出欺诈拒付。[1]甚至有法院默认开证人在审单期限届满后可主张欺诈抗辩。[2]

三、《结算办法》失权规则

旧《结算办法》对拒付通知与失权规则规定得并不完善。其第 28 条规定："开证行审核单据发现不符时，应在收到单据的次日起五个营业日内将全部不符点用电讯方式通知交单人。该通知必须说明单据已代为保管听候处理"。据此，开证人通知不符时，必须告知受益人全部不符点；拒付通知必须采用电讯方式；拒付通知中必须告知单据处置方式：代为保管听候处理；拒付应在收到单据的次日起 5 个营业日内通知。但是，旧《结算办法》并未明确开证人未能按照第 28 条规定给予拒付通知

---

[1]《信用证司法解释》第 9、10、11 条；最高人民法院民事审判第四庭："妥善审理信用证案件　应对国际金融危机——关于当前国际金融危机下人民法院审理信用证案件面临问题及其对策的调研报告"，载《人民法院报》2009 年 5 月 28 日。《独立保函司法解释》下结论同样如此。

[2]　天津市高级人民法院"北京圣仑恒业国际贸易有限公司与韩国中小企业银行信用证欠款纠纷案"［2002］津高民四终字第 5 号，天津市第一中级人民法院［2002］一中经初字第 56 号；浙江省宁波市中级人民法院"宁波市江北丛中笑礼品有限公司与宁波市商业银行股份有限公司、意大利国民劳动银行股份有限公司信用证付款纠纷案"［2006］甬民四初字第 37 号；北京市高级人民法院"株式会社友利银行与北京宣联食品有限公司、中国银行股份有限公司北京市分行信用证纠纷案"［2008］高民终字第 516 号；山东省高级人民法院"枣庄市对外经济技术合作公司与韩国光州银行信用证纠纷案"［2011］鲁民四终字第 19 号，等。另参见最高人民法院"中国银行河南省分行与阿拉伯及法兰西联合银行（香港）有限公司独立保函纠纷案"［2018］最高法民终 880 号；王金根："论独立保函不当拒付损害赔偿：以中国银行与 UBAF 独立保函纠纷案为中心"，载《经贸法律评论》2021 年第 1 期，第 97~98 页。

的，是否失权。[1]

新《结算办法》对旧版拒付通知规则所存在的不足给予了完善。其第46、47条规定，拒付通知必须表明开证人或保兑人拒付；拒付通知必须一次性将全部不符点或拒付所依据的每一个不符点通知受益人或交单人；拒付通知必须表明单据处置方式；拒付应在收到单据的次日起5个营业日内通知受益人或交单人；拒付通知必须采用电子方式或其他快捷方式，而且，"如开证行或保兑行未能按规定通知不符点，则无权宣称交单不符"。

将新《结算办法》所规定的拒付通知与失权规则与UCP600规定相比较来看，两者并无实质差别。当然，由于新《结算办法》尚属新规定，法院据之审理的案件并不多，因此法院在具体判决中如何解释、适用上述拒付通知与失权规则，尤其是退单不当是否会导致失权规则适用，不得而知。但笔者相信，基于信用证本质上是国际贸易实践的产物，其在我国纯属舶来品，新《结算办法》在制定时也是大量借鉴了UCP600规定及我国法院对UCP规则的适用经验，因此解释上理应不会存在差异。

四、其他规则下的失权规则

（一）ISP98拒付通知失权规则

ISP98拒付通知失权规则大体上是借鉴或移植自UCP500。[2]总体而言，它和UCP600拒付通知要求并无根本差别。但两相比较，仍有如下几点值得注意。

---

[1] 由于旧《结算办法》本身所固有的缺陷，导致在实践中适用《结算办法》的频率相当低。在笔者有限阅读范围内，尚未见到法院适用旧版拒付通知规则的案例，因而无从知晓法院立场。

[2] ISP98 Rules 5.01-5.09.

第三章 不当拒付损害赔偿责任构成要件（二）：不当拒付

首先，就拒付通知期限开始时间，原则上是自开证人收到单据之次一工作日起开始计算，这点和 UCP600 并无本质差别。[1]然而，ISP98 规定，如果开证人无法从受益人所交付的单据本身判断其所对应的备用信用证，则该单据的审单及拒付期限应自开证人得以确认对应备用信用证之日起开始计算。[2]

其次，就拒付期限，ISP98 规定，自收到单据之次一营业日起，3 个工作日内视为合理期限，超过 7 个工作日视为不合理期限。至于在 3 个至 7 个工作日之间拒付的，开证人是否满足了拒付期限要求，视具体情况而定。[3]具体考量因素包括诸如单据复杂性、单据数量、开证人审单部门规模以及开证人是否有联系申请人放弃不符点等。[4]

再次，就拒付通知方式，原则上应采用电讯方式，然而，即使开证人并未采用电讯方式，只要在所允许的拒付期限内受益人收到了拒付通知，例如受益人在前述 3 个工作日内收到了拒付通知，仍视为开证人采纳了迅捷方式。[5]

复次，就拒付单据处置是否构成失权，ISP98 规定，开证人应根据受益人指示处置单据。但开证人未在拒付通知中表明单据处置方式或者退单不当的，并不构成失权。开证人仍可以单

---

〔1〕 当然，UCP600 下收到单据次一银行工作日起开始计算，是指开证人收到单据当"日"（即日历日）后的次一银行工作日；而 ISP98 第 5.01 条规定的是自开证人收到单据的"银行工作日"后的次一银行工作日。但两者通常情况下并无差别，已如前述。

〔2〕 ISP98 Rule 3.03；James E. Byrne, *The Official Commentary on the International Standby Practice*, at 201 (Institute of International Banking Law & Practice 1998). UCP600 并无类似规定，但解释上似不应有所不同，参见本章第二节。

〔3〕 ISP98 Rule 5.01 (a).

〔4〕 See James E. Byrne, *The Official Commentary on the International Standby Practice*, at 203, 216 (Institute of International Banking Law & Practice 1998).

〔5〕 ISP98 Rule 5.01 (b)；James E. Byrne, *The Official Commentary on the International Standby Practice*, at 204 (Institute of International Banking Law & Practice 1998).

据不符为由拒付。[1]当然,如果受益人因此而遭受任何损失的,受益人可基于国内法追究开证人的损害赔偿责任。[2]但无论如何,此损害赔偿责任并非不当拒付损害赔偿责任。

最后,就备用信用证有效期届满后交单,ISP98 明文规定,开证人并不因未给予拒付通知而丧失拒付权利。[3]这一点和 UCP600 的精神并无不同,但明文规定,显然有助于避免纠纷的产生。

(二) URDG758 拒付通知失权规则

URDG758 第 24 条规定,担保人一旦审单不符决定拒付,必须毫不迟延地发出拒付通知,并不得迟于交单日翌日起第 5 个营业日;[4]担保人只能发出一份拒付通知,且于拒付通知中清楚明晰地表明担保人拒付意图,以及凭以拒付的每一不符点。[5]否则担保人将会构成失权。[6]与 UCP600 相比,URDG758 的拒付通知与失权制度有如下几点值得注意。

首先,URDG758 下担保人无需在拒付通知中表明单据处置方式,且在发出拒付通知后可随时退回单据或以其认为适当的方式处置电子单据,而不会因此构成失权。[7]这一点和 ISP98 精神一致,背后原理同样在于,独立保函下受益人所提交的单据通常都无经济价值。当然,如果受益人能够举证证明担保人的单据处置给其造成损失,则可基于国内法规定追究担保人的

---

[1] ISP98 Rule 5.07; James E. Byrne, *The Official Commentary on the International Standby Practice*, at 222 (Institute of International Banking Law & Practice 1998).

[2] See e.g., 1995 UCC § 5-111 (c).

[3] ISP98 Rule 5.04; James E. Byrne, *The Official Commentary on the International Standby Practice*, at 214 (Institute of International Banking Law & Practice 1998).

[4] URDG758 Article 24 (e).

[5] URDG758 Article 24 (d).

[6] URDG758 Article 24 (f).

[7] URDG758 Article 24 (g).

第三章 不当拒付损害赔偿责任构成要件(二):不当拒付

损害赔偿责任。[1]

其次,如果受益人交单过迟导致独立保函在担保人所享有的5个工作日审单期限内失效,则担保人不会因拒付通知不符合要求而失权。[2]这一点显然和UCP600规定不同。例如,独立保函有效期至10月18日,受益人于10月17日交单。单据不符,担保人于第5个工作日拒付。即使事后受益人能够举证担保人拒付通知不符合URDG758规定,其仍无权主张担保人失权。因为独立保函已失效,受益人无从补救不符。[3]换言之,受益人损失和担保人拒付通知不符之间缺乏因果关系。

最后,就担保人的拒付期限,URDG758是要求其毫不迟延但无论如何不超过5个工作日发出拒付通知。从表面措辞来看,似乎URDG强调如果担保人在第2个工作日便决定拒付时,便不能拖到第5个工作日终了才发出拒付通知。[4]但权威观点认为,此时即使担保人迟至第5个工作日才发出拒付通知,其仍不会因此而失权。[5]如此解释的目的在于规则的确定性,以避免当事人事后就担保人是否违反拒付通知期限而发生无谓争议,并人为将担保人拒付期限划分为两个期限。那么,如此解释,

---

〔1〕 Georges Affaki & Roy Goode, *Guide to ICC Uniform Rules for Demand Guarantees URDG* 758, at 360 (ICC Services Publications No. 702E 2011).

〔2〕 Georges Affaki & Roy Goode, *Guide to ICC Uniform Rules for Demand Guarantees URDG* 758, at 361 (ICC Services Publications No. 702E 2011).

〔3〕 Georges Affaki & Roy Goode, *Guide to ICC Uniform Rules for Demand Guarantees URDG* 758, at 363 (ICC Services Publications No. 702E 2011).

〔4〕 See James E. Byrne et al. , *Standby & Demand Guarantee Practice: Understanding UCP*600, *ISP*98 & *URDG*758, at 182 (Institute of International Banking Law & Practice 1st ed 2014).

〔5〕 Georges Affaki & Roy Goode, *Guide to ICC Uniform Rules for Demand Guarantees URDG* 758, at 135 (ICC Services Publications No. 702E 2011). But see James E. Byrne et al. , *Standby & Demand Guarantee Practice: Understanding UCP*600, *ISP*98 & *URDG*758, at 182 (Institute of International Banking Law & Practice 1st ed 2014).

是否导致"毫不迟延"一词在上下文中毫无意义？学者解释认为，毫不迟延一词在此具有两层含义：一是鼓励担保人一旦决定拒付便尽快发出拒付通知，以给受益人更多时间补救不符；二是强调担保人拒付通知应采纳电讯等迅捷方式，而不应在电讯方式可能时仍去选择普通邮件等方式通知不符。[1]

（三）《联合国独立担保与备用信用证公约》拒付通知规则

《公约》拒付通知规则规定，一旦开立人审单不符决定拒付，必须向受益人作出不付款的通知；通知必须表明开立人不予付款的理由；拒付通知必须以电传方式，如不可能，则采用其他迅捷方式作出；开立人必须在合理期限内，但最长不超过收到单据翌日起7个营业日发出拒付通知。[2]

从上述规定可知，《公约》对开立人拒付通知内容要求颇为简略，只是强调必须表明拒付理由。至于是否需要表明拒付意图、单据处置方式，不甚明确。从文义解释角度来看，似应理解为无需表明。然笔者以为，从谨慎角度来看，开立人拒付通知中理应强调其拒付意图，以免发生争议时，法院去解释认为开立人只是给出了"状况报告"。但借鉴URDG758与ISP98的精神，开立人于拒付通知中可能无需表明单据处置方式。毕竟在独立保函（备用信用证）下受益人所交付的单据通常无内在价值。

其次，《公约》拒付通知的另一显著特征是，其并没有针对拒付通知设定失权规则，更遑论退单不当失权。也就是说，开立人违反拒付通知与退单要求，并不必然会导致丧失声称单据不符的权利。只是在具体司法实践中，受益人可能基于国内法

---

〔1〕 Georges Affaki & Roy Goode, *Guide to ICC Uniform Rules for Demand Guarantees URDG 758*, at 135 (ICC Services Publications No. 702E 2011). But see James E. Byrne et al., *Standby & Demand Guarantee Practice: Understanding UCP600, ISP98 & URDG758*, at 182 (Institute of International Banking Law & Practice 1st ed 2014).

〔2〕《联合国独立担保与备用信用证公约》第16条第2款。

规定追究开立人的损害赔偿责任。

当然,由于《公约》目前只有个别国家批准加入,在司法实践中适用概率不高,因此法院究竟会如何解释上述拒付通知规则以及开立人违反规则究竟会承担何种法律责任,仍有待进一步观察。

五、失权规则原因

UCP600、1995 UCC §5、ISP98、URDG758 及我国《结算办法》等之所以规定严格拒付通知要求和/或退单要求,否则构成失权的背后根本原因如下。[1]

首先,失权制度是基于严格相符原则对受益人严苛性的矫正,从而平衡开证人与受益人利益。如前述,信用证下受益人获得信用证项下款项的前提是提交严格相符的单据,否则开证人有权拒付。严格相符交单要求对受益人颇为严格,再加上独立性原则的限制,即使受益人严格履行了基础合同项下义务,只要受益人交单存在不符点,除非是微小错误,否则开证人即可拒付。甚至,此时申请人在基础合同下也可拒付受益人并解除合同。[2] 因此,从这一角度来说,严格相符原则是偏向开证人(与申请人)利益的。然而,法律乃公平与正义之艺术,[3] 法律的运行必然需要建立在公平公正原则之上。自然,信用证法在交单要求上偏向开证人利益,则必然会在其他方面侧重于受益人利益,从而有效兼顾受益人与开证人之间的利益平衡。而

---

[1] 参见王金根:"UCP 600 信用证失权规则研究",载《国际经济法学刊》2020 年第 3 期,第 132~136 页。

[2] 参见王金根:"信用证交单不符时买方拒付货款权利证成",载李曙光主编:《法大研究生》,中国政法大学出版社 2019 年版,第 623~648 页。

[3] [古罗马] 优士丁尼:《法学阶梯》(第 2 版),徐国栋译,中国政法大学出版社 2005 年版,第 11 页。

失权规则便承担了这样一种利益平衡的功能。[1]

其次,失权规则有助于受益人补救不符或采取其他减轻损失措施。受益人信用证下最为关注的是其交单后是否能够获得开证人承付。在受益人交单不符开证人拒付时,如果时间允许,受益人尚可对单据进行补救并再次交单。如果容许开证人审单时拖延时日,抑或不明确告知受益人具体不符点所在或者不告知单据处置方式,将严重影响受益人对单据补救的可能性。从此角度而言,严格拒付通知与失权规则有助于受益人不符单据补救权利的行使,从而促进申请人、开证人与受益人各方利益的顺利实现。即使补救单据不可能,在商业信用证下,受益人仍可尽早联系申请人,促使其放弃不符点并及时联系开证人承付,以避免因迟延付款赎单导致货物在目的港毁损灭失,或产生不必要的仓储费等费用。据统计,绝大多数受益人第一次交单不符后,都可通过补救不符点或联系申请人放弃不符点而顺利结汇。[2]纵使受益人交单不符无法补救,加上申请人因各种原因而拒绝放弃不符点,受益人还可及时取回单据,特别是含

---

[1] See James J. White & Robert S. Summers, *Uniform Commercial Code*, at 1117, 1120 (West 6th ed 2010); John. F. Dolan, *The Law of Letters of Credit: Commercial and Standby Credits* § 4.06 [2] [d] Preclusion Against the Issuer or the Confirmer (LexisNexis AS Pratt 2018); John F. Dolan, "Weakening the Letter of Credit Product: The New Uniform Customs Practice for Documentary Credits", 1994 Int'l Bus. L. J. 149, 156~157 (1994). See also *Amwest Sur. Ins. Co. v. Concord Bank*, 248 F. Supp. 2d 867 (ED Mo. 2003); *Toyota Tsusho Corp. v. Comerica Bank*, 929 F. Supp. 1065 (ED Mich. 1996); *LaBarge Pipe & Steel Co. v. First Bank*, 550 F. 3d 442 (5th Cir. 2008); *Boston Hides & Furs, Ltd. v. Sumitomo Bank, Ltd.*, 870 F. Supp. 1153 (1994).

[2] See *Alaska Textile Co., Inc. v. Chase Manhattan Bank*, 982 F. 2d 813, 816, 824 (2d Cir. 1992). See also Ronald J. Mann, "The Role of Letters of Credit in Payment Transactions", 98 Mich. L. Rev., 2494, 2497, 2513~2514 (2000); 北京市第二中级人民法院"西班牙商业银行股份有限公司与东亚泛海国际商务咨询(北京)有限公司信用证纠纷案"[2017] 京 02 民终 5995 号。

第三章 不当拒付损害赔偿责任构成要件（二）：不当拒付

有货物所有权的提单，以便采取转售或退回等减轻损失措施，从而避免产生不必要的费用与损失。

再次，失权规则也是信用证付款迅捷性与确定性的要求与体现。[1]一方面，失权规则有助于敦促开证人迅速处理单据并及时做出决定，从而提升信用证的迅捷性；另一方面，失权规则还有助于简化开证人与受益人之间的承付争议，有利于争议的迅速解决。更为关键的是，严格的拒付通知要求和/或退单要求以及违反的严格法律后果有助于受益人建立对信用证付款机制的确信。只要提交相符单据，便可获得承付；即使交单不符，开证人也必须严格遵守拒付通知条件和/或退单要求，从而为受益人或交单人再次补救提供充分条件，否则开证人便丧失主张不符权利。通过失权制度设计，使得受益人确信开证人会及时审单，并及时承付或拒付，而不会和申请人串通恶意拒付抑或坐等信用证到期而剥夺受益人补救单据的机会或损害受益人减轻损失的时机。[2]

最后，如果不确认开证人"丧失声称单据不符的权利"，则可能会诱导开证人不当拒付，并迫使受益人不得不以诉讼的方式解决双方争议，从而使得原本为先付款后诉讼的付款制度变为先诉讼后付款的拒付制度。

总而言之，正是通过严格相符和失权制度的配合，来确保信用证付款的确定性与迅捷性，并使之成为一种与一般担保合同相区别的高效、可靠、低廉的独特付款机制与融资机制，最终确

---

[1] See John. F. Dolan, *The Law of Letters of Credit: Commercial and Standby Credits* § 6.06 [2] [c] [iii] The Pre-UCP600 Preclusion Rule (LexisNexis AS Pratt 2018); James E. Byrne, *6B Hawkland UCC Series* § 5-108: 11 [Rev] Preclusion rule (Thomson Reuters 2016); 1995 UCC § 5-108 cmt 3; *Bank of Cochin, Ltd. v. Manufacturers Hanover Trust Co.*, 808 F.2d 209 (2d Cir. 1986).

[2] See James E. Byrne et al., "An Examination of UCC Article 5", 45 Bus. Law., 1521, 1602 (1990); 1995 UCC § 5-108 cmt. 3; James E. Byrne, *6B Hawkland UCC Series* § 5-108: 11 [Rev] Preclusion rule (Thomson Reuters 2016).

保信用证交易当事人对信用证付款融资机制的信任与信心。[1]试想，如果不是失权制度，在受益人首次交单不符率高达70%的情况下，[2]又有何人愿意相信并使用信用证付款，又有哪家银行愿意参与信用证交易并提供融资服务？

六、美国失权不当拒付案评析

(一) 概述

笔者按前述方法共搜得失权不当拒付案10起。[3]其中，迟延拒付失权案4起；[4]无拒付通知失权案1起；[5]缺乏拒付意图失权案1起；[6]不符点表述不清案1起；[7]未能表明不符点案2起；[8]

---

[1] John F. Dolan, *The Domestic Standby Letter of Credit Desk Book for Business Professionals, Bankers and Lawyers* § 9.02 The Preclusion Concept (Matthew Bender 2015).

[2] UCP 600 Introduction.

[3] 即在LexisNexis上以letter of credit 和 wrongful dishonor / improper dishonor 为关键词、时间设置为1996年1月1日至2019年8月31日、2019年9月1日至2021年2月20日分两次进行搜索，见本章第二节。当然，实际上美国失权不当拒付案不止上述10起，至少还应包括 *JP Doumak Inc. v. Westgate Financial Corp.*, 776 NYS 2d 1 (NY App. Div. 2004)，*CI Union de Bananeros de Urubá, SA v. Citibank, NA*, Index No. 602314/1999 (NY Sup. Ct., 12 April 2000)。但由于"JP Doumak 案"一审及"CI Union 案"第一次查询时未被 LexisNexis 收录，故此处不予考虑。

[4] *Ace American Insurance Co. v. Bank of the Ozarks*, 2012 US Dist. LEXIS 110891, 2014 US Dist. LEXIS 140541; *Amwest Sur. Ins. Co. v. Concord Bank*, 248 F. Supp. 2d 867 (ED Mo. 2003); *Habib Bank, Ltd. v. National City Bank et al.*, 1999 US Dist. LEXIS 4549; *Arch Specialty Insurance Co. v. First Community Bank of Eastern Arkansas*, 2016 US Dist. LEXIS 114337.

[5] *International-Matex Tank Terminals-Illinois v. Chemical Bank*, 2009 US Dist. LEXIS 92371.

[6] *Voest-Alpine Trading USA Corp. v. Bank of China*, 142 F. 3d 887 (5th Cir. 1998), 288 F. 3d 262 (2002).

[7] *Hamilton Bank NA v. Kookmin Bank*, 245 F. 3d 82 (2nd Cir. 2001).

[8] *Amwest Sur. Ins. Co. v. Concord Bank*, 248 F. Supp. 2d 867 (ED Mo. 2003); *Export-Import Bank of the US v. United California Discount Corp.*, 738 F. Supp. 2d 1047 (2010).

第三章 不当拒付损害赔偿责任构成要件（二）：不当拒付

拒付通知方式不当案 3 起；[1]缺乏单据处置方式案 2 起。[2]最后还有 1 起案件法院以申请人放弃不符点时开证人必须放弃不符点为由判决开证人构成不当拒付。[3]

表2 失权不当拒付理由

理由	数量（起）	理由	数量（起）
迟延拒付	4	未表明不符点	2
无拒付	1	通知方式	3
缺乏拒付意图	1	无处置方式	2
不符点表述不清	1	开证人必须放弃不符点	1

（二）简要评析

上述 10 起法院判决，迟延拒付以及拒付通知方式不当是法院判决开证人构成失权的主要因素。

值得注意的是，拒付通知方式不当构成失权的案件，最晚的也是十年前的判决，且当时信用证规定适用的是 UCP400，[4]可想而知，实际业务发生时间更早。实际上，随着现代通讯方式的发展以及信用证业务操作的规范化，基本上因拒付通知方式不当而被判失权的概率会越来越低。而不符点表述不清的案件仅有 1 起，且发生时间较早。[5]这说明，近些年来开证人拒付通知不符点表述方面都越来越严谨，基本不再出现表述不清的情形。另外，在美国这 10 起不当拒付案中，没有一起是基于

---

[1] *Habib Bank, Ltd. v. National City Bank et al.*, 1999 US Dist. LEXIS 4549; *Hamilton Bank NA v. Kookmin Bank*, 245 F. 3d 82 (2nd Cir. 2001); *LaBarge Pipe & Steel Co. v. First Bank*, 550 F. 3d 442 (5th Cir. 2008).

[2] *Amwest Sur. Ins. Co. v. Concord Bank*, 248 F. Supp. 2d 867 (ED Mo. 2003); *LaBarge Pipe & Steel Co. v. First Bank*, 550 F. 3d 442 (5th Cir. 2008).

[3] *Lectrodryer v. Seoulbank*, 2000 Cal. App. LEXIS 30.

[4] *LaBarge Pipe & Steel Co. v. First Bank*, 550 F. 3d 442 (5th Cir. 2008).

[5] *Hamilton Bank NA v. Kookmin Bank*, 245 F. 3d 82 (2nd Cir. 2001).

开证人擅自放单给申请人而判决失权的，也没有一起是基于申请人拒付而非开证人拒付而判决失权的。

最后，值得指出的是，在申请人放弃不符点的情况下，开证人是否必须放弃不符点？"Lectrodryer 案"法院正是如此判决的。该案法院接受受益人专家证人观点认为，开证人理应自行审单决定是否拒付，既然开证人审单后征求申请人是否放弃不符点意见，自然默认的是其自身有意在申请人放弃不符点时即遵守申请人指示对受益人承付，否则其征求申请人放弃不符点意见便无任何意义。[1]笔者以为，法院判决显然不当，开证人征求申请人是否放弃不符点是其权利之行使，其不符交单下的拒付权利不应因其行使联系申请人放弃不符点的权利而遭受损害，否则将会打击开证人主动联系申请人放弃不符点的积极性。毫无疑问，开证人联系申请人放弃不符点，其自身当然会有意在申请人同意放弃不符点时也去放弃不符点并承付受益人，但这是以不危及开证人偿付权利的实现为前提的。如果申请人同意放弃不符点，但却又有不能偿付开证人之虞，开证人为自身利益考虑，显然可以拒绝放弃不符点并拒绝承付受益人。

七、我国失权不当拒付案评析

（一）概述

在笔者所搜集的我国开证人不当拒付损害赔偿案中，涉及法院判决开证人或保兑人拒付不当导致失权案件共计18起。[2]

从失权理由来看，法院以开证人擅自放单给申请人而构

---

〔1〕 *Lectrodryer v. Seoulbank*, 2000 Cal. App. LEXIS 30, 9.

〔2〕 如计入雷同案例，河北省唐山市中级人民法院"唐山海港汇丰能源有限公司诉交通银行股份有限公司广东省分行等信用证纠纷案"[2015]唐民重字第9号，则共19起。

第三章 不当拒付损害赔偿责任构成要件（二）：不当拒付

成失权案件 7 起；[1]迟延拒付失权案件 5 起，[2]没有拒付通知失权案件 1 起；[3]拒付不符点表述不清构成失权案件 4

---

〔1〕 江苏省扬州市中级人民法院"扬州市邗利皮革制品有限公司诉韩国朝兴银行信用证拒付案"（案号不详，具体载金赛波编：《中国信用证和贸易融资法律：案例和资料》，法律出版社 2005 年版，第 209~211 页）；北京市高级人民法院"意大利信贷银行诉哈尔滨经济技术开发区对外经济贸易公司信用证结算纠纷案"[2000] 高经终字第 376 号；上海市高级人民法院"东方铜业有限公司与中国光大银行上海浦东第二支行信用证纠纷案"[2002] 沪高民三（商）终字第 2 号；北京市高级人民法院"陕西省粮油食品进出口公司诉荷兰商业银行信用证纠纷上诉案"[2000] 高经终字第 295 号，北京市第二中级人民法院[1999] 二中经初字第 720 号；河北省唐山市中级人民法院"唐山海港汇丰能源有限公司诉交通银行股份有限公司广东省分行等信用证纠纷案"[2014] 唐民初字第 443 号；山东省高级人民法院"烟台市五金矿产机械进出口公司诉韩国外换银行拒付信用证项下货款纠纷上诉案"[1999] 鲁经终字第 693 号；江苏省无锡市中级人民法院"韩国大河贸易株式会社与中国农业银行无锡分行、锡山市对外贸易集团公司信用证议付纠纷案"[1999] 锡经初字第 133 号。

〔2〕 江苏省扬州市中级人民法院"扬州市邗利皮革制品有限公司诉韩国朝兴银行信用证拒付案"（案号不详，具体载金赛波编：《中国信用证和贸易融资法律：案例和资料》，法律出版社 2005 年版，第 209~211 页）；北京市高级人民法院"意大利信贷银行诉哈尔滨经济技术开发区对外经济贸易公司信用证结算纠纷案"[2000] 高经终字第 376 号，北京市第二中级人民法院[1998] 二中经初字第 55 号；北京市第一中级人民法院"CNK 交易株式会社诉中国光大银行信用证纠纷案"[1998] 一中经初字第 1336 号；天津市第一中级人民法院"唐山汇达集团进出口有限公司与中国光大银行天津分行信用证纠纷案"[2001] 一中经初字第 336 号；天津市第一中级人民法院"大连中垦鑫源国际贸易有限公司与韩国株式会社新韩银行信用证纠纷案"[2004] 一中民三初字第 105 号。

〔3〕 天津市第一中级人民法院"唐山汇达集团进出口有限公司与中国光大银行天津分行信用证纠纷案"[2001] 一中经初字第 336 号。但在上海市第二中级人民法院"西安市医药保健品进出口公司诉澳大利亚和新西兰银行集团有限公司信用证付款纠纷案"[1997] 沪二中经初字第 842 号；天津市高级人民法院"北京圣仑恒业国际贸易有限公司与韩国中小企业银行信用证欠款纠纷案"[2002] 津高民四终字第 5 号；江苏省高级人民法院"韩国中小企业银行（汉城总行）与连云港口福食品有限公司信用证纠纷案"[2003] 苏民三终字第 052 号；山东省青岛市中级人民法院"三阳纺织有限公司与韩国外换银行信用证纠纷案"[2005] 青民四初字第 317 号；安徽省合肥市中级人民法院"平安银行股份有限公司与徽商银行股份有限公司信用证议付纠纷案"[2019] 皖 01 民初 2479 号等严格相符不当拒付案件中，法院有援引失权规则，认为开证人并未给予拒付通知。

起;[1]缺乏明确拒付意图而失权案件3起;[2]仅表述申请人拒付而构成失权案件1起。[3]

表3 失权不当拒付理由

理由	数量（起）	理由	数量（起）
擅自放单	7	不符点表述不清	4
迟延拒付	5	缺乏拒付意图	3
无拒付通知	1	申请人拒付	1

（二）简要评析与比较

从上述统计可以看出，擅自放单、迟延拒付以及拒付不符点表述不清是我国最为常见的法院认定开证人失权的理由。

与美国不同，我国没有涉及以拒付通知方式不合格为由认定开证人构成失权的案件。这或许是因为随着科技的发展，电

---

〔1〕 江苏省高级人民法院"江苏华西国际贸易有限公司诉韩国中小企业银行信用证议付纠纷案"［2009］苏商外终字第0003号，江苏省无锡市中级人民法院［2009］锡民三初字第56号；江苏省无锡市中级人民法院"江苏华西国际贸易有限公司诉釜山银行信用证议付纠纷案"［2009］锡民三初字第55号；江苏省高级人民法院"常州市金誉来商贸有限公司与株式会社新韩银行信用证议付纠纷案"［2013］苏商外终字第0024号，江苏省无锡市中级人民法院［2012］锡商外初字第0021号；上海市第一中级人民法院"友利银行与乐恩商务有限公司信用证议付纠纷上诉案"［2009］沪一中民五（商）终字第34号，上海市浦东新区人民法院［2008］浦民二（商）初字第2502号。

〔2〕 山东省高级人民法院"美国美联银行有限公司与山东一方膏业有限公司信用证纠纷上诉案"［2008］鲁民四终字第129号，枣庄市中级人民法院［2007］枣民二初字第29号；江苏省南京市中级人民法院"日本东海银行神户支店诉中国农业银行南京市分行信用证款纠纷案"［1999］宁经初字第106号；江苏省无锡市中级人民法院"江苏华西国际贸易有限公司诉釜山银行信用证议付纠纷案"［2009］锡民三初字第55号。

〔3〕 山东省高级人民法院"美国美联银行有限公司与山东一方膏业有限公司信用证纠纷上诉案"［2008］鲁民四终字第129号；枣庄市中级人民法院［2007］枣民二初字第29号。

第三章 不当拒付损害赔偿责任构成要件（二）：不当拒付

传、SWIFT 等快捷通讯方式已较为普遍，加上各银行积极吸取其他国家银行败诉案件经验等。

与美国相比，我国擅自放单构成失权案件高达 7 起。但这 7 起中，发生于 UCP500 时期的案件 6 起，UCP600 时期的案件仅 1 起。原因可能是随着规则的明确化，银行等信用证开证人明确吸取经验教训，从而越来越注重拒付的规范化。[1]但值得注意的是，由于 UCP600 措辞的变化，导致国内有法院明确判决认为开证人实际退单行为不适用失权规则。[2]显然，我们应当抵制该案判决所带来的错误影响。至少开证人不应对此存在幻想，认为即使不实际退单、不按时或不完全退单，仍不会遭受信用证法下严格失权规则的"惩罚"。

延迟拒付通知案件尽管有 5 起，但均发生于 UCP500 时期。尽管尚无直接证据证明 UCP600 时期没有迟延拒付通知案件是归因于其采纳了固定的 5 个银行工作日拒付通知期限，而非此前的"及时"与"合理期限"这一抽象模糊概念。但笔者相信，此至少应为关键理由。

仅表达申请人拒付而非开证人或保兑人拒付的案件仅 1 起，而且并非法院判决开证人败诉的关键原因。但值得强调的是，实际信用证案件中，有多起涉及开证人在拒付通知中仅表述

---

[1] 在江苏省扬州市中级人民法院"扬州市邗利皮革制品有限公司诉韩国朝兴银行信用证拒付案"（案号不详，具体载金赛波编：《中国信用证和贸易融资法律：案例和资料》，法律出版社 2005 年版，第 209~211 页）一案中，法院以失权为由判决开证人承担不当拒付损害赔偿责任，笔者以为此结论不无疑问。因为涉案信用证已经失效，自然开证人对受益人并不承担拒付通知义务，也不受 UCP 失权规则规制。此种情况下，开证人就第一批单据擅自放单而给受益人造成损失的，应是承担侵权责任；就第二批单据，案件并未表明开证人有侵害受益人单据所有权的情形，故而不能仅以开证人迟延几天时间通知拒付而构成失权。

[2] 湖北省高级人民法院"仁和国际有限公司与中国光大银行股份有限公司杭州分行信用证议付纠纷案"[2016] 鄂民终 184 号，湖北省武汉市中级人民法院 [2013] 鄂武汉中民商外初字第 00014 号，最高人民法院 [2017] 最高法民申 3346 号。

"申请人拒付",只是要么因为受益人并未注意到这一拒付通知瑕疵,或者法院错误理解认为开证人表述"申请人拒付"无关紧要,不影响开证人拒付通知的有效性。[1]对此值得我们重视。我们理应牢记信用证独立性原则,以及信用证作为一种商事制度所应具有的形式性、严格性。

缺乏明确拒付意图的 3 起案件中,适用 UCP600 的案件有 1 起,适用 UCP500 的案件有 2 起。应当来说,开证人于拒付通知中没有明确表达拒付意图,是不应该发生的拒付瑕疵。当然,有学者批评认为,只要开证人有明确告知不符点以及单据处置方式等,实际传达的便是其决定拒付。一个理性之受益人或交单人不可能不会理解这一信息。因此,法院要审查开证人拒付通知背后真实意图,要注重开证人拒付通知的"实质"而非其"形式"。[2]笔者认为此观点有待商榷。开证人就信用证下承付义务有两种选择:付款与拒付。拒付对受益人而言显然是难以承受的风险,毕竟受益人是期待能够享受信用证付款确定性这一功能,甚至享受由此衍生出来的融资功能的。对受益人具有如此重大影响的决定,却容许开证人不直接作出表述,而需受益人从开证人不符通知的字里行间寻找答案,显然不符合信用证法迅捷、高效、确定的目的。况且,受益人在信用证下承担了严格相符义务,即使其已严格履行基础合同项下义务,但只

---

[1] 参见福建省高级人民法院"中国银行福建分行诉东亚银行有限公司信用证不符点纠纷案"[2002]闽经终字第 126、127、128 号;福建省高级人民法院"福建福鼎海鸥水产食品有限公司与韩国外换银行济州分行信用证议付纠纷上诉案"[2014]闽民终字第 402 号;[2014]闽民终字第 403 号;上海市第一中级人民法院"兴杰国际私人有限公司诉上海银行浦东分行信用证纠纷案"[2000]沪一中经初字第 3 号。

[2] Ebenezer Adodo, *Letters of Credit: The Law & Practice of Compliance*, at 246~250 (Oxford University Press 2014);龚柏华、龙凤:"美国 Voest-Alpine 贸易公司诉中国银行信用证不当拒付案评析",载《国际商务研究》2003 年第 1 期,第 61 页。

第三章 不当拒付损害赔偿责任构成要件（二）：不当拒付

要单据不符，开证人便有权拒付，即使该单据不符实质上是"无关紧要的"，对申请人基础合同下的权利并无实质影响。如果一方面法律对受益人如此"严格"，另一方面却对开证人如此"宽容"，容许其无需在不符通知中直接表达拒付意图，显非公平。毕竟，开证人简单的一句"拒付"并非如此艰难。笔者揣测，之所以时至今日仍然偶有银行在拒付通知中不精准传达其拒付意图，或许与部分学者和法院判决的影响有关。

可能现实中最具争议的便是开证人拒付通知是否有清楚明晰表述单据不符点所在。这可能是涉及此类争议案件高达 4 起，且有多起发生于 UCP600 时期传达给我们的基本信息。这类争议并没有因为 UCP600 规则的完善而减少。这一点和美国不同。如前所述，美国同一时期仅有 1 起涉及拒付不符点表述不清的案件。当然，究竟不符点表述表达到何种程度才算是清楚明晰，我国法院判决颇为严格，其不仅要求拒付通知表明哪个单据不符，而且要准确告知哪里不符。大体来讲，上述立场是准确的，只有告知哪份单据、哪里不符，才能清楚明晰地让受益人知悉具体问题所在，而不至于收到拒付通知后一脸茫然。但如果上述观点适用于特殊情形，则有可能走向极端化，导致过度机械性理解失权规则。毕竟拒付通知要实现的根本目的，是让一个理性受益人在见到拒付通知后，无需猜测便可知道具体不符所在，从而迅速做出补救或采取其他应对处理措施。因而，判断开证人或保兑人拒付通知不符表述是否清楚明晰，理应以"理性受益人"为标准，而非一概机械式地适用上述"公式"：哪份单据，哪里不符。从此角度来看，一旦开证人表述，提交了租船提单，理性受益人便可知悉其所提交运输单据种类不对，与信用证相关要求不符。开证人根本不需要详尽表述为"提交了租船提单，而非信用证要求的海运提单"。当然，从实务角度讲,开证人在拒付通知中能够做到详尽的,绝不应去简略,以避免不必要之争议,而徒自耗费双方精力。

第四节 预期不当拒付

一、预期不当拒付内涵

在笔者阅读范围内,美国最早涉及开证人预期不当拒付争议的案件为"Doelger案"。[1]后陆续有多起案例涉及这类争议。[2]1962 UCC §5与1995 UCC §5则将预期不当拒付规定成文化。[3]

何谓预期不当拒付,1995 UCC §5并未作出界定。但1962 UCC §5-115(2)规定:"当开证人在受益人提交汇票或付款要求之前不当地撤销或预期拒付信用证时,如果受益人及时知悉预期拒付从而合理地避免获取信用证所规定之单据,受益人得享有第2-610条买方预期违约时卖方所享有之权利。否则受益人有权立即起诉不当拒付。"而在"J. Zeevi案"中,[4]法院则将预期不当拒付界定为开证人在受益人交单之前并在信用证到

---

[1] *Doelger v. Battery Park Nat. Bank*, 201 AD 515 (1922). For similar case in UK, see *Urquhart Lindsay & Co. v. Eastern Bank* [1922] 1 KB 318.

[2] See, e. g., *Décor by Nikkei Int'l, Inc. v. Fed. Republic of Nigeria*, 497 F. Supp. 893, 906 (SDNY 1980), aff'd, 647 F. 2d 300 (2d Cir. 1981); *J. Zeevi & Sons, Ltd. v. Grindlays Bank (Uganda) Ltd.*, 333 NE 2d 168, 172 (NY 1975); *Ross Bicycles, Inc. v. Citibank, NA*, 161 Misc. 2d 351 (1994). But see *Avery Dennison Corp. v. Home Trust & Savings Bank*, 2003 WL 22697175 (ND Iowa 2003).

[3] See 1962 UCC §5-115(2); 1995 §UCC 5-111(a)。ISP98、UCP600以及URDG758等则根本未涉及预期拒付问题。See also Keith A. Rowley,"Anticipatory Repudiation of Letters of Credit", 56 SMU L. Rev., 2235 (2003).

[4] *J. Zeevi & Sons, Ltd. v. Grindlays Bank (Uganda) Ltd.*, 333 NE 2d 168, 172 (NY 1975).

第三章　不当拒付损害赔偿责任构成要件（二）：不当拒付

期之前，拒绝承付信用证的行为。[1]

从上述两表述出发，可以认为，界定开证人（或保兑人）预期不当拒付，需要从如下四个方面考虑。

首先，开证人拒付意图必须是发生在受益人交单之前。如果受益人已经交单，开证人以所谓单据不符或任何其他理由拒付的，都构成实际拒付，而非预期拒付。而此所谓交单包含提交汇票或索款书等情形。以承兑信用证为例，当受益人交单相符，开证人在承兑汇票之后实际付款期限届满之前明确告知受益人将不履行已承兑汇票下的付款义务的，也构成信用证预期不当拒付。[2]

当然，无论信用证交单期已过还是信用证有效期已届满，开证人都可合法拒付，此时并无预期不当拒付发生之可能。因此，如果信用证有效期届满或交单期已过受益人仍未交单，开证人表示拒付之行为并不构成预期不当拒付，此为当然之理，[3] 从而在界定预期不当拒付内涵时似乎无需像"J. Zeevi案"那样特意强调"开证人……在信用证到期之前，拒绝承付"。

其次，开证人预期不当拒付一定是要发生在信用证已经生效之后。如果信用证并未生效，则开证人并不对受益人承担信用证下有条件承付义务，自然也就不存在预期不当拒付问题。但是，如果是在信用证开立之后受益人收到信用证之前，开证人以开立错误为由要求撤回或撤销信用证，此时是否构成预期

---

[1] See also *Ernesto Foglino & Co. v. Webster* (1926) 217 AD 282, 297~298; *Doelger v. Battery Park Nat. Bank* (1922) 201 AD 515, 521~522.

[2] See 1962 UCC §5-115 (2). 此时受益人亦可基于票据法追究开证人预期拒付损害赔偿责任（UCC §3-504）。See also James E. Byrne, *International Letter of Credit Law and Practice* §65: 14. ISP98 Rule 2.01 [Rev] (Thomson Reuters 2017).

[3] See *BEI International, Inc. v. Thai Military Bank*, 978 F.2d 440 (8th Cir. 1992): "Obviously, there can be no anticipatory repudiation of a contract that has already expired." See also *De Smeth v. Bank of New York*, 879 F. Supp. 13 (SDNY 1995).

不当拒付？此问题的关键在于信用证是否生效，如果已经生效，则构成预期不当拒付；如果信用证没生效，则自然不构成。

就信用证生效时间，笔者在前文已经探讨。[1]本书认为，只有信用证到达受益人，信用证方才生效。自然，在此之前，开证人都可自由撤回信用证，而无需承担任何责任。[2]但信用证一旦生效，开证人再去擅自撤销的，便可能会构成预期不当拒付，受益人可追究开证人预期不当拒付损害赔偿责任。[3]

再次，开证人必须有明示或默示表达拒绝承付的意图。至于何种表述或行为构成"拒绝承付"，便涉及开证人预期不当拒付类型化问题，容下文再述。但无论如何，开证人的拒付意图都必须是明确无误的，否则不构成预期不当拒付。[4]在"Colorado Nat. Bank of Denver 案"中，[5]法院认为，当开证人仅仅只是表明在受益人未履行与申请人签订的基础协议前不应（should not）被要求承担信用证下承付义务，并不足以表明开证人明确无误地表达了将会拒绝承付受益人信用证下的相符交单。如果开证人表明只有受益人履行了基础协议，开证人才承担信用证下承付义务，则结论当然不同。[6]

---

[1] 参见第一章第三节。

[2] See *Distribuidora del Pacifico SA v. Gonzales*, 88 F. Supp. 538 (1950).

[3] Comments, "Damages for Breach of Irrevocable Commercial Letters of Credit: The Common Law and The Uniform Commercial Code", 25 U. Chi. L. Rev., 667, 668 (1958).

[4] 此判断标准和普通合同法以及 UCC §2-610 规定的标准并无二致。See Keith A. Rowley, "Anticipatory Repudiation of Letters of Credit", 56 SMU L. Rev., 2235, 2258~2259 (2003).

[5] *Colorado Nat. Bank of Denver v. Board of County Com'rs of Routt County*, 634 P. 2d 32, 41 (Colo. 1981).

[6] See Keith A. Rowley, "Anticipatory Repudiation of Letters of Credit", 56 SMU L. Rev., 2235, 2265~2266 (2003). See also *Barclays Bank DCO v. Mercantile Nat. Bank*, 481 F. 2d 1224 (5th Cir. 1973); *Jaks (UK) Ltd. v. Cera Inv. Bank* [1998] 2 Lloyd's Rep. 89 (QB).

第三章 不当拒付损害赔偿责任构成要件（二）：不当拒付

而在开证人拒付意图判定上，应以理性人理解为衡量标准。对此，"Equal Justice Foundation 案"法院认定开证人要求返还信用证并声明信用证"无效且无进一步法律效力"构成预期不当拒付。法院认为："一个理性之人会将开证人要求立即退还信用证的声明理解为开证人拒绝履行信用证下义务的表示。"〔1〕

最后，只有在不可撤销信用证下才存在开证人预期不当拒付问题。由于在可撤销信用证下，受益人交单之前开证人可自由撤销信用证而无须对受益人承担任何责任。〔2〕因此，可撤销信用证不存在开证人预期不当拒付问题。〔3〕

综上，本书尝试将信用证预期不当拒付定义为：在不可撤销信用证生效后，受益人交单之前，开证人或保兑人以明示或默示方式表明其将拒绝承付或议付受益人的行为。〔4〕

二、预期不当拒付类型

综合美国法院判例，实践中信用证预期不当拒付行为主要包括如下几种类型。

（一）明示预期不当拒付

1. 无合法理由明确告知受益人将不履行承付义务

信用证一旦开立，开证人便承担了相符交单下的绝对承付义务。〔5〕而在受益人交单之前，如果开证人明确以言辞方式通

---

〔1〕 *Equal Justice Foundation v. Deutsche Bank Trust Co. Americas*, 61 UCC Rep. Serv. 2d 120 (SD Ohio 2006). See James E. Byrne, *6B Hawkland UCC Series* § 5-111：2 [Rev] Anticipatory repudiation and wrongful dishonor —UCC § 5-111 (a) [Rev] note 10 (Thomson Reuters 2016).

〔2〕 See UCP500 Article 8.

〔3〕 1962 UCC § 5-115 cmt. 3.

〔4〕 Keith A. Rowley, "Anticipatory Repudiation of Letters of Credit", 56 SMU L. Rev., 2235, 2235 (2003).

〔5〕 See 1995 UCC § 5-108 (a); UCP600 Article 7; ISP98 Rule 2.01.

知受益人其将不履行承付义务，显然是对其相符交单下绝对承付义务的违反，受益人有权追究开证人预期不当拒付责任。

例如，在"Engel Industries 案"中，[1]受益人与申请人签订了一份机械设备买卖合同，并由申请人最终转卖给伊拉克客户。开证人开出信用证后，在付运期及信用证有效期届满前，美国布什政府冻结了伊拉克在美国的所有资产。于是开证人通知受益人与通知人，根据政府禁令，其被限制承付信用证项下款项。尽管受益人收到开证人前述信息，其仍继续履行合同。实际上，此时其已经几乎完成了机械设备的生产。但随后受益人联系通知人安排交单事宜时，通知人拒绝接受单据，理由是开证人将不会承付。最终，开证人给受益人发出通知，要求受益人返还此前受益人在信用证下支取的10%预付款。为减轻损失，受益人通过转售回收了部分成本，但仍遭受利润损失、拆卸费、重新包装费等损失。为此，受益人起诉开证人预期不当拒付。开证人以政府禁令为由抗辩。但根据颁布禁令的官方机构的回复意见，受益人与申请人之间的贸易属于国内贸易，自然也就容许开证人在满足信用证规定条件下承付信用证款项。法院接受上述意见认为开证人不得以政府禁令为由拒付受益人。法院进一步解释认为，政府禁令并未绝对禁止，开证人可以提交材料给相应部门申请付款。但开证人根本未尝试联系相关部门确认其付款义务是否被禁止，以及禁止的情况下如何申请付款，而是直接通知受益人拒付，故此开证人构成预期不当拒付。

2. 开证人单方要求撤销、退还信用证或主张信用证无效

信用证一经开立，便对开证人具有法律拘束力。自然，未

---

[1] *Engel Industries, Inc. v. First American Bank, NA*, 798 F. Supp. 9 (1992).

第三章　不当拒付损害赔偿责任构成要件（二）：不当拒付

经受益人同意，开证人不得撤销信用证。[1]开证人在信用证有效期届满之前擅自要求撤销、退还信用证或主张信用证无效而被法院判决构成预期不当拒付的，在司法实践中有多起案例。[2]

例如，在"Ernesto Foglino 案"中，[3]受益人与申请人签订了一份销售煤炭的合同，不可撤销信用证付款。开证人开出信用证后，因美国政府禁运以及运输问题，各方决定延长运输期限至政府禁令解除后 30 日内。随后受益人与第三人签订了煤炭购买合同，以满足对申请人供煤义务的履行。但在政府禁令"解除"当天，开证人与申请人非法撤销信用证并告知受益人拒绝履行合同。在通知撤销信用证之时，政府解除禁令并未满 30 天，甚至该禁令还未解除。法院判决认为开证人构成预期不当拒付。[4]

---

[1] See 1995 UCC §5-106 (b), UCP600 Article 9 (d). See also Keith A. Rowley, "Anticipatory Repudiation of Letters of Credit", 56 SMU L. Rev., 2235, 2261~2262 (2003).

[2] See 1962 UCC §5-115 (2). 尽管 1995 UCC §5-111 (a) 已对 1962 UCC §5-115 (2) 措辞进行了修改，但根据 1962 UCC §5-115 (2) 裁决之案件在 1995 UCC 下依然适用 [James E. Byrne, 6B Hawkland UCC Series §5-111：2 [Rev] Anticipatory repudiation and wrongful dishonor —UCC §5-111 (a) [Rev] note 9 (Thomson Reuters 2016)]。

[3] Ernesto Foglino & Co. v. Webster, 217 AD 282 (1926).

[4] See also J. Zeevi & Sons, Ltd. v. Grindlays Bank (Uganda) Ltd., 333 NE 2d 168 (NY 1975); Atari, Inc. v. Harris Trust and Sav. Bank, 599 F. Supp. 592 (ND Ill. 1984); Equal Justice Foundation v. Deutsche Bank Trust Co. America, 61 UCC Rep. Serv. 2d 120 (SD Ohio 2006); Dorchester Financial Securities, Inc. v. Banco BRJ, SA, 2003 US Dist. LEXIS 19419 (SDNY); Procter & Gamble Cellulose Co. v. Investbanka Beograd, 2000 WL 520630, 2001 US App. LEXIS 2434 (2nd Cir.). See also James E. Byrne, 6B Hawkland UCC Series §5-111：2 [Rev] Anticipatory repudiation and wrongful dishonor —UCC §5-111 (a) [Rev] note 10 (Thomson Reuters 2016).

3. 开证人无正当理由拒绝信用证自动续期

在"Banca Del Sempione 案"中，[1]涉案信用证为 750 000 美元的循环备用信用证，用来担保受益人 Suriel 贷款给申请人的利息支付。第一受益人为 Suriel，原告 Sempione 为第二受益人。在 Sempione 陆续支取信用证项下款项后，开证人拒绝信用证自动循环。Sempione 提起本诉讼。法院最终判决认定，开证人根据信用证有义务无条件每年自动续期信用证，而其拒绝自动续期行为构成了对信用证的预期不当拒付。

(二) 默示预期不当拒付

1. 开证人单方强制要求增加或修改信用证条款

未经受益人同意，开证人不得修改信用证。[2]但是，由于信用证修改本身并不改变原信用证效力，在受益人同意或拒绝修改之前，原信用证继续有效，[3]因此，开证人单纯信用证修改本身还不足以认定构成预期不当拒付。[4]只有当开证人单方强制修改信用证，并以受益人同意按信用证修改的条件作为开证人承付前提的，开证人此单方修改信用证行为方才构成预期拒付。[5]

例如，在"Savarin 案"中，[6]受益人与申请人签订了一份

---

[1] Banca Del Sempione v. Provident Bank of Maryland, 160 F. 3d 992 (1998).

[2] See 1995 UCC 5-106 (b); UCP600 Article 9 (d). See also ISP98 Rule 2.06.

[3] 参见王金根："论信用证修改"，载梁慧星主编：《民商法论丛》（第 61 卷），法律出版社 2016 年版，第 122~124 页。

[4] See Keith A. Rowley, "Anticipatory Repudiation of Letters of Credit", 56 SMU L. Rev., 2235, 2265~2266 (2003). See also Unique Sys., Inc. v. Zotos Int'l, Inc., 622 F. 2d 373, 377 (8th Cir. 1980); Wooten v. DeMean, 788 SW 2d 522, 526 (Mo. Ct. App. 1990); Accord Truman L. Flatt & Sons Co. v. Schupf, 649 NE 2d 990, 994 (Ill. App. Ct. 1995).

[5] Keith A. Rowley, "Anticipatory Repudiation of Letters of Credit", 56 SMU L. Rev., 2235, 2266 (2003).

[6] Savarin Corp. v. National Bank of Pakistan, 447 F. 2d 727 (1971).

小麦买卖合同6000吨，其中3000吨运往达曼，3000吨运往吉达，信用证付款。开证人所开立信用证容许两批次货物装一条船。但随后开证人又告知受益人只有装不同船才承付。法院认定开证人此单方修改信用证行为构成预期不当拒付。[1]

2. 分期支款或循环信用证下开证人就某一期支取不当拒付

如前述，一旦受益人按信用证规定提交相符单据，开证人便承担绝对付款义务。开证人如无合法理由拒付，显然对该次交单而言构成实际不当拒付。但是，如果是在分期（或分批）支取信用证甚至循环信用证下，开证人的非法拒绝承付同样构成了对受益人将来支取信用证下款项的权利的预期违反，受益人可就此追究开证人预期不当拒付责任。[2]

---

[1] See also *National Bank & Trust Co. of North America Ltd. v. JLM Intern. Inc.*, 421 F. Supp. 1269 (1976); *Décor by Nikkei Int'l, Inc. v. Fed. Republic of Nigeria*, 497 F. Supp. 893 (SDNY 1980); *Atari, Inc. v. Harris Trust and Sav. Bank*, 599 F. Supp. 592 (ND Ill. 1984).

[2] See 1962 UCC §5-115 cmt. 2. But see ISP98 Rule 3.07 (b)：对某一相符交单的不当拒付，并不构成对该备用证下其他交单的拒付，也不构成对该备用证剩余交单的预期拒付。至于该规定之理由，据起草人Byrne教授解释是基于信用证独立性：ISP98 Rule 3.07 (b) 规定了信用证标准惯例，即每次交单都具有独立性，开证人某一次交单的拒付不等于对其他交单的不当拒付[See James E. Byrne, *ISP98 & UCP500 Compared*, at 71 (Institute of International Banking Law & Practice 2000)；James E. Byrne, *The Official Commentary on the International Standby Practice*, at 114 (Institute of International Banking Law & Practice 1998)]。对ISP98该条规定之批评，See Brooke Wunnicke, Diane B. Wunnicke & Paul S. Turner, *Standby & Commercial Letter of Credit*, at 6-12-6-13 (Wolters Kluwer Law & Business 3rd ed 2013). 笔者以为，伯恩教授备用信用证ISP98 Rule 3.07 (b) 条规定在UCP600中并不成立，这是因为UCP600第32条明确规定，"如信用证规定在指定的时间段内分期支款或分期发运，任何一期未按信用证规定期限支取或发运时，信用证对该期及以后各期均告失效"。[ISP98并无类似规定，实际上此分期支款规定在备用信用证中也并不适用，See ISP98 Rule 3.07 (a)] 据此，一旦开证人某一期拒付，则必然意味着随后各期失效，开证人将会拒绝承担信用证下承付义务，从而受益人有理由认为开证人某一期不当拒付的，也会拒付随后各期支款。

在"Ross Bicycles 案"中，[1]开证人开出信用证后，接连拒付受益人 4 次交单。为此，受益人起诉要求开证人承付 189 056 美元，以及信用证下剩余款项 590 000 美元。法院判决开证人不仅应对受益人承担前 4 次交单的不当拒付损害赔偿责任，而且进一步判决认为，开证人在接连 4 次拒付受益人交单后，受益人并无义务继续进行毫无效果的交单行为，而可以直接追究开证人预期拒付责任并要求赔偿信用证剩余金额款项。

因而，如果开证人只是拒付某一次交单，而并非意图对后续所有交单进行拒付，其应在拒付通知中予以指出，否则一旦法院认定开证人该次拒付不当，可能会认定对后续各批次支款构成预期不当拒付。[2]

当然，如果受益人交单不符，开证人合法拒绝承付该期受益人的支款，不得认定开证人对将来各期构成预期不当拒付，自是当然之理。但有疑问的是，如果开证人善意以交单不符为由拒付，但最终被法院认定构成不当拒付，是否意味着开证人应对随后各批次交单构成预期不当拒付？笔者对此持否定态度。因为很难据此认为开证人对将来随后各批次相符交单的拒付意图是"明确无误"（clearly and unequivocally）的。[3]

---

[1] *Ross Bicycles, Inc. v. Citibank, NA*, 161 Misc. 2d 351 (1994). See also *Doelger v. Battery Park Nat. Bank*, 201 AD 515 (1922); *Nissho Iwai Europe PLC v. Korea First Bank*, 99 NY 2d 115 (2002).

[2] James E. Byrne, *International Letter of Credit Law and Practice* § 66：4. US law—Anticipatory repudiation and wrongful dishonor in UCC § 5-111 (a) [Rev] (Thomson Reuters 2017).

[3] 当然，由此必然导致争议的是，如何认定开证人不当拒付是善意还是恶意？当然，也许实务中很少出现此类争议，因为如果开证人的确是"善意"认为受益人交单不符而拒付的，在法院或 DOCDEX 裁决受益人交单相符时，申请人、开证人与受益人完全可以就后续各期或各批交单问题重新进行约定。

3. 开证人破产或资不抵债

除了上述几种类型外,实务上还可能存在开证人在受益人交单前破产、资不抵债的情形,此时尽管开证人并未言明,但客观情况表明开证人有可能将会拒付受益人。此时受益人可要求开证人提供担保,如开证人未提供担保,或在合理期限内未恢复履行能力,受益人也可主张开证人构成预期不当拒付。[1]例如在"Lexon 案"中,受益人便以开证人破产为由追究开证人预期不当拒付责任,但法院以被告 FDIC 有权在合理期限预期拒付且受益人未能举证在被告预期拒付时其有遭受实际损失为由驳回受益人起诉。[2]

三、受益人有能力、有意愿且已准备履行

(一) *如何举证受益人有能力、有意愿且已准备履行*

一旦开证人构成预期不当拒付,受益人即可免除交单义务,目的在于尽早将受益人从毫无意义的信用证交单行为中解脱出来。[3]但毕竟开证人承担承付义务的前提是受益人提交相符单据。因此,如何平衡预期不当拒付下开证人与无需交单的受益人之间的利益,便非常关键。按照美国各判例所确认的规则,受益人无需交单,但如果要追究开证人不当拒付损害赔偿责任,受益人必须举证证明其有能力、有意愿且已经准备好了履行交单义务,只是由于开证人预期不当拒付,导致受益人无需去从

---

〔1〕 See Restatement 2nd of Contracts § 251; UCC §2-609.
〔2〕 See *Lexon Insurance co. v. FDIC*, NO. 2 2018cv18-4245 (E D La. 2019). See also *Credit life Ins. Co. v. FDIC*, 870 F. Supp. 417 (D N H 1993); *Granite Re, Inc. v. NCUA Bd.*, 2018 US Dist. LEXIS 220831.
〔3〕 1962 UCC §5-115 (2); 1995 UCC §5-111, cmt. 1. See also *Procter & Gamble Cellulose Co. v. Investbanka Beograd*, 2000 WL 520630; *Engel Industries, Inc. v. First American Bank, NA*, 798 F. Supp. 9 (1992).

事毫无意义的交单行为而已。[1]否则，受益人将有不当得利之嫌疑。[2]毕竟，如果受益人无法提交相符单据，他就不会有真正损失，或者说受益人损失和开证人预期不当拒付之间缺乏因果关系。[3]

例如，在"Doelger案"中，[4]法院强调，受益人欲追究开证人预期不当拒付损害赔偿责任，必须举证证明其已准备好、有意愿且能够履行其与申请人的基础买卖合同义务。一审法院允许受益人去举证证明其是否能够在市场上取得信用证所规定付运期限内符合货物描述的提单。其背后逻辑在于，如果受益人能够提交这样的证据，则足以表明其能够履行合同义务。而事实是，该案受益人通过若干熟悉市场行情的证人证明了，由于战争爆发，市场上有很多合同解约的情况，受益人能够轻易地从市场上获得符合信用证要求的提单。而受益人一方的证词也表明，受益人实际上已经从市场上购进了买卖合同项下货物，并随时准备在付运期内付运。因而，法院认定受益人已经完成

---

[1] See 1995 UCC § 5-111 cmt. 1; Keith A. Rowley, *Anticipatory Repudiation of Letters of Credit*, 56 SMU L. Rev.，2235, 2260~2261 (2003); John F. Dolan, *The Law of Letters of Credit*: *Commercial & Standby Credits* § 9.02 [2] Elements for Breach and Anticipatory Breach (LexisNexis AS Pratt 2018). See also Restatement 2nd Contract Law § 254 (1); E. Allan Farnsworth, *Contracts*, at 602 (Aspen Law & Business 3rd ed 1999).

[2] Comments, *Damages for Breach of Irrevocable Commercial Letters of Credit*: *The Common Law and The Uniform Commercial Code*, 25 U. Chi. L. Rev.，667, 670 note 14 (1958). See also *Dodger v. Battery Park National Bank*, 201 AD 515 (1922).

[3] 1861 *Capital Master Fund, LP v. Wachovia Capital Markets, LLC*, 95 AD 3d 620 (2012). 在举证责任上，预期拒付受益人举证责任和实际不当拒付不同，如受益人欲追究开证人实际不当拒付损害赔偿责任，其必须举证证明其已严格按信用证规定提交了相符单据，或者开证人未能严格遵守拒付通知要求而构成失权。开证人则可以受益人交单不符甚至欺诈进行抗辩。See Xiang Gao & Ross P. Buckley, "The Unique Jurisprudence of Letters of Credit: Its Origin and Sources", 4 San Diego Int'l L. J. 91, 122 (2003).

[4] *Doelger v. Battery Park Nat. Bank*, 201 AD 515 (1922).

第三章　不当拒付损害赔偿责任构成要件（二）：不当拒付

了必要举证义务。

在"Ernesto Foglino 案"中，[1]法院认为，有证据表明受益人已经和供应商签订好煤炭供应合同，足以履行本案基础买卖合同下对申请人的交货义务，而且煤炭与船舶船期都切实可行，货物能随时在合同以及信用证所规定付运期限截止前装船。因此，法院认定受益人已准备好、有意愿且能够履行其合同项下义务。

在"Ufitec 案"中，[2]受益人正在巴西逃亡，其无法按信用证要求亲自到瑞士签署汇票从而提交与信用证相符的单据，法院据此驳回了受益人的起诉。法院特别指出，在预期不当拒付下，受益人只是被免除了提交单据的义务，而并没有被免除举证证明其有能力、有意愿且已准备提交相符单据的义务。

"Décor by Nikkei Int'l 案"法院认为，[3]根据纽约州法律，预期不当拒付下的卖方必须证明他已经准备好、愿意且能够履行合同项下义务。而该案中提交至法院的证据表明 Nikkei 已经与 Fontanet 签署了购进 120 000 吨水泥的分包合同，且其享有增加购买 120 000 吨水泥的选择权。因而，如果 Nikkei 行使其选择权，其便能够全面履行其与尼日利亚签署的水泥买卖合同义务。正如证据中所表明的，当尼日利亚中止水泥进口之时，Fontanent 正在履行其分包合同下的供货义务。Nikkei 进一步主张，即使他不行使与 Fontanet 签署的分包合同选择权，他也能够从其他西班牙水泥厂商处以比 Fontanet 更低的价格购进额外的水泥 144 000 吨[4]。提交至法庭的证明支持了这一结论，即西班牙及欧洲其他国家在 1975 年和 1976 年拥有充足的尚未利用的生产

---

[1]　*Ernesto Foglino & Co. v. Webster*, (1926) 217 AD 282.

[2]　*Ufitec, SA v. Trade Bank & Trust Co.*, 249 NYS 2d 557 (NY App. Div. 1964), aff'd, 209 NE 2d 551 (NY 1965).

[3]　*Décor by Nikkei Int'l, Inc. v. Fed. Republic of Nigeria*, 497 F. Supp. 893 (1980).

[4]　即剩余的 120 000 吨以及合同总数量 240 000 吨的 10%。

能力为 Nikkei 及其他原告提供充足的水泥。因而，既然有证据证明 Fontanet 正在履行其与 Nikkei 的分包合同，且西班牙其他水泥厂有充足的能力向 Nikkei 提供足够的水泥，以便 Nikkei 履行与尼日利亚水泥合同下的履行义务。因此，法院最终认定 Nikkei "已准备、愿意且能够"履行合同义务，向尼日利亚提供 240 000 吨水泥。同时法院还认定，根据提交给法庭的证据，当时存在充足的船舶运力将水泥运往尼日利亚，特别是自尼日利亚取消了若干水泥买卖合同，从而增加了可租用船舶数量。

  针对本案另一原告 Chenax，法院根据《瑞士债法典》第 107 条规定同样要求原告举证证明其能履行合同义务，且必须证明损失。但法院认为提交至法院的证据并不能够充分证明 Chenax 已经准备好、愿意且能够履行其合同项下义务。因为，Chenax 未能提供充分可信证据证明其已经与 Cementos 签署了分包合同，因而 Cementos 有义务向 Chenax 提供水泥，或有充足生产能力生产要求数量的水泥。而 Chenax 所提交的欧洲水泥产能与产量证明材料没有一个可以证明 1975 年和 1976 年 Cementos 尚未利用的产能能够提供充足水泥。而且，尽管 Chenax 抗辩认为其可能从意大利水泥厂商处以比 Cementos 更优惠价格购进 200 000 吨水泥。但提交的证据并不能充分证明其所主张的要约实际上是给 Chenax 的。因此，法院认为，Chenax 未能举证证明其有能力履行涉案水泥买卖合同。尽管法院认定，西班牙和欧洲其他国家在 1975 年至 1976 年期间有充足能力为三位原告提供水泥。但是，并没有可信证据证明 Chenax 意图并能够履行其合同义务。Nikkei 已经与水泥供应商签署了分包合同，而 Chenax 未能证明其意图且能够向尼日利亚提供水泥，或其已经与水泥供应商签署了有法律拘束力的分包供应合同。

第三章　不当拒付损害赔偿责任构成要件（二）：不当拒付

在"Atari 案"中，[1]受益人第一次支款下单据相符，法院认为足以表明受益人有能力、有意愿满足相符交单条件。

在"Ross Bicycles 案"中，[2]法院认为，受益人欲追究开证人预期不当拒付损害赔偿责任，不仅要证明开证人存在预期不当拒付行为，而且必须证明若非开证人的预期不当拒付，其原本已经准备好并有意愿、有能力履行其合同下义务。而该案中受益人通过其主管的证言清楚确立了（clearly established）其非常容易地便可履行基础买卖合同并满足信用证单据要求。[3]

但是在"Clement 案"中，[4]法院却认定受益人无法证明其将能够提交备用证下相符单据，因为在开证人预期不当拒付时，尚不存在允许受益人支取备用证下款项的违约行为的发生。

（二）简要评析

从上述诸多判例来看，多数受益人是通过举证证明其已经准备好了基础合同项下的履行，从而间接证明其能够履行信用证下相符交单义务。法院似乎也承认该举证证明力及举证方法的妥当性。

然而，毕竟信用证是完全独立于基础交易的单据业务。上述举证受益人有能力、有意愿且已准备履行基础交易，从而间接证明受益人有能力、有意愿且能够履行信用证下相符交单义

---

[1] *Atari, Inc. v. Harris Trust and Sav. Bank*, 599 F. Supp. 592 (ND Ill. 1984).

[2] *Ross Bicycles, Inc. v. Citibank NA*, 161 Misc. 2d 351 (1994).

[3] See also *Sokol Holdings, Inc. v. BMB Munai, Inc.*, 438 Fed. Appx. 45 (2011); 1861 *Capital Master Fund, LP v. Wachovia Capital Markets, LLC*, 95 AD 3d 620 (2012); *Record Club of Am., Inc. v. United Artists Records, Inc.*, 890 F.2d 1264, 1275 (2d Cir. 1989).

[4] *Clement v. FDIC*, 2 UCC Rep. Serv. 2d (Callaghan) 1017 (WD Okla. 1986). See also *Granite Re, Inc. v. NCUA Bd.*, 2018 US Dist. LEXIS 220831, reversed and remanded by 2020 US App. LEXIS 13196; *Lexon Insurance co. v. FDIC*, NO.2 2018cv18-4245 (E.D.La. 2019); *Credit life Ins. Co. v. FDIC*, 870 F. Supp. 417 (D N H 1993).

务，不无违反信用证独立性原则的嫌疑。由于多数情况下受益人在追究开证人预期不当拒付损害赔偿责任时，都不曾备妥单据，从而无法从单据角度举证证明其交单将会相符。从此角度看，受益人举证证明其能够履行基础合同，不失为一种不得已的间接证明方法。

但笔者认为，鉴于开证人才是不当拒付的责任方，而受益人纯属不当拒付的受害人，如果过分强调受益人举证提交相符单据的意愿与能力，显然有违公平精神。故此，法院对此要求不应过于严苛，只要信用证单据要求合理，不存在难以做到的软条款，便应推定受益人具有提交相符单据的能力与意愿。相反，开证人如欲反驳，其必须提交确切证据予以证明，比如单据要求中存在根本无法做到的条款要求，诸如要求某一机构签发的证书，而实际上该机构根本不存在，或者该机构从不签发此类证书等。实际上，前述"Ufitec案"便是因为开证人举证受益人在逃亡而无法按信用证要求亲自前往瑞士签署并提交单据而被认定将无法提交相符单据，从而不得追究开证人预期不当拒付损害赔偿责任。[1]

此外，备用信用证下，我们是否能够单纯地以基础合同尚不存在违约行为来否定受益人能够提交相符单据的能力？前述"Clement案"法院便判决如此。[2]但按此逻辑，岂不意味着，只有基础合同违约了，受益人才能够证明其有能力提交相符单据？问题是，此时受益人是否有必要追究开证人预期拒付责任而不是实际不当拒付损害赔偿责任？如果容许受益人追究开证人预期不当拒付责任，却又可以以基础合同尚不存在违约行为而

---

〔1〕 *Ufitec, SA v. Trade Bank & Trust Co.*, 249 NYS 2d 557, 560 (NY App. Div. 1964), aff'd, 209 NE 2d 551 (NY 1965).

〔2〕 *Clement v. FDIC*, 2 UCC Rep. Serv. 2d (Callaghan) 1017 (WD Okla. 1986). See also *Lexon Insurance co. v. FDIC*, NO. 2 2018cv18-4245 (E. D. La. 2019); *Credit life Ins. Co. v. FDIC*, 870 F. Supp. 417 (D N H 1993).

第三章　不当拒付损害赔偿责任构成要件（二）：不当拒付

否定受益人提交相符单据能力，那受益人又如何才能举证满足其"有能力、有意愿且已准备履行"相符交单？显然，从"Clement 案"法院逻辑推论下来，凡是备用信用证下预期拒付的，受益人都将无法追究开证人损害赔偿责任之可能。令人欣喜的是，"Clement 案"法院判决逻辑最终被晚近的"Granite 案"法院判决所拒绝。在"Granite 案"中，一审法院像"Clement 案"一样以开证人被接管前受益人并未交单为由判决受益人败诉。但二审推翻了一审判决并发回重审，理由是如果一审法院逻辑成立，则意味着开证人的接管人将无需对信用证预期不当拒付承担任何责任，而这并不符合立法本意。[1]

四、美国信用证预期不当拒付制度对我国的启示

我国《结算办法》以及《信用证司法解释》《独立保函司法解释》等都未涉及预期不当拒付问题。在笔者有限搜集与阅读范围内，也不曾见到受益人直接以预期不当拒付为由追究开证人损害赔偿责任的案件。

但在具体实务中，的确存在可能构成开证人预期不当拒付的事例。只是由于受益人并未根据预期拒付追究开证人责任，而是直接按买卖合同和信用证规定交付货物并提交相应单据给开证人，结果被开证人以所谓"不符点"为由拒付。

具体事实是，我国受益人与西班牙申请人签订了一份合同，约定采用延期付款信用证。开证人开证后不久便向受益人发来报文要求撤销信用证。[2]但受益人并未同意撤销信用证，而是

---

〔1〕 *Granite Re, Inc. v. NCUA Bd.*, 2020 US App. LEXIS 13196.

〔2〕 电报原文为：Our applicant have requested us the cancellation of our above-mentioned documentary credit, as they are aware of the fact that it will not be drawn down. So please be so kind as to arrange with its beneficiary their consent to its cancellation…

按预定计划装运货物并取得联合运输提单,经交单人确认单据相符后向开证人交单。证据显示开证人于 2008 年 11 月 20 日收到单据。但迟至 2008 年 12 月 2 日,开证人才发出拒付通知,"提交了联合运输提单而非货代提单,申请人拒绝接受单据"。受益人多次沟通无果后,开证人最终将单据复印件退回。至于原件,开证人的报文通知是:单据原件于 2008 年 11 月 27 日前邮寄给申请人所在的分支机构途中遗失。[1]最终经多次沟通过,受益人在本应付款日后的 3 个月才拿到款项及相应利息。然而,该案给我们不少启示。

首先,此案开证人拒付通知明显并未遵循 5 个银行工作日规则;其次,从披露情况来看,开证人拒付通知也并未明确表示开证人拒付,而是"申请人拒绝接受单据";最后,开证人未遵循单据处理规定,即未退回单据原件。而从披露事实来看,开证人不得根据 UCP600 第 35 条规定主张单据遗失免责。先不论受益人交单是否与信用证相符,单纯凭前面三点便足以证明,开证人并未按 UCP600 规定严格履行审单与退单义务,从而构成失权。[2]

笔者以为,在此案中,如果受益人不选择付运货物并提交单据,而是选择直接主张开证人预期不当拒付也并无不可。当然,受益人欲主张开证人预期不当拒付,首先是我们法院要承认预期不当拒付制度;但更关键的问题是,受益人如何证明开证人构成了预期不当拒付。我们似乎不能单纯地凭开证人要求撤销信用证本身认定其构成预期不当拒付,因为开证人只是要

---

[1] 李道金:《信用证风险防范与纠纷处理技巧》,中国海关出版社 2015 年版,第 47~54 页。

[2] 李道金:《信用证风险防范与纠纷处理技巧》,中国海关出版社 2015 年版,第 53~54 页。

第三章 不当拒付损害赔偿责任构成要件（二）：不当拒付

求"与受益人联系撤销事宜，之后，请以 SWIFT 报文向我们确认，我们即视前述信用证已被撤销，并做闭卷处理"。如果受益人明确表示拒绝撤销并要求开证人澄清是否会继续按照信用证要求履行付款义务时，开证人仍明确要求撤销信用证，则应该能够确认开证人预期不当拒付。

另在一起保兑人拒付事件中，涉案信用证为循环信用证。该信用证由尼日利亚银行开出，英国银行保兑，受益人为我国山东一家公司。信用证规定："本信用证为循环信用证，首期最低金额为 10 000 000 美元，最大金额为 39 900 000 美元。"受益人发运完前四批货物，并顺利取得信用证款项 9 519 000 美元。但当受益人递交第五批单据给保兑人时，保兑人拒付，理由是超支。实际上该第五批单据支取款项仅为 3 847 500 美元，并不存在超支问题。后开证人甚至直接发来电文明确限制信用证循环条款效力："请通知受益人仅在收到经银行保兑的增加信用证金额的修改书后才提交下次交单"，从而人为地将无条件循环信用证改为限制循环信用证。经沟通协商，受益人成功获得第五批信用证项下款项。[1]

笔者以为，从法律角度来看，保兑人拒付不符点显然不成立，因为根本不存在超支问题。这也是受益人向保兑人成功索取第 5 笔款项的原因所在。但是，此案如果就此打住，显然对受益人不利。因为实际上受益人只付运了 1/3 左右的货物，支取了 1/3 左右的款项。受益人也一直试图要求开证人启动信用证循环。[2] 但不知实际效果如何，由于并未提供更多信息，笔

---

[1] 李道金：《信用证风险防范与纠纷处理技巧》，中国海关出版社 2015 年版，第 68~74 页。

[2] 李道金：《信用证风险防范与纠纷处理技巧》，中国海关出版社 2015 年版，第 72~74 页。

者不得而知。但是，如果我们承认预期不当拒付的话，受益人完全可以将此案提交法院要求判决开证人或保兑人承担预期不当拒付损害赔偿责任，从而顺利拿到信用证下随后各期款项。

总而言之，我们理应确认信用证预期不当拒付制度，以更好地维护信用证付款迅捷、确定的精神，避免开证人恶意预期拒付而逃避信用证下付款责任，而将不可撤销信用证恣意修改为"可撤销"信用证。实际上，我们并不存在承认开证人预期不当拒付的法律障碍。我国《民法典》预期违约制度完全可以适用于开证人对受益人的承付义务。[1]当然，可能由于我国信用证法律本身并未涉及预期不当拒付问题，再加上理论上对信用证特殊合同性质的认识不到位，导致无论是信用证交易各方当事人，还是有关专家、律师，都尚未意识到受益人还可追究开证人、保兑人预期不当拒付损害赔偿责任的可能。

第五节 本章小结

尽管从严格意义上而言，UCP600 下的不当拒付应当是 wrongful refusal（to honor, negotiate or reimburse）；与之对应的是，1995 UCC §5、ISP98 下的不当拒付为 wrongful dishonor，我国《结算办法》下的不当拒付为 wrongful refusal（to pay, negotiate or reimburse），URDG758 下的不当拒付为 wrongful refusal（to pay or reimburse），《公约》下的不当拒付为 wrongful refusal（to pay）。但从本质上来讲，wrongful dishonor 与 wrongful refusal（to honor/pay, negotiate or reimburse）并无实质性差异。

无论是 UCP600 下的拒付，还是 1995 UCC §5、ISP98 下的拒付，其本质都包含开证人或保兑人拒绝承付、议付与偿付受

---

[1] 参见《民法典》第 578、563 条。

第三章 不当拒付损害赔偿责任构成要件（二）：不当拒付

益人或被指定人的情形。自然，所谓不当拒付，便是指开证人或保兑人无合法理由拒绝承付、议付或偿付受益人或被指定人的行为。尽管 URDG758、《结算办法》以及《公约》中并不存在承付甚至议付等概念，但不管措辞如何，这些法律或惯例语境下的不当拒付和 UCP600、ISP98 以及 1995 UCC §5 下的不当拒付概念并无本质差异。

基于上述分析，美国法语境下的不当拒付与我国法下不当拒付概念基本一致。而且也都可划分为实际不当拒付与预期不当拒付，而实际不当拒付又可进一步分为严格相符下的实际不当拒付与失权下的不当拒付。

并非只要存在不当拒付，受益人便可追究开证人损害赔偿责任。尽管受益人交单相符或者开证人未能遵守拒付通知要求而构成失权，如果开证人有充分证据证明存在信用证欺诈，开证人仍可合法拒绝支付受益人。只是我国《信用证司法解释》及法院判决所确立的欺诈例外条件某些方面要比美国信用证法的要求更为严格，即我国法下开证人必须证明受益人具有欺诈的故意与意图。

信用证审单原则上采用严格相符原则，而非实质相符或镜像原则。严格相符原则并非要求受益人所交付单据表面上能够与信用证、国际标准银行实务、单据之间绝对一致，而只需要单单之间、单证之间不冲突即可。只要单据之间、单证之间的差异是微小的，不会引发歧义、不会因此而危及开证人法律地位，开证人也不会因此而被误导产生损失，便都是在可容许范围之内。开证人不能机械性地、僵硬化地执行绝对相符要求。

严格相符原则既有助于维护信用证付款的迅捷性和确定性，又有助于商事效率的实现；既能够克服镜像审单原则的过度僵化，又能克服实质相符标准的过度模糊，从而比较好地兼顾了开证人、申请人与受益人等各方利益。

只要受益人交单与信用证严格相符,开证人便承担了绝对承付义务。如果开证人拒付,除非有合法抗辩理由,否则开证人构成不当拒付。这一类型不当拒付本质是开证人对严格相符原则的违反。本书称之为严格相符下的不当拒付。

如果开证人审单认定单据不符,其承担了发出拒付通知的义务。UCP600、ISP98 及 1995 UCC §5 等对拒付通知要求略有区别,其中以 UCP600 要求最为严格。其不仅要求拒付通知必须清晰表明拒付意图、凭以拒付的每一不符点、拒付通知期限与方式,还需明确告知单据处置方式并按要求退单。一旦开证人未能严格满足上述要求,便会构成失权。而 ISP98 及 1995 UCC §5 拒付通知中并不强制要求告知单据处置方式,开证人更不会因退单不当而失权。

一方面,严格失权制度是严格相符原则对受益人严苛性的矫正,从而实现开证人与受益人利益的有效平衡;另一方面,如果容许开证人审单时拖延时日,抑或不明确告知受益人具体不符点或者不告知单据处置方式,或不按照拒付通知表述及时、完整退单,将严重影响受益人对单据补救的可能性,从而最终损害信用证付款的迅捷性与确定性。严格失权规则也是信用证付款迅捷性与确定性的要求与体现。如果不确认未满足拒付通知要求的开证人构成失权,将会可能诱导开证人不当拒付,并迫使受益人不得不以诉讼方式解决双方争议,从而使得原本为先付款后诉讼的付款制度变为先诉讼后付款的拒付制度。

总而言之,正是因为有了严格相符和严格失权制度的配合,我们才能确保信用证付款的确定性与迅捷性,并使之成为一种与一般担保合同相区别的高效、可靠、低廉的独特付款机制与融资机制,从而最终有效维护信用证交易当事人对信用证付款

第三章 不当拒付损害赔偿责任构成要件（二）：不当拒付

融资机制的信心。

与前述不当拒付是对严格相符原则的违反不同，此类不当拒付是开证人对拒付通知与退单规则的违反，本书将其称之为失权下的不当拒付。

我国法院就严格相符下不当拒付的判定及失权下不当拒付的判定所坚持的立场与标准与美国大体相同，例如都强调避免机械化、僵硬化地解释适用严格相符标准，都是从严解释开证人的拒付通知要求。但各法院在实际判定上，仍存在细微差异。典型表现便是我国法院对不符点表述的要求要严格于美国法院的认定标准。但这些差异均非实质性的不同。

如果在受益人交单之前，开证人或保兑人明示或默示表示将不会履行信用证下承付或议付义务，将构成预期不当拒付。

根据美国法院的判决实践，我们可将开证人预期不当拒付行为分为两大类六种情形：开证人单方要求撤销、退还信用证或主张信用证无效；开证人无合法理由明确告知将不履行承付义务；开证人无正当理由拒绝信用证自动续期；开证人单方强制要求增加或修改信用证条款；分期支款或循环信用证下开证人就某一期支取不当拒付；开证人破产或资不抵债。然而，无论何种类型的预期不当拒付行为，开证人的拒付意图都必须是明确无误的。

一旦开证人构成预期不当拒付，受益人即可免除交单义务，以便尽早将受益人从毫无意义的信用证交单行为中解脱出来。但毕竟开证人承担承付义务的前提是受益人提交相符单据。因此，如何平衡预期不当拒付的开证人与无需交单的受益人之间的利益，便非常关键。按照美国各判例所确认的规则，受益人无需交单，但却必须承担举证证明其有能力、有意愿且已经准备好了履行交单义务，只是由于开证人预期不当拒付，导致受益人无需去从事毫无意义的交单行为而已。否则，受益人将有不当得利之嫌。本书认为，鉴于开证人才是预期不当拒付的责任方，而受益人纯属预期不当拒付的受害人，如果过分强调受益人举证提交相符单据的意愿与能力，有违公平精神。故此，法院对此的要求不应过于严苛，只要单据要求合理，不存在难以做到的软条款，便应推定受益人具有提交相符单据的能力与意愿。相反，开证人如欲反驳，主张受益人必将无法提交相符单据，其必须提交确切证据予以证明。

我国法院与学界理应根据《民法典》预期违约规定承认信用证预期不当拒付制度，从而更好地维护信用证付款迅捷、确定的精神，避免开证人或保兑人恶意预期不当拒付而逃避信用证下付款责任，而将不可撤销信用证恣意修改为"可撤销"信用证。

第四章
不当拒付损害赔偿责任的适格原告与被告

一般合同违约损害赔偿纠纷中学者通常比较少去讨论适格原告与适格被告问题，因为合同当事人往往比较明确，谁是适格原告，谁为适格被告，几无争议。但是，在信用证不当拒付损害赔偿纠纷中，这一问题则值得探讨。因为实务中参与信用证交易的当事人繁多。[1]一旦存在拒付问题，便需要确认各方当事人在信用证交易中所承担的义务、责任及享有的权利。

第一节 适格原告

一、受益人

信用证下开证人对受益人承担了相符交单时的绝对付款义务。[2]自然，一旦受益人交单相符而开证人不当拒付，受益人当然有权起诉开证人不当拒付。对此，不应有任何疑问。[3]

---

〔1〕 独立保函在这一点上和信用证不同。实务中，独立保函交易当事人通常参与人都比信用证要少，例如独立保函中几乎都不会出现诸如保兑人、议付人、转开证人等参与人。从而，独立保函不当拒付损害赔偿中，适格原告通常为受益人或（反担保下的）担保人，而适格被告通常为担保人或（反担保下的）反担保人。当然，如果独立保函存在转让或让渡，则受让人或法定受让人或款项受让渡人也可成为适格原告。

〔2〕 See e. g. UCP600 Articles 7, 8, 15; 1995 § UCC 5-108 (a).

〔3〕 参见广东省高级人民法院"菱电升降机有限公司诉中国光大银行深圳分行信用证纠纷案"[2002] 粤高法民四终字第 96 号。

但应强调的是,根据严格相符原则,只有信用证具名受益人才有资格要求开证人承付;在开证人不当拒付时,也只有该具名受益人才有资格起诉开证人。即在开证人不当拒付损害赔偿诉讼中,只有具名受益人才是适格原告。而非具名受益人不得起诉开证人不当拒付。[1]

例如,在"Navana Logistics 案"中,[2]原告 Navana 只是一家货代公司,并非开证人所开立信用证的受益人。信用证受益人是原告的托运人,原告主要负责将受益人货物运往目的港给申请人。但原告在目的港却无单放货。随后原告起诉包括申请人、开证人在内的被告,要求各被告支付货物款项或信用证款项。原告主张,因为各托运人、也就是信用证受益人正打算或已经起诉了他,要求他赔偿货物价款损失,因此他有权以受益人身份地位(stands in the shoes)起诉开证人不当拒付。但法院认为,原告并没有合法理由主张他因开证人的不当拒付而遭受损失。尽管开证人的承付义务是第一性的、独立的,在单据相符时变为绝对的,但是,原告并非本案信用证受益人,托运人才是。而且,即使原告有可能遭受或已经遭受受益人起诉,但对受益人可能承担损害赔偿责任本身也并不会导致原告成为信用证受益人,或使之享有为受益人信用证项下款项而起诉开证人的权利。尽管信用证受益人可将信用证或信用证项下款项转让或让渡给原告,果如此,原告当然有权起诉开证人。但本案原告并没有主张受益人有将信用证或信用证项下款项转让或让渡给他。[3]

---

〔1〕 信用证存在转让、法定转让等情形的除外,详见下述。

〔2〕 *Navana Logistics Limited v. TW Logistics, LLC*, 2016 WL 796855 (SDNY 2016).

〔3〕 法院进一步认为,即使 Navana 是信用证的受益人或可以受益人身份起诉,其也没有举证证明单据与信用证严格相符。

第四章 不当拒付损害赔偿责任的适格原告与被告

正是基于上述逻辑，美国法院明确否定存在所谓的"第三方受益人"（third party beneficiary）概念。例如，在"Arbest Construction案"中，[1]开证人开立了以总包商为受益人的备用信用证。当总包商未能支付分包商工程款项时，分包商起诉开证人，要求开证人承付。其主张的理由便是分包商实际是该信用证的第三方受益人。但法院明确驳回分包商此主张，因为在法律上并没有权威立场支持既非信用证具名受益人，也非信用证款项受让渡人身份的原告起诉开证人不当拒付的资格。[2]

我国尚未见到类似的非信用证具名受益人直接起诉开证人不当拒付的案件。但鉴于信用证本质是开证人给予申请人和受益人的一种"信用"，其一定是建立在对申请人和受益人资信状况的信赖基础之上的。[3]再加上信用证独立性、单据性原则，如果容许任何人都可以基于信用证受益人身份要求开证人承付，开证人尤其是申请人必然面临很多不可控因素，典型的便是欺诈风险。故此，根据申请人有限授权，开证人在信用证下只对具名受益人承担承付义务，非信用证具名受益人，即使其属于实质上的信用证受益者，也无权直接要求开证人承付，或起诉

---

[1] *Arbest Construction Co. v. First National Bank & Trust Co.*, 777 F 2d 581 (10th Cir. 1985).

[2] See also *Ahmed v. National Bank of Pak.*, 572 F. Supp. 550, 553 (SDNY 1983); *Interchemicals Co. v. Bank of Credit*, 635 NY S 2d 194 (NY App. Div. 1995); *M. Golodetz Export Corp. v. Credit Lyonnais*, 493 F. Supp. 480, 487 (CD Cal. 1980); *Fish Creek Capital, LLC v. Wells Fargo Bank, NA*, 2012 WL 2335315 (10th Cir. 2012); *Fifth Third Bank v. Kohl's Indiana, LP*, 918 NE 2d 371 (Ind. Ct. App. 2009). But see *Beckman Cotton Co. v. First National Bank*, 666 F2d 181 (5th Cir 1982); *Midstates Excavating, Inc. v. Farmers & Merchants Bank & Trust*, 410 NW 2d 190, 194-195 (SD 1987); *Eddins-Walcher Co. v. First National Bank of Artesia*, 932 F. 2d 975 (10th Cir. 1991); *Turquoise Props. Gulf, Inc. v. Iberiabank*, 2009 US Dist. LEXIS 97795.

[3] 参见第二章第一节。

开证人不当拒付。因此，即使前述情形发生于我国，法院判决结论也理应相同。

基于同一逻辑，由于母子公司在法律上分别享有独立法人人格，自然，子公司的信用证并非母公司的信用证，反之亦然。[1]因而，当开证人对受益人子公司不当拒付时，母公司也无权起诉开证人。

例如，在"MSF Holding 案"中，[2]信用证原受益人通过协议将信用证项下款项让渡给本案原告 MSF Holding 的子公司 MSF-HSF。但本案原告起诉开证人不当拒付。原告认为，它和子公司是同一主体（identical identities），没有法律明确禁止母公司代表子公司支取子公司信用证项下款项。但法院显然认为该主张有违纽约州法律："一般而言，母公司及其子公司被视为法律上不同的主体，以一方为当事人的合同，并非另一方的合同。"[3]据此判决，原告并非信用证开证人不当拒付的适格原告。[4]

笔者尚不曾见到我国子公司或母公司是否有权以自己名义代另一方行使信用证下交单支款权利的争议，但根据前述开证人只对具名受益人承担承付义务的精神，以及我国《公司法》对母子公司分别享有独立人格的规定，[5]显然答案和美国法院

---

〔1〕 Arthur R. Pinto & Douglas M. Branson, *Understanding Corporate Law*, at 37 (Carolina Academic Press 5th ed 2018); 我国《公司法》第14条第2款。

〔2〕 *MSF Holding Ltd. v. Fiduciary Trust Co. Intern.*, 435 F. Supp. 2d 285 (2006).

〔3〕 See *Carte Blanche (Singapore) Pte. Ltd. v. Diners Club Int'l, Inc.*, 2 F. 3d 24, 26 (2d Cir. 1993); *Darby v. Societe des Hotels Meridien*, 1999 WL 459816, 5 (SDNY 1999), etc.

〔4〕 然而，如果子公司已经破产，并由母公司继受所有子公司债权债务的，母公司当然有权起诉开证人。此时，母公司是子公司的法定受让人。See *Temple-Eastex Inc. v. Addison Bank*, 672 SW 2d 793 (Tex. 1984).

〔5〕《公司法》第14条第2款。

判决应当一致。

实际上,我国关涉受益人起诉开证人不当拒付资格争议案例更多是涉及被指定人是否已经议付信用证,如果被指定人已经议付信用证,则等于是受益人已将单据转售被指定人,从而,除非被指定议付人行使了追索权,否则受益人因已经获得信用证款项而丧失起诉开证人不当拒付的资格。例如,在"兴杰公司案"中,[1]法院认定被指定人并未进行议付,故此受益人有资格起诉开证人不当拒付。[2]

二、第二受益人

所谓信用证转让(transfer),是指受益人将信用证下的交单支款权利全部或部分转让给受让人使用。[3]此时,原受益人被称为第一受益人,受让人则为第二受益人;所转开出来的信用证为转开信用证,对应者为原信用证。[4]一旦信用证经合法转让,则第二受益人和开证人之间即存在以转开信用证为载体的

---

〔1〕 上海市第一中级人民法院"兴杰国际私人有限公司诉上海银行浦东分行信用证纠纷案"[2000]沪一中经初字第3号。

〔2〕 另可参见浙江省宁波市中级人民法院"宁波市江北丛中笑礼品有限公司与宁波市商业银行股份有限公司、意大利国民劳动银行股份有限公司信用证付款纠纷案"[2006]甬民四初字第37号;最高人民法院"江西颂佳实业有限公司诉中国农业银行江西省分行国际业务部信用证纠纷案"[1995]经终字第217号;山东省青岛市中级人民法院"山东省仪器进出口公司、朝兴银行釜山本部及中国农业银行青岛市分行因受益人请求付款被开证行拒付纠纷案"(案号不详,载吴庆宝、孙亦闽、金赛波主编:《信用证诉讼原理与判例》,人民法院出版社2005年版,第626~637页)。

〔3〕 UCP600 Article 38;1995 UCC §5-112(a);ISP98 Rule 6.02;《结算办法》第26条;John F. Dolan, *The Drafting History of UCC Article 5*, at 215 (Carolina Academic Press 2015).

〔4〕 See UCP Article 38(b).

合法的信用证法律关系。[1]据此,第二受益人有权以自己名义向开证人提交单据并要求开证人承付转开信用证项下款项。[2]因此,一旦开证人无正当理由拒绝承付,第二受益人便有权直接起诉开证人并追究其不当拒付损害赔偿责任。[3]

当然,在商业信用证中,由于第一受益人通常都会保留信用证下受益人身份,而不会将信用证项下的全部权益转让给第二受益人,[4]故而第二受益人会在一定程度上与第一受益人共享受益人身份,并受制于第一受益人的换单权利。对此,UCP600明确规定,第一受益人有权替换第二受益人所提交的商业发票与汇票。[5]因此,第二受益人也完全可以配合第一受益人而直接由后者起诉开证人。[6]

---

[1] See James E. Byrne et al., *UCP 600: An Analytical Commentary*, at 1340, 1347 (Institute of International Banking Law & Practice 2010); ICC Official Opinions R374, 375; [美] Johannes C. D. Zahn:《信用状论:兼论托收与保证》,陈冲、温耀源合译,中华企业管理发展中心1980年版,第106~107页;山东省高级人民法院"烟台市五金矿产机械进出口公司与韩国外换银行拒付信用证项下货款纠纷上诉案"[1999] 鲁经终字第693号;烟台市中级人民法院[1999] 烟经初字第11号。但参见北京市第二中级人民法院"西班牙商业银行股份有限公司与东亚泛海国际商务咨询(北京)有限公司信用证纠纷案"[2017] 京02民终5995号;北京市东城区人民法院[2016] 京0101民初1929号:该案法院错误认为信用证转让后,第二受益人和开证人之间"不存在直接关系"。另在DOCDEX Decision No. 308中,专家错误裁决认为:当信用证金额仅部分转让给第二受益人时,开证人在原信用证下对第一受益人的责任依然存在,开证人与第二受益人没有直接合同关系。

[2] James J. White & Robert S. Summers, *Uniform Commercial Code*, at 1132 (West 6th ed 2010).

[3] See 1995 § UCC 5-102 (a) (3); § 5-111 (a); ISP98 Rule 6.01;《结算办法》第29条。

[4] 这一点与备用信用证不同。备用信用证下之转让通常为全部转让,第一受益人因此会退出受益人身份。See ISP98 Rule 6.02 (b); Roeland F. Bertrams, *Bank Guarantees in International Trade*, at 280-282 (Kluwer Law International 4th rev ed 2013).

[5] See UCP600 Article 38 (h).

[6] 参见北京市第二中级人民法院"西班牙商业银行股份有限公司与东亚泛海国际商务咨询(北京)有限公司信用证纠纷案"[2017] 京02民终5995号。

第四章 不当拒付损害赔偿责任的适格原告与被告

第二受益人有权直接起诉开证人追究其不当拒付损害赔偿已为 1995 UCC §5 及法院多起判决所支持。[1] 例如，在"Cemar Tekstill 案"中，[2] 第二受益人起诉开证人不当拒付。因为开证人迟延通知不符点，导致第二受益人失去补救单据不符点机会。但法院以开证人收到单据时信用证已经失效，即使开证人及时拒付，第二受益人也无法补救不符点为由驳回第二受益人起诉。尽管该案推论并不准确，因为它是用普通法禁反言规则解释信用证严格失权制度。[3] 但显然法院并没有否认第二受益人起诉开证人不当拒付的资格。[4]

我国法院也明确承认第二受益人起诉开证人不当拒付损害赔偿资格。例如，在"五金矿产机械案"中，[5] 原告为第二受益人，被告韩国外换银行是开证人，中国银行洛杉矶分行为转开证人。转开信用证中明确规定："中国银行洛杉矶分行应第一受益人要求，特此转让被告不可撤销信用证。"第二受益人起诉开证人不当拒付。开证人抗辩理由之一是，第二受益人与开证人之间并不存在有效信用证。但二审法院维持一审判决，认为转开的信用证本身已经明确规定其系根据开证人的信用证转开

---

〔1〕 See 1995 UCC §5-111 (a); John F. Dolan, *The Law of Letters of Credit: Commercial & Standby Credits* §9.02 [3] Standing: Determining the Proper Plaintiff (LexisNexis AS Pratt 2018).

〔2〕 *Cemar Tekstill Ithalat Ihracat San. ve Tic. AS v. Joinpac, Inc.*, 1992 WL 116370 (SDNY 1992).

〔3〕 参见第三章第三节。

〔4〕 See also *Creaciones Con Idea v. MashreqBank*, 51 E Supp. 2d 423 (SDNY 1999); *Banca Del Sempione v. Provident Bank of Maryland*, 75 F. 3d 951 (1996); 160 F. 3d 992 (4th Cir. 1998); *Weyerhaeuser Co. v. UBAF Arab American Bank*, 768 F. Supp. 481 (SDNY 1991).

〔5〕 山东省高级人民法院"烟台市五金矿产机械进出口公司与韩国外换银行拒付信用证项下货款纠纷上诉案"[1999] 鲁经终字第693号，烟台市中级人民法院[1999] 烟经初字第11号。

而来，此证据本身便已经足够、充分。再加上开证人既未发出拒付通知，也未退回单据，故此构成失权，开证人应当对第二受益人承担不当拒付损害赔偿责任。

根据 UCP600 第 38 条的规定，信用证只可转让一次。[1] 但信用证转让两次或以上后果如何，第三或第四受益人等是否有权起诉开证人不当拒付？[2] 在 "Anchor Centre Partners 案"中，[3] 开证人分别根据第一、二、三受益人要求将信用证转让给第二、三、四受益人，当第四受益人试图支取信用证项下款项时，第一受益人提起诉讼阻止第四受益人支取信用证项下款项。一审及二审判决认为上述信用证转让违反了信用证所适用的 UCP400 第 54 条第 e 款，第四受益人无法取得信用证转让受让人身份，从而其不得支取信用证项下款项。换言之，违反信用证转让规定而取得受益人身份的人，并不具有起诉开证人不当拒付损害赔偿的资格。

要弄清楚多次转让的效果及法院判决是否准确，关键在于理解 UCP 限制信用证转让的原因。基于信用证独立性与严格相符原则，只要受益人提交相符单据，开证人便必须承付。开证人与申请人不得以基础合同或申请合同下的任何理由抗辩受益人的支款。因此导致实践中，受益人滥用支款权利甚至欺诈都变得极为轻易，申请人与开证人则承担了受益人可能的不诚信

---

〔1〕 另 2016 年《结算办法》第 28 条有类似规定。

〔2〕 第三受益人（the third beneficiary）和前述所谓"第三方受益人"（third party beneficiary）并非同一概念。第三方受益人又叫 intended beneficiary，是信用证实质上的受益人，但其名称并未显示于信用证受益人栏，故而该第三方受益人通常都不构成信用证不当拒付损害赔偿适格原告。而第三受益人是可转让信用证下概念，一旦转开证人应第二受益人请求而将信用证转让第三人的，该第三人便为转让信用证下的具名受益人，为将之与第一、第二受益人区分，笔者将此第三人称为第三受益人。

〔3〕 *Anchor Centre Partners, Ltd v. Mercantile Bank, NA*, 803 SW 2d 23 (Mo. banc 1991).

第四章 不当拒付损害赔偿责任的适格原告与被告

风险。为有效平衡申请人、开证人与受益人利益,信用证法律明确限制信用证转让,以免申请人、开证人遭受其所不知或不信任的任何第三人成为信用证当事人并得以支取信用证项下款项的风险。例如,UCP600 明确规定只有开证人明确在信用证中规定"可转让"时,该信用证才可被转让;被请求转让的银行没有义务转开信用证,除非它对信用证转让的方式和范围表示同意;即使信用证可转让,它也只能被转让一次。[1]当然,限制信用证转让次数,也有助于维护第一受益人利益,毕竟即使信用证转让,第一受益人仍享有信用证下利益,并仍承担基础合同项下履行义务,[2]如果第一受益人无法控制信用证下具体履行交单之人,而容许第二受益人任意转让他人,对第一受益人也会存在不利风险。[3]正是基于上述逻辑,前述"Anchor Centre Partners 案"中第一受益人才起诉主张第四受益人无法取得信用证受让人资格,从而当然也就无权起诉开证人不当拒付。

但是,本书以为,上述判决不无可商榷之处。尽管 UCP600 有明确限制信用证转让次数,但并不影响当事人合意修改此项规定。[4]因而,如果开证人同意将信用证再度转让给第三受益

---

〔1〕 UCP600 Article 38 (b), (d); *Anchor Centre Partners, Ltd v. Mercantile Bank, NA*, 803 SW 2d 23 (Mo. banc 1991);王卫国主编:《银行法学》,法律出版社 2011 年版,第 254~255 页;[美] Johannes C. D. Zahn:《信用状论:兼论托收与保证》,陈冲、温耀源合译,中华企业管理发展中心 1980 年版,第 64 页。

〔2〕 当然,类似备用信用证下的完全转让除外,此时受益人已完全退出信用证法律关系。

〔3〕 UCP600 Drafting Group, *Commentary on UCP600: Article-by-Article Analysis*, at 160 (ICC Services Publication Department No. 680 2007).

〔4〕 UCP600 Article 1; James E. Byrne et al., *UCP 600: An Analytical Commentary*, at 1341-1342 (Institute of International Banking Law & Practice 2010); James E. Byrne, *6B Hawkland UCC Series* § 5-112: 4 [Rev] Transfer in letter of credit practice (Thomson Reuters 2016). See also Georges Affaki & Roy Goode, *Guide to ICC Uniform Rules for Demand Guarantees URDG 758*, at 92-93 (ICC Services Publications No. 702E 2011).

人、第四受益人的，似不应限制第三或第四受益人起诉开证人不当拒付的权利。[1]只是开证人承付或赔偿后，可能将丧失要求申请人偿付的权利，除非申请人有明确表示允许信用证多次转让。[2]

1995 UCC §5-112原则上也限制信用证转让。但与UCP600第38条不同的是，1995 UCC并未明确限定信用证转让次数。[3]所以如果信用证规定适用1995 UCC，此时法院是否可根据1995 UCC §5-108（e）规定认定UCP600转让次数限制构成"经常开立信用证的金融机构的标准实务"，并不清楚，在笔者有限阅读范围内尚未见到相关判决。但笔者倾向于认为，既然UCC明确赋予开证人设定信用证合理转让条件的权利，且该条件必须告知潜在信用证受让人，[4]自然一旦开证人经第二受益人申请而同意将信用证转让第三受益人，法院不应否定第三受益人成为信用证当事人并直接起诉开证人不当拒付的资格，否则将严重有损第三受益人利益，且不利于信用证付款确定性的实现。毕竟开证人自己已经同意并实际将信用证转让给第三受益人。[5]这在备用信用证下尤其如此。由于备用信用证多需要用来担保长期基础合同下义务的履行，而长期基础合同下受益人会经常发生变更的可能。正因为如此，ISP98明确规定信用证可多次转让

---

[1] See ICC Official Opinion R651/TA639rev.

[2] 例如，申请人要求开证人于信用证中表述转让证可再度转让至第三人。我国《结算办法》就信用证转让（第26~34条）直接移植了UCP600第38条的规定，特别是其也明确强调信用证只能转让一次。笔者以为，其解释上应和UCP600第38条一样，当事人完全可以修改或变更此转让次数限制。因而，一旦国内信用证经过多次转让后，不应否定最后受让人起诉开证人不当拒付损害赔偿之权利。

[3] 1995 §5-112；1995 §5-112 cmt. 1.

[4] 1995 §5-112（b）(1)，(2)；1995 §5-112 cmt. 1.

[5] 转开证人未经开证人明确同意而将信用证多次转让的情形，实践中几乎不会发生。

而不受次数限制。[1]当然,申请人可于开证时要求于信用证中设定具体转让次数限制,以保护自身利益。[2]

三、款项受让渡人

所谓信用证款项让渡,是指受益人信用证下交单支款权利主体不变,但将取得信用证项下款项的权益(right to proceeds)转让给他人的行为。[3]其中,原受益人被称为让渡人,受让人为受让渡人。款项让渡既可以发生在受益人提交相符单据并获得开证人确认将付款之后,也可以发生在受益人实际交单之前。[4]

信用证款项让渡与信用证转让的根本区别在于,信用证下

---

[1] ISP98 Rule 6.02 (b). See also Jeffrey S. Wood, "Drafting Letters of Credit: Basic Issues under Article 5 of the Uniform Commercial Code, UCP600, and ISP98", 125 Banking L. J., 103, 129 (2008); James E. Byrne, *ISP98 & UCP500 Compared*, at 341 (Institute of International Banking Law & Practice 2000). For similar provision, see URDG758 Article 33 (a); Georges Affaki & Roy Goode, *Guide to ICC Uniform Rules for Demand Guarantees URDG 758*, at 92-93 (ICC Services Publications No. 702E 2011).

[2] 1995 § 5-112 cmt. 2.

[3] UCP600 Article 39; 1995 UCC § 5-114; ISP98 Rule 6.07. 关于 UCC 下款项让渡具体条件与法律效果,See *MSF Holding Ltd. v. Fiduciary Trust Co. Intern.*, 435 F. Supp. 2d 285 (2006); *Optopics Laboratories Corp. v. Savannah Bank of Nigeria, Ltd.*, 816 F. Supp. 898 (1993).

[4] UCP600 Article 39; 1995 UCC § 5-114 (b). See also Ali Malek QC & David Quest, *Jack: Documentary Credits*, at 319 (Tottel Publishing Ltd. 4th ed 2009); Rolf Eberth & Peter E. Ellinger, "Assignment and Presentation of Documents in Commercial Credit Transactions", 24 Ariz. L. Rev., 277, 279 (1982). 但实际上,基于融资目的,款项让渡通常发生于受益人交单之前 [See Peter E. Ellinger, *Assignment of the Proceeds of Letters of Credit: The Common Law Position*, in James E. Byrne & Christopher S. Byrnes, 2004 *Annual Survey of Letters of Credit Law & Practice*, at 52 (Institute of International Banking Law & Practices 2004)]。

交单权利主体是否改变。[1]一旦信用证转让,则第二受益人享有了转开信用证下的交单权利,其可以提交自己的发票、汇票与提单等。而信用证让渡下,受让渡人只享有款项权益,其无权向开证人提交自己的发票等单据。[2]对此,在"MSF Holding案"中法院指出,[3]信用证受益人可将其信用证转让给他人,此时,受让人取得受益人身份,而成为信用证当事人,并有权支取信用证项下款项;当然,受益人也可将其信用证项下款项权益让渡给他人,此时只有款项受让渡人才有权获得信用证项下款项,但是原受益人仍保留信用证下交单权利。[4]

正是因为如此,信用证转让原则上会受到一定限制,而信用证款项原则上都是可自由让渡的。[5]一旦受让渡人取得信用证项下款项权益,在受益人交单相符而开证人不当拒付时,受让渡人基于自身权益也可起诉开证人要求其承担不当拒付损害赔偿责任。[6]

---

[1] See Ebenezer Adodo, *Letters of Credit: The Law and Practice of Compliance*, at 23 (Oxford University Press 2014); Rolf Eberth & Peter E. Ellinger, "Assignment and Presentation of Documents in Commercial Credit Transactions", 24 Ariz. L. Rev., 277, 279~280 (1982).

[2] UCP600 Article 39; ISP98 Rule 6.07. See also *Optopics Laboratories Corp. v. Savannah Bank of Nigeria, Ltd.*, 816 F. Supp. 898 (1993); *MSF Holding Ltd. v. Fiduciary Trust Co. Intern.*, 435 F. Supp. 2d 285 (2006); 北京市高级人民法院"上诉人中国新良储运贸易公司诉被上诉人广东发展银行北京分行、原审被告中国饲料集团公司信用证纠纷案"[2003] 高民终字第236号。

[3] *MSF Holding Ltd. v. Fiduciary Trust Co. Intern.*, 435 F. Supp. 2d 285 (2006).

[4] 另参见北京市高级人民法院"上诉人中国新良储运贸易公司诉被上诉人广东发展银行北京分行、原审被告中国饲料集团公司信用证纠纷案"[2003] 高民终字第236号。

[5] See *Nassar v. Fla. Fleet Sales Inc.*, 79 F. Supp. 2d 284, 293 (SDNY 1999); Rolf Eberth & Peter Ellinger, "Assignment and Presentation of Documents in Commercial Credit Transactions", 24 Ariz. L. Rev., 277, 280 (1982). 我国《合同法》第79、80条。

[6] See 1962 UCC § 5-115 cmt. 1. See also Rolf Eberth & Peter Ellinger, "Assignment and Presentation of Documents in Commercial Credit Transactions", 24 Ariz. L. Rev., 277, 297 (1982); 苏宗祥、徐捷:《国际结算》(第7版),中国金融出版社2020年版,第170页。

第四章 不当拒付损害赔偿责任的适格原告与被告

在前述"MSF Holding 案"中,[1]法院便承认,信用证受益人将信用项下款项有效让渡给了本案原告的子公司 MSF-HSF。自此,MSF-HSF 就信用证下款项享有合法权益。从而,其享有起诉开证人不当拒付的资格。[2]

但值得注意的是,1995 UCC §5 修改了 1962 UCC §5 信用证款项可自由让渡的规定。1995 UCC §5-114(c)规定,"除非开证人或被指定人同意,否则其无需承认信用证款项让渡";(d)规定,"开证人或被指定人并无同意或拒绝信用证款项让渡义务,但如果受让渡人持有并提交信用证且提交信用证是承付的条件时,开证人或被指定人不得不合理地拒绝同意"。[3]

1995 UCC 之所以保留开证人对款项让渡是否承认的权利,是银行方面坚持要求的结果,目的在于确保开证人付款时清楚与明确具体合法收款人身份,避免开证人遭受不同主体多次支款的窘境。[4]与此修改相对应,1995 §5-111(a)规定不当拒付损害赔偿诉讼中并未将款项受让渡人列为适格原告。但如果信用证明确规定承付条件之一是提交信用证原件,而款项受让

---

[1] *MSF Holding Ltd. v. Fiduciary Trust Co. Intern.*, 435 F. Supp. 2d 285 (2006).

[2] See also *Optopics Laboratories Corp. v. Savannah Bank of Nigeria, Ltd.*, 816 F. Supp. 898 (1993); *Board of Trade of San Francisco v. Swiss Credit Bank*, 597 F. 2d 146 (1979); *Algemene Bank Nederland, NV v. Soysen Tarim Urunleri Dis Tiscaret Ve Sanayi*, 748 F. Supp. 177, 182 (SDNY 1990); *Maurice O'Meara Co. v. National Park Bank*, 239 NY 386, 146 NE 236 (1925). For more cases see John F. Dolan, *The Law of Letters of Credit: Commercial & Standby Credits* §9.02 [3] Standing: Determining the Proper Plaintiff note 81 (LexisNexis AS Pratt 2018).

[3] *In re Cooper Mfg. Corp.*, 344 BR 496 (Bankr. SD Tex. 2006):即使开证人并未同意款项让渡,在受益人与受让渡人之间,款项让渡仍为有效。See also URDG758 Article 33 (g); ISP98 Rules 6.07, 6.08.

[4] James J. White, "Influence of International Practice on the Revision of Article 5 of the UCC", 16 Nw. J. Int'l L. & Bus. 189, 203 (1995); James G. Barnes & James E. Byrne, "Letters of Credit: 1995 Cases", 51 Bus. Law., 1417, 1430 (1996).

渡人又提交了信用证原件的，则上述开证人遭不同主体多次支款的风险大大降低，此时自然不应赋予开证人不合理地拒绝承认款项让渡的权利。[1]

基于此，学者认为，款项受让渡人成为开证人不当拒付损害赔偿适格原告的前提是开证人已经同意此款项让渡，否则款项受让渡人只能以受益人名义起诉开证人不当拒付。[2]据此，该学者批评认为"Export-Import Bank 案"法院判决值得商榷，本案原告不应享有起诉被告不当拒付的权利。[3]该案中，受益人将对开证人的不当拒付权利转让给了本案原告 Export-Import Bank，法院认为，诉由（cause of action）是可转让的，故此原告享有起诉被告不当拒付的资格。而诉由转让并非信用证款项让渡，故不受 1995 UCC §5-114（c）拘束。显然，法院此解释在逻辑上并不成立，没有实体款项的让渡，单独的诉由无法转让。[4]故此，它本质上属于 1995 UCC §5-114 所规范的款项让渡。既然本案开证人尚未承认让渡，故而受让渡人并无起诉开证人不当拒付的权利。由于 ISP98 就款项让渡同样采限制主义，故而解释上应和 1995 UCC §5-114 一致。[5]

与 1995 UCC §5-114 规定不同，我国《民法典》规定，除根据合同性质、法律规定不得转让或当事人约定不得转让外，

---

[1] See 1995 UCC §5-114 cmt. 3. See also James E. Byrne, *6B Hawkland UCC Series* §5-114：6 [Rev] Obligation to consent (Thomson Reuters 2016).

[2] James G. Barnes & James E. Byrne, "Letters of Credit", 66 Bus. Law., 1135, 1136 (2011).

[3] *Export-Import Bank of the US v. United California Discount Corp.*, 484 Fed. Appx. 91 (2012).

[4] James G. Barnes & James E. Byrne, "Letters of Credit", 66 Bus. Law., 1135, 1136 (2011).

[5] See ISP98 Rules 6.07, 6.08.

第四章　不当拒付损害赔偿责任的适格原告与被告

债权人可自由将其合同权利转让第三人；[1]债权人转让权利的，应当通知债务人。未经通知时，该转让对债务人不发生效力。[2]从而，在我国，信用证款项受让渡人当然有起诉开证人不当拒付的资格，且该资格不受开证人是否同意让渡的限制。[3]

我国多起法院判决肯定受让渡人起诉开证人信用证不当拒付资格。在韩国输出保险公司案中，[4]议付人就其议付受益人的交单行为，与原告韩国输出保险公司签订了保险协议。在被告开证人以法院欺诈为由止付并扣划信用证项下款项的情况下，原告根据保险协议赔偿议付人后，取得信用证项下款项受让渡人地位。法院认定，原告有起诉开证人不当拒付的权利。[5]

---

[1]《民法典》第 545 条。
[2]《民法典》第 546 条。
[3] 参见北京市高级人民法院"上诉人中国新良储运贸易公司诉被上诉人广东发展银行北京分行、原审被告中国饲料集团公司信用证纠纷案"[2003] 高民终字第 236 号。我国《结算办法》并未规定款项让渡问题，故而国内信用证款项让渡问题也是适用《民法典》规定。
[4] 山东省潍坊市中级人民法院"韩国输出保险公司与中国工商银行潍坊市分行信用证货款纠纷案"[1997] 潍经初字第 219 号。
[5] 该案法院以受益人欺诈为由最终判决被告开证人有权拒付，原告韩国输出保险公司败诉，但法院并未深入考量受益人的行为是否构成信用证欺诈以及是否存在欺诈例外之例外（参见最高人民法院"关于韩国输出保险公社与中国工商银行潍坊市分行信用证纠纷申诉一案的审查报告"[2002] 民四监字第 59 号）。另参见浙江省高级人民法院"韩国输出保险公社诉中国农业银行绍兴市分行信用证纠纷案"[2003] 浙民三终字第 153 号，该案法院以受益人及非被指定人身份的韩国国民银行（通知人）的款项让渡给原告的行为不符合我国《合同法》规定为由否定款项受让渡人韩国输出保险公社的不当拒付起诉资格。当然，该法院判决结论是否妥当不无疑问。实际上，韩国国民银行并非被指定人并不影响其对受益人进行贴现并受让渡信用证项下款项之权利，自然一旦其受让渡信用证项下款项，其便当然有权再将该款项让渡给原告韩国输出保险公社。可与之对比的是山东省高级人民法院"招商银行股份有限公司青岛分行与韩国输出保险公社信用证纠纷上诉案"[2010] 鲁民四终字第 227 号。该案中，法院明确肯定韩国输出保险公社在赔偿议付人后，便合法取得受益人与议付人的代位求偿权，成为信用证下之合法受让渡人，享有起诉开证人不当拒付之资格。

而在北海宇能案中，[1]花旗银行申诉认为其属于信用证被指定人，故此在信用证欺诈下其应获得欺诈例外之例外的保护，从而有权追究开证人不当拒付责任。但是，法院经审理认为，涉案延期付款信用证的付款人为开证人本身，并不存在被指定人问题。实际上，根据花旗银行与受益人之间的协议，花旗银行只是款项受让渡人而已，而并非其所主张的被指定人，自然在受益人欺诈下，花旗银行无法获得信用证欺诈例外之例外的保护。该案中尽管花旗银行败诉，但法院实际上间接承认了花旗银行作为受益人信用证款项受让渡人身份起诉开证人不当拒付的资格。[2]

但无论如何，因信用证款项让渡的受让渡人在信用证上并无体现，因此款项让渡必须通知开证人，才对他们具有法律效力，否则受让渡人无权起诉开证人不当拒付。[3]例如，ISP98明确要求受让渡人索款时提交诸如信用证原件、有效款项让渡协议等证明其受让渡人身份；[4]1962UCC§5要求受让渡人提交信用证原件及受益人签署的款项让渡通知书。[5]但UCP600下提交额外单据证明受让渡人身份可能存在一定障碍，因为就额外

---

〔1〕 最高人民法院"北海宇能科技发展有限公司、中国银行股份有限公司北海分行、中国银行股份有限公司广西壮族自治区分行与花旗银行信用证纠纷申请再审民事裁定书"［2014］民申字第823号。

〔2〕 但最高人民法院"上海振华重工（集团）股份有限公司、中国银行股份有限公司上海市分行、希巴尔克系统公司与印度海外银行香港分行其他民事申请再审民事裁定书"［2014］民申字第1384号；浙江省绍兴市中级人民法院"中国银行宁波市分行与中国农业银行绍兴市分行议付承兑汇票案"［2000］绍中法经初字第20号。

〔3〕 See Weyerhaeuser Co. v. Israel Discount Bank of New York, 872 F. Supp. 44 (SDNY 1994).

〔4〕 ISP98 Rule 6.08.

〔5〕 1962 UCC §5-116 (2) (b).

单据开证人无需审核。[1]我国《合同法》与《民法典》原则上要求款项让渡人（即受益人）将款项让渡通知开证人，否则该让渡对开证人不发生效力。[2]然而，在审判实务中，我国法院并不否认款项受让渡人直接通知开证人款项让渡的法律效力。[3]

本质上而言，无论是信用证转让抑或是信用证款项让渡，都是受益人重要的融资方式。[4]而真正要让这种融资方式发挥效用，在法律上明确赋予第二受益人或受让渡人以救济权利，或者说在开证人不当拒付时直接起诉开证人的权利，便尤其重要。[5]果如此，则受益人是否能够顺利履行基础交易及信用证交易，是否能够以较低成本获得融资，不无疑问。此时信用证所欲实现的融资功能以及促进交易的目的便无法实现。

---

[1] UCP600 Article 14 (g). 我国国内信用证也存在类似障碍，参见《结算办法》第51条。

[2] 《合同法》第80条；《民法典》第546条。

[3] 参见沈丹丹："受让人为债权转让通知的法律效力认定"，载杜万华主编：《民事审判指导与参考》(2017年第1辑)，人民法院出版社2017年版，第175~178页。

[4] See John F. Dolan, *The Domestic Standby Letter of Credit Desk Book for Business Professionals, Bankers and Lawyers* § 5.04 Beneficiaries Can Exploit the Standby and Gain Access to Other Credit (Matthew Bender 2015); Brooke Wunnicke, Diane B. Wunnicke & Paul S. Turner, *Standby & Commercial Letter of Credit*, at 4-10 (Wolters Kluwer Law & Business 3rd ed 2013); Rolf Eberth & Peter Ellinger, "Assignment and Presentation of Documents in Commercial Credit Transactions", 24 Ariz. L. Rev., 277, 279 (1982).

[5] ISP98第6.07条并未赋予受让渡人起诉开证人不当拒付损害赔偿之权利。笔者以为，此规定不利于保护款项受让渡人利益，因此是否妥当，不无疑问。但似乎ISP98并不禁止受让渡人与受益人在款项让渡协议中明确约定将既存或将来产生之款项诉权转让受让渡人 [See Carter H. Klein, *Transfers and Assignment of Proceeds*, in James E. Byrne & Christopher S. Byrnes, 2001 *Annual Survey of Letters of Credit Law & Practice*, at 105 notes 52 & 53 (Institute of International Banking Law & Practices 2001)]。

四、法定受让人

虽说法律原则上限制信用证约定转让，但不禁止信用证法定转让。[1]根据1995UCC §5-113 的规定，在受益人破产或被兼并时，无论是破产管理人还是存续公司（即法定受让人[2]）都有权直接以自己名义（或者说以新"受益人"名义）[3]要求开证人承担相符交单下的承付义务。[4]此时开证人不得以法定受让人并非信用证所载明的"受益人"为由拒付。理由在于，在受益人破产时，破产管理人接管原公司，此时破产中公司和原公司在法律性质上具有同一性；在受益人被兼并时，其包括信用证在内的原有债权债务当然由存续公司继受。[5]本质上来

---

〔1〕 第二受益人与法定受让人不同，第二受益人具有独立于第一受益人的地位，而法定受让人则完全继承第一受益人法定地位［James E. Byrne, *6B Hawkland UCC Series* §5-113：13［Rev］Transfer by operation of law and UCC Article 9 security interests（Thomson Reuters 2016）］。

〔2〕 1995 UCC §5-102（a）（15）规定，"受益人的继受人"（Successor of a beneficiary）是指依法实质上继受受益人一切权利的人，包括受益人并入或兼并的法人、管理人、执行人、私人代表、破产财产管理人、破产拥有控制权的债务人（debtor in possession）、清算人以及破产管理人。

〔3〕 根据1995 UCC §5-113（a）（b）两款之规定，受益人法定受让人不仅可以原受益人之身份支取信用证项下款项，也可以受益人法定受让人身份（即直接以自己名义）支取信用证项下款项，但只有后者才会出现争议原告是否为信用证项下款项所应支付之对象、是否开证人不当拒付损害赔偿适格原告问题。

〔4〕 See 1995 UCC § §5-111（a），5-113；James J. White & Robert S. Summers, *Uniform Commercial Code*, at 1108（West 6th ed 2010）. See also *Cobb Restaurants, LLC v. Texas Capital Bank*, NA, 201 SW 3d 175（2006）. 另1995 UCC §5-113（f）规定，受益人名称变更的，名称变更后之受益人也视为原受益人法定受让人。

〔5〕 就容许法定受让人以自己名义支取信用证项下款项所带来之问题与风险，See John F. Dolan, "Insolvency in Letter of Credit Transactions-Part I", 132 *The Banking Law Journal*, 2015（4），pp. 195~203；John F. Dolan, *The Domestic Standby Letter of Credit Desk Book for Business Professionals, Bankers and Lawyers* §10.06［1］Beneficiary Claims（Matthew Bender 2015）.

第四章 不当拒付损害赔偿责任的适格原告与被告

看,法定受让人信用证下支款及不当拒付损害赔偿适格原告资格是信用证法原则限制信用证转让和其他诸如公司法、破产法等相协调、妥协的结果。[1]

例如,在 Crist 案中,[2] 原告为受益人的破产管理人。原告向开证人交单后,开证人拒付,主要理由是原告提交的汇票是凭管理人指示,而非凭信用证受益人指示。但法院判决开证人不符点不成立。信用证下即期汇票支付抬头是保险公司破产管理人而非受益人破产保险公司本身,这一事实不足以构成拒付即期汇票的合法理由。因法律规定而取得信用证受益人权利的当事人有权要求开证人承付,即使信用证规定只支付给原受益人。严格相符原则要求并非绝对相符。如果因法律规定而受让受益人信用证项下权利,则该法定受让人有权要求开证人承付。

实际上,为避免疑义,1995 UCC §5-111(a)一改 1962 UCC §5-115 的模糊规定,而明确肯定了法定受让人的不当拒付损害赔偿原告资格。与 UCC 规定一致,ISP98 也对法定转让作

---

[1] James E. Byrne, *6B Hawkland UCC Series* §5-113:2 [Rev] Compliance: the named beneficiary (Thomson Reuters 2016).

[2] *Crist v. J. Henry Schroder Bank & Trust Co.*, 693 F. Supp. 1429 (SDNY 1988). See also *Landmark Bank v. National Credit Union Admin.*, 748 F. Supp. 709 (ED Mo. 1990); *National Credit Union Administration Board v. Fisher*, 653 F. Supp. 349, 350 (ED Mo. 1986); *Pastor v. National Republic Bank of Chicago*, 76 Ill. 2d 139, 145 (1979); *In re Perry H. Koplik & Sons*, 357 BR 231 (2006); *Temple-Eastex, Inc. v. Addison Bank*, 672 SW 2d 793 (Tex. 1984); *Kelley v. First Westroads Bank*, 840 F 2d 554, 559-560 (8th Cir. 1988); *Banco Nacional de Cuba v. Chase Manhattan Bank*, 505 F. Supp. 412 (SDNY 1980); *Banck Para el Comercio Exterior de Cuba v. First Nat'l City Bank*, 658 F2d 913 (2d Cir. 1981), rev'd, 462 US 611 (1983); *Eakin v. Continental Ill. Nat. Bank & Trust Co.*, 875 F. 2d 114 (7th Cir. 1989); *Temple-Eastex Inc. v. Addison Bank*, 672 SW 2d 793 (Tex. 1984); *American Bell International v. Islamic Republic of Iran*, 474 F. Supp. 420, 423-424 (SDNY1979); *AXA Assurance, Inc. v. Chase Manhattan Bank*, 770 A. 2d 1211 (NJ Super. Ct. App. Div. 2001).

了详尽规定，[1]据此，ISP98 下的法定受让人当然享有起诉开证人不当拒付的资格。

然而，UCP600 以及我国《信用证司法解释》《结算办法》并未就信用证法定转让作出规定。[2]但我国《公司法》规定，公司合并时，合并各方的债权债务由合并后的存续公司承继；[3]公司解散清算期间，公司存续。[4]我国《企业破产法》规定，破产管理人有权接管破产企业的债权债务，并代表破产企业参加诉讼等。[5]故此，在我国法律逻辑下，受益人无论是被合并还是破产，存续公司或破产管理人都有权以自己名义直接向开证人交单要求开证人承付，否则可追究开证人不当拒付责任。[6]当然，即使是在公司分立时，由新设公司继受该信用证的，该新设公司也有权以受益人身份要求开证人承付相符交单，无需赘言。

我国司法实务中尚未见到信用证法定转让纠纷案件，然在独立保函中，却是存在的。申请人与受益人签订了一份长期协议，为此申请人给受益人申请开立一份履约保函。后该履约保函项下发生索赔，但是实际索赔主体却并非履约保函下的受益人。因为受益人已经被另一家公司吸收合并或收购。理论上来

---

〔1〕 ISP98 Rules 6.11-6.14.

〔2〕 See James E. Byrne et al., *UCP 600: An Analytical Commentary*, at 1358-1359 (Institute of International Banking Law & Practice 2010). 但值得强调的是，美国学者与法院均认为，即使信用证规定适用 UCP，仍不排除 UCC 法定转让规定之适用 [See, e.g., *Bank of Cochin Ltd. v. Manufacturers Hanover Trust Co.*, 612 F. Supp. 1533 (SDNY 1985), aff'd 808 F.2d 209 (2d Cir. 1986); Carter Klein, *Transfers and Assignment of Proceeds*, in James E. Byrne & Christopher S. Byrnes, 2001 *Annual Survey of Letters of Credit Law & Practice*, at 103 (Institute of International Banking Law & Practices 2001)].

〔3〕《公司法》第174条。

〔4〕《公司法》第186条。

〔5〕《企业破产法》第25条。

〔6〕 See *Temple-Eastex Inc. v. Addison Bank*, 672 SW 2d 793 (Tex. 1984).

说，既然收购属于法定转让，担保人本无权拒绝支付独立保函项下款项，已如前述。但本案特殊之处在于保函条款明确规定，受益人必须事先取得申请人的书面同意才可转让或并购。因此，最终担保人以索赔当事人名称不符为由拒绝承付，并获得了法院的胜诉判决。[1]

当然，从避免纠纷角度来看，法定受让人理应在交单前以书面方式通知开证人，或于交单时在面函中进行说明，并附上额外单据材料，以证明其法定受让人身份。否则，开证人便会因严格相符原则而拒付。[2]这反而导致受益人法定受让人事后不得不提交相关材料进行解释说明。就此问题，UCP600并未涉及，但1995 UCC§5-113评注指出，开证人可要求法定受让人提交合并证书、法院指定破产管理人的裁定、破产管理人任命书等单据材料证明其身份。[3]而ISP98更是明确规定，法定受让人必须提交额外单据证明其法定受让人身份：诸如经合并、联合或其他类似行为而产生的续存者；破产程序中被合法指定的破产财产管理人；受益人名称已被变更为当前名称，等等。[4]然而，UCP600下受益人额外提交单据证明法定转让事实可能存在一定障碍。因为UCP600第14条g款明确规定，额外单据开证人不予审核。[5]正因为如此，与UCP600相配套的

---

[1] 金塞波："最高人民法院《关于审理独立保函纠纷案件若干问题的规定》司法解释逐条评论（四）"，载 http://mp.weixin.qq.com/s/K2YpPzVVEm0T8IWzU__9fg，访问日期：2021年2月10日。当然，笔者并未见到独立保函具体条文表述，故此处需获得申请人同意受益人方能合并或兼并，有可能构成非单据性条款，果如此，则担保人的拒付便不无疑问。

[2] See Ebenezer Adodo, *Letters of Credit: The Law and Practice of Compliance*, at 101 (Oxford University Press 2014).

[3] See 1995 UCC §5-113 cmt. 2.

[4] ISP98 Rule 6.12.

[5] 我国国内信用证也存在类似障碍，见《结算办法》第51条。

ISBP745 在 paras. B8 以及 C2 中明确规定，当受益人已变更名称，而信用证提到的是原名称时，只要汇票和商业发票注明该实体"原名称为（受益人名称）"或类似措辞，其就可以新实体的名称出具汇票和商业发票。

当然，法定受让人也可以选择直接以原受益人名义交单索款，从而避免不必要的纠纷与麻烦。[1]然而，如果法定受让人以原受益人名义要求开证人承付，可能涉及法定受让人是否存在伪造原受益人签名，以及该伪造是否构成欺诈的问题。按1995 UCC §5 的规定，显然开证人不能以此为由对法定受让人主张欺诈抗辩。[2]笔者以为，此结论在我国也应适用。

五、被指定人

为便捷信用证交易，参与信用证交易的当事人除了开证人、申请人与受益人外，可能还会有被指定人。被指定人是指根据开证人授权，有权承付或议付信用证之人。[3]一旦被指定人实际承付或议付，其便自动获得受益人对开证人的权益，但与受益人相比，被指定人享有的权利更大，即在信用证欺诈时获得信用证法特别保障。[4]凡开证人之外的、即期信用证与延期信用证下的付款人、承兑信用证下的承兑人以及议付信用证下的议付人都属于

---

[1] See Brooke Wunnicke, Diane B. Wunnicke & Paul S. Turner, *Standby & Commercial Letter of Credit*, at 4-10 (Wolters Kluwer Law & Business 3rd ed 2013).

[2] See James G. Barnes et al., *The ABCs of UCC Article 7: Letters of Credit*, at 51 (American Bar Association 1998); James E. Byrne, *6B Hawkland UCC Series* § 5-113: 5 [Rev] Drawing by a successor in the name of the beneficiary [Rev. § 5-113 (a)] (Thomson Reuters 2016).

[3] See UCP600 Article 2; 1995 UCC §5-102 (a). But see ISP98 Rule 2.04 (a).

[4] See James E. Byrne et al., *UCP 600: An Analytical Commentary*, at 173 (Institute of International Banking Law & Practice 2010); 1995 UCC §5-102 cmt. 7; §5-109 cmt. 6.

第四章 不当拒付损害赔偿责任的适格原告与被告

被指定人。当然,保兑人也是一种被指定人。[1]只是一般被指定人根据开证人授权享有承付或议付的权利,而不承担承付或议付的义务;[2]而保兑人则有必须承付或议付相符交单的义务。[3]

据此,当被指定人根据开证人授权对相符单据进行了承付或议付后,其有权以自己名义要求开证人偿付。[4]如果开证人判定被指定人交单不符,即应给予拒付通知,否则构成失权。[5]由此决定了,在开证人不当拒付时,被指定人有权以自己名义起诉开证人不当拒付。[6]1995 UCC §5-111(a)则明确肯定了被指定人不当拒付损害赔偿的原告资格。

被指定人在实践中以保兑人和议付人居多。[7]保兑人是指应开证人授权或请求对信用证加具保兑,[8]从而在开证人之外有

---

[1] See ICC Official Opinion TA822 rev.; James G. Barnes et al., *The ABCs of UCC Article 5: Letters of Credit*, at 45-46 (American Bar Association 1998). See also *US Material Supply, Inc. v. Korea Exchange Bank*, 417 F. Supp. 2d 652 (DNJ 2006).

[2] See 1995 UCC §5-107(b); UCP600 Article 10(c); ISP98 Rule 2.04(b);《结算办法》第36条。

[3] See 1995 UCC §5-107(a); UCP600 Article 8; ISP98 Rule 2.01(d);《结算办法》第18条。See also James J. White & Robert S. Summers, *Uniform Commercial Code*, at 1140 (West 6th ed 2010).

[4] See UCP600 Articles 7(c), 12(b); 1995 UCC §5-111(a); ISP98 Rule 8.01(a);《结算办法》第38条。

[5] 参见第三章第一节、第三节。

[6] See Henry Harfield, *Letters of Credit*, at 14 (The American Law Institute 1979); *Fortis Bank (Nederland) NV v. Abu Dhabi Islamic Bank*, 2010 NY Slip Op 52415 (U).

[7] 据ICC调查报告显示,2016年使用MT700格式开立的信用证中,大约有73.2%是议付信用证。议付信用证在亚太及北美地区占据主导地位;7.4%为要求保兑信用证,3.8%为可保兑信用证 [see ICC, 2017 *Rethinking Trade & Finance*, at 96 (ICC Publication No. 884E 2017)]。

[8] 参见北京市第二中级人民法院"北京宜联食品有限公司与株式会社友利银行信用证纠纷案"[2006]二中民初字第568号;北京市第二中级人民法院"连云港南天国际经贸有限公司与德国商业银行股份有限公司布鲁塞尔分行信用证议付纠纷案"[2007]二中民初字第6571号。

义务对相符交单做出承付或议付之人。[1]保兑人之所以加具保兑，除了收取保兑费的考虑外，更多地是基于对开证人的信赖。保兑人在承付或议付受益人相符交单后，有权要求开证人偿付。[2]此时开证人对保兑人承担了相符交单下的偿付义务以及交单不符时及时给予拒付通知义务，否则应对保兑人承担不当拒付损害赔偿责任。[3]

例如，在"Canadian Imperial Bank of Commerce 案"中，[4]原告是保兑人，被告是开证人。保兑人承付受益人后要求开证人偿付。开证人以受益人欺诈及法院禁令为由拒付，但最终法院以受益人与申请人之间的纠纷属于单纯的基础合同违约纠纷而非信用证欺诈为由，判决开证人应对保兑人承担不当拒付损害赔偿责任。[5]

议付是指被指定人根据开证人的授权对受益人的相符单据进行提前购买的行为。[6]如果说保兑的目的在于为受益人提供

---

[1] UCP600 Article 2; 1995 UCC §5-102; ISP98 Rule 1.09;《结算办法》第9条、第18条。

[2] See 1995 UCC §5-107 cmt 1; UCP600 Article 7 (c); ISP98 Rule 8.01;《结算办法》第20条。

[3] 1995 UCC §5-108; 5-111 (a); UCP600 Articles 15, 16; ISP98 Rule 5.01;《结算办法》第46~47条。

[4] Canadian Imperial Bank of Commerce v. Pamukbank Tas, 166 Misc. 2d 647 (1994).

[5] See also Petra Intern. Banking Corp. v. First American Bank of Virginia, 758 F. Supp. 1120 (1991).

[6] See UCP600 Article 2;《结算办法》第35条。关于1995 UCC §5 和 UCP600下"议付"的差异，See James E. Byrne, 6B Hawkland UCC Series §5-102: 103 [Rev] Negotiation (Thomson Reuters 2016). 关于议付人之认定，参见山东省高级人民法院"韩国外换银行株式会社与华夏银行股份有限公司青岛分行信用证纠纷上诉案" [2009] 鲁民四终字第38号; 青岛市中级人民法院 [2008] 青民四初字第108号。另可参见澳新银行系列欺诈纠纷案，如：安徽省高级人民法院"澳大利亚和新西兰银行（中国）有限公司上海分行与安徽安粮国际发展有限公司信用证欺诈

第四章　不当拒付损害赔偿责任的适格原告与被告

双重付款保障的话，议付则是为了方便受益人对信用证项下款项进行贴现，从而提前获得融资。正如保兑人会加具保兑一样，议付人进行议付，除了是为了挣取一定的议付费外，更多地是因为他们信赖信用证开证人的信誉与实力。[1]从而，一旦议付人进行了议付，其有权以自己名义向开证人提交受益人单据并要求开证人偿付。[2]换言之，此时议付人取代受益人而成为信用证下的新"受益人"。[3]因而，在开证人不当拒付议付人的相符交单时，议付人当然有权追究开证人不当拒付损害赔偿的权利。

例如，在"Hamilton Bank案"中，[4]原告 Hamilton Bank 为议付人，被告 Kookmin Bank 是开证人。议付人将单据交付开证人后，开证人第一次拒付并未明确说明拒付不符点，而只是指出交单"与信用证条款不符"。而当议付人第二次交单后开证人

（接上页）纠纷上诉案"[2011]皖民二终字第00144号；[2011]皖民二终字第00168号；[2011]皖民二终字第00169号；浙江省高级人民法院"上诉人澳大利亚和新西兰银行（中国）有限公司上海分行与被上诉人香港联创资源有限公司、宁波保税区盛通国际贸易有限公司信用证欺诈纠纷案"[2011]浙商外终字第20号；最高人民法院"澳大利亚和新西兰银行（中国）有限公司上海分行与中基宁波集团股份有限公司及香港联创资源有限公司等信用证欺诈纠纷案"[2013]民申字第1388号；最高人民法院"江阴市海港国际物流有限公司与中国建设银行（亚洲）股份有限公司等信用证欺诈纠纷案"[2018]最高法民申3899号，等。

〔1〕 参见王卫国主编：《银行法学》，法律出版社2011年版，第252~253页；James E. Byrne et al., *UCP 600: An Analytical Commentary*, at 180 (Institute of International Banking Law & Practice 2010).

〔2〕 最高人民法院"江西颂佳实业有限公司诉中国农业银行江西省分行国际业务部信用证纠纷案"[1995]经终字第217号：南洋银行议付后，其"凭单证要求开证银行付款，是依法主张自己的权利"；北京市西城区人民法院"大连汇丰达国际贸易有限公司与株式会社韩亚银行信用证纠纷案"[2015]年西民（商）初字第06132号：议付行议付后，"同时享有向韩亚银行（开证行——笔者注）或汇丰达公司（受益人）追索议付款的选择权"。

〔3〕 See Michael Bridge, *The International Sale of Goods*, at 261 (Oxford University Press 3rd ed 2013). 当然，此新受益人享有比前手更为有利之法律保障，已如前述。

〔4〕 *Hamilton Bank, NA v. Kookmin Bank*, 245 F. 3d 82 (2nd Cir. 2001).

再次拒付,并明确指出单据缺少认证电传及其他不符点,但却超过审单期限。最终法院判决开证人不当拒付,应对议付人承担损害赔偿责任,从而肯定议付人不当拒付原告资格。[1]

在"新联纺案"中,[2]议付人已经对信用证进行了议付,开证人对系争信用证项下的票据也已作出承兑。法院认为,根据UCP600的规定,议付人对系争信用证享有独立的权利,开证人承兑信用证后,对议付人"负有独立的第一性的支付义务"。因而,法院不得基于欺诈判决开证人终止支付信用证项下款项。此判决间接承认了议付人对开证人不当拒付损害赔偿的权利。[3]

议付和保兑的差别之一是,保兑下的承付或议付是终局性的,而议付下的付款通常都不是终局性的。故此,在开证人合法拒付或不当拒付时,议付人有权向受益人追索议付款项。[4]因

---

[1] See also Wing On Bank Ltd. v. American National Bank & Trust Co., 457 F. 2d 328 (5th Cir. 1972); First Commercial Bank v. Gotham Originals Inc., 64 NY 2d 287, 486 NYS 2d 715, 475 NE 2d 1255 (1985).

[2] 上海市高级人民法院"招商银行股份有限公司上海分行与上海新联纺进出口有限公司信用证纠纷上诉案"[2010] 沪高民五(商)终字第5号。

[3] 另参见福建省高级人民法院"中国银行福建分行诉东亚银行有限公司信用证不符点纠纷案"[2002] 闽经终字第126号;福建省高级人民法院"中国银行诉东亚银行信用证不符点纠纷案"[2002] 闽经终字第127号;[2002] 闽经终字第128号;最高人民法院"三和银行深圳分行诉交通银行长沙分行、湖南省进出口公司博能石油化工公司等买卖合同、信用证结算纠纷案"[1999] 经终字第86号;山东省高级人民法院"韩国外换银行株式会社与青岛银行股份有限公司信用证纠纷上诉案"[2009] 鲁民四终字第37号;江苏省南京市中级人民法院"东亚银行(中国)有限公司上海分行与北京银行股份有限公司南京分行信用证议付纠纷案"[2015] 宁商外初字第64号。

[4] Walter (Buddy) Baker & John F. Dolan, User's Handbook for Documentary Credits under UCP 600, at 57 (ICC Publication No. 694 2008);王金根:"信用证下议付行追索权探讨",载《对外经贸实务》2009年第8期,第59~61页;《结算办法》第39条。另参见北京市西城区人民法院"大连汇丰达国际贸易有限公司与株式会社韩亚银行信用证纠纷案"[2015] 年西民(商)初字第06132号:该案议付人向受益人追索后,受益人起诉开证人不当拒付。

而实践中，议付人直接起诉开证人不当拒付责任的并不多，[1]
毕竟通常开证人与议付人位于不同国家，比起向受益人追索，
向开证人索偿更为麻烦。在"班柯萨坦达银行案"中，[2]法院
正是基于议付人已经向受益人主张了追索权，并得到法院胜诉
判决，而驳回了其本案下起诉开证人不当拒付的诉讼。

总而言之，明确肯定被指定人起诉开证人不当拒付损害赔
偿的适格原告资格，对于保障被指定人权益，促进信用证交易
及便利受益人融资具有重大实益。如果法律不为被指定人合法
权益提供可靠法律保障，在其权益受到不当拒付时没有任何救
济途径，则没有任何中间行会愿意主动参与到信用证交易中来，
信用证付款功能和融资功能必将大打折扣。

六、申请人

尽管1995 UCC §5也规定了开证人不当拒付时，申请人追
究开证人不当拒付损害赔偿的权利，[3]但严格意义上来讲，因
申请人并非信用证当事人，[4]其起诉开证人不当拒付所依据

---

〔1〕 山东省高级人民法院"枣庄市对外经济技术合作公司与韩国光州银行信用证纠纷案"〔2011〕鲁民四终字第19号：一方面法院认定中国建设银行枣庄市分行构成议付人，但另一方面又肯定受益人起诉开证人不当拒付之资格。此处可能之解释只有一种，即议付人因开证人拒绝偿付而已向受益人追索，从而受益人恢复享有起诉开证人不当拒付之资格。

〔2〕 浙江省高级人民法院"上诉人西班牙班柯萨坦达银行香港分行诉被上诉人宁波经济技术开发区进出口公司、原审被告永顺明有限公司提单欺诈案"〔2000〕浙经终字第194号；宁波海事法院〔1997〕甬海商初字第164号。

〔3〕 1995 UCC §5-111 (b).

〔4〕 See UCP600 Drafting Group, *Commentary on UCP600*: *Article-by-Article Analysis*, at 15 (ICC Services Publication Department No. 680 2007); James E. Byrne, *The Official Commentary on the International Standby Practice*, at 17 (Institute of International Banking Law & Practice 1998). See also *Capehart Corp. v. Shanghai Commercial Bank*, *Ltd.*, 369 NYS 2d 751 (1975); *Shanghai Commercial Bank*, *Ltd. v. Bank of Boston Intern.*, 53 AD 2d

的，并非信用证，而是其与开证人之间的申请合同或偿付合同，已如前述。[1]故此，该申请人并非严格意义上信用证不当拒付损害赔偿的适格原告。[2]

七、交单人

此外，信用证法中可能还会出现交单人或交单行（presenter）一词，[3]此交单人身份需要根据具体情形进行认定，他可能是已经承付或议付受益人并以自己名义向开证人交单的被指定人，也可能是并未按指定行事但仍照转单据给开证人的被指定人，还有可能是受益人自己的银行，即受益人代理人（collecting bank）。[4]按指定行事的被指定人可以自己名义起诉开证人不当拒付，已如前述；而未按指定行事的被指定人仍然照转单据给开证人的，其身份通常是受益人代理人，[5]其无权以自己名义起诉开证人不当拒付，乃当然之理，无需赘言。

（接上页）830（1976）；*Chase Manhattan Bank v. Equibank*，394 F. Supp. 352（WD Pa. 1975）；*Interchemicals Co. v. Bank of Credit*，635 NYS 2d 194（NY App. Div. 1995）；江苏省无锡市中级人民法院"陆丰公司诉江阴市外贸公司信用证纠纷案"[1999]锡经初字第301号；最高人民法院"瑞士纽科货物有限责任公司与中国建设银行吉林省珲春市支行信用证项下货款拒付纠纷案"[1998]经终字第336号。But see *Romika-USA, Inc. v. HSBC Bank USA, NA*，514 F. Supp. 2d 1334；2007 US Dist. LEXIS 34962.

〔1〕 参见本书"绪论"三、研究范围与思路。

〔2〕 *Interchemicals Co. v. Bank of Credit*，635 NYS 2d 194（NY App. Div. 1995）；*Clarendon, Ltd. v. State Bank of Saurashtra*，77 F. 3d 632（2d Cir. 1996）.

〔3〕 See e. g. UCP600 Article 2；1995 UCC §5-1.02；ISP98 Rule 1.09；《结算办法》第41条。

〔4〕 See UCP600 Drafting Group, *Commentary on UCP600*: *Article-by-Article Analysis*, at 23（ICC Services Publication Department No. 680 2007）.

〔5〕 当然，从接收单据角度来讲，被指定人，包括未按指定行事之被指定人，仍可构成开证人"代理人"：一旦受益人在信用证有效期与交单期内将单据交付被指定人，即视为受益人已满足信用证所规定之交单时间限制；即使该被指定人并未按指定行事，受益人也无需在信用证有效期与交单期限内再度向开证人交单。

第四章 不当拒付损害赔偿责任的适格原告与被告

第二节 适格被告

一、开证人与保兑人

信用证不当拒付的适格被告通常是开证人。开证人是指开出信用证,从而对受益人承担相符交单承付义务之人。[1]由此决定了,在开证人不当拒付下,其永远都是适格被告。

当然,如果开证人被收购或兼并,则收购方或实施兼并的公司理应承担开证人的债务而成为信用证不当拒付损害赔偿的被告。例如,在"Golden West 案"中,[2]开证人 Crestar 因被 SunTrust 收购,故此,基于法定转让,SunTrust 就当然地成了本案不当拒付的适格被告。[3]在我国法下,开证人最终被兼并或收购,也并非不可能。例如在"唐山汇达案"中,[4]转

---

[1] See UCP600 Article 7.

[2] *Golden West Refining Co. v. SunTrust Bank*, 2006 WL 4007267.

[3] See also *Travelers Indem. Co. v. US Bank Nat. Ass'n*, 59 UCC Rep. Serv. 2d 786 (Conn. Super. Ct. 2006); *Federal Deposit Insurance Corp. v. Freudenfeld*, 492 F. Supp 763 (ED Wis 1980); *First Empire Bank v. Federal Deposit Insurance Corp.*, 572 F 2d 1361 (9th Cir 1978), cert den 439 US 919 (1978), later app 634 F2d 1222 (9th Cir 1980), cert den 452 US 906 (1981); *Philadelphia Gear Corp. v. Federal Deposit Insurance Corp.*, 587 F. Supp 294 (WD Okla 1984); *AXA Assurance, Inc. v. Chase Manhattan Bank*, 770 A. 2d 1211, 45 UCC Rep. Serv. 2d (West) 853 (NJ Super. Ct. App. Div. 2001)。当然,银行兼并与收购比普通公司兼并收购更为复杂,如果开证人限于资不抵债境地而被 FDIC 接管后,FDIC 可以将该银行资产部分转让其他银行,此时其他银行是否承担资不抵债银行所开出之信用证债务,取决于 FDIC(Federal Deposit Insurance Corporation)与其他银行之间的债务承担协议 [See *O'Hare Ground Transport Facility, LLC v. Commercial Vehicle Center, LLC*, 2013 WL 2244594 (Ill. App. Ct. 2013)]。

[4] 天津市第一中级人民法院"唐山汇达集团进出口有限公司与中国光大银行天津分行信用证纠纷案"[2001]一中经initial字第336号。另可参见辽宁省沈阳市中级人民法院"马来西亚 KUB 电力公司与中国光大银行股份有限公司沈阳分行担保合同纠纷案"[2004]沈中民(4)外初字第12号。

开证人原本为中国投资银行,但中国人民银行在1999年批复同意国家开发银行将原中国投资银行同城营业网点整体转让给中国光大银行,[1]自然,原来中国投资银行的所转开立信用证及其债务全部由中国光大银行承担。正是因此,该案原被告及法院都不曾否认,中国光大银行便是中国投资银行所转开立信用证受益人的当然适格被告。最终,一审法院判决被告中国光大银行构成不当拒付,应对受益人承担不当拒付损害赔偿责任。[2]

实践中除了开证人可以作适格被告外,还有保兑人。保兑人是应开证人请求或授权而对信用证加具保兑,从而在开证人之外有义务对相符交单做出承付或议付之人。[3]也就是说,信用证经保兑后,保兑人应对受益人承担直接、终局的付款责任。在法律上,保兑人和开证人处于相同法律地位,同为信用证的付款人。[4]因而,一旦受益人提交单据相符,保兑人即承担绝对付款义务,否则便会构成不当拒付。

只是要强调的是,根据UCP600第8条第a款的规定,只要受益人将相符单据交付被指定人,开证人或保兑人即应承担绝对的付款义务,即使被指定人并未将单据在信用证有效期内转

---

〔1〕 参见中国人民银行《关于国家开发银行将原中国投资银行同城营业网点整体转让给中国光大银行的批复》(银复〔1999〕57号)。

〔2〕 当然,转开证人本身是否是不当拒付损害赔偿之诉的适格被告,容下文详述。

〔3〕 See 1995 UCC §5-111 (c); UCP Article 8; ISP98 Rule 2.01;《结算办法》第17条、第18条。

〔4〕 参见王卫国主编:《银行法学》,法律出版社2011年版,第252页; James J. White & Robert S. Summers, *Uniform Commercial Code*, at 1138 (West 6th ed 2010); John F. Dolan, *The Domestic Standby Letter of Credit Desk Book for Business Professionals, Bankers and Lawyers* §7.06 [1] Confirmers (Matthew Bender 2015); 1995 UCC §5-107 (a)。

第四章 不当拒付损害赔偿责任的适格原告与被告

交开证人或保兑人,[1]或转交过程中单据遗失。[2]因此,保兑人为了保障自身利益,有时会明确要求受益人将单据转交至保兑人处,作为保兑人承担承付义务之前提,[3]否则受益人不得追究保兑人不当拒付的损害赔偿责任。此即避免绕开保兑人交单条款。[4]

在"Mago International 案"中,[5]原告 Mago 为受益人,被告为保兑人。涉案备用信用证规定,如果申请人未能在发票日后 45 天内付款,受益人即有权提交单据要求开证人或保兑人付款。但最终保兑人以受益人交单不符为由拒付。尽管一审、二审法院均判决认为保兑人拒付合法。但法院或保兑人自己从未质疑保兑人作为不当拒付损害赔偿适格被告的身份。[6]

---

[1] ISP98 及 1995 UCC §5、《结算办法》应做同样解释。See *Northern Trust Co. v. Community Bank*, 873 F2d 227 (9th Cir. 1989); *Barclays Bank v. Mercantile National Bank*, 481 F. 2d 1224 (5th Cir. 1973); *Dibrell Bros. v. Banca Nazionale Del Lavoro*, 38 F. 3d 1571, 1579 (11th Cir. 1994). 但参见呼家钰:"论保兑行的付款义务",载高祥主编:《信用证法律专题研究》,中国政法大学出版社 2015 年版,第 106 页。

[2] UCP600 Article 35.

[3] See Walter (Buddy) Baker & John F. Dolan, *User's Handbook for Documentary Credits under UCP 600*, at 60 (ICC Publication No. 694 2008); James E. Byrne, *ISP98 & UCP500 Compared*, at 225 (Institute of International Banking Law & Practice 2000); James E. Byrne, *The Official Commentary on the International Standby Practice*, at 66, 101 (Institute of International Banking Law & Practice 1998).

[4] See ICC Official Opinion TA822rev.; 阎之大:《UCP600 解读与例证》,中国商务出版社 2007 年版,第 97 页。

[5] *Mago International v. LHB AG*, 833 F. 3d 270 (2016).

[6] See also *Indoafric Exports Private Ltd. Co. v. Citibank*, *NA*, 2016 WL 6820726 (SDNY 2016); *Northern Trust Co. v. Community Bank*, 873 F2d 227 (9th Cir. 1989); *Fortis Bank (Nederland) NV v. Abu Dhabi Islamic Bank*, 2010 NY Slip Op 72415 (U); *Pasir Gudang Edible Oils Sdn Bhd v. Bank of New York*, Index No. 603531/99 (NY Sup. Ct. 1999); *Banca Nazionale del Lavoro v. SMS Hasenclever GmbH*, 439 SE 2d 502 (Ga. Ct. App. 1993); *Newport Indus. N. Am.*, *Inc. v. Berliner Handels under Frankfurter Bank*, 923 F. Supp. 31 (SDNY 1996); *Habib Bank*, *Ltd. v. National City Bank*, et al., 1999 US Dist. LEXIS 4549.

我国保兑人成为不当拒付损害赔偿被告的典型案例可见"川投案"。[1]该案中，东方汇理银行萨那分行为开证人，东方汇理银行上海分行为保兑人。受益人交单后，开证人以单据不符为由拒付。最终法院判决开证人构成不当拒付，应对受益人承担损害赔偿责任。该案争议焦点之一便是东方汇理银行上海分行是否对信用证进行了保兑。法院判决认为，开证人在信用证中有明确的保兑授权，而通知人东方汇理银行上海分行在信用证通知书中加具了带有"confirmation"的条款，故此构成有效保兑，理应承担保兑人责任。尽管随后该信用证有两次修改，但保兑人并未在修改书上明确表示保兑，根据 UCP 的规定，[2]保兑人若不愿将保兑延展至修改书，必须明确告知受益人。本案中，保兑人上海分行作为通知人将上述修改通知受益人时，"并未就信用证的保兑是否延展至修改书表示明确的异议"。据此，法院认为，保兑人"对信用证加具的保兑延展至修改书"，从而对受益人的相符交单，其应承担不当拒付损害赔偿责任。[3]据此，明确肯定保兑人可以为不当拒付损害赔偿的适格被告。

二、被指定人

被指定人是指根据开证人授权，有权承付或议付信用证之人。[4]根据 UCP600 第 2 条的规定，凡开证人之外的、即期信用证与延期信用证下的付款人、承兑信用证下的承兑人以及议

---

〔1〕 上海市高级人民法院"东方汇理银行萨那分行与四川川投进出口有限公司信用证纠纷案"[2007]沪高民四（商）终字第 41 号；上海市第一中级人民法院[2003]沪一中民五（商）初字第 137 号。

〔2〕 UCP500 Article 9 (d)，UCP600 Article 10 (b)。

〔3〕 参见王善论："川投公司诉东方汇理银行案评析"，载《国际商报》2009年4月17日。

〔4〕 See UCP600 Article 2。

第四章　不当拒付损害赔偿责任的适格原告与被告

付信用证下的议付人都属于被指定人。[1]被指定人有可能会选择根据开证人的授权行事，也有可能并不接受开证人授权，从而不对信用证进行承付或议付。前者称为依指定行事的被指定人，后者为不依指定行事的被指定人。被指定人享有决定是否承付或议付的权利，而不像开证人或保兑人那样需承担必须承付或议付的义务。[2]正是基于此，UCP600 才没有将被指定人明确规定为失权的主体。即在被指定人未根据 UCP600 第 16 条规定发出拒付通知时，无需承担失权的不利法律后果。[3]1995 UCC §5、ISP98 及我国《结算办法》也遵从了 UCP 的规定。[4]据此，非保兑人的被指定人并非信用证不当拒付损害赔偿的适格被告。[5]

---

[1] 保兑人也属于被指定人范畴 [See Brooke Wunnicke, Diane B. Wunnicke & Paul S. Turner, *Standby & Commercial Letter of Credit*, at 4-6 (Wolters Kluwer Law & Business 3rd ed 2013); James E. Byrne et al., *UCP* 600: *An Analytical Commentary*, at 175 (Institute of International Banking Law & Practice 2010)]。但鉴于保兑人在信用证下承担与开证人一样的确定性付款义务，其当然可以成为不当拒付之被告，故此在前文中将保兑人与开证人一并陈述，此处被指定人并不包含保兑人。

[2] James E. Byrne et al., *UCP* 600: *An Analytical Commentary*, at 174 (Institute of International Banking Law & Practice 2010); John F. Dolan, *The Domestic Standby Letter of Credit Desk Book for Business Professionals, Bankers and Lawyers* § 7.06 [2] Nominated Banks as Payors (Matthew Bender 2015). See also ISP98 Rule 2.04.

[3] UCP600 Article 16 (f). See James E. Byrne et al., *UCP* 600: *An Analytical Commentary*, at 752 (Institute of International Banking Law & Practice 2010).

[4] See 1995 UCC §5-108 cmt.6；《结算办法》第 46 条；ISP98 Rule 2.04 (b), 5.03. See also Brooke Wunnicke, Diane B. Wunnicke & Paul S. Turner, *Standby & Commercial Letter of Credit*, at 4-20-4-21 (Wolters Kluwer Law & Business 3rd ed 2013); James E. Byrne, *ISP98 & UCP500 Compared*, at 138 (Institute of International Banking Law & Practice 2000).

[5] 但在 UCC 与 UCP600 下，审单及不符通知存在不当行为的被指定人仍可能需要承担合同法或侵权法下的责任。See James J. White, "Influence of International Practice on the Revision of Article 5 of the UCC", 16 Nw. J. Int'l L. & Bus. 189, 204 note 7 (1995); James J. White & Robert S. Summers, *Uniform Commercial Code*, at 1140 (West 6th ed 2010); 1995 UCC §5-108, cmt.6.

例如，在"晋阳碳素公司案"中，[1]所涉信用证为自由议付信用证。受益人向中国工商银行（被指定人）交单，被指定人审单认定单据相符并转交开证人。但开证人以单据不符为由拒付。为此，受益人起诉开证人及被指定人。一审法院判决认为，中国工商银行虽然被授权议付，"但其并未支付对价，也并未作付款承诺"，因此，中国工商银行不成为议付人，从而无需对受益人承担支付信用证项下款项义务。自然，受益人不当拒付损害赔偿诉讼中，中国工商银行并非适格被告。[2]

但是，如果被指定人有明确向受益人表示同意接受开证人承付或议付指示的，则其承担了对受益人相符交单下的承付或议付义务。[3]此时，该明确向受益人表示同意承付或议付的意

---

〔1〕 山西省太原中级人民法院"山西省晋阳碳素股份有限公司与泰国盘古银行香港分行信用证项下货款拒付纠纷案"[2001] 并知初字第7号。

〔2〕 另参见江苏省高级人民法院"韩国中小企业银行（汉城总行）与连云港口福食品有限公司信用证纠纷案"[2003] 苏民三终字第052号，南京市中级人民法院[2002] 宁民五初字第46号；浙江省嘉兴中级人民法院"嘉兴三珍斋食品有限公司诉中国工商银行股份有限公司桐乡支行信用证纠纷案"[2007] 嘉民二初字第96号；上海市高级人民法院"（韩国）国民银行诉上海苏豪国际贸易有限公司、比利时联合银行上海分行信用证纠纷案"[2001] 沪高经终字第339号；山东省威海市中级人民法院"山东汇泉工业有限公司与株式会社新韩银行信用证议付纠纷案"[2005] 威民二外初字第16号；山东省潍坊市中级人民法院"韩国中小企业银行首尔分行与潍坊雅翔国际贸易有限公司信用证纠纷案"[2014] 潍外重字第3号，山东省高级人民法院[2017] 鲁民终1023号。

〔3〕 UCP600 Article 12（a）. See also Ebenezer Adodo, *Letters of Credit: The Law and Practice of Compliance*, at 17（Oxford University Press 2014）. But see ICC Official Opinon TA655：被指定议付人向受益人表示"Please be informed that the documents are accepted by us for maturity date June 05, 2008"，国际商会专家解释认为由于被指定人并无承付或议付义务，故而上述表述并不意味着被指定人对受益人承担了到期付款责任。笔者以为此结论不无疑问。被指定人并无义务承付或议付，不等于其无权承付或议付。而既然被指定人明确告知其已"接受"（accept）单据，自是意味着，一方面受益人交单相符，另一方面其愿意接受开证人授权而于到期日承付或议付受益人。

第四章 不当拒付损害赔偿责任的适格原告与被告

思表示在法律效果上类似于给信用证加具了"保兑",[1]当然,也可以认为相当于是被指定人给受益人开具了一份信用证。[2]但不管如何解释,一旦被指定人最终拒绝承付或议付相符交单,便构成不当拒付,受益人有权起诉被指定人。[3]然而,这种直接向受益人表示接受开证人承付或议付授权在信用证实务中非常少见。[4]

要强调的是,承付和议付不同。承付通常是无追索权的。[5]而议付人在议付信用证时通常会保留对受益人的追索权,从而在开证人拒绝偿付议付人时,议付人有权向受益人追索已经议付的款项。[6]那么,在议付人通常具有追索权的情况下,是否仍有必要赋予受益人追究同意按授权行事的议付人不当拒付的权利,以及在议付人赔偿受益人不当拒付损失后,在向开证人索偿无效果时,是否仍应承认议付人对受益人的追索权?

---

〔1〕 Henry Harfield, *Letters of Credit*, at 17 (The American Law Institute 1979). 值得指出的是,即使就此认为此"保兑"未经开证人授权,从而构成沉默保兑,也不影响议付人("沉默保兑人")信用证下应当承担之不当拒付损害赔偿责任。换言之,沉默保兑相当于是保兑人向受益人另行开具了一份信用证而已,其仍受信用证法律规范。

〔2〕 See 1995 UCC §5-102 cmt. 1; James E. Byrne, *6B Hawkland UCC Series* §5-111: 5 [Rev] Nominated person; §5-102: 115 [Rev] Nominated persons irrevocably undertaking to purchase (Thomson Reuters 2016); James E. Byrne, "Negotiation in Letter of Credit Practice and Law: The Evolution of the Doctrine", 42 Tex. Int'l L. J., 561, 589 note 87 (2007).

〔3〕 See 1995 UCC §5-108, cmt. 6.

〔4〕 See James E. Byrne et al., *UCP 600: An Analytical Commentary*, at 178, 737 (Institute of International Banking Law & Practice 2010).

〔5〕 参见张锦源:《信用状理论与实务》,三民书局2004年版,第177页。

〔6〕 王金根:"信用证下议付行追索权探讨",载《对外经贸实务》2009年第8期,第59~61页;最高人民法院"大连汇丰达国际贸易有限公司与东亚银行(中国)有限公司大连分行信用证议付纠纷申诉案"[2014]民申字第680号。

在前述南天国际经贸公司案中，[1]被告（被指定议付人、转开证人）明确在信用证中表述"本信用证可以通过[被告]之议付而得以支用"，在信用证原证和转让信用证的偿付条款中也都约定："收到单据后，只要单据符合本信用证的所有条款和条件，我们将按照指示付款。"法院基于上述表述而判决认定议付人明确向受益人表达了同意接受开证人议付授权，从而承担了相符交单下对受益人议付的义务，否则即应承担不当拒付损害赔偿责任。[2]

但法院未讨论的是，议付人在赔偿受益人后向开证人追偿无果时，是否有权追索受益人？笔者以为，尽管通说认为议付人就议付行为通常享有对受益人的追索权，但该追索权并非法律规定，也并未被UCP600、1995 UCC §5等所明文承认，通常只是议付人在议付中与受益人进行约定，保留追索权。[3]故此，在议付人未按约定议付而被法院判决不当拒付的情况下，除明确保留有追索权，否则似乎不应再承认议付人对受益人的追索权为当，否则法院判决议付人构成不当拒付应对受益人承担损害赔偿责任的判决便无实际意义。实际上，如前所述，明确告知受益人同意议付的被指定人相当于是对受益人单独开具了一份信用证或对开证人所开立的信用证作了沉默保兑，自然根据

---

[1] 北京市第二中级人民法院"连云港南天国际经贸有限公司诉德国商业银行股份有限公司布鲁塞尔分行信用证议付纠纷案"[2007]二中民初字第6571号。

[2] 议付人按指定行事进行了议付，通常情况下如果议付人无法从开证人处获得偿付，诸如开证人破产、单据具有潜在不符（欺诈）等，其仍有权追索受益人。但如果开证人是因不符点拒绝偿付议付人，而该不符点明显是议付人合理审单下能发现的、受益人本可补救之不符点，则议付人是否仍有权追索，不无疑问[See James E. Byrne et al. , *UCP 600: An Analytical Commentary*, at 511–512 (Institute of International Banking Law & Practice 2010)]。

[3] 另可参见《结算办法》第39条。

第四章　不当拒付损害赔偿责任的适格原告与被告

保兑人承担了无追索权议付的精神,[1]议付人于上述情形下也不享有追索权。

三、偿付人

如果被指定人接受指定并承付或议付受益人,其可将单据转交开证人并要求开证人偿付。[2]此时,如果开证人在被指定人处开有账户,则其可直接偿付被指定人。但是,开证人不可能与所有被指定人都具有往来账户,抑或是根据开证人国际业务架构安排,某一国家的资金往往借助第三国往来银行提供。于此情形下,开证人便会指定某一往来银行承担具体偿付被指定人业务,该往来银行即为偿付人。[3]应注意的是,偿付纯粹是资金管理性的程序与行为,它并不会影响开证人、被指定人、受益人等各方当事人的权利与义务。[4]被开证人授权偿付,不等于被授权偿付之人承担了必须偿付的义务,[5]但偿付人按照

---

〔1〕 See UCP600 Articles 8 (a) (ii), 16 (f); 1995 UCC §5-108 (i) (4), cmt. 3; ISP98 Rule 2.01 (b);《结算办法》第 39 条、第 48 条。

〔2〕 See UCP600 Article 7 (c); 8 (c); ISP98 Rule 8.01; 1995 UCC §5-102;《结算办法》第 38 条。关于信用证偿付规则,See UCP600 Article 13; URR 725。

〔3〕 See UCP600 Article 13; Ali Malek QC & David Quest, *Jack: Documentary Credits*, at 151 (Tottel Publishing Ltd. 4th ed 2009); Walter (Buddy) Baker & John F. Dolan, *User's Handbook for Documentary Credits under UCP 600*, at 71 (ICC Publication No. 694 2008)。

〔4〕 Ali Malek QC & David Quest, *Jack: Documentary Credits*, at 152 (Tottel Publishing Ltd. 4th ed 2009)。

〔5〕 See *Banque San Paolo v. Iraqi State Co.*, 93 Civ. 5259 (KTD) (SDNY 1996)。该案中,谨慎的被指定人曾要求偿付人澄清是否会偿付,也即,开证人是否在偿付人处开有账户。偿付人回复有。当开证人最终拒绝支付被指定人时,信用证款项的受让渡人抗辩认为偿付人的回复相当于保兑,从而有义务承担偿付义务。但法院驳回该观点认为,偿付人并无义务偿付,偿付人在给被指定人的回复中已经明确提出其并无义务偿付。

开证人要求向被指定人发出偿付义务书除外。[1]本质上而言，偿付人只不过是受开证人的委任，代开证人偿付被指定人应得的信用证款项而已，其并非信用证直接的权利义务当事人。[2]正是因为如此，被指定人向偿付人索偿时，偿付人不必审查单据是否相符。[3]偿付人唯一的责任是审核被指定人的索偿金额是否超过开证人授权书的授权范围。所以，偿付人拒绝偿付被指定人时，被指定人不得起诉偿付人不当拒付，而只能起诉开证人。[4]

例如，在"Bergerco Canada 案"中，[5]受益人提交相符单据后，开证人指示偿付人付款。但刚好碰上美国政府宣布冻结伊拉克在美资产，导致偿付人无法付款。受益人为此起诉偿付人。法院判决认为，开证人可以授权第三人承担信用证偿付义务，但除非该第三人明确同意不可撤销地承担偿付义务，否则偿付人的义务并非像保兑人那样是确定性的付款承诺。本案中，偿付人仅被授权偿付信用证款项，而并未被要求保兑信用证。他也并没有同意对该信用证进行保兑，或同意取代开证人信用并承诺承担付款义务。故此，偿付人并非受益人不当拒付损害

---

〔1〕 URR 725 Articles 4, 9. See also Walter (Buddy) Baker & John F. Dolan, *User's Handbook for Documentary Credits under UCP* 600, at 72 (ICC Publication No. 694 2008); James E. Byrne, *6B Hawkland UCC Series* § 5-102: 128 [Rev] Classification; typology; independent undertakings—Reimbursement undertakings (Thomson Reuters 2016).

〔2〕 See Charles del Busto, *Case Studies on Documentary Credits under UCP*500, at 120 (ICC Publishing SA No. 535 1995).

〔3〕 UCP600 Article 13 (b) (ii).

〔4〕 UCP600 Article 13 (b) (iii); (c). See also Peter E. Ellinger & Dora Neo, *The Law and Practice of Documentary Letters of Credit*, at 199, 205 (Hart Publishing 2010); 张锦源:《信用状理论与实务》，三民书局 2004 年版，第 169~170 页。

〔5〕 *Bergerco Canada v. Iraqi State Company for Food Stuff Trading*, 924 F. Supp. 252 (DDC 1996).

赔偿诉讼的适格被告。[1]

偿付人并非不当拒付损害赔偿的适格被告也为我国法院所确认。在"青岛华天案"中,[2]韩国中小企业银行天津分行系开证人指定的偿付人。在开证人不当拒付后,受益人起诉开证人和偿付人。法院指出,开证人和偿付人之间是"委托人与受托人关系",如果被指定人未从偿付人处获得偿付,开证人"并不能解除其自行偿付的义务"。而受益人或被指定人与偿付人之间"并不存在合同关系"。根据信用证独立性原则,"在任何情况下,受益人不得利用银行之间的契约关系"。据此,受益人无权起诉偿付人不当拒付。

四、通知人

通知人和受益人之间一般并无直接合同法律关系。[3]通知人通知信用证并不意味着通知人就此参与了信用证交易并成为信用证的当事人。在信用证业务实践中,通知人在通知信用证时为避免受益人产生误解,往往会在信用证上特别注明它并不是信用证当事人。[4]

正因为通知人和受益人之间并无直接合同关系,决定了通知人并不承担信用证下承付或者议付的义务,受益人也无权起

---

[1] See also *Banque San Paolo v. Iraqi State Co.*, 93 Civ. 5259 (KTD) (SDNY 1996).

[2] 山东省青岛市中级人民法院 "青岛华天车辆有限公司诉韩国中小企业银行信用证纠纷案" [2005] 青民四初字第 75 号。

[3] 陈治东:《国际贸易法》,高等教育出版社 2009 年版,第 242 页; John F. Dolan, *The Drafting History of UCC Article* 5, at 37 (Carolina Academic Press 2015); Peter E. Ellinger & Dora Neo, *The Law and Practice of Documentary Letters of Credit*, at 177 -178 (Hart Publishing 2010); A. G. Guest ed., *Benjamin's Sale of Goods*, at 1703 (Sweet & Maxwell 6th ed 2002).

[4] See ICC Official Opinion R 393.

诉通知人要求其承担付款责任。对此，UCP600 与 1995 UCC 都有明确规定。[1]

通知人并非不当拒付损害赔偿的适格被告实际上也是收益与风险一致精神的体现。因为与开证人或保兑人相比，通知人在信用证业务中收费通常都很少。如果在收费如此低的情况下却要求其承担与开证人或保兑人一样或类似的责任或风险，显然不公平，也无助于鼓励中间银行积极参与到信用证交易当中。[2]

例如，在"Banco Nacional De Desarrollo 案"中，[3]法院明确指出，通知人并不对受益人承担信用证下承付义务，故此，通知人不应成为受益人不当拒付损害赔偿之诉的适格被告。[4]

在"晋阳碳素公司案"中，[5]法院认定，中国工商银行并非议付人，而仅仅是通知人，不应对受益人承担支付信用证项下款项义务。据此，二审法院认为，一审法院将通知人作为不

---

[1] UCP600 Article 9 (c); 1995 UCC § 5-107 (c)。尽管我国《结算办法》及 ISP98 并不存在类似规定，但结论不应有所不同（《结算办法》第 23 条；ISP98 Rule 2.05）。当然，通知人应对受益人承担准确通知以及确认信用证表面真实的义务 [UCP600 Article 9 (b), (c); 1995 UCC § 5-107 (c);《结算办法》第 23 条；*Integrated Measurement Systems, Inc. v. International Commercial Bank of China*, 757 F. Supp. 938 (ND Ill. 1991)]。

[2] John F. Dolan, *The Law of Letters of Credit: Commercial & Standby Credits* § 9.02 [4] Liability: Determining the Proper Defendant (LexisNexis AS Pratt 2018)。

[3] *Banco Nacional De Desarrollo v. Mellon Bank, NA*, 726 F. 2d 87 (3d Cir. 1984)。

[4] See also *Auto Servicio San Ignacio, SRL v. Compania Anonima Venezolana de Navegacion*, 765 F. 2d 1306 (3rd Cir. 1985); *H Ray Baker Inc v. Associated Banking Corp.*, 592 F. 2d 550 (9th Cir. 1979), cert den 444 US 832 (1979); *National American Corp. v. Federal Republic of Nigeria*, 425 F. Supp 1365 (SDNY 1977); *Merchants Bank of New York v. Credit Suisse Bank*, 585 F. Supp. 304, 308 (SDNY 1984); *Sound of Market Street v. Continental Bank International*, 819 F. 2d 384 (3rd Circuit 1987); *US Material Supply, Inc. v. Korea Exchange Bank*, 417 F. Supp. 2d 652 (DNJ 2006), 2008 US Dist. LEXIS 60665。

[5] 山西省高级人民法院"山西省晋阳碳素股份有限公司与泰国盘古银行香港分行信用证项下货款拒付纠纷案"[2002] 晋民四终字第 70 号。

当拒付损害赔偿诉讼的被告是错误的。[1]

五、转开证人

信用证转让是指受益人请求被授权之转开证人将信用证下的全部或部分权利转让给他人行使。[2]信用证一经合法转让，第二受益人和开证人之间即存在合法的、以转开信用证为载体的信用证法律关系。[3]而转开证人之所以会转开，是因为有开证人的授权。[4]但是，即使转开证人转开了信用证，也并不意

---

[1] 另参见河北省唐山市中级人民法院"唐山海港汇丰能源有限公司诉交通银行股份有限公司广东省分行等信用证纠纷案"[2014]唐民初字第443号，河北省唐山市中级人民法院[2015]唐民重字第9号，河北省高级人民法院[2016]冀民终229号；北京市高级人民法院"株式会社友利银行与北京宣联食品有限公司、中国银行股份有限公司北京市分行信用证纠纷案"[2008]高民终字第516号；新疆维吾尔自治区高级人民法院"中国银行新疆维吾尔自治区分行诉新疆新兴水利电力实业总公司信用证交易纠纷案"[1997]新经初字1号；江苏省南京市中级人民法院"南京三五〇三投资发展有限公司与RBS联合投资与金融集团、中国建设银行股份有限公司江苏分行、中国银行股份有限公司江苏省分行信用证纠纷案"[2014]宁商外初字第53号；浙江省宁波市中级人民法院"海宁市正扬轴承有限公司与帕萨加德银行等信用证纠纷案"[2014]浙甬商外初字第53号。

[2] See UCP600 Article 38.

[3] See *Banca Del Sempione v. Provident Bank of Maryland*, 160 F.3d 992, 995 (4th Cir. 1998); *Seattle Iron & Metals Corp. v. Lin Xie*, 2010 Wash. App. LEXIS 982; 山东省高级人民法院"烟台市五金矿产机械进出口公司与韩国外换银行拒付信用证项下货款纠纷上诉案"[1999]鲁经终字第693号。

[4] See UCP600 Article 38 (b). 应注意的是，转开证人与被指定人不同，开证人对两者的授权完全不同。当然，除开证人自行转让外，在UCP600下，转开证人一定是被指定人身份 [UCP Article 38 (b); ICC Commission on Banking Technique and Practice, *Transferable Credits and the UCP* 500 (30 October 2002), in James E. Byrne & Christopher S. Byrnes, 2003 *Annual Survey of Letters of Credit Law & Practice*, at 143 (Institute of International Banking Law & Practices 2003)]。转开证人也不完全等同于通知人，第二受益人之交单必须递交转开证人，转开证人也有义务接受交单。而通知人并无接受交单义务；转开证人转开时可就信用证特定条款做出适当变更，而通知人必须准确通知信用证而不得做出修改；转开证人对第一受益人承担了不向申请人披露第二受益人身份以及第一受益人利润的保密义务，并对第二受益人承担了在第一受益人未及时更换

味着他加入了信用证,并成为类似开证人或保兑人那样的信用证当事人。[1]因而,除非转开证人是开证人或明确对转开证作出保兑,[2]否则他在转开信用证下并不承担承付或议付的义务。[4]由此决定了第二受益人在相符交单下未能获得开证人承付时,无权起诉转开证人不当拒付。[4]当然,开证人或保兑人直接转开信用证的除外。

(接上页)相符单据时直接将第二受益人单据转交开证人的义务,而通知人并无类似义务。但除此之外,转开证人和通知人并无分别。对此,1995 UCC §5-107(d)规定,转开证人享有通知人的权利,并承担通知人的义务 [See James E. Byrne et al., *UCP 600*: *An Analytical Commentary*, at 1345-1346 (Institute of International Banking Law & Practice 2010)]。

〔1〕 See James E. Byrne et al., *UCP 600*: *An Analytical Commentary*, at 1340, 1355 (Institute of International Banking Law & Practice 2010).

〔2〕 See ICC Official Opinions R482, R587.

〔3〕 ICC Official Opinions R375, 482, 484;《结算办法》第27条第2款。See also James E. Byrne et al., *UCP 600*: *An Analytical Commentary*, at 1345 (Institute of International Banking Law & Practice 2010); James E. Byrne, *6B Hawkland UCC Series* §5-112: 10 [Rev] Advice of transfer & mistransferred credits (Thomson Reuters 2016); Jack Raymond et al., *Documentary Credits*, at 314-316 (Butterworths 3rd ed 2001);[美]Johannes C. D. Zahn:《信用状论:兼论托收与保证》,陈冲、温耀源合译,中华企业管理发展中心1980年版,第108页;*Weyerhaeuser Co. v. UBAF Arab American Bank*, 768 F. Supp. 481 (SDNY 1991).

〔4〕 如果转开证人存在转开证错误而给第二受益人造成损失的,第二受益人可起诉转开证人错误通知之责任,但此并非不当拒付问题(参见上海市高级人民法院"德累斯顿银行上海分行与深圳中电投资股份有限公司信用证侵权纠纷案"[2003]沪高民三(商)终字第4号;山东省高级人民法院"大连泰富食品有限公司与中信银行股份有限公司烟台分行信用证转让纠纷案"[2014]鲁民四终字第151号,山东省烟台市中级人民法院[2013]烟民三初字第212号;最高人民法院"栖霞市绿源果蔬有限公司与中国银行股份有限公司北京市分行信用证转让纠纷再审案"[2013]民申字第1296号;1995 UCC §5-107(d),§5-111(c);*ITM Enterprises, Inc. v. Bank of New York*, 2003 NY App. Div. Lexis 743 (NY App. Div. 2003); James E. Byrne, *6B Hawkland UCC Series* §5-112: 10 [Rev] Advice of transfer & mistransferred credits (Thomson Reuters 2016); James E. Byrne et al., *UCP 600*: *An Analytical Commentary*, at 1346 (Institute of International Banking Law & Practice 2010).

第四章 不当拒付损害赔偿责任的适格原告与被告

如"在 Integrated Measurement Systems 案"中,[1] 被告是信用证的通知人与转开证人,受益人起诉其不当拒付。法院正确判决认为转开证人与受益人之间并不存在合同法律关系,转开证人对受益人也不承担承付义务,其无需对受益人承担不当拒付损害赔偿责任。

然而在"MAP Marine 案"中,[2] 法院错误判决作为通知人与转开证人的被告 Banca Monte 构成不当拒付。专家评论认为,单纯转开证人身份并不足以使被告承担信用证下承付义务,所以除非 Banca Monte 对信用证进行了保兑,否则其不应成为不当拒付损害赔偿的适格被告。[3]

与"MAP Marine 案"类似,我国法院在前述唐山汇达案中也对转开证人是否构成不当拒付损害赔偿责任适格被告存在错误理解。[4] 该案中,光大银行为转开证人,而非开证人。受益人在信用证有效期届满后交单,转开证人以单据不符为由拒付,并退回了单据。但货物却已被买方提取。故此受益人起诉转开证人要求其赔偿信用证项下款项及相应损失。本案一审和二审都最终判决转开证人无需赔偿,因为信用证有效期届满,转开证人不承担拒付通知义务。但遗憾的是,两审法院根本未考虑光大银行转开证人的身份问题,从而利用转开证人并不对受益人承担承付义务这一正确理由驳回受益人起诉。

---

〔1〕 *Integrated Measurement Systems, Inc v. International Commercial Bank of China*, 757 F. Supp. 938 (1991).

〔2〕 *MAP Marine Ltd. v. China Construction Bank*, 70 AD 3d 404 (NY App. Div. 2010).

〔3〕 See James E. Byrne & Christopher S. Byrnes, 2011 *Annual Review of International Banking Law & Practice*, at 519 (Institute of International Banking Law & Practice 2011).

〔4〕 天津市高级人民法院"唐山汇达集团进出口有限公司与中国光大银行天津分行信用证纠纷案"[2002] 高经终字第 51 号;天津市第一中级人民法院 [2001] 一中经初字第 336 号。

但我国法院在"南天国际经贸案"中成功避免了前述唐山汇达案的覆辙。[1]该案中，原告为第二受益人，被告为转开证人。就第二受益人是否有权起诉转开证人要求其承担不当拒付损害赔偿责任，法院直接援引国际商会意见判决认为，[2]被告作为转开证人，并没有在转开信用证中加具保兑文句。因而，其单纯转开证人的身份在转开信用证下无需承担承付或议付义务，第二受益人无权以此追究转开证人的不当拒付损害赔偿责任。[3]

六、申请人

尽管信用证交易中通常都有申请人，但申请人并非信用证本身的当事人。[4]由此决定了，当受益人以不当拒付为由提起诉讼时，申请人并非适格被告。受益人如意图起诉申请人，只能基于基础合同追究申请人违约责任。

例如，在"Housing Securities 案"中，[5]法院便根据信用证独立性原则，确定申请人并非不当拒付损害赔偿诉讼的当事人。另在"S & S Textiles 案"中，[6]法院同样认定，无论是根据北卡罗来纳州法律还是 UCP，受益人都不得起诉申请人要求

---

〔1〕 北京市第二中级人民法院"连云港南天国际经贸有限公司诉德国商业银行股份有限公司布鲁塞尔分行信用证议付纠纷案"[2007]二中民初字第6571号。

〔2〕 ICC Official Opinion R482.

〔3〕 本案最终被告因其明确向受益人表达接受议付指示而被法院判决应承担不当拒付损害赔偿责任，详见后述。另在最高人民法院所审理的"栖霞市绿源果蔬有限公司与中国银行股份有限公司北京市分行信用证转让纠纷再审案"[2013]民申字第1296号中，法院之所以判决中国银行北京分行应对受益人承担损害赔偿责任，并非因为中国银行是转开证人身份，而是因其通知人身份，通知人应就其错误通知而给受益人造成之直接损失承担赔偿责任。

〔4〕 本书第四章第一节。

〔5〕 *Housing Securities, Inc. v. Maine Nat. Bank*, 391 A. 2d 311 (1978).

〔6〕 *S & S Textiles Intern. v. Steve Weave, Inc.*, 2002 WL 1837999.

其承担不当拒付损害赔偿责任。[1]

我国法院也明确承认信用证下申请人并非不当拒付损害赔偿的适格被告。例如,在"东方铜业案"中,[2]法院认为,本案中,受益人对开证人提起不当拒付之诉,属于因信用证付款纠纷而引发的诉讼。而申请人并非信用证当事人,"并非信用证付款义务人",不应当成为本案被告。[3]

第三节 本章小结

总而言之,信用证下得主张开证人或保兑人不当拒付损害赔偿的适格原告,除了受益人外,还有受让受益人合法权益的第二受益人、款项受让渡人、法定受让人,以及信用证法下所独特存在、便于受益人获得付款保障与融资便利的被指定人。

应说明的是,上述各主体并非在任何不当拒付诉讼中都可充任适格原告。典型的便是被指定人不可充任预期不当拒付损害赔偿之适格原告。理由在于,一旦受益人已经将单据交付被指定人,即意味着受益人已经行使信用证下支款权利,此时已不存在构成预期不当拒付的可能。

至于不当拒付损害赔偿的适格被告,信用证是开证人对受益人做出的确定付款承诺,自然一旦开证人不当拒付,受益人

---

[1] See also John F. Dolan, *The Law of Letters of Credit: Commercial & Standby Credits* § 9.02 [4] Liability: Determining the Proper Defendant (LexisNexis AS Pratt 2018).

[2] 上海市高级人民法院"东方铜业有限公司与中国光大银行上海浦东第二支行信用证纠纷案"[2002]沪高民三(商)终字第2号。

[3] 另参见江苏省南通市中级人民法院"五冶集团上海有限公司与中国建设银行股份有限公司启东支行保证合同纠纷案"[2016]苏06民终2779号。

有权起诉开证人。而保兑人是开证人之外独立对受益人承担承付或议付义务之人，其法律地位类似于开证人，从而保兑人也可成为信用证不当拒付的适格被告。

原则上，申请人、偿付人、转开证人、通知人与被指定人等都未承担信用证下承付或议付义务，他们参与信用证交易的目的纯属为了申请开立信用证或便利信用证交易与融资需要，自然都不构成信用证不当拒付损害赔偿的适格被告。

但存在的例外情况是，如果被指定人事先明确向受益人表示愿意承付或议付相符交单，此在法律效果上类似于给信用证加具了保兑，或独立给受益人出具了一份信用证，从而如果事后被指定人不当拒付，受益人有权在信用证下追究被指定人不当拒付的损害赔偿责任。同理，如果偿付人按照开证人要求向被指定人发出偿付义务书，事后却又拒绝偿付时，被指定人也可追究偿付人的不当拒付损害赔偿责任。

大体而言，中美两国就信用证不当拒付适格原告与适格被告的规定并无本质差异。只有一点值得强调，由于美国1995 UCC§5-114明确保留了开证人是否承认款项让渡的权利，由此决定了款项受让渡人成为开证人不当拒付损害赔偿适格原告的前提是开证人已经同意此款项让渡，否则款项受让渡人只能以受益人名义起诉开证人不当拒付。这一点与我国《合同法》或《民法典》债权自由转让的精神不同。因而在我国法语境中，凡合法的信用证款项受让渡人均可构成开证人不当拒付损害赔偿的适格原告。

第五章
不当拒付损害赔偿基本范围

第一节 美国不当拒付损害赔偿演变

一、普通法不当拒付损害赔偿:以纽约州为例

(一)赔偿标准

在 UCC §5 制定之前,纽约州就信用证不当拒付损害赔偿,是直接赋予受益人基础合同下起诉买方违约相当的法律地位。[1] 因为从本质上讲,信用证下受益人得支取的金额实际便是其买卖合同下得向买方主张的价款,受益人只不过是通过信用证直接向开证人支取基础买卖合同的价款而已。如果开证人不当拒付,受益人所遭受的损失理应与申请人也即买方基础买卖合同下违约给受益人造成的损失相同。自然,从损害赔偿计算来看,受益人信用证下因开证人不当拒付所得主张的损害赔偿也应与基础合同下买方违约时所得主张的损害赔偿额相等。[2]

按此赔偿标准,开证人应赔偿受益人汇票或索款表面金额

---

〔1〕 之所以选择以纽约州信用证不当拒付损害赔偿为研究对象,主要原因在于纽约在 20 世纪 50 年代及之前开立了美国绝大多数的信用证,相对应地,纽约州法院也审理了绝大多数信用证案件,这些判决构成了美国 UCC §5 颁布之前最为重要的信用证法源 [See John F. Dolan, *The Drafting History of UCC Article 5*, at xvi (Carolina Academic Press 2015)]。

〔2〕 See Herman N. Finkelstein, *Legal Aspects of Commercial Letters of Credit*, at 262-263 (Columbia University Press 1930)。

外加自不当拒付之日起计算的利息,但应减去单据所代表的货物转售或处分所获得的价款。此时受益人在法律上承担了减轻损失的义务。[1]换言之,受益人有权要求开证人赔偿汇票或索款表面金额和转售净收益之间的差额,外加自不当拒付之日起计算的利息。此计算方法的客观效果等于是受益人有权要求开证人赔偿其因此而遭受的买卖合同下的附带损失,诸如海关费用、仓储费、搬运费等。[2]

例如,在"Doelger 案"中,[3]法院认为信用证下受益人得请求的损害赔偿范围与其在基础合同下得请求损害赔偿范围一致。即受益人得请求赔偿范围是基础合同所约定的价格与当时受益人从市场上购进该货物价格之间的差额。就此,法院首先确定了在符合买卖合同与信用证要求的货物在该约定付运与交单期限内的市场价格,也即受益人获得信用证与买卖合同项下款项所必须支付的成本:24 美元/吨。而合同约定的货物价格为81.76 美元/吨。两者差价为 57.76 美元/吨。故此,就合同与信用证下所规定的 800 吨货物,受益人总共损失 46 208 美元。此外,开证人需就其预期不当拒付赔偿受益人从信用证有效期到期日至判决日之间的利息损失 6546.13 美元。两者合计 52 754.13 美元,即开证人对受益人的损害赔偿范围。

在"Ernesto Foglino 案"中,[4]法院认定基础买卖合同价格

---

[1] John F. Dolan, *The Drafting History of UCC Article* 5, at 189 (Carolina Academic Press 2015).

[2] John F. Dolan, *The Drafting History of UCC Article* 5, at 193–194 (Carolina Academic Press 2015). See also Herman N. Finkelstein, *Legal Aspects of Commercial Letters of Credit*, at 266–267 note 13 (Columbia University Press 1930): Only the net resale price is deducted, ie, less all charges for custom fees, warehousing, hauling, brokerage, etc.

[3] *Doelger v. Battery Park Nat. Bank*, 201 AD 515 (1922).

[4] *Ernesto Foglino & Co. v. Webster*, (1926) 217 AD 282.

第五章 不当拒付损害赔偿基本范围

为33.25美元/毛吨,[1]而卖方与供应商的价格为31.75美元/毛吨,故此中间差价1.5美元/毛吨即受益人每毛吨所遭受的损失,而货物数量为15 000毛吨,故此开证人应对受益人赔偿范围为22 500美元,再加上自开证人预期拒付之日开始计算的利息损失。但该案经上诉审后,[2]法院援引前述"Doelger案"判决认为,[3]受益人得请求赔偿基础合同价格与正式解除禁运后30天内市场价格之间的差额,而非基础合同价格与受益人与供应商之间的价格的差额。基础合同价格与当时市场价格(30.05美元,此时市场价格有所下跌)之间的差额为3.25美元/毛吨,[4]故此最终受益人得索赔本金48 750美元及自证人预期拒付日开始计算的利息损失。二审法院认为,后者才是受益人因开证人预期不当拒付所遭受的实际损失。

(二)学者评析

从上述两案可知,普通法下信用证不当拒付损害赔偿有如下特点:一是遵循合同法全面赔偿原则,受益人损失多少,开证人便应当赔偿多少;二是受益人信用证下损失以基础合同损失为基础进行判断,换言之,此时根本就不考虑信用证独立于基础交易合同问题;三是受益人对开证人承担了减轻损失义务,就如基础合同下其对买方承担了减轻损失义务一样。学者将此计算方法称为买卖赔偿法(sales measure of damages)。[5]

---

〔1〕 基础买卖合同约定:7000吨运往Genoa,单价33.3美元/毛吨,8000吨运往Civitavecchia,单价33.25美元/毛吨。

〔2〕 *Ernesto Foglino & Co. v. Webster* (1926) 217 AD 282.

〔3〕 *Doelger v. Battery Park Nat. Bank*, 201 AD 515 (1922).

〔4〕 如前述货物运往目的港不同,货物单价不同,似乎准确而言应该分别计算,其中8000吨的单价损失为3.2美元/毛吨,7000吨的单价损失为3.25/毛吨,而此时货物市的场价格为30.05美元/毛吨,故此受益人的最终损失为48 350美元。

〔5〕 Comments, "Damages for Breach of Irrevocable Commercial Letters of Credit: The Common Law and The Uniform Commercial Code", 25 U. Chi. L. Rev., 667, 670 note 19 (1958).

据芬克尔斯坦解释，之所以在信用证不当拒付时采纳买卖赔偿法计算受益人损失，是因为通常信用证规定非常复杂，其并非简单地提交汇票要求开证人承兑而已，自然不能像汇票不当拒付那样简单地适用票面赔偿标准计算损失。[1]信用证下受益人通常需要提交诸如提单、保险单与商业发票等商业单据，此时信用证开证人不当拒付损害赔偿不是简单赔偿一定款项的问题。而纽约州普通法下的买卖赔偿法相当于将信用证类比为CIF合同，因为两者都是单据交易。CIF合同下买方所购买的，实际是卖方所提交的以提单、保险单和商业发票为核心的商业单据。此时，一旦买方违约，卖方所得主张赔偿的便是合同价款减去交单时交单地的单据市场价格，外加附带损失。如果此CIF合同约定采用信用证付款而开证人不当拒付，受益人既可基于基础买卖合同起诉买方违约，也可基于信用证起诉开证人不当拒付。但无论如何，受益人所能获得的实际赔偿额不应有所不同，即受益人所得主张的损害赔偿同样是限于买卖价格减去交单时交单地的单据市场价格，外加附带损失。[2]芬克尔斯坦特别指出，在信用证分期支款中，法院判决认为开证人其中一期不当拒付，便视为是对整个信用证付款的不当拒付，此判决逻辑也是类推适用CIF合同的结果，而且更为明显。[3]

另有学者评论认为，买卖赔偿法有如下优点：首先，如果要求开证人在预期不当拒付时应受处罚而赔偿信用证表面金额，而不按基础买卖合同损失来计算，扣减卖方（受益人）因提前

---

〔1〕 当然，芬克尔斯坦承认，如果是光票信用证，抑或已承兑信用证，受益人得索赔的范围便是被拒付的汇票金额及相应利息等损失。

〔2〕 See Herman N. Finkelstein, *Legal Aspects of Commercial Letters of Credit*, at 265-267 (Columbia University Press 1930).

〔3〕 See Herman N. Finkelstein, *Legal Aspects of Commercial Letters of Credit*, at 267 (Columbia University Press 1930).

解除合同而节省的费用,是很荒谬的(preposterous)。而买卖赔偿法则考虑卖方减轻损失义务,有助于避免卖方不当得利等不公平结果的产生。其次,买卖赔偿法同时考虑卖方在基础买卖合同下附带损失赔偿权利。否则,如果不容许卖方要求开证人赔偿其因不当拒付而遭受的海关费用、搬运费、仓储费、经纪人佣金等,是不公平的。[1]

二、1962 UCC §5-115 不当拒付损害赔偿规则

(一) 内涵解读

1962 UCC 开证人不当拒付损害赔偿责任规定于 §5-115,共2款。第1款是实际不当拒付损害赔偿的规定:"当开证人实际不当拒付时,受益人就单据有权享有相当于卖方的权利(UCC §2-707),即可要求开证人赔偿汇票或索款的表面金额以及 UCC §2-710 所规定的附带损失及利息,[2]但应减去转售或其他处置基础买卖合同标的物而实现的金额。若受益人没有对基础买卖合同下单据、货物或其他标的物进行转售或做其他处置,则应将其交付开证人。"[3]第2款是预期不当拒付损害赔偿的规定:"在受益人提交汇票或索款之前开证人预期拒付时,如果受益人及时知悉预期拒付并有合理时间避免获取单据的话,则受益人有权享有相当于买方预期违约下卖方 UCC §2-

---

[1] Comments, "Damages for Breach of Irrevocable Commercial Letters of Credit: The Common Law and The Uniform Commercial Code", 25 U. Chi. L. Rev., 667, 667~674 (1958).

[2] UCC §2-710 (卖方附带损失):受损害之卖方的附带损失包括:买方违约后卖方因停止交货、运输、监管与照管货物,以及因退还或转卖货物而支付的任何商业上合理的费用、开支与佣金,或其他因买方违约而造成的支出。

[3] 1962 UCC §5-115 (1).

610条的法律地位。[1]否则，受益人有权立即起诉实际不当拒付。"[2]

应当说，1962 UCC §5-115条基本上继承了前述纽约州普通法判例的立场。其基本精神如下：其一，实际不当拒付下，受益人的法律地位与买卖合同下卖方的法律地位相当。受益人得索赔汇票或索款表面金额，外加买卖合同下的附带损失与利息，但应当将单据以及单据所代表的货物转交开证人。然而，如果受益人已经转售货物而无法转交开证人，则受益人得索赔汇票或索款表面金额与转售价格的差额。[3]其二，在预期不当拒付下，受益人享有的权利取决于其是否知悉拒付并有合理时间避免获取单据。如果受益人在预期不当拒付后合理时间内知悉预期拒付事实，其应当减轻损失，即不得继续主动获取单据以支取信用证项下款项，此时所能索赔者为信用证金额与其手头残存货物或转售货物价格差额；如果受益人没能在预期不当拒付后合理时间内知悉该预期拒付事实，而已获取信用证项下单据，则受益人可直接根据实际不当拒付规定主张损害赔偿。[4]

然而，1962 UCC §5-115和前述纽约州普通法立场仍略有

---

[1] UCC §2-610（预期违约）：如果任何一方在合同任何义务尚未到期的情况下毁弃合同，且造成的损失将严重损害合同对对方的价值，受损方可以：a. 在商业上合理之时间内，等待毁约方履行合同义务；或 b. 寻求任何违约救济（UCC §2-703或UCC §2-711），即使他已经通知毁约方将等待其履约和已经催其纠正违约；并且 c. 在上述任何一种情况下，均可停止自己对合同之履行，或根据本篇关于卖方在对方违约情况下仍可将货物特定于合同项下或救助半成品货物的规定行事（UCC §2-704）。

[2] 1962 UCC §5-115 (2).

[3] Boris Kozolchyk, *Commercial Letters of Credit in the Americas*, at 446-447 (Matthew Bender 1966).

[4] Boris Kozolchyk, *Commercial Letters of Credit in the Americas*, at 444 (Matthew Bender 1966).

区别。

首先,1962 UCC §5-115(1)明确规定,开证人实际不当拒付时,受益人得主张汇票或索款表面金额及"第2-710条所规定的附带损失"。而纽约州普通法从未认定受益人可同时主张汇票或索款表面金额及买卖合同下的附带损失。相反,它仅承认受益人在索赔信用证表面金额和单据或货物差价后还可主张附带损失。

其次,受益人是否像基础买卖合同卖方那样承担了减轻损失义务?从1962 UCC §5-115(1)条文措辞来看,并不是非常明确。但学者解释认为,其本意是要求受益人承担减轻损失义务。果如此,则最终结论上与纽约州普通法立场无异。[1]

最后,就预期不当拒付,1962 UCC §5-115(2)根据受益人是否能够合理避免获取单据而异其结果。如果能够避免获取单据,则可起诉预期不当拒付,否则可起诉实际不当拒付。[2]这是纽约州普通法信用证预期拒付损害赔偿所未限定的条件。

(二)学者评析

如同评价纽约州普通法立场一样,学者认为1962 UCC §5-115条开证人不当拒付损害赔偿规定有如下优点:其一,在开证人预期不当拒付下,规定受益人得主张的损害赔偿中,必须扣减受益人因开证人预期拒付而节省的费用与成本,体现了公平原则。其二,赋予受益人相当于买卖合同下卖方所处的法律地

---

[1] Harfield Practice Commentary on 1962 UCC 5-115, in John F. Dolan, *The Drafting History of UCC Article* 5, at 189-190 (Carolina Academic Press 2015). But see James J. White & Robert S. Summers, *Uniform Commercial Code*, at 206 (West 4th ed vol 3 1995); *Toyota Industrial Trucks USA Inc v. Citizens National Bank*, 611 F.2d 465 (1979); *Fiat Motors of North America, Inc. v. Mellon Bank, NA*, 827 F.2d 924 (1987).

[2] 在1962 UCC §5-115看来,在受益人已经获得单据的情况下,仍限制其仅能主张预期不当拒付是没有意义的。因为受益人完全可以选择直接向开证人交单并要求后者承付,否则便起诉其实际不当拒付。

位,特别是容许受益人索赔买卖合同下其所遭受的附带损失,诸如海关费用、仓储费、搬运费,有利于保障受益人的合法利益。[1]其三,要求受益人减轻损失虽然牺牲了信用证付款的确定性,但是却最大化地激励了各方当事人采取减轻损失措施,从而可有效避免经济损失的扩大化。因而,他们代表了商人期待的结果。[2]

但更多的学者对1962 UCC §5-115条规定持批评态度,只是批评角度与立场不同。例如,哈菲尔德(Harfield)基于维护法典化前纽约州普通法立场认为,上述实际不当拒付中的附带损失赔偿规定将会给交单人带来潜在麻烦。根据纽约州普通法的规定,开证人不当拒付时,其必须赔偿受益人汇票或索款金额外加自不当拒付之日起到实际支付之日止这段时间的利息;如果有转售单据所代表的货物的话,则减去该转售所获款项。受益人此时承担了采取合理措施减轻损失义务。而1962 UCC §5-115(1)既没有明确要求受益人承担减轻损失义务,也没有明确否定受益人根据普通法所应承担的减轻损失义务。根据Harfield的理解,不应认为1962 UCC §5-115取代或推翻了纽约州普通法下受益人减轻损失义务,从而受益人同此前一样继续承担了减轻损失义务。既然受益人有义务减轻损失,则规定受益人有权利要求赔偿汇票或索款表面金额"和"§2-710所规定的附带损失则是人为带来混淆。[3]

---

[1] Comments, "Damages for Breach of Irrevocable Commercial Letters of Credit: The Common Law and The Uniform Commercial Code", 25 U. Chi. L. Rev. , 667, 667 (1958).

[2] Boris Kozolchyk, *Commercial Letters of Credit in the Americas*, at 444–446 (Matthew Bender 1966); James E. Byrne et. al. , "An Examination of UCC Article 5", 45 Bus. Law. , 1521, 1629 (1990).

[3] Harfield Practice Commentary on 1962 UCC 5-115, in John F. Dolan, *The Drafting History of UCC Article 5*, at 189 (Carolina Academic Press 2015).

第五章 不当拒付损害赔偿基本范围

如果受益人未能减轻损失,则受益人有权要求赔偿汇票或索款表面金额外加利息,此时基本不存在另行主张基础合同下诸如滞期费、滞港费、仓储费等附带损失的可能。因为汇票或索款表面金额加利息等赔偿便足以让受益人恢复到如同开证人已经完全履行信用证下承付义务而没有不当拒付一样的状态。因此,汇票或索款表面金额和基础合同下附带损失两者并不兼容。而如果受益人减轻损失了,则其只能主张赔偿汇票或索款表面金额减去受益人减轻损失后的净收益差额,此时根本没有要求开证人赔偿"汇票或索款表面金额"外加附带损失的可能。而且,1962 UCC §5-115 明文规定受益人得要求开证人赔偿汇票金额或索款金额外加自不当拒付之日起计算的利息,将会误导受益人认为其无需通过转售或处置单据的方式减轻损失。[1]

哈菲尔德就预期不当拒付损害赔偿规定批评认为,一旦开证人构成预期不当拒付,则无法再将信用证认定为是单纯的单据交易。因为受益人有义务避免获得单据并被赋予货物卖方 UCC §2-610 下相当的法律地位。然而,问题是,开证人信用证下预期拒付的,是开证人对单据的付款义务,而非对货物的付款义务。而 1962 UCC §5-115(2) 却直接否定了受益人获得单据的权利,而赋予他享有相当于预期违约下卖方所享有的权利。[2]

据此规定,如果受益人根据被预期拒付的信用证要求获得了单据,则其有权根据实际不当拒付主张损害赔偿;但如果受益人没有获得单据,则其享有相当于预期违约下卖方所享有的权利,只是此时受益人应当举证其本用于履行基础交易的货物

---

[1] Harfield Practice Commentary on 1962 UCC 5-115, in John F. Dolan, *The Drafting History of UCC Article* 5, at 189-190 (Carolina Academic Press 2015).

[2] Harfield Practice Commentary on 1962 UCC 5-115, in John F. Dolan, *The Drafting History of UCC Article* 5, at 190 (Carolina Academic Press 2015).

符合信用证单据的要求。因而,如果受益人获取了单据,则只要单据相符,其根本不需要考虑货物是否相符,也根本无需举证;但是如果受益人没有获取单据,则其必须通过合理方式举证其拟划归基础合同项下的货物与基础买卖合同和信用证相关单据要求相符。哈菲尔德认为,从举证角度来讲,因为通常情况下商人的预期是开证人都不会预期拒付,但如果开证人真有预期不当拒付的意图,受益人的最佳选择也是宁愿不相信开证人预期拒付,从而选择继续获取单据并追究开证人实际不当拒付的损害赔偿责任。[1]

科佐尔切克则批评认为,1962 UCC §5-115(2)实际上是强调了在预期不当拒付下,受益人减轻损失义务。而一旦强制性要求受益人承担减轻损失义务,则必然与信用证不可撤销性相冲突,并导致信用证付款确定性丧失。开证人可以任意撤销或者预期拒付而不受拘束,甚至导致开证人有动机去预期拒付。[2]而在存在被指定人的情况下,要求被指定人也承担减轻损失义务,显然对其不利。[3]因为被指定人和开证人一样,通常都是银行,他们只是单据专家,而非货物专家。在开证人拒付时,被指定人不比开证人处于更有利的、便于减轻损失的地位。[4]

另有专家认同科佐尔切克教授观点,并补充指出,减轻损失规则所内含的要求查看基础交易情况是最为不幸的,因为其

---

[1] Harfield Practice Commentary on 1962 UCC 5-115, in John F. Dolan, *The Drafting History of UCC Article* 5, at 190 (Carolina Academic Press 2015).

[2] Boris Kozolchyk, *Commercial Letters of Credit in the Americas*, at 445 (Matthew Bender 1966).

[3] Boris Kozolchyk, *Commercial Letters of Credit in the Americas*, at 451 (Matthew Bender 1966).

[4] Boris Kozolchyk, *Commercial Letters of Credit in the Americas*, at 451 (Matthew Bender 1966). See also James E. Byrne et. al., "An Examination of UCC Article 5", 45 Bus. Law., 1521, 1629 (1990).

明显有违信用证付款确定性和独立性。[1]

还有学者批评预期不当拒付损害赔偿规定认为，1962 UCC §5-115（2）规定在某种程度上赋予了开证人决定受益人损害赔偿标准的选择权，如果开证人不愿让受益人按汇票金额或索款金额主张损害赔偿，其便可及早告知受益人其预期拒付意图。尽管此时受益人仍可主张损害赔偿，但其只能根据 1962 UCC §5-115（2）索赔差价损失。[2]

最后，还有学者批评指出，1962 UCC §5-115 规则假设信用证是商业信用证，基础交易为买卖合同，受益人是卖方。其忽略了用来保证基础合同得以适当履行的备用信用证，例如可能是为售后担保提供保障的情形，或是其他与 UCC §2（买卖）毫无关系的借款偿还担保等。[3]因而，1962 UCC §5-115 以买卖合同为基础合同的信用证损害赔偿规则适用范围有限；建立在 UCC §2 损害赔偿理论上的不当拒付损害赔偿规则并未能够有效涵盖备用信用证不当拒付纠纷。[4]

三、1995 UCC §5-111 不当拒付损害赔偿规则

（一）内涵解读

1995 UCC §5 不当拒付损害赔偿规定于 §5-111 条。其中

---

[1] See James E. Byrne et. al., "An Examination of UCC Article 5", 45 Bus. Law., 1521, 1629 (1990).

[2] Clark L. Derrick, "An Issuing Bank's Duty of Payment under An Irrevocable Letter of Credit: Asociacion de Azucareros de Guatemala v. United States National Bank of Oregon", 12 Ariz. L. Rev., 835, 844 (1970).

[3] See James E. Byrne et. al., "An Examination of UCC Article 5", 45 Bus. Law., 1521, 1629 (1990).

[4] See James E. Byrne et. al., "An Examination of UCC Article 5", 45 Bus. Law., 1521, 1629 (1990).

第（a）款规定，如果开证人实际不当拒付或预期不当拒付，受益人包括其继承人、以自己名义交单的被指定人有权要求开证人赔偿被拒付的汇票或索款金额。此外，受益人还有权索赔附带损失，但不得要求赔偿间接损失。受益人并无义务减轻损失。但如果受益人有减轻损失，则就其实际减轻的损失部分，应从前述损害赔偿额中扣除。开证人有义务举证受益人实际减轻损失额。如果开证人预期不当拒付，受益人无需提交单据。第（d）款规定，受益人还可主张自不当拒付之日起或其他适当日期起计算的利息赔偿。第（e）款则规定，法院必须判决败诉一方承担胜诉一方合理律师费和其他诉讼费用。第（f）款则强调，开证人可在开立信用证时规定不当拒付损害赔偿额或计算方法，当然不管是限定赔偿金额还是规定计算方法，都必须公平合理。[1]

该条规定可做如下解读：

第一，该条明确规定了不当拒付损害赔偿的适格原告，包括受益人、继承人及以自己名义交单的被指定人。正如前述，受益人还包括转让信用证下第二受益人；[2]而继承人是指法定继受人，即因公司破产、兼并等原因而依法继受受益人合法权益之人。[3]但是，该条规定唯独没有提及款项受让渡人是否有权起诉开证人不当拒付。根据前述研究，结论是肯定的，这一结果也为美国法院判决所确认。[4]

第二，该条明确了不当拒付损害赔偿的被告，即开证人。但保兑人在信用证下对受益人承担了和开证人一样的义务，自

---

[1] 1995 UCC §5-111（b），（c）涉及的是开证人对申请人的不当拒付损害赔偿以及通知人、被指定人等的损害赔偿责任，非本书探讨范围。

[2] 1995 UCC §5-102（a）（3）.

[3] 1995 UCC §5-102（a）（15）.

[4] 参见本书第四章第一节。

第五章 不当拒付损害赔偿基本范围

然,保兑人也是适格被告。[1]除此之外,被指定人如果事先和受益人签有协议或事先明确告知受益人其接受指定,或者偿付人根据开证人授权明确向被指定人出具偿付义务书的,则被指定人与偿付人也有可能成为不当拒付的适格被告。[2]应当来说,1995 UCC 和 1962 UCC 不当拒付损害赔偿规定的差异之一便是前者明确规定了不当拒付损害赔偿的适格原告与被告,特别是弥补了保兑人能否成为不当拒付损害赔偿适格被告的漏洞。[3]

第三,受益人得索赔的金额,是开证人拒付的汇票或索款表面金额。当然,鉴于开证人对受益人承担的是相符交单下的承付义务,受益人索赔被拒付的汇票或索款表面金额时,承担了将信用证下单据交付开证人的义务。从而,如果受益人将单据处置而无法向开证人再度提交单据的,其只能索赔单据处置价格和信用证表面金额之间的差价损失。[4]但无论如何,受益人对开证人并不承担减轻损失的义务。[5]例如,受益人无义务将单据转售他人。受益人无义务减轻损失的逻辑结果便是,受益人不得向开证人主张基础合同项下诸如仓储费、滞期费、搬运费等附带损失。[6]因为受益人获得汇票金额或索款金额及相应的迟延利息等损失后,便相当于恢复到信用证圆满履行的状态。

第四,尽管此条明确有规定受益人还可主张附带损失,但此附带损失并非 UCC §2 所规定的诸如仓储费、滞期费等附带

---

[1] 1995 UCC §5-107 (a); 1995 UCC §5-111 (c), cmt. 3.
[2] 参见本书第四章第二节。
[3] Rudolph Schlesinger Study on 1952 UCC §5-116, in John F. Dolan, *The Drafting History of UCC Article* 5, at 192 (Carolina Academic Press 2015).
[4] See 1995 UCC §5-111 cmt. 1.
[5] 1995 UCC §5-111 cmt. 1.
[6] 参见本章第二节、第三节。

损失。其理由一方面如前述，UCC明确规定受益人可索赔被拒付的汇票或索款表面金额，通常也就排除了基础合同项下附带损失赔偿问题；[1]另一方面，与1962 UCC规定不同，1962 UCC §5-115提及附带损失时，明确指出该附带损失是UCC §2下的附带损失，而1995 UCC §5-111规定附带损失时，却将UCC §2这一限定语删除，从而有意强调此附带损失非彼附带损失。实际上，就信用证本身而言，受益人在开证人不当拒付时，将会遭受诸如电话、电传等通讯费等损失，这些损失因开证人不当拒付而引起，属于其可预见范围，且与信用证标的物（单据）直接相关，因此属于信用证不当拒付下受益人所遭受的附带损失；而就基础合同下受益人可能遭受的仓储费、滞期费、出口退税等费用损失，反而属于开证人不可预见的间接损失。[2]而1995 UCC §5-111已明确将间接损失排除在开证人不当拒付损害赔偿范围之外。[3]况且，鉴于这些损失属于基础合同项下损失，信用证下开证人义务及对应的责任范围也完全独立于此类损失，即使认定开证人就上述滞期费等损失可预见，开证人也无需赔偿。[4]

第五，在开证人不当拒付下，只要受益人胜诉，法院便需判决开证人赔偿受益人合理支付的律师费及其他诉讼费用。当然，如果受益人败诉，则其同样需赔偿胜诉的开证人律师费损失。严格意义上讲，律师费等并非前述附带损失，而是间接损

---

〔1〕 当然，不排除例外情况下，受益人签署了运输合同并承担了因收货人目的港迟延提货而给承运人造成的滞港费等费用损失，此时即使开证人赔偿了信用证表面金额，也不足以弥补受益人可能遭受的滞港费等基础合同项下附带损失。但即使如此，基于信用证独立性，受益人也不得就此滞港费等损失要求开证人赔偿。

〔2〕 参见本章第四节。

〔3〕 1995 UCC §5-111并未言明，但受益人也不得主张惩罚性损害赔偿（1995 UCC §5-111 cmt. 4）。

〔4〕 参见本章第二节。

第五章　不当拒付损害赔偿基本范围

失。在美国普通法下，原则上各方当事人自行承担各自律师费。但 1995 UCC §5-111（e）却明确规定，败诉的开证人必须承担胜诉的受益人律师费及其他诉讼费用。且该费用无需受益人主张。只要受益人胜诉，法院必须主动判决。[1]所以有学者认为，信用证不当拒付律师费赔偿属于法律特别规定的赔偿制度。[2]

第六，1995 UCC 并未区分实际不当拒付和预期不当拒付损害赔偿，而均按同一标准计算。[3]从而也就意味着，在开证人预期不当拒付下，受益人得以索赔的同样是被拒付的信用证表面金额。[4]但与实际不当拒付不同的是，受益人在开证人预期不当拒付时无需承担向开证人交单的义务。[5]此时开证人不得以受益人未交单（甚至未交货）而"节省"了费用与成本，而要求计算损害赔偿时予以扣除，更不能以受益人未能交单而否定其损害赔偿责任。[6]之所以强调预期拒付下受益人无需交单，其根本目的在于贯彻预期不当拒付制度的初衷，即尽早将受益

---

〔1〕　参见本章第五节。

〔2〕　参见本章第四节、第五节。

〔3〕　See James E. Byrne et. al. , "An Examination of UCC Article 5", 45 Bus. Law. , 1521, 1629 (1990): 无论是实际不当拒付还是预期不当拒付，救济规则都应当是要求不当拒付开证人承担信用证金额的赔偿责任。

〔4〕　See e. g. , *Dorchester Financial Securities*, *Inc. v. Banco BRJ*, *SA*, 2003 US Dist. LEXIS 19419（SDNY）; *Ross Bicycles*, *Inc. v. Citibank*, *NA*, 161 Misc. 2d 351 (1994).

〔5〕　See 1995 UCC §5-111 cmt. 1.

〔6〕　此时开证人可能会处于非常被动的地位，因为其在赔偿受益人被拒付汇票或索款表面金额外加利息、附带损失以及律师费等损失后，可能会无法要求申请人偿付，因为他无法按照申请合同或偿付合同要求向申请人提供后者所需要的单据。此种风险毫无疑问应由开证人自行承担。当然，实践中开证人预期不当拒付多是基于申请人的要求，加上开证人在申请合同或偿付合同中也通常会存在免责条款，因而不太可能会发生开证人赔偿受益人预期不当拒付损失后无从向申请人主张赔偿的情形。

人从毫无意义的信用证交单行为中解脱出来。[1]如果容许开证人以受益人未交单为由否定其损害赔偿责任，岂非一方面允许开证人阻止受益人交单，另一方面又以受益人未交单为由免除其损害赔偿责任？[2]当然，毕竟由于开证人承担承付义务的前提是受益人提交相符单据。因此，如何平衡预期不当拒付的开证人与无需交单的受益人之间的利益，便非常关键。按照美国各判例所确认的规则，受益人无需交单，但却必须承担举证证明其有能力、有意愿且已经准备好了履行交单义务，只是由于开证人预期不当拒付，导致受益人无需去从事毫无意义的交单行为而已。否则，受益人将有不当得利之嫌。[3]

值得注意的是，在商业信用证下，如果受益人在开证人预期拒付时成功索赔了信用证表面金额，则意味着受益人已经获得申请人通过信用证支付的款项全额，自然受益人最终必须履行基础合同下向申请人的交货与交单义务，否则申请人可追究受益人基础合同下的违约责任。本质上而言，信用证只是"先付款后诉讼"的工具，受益人与申请人在基础买卖合同下有进行进一步清算的义务。如果受益人并不打算继续履行基础买卖合同，即受益人意图解除信用证从而解除基础买卖合同，[4]则其不应向开证人索赔信用证表面金额，而只能是索赔信用证表面金额减去单据转售价格的差额，或受益人并未转售时，信用

---

[1] See 1995 UCC § 5-111 cmt. 1.

[2] Keith A. Rowley, "Anticipatory Repudiation of Letters of Credit", 56 SMU L. Rev., 2235, 2259~2260 (2003).

[3] 参见本书第三章第四节。

[4] 开证人信用证下的预期不当拒付构成申请人基础合同下对受益人之预期违约，从而受益人不仅可以解除信用证，同时亦可解除基础合同，理解这一点在商业信用证下至关重要：Peter E. Ellinger & Dora Neo, *The Law and Practice of Documentary Letters of Credit*, at 124 (Hart Publishing 2010).

证表面金额与受益人本应转售时单据的市场价格。[1]

总而言之,与 1962 UCC §5-115 相比,1995 UCC §5-111 有如下不同:其一,它不像 1962 UCC 那样区分实际不当拒付与预期不当拒付而异其赔偿;其二,1995 UCC 不再将受益人损害赔偿范围和基础合同挂钩,从而彻底贯彻了信用证独立性原则;其三,与前述精神一脉相承,受益人信用证不当拒付下得索赔的附带损失非基础合同下的附带损失,而是信用证不当拒付本身所产生的附带损失;其四,1995 UCC 明确强调受益人并不承担减轻损失义务;其五,1995 UCC 明确否定了受益人间接损失赔偿权利,尽管 1962 UCC 应作同一解释;[2]其六,1995 UCC 规定了强制律师费赔偿制度;其七,1995 UCC 明确规定信用证开证人可于开证时事先规定不当拒付损害赔偿方法。

当然,就最后一点而言,即使 1962 UCC §5 未明文规定,基于合同自由精神,也并不否认开证人与受益人事先约定损害赔偿计算方法的权利,但真正在信用证实务中明确作此规定的,反倒是鲜见。[3]因而,笔者以下论述并不涉及开证人事先规定不当拒付损害赔偿范围的情形。

(二) 学者评析

多兰教授对 1995 UCC §5 所规定的不当拒付损害赔偿持积

---

[1] *Dorchester Financial Securities, Inc. v. Banco BRJ, SA*, 2003 US Dist. LEXIS 19419 (SDNY); E. Allan Farnsworth, *Contracts*, at 798-799, 811-812 (Aspen Law & Business 3rd ed 1999); Restatement 2nd of Contracts §350 cmt. c.

[2] John F. Dolan, *The Law of Letters of Credit: Commercial & Standby Credits* §9.02 [1] Nature of the Breach (LexisNexis AS Pratt 2018); James J. White & Robert S. Summers, *Uniform Commercial Code*, at 204 (West 4th ed vol 3 1995).

[3] 无论是 John F. Dolan 的 *The Law of Letters of Credit: Commercial & Standby Credits* (LexisNexis AS Pratt 2018) 还是 James E. Byrne 的 *6B Hawkland UCC Series* (Thomson Reuters 2016) 都未援引相关案例。而且 SWIFT 信用证开立格式 MT700 中也不存在相关栏位。

极肯定态度，认为其能够达到如下目的。

第一，简化损害赔偿查证。[1]1995 UCC 明确规定开证人一旦不当拒付，受益人便可主张赔偿汇票或支款金额，以及自被拒付或其他适当日期起计算的利息，此时根本不考虑受益人是否实际遭受损失，遭受多大损失，更不需要受益人去举证其损失。从而可以非常简便地确定受益人损害赔偿范围。[2]正是基于此，即使开证人与受益人因不当拒付而起诉至法院，也可尽量避免因举证损失问题导致诉讼过于拖延，从而在不当拒付损害赔偿阶段尽量实现信用证付款迅捷性这一功能。

第二，保护开证人免于赔偿间接损失。[3]之所以明确规定开证人无需赔偿受益人间接损失，理由如下：首先，相比于开证人，受益人更容易去避免或减轻该类损失。[4]其次，这类损失通常都不具有确定性，且非开证人所能预见，从而不符合信用证所追求的确定性精神。[5]再次，如果给开证人施加过度责任，将不可避免地导致开证人通过增加开证费等方式避免风险，从而最终导致整个信用证交易成本上升，反而不利于信用证付款功能和融资功能的发挥。[6]因此，免除开证人间接损失赔偿责任，有助于从根本上维护信用证"低成本"付款工具目的。最后，银行监管机构并不允许银行开具承付金额（包括对应的

---

[1] John F. Dolan, *The Drafting History of UCC Article 5*, at 197 (Carolina Academic Press 2015).

[2] John F. Dolan, "The Role of Attorney's Fees in Letter of Credit Litigation", 133 Banking L. J. 555, 558 (2016).

[3] John F. Dolan, *The Drafting History of UCC Article 5*, at 197 (Carolina Academic Press 2015).

[4] 1995 UCC §5-111 cmt. 4.

[5] John F. Dolan, *The Domestic Standby Letter of Credit Desk Book for Business Professionals, Bankers and Lawyers* §10.03 The Beneficiary's Damages for Wrongful Dishonor (Herein of Strict Compliance) (Matthew Bender 2015).

[6] 1995 UCC §5-111 cmt. 4.

第五章　不当拒付损害赔偿基本范围

损害赔偿金额）过于不确定的信用证，因为这将危及银行业的安全。[1]

第三，将损失分配给最佳避免方。[2]所谓将损失分配给最佳避免方，典型表现之一便是前述间接损失，鉴于受益人比开证人更便于避免该类损失的发生，自然不应容许受益人索赔该类损失。[3]另一例证则是明确排除受益人的减轻损失义务。之所以明确受益人无需承担减轻损失义务，是因为一方面，如果要求受益人减轻损失，将有可能激励开证人不当拒付。[4]特别是在申请人偿付能力因破产等受重大影响时更是如此。如果开证人拒付，受益人必须先行减轻损失，诸如转售货物或起诉申请人，并就剩余损失要求开证人赔偿，则必将诱使开证人通过牺牲受益人信用证下利益而实现自身利益最大化，并最终使得信用证付款确定性沦为虚幻，信用证付款功能和融资功能会大打折扣，包括受益人和中间人在内的各当事人都对信用证机制产生怀疑，从而最终有损整个信用证机制的有效发挥。另一方面，相比于开证人而言，有时受益人并不见得就一定处于更好地减轻损失的地位，开证人也完全可以减轻损失。[5]例如申请人资信一般或有恶化之虞，开证人开证时应要求申请人提供更

---

〔1〕 John F. Dolan, *The Domestic Standby Letter of Credit Desk Book for Business Professionals, Bankers and Lawyers* § 10.03 The Beneficiary's Damages for Wrongful Dishonor (Herein of Strict Compliance) (Matthew Bender 2015); John F. Dolan, "The Role of Attorney's Fees in Letter of Credit Litigation", 133 Banking L. J. 555, 562 note 29 (2016). 另参见本章第四节。

〔2〕 John F. Dolan, *The Drafting History of UCC Article* 5, at 197 (Carolina Academic Press 2015).

〔3〕 1995 UCC § 5-111 cmt. 4.

〔4〕 1995 UCC § 5-111 cmt. 1.

〔5〕 See e.g., *Toyota Industrial Trucks USA Inc v. Citizens National Bank*, 611 F.2d 465 (1979); *Fiat Motors of North America, Inc. v. Mellon Bank, NA*, 827 F.2d 924 (1987). 参见本章第三节。

为可靠的保障，诸如增加开证押金金额或要求第三人提供担保。在开证人已经承兑受益人汇票或确定承付受益人支款请求从而导致受益人已经将单据交付开证人的情况下，由受益人减轻损失更是不可能。

第四，避免过度昂贵诉讼。[1]方法便是强制败诉一方赔偿胜诉方律师费，从而迫使不当拒付的开证人自行衡量，一旦其拒付理由显然不成立或拒付通知不符合 UCC 或 UCP 等要求，或者其所主张的欺诈抗辩并不成立或缺乏事实依据，其应主动选择赔偿受益人损失，而非待到法院判决，此不仅将导致开证人需支付受益人律师费，而且也会对开证人自身信誉带来不利影响。实际上，判决由败诉的开证人承担受益人律师费可以起到威慑与阻却作用，从而尽量维护信用证付款确定性功能。同样，如果开证人拒付显然合法，受益人胜诉概率极低，强制律师费赔偿也会促使受益人衡量再三，认真考虑是否有必要进行无谓的诉讼。[2]

总而言之，信用证机制与开证人的不当拒付行为不相兼容，因为拒付行为彻底破坏了信用证付款迅捷性、确定性商业目标的实现，破坏了信用证的付款功能和融资功能的实现，使得信用证这样一种先付款后诉讼制度沦为了先诉讼后付款的从属担保制度。[3]为此，信用证法一方面简化了对不当拒付的判定，诸如采纳严格相符原则及严格失权规则；[4]另一方面，针对不当拒付可能性而设置一系列预防制度，以争取尽量减少不当拒

---

[1] John F. Dolan, *The Drafting History of UCC Article* 5, at 197 (Carolina Academic Press 2015).

[2] 参见本章第五节。

[3] John F. Dolan, "The Role of Attorney's Fees in Letter of Credit Litigation", 133 Banking L. J., 555, 563~564 (2016).

[4] 参见本书第三章。

付纠纷的发生,诸如判决要求开证人支付律师费、利息等;而且规定某些损失(信用证款项金额及法定利息)无需受益人举证证明便可要求法院判决赔偿。此外,即使受益人需举证证明律师费的合理性,但1995 UCC §5明确要求法院主动判决律师费赔偿给胜诉一方。[1]在信用证不当拒付下,当然便是判决给受益人。由此实现对开证人的施压,促使其尽量避免不当拒付的行为。[2]

四、简要结论及对我国的启示

综上所述,我们可将美国信用证不当拒付损害赔偿演变史简要归纳如下。

第一,计算损害赔偿方法上,实现由买卖赔偿法到表面金额法的转变,即计算损害赔偿时需以受益人(卖方)基础买卖合同下所遭受的实际损失为依据,到单纯以受益人遭受不当拒付时其信用证下所遭受的损失为依据。

第二,买卖赔偿法以基础买卖合同下卖方(受益人)的实际损失为赔偿依据,体现了信用证不独立于买卖合同的精神。而表面金额法则是纯粹以受益人信用证下所遭受的损失为赔偿依据,与基础买卖合同下损失无关,体现了不当拒付损害赔偿中信用证同样独立于基础买卖合同的精神。同时,这也表明信用证不当拒付损害赔偿规则实现了从仅适用于商业信用证到同样适用于备用信用证(独立保函)的转变。

第三,由明确肯定受益人对开证人承担了基础买卖合同下减轻损失的义务,到明确否定受益人对开证人承担了基础买卖合同下减轻损失义务的转变。这是信用证独立性原则在不当拒

---

[1] 1995 UCC §5-111 (e), 1995 UCC §5-111 cmt. 6.
[2] 参见本章第五节。

付损害赔偿中的当然要求。当然，为避免受益人不当得利，法律也明确强调，如果开证人有证据证明受益人实际减轻损失了，则该减轻损失部分应从损害赔偿中予以扣除。

第四，同样是基于信用证独立性原则，由明确将受益人得主张的附带损失界定为基础买卖合同下的附带损失，改为规定受益人得主张的附带损失仅为信用证下的附带损失。

第五，由间接否定受益人不当拒付下间接损失赔偿的权利到明确否定间接损失赔偿的权利。当然，作为平衡，1995 UCC 修改了传统美国普通法所遵循的律师费各自负担规则，而要求法院主动判决败诉方承担胜诉方包括律师费在内的所有法律费用损失。

第六，由区分实际不当拒付损害赔偿与预期不当拒付损害赔偿，到统一计算实际不当拒付与预期不当拒付损害赔偿，而不再根据受益人是否已经取得信用证下单据而异其规定。换言之，等于是在预期不当拒付中，受益人也得主张信用证表面金额或索款金额，外加利息、附带损失以及律师费等。当然，商业信用证下受益人也可选择解除信用证从而解除基础买卖合同，并仅索赔信用证表面金额与合同解除时的单据市场价格。

上述演变史，一方面是将信用证独立性原则贯彻于信用证不当拒付损害赔偿的结果，另一方面也是信用证单纯由商业信用证过渡到商业信用证与备用信用证并行存在的体现。同时，更是贯彻简化损害赔偿、避免过渡昂贵诉讼，以实现信用证所追求的迅捷、确定、高效与低成本商业目标的结果。

应当来讲，美国信用证不当拒付损害赔偿演变史对我们准确理解信用证独立性原则及其所追求的付款迅捷、确定、低成本与高效目标，具有重大意义。我国信用证不当拒付损害赔偿制度的规则设计，在结合我国法背景前提下，理应同样遵循以上述原则与目标。

第二节 独立性原则与损害赔偿

一、独立性原则在不当拒付损害赔偿中的贯彻

（一）信用证独立性表现及原因

信用证独立性原则是信用证功能得以发挥的基石，[1]是整个信用证交易最为核心的原则。信用证一经开立便完全独立于基础交易与申请合同而不受其影响。具体来讲，信用证独立性体现在如下几个方面：

第一，信用证在效力上具有独立性。信用证是否有效，不受基础交易与申请合同影响。开证人不得以基础合同或申请合同存在欺诈、基础合同被解除等事由主张信用证无效。[2]

第二，信用证在抗辩上具有独立性。开证人不得以受益人基础合同违约为理由抗辩，也不得以申请人违反申请合同为由拒绝承付受益人。因而，信用证一经开立，即使申请人破产或重整，开证人将无法获得偿付或有无法获得偿付之虞，其都无权拒绝受益人付款请求；[3]即使申请人同意并要求开证人放弃

---

〔1〕 See *Great Wall De Venezuela CA v. Interaudi Bank*, 117 F. Supp. 3d 474 (2015); *San Diego Gas & Electric Co. v. Bank Leumi*, 42 Cal. App. 4th 928 (1996).

〔2〕 See *Golden West Refining Co. v. SunTrust Bank*, 538 F. 3d 1233 (2008); *Housing Securities, Inc. v. Maine Nat. Bank*, 391 A. 2d 511 (1978); *KMW International v. Chase Manhattan Bank, NA*, 606 F. 2d 10 (2d Cir. 1979).

〔3〕 David Gray Carlson & William H. Widen, "Letters of Credit, Voidable Preferences, and the 'Independence' Principle", 54 Bus. Law, 1661, 1662 (1999). See also *LaBarge Pipe & Steel Co. v. First Bank*, 550 F. 3d 442 (5th Cir. 2008); *United States Bank, NA v. BankPlus*, 2010 US Dist. LEXIS 33413 (SD Ala. 2010); *ACE American Ins. Co. v. Bank of the Ozarks*, 2014 WL 4953566 (SDNY 2014); *Arch Specialty Insurance Co. v. First Community Bank of Eastern Arkansas*, 2016 US Dist. LEXIS 114337. For different but wrong decision, see *In re Twist Cap, Inc*, 1 Bankr. 284 (Bankr. D. Fla. 1979).

不符点，开证人仍可拒绝接受，受益人不得以申请人同意放弃不符点为由抗辩；[1]即使受益人违反基础合同，诸如交付货物存在质量瑕疵等，申请人享有对抗受益人的抗辩权，开证人也不得主张，[2]等等。

第三，开证人信用证下所承担的承付义务系自己的义务、第一性义务，其完全独立于基础合同与申请合同。由此决定了开证人承付义务范围便当然独立于基础合同与申请合同。[3]换言之，开证人具体承付金额与范围完全取决于信用证本身的规定以及受益人所提交的汇票或索款书。开证人不得以受益人信用证下支款金额超过基础合同下申请人所应支付范围为由抗辩；也不得以信用证规定款项超过申请合同规定为由抗辩。

第四，开证人承付义务取决于受益人所提交的单据是否与信用证相符。信用证单据性是信用证独立性的表现之一，[4]两者之间属于手段与目的的关系。其中，独立性是目的，单据性是手段。单纯规定信用证独立性而缺乏单据性保障，根本无法实现信用证独立性。因此，单据性是信用证独立性的核心构成

---

[1] UCP600 4 (a); ISP98 Rule 5.05; 1995 UCC §5-108, cmt. 7;《信用证司法解释》第7条;《结算办法》第46条。See also *De Smeth v. Bank of New York*, 879 F. Supp. 13 (SDNY 1995); *Hanil Bank v. PT Bank Negara Indonesia*, 2000 US Dist. LEXIS 2444.

[2] See *Export-Import Bank of the US v. United California Discount Corp.*, 484 Fed. Appx. 91 (2012); *Continental Grain Co. v. Meridien Intern. Bank, Ltd.*, 894 F. Supp. 654 (1995); *East Girard Sav. Ass'n v. Citizens Nat. Bank and Trust Co. of Baytown*, 593 F. 2d 598 (5th Cir. 1979); *Shanghai Commercial Bank, Ltd. v. Bank of Boston Intern.*, 53 AD 2d 830 (1976); *Laudisi v. American Exchange National Bank*, 239 NY 234 (1924).

[3] See John F. Dolan, *The Law of Letters of Credit: Commercial & Standby Credits* §9.02 [1] Nature of the Breach (LexisNexis AS Pratt 2018).

[4] See Michille Kelly-Louw, *Selective Legal Aspects of Bank Demand Guarantees: The Main Exceptions to the Autonomy Principle* at. 65 (VDM Verlag Dr. Muller 2009); *Dorchester Financial Securities, Inc. v. Banco BRJ, SA*, 2003 US Dist. LEXIS 19419 (SDNY).

第五章 不当拒付损害赔偿基本范围

要素。[1]

第五,信用证解释独立于基础合同与申请合同,即信用证条款的含义取决于信用证文本本身;当信用证条款存在模糊时,各方当事人不能援引基础合同和申请合同规定进行解释。[2]我们通常将此称为信用证解释四角原则。[3]

第六,信用证纠纷解决方式以及适用法律均独立于基础交易与申请合同。[4]故此,即使基础交易规定纠纷通过仲裁裁决,信用证纠纷也不受此规定影响;[5]即使基础交易纠纷约定适用某一国家法律,信用证纠纷适用法律时也不受此约定影响。[6]

---

[1] James E. Byrne, *6B Hawkland UCC Series* § 5-102: 131 [Rev] Factors in determining whether an undertaking is a "letter of credit" (Thomson Reuters 2016); 张勇健、沈红雨:"《关于审理独立保函纠纷案件若干问题的规定》的理解和适用",载《人民司法(应用)》2017年第1期,第26页。

[2] See *Cappaert Enterprises v. Citizens and Southern International Bank of New Orleans*, 486 F. Supp. 819, 820, 826 (ED La. 1980). But see Rolf A. Schutze & Gabriele Fontane, *Documentary Credit Law Throughout the World*, at 29 (ICC Publishing SA No. 633 2001); Lazar Sarna, *Letters of Credit: The Law and Current Practice*, at 102 (Carswell Legal Publications 1984).

[3] See John F. Dolan, *The Drafting History of UCC Article* 5, at 5 (Carolina Academic Press 2015).

[4] 1995 UCC § 5-116;《独立保函司法解释》第21、22条;刘斌:"独立担保的独立性:法理内涵与制度效力——兼评最高人民法院独立保函司法解释",载《比较法研究》2017年第5期,第37~41页。

[5] 最高人民法院"乌兹特拉斯加斯股份有限公司、上海贝尔股份有限公司、中国进出口银行上海分行独立保函纠纷管辖权异议案"[2014]民申字第64号;*CE Casecnan Water & Energy Co. v. Korea First Bank*, 1998 NY App. Div. LEXIS 3366; ICC Official Opinion R103.

[6] See Frans P. de Rooy, *Documentary Credits*, at 17 (Kluwer Law & Taxation Publishers 1984); James G. Barnes et al., *The ABCs of UCC Article 5: Letters of Credit*, at 63 (American Bar Association 1998); Rolf A. Schutze & Gabriele Fontane, *Documentary Credit Law Throughout the World*, at 26 (ICC Publishing SA No. 633 2001).

信用证独立性原则最早为英美判例法所确认。[1]现已为UCP600、ISP98、URDG758、UCC §5[2]以及我国法院判决、[3]司法解释[4]以及《结算办法》[5]等所广泛承认。

之所以会产生信用证独立性，一方面是基于维护信用证付款的迅捷性、确定性、低成本与高效率目标以及信用证付款、担保与融资功能的需要。信用证独立性是保障上述商业目标与功能实现的唯一有效机制。

另一方面，则是为了保护开证人利益，避免开证人卷入其并不熟悉的基础交易，导致自身受损。[6]正如 Kozolchyk 教授所指出的，银行（开证人）很早便意识到，"若要成功从事信用证业务，其必须严守银行业务范围，必须避免卷入基础交易之中

---

[1] See *Lamborn v. Lake Shore Banking & Trust Co.*, 196 NY App. Div. 504 (1921); *Maurice O'Meara Co. v. National Park Bank*, 239 NY 386, 146 NE 636 (1925); *Bank of East Asia, Ltd. v. Pang*, 140 Wash. 603, 249 P. 1060 (1926); *Hamzeh Malas & Sons v. British Imex Industries Ltd.*, [1958] 2 QB 127. For more US cases, see Henry Harfield, *Bank Credits and Acceptances*, at 72 note 2 (The Ronald Press Company 5th ed 1974).

[2] UCP600 Articles 4, 5; ISP98 Rules 1.06 (c), 1.07; URDG758 Articles 5, 6; 1995 UCC §5-103 (d)。

[3] 最高人民法院"瑞士纽科货物有限责任公司与中国建设银行吉林省珲春市支行信用证项下货款拒付纠纷案"[1998]经终字第336号；最高人民法院"韩国新湖商社与四川峨眉山进出口公司等信用证欺诈纠纷管辖权异议案"[2000]经终字第153号；最高人民法院"天津天大天财股份有限公司与日本信越化学工业株式会社、中信实业银行天津分行国际货物买卖信用证付款纠纷案"[2004]民四终字第11号，等等。

[4]《信用证司法解释》第5条；《独立保函纠纷司法解释》第6条第2款。

[5]《结算办法》第7条。

[6] See *United City Merchants Ltd. v. Royal Bank of Canada* [1983] 1 AC 168; John F. Dolan, *The Drafting History of UCC Article 5*, at 45 (Carolina Academic Press 2015); 阎之大：《UCP600解读与例证》，中国商务出版社2007年版，第43页；林建煌：《品读UCP600：跟单信用证统一惯例》，厦门大学出版社2008年版，第106~107页。

而成为基础交易当事人"。[1]

(二) 独立性原则与不当拒付损害赔偿

正是因为开证人信用证下所承担的承付义务系第一性义务,其具体承付金额与范围完全取决于信用证本身的规定以及受益人所提交的汇票或索款书,由此决定了,开证人不当拒付时,其对受益人的损害赔偿当然也独立于基础合同下受益人所实际遭受的损失。因为所谓开证人不当拒付损害赔偿责任,不过是由开证人信用证下承付义务转化而来,两者性质上具有同一性。[2]

二、美国不当拒付损害赔偿中独立性立场之演变

在美国,尽管判例很早便已确立信用证独立性原则,[3]但该原则在信用证不当拒付损害赔偿中得以完全贯彻却是晚近的事情。

(一) 早期立场:不当拒付损害赔偿不独立于基础交易

在纽约州普通法时期,一旦开证人不当拒付,受益人得主张的损害赔偿仅限于被拒付汇票金额或索款金额减去受益人转售或处置货物所获得的款项,再加上基础合同下的附带损失。受益人此时承担了减轻损失义务。换言之,开证人不当拒付时,受益人所享有的权利或者说所处的法律地位相当于买卖合同下买方违约时卖方应处的法律地位。这在"Doelger 案"[4]及

---

[1] Boris Kozolchyk, *Commercial Letters of Credit in the Americas*, at 457 (Matthew Bender 1966).

[2] 参见韩世远:《合同法总论》(第4版),法律出版社 2018 年版,第 777 页。

[3] See e. g. , *Lamborn v. Lake Shore Banking & Trust Co.* , 196 NY App. Div. 504 (1921); *Maurice O'Meara Co. v. National Park Bank*, 239 NY 386, 146 NE 636 (1925); *Bank of East Asia, Ltd. v. Pang*, 140 Wash. 603, 249 P. 1060 (1926).

[4] *Doelger v. Battery Park Nat. Bank*, 201 AD 515 (1922).

"Ernesto Foglino 案"[1]中体现得非常明显,已如前述。[2]

纽约州不当拒付损害赔偿买卖赔偿法最终在 1962 UCC §5-115 中得以确认。据此,受益人得主张的损害赔偿为基础合同约定价格与信用证原本应承付时货物市场价格之间的差额。除此之外,受益人得主张利息损失与 UCC §2 下的附带损失。例如,在 Decor by Nikkei 案中,[3]开证人构成预期不当拒付,最终法院判决其应赔偿受益人:①基础合同利润损失及相应利息,其中每吨利润损失应按基础合同价款与供货合同价格的差额计算;②受益人派遣工作人员前往尼日利亚与申请人沟通其所遭受的差旅费损失。[4]至于受益人主张的滞期费赔偿,法院判决认为:尽管基础买卖合同明确规定了滞期费赔偿条款,但既然受益人与供应商之间的分包供货合同也规定了相同的滞期费条款,从而证明受益人无法从滞期费中获得任何利润。如果有产生滞期费,那所有滞期费都将最终支付给供应商,受益人无法扣留作为利润。而且,即使因为滞期费率差,受益人可据此获得滞期费差额,但此差额也仅是建立在推测基础之上的。因为港口是否拥挤,是否会必然产生滞期费,尚不确定。从法院上述逻辑来看,尽管最终法院否定了受益人滞期费损失赔偿,但其根本原因不在于滞期费不可赔,而是受益人未能举证其遭受了该损失而已。

总之,这一期间的信用证不当拒付损害赔偿完全适用合同

---

[1] *Ernesto Foglino & Co. v. Webster*, 217 AD 282 (1926).

[2] 参见本章第一节。

[3] *Decor by Nikkei Int'l, Inc. v. Fed. Republic of Nigeria*, 497 F. Supp. 893 (SDNY 1980).

[4] 当然,除此之外,受益人还主张开证人应赔偿律师费及惩罚性损害赔偿。但均被法院驳回。之所以否定律师费赔偿,是因为除信用证另有规定外,1962 UCC 5-115 并不允许受益人索赔律师费及其他法律费用。而惩罚性损害赔偿更是缺乏法律依据 [*Savarin Corp. v. National Bank of Pakistan*, 447 F. 2d 727 (1971)]。

第五章 不当拒付损害赔偿基本范围

法特别是买卖合同法的违约责任规定。信用证独立性原则在开证人不当拒付损害赔偿中根本无适用的余地。学者将此损害赔偿计算方法称为买卖赔偿法,并认为此种赔偿规则结果最为公平。[1]学者指出其背后原因在于,一旦开证人不当拒付,受益人既可基于基础买卖合同起诉买方违约,也可基于信用证起诉开证人不当拒付,但无论如何,受益人所能获得的实际赔偿额不应有所不同。[2]

应当指出,买卖赔偿法看似公平,实则并非如此。

第一,买卖赔偿法一方面不当限制了受益人的损害赔偿范围,因为受益人必须减轻损失,否则无权就扩大损失部分要求开证人赔偿;另一方面又在其他方面扩大了受益人损害赔偿范围,因为开证人必须要赔偿受益人基础合同下附带损失。尽管买卖赔偿法本意是通过此种计算损害赔偿方法而将开证人、申请人与受益人之间的可能的索赔纠纷一同解决,并实现受益人、开证人与申请人之间的利益平衡,但实际无法达到。因为其不可避免地还会导致开证人和申请人之间的纠纷产生。开证人在赔偿受益人后,是否有权就上述损失向申请人索赔?答案是显然的,因为买卖赔偿法是将开证人置于申请人(买方)的地位考量损害赔偿额的,自然只有买卖合同下才会产生、信用证下根本不会存在的费用,人为地导致由开证人承担了,典型便是仓储费、滞期费等基础合同附带损失等。如果最终申请人就上述费用赔偿了开证人,则的确有可能比较有效地解决三方纠纷。但问题是,实践中之所以开证人会不当拒付,很有可能是申请

---

〔1〕 Comments, "Damages for Breach of Irrevocable Commercial Letters of Credit: The Common Law and The Uniform Commercial Code", 25 U. Chi. L. Rev. , 667, 672 (1958).

〔2〕 See Herman N. Finkelstein, *Legal Aspects of Commercial Letters of Credit*, at 265 -267 (Columbia University Press 1930).

人资信出现了问题。果如此，很可能意味着开证人在赔偿受益人基础合同下的附带损失后，将无法要求申请人偿付，而最终不得不自行承担其开立信用证时所无法预料到的、原本应由申请人承担的风险。

第二，买卖赔偿法所考虑的对象是商业信用证，而对备用信用证（独立保函）根本不适用，因为多数备用信用证交易中根本不存在买卖合同和买方、卖方的问题。自然，买卖赔偿法计算方法也就缺乏根基。退一步而言，即使备用信用证背后的基础合同是买卖合同，例如，担保卖方的交货义务。一旦卖方不交货或交货不符，买方根据备用信用证要求开证人承付时，如果开证人不当拒付并要求根据基础买卖合同判决开证人的损害赔偿范围，则岂非要先就基础买卖合同纠纷进行裁决，然后再来判定开证人的损害赔偿范围？果如此，则备用信用证原本欲实现的担保价值何在？原本追求的付款迅捷、确定、低成本与高效率又何在？

要知道，受益人之所以选择以备用信用证形式来担保其基础合同款项的取得，目的便是利用备用信用证付款的迅捷、确定、低成本与高效。一旦申请人基础合同下未能履约，受益人即可根据备用信用证规定提交相符单据，要求开证人承付。受益人一不需要去考虑基础合同下他究竟遭受了多大损失；二不需要去向开证人举证他遭受了多大损失；三更不需要采取合理措施避免他在基础合同下所可能遭受的损失。只要受益人按照备用信用证要求提交单据，开证人便必须承付确定金额。开证人不能提出基础合同下申请人对受益人的抗辩。如果认定受益人对开证人承担了基础合同下的减轻损失义务，则受益人除了转售货物、起诉申请人之外，别无他法。而不管是起诉申请人还是转售货物，都与受益人当初选择备用信用证来担保基础合同项下款项支付目的背道而驰。如果法律容许开证人提出如此抗辩,受益人意图通过备用信用证机制来实现迅捷确定付款,移转诉讼风险与管辖权风险的目的必将落空。

第三,买卖赔偿法最致命的缺陷在于其明显违背了信用证独立性原则。正如学者所批评的,买卖赔偿法"过多地考量了基础交易,而严重偏离了信用证独立性原则"。[1]

信用证独立性原则是整个信用证法律制度存在的基石。信用证独立性不仅仅是强调开证人信用证下所承担的承付义务独立于基础交易合同以及申请合同,而且,基于其独立承付义务所衍生出来的损害赔偿,也应当独立于基础合同。开证人不当拒付损害赔偿独立于基础交易,是信用证独立性原则的核心内容之一,也是其必然逻辑结果,已如前述。实际上,正是因为开证人确信信用证独立于基础交易,其不当拒付损害赔偿独立于基础交易损失,其才能比较好地预见与掌控其开立信用证所可能带来的风险。对于一个只对单据负责,只是单据专家的开证人而言,其根本无法了解也无需了解基础合同的履约情况,以及基础合同违约时所可能面临的损失与风险,更是无法预见与掌控这类风险与损失的发生。而且,最为关键的是,否认开证人不当拒付时信用证独立性原则对损害赔偿的适用,将必然导致开证人在申请人破产或无能力偿付时有动机拒付,并迫使受益人采取合理措施减轻损失,并以此来抗辩受益人的损害赔偿权利,从而达到规避自身风险的目的,并最终将信用证先付款后诉讼的法律机制异化为先诉讼后付款的普通担保机制。

---

[1] James E. Byrne et. al., "An Examination of UCC Article 5", *45 Bus. Law.*, 1521, 1629 (1990).

实际上，笔者以为，信用证付款的确定性不仅仅是是否付款这一结果的确定性，更是付款金额或范围的确定性；付款确定性不仅仅是对受益人而言，更是对开证人而言，开证人所需承付的金额，仅为信用证所确定的金额，而非基础合同项下的金额；开证人不当拒付时，其所需赔偿者，也仅是基于信用证金额所计算的损害赔偿额，而非基于基础合同违约而给受益人所造成的损失，后者并非开证人所能预见与掌控的。

至于买卖赔偿法所批评的，如果不考虑受益人在基础合同项下所减轻的损失，是否会导致不公平或者说荒谬的结果，甚至导致受益人故意纵容损失扩大而造成经济资源的浪费？笔者认为此种担忧多此一举，信用证不当拒付损害赔偿中无需考虑受益人减轻损失义务问题，并不会导致纵容受益人浪费经济资源。因为一方面，作为不当拒付方，开证人（甚至包括背后的申请人）自身理应采取措施减轻损失；另一方面，尽管法律上受益人无减轻损失之义务，但鉴于受益人起诉开证人不当拒付能否获得胜诉尚属未知，因而为自身利益考虑，受益人实践中也多会主动选择采取适当措施减轻损失。[1]

总而言之，买卖赔偿法是建立在开证人最小赔偿（扣除受益人实际或本应减轻损失额）与授予受益人基础合同项下附带损失赔偿基础之上的。而其根本缺陷在于违反了信用证独立性，导致开证人付款和责任范围确定性变得不再确定，最终使得开证人承担了其开立信用证时所无法预见的损失与风险。如此结果，最终损害的是整个信用证交易。因为作为一个以营利为核心的银行而言，一旦其在信用证下风险过大，必然会在信用证收费上有所考量。其结果显而易见，受益人和申请人信用证交易成本上升；信用证交易成本的上升又反过来伤害受益人与申

---

[1] 参见本章第三节。

第五章　不当拒付损害赔偿基本范围

请人使用信用证交易的积极性，从而最终伤害的是整个信用证付款与融资机制。

（二）当前规定：不当拒付损害赔偿独立于基础交易

正是因为买卖赔偿法所具有的上述致命缺陷，导致 1962 UCC §5 时期就有部分法院通过解释方法公然偏离买卖赔偿法规定。典型便是"Ross Bicycles 案"。[1]

"Ross Bicycles 案"涉及开证人预期不当拒付，受益人基于信用证独立性原则直接主张赔偿信用证表面金额而非基础合同下实际损失。法院也认同此逻辑，认为根据信用证独立性原则，当开证人预期不当拒付时，开证人对受益人损害赔偿的具体范围完全独立于受益人在基础合同下所实际遭受的损失。自然，受益人得主张的损害赔偿是信用证表面金额，或在开证人已经部分承付时信用证表面金额的余款。法院进一步认为，要求预期不当拒付下的受益人举证证明其在基础合同项下的实际损失，将有损信用证作为商业付款与融资机制功能的发挥。信用证不当拒付买卖赔偿法不仅有违信用证独立性原则，而且还存在不能适用于备用信用证这一缺陷。备用信用证适用范围非常广泛，其背后的基础交易不限于买卖合同。一旦基础交易并非买卖，则要求根据 UCC §2 来确定开证人不当拒付损害赔偿范围便失去根基。

在"Ross Bicycles 案"中法院判决给美国信用证不当拒付损

---

[1] Ross Bicycles, Inc. v. Citibank, NA, 161 Misc. 2d 351 (1994). See also Housing Securities, Inc. v. Maine Nat. Bank, 391 A. 2d 311 (1978); Colorado Nat. Bank of Denver v. Board of County Com'rs of Routt County, 634 P. 2d 32, 41 (Colo. 1981); Asociacion de Azucareros de Guatemala v. United States National Bank of Oregon, 423 F. 2d 638 (9th Cir. 1970); Dovenmuehle, Inc. v. East Bank of Colorado Springs, 563 P. 2d 24 (Colo. App. 1977); Brummer v. Bankers Trust of South Carolina, 231 SE 2d 298 (1977); Singer Housing Co v. Seven Lakes Venture, 466 F. Supp 369 (D Colo 1979).

害赔偿法带来深刻影响。最终，1995 UCC §5 修改时吸取其立场，明确将信用证独立性确立为整编的立法基础，[1]并彻底贯穿于开证人不当拒付损害赔偿中。据此，受益人得索赔者，为信用证表面金额或受益人支款金额，外加利息、附带损失以及律师费等法律费用损失。显然，此赔偿范围和基础合同下受益人的实际损失无关。特别是，1995 UCC §5 下的附带损失并不像 1962 UCC §5 那样特指 UCC §2 所规定的基础合同项下的附带损失，而是受益人因开证人不当拒付而于信用证下产生的附带损失。[2]此外，1995 UCC §5-111（a）特别强调，当开证人不当拒付时，受益人无需承担基础合同下的减轻损失义务，从而彻底贯彻信用证独立性，并借此断绝开证人利用受益人减轻损失义务而达到其规避自身风险的意图。[3]

自此之后，计算信用证不当拒付开证人损害赔偿范围时不再考虑受益人基础合同项下损失为各法院判决所认同。例如，在"Travelers Indem. 案"中，[4]法院认为，容许开证人查看基础交易下受益人实际损失不仅有违法律规定与信用证独立性原则，更是严重有损信用证作为付款机制的商业活力及付款确定性。[5]

与前述买卖赔偿法相对，学者将 1995 UCC §5 所规定的赔

---

[1] 1995 UCC §5, Prefatory Note.
[2] 详见本章第四节。
[3] 详见本章第三节。
[4] *Travelers Indem. Co. v. US Bank Nat. Ass'n*, 59 UCC Rep. Serv. 2d 786（Conn. Super. Ct. 2006）.
[5] James E. Byrne, *International Letter of Credit Law and Practice* §66：3 US law—Generally（Thomson Reuters 2017）. See also *Hellenic Republic v. Standard Chartered Bank*, 244 AD 2d 240（App. Div. 1997）；*5 East 59th Street Holding Co., LLC v. Farmers and Merchants Bank of Eatonton*, Ga., 816 NYS 2d 68（NY App. Div. 1. Dept., 2006）；*Mt. Commerce Bank v. First State Fin., Inc.*, 2013 Tenn. App. LEXIS 360.

偿法形象地称为"表面金额法"。表面金额法本质上是 action for price。[1] 判决由开证人赔偿表面金额外加利息与律师费，法院无需审查基础交易情况，也无需考虑开证人是否意识到其不当拒付行为将会导致何种结果。这一精神在受益人已经交单，且开证人也已承兑汇票或延期付款信用证下承诺付款，以及备用信用证下体现得最为明显。

显然，表面金额法比买卖赔偿法更为可取。表面金额法坚持了信用证独立性原则，有效贯彻了信用证所追求的付款迅捷、确定、低成本与高效率目标，并有效保障了付款、担保与融资功能的发挥。

（三）简要结论

总之，基于信用证独立性原则，开证人对受益人的信用证不当拒付损害赔偿责任范围以信用证规定金额或受益人支取金额为限，而不受基础合同损失情况影响。一旦开证人不当拒付，受益人即可索赔该次汇票或支款金额，而无须以基础合同实际损失为基础。[2] 开证人不得以基础合同实际损失范围小于信用

---

[1] 2002 UCC §2-709. 尽管有学者将表面金额法（action for price）解释认为与实际履行无异 [Burton V. McCullough, Esp., *Letters of Credit* §4.08 [1] Wrongful Dishonor note 7 (Matthew Bender 2018)]，但严格意义上讲，在美国法语境下的 action for price 与实际履行不同。因为实际履行属于衡平救济措施，而 action for price 属于法律救济措施。反而是在我国《民法典》语境下，action for price 既可以理解为金钱债务的实际履行（第579、583条及第584条），也可理解为损害赔偿（第584条）。但不论如何理解，两者最终达到的法律效果相同。

[2] See *Balboa Insurance Co. v. Coastal Bank*, 42 UCC Rep. Serv. (Callaghan) 1716 (SD Ga. 1986); *Singer Housing Co v. Seven Lakes Venture*, 466 F. Supp 369 (D Colo 1979); *5 East 59th Street Holding Co., LLC v. Farmers and Merchants Bank of Eatonton, Ga.*, 816 NYS 2d 68 (NY App. Div. 1. Dept., 2006). 另参见呼家钰："论保兑行的付款义务"，载高祥主编：《信用证法律专题研究》，中国政法大学出版社2015年版，第132页。

证下承付范围为由抗辩受益人的索赔。[1]同样,当受益人基础合同下损失范围超过信用证金额时,受益人也不得以基础合同下所遭受的实际损失范围来主张追究开证人的不当拒付损害赔偿。[2]基于此,受益人在基础合同下所遭受的诸如滞期费、滞港费、仓储费以及出口退税损失等,均不得依据信用证要求开证人承担损害赔偿责任。

这一结论并不因开证人究竟是构成预期不当拒付还是实际不当拒付而不同。在开证人预期不当拒付时,受益人同样得主张赔偿信用证表面金额。开证人不得以受益人在基础合同下尚未遭受损失或尚未履行基础合同为由予以抗辩,或主张相应减轻开证人赔偿责任。

本质上,受益人在开证人不当拒付下所得主张的损害赔偿,是受益人在信用证下因开证人不当拒付而遭受的损失,而不是受益人在基础合同下遭受的损失。[3]

实际上,一部美国信用证不当拒付损害赔偿法史就是一部由拒绝承认信用证独立性原则对损害赔偿的适用,到明确肯定信用证独立性原则对损害赔偿适用的演变史。美国信用证不当拒付损害赔偿法所历经的如此"曲折"经历对我国信用证不当拒付损害赔偿规则的构建尤其具有启示意义。

---

[1] See *Travelers Indem. Co. v. US Bank Nat. Ass'n*, 59 UCC Rep. Serv. 2d 786 (Conn. Super. Ct. 2006).

[2] *Accord First Union Nat'l Bank v. 2800 SE Dune Drive Condominium Ass's*, 661 So. 2d 955 (Fla. Dist. Ct. App. 1995); *City National Bank v. First National Bank*, 22 Ark. App. 5, 732 SW2d 489 (1987).

[3] See *New York Life Ins. Co. v. Hartford National Bank & Trust Co.*, 173 Conn. 492 (1977).

三、我国法院判决梳理及应然立场

(一) 我国法院判决梳理

我国《信用证司法解释》未规定不当拒付损害赔偿，多数学者解释信用证独立性时也未就独立性对不当拒付损害赔偿的影响展开探讨。[1]但基于信用证范围独立于基础合同范围的精神，凡基础合同项下的损失，开证人都无需赔偿，应无疑问。[2]

对此，"乳山宇信案"判决有着典型意义。[3]该案中，开证人不当拒付，受益人要求开证人赔偿出口退税损失。该主张被一审法院驳回。一审法院正确指出，尽管 UCP500 并没有对信用证不当拒付损害赔偿进行规定，但受益人不当拒付损害赔偿不应根据基础合同来计算，任何超出信用证而去检视基础交易下受益人实际损失并据此确定开证人损害赔偿范围的，都将会违反信用证独立性原则。出口退税是"国家为鼓励出口和提高本国产品国际竞争力而采取的税收优惠，针对的是出口货物，尽管与出口结汇有关，但本质上是基础交易即货物出口范畴内的问题，与信用证无关"。基于信用证独立性原则，开证人所处

---

〔1〕 参见刘斌："独立担保的独立性：法理内涵与制度效力——兼评最高人民法院独立保函司法解释"，载《比较法研究》2017 年第 5 期。

〔2〕 James E. Byrne, *International Letter of Credit Law and Practice* § 66; 10 PRC Chinese law (Thomson Reuters 2017)：中国信用证法律并未规定损害赔偿问题。但根据信用证独立性原则，可预期信用证不当拒付损害赔偿为受益人支款表面金额。另参见最高人民法院"栖霞市绿源果蔬有限公司与中国银行股份有限公司北京市分行信用证转让纠纷再审案"［2013］民申字第 1296 号，北京市高级人民法院［2012］高民终字第 939 号［关于此案损害赔偿基于独立性而排除出口退税损失的合理性，See James E. Byrne, *6B Hawkland UCC Series* § 5 - 111; 1 [Rev] Remedies general (Thomson Reuters 2016)］。

〔3〕 山东高级人民法院"乳山宇信针织有限公司与韩国中小企业银行信用证赔偿纠纷上诉案"［2006］鲁民四终字第 25 号；青岛市中级人民法院［2003］青民四初字第 151 号。

的仅是单据，而非与单据有关的货物或其他行为。因而，开证人无需关注受益人所在国出口退税政策。如果要求开证人赔偿受益人基础合同下的出口退税损失，必将严重损害信用证所追求的低成本、高效率目标。

受益人不服一审判决提出上诉。二审维持了一审判决的结论及理由。二审认为，受益人享有的出口退税权利是履行基础合同而产生的利益。根据信用证独立性原则，受益人因无法享受出口退税所造成的损失与信用证无关，与开证人无关。要求开证人承担信用证关系之外的损失，有违信用证独立性原则。[1]

上述精神也为最高人民法院所确认。在最高人民法院再审的"绿源果蔬案"中，[2]涉案争议并非不当拒付纠纷，而是通知人错误通知致使受益人受损，受益人起诉通知人，要求赔偿出口退税损失以及贷款利息损失。最高人民法院驳回了受益人的主张，所依据的一是信用证独立性原则，即信用证中受益人得主张的是信用证项下的"直接损失"，发生在基础合同下的损失非开证人/通知人所需赔偿；二是基础合同下的损失非开证人/通知人所能够预见。

尽管"绿源果蔬案"并非信用证不当拒付损害赔偿案，但其判决理由及阐述逻辑在信用证不当拒付纠纷案中同样适用，

---

〔1〕 退一步而言，即使开证人需要对基础项下损失承担责任，还会存在这些损失是否属于开证人可预见损失的问题。正如开证人抗辩所指出，境外银行无从知悉中国的退税政策及其变化，无法合理预见中国的受益人在遭拒付后在信用证金额之外可能遭受的退税损失。然而，在天津市第一中级人民法院所审理的"大连中垦鑫源国际贸易有限公司与韩国株式会社新韩银行信用证纠纷案"[2004]一中民三初字第105号中，法院简单地以"原告提出的因被告未付款，造成不能退税的损失⋯⋯，因被告未能提出反驳的证据⋯⋯"为由，而支持卖方索赔"出口退税"损失，笔者以为，显属不当。

〔2〕 最高人民法院"栖霞市绿源果蔬有限公司与中国银行股份有限公司北京市分行信用证转让纠纷再审案"[2013]民申字第1296号。

因此可以推论最高人民法院就信用证不当拒付损害赔偿同样主张受信用证独立性原则的限制。[1]

当然，最高人民法院认定无需赔偿基础交易项下的损失，除了独立性原则这一原因外，还有一个原因便是可预见性原则。即基础合同项下的损失并非开证人开立信用证时所能够预见到或理应预见到。笔者以为，此可预见性与独立性原则实乃一脉相承。正是因为信用证独立性，开证人无需关注基础交易情况，而只需审核单据是否相符。相符时承付，不符时拒付。受益人没有理由期待开证人开证时会去预见或理应预见其如果不当拒付，将会给受益人造成基础合同项下多大损失。如果期待开证人开证时必须有所预见，鉴于基础合同所可能面临的多种风险，开证人必将陷于被动境地，因为开立这样的信用证，将会导致开证人面临巨大且不可控的风险。果如此，开证人除了通过申请合同将风险转嫁给申请人或者通过提高开证费来规避可能的风险与损失外，别无他途。但显然，无论是通过责任转移条款还是提高开证申请费，都将导致信用证"低成本"目标的丧失。鉴于实践中信用证因程序复杂、相对成本较高以及欺诈风险、交单不符风险等问题，信用证在国际贸易结算中的使用率越来越低，[2]如果开证人再通过转移责任或提高开证申请费，则必然会导致商人使用信用证的积极性进一步丧失，从而从根本上动摇信用证付款机制。

然而，我国部分法院对信用证独立性理解不够充分，就开证人不当拒付损害赔偿是否包括基础合同损失并不明确，判决

---

〔1〕 另参见张勇健、沈红雨："《关于审理独立保函纠纷案件若干问题的规定》的理解和适用"，载《人民司法（应用）》2017年第1期，第24页。

〔2〕 See ICC, 2017 *Rethinking Trade & Finance*, at 89 (ICC Publication No. 884E 2017). 据统计，自2013年以来，SWIFT信用证开证量呈逐年下降趋势；且欧洲及北美等发达国家和地区的信用证使用量更是占比很低。

说理仍存有不足之处。[1]例如，在笔者所搜集的不当拒付案中，只有上述"乳山宇信案"判决明确提到基于信用证独立性，开证人无需赔偿受益人基础合同项下出口退税损失。[2]在另外3起案件中，有1起法院判决开证人无需赔偿受益人货物滞港费、移港费的理由为"非信用证法律关系引起"；[3]另1起法院判决反担保履约保函开立人无需赔偿受益人（同时也是预付款保函开立人）在预付款保函下所遭受的律师费损失的理由是，两个保函之间"无对应关系"；[4]还有1起法院判决开证人无需赔偿议付人在基础合同纠纷及与受益人纠纷中所支付的律师费等费用的原因是，此等费用与开证人"无关"。[5]尽管所谓"非信用证法律关系引起""无对应关系"或"无关"，其背后逻辑便是信用证独立性，但法院阐释理由时却并未能直接从信用证独立性

---

〔1〕 事实上，不仅仅是法院，甚至是专业银行机构对此也存在理解不到位的问题。例如，在最高人民法院"中国银行河南省分行与阿拉伯及法兰西联合银行（香港）有限公司独立保函纠纷案"〔2018〕最高法民终880号一案中，反担保履约保函开立人不当拒付，受益人UBAF（同时也是履约保函开立人）索赔利息损失时，其起算时间选择按其在履约保函下实际支付履约保函受益人的次日起算，而非反担保履约保函开立人在反担保履约保函下构成不当拒付之次日开始计算。显然，基于反担保履约保函与履约保函之间的独立性，UBAF反担保履约保函下的利息损失，是产生于反担保履约保函开立人对UBAF相符交单的不当拒付，而非UBAF履约保函下因支付其受益人款项而遭受的利息损失。参见王金根："论独立保函不当拒付损害赔偿：以中国银行与UBAF独立保函纠纷案为中心"，载《经贸法律评论》2021年第1期，第103~104页。

〔2〕 山东省高级人民法院"乳山宇信针织有限公司与韩国中小企业银行信用证赔偿纠纷上诉案"〔2006〕鲁民四终字第25号；青岛市中级人民法院〔2003〕青民四初字第151号。

〔3〕 上海市第一中级人民法院"兴杰国际私人有限公司诉上海银行浦东分行信用证纠纷案"〔2000〕沪一中经初字第3号。

〔4〕 最高人民法院"中国银行河南省分行与阿拉伯及法兰西联合银行（香港）有限公司独立保函纠纷案"〔2018〕最高法民终880号。

〔5〕 四川省高级人民法院"农协银行株式会社与中国农业银行股份有限公司成都总府支行信用证纠纷案"〔2018〕川民终187号。

角度展开，显得说理不是非常充分。[1]更有甚者，还有3起法院判决无需赔偿基础合同项下诸如滞期费、出口退税等损失，理由仅简单的一句"无法律依据"，[2]或受益人"未提供证据证明与本案有关或已实际缴纳"。[3]何谓无法律依据？法院究竟是依据什么法律认定无依据？判决书通篇都无解释。至于受益人并未提供证据证明其已经实际缴纳，则显然是说理错误。因为其潜台词是如果受益人证明已缴纳滞船、滞港、滞报等费用损失，则开证人应当赔偿。当然，还有个别法院根本就是判决结论错误：开证人应对受益人基础合同项出口退税或码头费用负责，理由是开证人"未能提出反驳证据"[4]甚至根本就没有阐明理由；[5]保函开立人对申请人基础合同项下工程欠款及违约金承担"连带责任"。[6]

（二）应然立场

笔者以为，信用证独立性原则是信用证机制的基石，是信

---

[1] 王金根："论独立保函不当拒付损害赔偿：以中国银行与UBAF独立保函纠纷案为中心"，载《经贸法律评论》2021年第1期，第105~106页。

[2] 上海市高级人民法院"东方汇理银行萨那分行与四川川投进出口有限公司信用证纠纷案"[2007]沪高民四（商）终字第41号；江苏省高级人民法院"常州市金誉来商贸有限公司与株式会社新韩银行信用证议付纠纷案"[2013]苏商外终字第0024号。

[3] 福建省高级人民法院"韩国大林株式会社诉中国银行厦门市分行信用证纠纷案"[2003]闽经终字第125号；厦门市中级人民法院[2002]厦经初字第321号。

[4] 天津市第一中级人民法院"大连中垦鑫源国际贸易有限公司与韩国株式会社新韩银行信用证纠纷案"[2004]一中民三初字第105号。

[5] 北京市第二中级人民法院"深圳高富瑞粮油食品有限公司诉德意志银行损失赔偿纠纷案"[1996]二中经初字第471号；河南省高级人民法院"阿拉伯及法兰西联合银行（香港）有限公司与中国银行河南省分行独立保函纠纷案"[2014]豫法民三初字第3号。

[6] 内蒙古自治区高级人民法院"远洋装饰工程股份有限公司与鄂尔多斯市人民政府、鄂尔多斯银行股份有限公司建设工程施工合同纠纷案"[2016]内民初35号（法院判决涉案支付保函构成独立保函）。

用证付款迅捷、确定、低成本与高效的保障，更是信用证充分发挥付款、担保与融资功能的大前提。一旦否认，则信用证整个付款机制便会坍塌，尤其是其先付款后诉讼的机能必将沦落，从而与先诉讼后付款的普通从属性担保毫无差别。而信用证独立性的逻辑结果便是信用证不当拒付损害赔偿下受益人得主张的损害赔偿也仅限于信用证下的损失。无论是开证人还是受益人，都不得以基础合同下的实际损失为由抗辩。

由此也就决定了，在我国法背景下，开证人不当拒付时，受益人所能主张的损害赔偿同样是信用证或受益人索款的表面金额，而其依据便是《民法典》第584条（或第579条）。美国1995 UCC§5信用证法通过几十年之经验教训而得出的表面金额计算方法理应为我国所吸收、继受，而断然无否定或改变的理由。

当然，受益人在获得开证人信用证下赔偿后，不影响其就基础合同下所遭受之诸如滞期费、滞港费甚至出口退税等损失另行起诉申请人。[1]反过来，如果受益人实际损失远远低于其基础合同下的实际损失，则申请人在偿付开证人后，同样可基于基础合同而要求受益人退还多支付的部分。[2]在商业信用证预期不当拒付下，一旦开证人赔偿受益人信用证下的损失，申请人更是可以要求受益人履行基础合同下的交货与交单义务等。

---

〔1〕 张勇健、沈红雨："《关于审理独立保函纠纷案件若干问题的规定》的理解和适用"，载《人民司法（应用）》2017年第1期，第24页。

〔2〕 See Nelson Enonchong, *The Independence Principle of Letters of Credit and Demand Guarantees*, at 35 (Oxford University Press 2011); 张勇健、沈红雨："《关于审理独立保函纠纷案件若干问题的规定》的理解和适用"，载《人民司法（应用）》2017年第1期，第24页。另参见广东省深圳市中级人民法院"深圳宝安融兴村镇银行有限责任公司与中山市海雅投资有限公司独立保函纠纷案"[2019]粤03民终12094号。

第三节 减轻损失规则

一、减轻损失规则概述

（一）规则内涵与原因

在合同法下，一旦一方当事人违约，另一方当事人便承担了减轻损失义务，即采取适当措施减少损失或防止损失进一步扩大的义务。如果该另一方当事人能够采取适当措施减少损失或避免损失扩大而未采取的，就本应减少的损失部分或实际扩大的损失部分无权要求对方赔偿。[1]

本质上来讲，减轻损失义务并不是非违约方所应承担的真正义务。因为非违约方并不会因未履行此减轻损失"义务"而需对违约方承担赔偿责任，违约方也无法请求非违约方履行减轻损失"义务"。违反减轻损失"义务"的效果仅仅只是非违约方不得就本应减少损失部分或实际扩大损失部分要求违约方予以赔偿而已。[2]所以，学者将此义务称为"不真正义务"。[3]本书将减轻损失规则与减轻损失义务并用，但并非认可受益人在法律上对开证人承担了减轻损失"义务"。[4]

---

[1] Restatement 2nd of Contracts §350；《民法典》第591条；韩世远：《合同法总论》（第4版），法律出版社2018年版，第808页。

[2] 韩世远：《合同法总论》（第4版），法律出版社2018年版，第809页；E. Allan Farnsworth, *Contracts*, at 807 (Aspen Law & Business 3rd ed 1999); Restatement 2nd of Contracts §350 cmt. b.

[3] 韩世远：《合同法总论》（第4版），法律出版社2018年版，第809页。

[4] See Michael Bridge, *Mitigation of Damages in Contract and the Meaning of Avoidable Loss*, 105 LQR 398 (1989): the language of "duty" is misleading, but it is "well entrenched and difficult to substitute" (cited from Evan Mckendrick, *Contract Law: Text, Cases, and Materials*, at 894 (Oxford University Press 5th ed 2012).

至于减轻损失规则背后的原因，有如下几点：

第一，基于因果关系，尽管违约方有赔偿非违约方损失的责任，但如果非违约方没有采取合理措施减少损失，因此而额外造成的损失与违约方的违约行为之间缺乏因果关系。[1]

第二，基于可预见性原则，一旦违约方违约，通常非违约方的正常应对都是采取措施避免损失，故此如果非违约方未能采取措施，将会超出违约方通常预见范围，或者说，非违约方的额外损失与违约方违约行为之间的关系太过于遥远。[2]

第三，从公平角度来看，一旦因违约方的违约行为而导致有损失扩大的可能的，公平原则要求非违约方不得放任损失扩大，即不采取合理措施避免此损失的扩大。如果在非违约方能够采取措施而不采取导致损失进一步扩大时，尚容许其要求违约方给予全面赔偿而毫无限制，则等于是要违约方为非违约方的"奢侈"买单。[3]正如皮尔森（Pearson）大法官所说，非违约方"完全有权按其意愿去奢侈浪费，但不应要求被告为其行为买单"。[4]

第四，与非违约方相比，违约方的违约行为在法律上是受谴责的对象，不管违约方是否存在过错。故此，从理论上而言，一旦违约方违约，应是由其承担减轻损失义务方为妥当。但是，与违约方相比，在实践中，非违约方往往更能有效地采取适当措施减轻损失，且其减轻损失所需支付成本也相对更低。[5]例

---

[1] 杨大明：《国际货物买卖》，法律出版社2011年版，第488页；Roy Ryden Anderson, *Damages Under the Uniform Commercial Code* §11：16 Mitigation（Thomson Reuters 2016）。

[2] 杨大明：《国际货物买卖》，法律出版社2011年版，第488页。

[3] 杨大明：《国际货物买卖》，法律出版社2011年版，第488页。

[4] Darbishire v. Warran [1963] 1 WLR 1067, 转引自杨大明：《国际货物买卖》，法律出版社2011年版，第488页。

[5] 李永军：《合同法》，法律出版社2004年版，第654页。

如，在货物买卖中，如果由买方提取货物并转售的方式来减轻损失，多数情况下终究没有直接由卖方将货物转售来得便捷。因此，基于有效控制风险的目的，立法上有必要采取便宜的措施，直接规定非违约方应采取措施减轻损失。

第五，从社会资源角度来看，减轻损失规则能够避免资源浪费、增进社会福利。[1]从资源角度来讲，整个社会的经济资源都是稀缺的。而法律的一大功能便是通过制度设计避免私人浪费稀缺资源。[2]以买卖合同为例，一旦买方违约拒绝接受货物，卖方便应采取合理措施减轻损失，例如，在买卖标的物是易腐烂产品的情况下，卖方应该及时将货物转售，从而避免货物的毁损灭失。一旦卖方采取了上述措施，从当事人角度而言，便是避免了其损失的进一步扩大，从社会角度而言，则是避免了经济资源的浪费。正是基于此，减轻损失规则可以"激励受害方按促进经济效益的方式去行为，增进社会整体效益"。[3]

正是基于上述原因，减轻损失规则已为多数立法例所承认。[4]

(二) 规则内在缺陷及其克服

尽管减轻损失规则有利于增进社会福利，但单纯从违约方与非违约方两方角度来看，减轻损失规则本身存在一定缺陷。

非违约方采取措施减轻损失后，其自身并不会因此而受益。因为其最终得以向违约方索赔的，仅仅只是其实际损失额，或者说扣除采取合理措施规避的损失后的净损失部分。相反，减

---

〔1〕 韩世远:《合同法总论》（第4版），法律出版社2018年版，第809页；Ewan Mckendrick, *Contract Law*, at 21.10 Mitigation (Palgrave 12th ed 2017)。

〔2〕 参见《民法典》第9条。

〔3〕 韩世远:《合同法总论》（第4版），法律出版社2018年版，第809页。另参见王利明:《违约责任论》，中国政法大学出版社2000年版，第504页。

〔4〕 See e.g., Restatement 2nd of Contracts §350；《联合国国际货物买卖合同公约》第77条；《国际商事合同通则》第7.4.8条；《民法典》第591条。

轻损失规则下唯一受益的却是法律上应受谴责的违约方。由此导致的问题是，毫无限制不分场合地过度强调或施加非违约方减轻损失义务，将会有可能助长违约方违约动机。正如学者所评论，减轻损失规则"没有赋予那些处于原告位置上的人任何努力采取减轻损失的动机，其结果却是使得减损规则成为被告违约的一个动机"。[1]

为避免减轻损失规则所带来的上述缺陷，首先，我们应注意避免对非违约方减轻损失措施是否合理认定上过于苛刻；其次，如果非违约方已经采取合理措施但无效果，最终仍未能阻止损害进一步扩大的，不应限制非违约方就此扩大部分损失要求违约方予以赔偿的权利；[2]再次，如果非违约方能够举证证明其失去数量（lost volume），即使其有采取所谓"减轻损失"行为，也不自违约方损害赔偿中扣除非违约方"减轻损失"部分；[3]复次，更为关键的是，并非任何情况下都要求非违约方采取减轻损失措施。如果非违约方为了减轻损失而必须冒不当风险，承担过度负担或蒙受过分屈辱，则不应要求非违约方采取措施减轻损失；[4]最后，违约方有同样机会甚至更为便于采

---

[1] See Donald Harris, *Incentives to Perform, or Break Contracts*, 45 C. L. P., 46 (January 1992), 转引自韩世远：《合同法总论》（第4版），法律出版社2018年版，第810页。

[2] Restatement 2nd of Contracts §350（2）. See also *Fiat Motors of North America, Inc. v. Mellon Bank, NA*, 827 F. 2d 924 (1987); 王利明：《违约责任论》，中国政法大学出版社2000年版，第501~502页。

[3] Restatement 2nd of Contracts §350 cmt. d.

[4] Restatement 2nd of Contracts §350 (1); E. Allan Farnsworth, *Contracts*, at 807-808 (Aspen Law & Business 3rd ed 1999); Djakhongir Saidov, *The Law of Damages in the International Sales*, at 132-133 (Hart Publishing 2008); Roy Ryden Anderson, *Damages Under the Uniform Commercial Code* §11: 16 Mitigation (Thomson Reuters 2016); 王利明主编：《中国民法典学者建议稿及立法理由：债法总则编·合同编》，法律出版社2005年版，第309页。

取措施减轻损失时,也不应要求非违约方采取减轻损失措施。[1]

二、美国受益人减轻损失规则演变

(一) UCC §5 受益人减轻损失条文演变

信用证是开证人对受益人承担的有条件承付义务。一旦受益人严格按信用证规定提交相符单据,则开证人信用证项下承付义务便变为绝对。此时该债务性质为金钱之债。就金钱之债本身来讲,并无减轻损失的可能。[2]然而,有争议的是,在商业信用证中,一旦开证人拒付,受益人是否对开证人承担了减轻货物等损失义务?

就此问题,1962 UCC §5-115 规定受益人就不当拒付损害赔偿的范围相当于非违约的卖方在基础买卖合同下所得主张的损害赔偿范围。而鉴于基础合同下,非违约方都有承担减轻损失的义务,故此该条规定本质上已经赋予了开证人得以主张受益人必须减轻损失的抗辩。[3]实际上,1962 UCC §5-115 所确立的受益人承担了减轻损失义务的规定并非其自创,而是继受

---

[1] *Toyota Industrial Trucks USA Inc v. Citizens National Bank*, 611 F. 2d 465 (1979); *Fiat Motors of North America, Inc. v. Mellon Bank, NA*, 827 F. 2d 924 (1987); 李永军:《合同法》,法律出版社 2004 年版,第 654 页。

[2] 减轻损失的通常措施包括停止工作、替代安排、变更合同与继续履行(参见韩世远:《合同法总论》(第 4 版),法律出版社 2018 年版,第 812~814 页),显然针对金钱之债本身而言,无论受益人采取哪种措施,都无从避免开证人未承付信用证款项这一结果。

[3] Harfield Practice Commentary on 1962 UCC 5-115, in John F. Dolan, *The Drafting History of UCC Article 5*, at 189-190 (Carolina Academic Press 2015). But see *Toyota Industrial Trucks USA Inc v. Citizens National Bank*, 611 F. 2d 465 (1979); *Fiat Motors of North America, Inc. v. Mellon Bank, NA*, 827 F. 2d 924 (1987); James J. White & Robert S. Summers, *Uniform Commercial Code*, at 206 (West 4th ed vol 3 1995):White 与 Summers 教授认为,1962 UCC §5-115 本身并未规定受益人是否有义务减轻损失。

纽约州普通法的结果。[1]

然而，正如前文所批评，该规定虽然有助于避免受益人不当得利之嫌，但却有违信用证独立性原则。因为信用证独立性原则决定了开证人无权以基础合同损失范围来抗辩受益人信用证项下支款或索赔。正是因为如此，有学者认为，1962 UCC§5-115 的规定应当予以严格适用。[2]

鉴于 1962 §5-115 存在的缺陷，1995 UCC §5-111（a）明确规定，开证人不当拒付时，受益人无需对其承担减轻损失义务，但如果受益人有减轻损失，则应自损害赔偿中予以扣减。此时，开证人承担了举证证明受益人有实际减轻损失的行为与效果。[3]

应当承认，要开证人承担举证受益人已经采取措施减轻损失的，从举证责任角度来讲，是比较困难的。[4]毕竟开证人与受益人在多数情况下处于不同地区或国家，开证人更是对受益人缺乏足够资讯。当然，如下情形例外：一是开证人不当拒付后，申请人应受益人要求而直接全部或部分支付受益人。此时申请人为自身利益考虑，通常都会通知开证人并向后者提供已支付凭据，以避免将来需要重复偿付开证人相应款项。二是商业信用证下受益人采取了转售单据从而在索赔信用证表面金额

---

[1] 参见本章第一节。

[2] John F. Dolan, *The Law of Letters of Credit: Commercial & Standby Credits* §9.02 [5] [b] [i] Commercial Credits (LexisNexis AS Pratt 2018).

[3] *Voest-Alpine Trading USA Corp. v. Bank of China*, 288 F.3d 262, 267 (5th Cir. 2002).

[4] *Hamilton Bank NA v. Kookmin Bank*, 245 F.3d 82 (2nd Cir. 2001)：法院认为开证人既未举证议付人有义务减轻损失，也未举证议付人实际转售了货物，故驳回其减轻损失抗辩；*Voest-Alpine Trading USA Corp. v. Bank of China*, 288 F.3d 262 (5th Cir. 2002)：法院认为开证人无证据证明受益人实际有减轻损失行为。

后无从向开证人转交单据。[1]实质上来讲,如果受益人已经通过转售单据而减轻损失的,因为受益人已无从向开证人提交相符单据,故此在举证上反而是受益人需要去举证证明他是因采取了减轻损失措施,故而仅索赔信用证金额和单据转售价款之间的差额。

(二)受益人减轻损失的判例演变

跟 UCC 规定一样,判例对开证人不当拒付时受益人是否有义务采取措施减轻损失也有个逐渐演变的过程:从最一开始的有义务采取措施减轻损失,到备用信用证下受益人无义务减轻损失,再到现今的无论商业信用证还是备用信用证受益人均无义务减轻损失。

1. 受益人有义务减轻损失

早在"Maurice O'Meara 案"中,[2]法院援引"Columbia Trust 案"[3]等案例认为,减轻损失是申请人与受益人双方当事人(即买卖双方)之间的一项长久确立的规则。因而,法院认为,受益人的损害赔偿原则上是汇票表面金额,但其对开证人承担了在可能范围内减轻损失的义务,诸如将基础合同项下货物转售等。当然,开证人应当赔偿受益人为减轻损失而支付的合理费用。至于减轻损失是否合理,应由开证人举证证明,但本案开证人并未提供证据证明当时货物的市场价格,而受益人提交了三个交易商的书面证词证明他是按公平市场价格转售的。故此,最终法院认定开证人应赔偿受益人转售货物价差损失。

该案涉案争议是商业信用证不当拒付,法院按基础买卖合

---

[1] William D. Hawkland et al., *6B Hawkland UCC Series* § 5-115:1 In general (Thomson Reuters 2016).

[2] *Maurice O'Meara Co. v. National Park Bank*, 239 NY 386, 146 NE 636 (1925).

[3] *Second Nat. Bank of Hoboken v. Columbia Trust Co.*, 288 F. 17, 30 ALR 1299 (3rd Cir. 1923).

同损害赔偿方法确认信用证下开证人应对受益人承担的损害赔偿范围，从而确认信用证下受益人应承担减轻损失义务。该案确立的受益人减轻损失义务及损害赔偿计算规则为纽约州后续判例所遵循，并为 1962 UCC § 5-115 所吸收。

2. 受益人备用信用证下无义务减轻损失

然而，前述"Maurice O'Meara 案"所确立的减轻损失规则只是针对商业信用证，当时尚不存在备用信用证问题，故此存在疑问是，纽约州法院是否认为备用信用证下受益人也存在减轻损失义务？就此，"New York Life Ins. 案"给予了回答。[1] 该案中，申请人为开发房地产而向第三人短期贷款。在开发完工后，申请人向本案原告即受益人（New York Life）申请贷款以偿还第三人的短期贷款。根据向受益人贷款承诺的条件，申请人需向受益人现金提存 180 000 美元，作为协议约定的损害赔偿额。因为如果申请人不按照预定金额贷款，受益人损失则难以估算，故此双方直接约定损害赔偿金额为 180 000 美元。但作为代替，申请人向受益人提供了由被告开证人开立的相应金额的不可撤销信用证。此信用证规定受益人支取单据条件为汇票以及受益人签署的说明信用证规定的约定损害赔偿金到期的声明。最终申请人违约并未贷款。为此，受益人向开证人提交金额为 180 000 美元的汇票以及信用证要求的声明，要求开证人承付。开证人拒付后，受益人起诉要求开证人赔偿拒付的汇票金额 180 000 美元以及自拒付之日起计算的利息。争议焦点是，受益人是否有义务减轻损失，将该笔资金转贷他人。

法院认为，本案开证人所担保的，并非贷款本身，而是如果申请人不贷款而给受益人带来的约定损失 180 000 美元。故

---

[1] *New York Life Ins. Co. v. Hartford National Bank & Trust Co.*, 173 Conn. 492 (1977).

此，本案非商业信用证而是备用信用证。而受益人所遭受的实际损失并非由申请人的违约导致，而是开证人拒绝承付受益人汇票所致。因而，1962 UCC §5-115（1）所规定的减轻损失，于本案并不适用。

1962 UCC §5-115（1）规定主要针对的基础交易是传统货物买卖。在传统货物买卖中，当开证人承付受益人时，其将获得代表货物所有权的单据并因此获得一定的担保权益。而本案的基础交易只是纯粹的信用交易（credit transaction），受益人所需要提交的单据只是一份申请人违约声明，说明开证人承付义务到期。既然开证人并无义务审查单据背后基础合同的履行情况，其将在未获得任何有价值的单据的情况下承付受益人。显然，在此情形下，开证人所面临的风险和一般传统商业信用证完全不同。而且，本案的基础合同标的并非一般意义上的动产，而是纯粹的信用融资协议。故此，1962 UCC §5-115（1）所规定的"转售或其他使用或处置"并不适用于本案。本案的基础合同标的显然是不太容易和"转售或其他使用或处置"这一概念兼容的。故此，法院判决认为受益人并无减轻损失义务。

本案法院之所以认为备用信用证下受益人无需对开证人承担减轻损失义务，理由在于备用信用证与商业信用证不同。商业信用证所担保的是具体的货物买卖，而货物本身以及受益人需提交给开证人的代表货物的单据本身具有一定的商业价值，受益人存在减轻损失的可能。但备用信用证不同，备用信用证下并不存在具体的货物，受益人所提交的单据也不具有商业价值，因此不存在受益人减轻损失的可能，1962 UCC §5-115所规定的减轻损失规则对备用信用证并无适用余地。此外，本案法院提到更为关键的原因，即信用证独立性。基于信用证独立性，开证人承付受益人范围完全取决于备用信用证规定本身，而与基础交易无涉。自然，基础交易下受益人是否能够减轻损失，与开证人无关，开证人也不得据此对受益人损害赔偿请求主张抗辩。

　　该案判决结论也为"East Girard 案"所认可，[1]尽管理由略有不同。在"East Girard 案"中，法院认为，一般合同法下的损害赔偿标准对信用证不适用，因为信用证并非一般合同。它是为满足市场特别需求而发展起来的独特制度。信用证若要维护其作为商业工具的效用，开证人、受益人等各方当事人的权责必须明晰。商业交易当事人必须能够指望，只要信用证所规定的条件获得满足，就会获得承付。如果容许开证人仅仅是因为受益人不能证明损失范围便拒付，显然有损信用证付款的确定性。该法院进一步判决认为，1962 UCC§5-115 要求扣减受益人转售货物的规定对备用信用证不适用。理由在于：涉及货物买卖的信用证几乎总是要求受益人提交代表货物所有权的单据。一旦被拒付，被拒付的受益人通常会将货物转售以弥补损失。因而，既然被转售的货物已在信用证中明确提及，法院无需审查基础合同便可确定究竟是涉及哪批货物。而且，既然货物已经特定，则确定受益人的实际损失金额也便轻而易举。而本案并非商业信用证而是备用信用证，如果法院接受开证人抗辩，将 1962 UCC§5-115 减轻损失规定扩大适用于本案中的备用信用证情形，则法院将不得不审查申请人基础合同下的违约情况以及受益人因该违约而遭受的损失范围。显然，该审查要求有违信用证独立性原则。而且，备用信用证下受益人损害赔偿范围尽管并非不可能，但却通常是非常难以认定的。[2]

　　〔1〕　East Girard Sav. Ass'n v. Citizens Nat. Bank and Trust Co. of Baytown, 593 F. 2d 598 (5th Cir. 1979).
　　〔2〕　See also Eakin v. Continental Ill.. Nat. Bank & Trust Co., 875 F. 2d 114 (7th Cir. 1989).

从"East Girard 案"法院所阐释理由可知,备用信用证下受益人对开证人不承担减轻损失义务的理由有二:一是信用证独立性决定了开证人不得要求受益人举证证明其基础合同项下损失范围;二是要求受益人承担减轻损失义务会和信用证商业效用,即付款确定性、迅捷性目标相冲突。但法院解释为何商业信用证下受益人必须承担减轻损失义务而备用信用证下受益人无需承担减轻损失义务的原因时,却犯了违反信用证独立性原则的错误。尽管商业信用证中通常会提及具体货物,但此仅仅是针对受益人所需提交的商业单据(特别是商业发票、提单)中货物描述的具体要求,并不是说开证人有义务去关注该批货物的具体情况。受益人在商业信用证下所能减轻损失者,仅仅是将具有商业价值、代表具体货物的商业单据予以转售而减轻损失而已。开证人所关注的,始终只是单据,而非单据所代表的货物。开证人拒付而受益人将单据转售后,只要受益人无法再度提交单据,则便无权要求开证人赔偿全部信用证项下款项或受益人原本支取的款项,而只能索赔原本支取款项与转售价格两者之间的差额。

在稍微晚近一点的"IMTT 案"中,[1]也是涉及备用信用证下受益人是否有义务减轻损失争议问题,但适用的是 1995 UCC §5-111。该案中,受益人与申请人签订了一份仓储协议。据此协议,受益人同意申请人将石油产品存储在受益人的设备内,申请人按月向受益人支付仓储费。该协议规定,一旦申请人未支付仓储费,受益人有权自通知该违约之日起 15 日内选择如下救济措施:①解除合同并要求赔偿 1 个月仓储费;或②加速所有未到期仓储费并要求立即支付。为担保义务履行,申请人向

---

[1] International-Matex Tank Terminals-Illinois v. Chemical Bank, 2010 WL 2219396.

开证人申请开立备用信用证一份。当申请人违约未支付仓储费时，受益人根据信用证规定提交相符单据要求开证人承付。开证人不当拒付。就开证人不当拒付损害赔偿，争议焦点之一是受益人是否有义务减轻损失。开证人认为，当申请人违约、受益人主张解除基础合同时，油箱内仍剩余石油，故此受益人应将此剩余石油予以抵扣信用证款项。法院认为，开证人无权主张减轻损失抗辩，因为受益人并无减轻损失义务。其背后原因即在于 1995 UCC § 5-111 评注所说，信用证的价值取决于其付款的迅捷性与确定性，不应激励开证人拒绝承付信用证，这一点非常重要。[1]而如果承认受益人对开证人承担了减轻损失义务，显然会给开证人以拒付激励。而且法院解释认为，1995 UCC § 5-111（a）只是规定，一旦并无减轻损失义务的受益人实际减轻损失了，开证人才得主张扣减。而开证人就此负有举证义务。但本案中，开证人并未向法院提供证据证明受益人将设备转租抑或将申请人剩余石油转售，故此并不存在实际减轻损失的问题。[2]

3. 商业信用证下受益人也无需减轻损失

前述"New York Life Ins. 案"与"East Girard 案"中法院判决的逻辑前提都是，商业信用证下受益人承担了减轻损失义务，而备用信用证与商业信用证不同，故此备用信用证下受益人无需承担减轻损失义务。就此便涉及一问题，即商业信用证下受

---

〔1〕 1995 UCC § 5-111 cmt. 1.

〔2〕 See also *Housing Securities, Inc. v. Maine Nat. Bank*, 391 A. 2d 311（1978）；*Bank of North Carolina, NA v. Rock Island Bank*, 630 F. 2d 1243（1980）；*American Employers Ins. Co. v. Pioneer Bank and Trust Co.*, 538 F. Supp. 1354（ND Ill. 1981）；*Colorado Nat. Bank of Denver v. Board of County Com'rs of Routt County*, 634 P. 2d 32, 41（Colo. 1981）；*In re Kaiser Steel*（D. Colo. 1988）89 BR 150, 152；*San Diego Gas & Electric Co. v. Bank Leumi*, 42 Cal. App. 4th 928（1996）；*Amwest Sur. Ins. Co. v. Concord Bank*, 248 F. Supp. 2d 867, 883（ED Mo. 2003）.

第五章 不当拒付损害赔偿基本范围

益人真的需要承担减轻损失义务吗?"Maurice O'Meara 案"所确立的商业信用证损害赔偿规则是否就毫无争议之处?显然,"Toyota 案"法院给予了不同回答,[1]其判决为,即使是商业信用证下,受益人也并不对开证人承担减轻损失义务。

在该案中,原告 Toyota 是信用证受益人,他向申请人销售汽车,由被告 CNB 开立信用证支付价款。在前几次完美合作之后,受益人又连续在两个月内发送了两批六辆车给申请人,但申请人经济状况恶化,开证人拒付。当时,受益人享有对已售车辆的回购选择权,而开证人则享有对申请人账户应收款项及库存货物等的担保权益。但受益人并未行使回购权,而是起诉开证人不当拒付,索赔未承兑汇票款项加利息损失。开证人抗辩理由之一是认为受益人应承担减轻损失义务。一审法院判决受益人有权索赔被拒付汇票票面金额外加自交单日起至判决日止的利息损失。至于开证人所主张的,根据 1962 UCC § 5-115(1) 的规定,受益人有义务减轻损失的抗辩则被法院驳回。因为"如果接受减轻损失理论,则 UCC 关于信用证的本质目的便会受到损害,因为它减轻(relieving)了开证人信用证下基本的也是唯一的义务"。

上诉法院则认为,1962 UCC § 5-115(1) 并没有规定汇票票面金额是唯一损害赔偿计算标准。如果受益人自动减轻损失,则其起诉开证人索赔时应相应减少。开证人没有证明根据宾夕法尼亚州 UCC 的规定,受益人有义务减轻损失。上诉法院进一步认为,合同法下受损害一方当事人有义务减轻损失已存行多年。《美国合同法重述》、宾夕法尼亚州法院也都确认了这一义务。但判定减轻损失是否恰当,关键是看针对违约行为的减轻

---

[1] *Toyota Industrial Trucks USA Inc. v. Citizens National Bank*, 611 F. 2d 465 (1979).

损失行为是否合理,"根据各案件的所有事实与客观情况来判定,且必须根据问题产生之时的状况来判定"。

开证人抗辩认为,受益人应从两方面减轻损失:一是合理谨慎的商人在第一份汇票尚未被银行支付的情况下,是不会发运第二批货物的。开证人认为,受益人在发运第二批货物前电话联系开证人以确定尚未付款的原因何在,并不会给其造成不合理负担。因而,开证人认为,受益人最多有权要求赔偿第一份汇票金额外加利息损失。二是,当受益人得知开证人不会支付两份汇票款项时,其应采取措施阻止申请人占有货物。受益人知道申请人经济状况恶化而不行使保全措施,构成恶意。

就第一个理由,上诉法院认为,受益人在没有收到开证人确切拒付通知前,继续发运货物是合理的。尽管汇票提交一个月了尚未付款,理应引起受益人怀疑。但开证人此前从未拒付,而且付款偶尔也会拖延一个月以上。受益人有合理理由认为迟延付款可能是开证人支付流程迟延。因而,即使存在减轻损失义务,我们也没有理由认定受益人在第二笔汇票拒付前有义务减轻损失。就第二笔业务,尽管受益人可以采取措施减轻损失,但开证人本身也有完整的担保权益可以保障其合法利益。根据此担保权益,开证人也完全可以扣押这些车辆。而根据 UCC 的规定,受益人就第二批货物的担保措施明显不如开证人的保障措施。因而,即使存在减轻措施义务,因为开证人也可自行减轻损失,故此受益人不应承担减轻损失义务。据此,上诉法院最终维持了一审判决。

显然,在"Toyota 案"中,法院确立了如下精神,即 1962 UCC§5-115 并未明确规定商业信用证下受益人必须承担减轻损失义务。理由在于,如果商业信用证下受益人承担了减轻损失义务,有违信用证付款确定性目标,且不必要地减轻或免除了开证人信用证下于受益人提交相符单据时确定的承付义务。而且，要求受益人减轻损失，也与减轻损失规则的基本法理不符。因为减轻损失从本质上而言，是违约方本应承担的"义务"，只是基于与违约方相比，非违约方更便于采取措施减轻损失，为更有效地避免资源浪费，法律强制要求非违约方采取措施减轻损失而已。自然，如果违约方也同样可以采取措施减轻损失，自不应对未采取减轻损失措施的非违约方予以否定性评价，即否认其索赔全部损失的权利。在"Toyota 案"中，与受益人相比，显然开证人也同样可以采取措施减轻损失。此时，就采取措施减轻损失可能性而言，受益人不比开证人处于更优地位。

"Toyota 案"法院判决为"Fiat 案"所确认。[1]"Fiat 案"也是开证人为申请人从受益人（Fiat）购进汽车提供付款保障。法院最终援引"Toyota 案"的结论认为，1962 UCC §5-115（1）并没有明确对受益人施加减轻损失的义务；即使受益人有减轻损失义务，鉴于开证人同样可有效避免损失扩大，自然不应去强求受益人承担未能减轻损失的责任。该案中，受益人实际上早在 1981 年 5 月 7 日即知悉开证人（Mellon Bank）不愿承付受益人延期付款信用证下的发票，但其仍然选择继续履行基础交易并根据信用证规定提交发票要求开证人承付。尽管就这一点来看受益人的行为颇为可疑，但法院认为，开证人也同样未能有效避免损失扩大。开证人原本也享有不受限制地撤销或正式中止与申请人的融资协议。但他并没有撤销或中止融资协议，而是选择向受益人退回单据并拒付延期付款信用证下的发票。而且，开证人原本可撤回其对制造商原产地证书的弃权，并要求申请人返还证书。若开证人一直持有制造商原产地证书，便能够给开证人提供几乎绝对的担保权益。因为没有制造商原产

---

[1] *Fiat Motors of North America, Inc. v. Mellon Bank, NA*, 827 F. 2d 924 (1987).

地证书，申请人根本无法销售汽车。因而，法院得出结论认为，双方当事人谨慎行事的话原本都可以维护自身权益。然而，在本案中，既然开证人原本可以自己减轻损失，则不应要求受益人去承担减轻损失义务。[1]

三、受益人无需减轻损失的原因

综上所述，开证人不当拒付时，受益人无论是在商业信用证还是备用信用证下都无义务采取诸如转售货物等方式来减轻损失。1995 UCC §5-111 也是一改 1962 UCC §5-115 的模糊规定，而强调受益人在信用证下无减轻损失义务。至于理由，有如下三点：

第一，信用证付款机制的商业目标在于付款迅捷性、确定性、低成本与高效率。这是信用证的商业生命力之所在。信用证商业目标不仅体现在开证人正常承付阶段，而且也应体现在不当拒付从而需对受益人承担损害赔偿责任阶段。换言之，即使是开证人不当拒付损害赔偿制度，也应注意体现并贯彻信用证所追求的商业目标。

如前所述，信用证本质是为受益人提供确定付款保障，只要受益人提交相符单据，开证人便必须承付。如果容许不当拒付的开证人享有要求受益人减轻损失的权利，则必然会导致开证人有动机去拒绝承付相符交单。[2]这在申请人破产开证人偿付权利受到威胁时便非常可能。开证人此时完全有动机先拒付，

---

[1] See also *Chrysler Motors Corp. v. Florida Nat'l Bank*, at *Gainesville*, 382 So. 2d 32, 38 (Fla. Dist. Ct. App. 1979); *Optopics Laboratories Corp. v. Savannah Bank of Nigeria*, Ltd., 816 F. Supp. 898 (1993); *Hamilton Bank, NA v. Kookmin Bank*, 245 F. 3d 82 (2nd Cir. 2001); *Voest-Alpine Trading USA Corp. v. Bank of China*, 288 F. 3d 262, 267 (5th Cir. 2002).

[2] 1995 UCC §5-111 cmt. 1.

待受益人减轻损失后再行赔偿受益人余下损失部分，从而将开证人损失或风险降到最低。果如此，则信用证所追求的付款确定性、迅捷性与高效率便荡然无存。信用证作为先付款后诉讼的付款机制也将不可避免地沦为与普通担保一样的先诉讼后付款机制。[1]

而且，如果受益人承担了减轻损失义务，则在不当拒付损害赔偿计算上，必然会导致各方当事人耗费相当时间与金钱去争议减轻损失是否可行、受益人措施是否合理等。这显然有违信用证付款迅捷性、高效率与低成本的商业目标。[2]

第二，信用证最为基本的原则之一便是独立性。信用证一经开立，便完全独立于其据以产生的基础合同。如果开证人不当拒付时，受益人有义务减轻损失，则在损害赔偿计算上不可避免地卷入基础交易。诸如，商业信用证下开证人需要举证受益人是否可以将货物转售以减轻损失，转售价格是否合理、受益人是否为 lost volume 卖方等。很难想象在不卷入基础交易的情况下，开证人能够向法院提供充分证据证明受益人是否采取了，或是否能够采取合理措施减轻损失，以及是否为 lost volume 卖方等。[3]

第三，要求受益人于开证人不当拒付时采取措施减轻损失，通常也不符合减轻损失规则本身规定。如前述，减轻损失义务原本是应由违约之一方当事人承担，但鉴于非违约方采取措施

---

[1] See *Toyota Industrial Trucks USA Inc v. Citizens National Bank*, 611 F. 2d 465 (1979); *East Girard Sav. Ass'n v. Citizens Nat. Bank and Trust Co. of Baytown*, 593 F. 2d 598 (5th Cir. 1979); *International-Matex Tank Terminals-Illinois v. Chemical Bank*, 2010 WL 2219396.

[2] Roy Ryden Anderson, *Damages Under the Uniform Commercial Code* § 11：17 Mitigation-Cover (Thomson Reuters 2016)：一旦涉及减轻措施是否合理等事实争议，将导致无法适用简易判决。

[3] *New York Life Ins. Co. v. Hartford National Bank & Trust Co.*, 173 Conn. 492 (1977).

减轻损失更为便捷，为有效避免损失，法律才强制规定非违约方当事人应当采取措施减轻损失，否则就扩大部分损失无权要求违约方赔偿。但是如果违约方也同样便于采取措施减轻损失的，或非违约方同违约方一样都不便于采取措施减轻损失的，则强制性要求非违约方采取措施减轻损失便丧失正当依据。[1]

商业信用证中，受益人不一定会比开证人更具有便于减轻损失的机会与条件。前述"Toyota案"与"Fiat案"正是开证人同样具有（而且是更优的）减轻损失的机会与能力的典型。[2]而在承兑信用证或延期付款信用证下，如果开证人承兑汇票或确定到期支付款项后，再拒绝到期付款的，受益人因已经将单据交付开证人，自然更是无从采取措施减轻损失。甚至，货物在风险移转（或本应移转）申请人后毁损灭失，[3]受益人也将无法采取措施减轻损失。更为关键的问题是，就算是受益人更易于减轻损失，但对受益人而言，其减轻损失也将面临不可避免的障碍，如其将货物或单据转售就一定能够拿到转售货款？在具有可靠信誉、可靠保障的银行信用证下，其都无法顺利获得开证人付款，其又如何能够期望在紧急转售情况下，会获得比开证人更优更为可靠的付款担保呢？因而，受益人通过转售来减轻损失必然会存在诸多不可控风险。[4]至于货到目的港为规

---

[1] Toyota Industrial Trucks USA Inc v. Citizens National Bank, 611 F.2d 465 (1979); Fiat Motors of North America, Inc. v. Mellon Bank, NA, 827 F.2d 924 (1987). See also E. Allan Farnsworth, *Contracts*, at 807 (Aspen Law & Business 3rd ed 1999); Roy Ryden Anderson, *Damages Under the Uniform Commercial Code* § 11: 16 Mitigation (Thomson Reuters 2016).

[2] Toyota Industrial Trucks USA Inc v. Citizens National Bank, 611 F.2d 465 (1979); Fiat Motors of North America, Inc. v. Mellon Bank, NA, 827 F.2d 924 (1987).

[3] See UCC § 2-510; CISG Articles 66~70;《合同法》第 142~146 条;《买卖合同司法解释》第 11~14 条。

[4] Optopics Laboratories Corp. v. Savannah Bank of Nigeria, Ltd., 816 F. Supp. 898 (1993).

避滞港费、滞期费等而要求受益人提取货物,更是不可取。因为一旦受益人凭提单提取货物,则其将无法向开证人提交单据并索赔信用证项下款项损失,而只能索赔信用证金额与单据或货物之间的差额。等于还是要受益人去承担转售货物的风险。果如此,则开证人又怎能期待受益人必须采取措施减轻损失呢?

更何况,如果是已经承付或议付的被指定人起诉开证人不当拒付的情况下,被指定人更是不具有比开证人更优的减轻损失的能力与机会。[1]而且,作为被开证人授权参与信用证交易的当事人而言,立法上更无理由要求被指定人承担减轻损失义务,否则被指定人参与信用证交易的积极性必然降低,从而最终有损信用证付款便捷性、高效性以及信用证付款与融资功能的有效发挥。[2]

备用信用证下同样如此。备用信用证一般保障的是申请人在违约情况下,受益人享有提交相符单据要求开证人承付的权利。由于不像商业信用证,备用信用证下受益人所提交的单据通常为申请人违反基础合同的声明,其本身并无任何商业价值,受益人不可能像商业信用证那样可以通过转售单据而减轻损失。[3]故此,如果法律要求受益人承担减轻损失义务,则显然受益人唯有先行起诉申请人一途,即只有在起诉无效果情况下才能再来起诉开证人。果如此,则受益人要求开立备用信用证目的如何得以保障,其与一般担保措施的区别又如何能够体现?

总而言之,根据信用证独立性原则,在开证人不当拒付时

---

[1] *Hamilton Bank NA v. Kookmin Bank*, 245 F. 3d 82 (2nd Cir. 2001).

[2] But see Henry Harfield, *Letters of Credit*, at 61 (The American Law Institute 1979); *Wing On Bank Ltd. v. American National Bank & Trust Co.*, 457 F. 2d 328 (5th Cir. 1972).

[3] William D. Hawkland et al., *6B Hawkland UCC Series* §5-115:1 In general (Thomson Reuters 2016).

受益人并不对开证人承担转售单据等减轻损失义务，否则将有损信用证所追求的付款迅捷性、确定性、低成本与高效率特征，也不符合减轻损失规则本身。

四、我国判决梳理及应然立场

（一）我国法院判决梳理

我国信用证不当拒付争议中牵涉减轻损失问题的案例有 8 起。[1]

1. 深圳高福瑞案

该案中，[2]开证人拒付，受益人要求退回单据并转售了货物。起诉后开证人抗辩认为，受益人未尽到减轻损失义务。因为货物是易变质的芦笋，时值冬季，受益人却在货物到港后未将其存入恒温码头仓库，而是暴露于寒冷气候中三四个月之久。而且，受益人处理时，并没有采用拍卖竞价方式，而是直接私下低价卖给买方竞争对手，降幅达 30%，显然和货物实际质量状况大相径庭。

开证人这一抗辩，实质上是提出了两个问题，即受益人有义务减轻损失，且受益人减轻损失措施不当。针对开证人的抗辩，法院认为，受益人将货物放于目的港是迫不得已，且其已采用竞拍削价方式处理货物，[3]并无不当。因而，最终法院判决开证人应就其不当拒付行为给受益人造成的差价损失承担损害赔偿责任。

---

〔1〕 如计入雷同案件，则为 9 起，详见下述。

〔2〕 北京市第二中级人民法院"深圳高富瑞粮油食品有限公司诉德意志银行损失赔偿纠纷案"［1996］二中经初字第 471 号。

〔3〕 受益人收到开证人退回的单据后，与几家公司联系销售货物事宜，最后选择出价最高的温奇公司，以 8.95 美元/箱的价格销售了此批货物，温奇公司一次性向受益人支付了货款。

第五章 不当拒付损害赔偿基本范围

此案判决表明：首先，法院承认受益人在开证人单据不符时可以减轻损失，即使此后受益人无法向开证人提交信用证所规定的单据原件，仍不影响开证人赔偿受益人转售货物差价损失的责任。其次，针对开证人抗辩中提出的两个主张，法院实质上只回答了一个，即其对开证人所提出的受益人减轻损失措施不当做出了回答：受益人以竞价方式处理货物是合理的。但笔者以为，这里法院应是以受益人并无减轻损失义务作为其判断前提。因为，如果法院认定受益人承担了减轻损失义务，则法院必然要去面对并解释为什么受益人放任货物11月到港后拖延至来年3月才处理，以及放任易变质货物暴露于寒冷的气候中是合理的？当然，如果法院能够在此明确回应受益人在开证人不当拒付时是否有义务"减轻损失"，则判决结论显然会更令人信服。

此外，还有一点值得探讨的是，开证人能否以受益人减轻损失不当为由抗辩？上述法院以受益人减轻损失合理为由驳回开证人抗辩。实际上，本书以为，既然受益人在信用证下并无减轻损失义务，则根据"举重以明轻原理"，[1]受益人对开证人也不承担以合理措施减轻损失的义务。自然，开证人不得以受益人减轻损失措施"不当"为由抗辩。[2]况且，如容许开证人主张受益人减轻损失措施不当，则在举证上将不可避免地卷入交易背后的事实，而此显然有违信用证独立性。加上如果容许对减轻损失是否妥当进行抗辩，则必然耗时费力，从而有损

---

〔1〕 参见王利明：《法学方法论》，中国人民大学出版社2011年版，第401~402页。

〔2〕 See Ali Malek QC & David Quest, *Jack: Documentary Credits*, at 128 (Tottel Publishing Ltd. 4th ed 2009)：开证人可能会抗辩认为受益人未能采取合理措施减轻损失或原本受益人能够以更高价格转售。然而，一旦确认开证人构成不当拒付，则上述抗辩理由并不成立。

信用证付款迅捷性目标的实现。从此点来看，上述法院判决说理仍可进一步完善。

2. 杉杉集团案

该案中，[1]开证人拒付，为避免损失扩大，受益人将货物从目的港仓库提出并保存在受托人处。在随后起诉开证人要求赔偿损失时，法院判决受益人交单不符，开证人拒付合法。但是，一审法院随后又补充指出，因原告已利用提单提取了货物，已无法向被告交付相符单据；而被告也无义务接受原告提交的货物，原告要求被告接收货物缺乏法律依据。

一审上述判决词似乎表明，法院认定一旦开证人拒付，受益人不应减轻损失。否则，其便已处分了单据，"不可能再向被告交付信用证下所有单据。"但二审时法院只是判决受益人交单不符，开证人有权拒付，而并未像一审法院那样强调受益人已经处分提单，从而不得要求开证人承付。[2]似乎表明二审法院并不赞同一审所认定的，不当拒付下受益人不应减轻损失的立场。笔者以为，一审法院受益人不得减轻损失的判决显然错误，并不符合减轻损失规则的基本精神。受益人减轻损失有助于维护社会整体利益。

但一审法院的确提出了一个关键问题，即受益人如何减轻损失而不会影响其对开证人的损害赔偿权利？在本案中，受益人只是将货物从目的港提出并转存受托人处，以减轻不必要的高昂仓储费损失。应当来说，受益人减轻损失的措施是合理的。只是，受益人此时如何向开证人索赔损失？该案中，受益人并

---

〔1〕 浙江省宁波市海曙区人民法院"杉杉集团有限公司诉南阳商业银行有限责任公司信用证纠纷案"[1998] 甬海经初字第431号。

〔2〕 浙江省宁波市中级人民法院"杉杉集团有限公司诉南阳商业银行有限责任公司信用证纠纷上诉案"[2000] 甬经终字第410号。

未索赔差价损失而是直接索赔信用证被拒付款项。正如法院所强调的,如果受益人要索赔开证人拒付款项,则其必须在开证人实际赔偿被拒付金额款项时向开证人交付相符单据。[1]而本案受益人因已凭提单提取了货款,显然无法再按信用证要求提交单据。而基于信用证独立性原则,开证人并无接受受益人货物的义务。因此,本书以为,一旦受益人实际提取货物而导致无法再向开证人提交信用证所要求的单据的,其只能向开证人索赔差价损失。此差价损失可以是受益人实际转售单据的差价损失,也可以是没有转售的情况下的信用证被拒付金额与受益人单据的市场价格之间的差额损失。

只是,如果受益人实际有转售单据从而减轻损失的,其在起诉开证人索赔被拒付信用证金额与受益人实际转售单据差价损失时,其不仅应承担举证证明单据相符的义务,更是应承担举证其实际转售价格的义务。

由于受益人将单据转售,基本不太可能再提交信用证所规定单据原件供法院审核单据是否相符。就此问题,在前述深圳高富瑞案中,[2]受益人是直接向转售合同买方借出一套包括提单在内的正本单据,以供法院审核认定受益人交单是否与信用证严格相符。此种方法显然可行,但似乎也过于麻烦。实际上,本书以为受益人在交单前备妥一套复印件,以便争议时提交法院作为证据即可。开证人如果对受益人提交法院的单据复

---

[1] William D. Hawkland et al., *6B Hawkland UCC Series* §5-115:1 In general (Thomson Reuters 2016); *Standard Chartered Bank v. Dorchester LNG (2) Ltd* [2014] EWCA Civ 1382;上海市第二中级人民法院 "西安市医药保健品进出口公司诉澳大利亚和新西兰银行集团有限公司信用证付款纠纷案" [1997] 沪二中经初字第842号。参见刘阳主编:《国际结算实务案例精析(2016)》,上海远东出版社2016年版,第18~22页。

[2] 北京市第二中级人民法院 "深圳高富瑞粮油食品有限公司诉德意志银行损失赔偿纠纷案" [1996] 二中经初字第471号。

印件有疑问的,其必须提交存档单据复印件给法院以作为抗辩。通常情况下,受益人交单是否与信用证相符,法院单凭单据复印件即可审核认定。只是,如果开证人所提不符点是对受益人提交的单据是否正本有疑问时,可能受益人复印件无法证明其实际提交单据为原件。果如此,则受益人完全可借鉴前述"深圳高富瑞案"的经验,直接向第三人借出单据原件,以作为证据。[1]

3. 韩国大林株式会社案

该案中,[2]开证人不当拒付后,受益人被迫将单据及货物转售第三人。为此,受益人起诉开证人赔偿转售差价及其他费用损失。二审中,法院认同一审驳回受益人主张的判决,因为受益人未能提供转售合同原件,导致法院对转售合同的真实性无法认定。

法院判决显然合理。受益人作为转售人,却无法提交转售合同原件以证明其实际转售损失,也即意味着受益人无法举证证明此损失的确定性,理应承担举证不能的法律后果。

本书以为,此种情况下受益人理应主张信用证被拒付金额与该批单据市场价格之间的差额,而非与实际转售价格之间的差额。如果受益人索赔的是与市场价格之间的差额,则其无需承担提交转售合同原件以证明其损失的举证义务。当然,此时

---

〔1〕 北京市第二中级人民法院"深圳高富瑞粮油食品有限公司诉德意志银行损失赔偿纠纷案"〔1996〕二中经初字第471号,受益人深圳高富瑞粮油食品有限公司在将货物付运并将单据提交开证人德意志银行后,开证人以"提单、受益人证明、罐码单没标'正本'字样"作为与信用证条款的"不符点",拒绝支付信用证项下的款项。

〔2〕 厦门市中级人民法院"韩国大林株式会社诉中国银行厦门市分行信用证纠纷案"〔2002〕厦经初字第321号;福建省高级人民法院〔2003〕闽经终字第125号。

第五章 不当拒付损害赔偿基本范围

其理应举证开证人不当拒付当时的市场价格,自无疑问。[1]

4. 正扬轴承公司案

该案中,[2]开证人系一家伊朗银行。受益人交单不符,开证人和申请人同意放弃不符点,但因受制裁原因开证人未向受益人承付。受益人为此起诉开证人不当拒付。但在此期间受益人通过多方努力,获得了涉案信用证下基础合同93%左右的款项,仅余近1.485万欧元未能获得支付。[3]但受益人仍索赔信用证下整个款项及迟延付款利息。最终法院参照《信用证司法解释》欺诈例外规定驳回受益人起诉。[4]法院类推适用信用证欺诈规则认为,受益人在已经获得93%款项的情况下仍然索赔信用证下全额款项,如果这一主张得到法院支持,则会导致受益人利用信用证重复获利,"该结果与通过信用证单据欺诈获利一样,均不符合公平正义,均属非法"。

笔者以为,此案判决推理过程不无疑问。本案是一起简单的不当拒付损害赔偿案。尽管开证人不当拒付在先,但受益人已然获得绝大部分款项,即其已经减轻了损失,自然开证人有权提出抗辩,要求在计算不当拒付损害赔偿额时扣除已减轻损

---

[1] 受益人无法举证其转售差价不等于就可以否认其依据市场差价索赔损失的权利:See Roy Ryden Anderson, *Damages Under the Uniform Commercial Code* § 2: 20 Proving market formula as alternative measure of damages (Thomson Reuters 2016);王利明:《违约责任论》,中国政法大学出版社2000年版,第478页;王利明:《合同法研究》(第2卷)(第3版),中国人民大学出版社2015年版,第651页。

[2] 浙江省宁波市中级人民法院"海宁市正扬轴承有限公司与帕萨加德银行等信用证纠纷案"[2014]浙甬商外初字第53号。

[3] 2015年8月24日,开证人帕萨加德银行回复交单人鄞州银行,称依据信用证申请人和受益人的协定,信用证下款项已经通过其他途径支付给受益人。2015年11月27日,正扬公司向鄞州银行发送了一份律师函,称,"经过多方的努力,最终在2015年5月29日收到此信用证项下196 610欧元,但是尚有14 850欧元未议付,正扬公司因汇率下跌造成较大损失"。

[4] 参见《信用证司法解释》第8、9条。

失部分。[1]但法院置减轻损失规则于不顾,认为,"涉案信用证项下款项为不可分割的整体",在受益人已经获得绝大部分款项的情况下,只能驳回其主张。

也正是因为这一错误理解,导致了法院也并未考量余款1.485万欧元的赔偿问题。尽管开证人在往来函电中解释认为此属于应由受益人承担的手续费,但是否是手续费,手续费是否合理,法院并未审查确认。因此,如果受益人仅仅起诉索赔余款,结果或许不同。[2]

5. 邗利皮革公司案

该案中,[3]受益人实质上是在信用证有效期后交单,开证人拒付。后受益人直接联系申请人并获部分款项。受益人随后起诉开证人不当拒付,并索赔信用证下整个被拒付款项。开证人以信用证失效,从而其无发出拒付通知义务,以及受益人已经获得申请人部分支付,从而说明双方已放弃信用证支付方式为由抗辩。法院判决开证人不当拒付,应赔偿受益人整个被拒付款项。

法院的判决值得商榷。一旦信用证失效,开证人便不再受UCP失权规则拘束,[4]自然也就不会因迟延退单或迟延通知而失权。即使开证人退单有操作不当,也是要通过其他途径(诸

---

[1] 本案开证人并未到庭参加诉讼,因此开证人具体如何辩护不得而知。从法院判决来看,我们无法确定受益人所获得的款项到底是直接由申请人支付还是由开证人支付,即使是开证人直接支付的,则开证人更是可以已经部分承付为由要求法院扣减相应部分款项。

[2] See Wang Jingen, "Reviewing Zhengyang Bearing Case: Fraud Rule, Mitigation and Partial Payment in Damages for LC Wrongful Dishonor", 137 Banking L. J. 91 (2020).

[3] 江苏省扬州市中级人民法院"扬州市邗利皮革制品有限公司诉韩国朝兴银行信用证拒付案"(1997年12月26日)(案号不详,载金赛波编:《中国信用证和贸易融资法律:案例和资料》,法律出版社2005年版,第209~212页)。

[4] 参见第三章第三节。

如侵权)等解决。退一步而言,即使开证人构成失权,既然申请人已经部分支付,即意味着受益人已经实际减轻了损失。因而,法院判决时理应将此已支付部分扣除,但开证人与法院都未考虑到这一问题。

6. 平安银行案

该案中,[1]开证人徽商银行为受益人平安银行开具一份备用信用证,以担保受益人对申请人贷款的还款。贷款到期后,申请人未还贷,受益人向开证人提交相符单据以支取信用证项下款项。开证人拒付,受益人起诉索赔信用证表面金额1428万美元及利息损失。诉讼过程中,申请人偿还了绝大部分贷款。受益人便修改起诉主张,仅索赔贷款余额50 171.72美元及迟延利息损失。

法院判决开证人不当拒付。就损害赔偿额,法院指出,受益人根据申请人还款情况,自愿将索款金额进行调整,该行为系受益人"对其权利的自由处分",本院予以确认。其潜台词似乎是指,此时即使受益人不修改起诉要求而索赔信用证整个款项,法院也会予以支持。果如此,则法院逻辑存在问题。受益人已然减轻损失的情况下,开证人当然有权主张在损害赔偿额中予以扣减。但法院以信用证独立性为由而置减轻损失规则于不顾,一旦按此逻辑判决,将会导致严重不公。如果本案中申请人按贷款合同约定已偿还绝大部分贷款,受益人仍向开证人支取信用证整个金额的,受益人将会构成欺诈。但申请人在受益人起诉开证人不当拒付后再按贷款合同偿还绝大部分贷款,受益人仍继续索赔整个信用证项下款项而能获得法院判决支持,显然会打击申请人与受益人有效解决双方争议的积极性。

---

[1] 参见安徽省合肥市中级人民法院"平安银行股份有限公司与徽商银行股份有限公司信用证议付纠纷案"[2019]皖01民初2479号。

7. 北海船务案

该案涉及预付款保函争议。买卖合同解除后，申请人未能及时退还预付款，保函开立人也拒付。受益人同时起诉开立人与申请人。法院判决申请人应退还预付款、开立人应承担保函不当拒付责任。但为避免受益人双重受偿，法院依据《独立保函司法解释》第11条1款（三）项判决，若申请人全部或部分履行了向受益人的退款义务，则开立人向受益人的付款义务应作相应减免。[1]

法院判决适用法律依据显然不当，因为《独立保函司法解释》第11条1款（三）项规定"独立保函的金额已减额至零"，针对的是保函减额条款被触发的情形，而非申请人在基础合同下对受益人的支付。[2]实际上，如果法院以一旦申请人已经偿付受益人，从而受益人已经减轻损失为由，判决开证人对受益人的赔偿金额应予以相应扣减，则更具说服力。[3]

---

〔1〕 湖北省武汉海事法院"上海北海船务股份有限公司与中国光大银行股份有限公司南京分行、江苏熔盛重工有限公司海事担保合同纠纷案"〔2014〕武海法商字第00823号。另参见湖南省衡阳市雁峰区人民法院"特变电工衡阳变压器有限公司与浙江石油化工有限公司及第三人中国银行股份有限公司衡阳分行信用证欺诈纠纷案"〔2018〕湘0406民初1152号：该案涉及预付款保函争议。基础合同解除后，申请人未及时退还预付款，受益人向开证人支取保函款项。申请人以保函欺诈为由起诉止付，并在起诉当天向受益人退还预付款。法院判决受益人不构成欺诈，但既然申请人在起诉当天退还了预付款，"案涉预付款保函项下应付款项已全部支付，保函权利义务已经终止"，从而判决开立人终止支付受益人。法院判决显然错误，该案本质上也是受益人已经减轻了损失的问题，但因其是申请人起诉受益人欺诈，而非受益人起诉开证人不当拒付争议，故此本书未纳入统计。

〔2〕 See URDG758 Articles 13, 25 (a) (ii), (b) (ii). 但参见安徽省合肥市中级人民法院"平安银行股份有限公司与徽商银行股份有限公司信用证议付纠纷案"〔2019〕皖01民初2479号："《最高人民法院关于审理独立保函纠纷案件若干问题的规定》第十一条第三项规定的担保金额已减至零，是指独立保函的开立人已经一次性或分多次履行的担保责任数额已经达到独立保函约定的担保金额限额，由此独立保函项下权利义务终止。"

〔3〕 Voest-Alpine Trading USA Corp. v. Bank of China, 288 F.3d 262, 267 (5th Cir. 2002).

8. 涪陵农综办案

该案涉及履约保函争议。受益人以申请人违反承包工程合同为由向保函开立人索款,遭开立人拒付。受益人为此提起本诉讼。一审法院判决开立人应对受益人承担不当拒付损害赔偿责任。开立人上诉后,二审法院查明,受益人在此期间已对申请人提起了基础合同违约诉讼,要求解除合同并索赔损失。法院判决受益人胜诉且申请人已实际赔付受益人。为此,二审法院判决认为,既然基础合同判决发生法律效力且申请人已依法赔偿,涉案保函的基础合同关系已不存争议,受益人因申请人违约行为仅有权获得1 114 992.64元的赔偿已由生效判决确认……鉴于受益人的损失已得到赔偿,涉案保函担保的目的已实现,再判令开立人支付保函约定的保证金,将导致受益人获得重复赔偿。故开立人以受益人的损失得到支付为由主张免责,理由成立。[1]

法院判决结论准确。然而,法院以担保目的已实现为理由判决开立人得以免责并不是非常严谨,毕竟法院裁决案件必须要有法律上的明确依据。正如前述,法院判决理由完全可以改为申请人已经实际赔付受益人,从而受益人已经减轻了损失为由判决驳回受益人保函项下索赔。

总而言之,在笔者所搜集的信用证拒付案中,多数开证人都未抗辩受益人是否有义务减轻损失,减轻损失是否合理等抗辩。[2]即使偶有主张减轻损失的,法院判决也语焉不详,因此

---

[1] 广东省深圳市中级人民法院"中国建设银行股份有限公司深圳福田支行与重庆市涪陵区农业综合开发办公室独立保函纠纷案"[2020] 粤03民终6749号。另参见雷同案例广东省深圳市中级人民法院"中国建设银行股份有限公司深圳福田支行与重庆市涪陵区农业综合开发办公室独立保函纠纷案"[2019] 粤03民终18957号。

[2] 参见上海市第二中级人民法院"西安市医药保健品进出口公司诉澳大利亚和新西兰银行集团有限公司信用证付款纠纷案"[1997] 沪二中经初字第842号,等等。

也就无法判定我国法院就此问题的真正态度。甚至个别法院的审判人员根本就不知不当拒付损害赔偿减轻损失规则为何物。

(二) 应然立场

笔者认同美国法院判例及 1995 UCC §5 规定，信用证不当拒付时认为受益人有义务减轻损失的观点将与信用证付款迅捷性、确定性商业目标相冲突，并有将信用证先付款后诉讼的付款功能弱化为先诉讼后付款的普通担保之虞。而且，认定信用证不当拒付时受益人有义务减轻损失的观点将与信用证独立性相冲突。信用证是独立于基础交易的付款机制，只要受益人提交相符单据，开证人便承担绝对付款义务。开证人审单时不应去考虑单据之外的任何因素。自然拒付时也不得以单据之外的其他因素，特别是基础合同项下因素来抗辩。此外，从减轻损失规则本身而言，信用证不当拒付下要求受益人减轻损失也不合理，[1]已如前述。[2]

故此，笔者认为，我国法下也应如同美国判例及 1995 UCC §5-111 (a) 规定一样，否认受益人信用证不当拒付下减轻损失义务。但一旦开证人有证据证明受益人已实际减轻损失的，则可在计算损害赔偿时将此相应部分予以扣除，以符合公平原则，并最大程度简化诉讼。显然，如果受益人已经通过转售单

---

〔1〕 参见上海市高级人民法院"脉织控股集团有限公司与交通银行股份有限公司信用证纠纷案"〔2017〕沪民终 408 号；因进口国法律限制以及申请人与开证人过错，受益人无法采取转售、退货等方式减轻损失。但该案仅涉及受益人与通知人之间的信用证通知纠纷，故而法院未就此减轻损失问题发表意见。

〔2〕 需要指出的是，尽管通常认为金钱债务一概均可强制履行，从而不发生减轻损失之问题。但本质上即使金钱债务实际履行，也会存在例外，"债权人请求继续履行金钱债务不得违背诚实信用原则"。例如，诚信原则要求受益人重新出售单据并索赔差价损失〔参见朱广新：《合同法总则研究》（下册），中国人民大学出版社2018 年版，第 680~682 页；UNIDROIT PICC Article 7. 2. 1 cmt.〕。故此，我们很难简单地以受益人得援引《民法典》第 579 条金钱债务实际履行规则来推论出受益人并不承担减轻损失义务这一结论。

据方式减轻损失时，其无从向开证人提交相符单据，从而也就无权索赔信用证项下整个被拒付款项。[1] 而如果申请人已通过其他途径等方式已经部分支付受益人的，在判决开证人应对受益人承担不当拒付损害赔偿责任时，也理应将已支付部分予以扣减。[2] 此扣减一方面有助于简化诉讼程序，另一方面也不会对信用证独立性原则构成太大损害。只要开证人提供了申请人已支付的证据，而不去争议受益人减轻损失是否妥当，则不会导致法院过于卷入基础交易纠纷判决，从而不会从根本上动摇信用证独立性原则。而且，此扣减在备用信用证或独立保函下还可有助于促使申请人尽快在基础合同下支付受益人，从而有效解决三方之间的纠纷，实质上达到受益人迅捷获得款项的目标。[3] 更为重要的是，备用信用证或独立保函中如果申请人在受益人起诉开证人不当拒付前便已支付受益人，受益人仍起诉

---

[1] 参见北京市第二中级人民法院"深圳高富瑞粮油食品有限公司诉德意志银行损失赔偿纠纷案"[1996] 二中经初字第 471 号：受益人转售单据后仅索赔差价损失及利息；上海市第二中级人民法院"西安市医药保健品进出口公司诉澳大利亚和新西兰银行集团公司信用证付款纠纷案"[1997] 沪二中经初字第 842 号：法院判决开证人应承担赔偿信用证项下款项及利息损失责任，但受益人在收到前述赔偿后应将单据交付开证人。

[2] 实际上，至少在 2 起案件中，受益人在追究开证人不当拒付损害赔偿责任时主动将申请人已支付部分进行了扣减（参见辽宁省沈阳市中级人民法院"宏照有限公司诉中国农业银行沈阳市盛京支行信用证款项纠纷案"[2000] 沈经一初字第 313 号；上海市高级人民法院"东方铜业有限公司与中国光大银行上海浦东第二支行信用证纠纷案"[2002] 沪高民三（商）终字第 2 号）。此外，在最高人民法院"笙华国际物流有限公司与荷兰合作银行有限公司信用证纠纷案"[2019] 最高法民申 906 号，北京高级人民法院 [2013] 高民终字第 3294 号中，开证人拒付后，受益人转售货物以减轻损失。随后，受益人起诉开证人不当拒付，并索赔信用证项下款项。后在法院建议下，受益人修改起诉要求而仅索赔信用证金额及转售价格之间的差价损失。但法院最终以受益人欺诈为由判决开证人拒付合法。

[3] See Wang Jingen, "Reviewing Zhengyang Bearing Case: Fraud Rule, Mitigation and Partial Payment in Damages for LC Wrongful Dishonor", 137 Banking L. J. 91, 102~104 (2020).

开证人不当拒付的，受益人将极有可能因构成信用证欺诈而被法院判决止付；但在受益人起诉开证人不当拒付后申请人才支付受益人的情况下，反而容许受益人索赔信用证下全部款项，显然不当。当然，受益人为减轻损失而支付之额外合理费用，属于附带损失，开证人应予赔偿。[1]

五、信用证法与合同法减轻损失规定冲突及解决

为便于阐述，我们假设在一商业信用证不当拒付纠纷案中，基础买卖合同标的物为易腐烂货物。受益人交单相符，但开证人不当拒付。受益人与开证人在争议期间都未采取适当措施减轻损失，导致货物腐烂。显然，基于前述分析，在开证人与受益人之间，此货物腐烂风险由开证人承担。[2]开证人不得以受益人未减轻损失为由主张免除相应赔偿责任。

问题是，开证人能否将此损失转由申请人承担？如果可以转由申请人承担的话，申请人又能否基于基础买卖合同主张受益人未能减轻损失，而追究受益人责任呢？[3]或者说，问题的核心在于，受益人信用证下无义务减轻损失与基础合同下减轻损失义务之间发生冲突时，何者优先？

开证人之所以拒付受益人，无非是申请人要求拒付，或者开证人主动拒付。开证人主动拒付，属极端例外情况，此时往往是因为申请人资信恶化，开证人为维护自身权益而有意或无意地以所谓不符点为由拒付受益人，即使申请人曾明确要求开

---

[1] See *Beckman Cotton Co. v. First National Bank*, 666 F 2d 181 (5th Cir 1982)：受益人为促使申请人放弃"不符点"而向申请人支付了基础合同下标的物的市场价格差价，法院判决认为受益人减轻损失措施合理，开证人应赔偿此差价费用。

[2] See 1995 UCC § 5-111 cmt. 1.

[3] James J. White & Robert S. Summers, *Uniform Commercial Code*, at 210 (West 4th ed vol 3 1995).

证人承付或要求开证人放弃所谓不符点。〔1〕于此情形下,如果最终法院判决开证人构成不当拒付,则开证人理应自行承担货物腐烂风险。或者说,开证人无权基于申请协议要求申请人偿付。〔2〕而且,开证人无从基于信用证独立性而对申请人主张货物毁损灭失风险并非由其承担;〔3〕也不得在赔偿受益人不当拒付损失后,再基于代位权的规定代位申请人起诉受益人,〔4〕以受益人未能履行基础合同下减轻损失义务为由要求其赔偿货物毁损灭失损失。理由在于:开证人申请合同下对申请人不享有赔偿的权利。既然申请人在申请协议下无需赔偿开证人,自然其在基础买卖合同下也就不享有追究受益人未减轻损失责任的权利。果如此,则开证人将无从代位申请人对受益人主张违反减轻损失的责任。〔5〕

当然,不排除开证人与申请人之间可能会存在免责条款,从而无论基于何种原因导致货物毁损灭失,申请人都必须偿付开证人。此时,即使此免责条款有效,在申请人偿付开证人后,申请人也不得再基于买卖合同主张受益人未能减轻损失,从而将货物腐烂风险转嫁由受益人承担。显然,申请人免除开证人相应责任的,纯属其个人权利的行使,但此权利行使不得损害受益人利益。

因而,在上述情形下,并不会发生受益人信用证法下无义

---

〔1〕 See Roeland F. Bertrams, *Bank Guarantees in International Trade*, at 126 (Kluwer Law International 4th rev ed 2013).

〔2〕 See 1995 UCC § 5-108 (a);《信用证司法解释》第 6 条。

〔3〕 See John F. Dolan, *The Law of Letters of Credit: Commercial & Standby Credits* § 9.03 [1] [b] Another Substantial Compliance Rule (LexisNexis AS Pratt 2018).

〔4〕 1995 UCC § 5-117 (a).

〔5〕 1995 UCC § 5-117 (a): An issuer that honors a beneficiary's presentation is subrogated to the *rights* ... of the applicant to the same extent as if the issuer were the secondary obligor of the underlying obligation owed to the applicant (emphasis added).

务减轻损失与合同法下有义务减轻损失规定之间的冲突问题。

但是,在信用证操作实务中,开证人之所以会拒付,更多的是因为申请人要求拒付。如果开证人不当拒付是基于申请人要求所致,则在开证人败诉而赔偿受益人损失后,申请人必须偿付开证人,且无从追究开证人未能避免货物毁损灭失的责任。换言之,在申请人与开证人之间,申请人理应就其不当指示行为所造成的货物毁损灭失等承担责任。

于此情形下,当申请人偿付开证人后,便可能会出现申请人以受益人未能尽到基础买卖合同下的减轻损失义务为由,要求受益人承担原本可规避的货物腐烂灭失责任。抑或是,申请人并未偿付开证人,从而开证人主张基于代位权的规定,代位申请人对受益人主张后者基础合同项下对申请人承担的减轻损失的义务。[1]此时,便可能会出现受益人信用证下无义务减轻损失与基础合同下减轻损失义务之间的冲突。令人遗憾的是,在笔者有限的阅读范围内,中美两国司法实务中都不曾出现类似争议,[2]因而无从得知法院具体立场。

就此冲突,有观点认为,受益人在信用证下无减轻损失义务,不等于其在基础合同下也不承担减轻损失义务。相反,通常情况下,受益人在基础合同下对申请人都承担着减轻损失的

---

[1] 1995 UCC § 5-117 (a). 但显然,开证人在未对受益人予以承付或未给予不当拒付损害赔偿之前,不得基于 1995 UCC § 5-117 代位权之规定,代位申请人对受益人主张后者基础合同项下对申请人承担的减轻损失义务抗辩。See 1995 UCC § 5-111 cmt. 1; James E. Byrne, *6B Hawkland UCC Series* § 5-111: 8 [Rev] Mitigation of damages (Thomson Reuters 2016).

[2] James J. White & Robert S. Summers, *Uniform Commercial Code*, at 210 (West 4th ed vol 3 1995); James J. White & Robert S. Summers, *Uniform Commercial Code*, at 1142 (West 6th ed 2010).

义务。[1]其根本原因在于信用证独立性。信用证不当拒付损害赔偿只能在信用证下解决，而不涉及基础交易；但开证人赔偿受益人后，申请人与受益人双方之间在基础合同下存在清算问题，[2]且此清算依据的是合同法，而非信用证法。因而，受益人合乎逻辑的理性选择是，其应尽早通过转售单据与货物等方式尽量减轻损失。

笔者以为，此观点尽管逻辑上不失其合理性，但结论却并不妥当。

首先，因为照此观点推论，受益人的理性选择必然是先减轻损失，再向开证人索赔被拒付金额和单据转售价格差额。结果等于是受益人承担了信用证法下事实上的减轻损失义务。果如此，则1995 UCC§5-111（a）受益人无需减轻损失规定将会沦为虚文。

显然，这一结论是不可接受的。正如怀特（White）和萨默斯（Summers）教授强调的，法院在回答信用证法无需减轻损失规定与合同法减轻损失义务的冲突问题时，"应注意避免给予开证人不当拒付动机"。[3]其背后潜台词理应是指，一旦受益人基础合同下减轻损失义务规定与信用证下无义务减轻损失规定相冲突时，应以信用证法规定优先，即受益人并无减轻损失义务。

我们应明确的是，受益人在开证人不当拒付时有两种选择。一是减轻损失，即立即转售货物与单据，并向开证人索赔被拒

---

[1] See 1995 UCC §5-111 cmt.1; James E. Byrne, *6B Hawkland UCC Series* §5-111: 8 [Rev] Mitigation of damages (Thomson Reuters 2016).

[2] See James G. Barnes & James E. Byrne, "Letters of Credit: 2002 cases", 58 Bus. Law., 1605, 1612 (2003); James G. Barnes & James E. Byrne, "Letters of Credit: 2000 cases", 56 Bus. Law., 1805, 1814 (2001).

[3] James J. White & Robert S. Summers, *Uniform Commercial Code*, at 210 (West 4th ed vol 3 1995); James J. White & Robert S. Summers, *Uniform Commercial Code*, at 1142 (West 6th ed 2010).

付金额和单据转售价格差额；二是不转售单据，而直接起诉开证人，索赔被拒付金额，并将单据交付开证人。[1] 无论受益人选择哪一方案，都是其合法权利之行使，这正是 1995 UCC §5-111（a）规定的意义所在。换言之，1995 UCC §5-111（a）特别赋予了受益人无需减轻损失的权利。如果此历经多年判例与规则演变而得出的妥当结论却被一般合同法减轻损失规则抵消，则 1995 UCC §5-111（a）明确排除受益人减轻损失义务规则将彻底失去其效用。[2]

其次，正如前述，信用证本质上是为受益人提供确定付款保障，只要受益人提交相符单据，开证人便必须承付。如果不当拒付后容许申请人享有要求受益人减轻损失的权利，则必然会导致申请人有动机去借助开证人之手而肆意拒绝承付相符交单。[3] 这在市场行情发生变化，申请人不再想履行基础买卖合同时，便会有动机指示开证人随意以单据不符为由先行拒付，从而迫使受益人去采取转售单据等措施处置货物。果如此，则信用证所追求的付款确定性、迅捷性与高效率便荡然无存；它作为先付款后诉讼的付款机制也将不可避免地沦落为与普通担保一样的先诉讼后付款机制。[4]

再次，在开证人已经承兑了受益人远期汇票或明确表示将

---

〔1〕 当然，受益人还可索赔附带损失、律师费等，具体详见本章第四节、第五节。

〔2〕 根据 John F. Dolan 教授 2018 年 11 月 6 日对本人疑问的电子邮件回复："... it seems to me that to allow the applicant to recover from the beneficiary on the underlying contract would frustrate the obvious purpose of the section's rule."

〔3〕 1995 UCC §5-111 cmt. 1. 事实上，开证人绝大多数下的拒付都是基于申请人的要求。

〔4〕 See *Toyota Industrial Trucks USA Inc v. Citizens National Bank*, 611 F. 2d 465 (1979); *East Girard Sav. Ass'n v. Citizens Nat. Bank and Trust Co. of Baytown*, 593 F. 2d 598 (5th Cir. 1979); *International-Matex Tank Terminals-Illinois v. Chemical Bank*, 2010 WL 2219396.

于到期日付款的承兑信用证或延期付款信用证中，开证人在到期日才表示拒付时，受益人单据早已交付开证人，此时其根本无减轻损失之可能。或者说，在此情形下，申请人比受益人享有更为便捷地采取减轻损失措施之可能。在记名提单（或海运单）的情况下，根据部分国家法律，申请人无需提交正本记名提单便可直接从承运人处提货，此时申请人也享有与受益人相当或更便捷的减轻损失的可能。[1]

最后，实践中信用证交易更为复杂，因为通常受益人并非直接向开证人交单，而是通过被指定人向开证人交单，且此被指定人往往已经根据受益人申请而对其提供了信用证融资。也即是说，此时被指定人完全是以自己名义向开证人提交单据并索款的。如果容许申请人可以借助开证人之手肆意以所谓不符点为由拒付，便可迫使被指定人承担减轻损失义务，或者迫使提供融资的被指定人追索受益人，并最终将单据退回受益人并由受益人承担减轻损失义务，则必将损害被指定人对受益人提供融资的积极性。

总而言之，基于信用证付款确定性与迅捷性的要求，并有利于信用证融资功能的发挥，受益人不仅在信用证下无需对开证人承担减轻损失的义务，而且在基础买卖合同下也无需对申请人承担减轻损失的义务。只有如此解释，1995 UCC §5-111 (a) 特别赋予受益人无需减轻损失之规定才有意义。[2]

---

[1] See e.g., UCC §2-505 cmt. 4.
[2] See James J. White & Robert S. Summers, *Uniform Commercial Code*, at 1142 (West 6th ed 2010); Wang Jingen, "Reviewing Zhengyang Bearing Case: Fraud Rule, Mitigation and Partial Payment in Damages for LC Wrongful Dishonor", 137 Banking L. J. 91, 99~102 (2020).

六、商业信用证下避免货物损失之应对措施

上述受益人无需减轻损失是建立在开证人构成不当拒付的基础之上。问题是,商业信用证中,受益人起诉开证人不当拒付是否一定能够获得法院胜诉判决?除非是明显的诸如开证人拒付通知超过5个工作日或无法退单等失权下的不当拒付情形,否则最终法院判决都具有很大不确定性。一旦法院判决开证人不构成不当拒付,受益人又未能及时采取减轻损失措施的,受益人将不得不承受不利后果。

因此,在能否胜诉不甚确定时,谨慎的受益人的最佳选择仍是通过转售等方式处理单据,再起诉开证人不当拒付并索赔差价损失。[1]

当然,基于共同利益考虑,受益人与开证人也可商定采取临时措施,以双方名义共同处理该批次货物,并将款项存入共同账户名下。[2]作为开证人而言,给予受益人必要配合符合其自身利益。毕竟,一旦开证人败诉,其将可能会面临货物毁损灭失而又难以向申请人追偿的风险。因为一方面申请人可能会存在资金紧张或濒临破产风险,另一方面也不排除申请人以各种理由拒绝偿付开证人,而迫使开证人必须提起诉讼,更何况开证人是否有权向申请人追偿也是一大疑问。

最后,最为关键的是,基于信用证付款迅捷性目标,以及维护受益人、开证人以及申请人利益考虑,法院应加速不当拒付案件审理,从而尽量避免货物毁损灭失或产生滞港费、仓储

---

[1] See Peter E. Ellinger & Dora Neo, *The Law and Practice of Documentary Letters of Credit*, at 127 (Hart Publishing 2010).

[2] See Ali Malek QC & David Quest, *Jack: Documentary Credits*, at 126 (Tottel Publishing Ltd. 4th ed 2009).

第五章　不当拒付损害赔偿基本范围

费等不必要费用支出。对此，美国是通过简易判决程序实现此一目标的。[1]我国虽然也存在简易程序，但其主要适用于"事实清楚、权利义务关系明确、争议不大的简单的民事案件"。[2]而信用证案件往往涉及跨国争议，争议金额也比较大，通常难以适用简易程序。[3]从具体司法实践来看，目前我国信用证类型案件的审理周期都比较长，这显然不利于信用证商业目标的实现。[4]

笔者以为，基于商事纠纷处理迅捷、高效的需求，我们有必要考虑改革简易诉讼程序或专门制定商事诉讼程序。[5]但在没有对相关诉讼法作出修改之前，我国法院似可以通过加速审理进程的方式来尽量实现前述目标。而实际上，整个信用证不当拒付判定标准（严格相符原则、严格失权规则）以及损害赔

[1] See James E. Byrne, *6B Hawkland UCC Series* § 5-111: 7 [Rev] Summary disposition (Thomson Reuters 2016). See also Carole Murray et al., *Schmitthoff's Export Trade: The Law and Practice of International Trade*, at 191 (Sweet & Maxwell 11th ed 2007).

[2] 我国《民事诉讼法》第157条。

[3] 刘斌："独立担保的独立性：法理内涵与制度效力——兼评最高人民法院独立保函司法解释"，载《比较法研究》2017年第5期。

[4] 例如，以最高人民法院"无锡湖美热能电力工程有限公司与新加坡星展银行信用证纠纷案"[2017]最高法民终字第327号，江苏省高级人民法院[2014]苏商外初字第0004号为例，受益人起诉开证人不当拒付时间是2014年5月，一审判决为2015年9月。二审最高人民法院于2017年6月12日公开审理，同年7月26日作出终审判决。整个司法程序持续长达3年之久。另据学者统计，有关援引独立保函司法解释裁决的独立保函争议案中，从立案到判决文书出具，一审判决平均用时165个日历日（119个工作日），二审平均用时为94个日历日（68个工作日），两审合计用时长达259个日历日（187个工作日）（参见苏娜："50+案件数据透视独立保函解释司法实践"，载 https://mp.weixin.qq.com/s/5k3yqefC2pFbYNPr Bfr07A，访问日期：2021年2月10日）。

[5] 新近设立的国际商事法庭及相关诉讼机制或可满足商事纠纷解决迅捷、高效需求（参见"关于建立'一带一路'国际商事争端解决机制和机构的意见"，载 http://www.gov.cn/xinwen/2018-06/27/content_ 5301657.htm，访问日期：2021年2月10日）。

偿规则（独立原则以及无义务减轻损失规则）等的设计都是围绕着信用证付款迅捷、高效目标设计的，[1]再加上我国法官专业素质能力的不断提升，尽速审理完结信用证不当拒付损害赔偿纠纷是有可能的。

第四节 附带损失与间接损失

一、附带损失与间接损失内涵

1995 UCC§5明确规定开证人不当拒付下，受益人得索赔附带损失，但不得主张间接损失赔偿。[2]那何谓附带损失，何谓间接损失？1995 UCC§5并无定义，但1962 UCC§5明确规定，附带损失及间接损失适用UCC§2的规定。[3]因此，笔者先来介绍UCC§2对附带损失及间接损失的定义，随后就如何理解UCC§5下的附带损失与间接损失进行阐释。

（一）UCC§2对附带损失与间接损失的定义

UCC§2是有关买卖法的规定，其中UCC§2-710是买方违约下卖方所遭受的附带损失的规定。根据UCC§2-710的规定，所谓附带损失，"是指买方违约后卖方因停止交付、运输、监管与照管货物，以及因退还或转售货物而支付的任何商业上合理的费用、开支与佣金，或其他因买方违约而造成的支出"。

据此，当买方违约不接收货物时，卖方为取回货物而支付的运输费、通讯费；卖方为保管货物而支付的仓储费以及相关

---

[1] James G. Barnes et al., *The ABCs of UCC Article 5: Letters of Credit*, at 65 (American Bar Association 1998); John F. Dolan, *The Law of Letters of Credit: Commercial & Standby Credits* § 9.02 [1] Nature of the Breach (LexisNexis AS Pratt 2018).

[2] 1995 UCC§5-111 (a).

[3] 1962 UCC§5-115 (a).

的操作费；如果卖方转售货物，其为转售而支付的佣金、广告费、通讯费等费用，均属于附带损失范畴。[1]此外，当买方迟延接收货物而导致卖方额外增加的交付成本、保险费用，以及确定于货物名下且无法节省的劳动成本与材料费用，诸如闲置员工工资以及无法使用的库存存货，也属于附带损失。[2]

而 UCC §2-715 是卖方违约下买方附带损失与间接损失的规定。据此，卖方违约给买方造成的附带损失包括："为检验、接收、运输、监管、照管合法拒收货物而支出的合理费用，以及为补进货物而支付的任何商业上合理的佣金或费用，以及因延迟交货或其他违约而附带造成的任何合理支出。"[3]间接损失则包括："(1) 未能满足买方一般或特殊要求而造成的损失，只要在订立合同时卖方有理由知道此种要求，且买方无法通过补进货物或其他方法合理地避免此种损失"，诸如买方转售而本应获得的利润；以及 "(2) 对人身或财产造成的损害，只要卖方违反担保是造成此种损害的近因"。[4]

综合上述两款有关附带损失的定义可知，所谓附带损失，主要是限于和货物有关的费用支出，诸如运输费、仓储费、搬运费等费用；[5]而间接损失，顾名思义，是"间接"产生的，它源自买卖合同之外、与货物照管无关的特殊情况，但这种特殊情况的发生归因于违约方的违约行为。据学者总结，间接损失通常包括如下几种损失：①违约造成非违约方的利润损失与

---

[1] Roy Ryden Anderson, *Damages Under the Uniform Commercial Code* §2：16 Types of incidental damages (Thomson Reuters 2016).

[2] Roy Ryden Anderson, *Damages Under the Uniform Commercial Code* §2：16 Types of incidental damages (Thomson Reuters 2016).

[3] UCC §2-715 (1).

[4] UCC §2-715 (2).

[5] Roy Ryden Anderson, *Damages Under the Uniform Commercial Code* §2：17 Types of incidental damages — Interest and finance charges (Thomson Reuters 2016).

商誉损失；②违约造成非违约方对第三人负担损害赔偿责任（包括非违约方向第三人负担的惩罚性赔偿责任与因违约方交付的瑕疵货物而对第三人负担的死亡或人身伤害赔偿责任，以及非违约方因与第三人发生争议而招致的司法外的或诉讼上的合法费用支出）；③未能使用标的物造成的损失；④为购买或修理瑕疵货物而贷款产生的利息损失；[1]⑤律师费；⑥惩罚性损害赔偿；⑦瑕疵履行对非违约方自己的财产造成的损害。[2]

而且，从上述规定可以看出，UCC§2只规定了卖方违约时买方主张间接损失赔偿的权利。而买方违约时卖方无权主张间接损失赔偿。[3]例如，在"Nina Industries案"中，[4]法院判决卖方不得要求买方赔偿卖方因未能使用与投资现金而丧失的机遇：一方面是因为UCC§2-710明确限制间接损失赔偿；另一方面这些损失太过于不确定，且无证据证明这些损失在订立合同之时为当事人所能预见。在"Nobs Chemical案"中，[5]买方违反购买1000吨产品的协议。卖方除遭受一般损失外，还要求买方赔偿其未能从供应商处享受的更多折扣优惠的损失。卖方原本与其供应商约定，如果采购量达到4000吨，则可享受折扣

---

[1] 注意，仅买方为购买或修理瑕疵货物而贷款产生之利息损失属间接损失范畴，而买方违约迟延付款给卖方造成的利息损失（prejudgment interests）则属于直接损失。See Roy Ryden Anderson, *Damages Under the Uniform Commercial Code* §2：17. Types of incidental damages—Interest and finance charge；§11：34. Interest as consequential damages (Thomson Reuters 2016).

[2] Roy Ryden Anderson, *Damages Under the Uniform Commercial Code* §11：24 In general (Thomson Reuters 2016).

[3] UCC§1-305（a）.但学者批评认为UCC§2否定卖方间接损失赔偿的规定有违损害赔偿法全面赔偿的精神 [Roy Ryden Anderson, *Damages Under the Uniform Commercial Code* §2：15 Criticism of rule denying sellers' recovery of consequential damages (Thomson Reuters 2016)]。而且，UCC§2并未完全禁止卖方间接损失赔偿权利，UCC§2-708（2）允许卖方索赔利润损失（loss of profits）。

[4] *Nina Industries, Ltd. v. Target Corp.*, 56 UCC Rep. Serv. 2d 138 (SDNY 2005).

[5] *Nobs Chemical, USA, Inc. v. Koppers Co.*, Inc., 616 F. 2d 212 (1980).

第五章 不当拒付损害赔偿基本范围

优惠。但由于买方违约导致卖方实际从供应商处只采购了 3000 吨,卖方为此向供应商额外支付 25 美元/吨。卖方就此损失了 75 000 美元。最终法院基于 UCC §1-305 条非经明文规定不得赔偿间接损失的规定,驳回了卖方此项赔偿主张。法院认为,卖方的此项损失不属于附带损失。因为 UCC §2-710 条规定针对的只是买方违约后卖方因需要照管货物以及如果必要的话以商业上合理的方式处置货物而招致的损失。而本案卖方的损失只不过是因为买方违约导致卖方无法从其供应商处获得额外利益。[1]

附带损失与间接损失划分中,有如下几点值得强调:

首先,通常利息损失(prejudgment interests)既非附带损失也非间接损失,而是直接损失。如果买方拒绝支付货款或迟延支付货款,将会使卖方因无法使用货款而遭受损失,此种损失主要是利息损失。因它和货物无关,它并非因为买方违约而使得卖方监管、运输或处置货物而额外支付的费用,故此不属于附带损失。相反,它是买方违约迟延付款时卖方所必然产生的损失。通常美国各州都有规定利息赔偿,并适用法定利率。[2]

其次,卖方的机会损失属于间接损失,而非附带损失。例

---

〔1〕 See Roy Ryden Anderson, *Damages Under the Uniform Commercial Code* §2: 14 Distinguished from consequential damages (Thomson Reuters 2016).

〔2〕 Roy Ryden Anderson, *Damages Under the Uniform Commercial Code* §3: 37 Incidental damages (Thomson Reuters 2016). 当然,如果卖方因资金紧缺而不得不贷款融资以购买原材料或购进货物的,在买方违约之后,卖方实际转售货物或原材料而减轻损失之前,卖方所遭受的利息损失,因和货物有关,属于附带损失范畴,卖方可基于此而索赔。注意此利息赔偿仅限于为购买、生产货物而融资;产生于买方违约后卖方转售前。之所以必须是买方违约后,是因为违约前为生产货物而融资是卖方必须投入的成本。之所以限制在转售前,是因为一旦卖方转售了货物,则其便可将转售款项用于偿还融资贷款,从而可以避免进一步的利息损失。See Roy Ryden Anderson, *Damages Under the Uniform Commercial Code* §2: 14 Distinguished from consequential damages, §2: 17 Types of incidental damages—Interest and finance charges (Thomson Reuters 2016).

如，在一起案件中，[1]卖方主张，如果不是买方违约拒付，卖方会将该款项存"定期"而获得更高利息，故此买方应赔偿该损失。但法院驳回了卖方该主张。法院认为，卖方该主张过于投机与推测，卖方也未能证明此损失是因买方违约所致。因为并无证据表明，如果买方没有违约而是支付了款项，卖方就一定会将此笔款项存"定期"。法院正确地指出，卖方将此损失认定为附带损失是错误的，机会损失并非 UCC§2-710 附带损失规则所包含的损失类型，而应是间接损失。[2]

最后，诉讼费用，包括律师费、诉讼费、专家费、专家与律师差旅费、证据材料翻译费等，这些并非附带损失，而属于间接损失。[3]例如，"Bossier Bank 案"的判决指出，[4]尽管 1962 UCC§5-115 允许附带损失赔偿，[5]但律师费不属于附带损失范畴。

（二）UCC§5 对附带损失与间接损失的定义

那么，如何理解 UCC§5 开证人不当拒付下附带损失与间接

---

[1] Palmisciano v. Tarbox Motors, Inc., 39 UCC Rep. Serv. 146 (RI Super. Ct. 1984).

[2] Roy Ryden Anderson, *Damages Under the Uniform Commercial Code §2: 18 Types of incidental damages— Limitations on recovery* (Thomson Reuters 2016). See also *Bossier Bank & Trust Co. v. Union Planters Nat. Bank*, 550 F. 2d 1077 (6th Cir. 1977): 法院驳回了受益人的利息差损失为附带损失的主张。

[3] James J. White & Robert S. Summers, *Uniform Commercial Code*, at 204-205 (West 4th ed vol 3 1995); Roy Ryden Anderson, *Damages Under the Uniform Commercial Code §2: 16 Types of incidental damages* (Thomson Reuters 2016). But see Peter Schlechtriem & Ingeborg Schwenzer ed., *Commentary on the UN Convention on the International Sale of Goods (CISG)*, at 757-758 (Oxford University Press 2nd (English) ed 2005).

[4] *Bossier Bank & Trust Co. v. Union Planters Nat. Bank*, 550 F. 2d 1077 (6th Cir. 1977). See also *Decor by Nikkei Intern. v. Fed. Rep. Of Nigeria*, 497 F. Supp. 893 (1980)，法院判决认为受益人因追究开证人损害赔偿责任而支付的或与之有关的律师费并不属于附带损失范畴，故此驳回受益人律师费主张。

[5] 注意，尽管该案是根据 1962 UCC§5 判决，但因为 1962 UCC§5 所规定的附带损失即 UCC§2 所规定的附带损失。所以，UCC§2 下律师费不属于附带损失同样成立。

第五章 不当拒付损害赔偿基本范围

损失的内涵？对此，1962 UCC§5-115 和 1995 UCC§5-111 规定并不相同。

1962 UCC§5-115（1）规定，受益人得向开证人主张赔偿的附带损失，是指 UCC§2-710 所规定的附带损失。换言之，在 1962 UCC§5 下，如果开证人不当拒付，受益人得主张之附带损失包括和货物有关的损失，诸如运输、仓储、搬运等费用。

例如，在"Beckman Cotton 案"中，[1]法院指出，受益人（卖方）信用证下得以向开证人主张的不当拒付损害赔偿附带损失包括"因违约[2]而产生的、于停止交付、运输货物、监管或照管货物，以及为退还或转售货物而遭受的任何商业上合理的费用或佣金"。但受益人必须采取合理措施减轻上述诸费用损失。

如前述，1962 UCC§5-115 上述规定招致学者批评：其一，如果允许受益人索赔被拒付的款项金额或汇票金额及利息等损失的话，则受益人已经获得完全救济，此时根本不存在所谓运输费、仓储费、搬运费等附带损失；其二，这些费用损失均和货物有关，是属于基础合同下受益人所遭受的损失，基于信用证独立性原则，此损失要求开证人赔偿，并不妥当；其三，这类损失规定只和商业信用证有关，而备用信用证下基本不存在此类损失问题。[3]

1995 UCC§5-111（a）尽管同样规定了开证人不当拒付下受益人的附带损失赔偿，但却并未规定此附带损失即 UCC§2-710 条所规定的附带损失。那么，如何理解 1995 UCC§5-111 的附带损失规定？

有学者认为，UCC 附带损失定义只见于 UCC§2，特别是

---

[1] *Beckman Cotton Co. v. First National Bank*, 666 F 2d 181 (5th Cir 1982).
[2] 即信用证下的不当拒付。
[3] 参见本章第一节。

UCC§2-710。自然，法院在解释何为附带损失、何为间接损失时，援引 UCC§2 条所规定的附带损失与间接损失定义便是合理的。[1]

笔者对此持否定态度。一方面，从条文规定来看，1995 UCC§5-102 明确指出，凡 UCC§5 未规定的术语可适用 UCC§1 术语的定义。尽管 UCC§1 并无附带损失与间接损失的定义，但起草人并未规定此时可以适用 UCC§2 的定义规定。而从 1962 UCC§5 到 1995 UCC§5 的修改历史来看，显然起草人是有意将 UCC§5 附带损失和间接损失的定义指引向 UCC§2 的规定删除。正如伯恩（Byrne）所强调的，"本规则的关键在于损害赔偿必须仅在信用证层面计算，而不应考虑基础交易。后者应由受益人与申请人之间清算"。[2]

另一方面，更为关键的原因是，正如学者对 1962 UCC§5-115 规定的批评那样，肯定不当拒付下受益人向开证人主张基础合同项下货物运输费、仓储费、滞期费等损失，有违信用证独立性原则。[3]

更何况要求开证人承担基础合同下受益人所遭受的损失，也将超出开证人所能够预见的范围，作为只是从事单据业务的开证人而言，要求其对基础合同项下损失承担责任，显非其当初所预期承担的风险。[4]

---

[1] Herbert Lemelman, *Uniform Commercial Code Forms Annotated* § Article 5 Documentary Letters of Credit (Thomson Reuters 3rd ed 2016).

[2] James E. Byrne, *6B Hawkland UCC Series* § 5-111: 1 [Rev] Remedies generally (Thomson Reuters 2016).

[3] See also Lisa G. Weinberg, "Letter of Credit Litigation—Bank Liability for Punitive Damages", 54 Fordham L. Rev., 905, 931 (1986); *Travelers Indem. Co. v. US Bank Nat. Ass'n*, 59 UCC Rep. Serv. 2d 786 (Conn. Super. Ct. 2006).

[4] Lisa G. Weinberg, "Letter of Credit Litigation—Bank Liability for Punitive Damages", 54 Fordham L. Rev., 905, 931 (1986).

第五章 不当拒付损害赔偿基本范围

那如何理解 1995 UCC §5-111（a）所规定的附带损失与间接损失呢？笔者以为，基于信用证独立性，1995 UCC §5-111（a）所规定的附带损失与间接损失仅仅是指信用证这一特殊合同下所产生的附带损失与间接损失，而与基础合同项下损失无关。

如前所述，附带损失本质是非违约方基于合同标的物保管、接收等而额外支付的费用；间接损失则是和违约行为相关，在非违约方与第三方之间所产生，与标的物保管、接收等无直接关联的损失。如果一项费用发生于非违约方与第三方之间，但却和标的物保管、接收等直接关联，则该费用属于附带损失范畴，而非间接损失。[1]果如此，则信用证这一特殊合同下所谓的附带损失，是受益人基于信用证标的物即单据所额外支付的费用，即信用证下受益人基于保管、取回、转售单据而遭受的额外费用，诸如通讯费、广告费、佣金等损失，以及与交单相关的费用损失。[2]信用证下受益人所遭受的间接损失，则通常是指受益人本可将信用证款项投资从而获得比利息更高的收益的机会损失，以及汇率损失等。[3]当然，从广义上而言，受益人基础合同下所遭受的诸如货物运输费、仓储费、保管费等费用损失也属于信用证下受益人所遭受的间接损失。

例如，在"Datapoint 案"中，[4]开证人不符点通知迟延而

---

〔1〕 James E. Byrne, *6B Hawkland UCC Series* §5-111：9 [Rev] Incidental damages, consequential damages, and punitive damages (Thomson Reuters 2016).

〔2〕 James E. Byrne, *6B Hawkland UCC Series* §5-111：9 [Rev] Incidental damages, consequential damages, and punitive damages (Thomson Reuters 2016). 附带损失通常是与违反信用证承付义务相关的合理费用，包括与交单行为相关的一些费用。

〔3〕 正是基于此，才有学者明确指出，*Ozalid Group (Export) Ltd. v. African Continental Bank Ltd.* [1979] 2 Lloyd's Rep. 231 (QB) 一案下法院判决开证人应赔偿受益人汇率损失是值得商榷的（John F. Dolan, *The Law of Letters of Credit：Commercial & Standby Credits* §9.02 [5] [d] Punitive and Consequential Damages (LexisNexis AS Pratt 2018)）。

〔4〕 *Datapoint Corp. v. M&I Bank*, 665 F. Supp. 722 (WD Wis. 1987).

导致受益人无法补救不符点。法院判决开证人应赔偿受益人汇票表面金额损失，以及受益人在试图补救单据不符点时所遭受的"附带损失"：联邦快递费、电报费以及劳工费。

最后，同 UCC§2 规定一样，受益人因开证人不当拒付而遭受的利息损失以及包括律师费在内的法律费用损失，也并非附带损失。其中，利息损失属于直接损失，而律师费等法律费用损失则属于间接损失。这正是 1995 UCC§5 在明确否定间接损失赔偿后，再去单独强调受益人得索赔包括律师费在内的法律费用损失的原因之一。[1]

二、1995 UCC§5 间接损失赔偿争议

（一）间接损失赔偿规则起草争议

1995 UCC§5-111 与 1962 UCC§5-115 规则相比，明显的区别之一便是前者明确否定了间接损失的赔偿。[2]

实际上，1995 UCC§5 起草过程中，美国法学会（ALI）曾建议，开证人不当拒付时，需赔偿受益人间接损失。[3]但该立场遭到部分银行代表的强烈反对。[4]为此，纽约联邦储备银行副总裁兼总顾问欧内斯特·T. 帕特里基斯（Ernest T. Patrikis）

---

〔1〕 1995 UCC§5-111 (e)。

〔2〕 See 1995 UCC§5-111 (a), 1962 UCC§5-115 (1), (2)。当然，权威立场认为，即使是在 1962 UCC§5-115 下，受益人也无权主张诸如利润损失等在内的间接损失赔偿，See James J. White & Robert S. Summers, *Uniform Commercial Code*, at 204 (West 4th ed vol 3 1995); John F. Dolan, *The Law of Letters of Credit: Commercial & Standby Credits* §9.02 [1] Nature of the Breach (LexisNexis AS Pratt 2018).

〔3〕 See Earnest T Patrikis & Donald Rapson, *UCC Article 5 Revision: Consequential Damages*, in James E. Byrne, 1996 *Annual Survey of International Banking Law & Practice*, at 90 (Institute of International Banking Law & Practice 1996).

〔4〕 See Sandra Stern, "Varying Article 5 of the UCC by Agreement", 114 Banking L. J. 516, 528-529 (1997).

专门致信 UCC §5 起草委员会主席小克莱尔·林（Carlyle Ring Jr.），从商法和银行监管两个方面阐明其反对开证人赔偿间接损失的理由。

帕特里基斯认为，从商法角度来看，间接损失本质上属于一种准惩罚性损害赔偿。[1]而从信用证实务角度来看，受益人交单多数情况下会存在不符点。因而，开证人拒付绝大多数情况下都是合理的，且大部分情况下的不当拒付是善意的。而如果要求开证人对所有不当拒付都承担间接损失赔偿，则意味着要对多数情况下开证人的"善意"不当拒付施加"准惩罚"性措施。换言之，ALI 的间接损失赔偿建议将导致适用于所有的开证人不当拒付行为，而不论开证人不当拒付当时是否"善意"。[2]

帕特里基斯强调，实际上这不是对银行是否公平的问题，而是关涉到信用证付款机制活力的问题。开证人就其拒付行为随时面临受益人起诉，且可能无法要求申请人偿付间接损失赔偿的风险。而商业信用证的收费非常低廉，根本无法弥补开证人可能因此遭受的损失与风险。此时银行可能有三种选择，即承付不符交单以避免诉讼，提高信用证收费标准以弥补诉讼风险，或将此风险转嫁给申请人。[3]

---

[1] James E. Byrne, 6B *Hawkland UCC Series* §5-111：9 [Rev] Incidental damages, consequential damages, and punitive damages note 5 (Thomson Reuters 2016); UCC §1-305. See also *Amwest Sur. Ins. Co. v. Concord Bank*, 248 F. Supp. 2d 867 (ED Mo. 2003).

[2] See Earnest T. Patrikis & Donald Rapson, "UCC Article 5 Revision：Consequential Damages", in James E. Byrne, 1996 *Annual Survey of International Banking Law & Practice*, at 90 (Institute of International Banking Law & Practice 1996).

[3] See Earnest T Patrikis & Donald Rapson, "UCC Article 5 Revision：Consequential Damages", in James E. Byrne, 1996 *Annual Survey of International Banking Law & Practice*, at 91 (Institute of International Banking Law & Practice 1996).

第一种方案根本不可行。因为如果开证人承付不符交单，其虽然避免了受益人的起诉，但不可避免地将导致其面临无法获得申请人偿付或将面临申请人起诉赔偿损失的风险。开证人或许可以通过申请合同来减少或规避无法获得偿付或被申请人起诉的风险，但强势的申请人不会同意接受这种不合理的条款。而弱势的申请人，则完全可以放弃使用信用证而改采其他付款方式。[1]

第二种方案，通过提高信用证开证费来转嫁间接损失赔偿风险也不太会被市场所接受。信用证之所以能够发挥效用而被誉为商业生命血液，关键在于其迅捷、确定、高效与低成本的特点。如果使用信用证的成本高涨，商人必将会弃信用证而改用其他支付方式。[2]

至于第三种方案将间接损失赔偿转嫁给申请人，亦不可行。毕竟在基础合同下，UCC§2并未赋予卖方就违约的买方主张间接损害赔偿的权利。在信用证下反而要申请人承担开证人对受益人的间接损失赔偿，显然申请人不太可能会接受如此规定。[3]

从监管角度而言，帕特里基斯认为，信用证，特别是备用信用证所涉及的金额都非常巨大，再加上备用信用证通常是在申请人因资不抵债等原因而无法支付受益人之时，受益人才要

---

[1] See Earnest T Patrikis & Donald Rapson, "UCC Article 5 Revision: Consequential Damages", in James E. Byrne, 1996 *Annual Survey of International Banking Law & Practice*, at 91 (Institute of International Banking Law & Practice 1996).

[2] See Earnest T Patrikis & Donald Rapson, "UCC Article 5 Revision: Consequential Damages", in James E. Byrne, 1996 *Annual Survey of International Banking Law & Practice*, at 91 (Institute of International Banking Law & Practice 1996).

[3] See Earnest T Patrikis & Donald Rapson, "UCC Article 5 Revision: Consequential Damages", in James E. Byrne, 1996 *Annual Survey of International Banking Law & Practice*, at 92 (Institute of International Banking Law & Practice 1996).

求开证人支付信用证项下款项。如果要求开证人赔偿间接损失,则很有可能将使得原本承担有限风险的开证人承担了潜在的无限担保风险,并最终使得开证人随同申请人一道陷入绝境。显然,此将有违监管机构为银行所设定的控制经营风险的目的。[1]

而且,如果允许受益人索赔间接损失,必将起到鼓励开证人坚持开立光票备用信用证的作用,因为只有光票备用信用证才无单据是否相符的争议。而这反过来又必将影响备用信用证在市场上的活力。[2]

但 UCC 编委会委员唐纳德·拉普森(Donald Rapson)反驳认为,帕特里基斯误解了 ALI 的建议。ALI 建议只有在开证人不当拒付或预期不当拒付后,受益人明确通知开证人其将会遭受间接损失以及将会导致该损失的特定客观情事之后,开证人仍不当拒付的,才需赔偿受益人此间接损失。因而,开证人间接损失赔偿义务并非始自开证人的首度不当拒付行为,而是收到受益人间接损失通知后仍旧不当拒付。至于开证人可能遭受无端诉讼的风险,完全可以通过律师费转付制度来控制。[3]

然而,最后 ALI 还是同意放弃其间接损失赔偿主张,但要求增加强制性律师费转付规定,即败诉方必须赔偿胜诉方因此而遭受的律师费损失。此一条件为美国统一州法委员会(NC-

---

[1] See Earnest T Patrikis & Donald Rapson, "UCC Article 5 Revision: Consequential Damages", in James E. Byrne, 1996 *Annual Survey of International Banking Law & Practice*, at 92 (Institute of International Banking Law & Practice 1996).

[2] See Earnest T Patrikis & Donald Rapson, "UCC Article 5 Revision: Consequential Damages", in James E. Byrne, 1996 *Annual Survey of International Banking Law & Practice*, at 92 (Institute of International Banking Law & Practice 1996).

[3] See Earnest T Patrikis & Donald Rapson, "UCC Article 5 Revision: Consequential Damages", in James E. Byrne, 1996 *Annual Survey of International Banking Law & Practice*, at 93 (Institute of International Banking Law & Practice 1996).

CUSL)接受,从而形成了 1995 UCC§5-111 目前的规定,即一方面受益人不得主张间接损失,另一方面败诉方需承担胜诉方的律师费损失。[1]

当然,因律师费本质上属于间接损失范畴,从此角度而言,1995 UCC§5-111(a)对间接损失赔偿的排除并非彻底。

(二)简要评析

从上述介绍可知,之所以否定间接损失赔偿的根本原因在于,这类损失通常都不具有确定性,且不符合信用证所追求的低成本与确定性的原则和精神。此外,银行监管机构对于银行开具信用证而承担的承付金额过于不确定的也持反对立场,这类行为将危及银行业的安全。[2]

本书以为,是否承认受益人间接损失赔偿的权利,我们首先要清楚信用证下受益人的间接损失为何,再来逐项分析该类损失是否应当被赔偿,放开承认受益人间接损失赔偿权利是否会因此而显著加重开证人的经营风险。

如前述,受益人在信用证下的间接损失,除律师费损失外,[3]主要有四:一是受益人基础合同下诸如仓储费、滞期费等"附带损失";二是开证人未能及时承付,导致受益人丧失通过投资获得更高利润的机会;三是因开证人未能及时承付,导致受益人未能及时清偿第三人债务导致的经济损失或商誉损失;

---

[1] See Katherine A. Barski, "Letters of Credit: A Comparison of Article 5 of the Uniform Commercial Code and the Uniform Customs and Practice for Documentary Credits", 41 Loy. L. Rev., 735, 753~754 (1996).

[2] John F. Dolan, "The Role of Attorney's Fees in Letter of Credit Litigation", 133 Banking L. J. 555, 562 (2016); John F. Dolan, *The Domestic Standby Letter of Credit Desk Book for Business Professionals*, Bankers and Lawyers § 10.03 The Beneficiary's Damages for Wrongful Dishonor (Herein of Strict Compliance) (Matthew Bender 2015).

[3] 有关律师费损失赔偿问题,参见本章第五节。

四是因为开证人迟延支付导致受益人遭受的汇率损失。[1]

如前述,受益人基础合同下的诸如仓储费、滞期费等"附带损失",在信用证下也属于受益人间接损失范畴。但由于信用证独立性原则限制,不管是否承认受益人的间接损失赔偿权利,此类费用开证人都无需赔偿。[2]

就第二类丧失获得更高利润的机会,主要是诸如投资有利的行业或以更高利息贷给他人的机会。本书以为,开证人赔偿受益人信用证下被拒付款项自拒付之日或其他适当日期起开始计算的利息即足以弥补受益人上述机会损失。[3]至于受益人所主张的利息差或利润差,笔者以为一方面通常此类损失并不具有确定性,或者说具有很大投机性,非开证人开立信用证时所能够预见;[4]另一方面,如果开证人应赔偿的利息部分与受益人投资可能获得利润之间存在差额,受益人也通常可以通过贷款融资等方式以规避此利息或利润差损失的可能,或者说,受

---

[1] 除上述间接损失外,受益人还可能会遭受货币贬值损失,即货币内在价值或购买力降低损失。通常而言,货币贬值损失不属于损害赔偿范围。一方面是因为货币唯名主义(principle of nominalism),另一方面是利息赔偿中,利息部分通常已经考虑到了货币贬值因素 [See Djakhongir Saidov, *The Law of Damages in the International Sales*, at 54-56; 249-250 (Hart Publishing 2008)]。当然,不排除因意外因素导致货币剧烈贬值,此时可能会构成情事变更,从而受益人可根据情事变更而要求法院判决损害赔偿时予以考虑此因素。然在笔者有限阅读范围内,在开证人不当拒付损害赔偿纠纷案中都不曾出现受益人索赔货币贬值损失的情形,因此本书不拟探讨。

[2] 参见本章第二节。

[3] See 1995 UCC § 5-111 (d). 利息赔偿的本质便在于对受益人未能使用信用证款项损失的弥补 [Roy Ryden Anderson, *Damages Under the Uniform Commercial Code* § 3: 37 Incidental damages; § 11: 34 Interest as consequential damages (Thomson Reuters 2016)]。

[4] See Restatement 2nd of Contracts § 351;我国《民法典》第584条。See also *First Arlington National Bank v. Stathis*, 115 Ill. App. 3d 403, 416-417 (1983); *Stathis v. First Arlington Nat'l Bank*, 226 Ill. 3d 47, 54-55 (1992).

益人此损失与开证人不当拒付行为之间缺乏相当因果关系。[1]因此,就此利息差或机会损失,通常受益人不得要求开证人赔偿。[2]但如果受益人有充分证据证明其获得的利息差损失是确定的,且其因各种原因而无法通过贷款获得融资以规避该利息差损失是开证人开立信用证之时有理由预见的,则似不应否认受益人得主张此利息差损失。但因开证人与受益人之间通常事先并无业务往来,开立信用证时也并未像一般合同那样经过反复谈判过程,[3]开证人对受益人业务的整体经营情况很难有所了解。更何况,企业通常都需现金流,现实中真正企业将资金存入某一银行获取高额存款利息的概率低之又低,至于投资于其他高利润行业,则投机性过大,高收益与高风险必然相伴而生,故此受益人此类损失过于缺乏确定性。因此,受益人能够举证证明其获取存款利息差或机会损失是确定的,且开证人是能够预见此损失的,几乎不太可能。[4]

因开证人未能及时承付导致受益人未能清偿第三人债务而遭受的经济损失与商誉损失,开证人也无需赔偿。因为同样,开证人赔偿受益人信用证下被拒付款项的利息即足以弥补受益

---

[1] Roy Ryden Anderson, *Damages Under the Uniform Commercial Code* §2: 18 Types of incidental damages— Limitations on recovery (Thomson Reuters 2016). See also *Nina Industries, Ltd. v. Target Corp.*, 56 UCC Rep. Serv. 2d 138 (SDNY 2005).

[2] See *Stathis v. First Arlington Nat'l Bank*, 226 Ill. 3d 47, 54–55 (1992); *Palmisciano v. Tarbox Motors, Inc.*, 39 UCC Rep. Serv. 146 (RI Super. Ct. 1984). See also Husam M. Botosh, *Striking the Balance Between the Consideration of Certainty and Fairness in the Law Governing Letters of Credit*, at 126–127 (PhD Thesis of the Sheffield University 2000).

[3] 参见第一章第三节。

[4] See Peter E. Ellinger & Dora Neo, *The Law and Practice of Documentary Letters of Credit*, at 129 (Hart Publishing 2010); Ewan Mckendrick, *Goode on Commercial Law*, at 1109 (LexisNexis 4th ed 2009). 就机会损失赔偿之详尽探讨, See Djakhongir Saidov, *The Law of Damages in the International Sales*, at 255–257 (Hart Publishing 2008).

第五章 不当拒付损害赔偿基本范围

人上述损失。或者说，受益人完全可通过贷款而清偿第三人债务，从而有效规避其对第三人所可能承担的违约赔偿责任或自身的商誉损失风险。而开证人对受益人的利息赔偿，又足以弥补受益人贷款利息损失。至于受益人因自身原因而无法获得贷款或贷款成本远高于开证人的利息赔偿的，则通常并非开证人所能够预见。理由同样在于开证人与受益人之间通常事先并无业务往来，开立信用证时也并未像一般合同那样经过反复谈判过程，开证人对受益人的资信状况很难有所了解。

但是就汇率损失，本书以为似不应否定受益人得以索赔的权利。[1]因为开证人多为金融机构，其知悉或应预见汇率波动，理所当然。[2]受益人作为企业，尽管也理应会预见到汇率波动可能将给其带来风险，并据此采取合理措施予以规避。[3]但受益人所能够预见到的，以及可以采取合理措施予以规避的，是一定期限之内的汇率波动风险。此期限显然是以开证人理应承

---

[1] 实际上，受益人可遭受之汇率损失有两种情形：一种是本书阐述的信用证约定支付货币与受益人本国货币之间的汇率损失；另一种为信用证约定货币与受益人有意转换成的他国货币，例如受益人与欧洲客户有业务往来，故而其在收取信用证项下美元货币后，都会定期将美元换购为欧元货币。其中，前一种损失通常为开证人能够预见，但后一种汇率损失通常并非开证人所能够预见。因为开证人往往和受益人之间在开立信用证时并无过多协商谈判，无法在开立信用证时预计到受益人会将信用证项下货币换购成第三国货币，而非受益人本国货币 [See Djakhongir Saidov, The Law of Damages in the International Sales, at 254-255 (Hart Publishing 2008)]。就信用证不当拒付损害赔偿争议案件，在笔者有限阅读范围内，都不曾出现第二类损失争议，故此本书不拟详细展开。

[2] 例如，实践中，开证人多会在申请协议中明确约定，因申请人迟延偿付而给开证人造成损失的，申请人需赔偿开证人汇率损失。参见浙江省绍兴市柯桥区人民法院审理的"中国工商银行股份有限公司绍兴支行与绍兴县和松家纺有限公司信用证纠纷案" [2015] 绍柯商初字第652号；浙江省杭州市中级人民法院"某某银行股份有限公司诉某某家具有限公司等信用证融资纠纷案" [2013] 浙杭商外初字第7号。

[3] 参见袁田军："汇率避险方略探析"，载《中国外汇》2016年第8期，第28~29页。

付日为界限。在此之前，汇率波动风险属于受益人可预见、可采取合理措施予以规避的，但在该期限之后的汇率波动风险，则非受益人理应预见或理应避免的。[1]

因此，就此类损失，我们不应否认受益人索赔的权利。其一，只有准予赔偿受益人汇率损失，方能体现全面赔偿受害人损失这一精神。其二，要求开证人赔偿受益人汇率损失风险，也有助于避免激励开证人不当拒付，从而更好地保障信用证付款的确定性与迅捷性。[2]其三，基于最为朴素的公平理念，在开证人不当拒付并因此而获得了额外汇率收益、受益人因此而遭受额外汇率损失的情况下，此收益不应归属于构成不当拒付的开证人，损失不应由无辜的受益人来承担。[3]如果不承认汇率损失赔偿，"将致使违约方因违约行为而减少自己本应支付的对价，不符合法律对于守约方的保护，亦纵容了违约行为"。[4]其四，尽管受益人可以针对开证人可能不当拒付带来的汇率损

---

[1] See *Ozalid Group (Export) Ltd v. African Continental Bank Ltd.* [1979] 2 Lloyd's Rep. 231, 234 (QB). See also Charles Proctor, "Breach of International Payment Obligations", 5 J. Int'l. Banking & Fin. L., 184 (1998).

[2] Dellas W. Lee, "Letters of Credit: What Does Revised Article 5 Have to Offer to Issuers, Applicants and Beneficiaries", 101 Com. L. J., 234, 261 (1996); Sandra Stern, "Varying Article 5 of the UCC by Agreement", 114 Banking L. J., 516, 528 (1997).

[3] 在不当拒付金额较大时，汇率损失有可能会是一笔巨大数字。我国山东省济南市中级人民法院审理的"原告山东省农业生产资料有限责任公司与被告法国兴业银行信用证纠纷案"（案号不详，载山东省高级人民法院"关于山东省农业生产资料有限责任公司与法国兴业银行信用证纠纷一案中如何处理免除丧失上诉权效果申请的请示"[2010]鲁民四他字第3号）中，受益人单纯因汇率变动便遭受了近100万元人民币损失；另在最高人民法院"无锡湖美热能电力工程有限公司与新加坡星展银行信用证纠纷案"[2017]最高法民终327号中，开证人不当拒付日至一审法院判决日，受益人实际汇率损失高达484万元人民币。

[4] 浙江省杭州市中级人民法院"某某银行股份有限公司诉某某家具有限公司等信用证融资纠纷案"[2013]浙杭商外初字第7号。当然，该案系针对申请人对开证人迟延偿付的赔偿责任。但笔者以为，其关涉的精神对信用证不当拒付损害赔偿同样适用。

第五章 不当拒付损害赔偿基本范围

失风险事先采取合理措施应对，但显然开证人同样可以事先采取措施，而且鉴于开证人自身的专业程度，其比受益人更易于采取有效措施应对不当拒付后可能给受益人造成的汇率损失风险。自然，此类汇率损失风险由开证人来赔偿更为合适。[1]

实际上，汇率损失赔偿已为一系列国际、区域商事示范法与公约所肯定。例如，无论是《国际商事合同通则》（PICC）、《欧洲合同法通则》（PECL）还是《欧洲民法典草案》（DCFR）无不承认汇率损失赔偿：如果债务人到期未支付款项，债权人可以请求按照应为支付时或实际支付时付款地通行的汇率以该付款地的货币进行支付。[2]此类规定的本质是通过赋予债权人在债务人逾期支付时汇率参照时间选择权，来确保债权人不会因债务人迟延支付时的汇率变化而蒙受损失。[3]再如，《联合国国际汇票与国际本票公约》第75条第（4）款强调，该条规定并不排除持票人汇率损失的索赔权利，只要该汇率损失系因付款人拒绝承兑或付款所导致。而第75条第（3）款（d）项更是规定，持票人有权选择损失币种兑换日期。[4]最后，《联合国国际货物买卖合同公约》（CISG）第74条尽管并未言明汇率损失赔偿，但权威观点认为，非违约方的卖方有权要求买方赔偿汇

---

〔1〕 据1995 UCC §5-111 cmt.4，之所以UCC排除开证人对受益人的间接损失赔偿责任，还有一大原因是起草人认为，受益人比开证人更便于规避此类损失。但显然汇率损失并不符合这一论断。

〔2〕 See PICC Article 6.1.9, PECL Article 7: 108, DCFR III. - 2: 109.

〔3〕 参见刘瑛：《国际货物买卖中的损害赔偿制度实证研究》，中国人民大学出版社2013年版，第142页。Christian Von Bar et. al. , ed. , *Principles, Definitions and Model Rules of European Private Law, Draft Common Frame of Reference (DCFR)*, at 744-745, available at: http://ec. europa. eu/justice/contract, visited on 2021-2-10; Stefan Vogenauer & Jan Kleinheisterkamp, ed. , *Commentary on the Unidroit Principles of International Commercial Contracts (PICC)*, at 673-675 (Oxford University Press 2009).

〔4〕 参见杨良宜：《损失赔偿与救济》，法律出版社2013年版，第780页。

率损失。[1]

上述国际、区域示范法与公约规定的精神为 URDG 758 所继承。URDG758 规定了受益人特定条件下的汇率损失赔偿权利。根据 URDG758 第 21 条的规定,原则上,担保人应按保函约定货币承付受益人,[2]但例外情形下担保人可以付款地货币进行承付;[3]此时,应以应付日付款地可适用的通行汇率进行承付,"但如果担保人未在应付日付款,则受益人可要求按照应付日或实际付款日该地点可适用之通行汇率进行承付"。[4]据权威解释,URDG758 第 21 条规定源自 PECL 第 7.108 条与 PICC 第 6.1.9 条。[5]而之所以在担保人未能按时承付时赋予受益人自由选择是按应付日还是实际付款日汇率兑换的权利,目的是"保护受益人免受付款到期日与实际付款日之间汇率波动的消极影响"。因而,担保人应承担其违约行为所造成的受益人汇率损失。[6]当然,URDG758 第 21 条第 c 款赋予受益人汇率损失赔偿权利的适用范围有限,其仅限于担保人因不可抗力原因无法

---

[1] See CISG AC Opinion No. 6, *Calculation of Damages under CISG Article 74*, available at: http://cisgw3.law.pace.edu/cisg/CISG-AC-op6.html, visited on 2021-2-10. See also Peter Huber & Alastair Mullis, *The CISG: A New Textbook for Students and Practitioners*, at 335 (Sellier European Law Publishers 2007); Djakhongir Saidov, *The Law of Damages in the International Sales*, at 251-255 (Hart Publishing 2008). But see John P. McMahon, *Is a Post-Breach Decline in the Value of Currency an Article 74 CISG "Loss"?*, in Camilla B Andersen & Ulrich G Schroeter, ed., *Sharing International Commercial Law across National Boundaries*, at 347-360 (Wildy, Simmonds & Hill Publishing 2008).

[2] URDG758 Article 21 (a).

[3] URDG758 Article 21 (b).

[4] URDG758 Article 21 (c).

[5] Georges Affaki & Roy Goode, *Guide to ICC Uniform Rules for Demand Guarantees URDG 758*, at 334-336 (ICC Services Publications No. 702E 2011).

[6] Georges Affaki & Roy Goode, *Guide to ICC Uniform Rules for Demand Guarantees URDG 758*, at 334 (ICC Services Publications No. 702E 2011).

第五章 不当拒付损害赔偿基本范围

按保函规定的货币付款的情形。[1]因此，其并未有效解决担保人其他不当拒付情形下受益人汇率损失赔偿问题。但本书以为，根据 URDG758 第 21 条 c 款规定目的以及举轻以明重的精神，此时理应认定由开证人承担因其不当拒付而导致受益人所遭受的汇率损失。[2]

此外，更为有利的佐证是，同为普通法国家的英国，在其经典案例"Ozalid Group 案"中也明确肯定了开证人不当拒付下受益人汇率损失赔偿权利。[3]该案中，受益人交单相符，但开证人却不当迟延支付信用证款项大约 2 个月。至开证人实际向受益人支付信用证项下款项时，美元对英镑的汇率下跌，致使受益人亏损。法院判决开证人应赔偿受益人该汇率损失。因为，当时英国采取外汇管制措施，从而开证人应当能够预见到受益人会定期将美元兑换为英镑，自然开证人应对其可预见的汇率损失对受益人承担赔偿责任。学者认为，即使是受益人所在国并未采取外汇管制措施，也不应否定受益人就汇率损失要求开证人予以赔偿的权利，因为通常可以推论一旦受益人获得信用证款项，便会及时兑换成本国货币。[4]

而且，即使是在美国，各州对此态度也并非铁板一块。例如，康涅狄格州 UCC §5 便明确承认开证人不当拒付时受益人得以主张间接损失赔偿，"……索赔方同时可主张赔偿附带损失，

---

[1] URDG758 Article 21 (3).

[2] See Unidroit PICC Article 6.1.9; PECL Article 7.1.8.

[3] *Ozalid Group (Export) Ltd v. African Continental Bank Ltd.* [1979] 2 Lloyd's Rep. 231 (QB).

[4] See Peter E. Ellinger & Dora Neo, *The Law and Practice of Documentary Letters of Credit*, at 128 (Hart Publishing 2010); *International Minerals and Chemical Corp. v. Karl O Helm AG* [1986] Lloyd's Rep. 81. See also Peter Schlechtriem & Ingeborg Schwenzer ed., *Commentary on the UN Convention on the International Sale of Goods (CISG)*, at 755 (Oxford University Press 2nd (English) ed 2005).

以及在客观情况允许下，索赔间接损失"。[1]而路易斯安那州则规定，凡开证人得以预见的损失，都应予以赔偿。[2]因此，如果不当拒付损害赔偿案件适用康涅狄格州或路易斯安那州UCC §5，受益人完全可主张开证人赔偿其所能预见或理应预见的受益人汇率损失。[3]

至于1995 UCC §5官方文本本身，尽管其否定了间接损失赔偿，但一方面，此排除间接损失赔偿并不彻底，例如受益人可基于法律明确规定有权获得包括律师费在内的法律费用赔偿，[4]甚至受益人可根据其他法律规定或普通法获得1995 UCC §5-111所明确排除的间接损失赔偿；[5]另一方面，此排除也并非纯粹基于理论上的见解，而是起草中各有关利益方彼此博弈与妥协的结果。[6]例如，受益人的代表便担忧开证人会因申请人的强势或申请人的破产而肆意拒绝承付受益人相符交单，而特别建议规定开证人赔偿间接损失，从而可以尽量抑制开证人的

---

[1] Conn. Gen. Stat. §42a-5-111 (a). 当然，作为妥协、折中，就律师费赔偿，康涅狄格州将§42a-5-111 (e) 中的must一词更换为may，从而赋予法院判决律师费赔偿的自由裁量权，而非强制律师费赔偿。

[2] 当然，受益人不得主张惩罚性损害赔偿及非金钱损失赔偿。See LA Rev Stat §10: 5-111 (a).

[3] 就美国汇率损失赔偿立场演变，参见杨良宜：《损失赔偿与救济》，法律出版社2013年版，第774~776页。

[4] See 1995 UCC §5-111 (f).

[5] See 1995 UCC §5-111 cmt. 4; James J. White & Robert S. Summers, *Uniform Commercial Code*, at 211 (West 4th ed vol 3 1995).

[6] See Earnest T Patrikis & Donald Rapson, *UCC Article 5 Revision: Consequential Damages*, in James E. Byrne, 1996 *Annual Survey of International Banking Law & Practice*, at 90-94 (Institute of International Banking Law & Practice 1996); Margaret L. Moses, "The Impact of Revised Article 5 on Small and Mid-Sized Exporters", 29 UCC L. J., 390, 409~410 (1997).

第五章 不当拒付损害赔偿基本范围

不当拒付动机。[1]因此，单纯以 1995 UCC§5 否认间接损失赔偿为理由，来证明否认受益人汇率损失赔偿权利是合理的，本身便不合理。

实际上，由作为开证人的银行承担间接损失赔偿也并非特例。在同样由 UCC 规范的其他编中，起草人便明确承认特定条件下银行赔偿受害人间接损失的合理性。[2]例如，在 UCC§3-411（b）中，作为付款人的银行在不当拒绝承兑支票的情况下，法律明确规定其必须赔偿持票人的间接损失。[3]同样，UCC§4-402（b）规定，不当拒绝承兑款项的付款银行应对其客户承担间接损失的赔偿责任。[4]UCC§4A-404（a）规定，拒绝支付受益人电汇款项的银行，如果拒付时知悉拒付将会导致间接损失产生的，必须赔偿受益人间接损失。[5]

至于银行界所担忧的，容许受益人主张间接损失赔偿，将导致开证人责任过重，并使得利用信用证付款担保机制变得不经济，本书认为实际上情况并非如此严重。因为多数情况下受益人间接损失因独立性原则、可预见性原则限制而被排除在外，即使没有排除在外的，开证人的利息赔偿也足以弥补受益人的相应损失。如前述，可能给开证人带来巨大风险与不确定性的基础合同下的诸如仓储费、滞期费、出口退税等附带损失（即信用证下受益人间接损失），已经根据信用证独立性原则予以了排除；受益人可能因开证人不当拒付而遭受机会损失或商誉损

---

〔1〕 Sandra Stern, "Varying Article 5 of the UCC by Agreement", 114 *Banking L. J.*, 516, 528（1997）.

〔2〕 Sandra Stern, "Varying Article 5 of the UCC by Agreement", 114 *Banking L. J.*, 516, 528（1997）.

〔3〕 UCC§3-411（b）.

〔4〕 UCC§402（b）.

〔5〕 UCC§4A-404（a）.

失等间接损失,基于可预见性原则限制,开证人无需赔偿,再加上开证人的利息赔偿,足以弥补或抵消受益人上述损失。实践中,受益人在不当拒付损害赔偿案件中真正索赔上述损失的案件,在笔者阅读范围内,也不曾见到,因而从反面也可推论出,至少受益人律师是有意识到在不当拒付损害赔偿纠纷中索赔上述损失是不可能受到法律支持的。因此,真正受益人实际上可主张的间接损失主要是汇率损失。而汇率损失通常开证人可预见,且其作为拥有大量专业人才的金融机构,完全可采取措施规避汇率波动赔偿给其带来的损失与风险。更何况,如果汇率波动过于剧烈而超出通常预期,还可通过其他法律制度诸如情事变更或履行不实际予以限制。[1]然而,开证人不当拒付下如果无需赔偿受益人汇率波动损失,则等于是以牺牲受益人利益为代价容许开证人获得不当利益,显非公平,且有可能激励开证人迟延承付。[2]

总而言之,肯定开证人不当拒付下受益人的间接损失赔偿权利,有助于贯彻损害赔偿法全面赔偿精神,避免开证人不当得利,抑制开证人不当拒付动机,且并不会像银行界所担心的会过于加重银行责任。[3]

---

[1] UCC § 2-615.

[2] 根据 John F. Dolan 教授对本人问题的当面回复,其指出,在由非银行开立的信用证中,部分开证人存在故意拖延承付以不当获得汇率差的情形。

[3] 也许正是因为否定受益人间接损失赔偿权利所带来的消极效果,在 WL Hamilton Eng'g, PC v. Bank Umum Servitia (PT), No. CV-99-20455-GHK (AJWx) (CD Cal. 2000) 一案中,法院以被告为沉默保兑人,从而不适用 1995 UCC § 5-111 损害赔偿规定为由,肯定了受益人的间接损失赔偿权利。

三、我国法院判决梳理及应然立场

(一) 间接损失

那么，就前述美国间接损失尤其是汇率损失是否应当赔偿的争议，我国应采取何种立场？〔1〕笔者以为，首先要明确的是，我国民事法律中并无附带损失与间接损失的区分，〔2〕因此从理论上借鉴 UCC §5 附带损失与间接损失的划分，并明确排除开证人不当拒付下受益人得以索赔间接损失的可能，本身便不太现实。〔3〕更何况，1995 UCC §5 还存在排除间接损失赔偿不彻底，以及排除间接损失赔偿并非基于理论逻辑而是各方利益博弈结果等问题。

相反，笔者以为，同为大陆法系传统的路易斯安那州的有关经验可为我所用。众所周知，路易斯安那州原本为法国殖民地，受法国法影响颇深。成为美国的一个州之后，其法国法传统得以继续保留。当然不可避免，美国普通法对路易斯安那州的法律有着持续性、潜移默化的影响。〔4〕UCC 公布之后，路易斯安那州也最终批准了 UCC 多数编内容，其中便包括 UCC §5。〔5〕

---

〔1〕 就律师费赔偿，见本章第五节。

〔2〕 《民法典》第 584 条只有所受损失与可得利益之划分。学理中，学者一般将损失分为直接损失与间接损失。所谓直接损失，是指因违约行为直接造成的损害后果，而间接损失是介入了其他因素所造成的后果，两者表现在与因果关系的联系上，前者是直接因果关系，后者是间接因果关系（参见王利明：《合同法研究》（第 2 卷）（第 3 版），中国人民大学出版社 2015 年版，第 604 页）。显然，我国学者所谓之间接损失与美国法下的间接损失（consequential damages）并非一回事，前者要大于后者范围。

〔3〕 当然，为阐述方便，本小结标题仍然采用了美国法下的"间接损失"与"附带损失"概念。

〔4〕 李宁："从'大陆'走向'混合'的路易斯安那民法典"，载梁慧星主编：《民商法论丛》（第 61 卷），法律出版社 2016 年版，第 514~569 页。

〔5〕 路易斯安那州未批准 UCC §2, UCC §2A。

但路易斯安那州在批准 UCC 时也根据本州法律传统作了适当修改，典型的便是删除了 1995 UCC §5-111 条有关附带损失与间接损失的划分，并用可预见性原则予以替代。[1]其规定，开证人不当拒付时，受益人不仅得索赔被拒付的金额，而且还可索赔"可预见之财产损失，但不得主张不可预见之损失赔偿、惩罚性损害赔偿或非金钱损失赔偿"。[2]

如前述，在我国法背景下，将信用证认定为特殊合同并就不当拒付损害赔偿适用《民法典》"合同编"规定最为妥当。[3]而我国《民法典》"合同编"有关损害赔偿的规定，贯彻的是全面赔偿原则，当然，此仍需受可预见性原则限制。[4]由于可预见性原则和信用证独立性并不冲突，[5]因此在开证人不当拒付损害赔偿中，完全可在全面赔偿基础上，通过独立性原则和可预见性原则来限制开证人的损害赔偿范围。因此，信用证下所产生的间接损失，尤其是汇率损失，只要在开证人所能预见的范围内，受益人均得主张赔偿，[6]而并无像 1995 UCC §5 那样给予开证人特殊保护的理由。

更何况，我国信用证不当拒付损害赔偿审判实践中，共有

---

[1] LA Rev Stat 10: 5-111 Remedies (a).

[2] LA Rev Stat 10: 5-111 的上述修改精神与合同法第二次重述损害赔偿规定精神不谋而合。Restatement 2nd of Contracts § 347 (b) 规定，包括附带损失与间接损失在内的凡违约所造成之损失，均属应赔偿之范围。因此，关键不在于损失究竟是附带损失还是间接损失，凡是违约所造成之损失，均属于可赔偿之范围，但应受可预见性原则等限制（Restatement 2nd of Contracts § 351）。

[3] 参见第一章第三节。

[4] 《民法典》第 584 条。

[5] 参见本章第二节。

[6] 最高人民法院《关于执行程序中计算迟延履行期间的债务利息适用法律若干问题的解释》（法释 [2014] 第 8 号）第 5 条；刘贵祥、王宝道："《关于执行程序中计算迟延履行期间的债务利息适用法律若干问题的解释》的理解与适用"，载《人民司法（应用）》2014 年第 17 期，第 33 页。

第五章　不当拒付损害赔偿基本范围

16 起案件受益人直接索赔汇率损失，其中有高达 12 起案件法院判决支持受益人汇率损失赔偿，[1]只有 4 起被法院驳回。[2][3]

---

[1] 北京市第一中级人民法院"韩国 CNK 交易株式会社诉中国光大银行信用证纠纷案"［1998］一中经初字第 1336 号；上海市高级人民法院"东方铜业有限公司与中国光大银行上海浦东第二支行信用证纠纷上诉案"［2002］沪高民三（商）终字第 2 号；山东省高级人民法院"美国美联银行有限公司与山东一方膏业有限公司信用证纠纷上诉案"［2008］鲁民四终字第 129 号；北京市高级人民法院"株式会社友利银行与北京宣联食品有限公司、中国银行股份有限公司北京市分行信用证纠纷上诉案"［2008］高民终字第 516 号；江苏省高级人民法院"江苏华西国际贸易有限公司诉韩国中小企业银行信用证议付纠纷上诉案"［2009］苏民外终字第 0003 号；浙江省高级人民法院"株式会社庆南银行与舟山市世创水产有限公司信用证纠纷上诉案"［2010］浙商外终字第 15 号；浙江省高级人民法院"水产业协同组合中央会与舟山市世创水产有限公司信用证纠纷上诉案"［2010］浙商外终字第 16 号；山东省高级人民法院"枣庄市对外经济技术合作公司与韩国光州银行信用证纠纷案"［2011］鲁民四终字第 19 号；山东省潍坊市中级人民法院"韩国中小企业银行首尔分行与潍坊雅翔国际贸易有限公司信用证纠纷案"［2014］潍外重字第 3 号；最高人民法院"无锡湖美热能电力工程有限公司与新加坡星展银行信用证纠纷案"［2017］最高法民终 327 号；浙江省宁波市中级人民法院"宁波南衡进出口有限公司与株式会社新韩银行信用证纠纷案"［2020］浙 02 民初 281 号；山东省济南市中级人民法院"山东省农业生产资料有限责任公司与法国兴业银行信用证纠纷案"（案号不详）。除较早的 CNK 和东方铜业案外，查其他诸案件中受益人主张的汇率折算日与法院判决兑回汇率，都表明受益人有主张汇率损失，当然其中也有受益人在诉讼请求中明确主张按一定汇率索赔汇率损失的情形。汇率查询网址：http://www.pbc.gov.cn/rmyh/108976/index.html，访问日期：2021 年 2 月 10 日。下同。

[2] 江苏省南京市中级人民法院"江苏西门控电器有限公司诉东亚银行有限公司信用证纠纷案"［2003］宁民五初字第 18 号；北京市第二中级人民法院"连云港南天国际经贸有限公司与德国商业银行股份有限公司布鲁塞尔分行信用证议付纠纷案"［2007］二中民初字第 6571 号；浙江省宁波市中级人民法院"宁波市江北丛中笑礼品有限公司与宁波市商业银行股份有限公司、意大利国民劳动银行股份有限公司信用证付款纠纷案"［2006］甬民四初字第 37 号；上海市第一中级人民法院"北京丽格林进出口有限公司与荷兰合作银行有限公司上海分行保证合同纠纷案"［2015］沪一中民六（商）初字第 S413 号。这 4 起案件中，法院都是未按照受益人主张的汇率折算成人民币赔偿。但查受益人主张的汇率标准和法院判决时的汇率标准，至少在丽格林案中法院判决直接按美元赔偿对受益人更为有利；而在南天国际经贸及丛中笑案中，法院判决对受益人不利；西门控电器案暂未查知准确汇率情况，但据 2003 年至 2005 年年平均汇率，美元兑人民币总体呈贬值趋势，故此大概率法院判决兑受益人不利。

— 421 —

例如，在"世创水产案"中，[1]法院判决开证人拒付不当并应向受益人支付信用证项下款项："庆南银行拒付之日的2005年7月20日中国人民银行公布的美元与人民币汇率中间价为1∶8.2765，故，庆南银行应支付的信用证项下的款项为（USD199800×8.2765）人民币1 653 644.7元。"对比2005年与2008年至2009年人民币对美元的汇率走势可知，[2]一审法院是明确了开证人应赔付受益人汇率损失。后开证人上诉，认为原审法院判决其用人民币偿付信用证项下本金和利息不当。二审法院驳回开证人抗辩，指出："即使原审判决要求庆南银行按美元支付，世创公司也有权主张汇率损失……"

而在"湖美案"中，[3]信用证规定货币为美元，受益人于一审中请求法院判决开证人按人民币赔偿受益人损失，汇率标准按受益人与通知人"汇率掉期合同约定的汇率1∶6.203 505计算"。一审支持了受益人的上述主张，理由在于开证人未提出异

（接上页）〔3〕 实际上，如将开证人理应支付日到法院判决日美元兑人民币汇率不断升值下受益人直接按美元索赔损失的情形考虑进来，则法院支持受益人汇率损失赔偿的案件有可能会更多（如最高人民法院"中国银行股份有限公司河南省分行与阿拉伯及法兰西联合银行（香港）有限公司独立保函纠纷案"〔2018〕最高法民终880号；山东省威海市中级人民法院"威海育铭进出口有限公司与株式会社友利银行信用证纠纷案"〔2014〕威民二外初字第20号）。当然，由于受益人并无明确表现为索赔汇率损失，法院也未明确表达是否支持赔偿汇率损失，故此本书并未统计此类间接支持汇率损失赔偿案件数量。

〔1〕 浙江省舟山市中级人民法院"株式会社庆南银行与舟山市世创水产有限公司信用证纠纷案"〔2008〕舟民二初字第25号。二审浙江省高级人民法院维持此判决（〔2010〕浙商外终字第15号）。另参见类似判决浙江省高级人民法院"水产业协同组合中央会与舟山市世创水产有限公司信用证纠纷上诉案"〔2010〕浙商外终字第16号。

〔2〕 一审法院具体判决日期不详，但案号标注为"2008"，据中国人民银行美元与人民币汇率中间价，2008年1月2日为1∶7.2996；2008年6月2日为1∶6.9372；2008年12月31日，为1∶6.8346；2009年6月1日为1∶6.8317；2009年12月31日为1∶6.8282。

〔3〕 最高人民法院"无锡湖美热能电力工程有限公司与新加坡星展银行信用证纠纷案"〔2017〕最高法民终327号；江苏省高级人民法院〔2014〕苏商外初字第0004号。

议。查中国人民银行美元与人民币汇率中间价,开证人不当拒付当日2013年12月5日为1∶6.131,2013年12月6日即开证人理应付款日为1∶6.1232。将此与法院判决开证人应赔偿的汇率进行对比,明显可知一审判决支持了受益人汇率损失。二审中,开证人提出抗辩,认为一审以人民币计算信用证下美元付款金额缺乏法律依据。就此二审法院指出,尽管本案信用证项下款项是以美元计算,但受益人诉请一审判决按受益人与通知人汇率掉期合同约定汇率折合人民币进行赔偿。一审上述判决"符合当事人的诉讼请求,并无不妥"。由此可知,信用证不当拒付损害赔偿中,最高人民法院也是明确支持受益人汇率损失主张的。[1]

值得指出的是,在上述诸多判决中,无论法院是否承认受益人汇率损失赔偿请求权,其几乎都没有提供开证人为何需承担或无需承担汇率损失赔偿责任的理由。即使4起判决中法院有给予"理由"的,也仅仅只是受益人主张汇率损失"不违反法律规定",[2]开证人"未提出异议",[3]而缺乏深入分析与阐

---

〔1〕 然而,值得指出的是,湖美案一审法院受理该案日期2014年5月15日的中国人民银行美元与人民币汇率为1∶6.156,一审判决当日2016年9月2日汇率为1∶6.6727,二审判决当日2017年7月26日为1∶6.7529。显然,如果受益人主张开证人直接赔偿美元,更为有利。可能事后受益人也意识到这一问题,故而在二审中,当开证人要求法院改判美元赔偿时,受益人主动认同开证人意见,"应当改判星展银行用美元支付本案信用证项下的款项"。但二审法院指出,受益人作为原告"在一审法庭辩论终结后不能变更诉讼请求,其亦未提起上诉",因此其在二审期间要求改判美元赔偿的抗辩理由,不能得到支持。

〔2〕 浙江省高级人民法院"株式会社庆南银行与舟山市世创水产有限公司信用证纠纷上诉案"[2010]浙商外终字第15号、浙江省舟山市中级人民法院[2008]舟民二初字第25号;浙江省高级人民法院"水产业协同组合中央会与舟山市世创水产有限公司信用证纠纷上诉案"[2010]浙商外终字第16号、浙江省舟山市中级人民法院[2008]舟民二初字第21号。

〔3〕 最高人民法院"无锡湖美热能电力工程有限公司与新加坡星展银行信用证纠纷案"[2017]最高法民终327号,江苏省高级人民法院[2014]苏商外初字第0004号;山东省潍坊市中级人民法院"韩国中小企业银行首尔分行与潍坊雅翔国

释。哪怕最高人民法院也仅是简单地指出判决开证人赔偿受益人汇率损失"符合当事人的诉讼请求,并无不妥"。[1]显然,法院在具体论证上仍有必要进行深入分析,并指出判决的法律依据,即《合同法》或《民法典》"合同编"全面赔偿与可预见性原则。

此外,部分法院判决汇率赔偿标准是按法院判决当日汇率进行折算,[2]但从全面赔偿角度看,应按开证人理应承付之日或实际承付之日汇率标准进行赔偿。[3]

(二) 附带损失

至于美国法下的附带损失,在我国《合同法》或《民法典》背景下同样应予赔偿,因其通常属于开证人开立信用证时所预见到或理应预见到的损失。现实中,开证人不当拒付时可能给受益人造成的附带损失通常表现为受益人通过交单人与开证人就不符点是否成立、开证人是否应予承付信用证项下款项等进行沟通而产生的电讯费等损失。然而,毕竟这类费用损失相对而言比较少,从我国信用证不当拒付损害赔偿司法实践来看,

---

(接上页)际贸易有限公司信用证纠纷案"[2014]潍外重字第3号。

〔1〕 最高人民法院"无锡湖美热能电力工程有限公司与新加坡星展银行信用证纠纷案"[2017]最高法民终327号。

〔2〕 参见江苏省高级人民法院"江苏华西国际贸易有限公司诉韩国中小企业银行信用证议付纠纷案"[2009]苏商外终字第0003号、无锡市中级人民法院[2009]锡民三初字第56号;江苏省无锡市中级人民法院"江苏华西国际贸易有限公司诉釜山银行信用证议付纠纷案"[2009]锡民三初字第55号;山东省济南市中级人民法院"山东省农业生产资料有限责任公司与法国兴业银行信用证纠纷案"(案号不详)。

〔3〕 See Unidroit PICC Article 6.1.9, PECL Article 7: 108, DCFR Article III. -2: 109; CISG AC Opinion No.6, *Calculation of Damages under CISG Article 74*, available at: http://cisgw3.law.pace.edu/cisg/CISG-AC-op6.html, visited on 2021-2-10. 另参见浙江省宁波市中级人民法院"宁波南衡进出口有限公司与株式会社新韩银行信用证纠纷案"[2020]浙02民初281号。

受益人几乎都不曾主张此类费用。但一旦受益人主张，法院应予支持，应无疑问。[1]

然而，令人遗憾的是，个别法院却错误判决认为开证人不当拒付时无需赔偿此类附带损失。例如，在川投案中，[2]川投公司要求开证人与保兑人承担其为处理纠纷而付出的电讯费、快递费等损失。二审维持一审判决认为，该项主张没有法律依据。由于案情介绍本身并未详细解释受益人所主张的电讯费、快递费到底何指，但开证人、保兑人在不当拒付后，受益人与他们之间有多次往来电讯沟通，以及最终要求退单等事实。如果受益人所主张的电讯费、快递费是指因上述拒付行为而产生的损失，则开证人与保兑人理应赔偿，因为这些损失完全属于开证人开立信用证时所预料到或理应预料到的损失。但此案一审与二审未作任何分析，便简单地以没有法律依据为由判决不予赔偿，显然不当。

第五节　律师费赔偿

诉讼或仲裁必然会产生法律费用。尽管法律费用具体包含什么项目，并无一致立场，但通常而言，凡是基于诉讼或仲裁而产生的费用都属于法律费用。具体来讲，诉讼费、仲裁费、仲裁管理费等法院或仲裁机构的程序性费用，[3]以及当

---

[1]　参见重庆市永川区人民法院"重庆市永川区政鑫国有资产经营有限责任公司与中国建设银行股份有限公司南昌铁路支行合同纠纷案"[2016]渝0118民初406号；受益人索赔催款过程中产生的差旅费等，法院以受益人未能提供任何证据予以佐证为由驳回受益人该索赔主张。

[2]　上海高级人民法院"东方汇理银行萨那分行与四川川投进出口有限公司信用证纠纷案"[2007]沪高民四（商）终字第41号。

[3]　当然，信用证不当拒付争议几乎都是通过法院诉讼解决，基本不会存在仲裁问题。

事人为应对诉讼或被诉而支付的诸如律师费、专家证人费、差旅费以及证据材料翻译费等法律服务费用,都可认定为法律费用。[1]例如,1995 UCC§5-111条评注明确指出,法律费用包括专家证人费、差旅费、诉讼费与律师费在内。[2]我国《民事诉讼法》也明确将证人费、证人差旅费等规定为法律费用。[3]

一旦受益人必须通过起诉开证人的方式获得信用证项下款项,其就可能需要支付一定诉讼费等法律程序费用。由于诉讼费一般法院是判决败诉一方承担,故此如果法院判决认定开证人不当拒付成立,自然是应由开证人承担诉讼费。[4]此时,便不存在受益人向开证人索赔诉讼费的问题。但是,法院诉讼实践一般是由起诉方受益人预先缴纳诉讼费,待判决确定后再由败诉的开证人偿还受益人,或者在法院退回受益人后由开证人直接向法院补缴。但不论如何,此毕竟非受益人所必须索赔的款项。至于专家证人费、差旅费等法律服务费用,《美国联邦民事诉讼规则》明确规定,除法律另有规定或法院另有指令外,上述除律师费之外的法律服务费用应由败诉方赔偿给胜诉方。[5]这无论是在信用证不当拒付诉讼还是普通一般民事诉讼中,结论

---

〔1〕 1995 UCC 5-111 cmt 6. 刘瑛:《国际货物买卖中的损害赔偿制度实证研究》,中国人民大学出版社2013年版,第169页。

〔2〕 1995 UCC§5-111(e)规定:根据本条提起赔偿诉讼之败诉方应赔偿胜诉方合理之律师费及"其他"诉讼费用(expenses of litigation)。该条评注指出,诉讼费用(expenses of litigation)一词的范围比"costs"要广。例如,诉讼费用可以包括专家证人费、证人差旅费及与取证相关之费用(1995 UCC§5-111 cmt.6)。

〔3〕《民事诉讼法》第74条。另参见《人民法院诉讼费用交纳办法》第6条。

〔4〕《人民法院诉讼费用交纳办法》第29条。

〔5〕 Federal Rules of Civil Procedure 54 (d) (1); Charles L. Knapp, ed., *Commercial Damages: A Guide to Remedies in Business Litigation* §7.07 Costs (Matthew Bender 2017).

都是如此。我国《民事诉讼法》也存在类似规定。[1]故此，笔者对上述诸费用的承担不再详述。下文拟针对实践中争议颇大的律师费承担进行分析。

一、美国法下的律师费赔偿：各自负担原则及其例外

受益人欲起诉开证人不当拒付，显然需要支付律师费。此时受益人能否在起诉开证人不当拒付时顺带索赔上述律师费，各国态度不一。

美国普通法一般规定是由各方当事人自行承担各自律师费，而不考虑诉讼结果如何。[2]此即所谓各自负担规则，又叫美国规则。与之对应的则是律师费转付规则，或英国规则。[3]律师费各自负担规则首次由美国法院在1796年的"Arcambel案"中确立。[4]

---

〔1〕《民事诉讼法》第74条。当然，《民事诉讼法》第74条仅针对证人差旅费与误工费损失进行了规定。至于其他法律服务费用，诸如证据材料翻译费等并未涉及。由此导致不当拒付损害赔偿案件中，偶有法院明确判决开证人无需赔偿受益人证据材料翻译费、DOCDEX裁决费、ICC China Opinions咨询费等损失（参见上海市高级人民法院"东方汇理银行萨那分行与四川川投进出口有限公司信用证纠纷案"[2007]沪高民四（商）终字第41号；山东省高级人民法院"美国美联银行有限公司与山东一方实业有限公司信用证纠纷"[2008]鲁民四终字第129号）。笔者以为，基于全面赔偿原则的精神，凡是在开证人开立信用证时可预见范围内的法律费用损失，败诉的开证人都应赔偿。当然，前提是上述费用属于合理、必要。其具体精神和律师费赔偿大体一致，基于阐述简便考虑，笔者下文不再赘述。

〔2〕 Roy Ryden Anderson, *Damages Under the Uniform Commercial Code* §2：16 Types of incidental damages, §11：35 Attorney's fees and costs of litigation (Thomson Reuters 2016). But see *Monzingo v. Alaska Air Group, Inc.*, 112 P.3d 655, 665 (Alaska 2005)：阿拉斯加州是目前唯一就律师费不采纳各自负担规则的州。

〔3〕 See Charles L. Knapp, ed., *Commercial Damages：A Guide to Remedies in Business Litigation* §7.02 Comparing the British and American Rules (Matthew Bender 2017).

〔4〕 *Arcambel v. Wiseman*, 3 US 306 (1796).

尽管此后受到个别判例[1]及学者[2]等的质疑，但其核心地位仍未被动摇。[3]

美国法下各方当事人自行承担各自律师费的原因，主要有如下几点：[4]其一，诉讼结果具有很大不确定性，无论是原被告任何一方当事人都不应仅因为提起诉讼或出庭辩护便要受到惩罚。[5]其二，由败诉方承担对方当事人律师费用，有可能会导致资金紧张或资金困难之人不敢轻易地提起诉讼以维护自身权益，从而间接剥夺了当事人通过诉讼寻求法律救济的权利。[6]其三，如何判定合理律师费，也是一个颇有争议且必然会耗费不少时间与资源去认定的问题。其四，律师费也很难划归于损害赔偿范畴，因为它们通常非败诉的被告所能合理预见。其五，

---

[1] *Boston Mfg Co. v. Fiske*, 2 Mason 119, 3 F. Cas. 957, No. 1681 (CCD. Mass. Oct. Term 1820).

[2] See generally, Richard K. Walker, "Court Awarded Attorney's Fees Under the Private Attorney General Concept: A Defense Perspective", 23 U. Kan. L. Rev., 653 (1975); Ehrenzweig, "Reimbursement of Counsel Fees and the Great Society", 54 Calif. L. Rev. 792 (1966), cited from Roy Ryden Anderson, *Damages Under the Uniform Commercial Code* § 11: 35 Attorney's fees and costs of litigation note 4 (Thomson Reuters 2016).

[3] Markus Jager, *Reimbursement for Attorney's Fees*, at 38 (Eleven International Publishing 2010). See also *Hofmeyer v. Willow Shores Condo. Ass'n*, 722 NE 2d 311, 315 (1999); *Owner-Operator Independent Drivers Ass'n v. New Prime, Inc.*, 398 F.3d 1067, 1069-70 (8th Cir. 2005). For more cases, see Charles L. Knapp, ed., *Commercial Damages: A Guide to Remedies in Business Litigation* § 7.02 Comparing the British and American Rules note 17 (Matthew Bender 2017).

[4] Markus Jager, *Reimbursement for Attorney's Fees*, at 38 - 40 (Eleven International Publishing 2010).

[5] See also Charles L. Knapp, ed., *Commercial Damages: A Guide to Remedies in Business Litigation* § 7.02 Comparing the British and American Rules (Matthew Bender 2017).

[6] See also Charles L. Knapp, ed., *Commercial Damages: A Guide to Remedies in Business Litigation* § 7.02 Comparing the British and American Rules (Matthew Bender 2017).

第五章 不当拒付损害赔偿基本范围

律师费由败诉方承担也可能会不当导致律师费收费偏离正常合理范围。

当然，上述律师费各自负担规则也并非绝对，在普通法之外仍存在若干例外，诸如共同资金原则、[1]实质利益原则、[2]可受制裁的行为、[3]法律的明确规定[4]以及合同明确约定[5]

---

[1] 根据该原则，如原告或原告代理人通过努力而创设、获得、增加或保留某一资金，而他人亦对之主张权利的，则原告有权从该笔资金中先行获取诉讼成本（包括律师费）的补偿。See *Alyeska Pipeline Service Co. v. Wilderness Society*, 421 US 240 (1975); David A. Root, "Attorney Fee-Shifting in America: Comparing, Contrasting, and Combining the 'American Rule' and 'English Rule'", 15 Ind. Int'l & Comp. L. Rev., 583, 586~587 (2005).

[2] 根源于共同资金原则，两者均建立在避免不当得利基础之上。根据该原则，即使胜诉方所获得之利益并非现金，只要其他人因此而实质获益，胜诉方仍有权从实质获得之利益中先行获得包括律师费在内的补偿。See Samuel R. Berger, *Court Awarded Attorneys' Fees: What Is "Reasonable"?*, 126 U. Pa L. Rev., 281, 300-301 (1977); David A. Root, *Attorney Fee-Shifting in America: Comparing, Contrasting, and Combining the "American Rule" and "English Rule"*, 15 Ind. Int'l & Comp. L. Rev., 583, 587 (2005).

[3] 与共同资金原则和实质利益原则建立在不当得利基础上不同，可受制裁之行为下判处败诉方赔偿律师费建立在"惩罚"基础之上 [See Samuel R. Berger, "Court Awarded Attorneys' Fees: What Is 'Reasonable'?", 126 U. Pa L. Rev., 281, 302 (1977)]，目的是阻却诉讼中的违法行为 [See David A. Root, "Attorney Fee-Shifting in America: Comparing, Contrasting, and Combining the 'American Rule' and 'English Rule'", 15 Ind. Int'l & Comp. L. Rev., 583, 586 (2005)]。典型者如当事人的滥诉或恶意诉讼行为、蔑视法庭等。

[4] 据学者统计，明文规定律师费赔偿的联邦法律有200个之多，州法律2000个之多。这些规定大体可分为四类：一是公民权诉讼；二是消费者保护诉讼；三是雇佣诉讼；四是环境保护诉讼。目的在于维护更高层面的公共利益，并激励私人维护自身实体权利 [David A. Root, "Attorney Fee-Shifting in America: Comparing, Contrasting, and Combining the 'American Rule' and 'English Rule'", 15 Ind. Int'l & Comp. L. Rev., 583, 588 (2005); Samuel R. Berger, "Court Awarded Attorneys' Fees: What Is 'Reasonable'?", 126 U. Pa L. Rev., 281, 306~310 (1977)]。

[5] See e. g., *JP Morgan Trust Co., NA v. US Bank, NA*, 381 F. Supp. 2d 865, 874 (ED Wisc. 2005); *Caroline Apts. Joint Venture v. M&I Marshall & Ilsley Bank*, 2011 Wisc. App. LEXIS 366.

等。[1]

二、美国不当拒付律师费赔偿规则

（一）不当拒付律师费赔偿规则演变

在信用证不当拒付损害赔偿诉讼中，受益人能否主张律师费赔偿？按照前述一般原则，显然是不可的，除非法律有明文规定或当事人有明确约定。信用证中明确约定律师费赔偿的，在实践中几乎没有。现今信用证多通过 SWIFT 开立，[2]但 SWIFT 开证格式中根本没有律师费赔偿这样的栏位。[3]而 ISP98 有关备用信用证开立示范文本中也并未提及不当拒付下律师费赔偿问题。[4]故此受益人欲主张律师费赔偿，通常都要有法律依据。[5]但是，在 1995 UCC §5 之前，美国法律并未明确规定受益人可以向不当拒付的开证人主张律师费赔偿。

例如，1962 UCC §5-115 只是规定受益人除被拒付的汇票金额或支款金额外，还可以索赔附带损失。但律师费不属于附

---

[1] Markus Jager, *Reimbursement for Attorney's Fees*, at 41-60, 68-69 (Eleven International Publishing 2010). See also *First National Bank v. Wynne*, 256 SE 2d 383 (1979); Roy Ryden Anderson, *Damages Under the Uniform Commercial Code* §2: 16 Types of incidental damages, §11: 35 Attorney's fees and costs of litigation note 5 (Thomson Reuters 2016).

[2] 1995 UCC §5-104, cmt. 2.

[3] See SWIFT, Category 7-Documentary Credits and Guarantees for Standards MT November 2018-2019, available at: https://www.swift.com/sites/default/files/resources/swift_ standards_ sr2018_ cat7advanceinfoclean. pdf, visited on 2021-2-10.

[4] See ISP98 Form 1-Model Standby Incorporating Annexed Form of Payment Demand with Statement, available at: http://iiblp.org/banking-law-resources/isp-forms/, visited on 2021-2-10.

[5] *Voest-Alpine Trading USA Corp. v. Bank of China*, 288 F. 3d 262, 267 (5th Cir. 2002).

第五章　不当拒付损害赔偿基本范围

带损失，受益人不得据此而要求开证人赔偿律师费损失。[1]例如，在"Data General 案"中，[2]法院判决开证人不当拒付，应当赔偿受益人汇票金额及附带损失，[3]但拒绝了受益人的律师费赔偿主张。另在"East Girard 案"中，[4]开证人不当拒付，一审判决开证人应赔偿受益人律师费损失，但被二审推翻。二审认为，根据所适用的得克萨斯州法律，除非合同有明确约定或法律有明确规定，否则败诉方无需赔偿对方律师费损失。而显然本案信用证并未规定律师费赔偿，也无明确法律规定开证人应就其不当拒付赔偿受益人律师费损失，自然一审判决律师费赔偿便缺乏法律依据。[5]

但是，1995 UCC §5-111 变更了前述 1962 UCC §5 的律师费各自负担的精神，而改采律师费转付规则。该条第 e 款规定，"根据本编提起赔偿诉讼之败诉方应赔偿胜诉方合理之律师费及其他诉讼费用"。自此，信用证不当拒付下受益人索赔律师费赔偿便有了明确的法律依据。[6]

---

〔1〕　Bossier Bank & Trust Co. v. Union Planters Nat. Bank, 550 F. 2d 1077（6th Cir. 1977）; Crossroads Bank of Georgia v. State Bank of Springfield, 474 NW 2d 14, 16, 18 (Minn, Ct. App. 1991). See also Wayne Raymond Barr, Cause of Action by Beneficiary against Bank for Wrongful Dishonor of Draft or Demand for Payment under Letter of Credit § 36 Attorneys' Fees; Costs, 6 Causes of Action 337（Thomson Reuters 2016）. See also Albert J. Givray et al. , "Letter of Credit", 47 Bus. Law. , 1571, 1579（1992）.

〔2〕　Data General Corp. v. Citizens Nat. Bank, 502 F. Supp. 776（D. Conn. 1980）.

〔3〕　当然，法院进一步判决认为应当扣减受益人从申请人处所获得的款项。

〔4〕　East Girard Sav. Ass'n v. Citizens Nat. Bank and Trust Co. of Baytown, 593 F. 2d 598（5th Cir. 1979）.

〔5〕　See also Eastman Software, Inc. v. Texas Commerce Bank, NA, 28 SW 3d 79（Tex. App. 2000）; JP Morgan Trust Co. , NA v. US Bank, NA, 446 F. Supp. 2d 956（ED Wis. 2006）. But see Airline Reporting Corp. v. First National Bank, 832 F. 2d 823（1987）; Village of Long Grove v. Austin Bank, 644 NE 2d 456（Ill Ct. App. 1994）.

〔6〕　See Western Surety Co. v. North Valley Bank, 2005 Ohio App. Lexis 3200.

(二) 1995 UCC §5-111 (e) 解读

1995 UCC §5-111 (e) 的具体内涵如下：

第一，只有在最终判决胜诉时，败诉方才需赔偿胜诉方律师费。因而，临时性救济措施判决不存在赔偿律师费问题。[1]例如，在"Tamarack Capital 案"中，[2]法院认为，就确认判决（declaratory judgment）胜诉的开证人无权要求受益人赔偿律师费，因为确认判决并非 1995 UCC §5-111 (e) 所涵盖的救济措施。

至于何谓胜诉方，1995 UCC §5-111 评注指出，有时并非特别清晰，例如一个案件中有几个诉讼事由，其中一方赢了其中几项，另一方赢了另几项。此时决定谁是胜诉方由法院自由裁量。[3]但在具体判例中，法院多是以"重要事项"（significant issues）胜诉说为标准，认为"确定哪一方当事人为胜诉方最为公平的衡量标准是由法院根据案件审理情况认定谁在法院所审理的重要事项上获得事实上的胜诉"。[4]至于何谓事实上的胜诉，法院多是看是否存在如下情形：法院是否基于一方当事人主张而判决给予其一定救济，或当事人之间法律关系的变化获得了"司法认可"（judicial imprimatur）。[5]前者主要针对存在明确判决的情形，而后者针对的则是当事人实质上实现了诉讼目的，但并未以法院"判决"的形式体现出来。例如，受益人起诉后因未能符合诉讼程序法要求而被法院驳回起诉，受益人

---

[1] See James E. Byrne, *6B Hawkland UCC Series* §5-111: 12 [Rev] Attorney's fees for the prevailing party (Thomson Reuters 2016).

[2] *JP Morgan Chase Bank v. The Tamarack Capital, LLC*, 57 UCC Rep. Serv. 2d 788 (D. Ariz. 2005).

[3] 1995 UCC §5-111 cmt. 6.

[4] *Dependable Component Supply, Inc. v. Carrefour Informatique Tremblant, Inc.*, 572 Fed. Appx. 796, 2014 US App. LEXIS 13932.

[5] *Dependable Component Supply, Inc. v. Carrefour Informatique Tremblant, Inc.*, 572 Fed. Appx. 796, 2014 US App. LEXIS 13932.

未在法定期限内修改诉状的,此时,开证人便属于获得司法认可的胜诉方,其有权要求受益人赔偿律师费损失。[1]但要注意的是,如果是一方当事人起诉后,另一方当事人基于各种原因而自动履行的,如该自动履行未经"司法认可",或者说不具有强制执行力,则起诉一方当事人并不构成胜诉方。[2]换言之,只有就诉争实质问题(merits)明确获得法院胜诉判决或法院同意令(court-ordered consent decree)的当事人,才是胜诉方。[3]

例如,在 Dependable Component Supply 案中,[4]受益人起诉开证人不当拒付,开证人则以受益人起诉未能根据《美国联邦诉讼程序规则》规定表明诉由为由主张驳回受益人起诉。[5]法院判决驳回受益人起诉,但不影响受益人实体性权利(dismissal without prejudice)。法院允许受益人在14天内修改诉状,但特别强调,如果受益人未能在14天内修改诉状并再度起诉,将会导致可能影响受益人实体权利和/或不影响受益人实体权利的驳回受益人起诉的最终判决。受益人未能在14天内再度起诉。故法院作出不影响受益人实体权利的驳回受益人起诉的最

---

[1] *Dependable Component Supply, Inc. v. Carrefour Informatique Tremblant, Inc.*, 572 Fed. Appx. 796, 2014 US App. LEXIS 13932. See also *Young v. NCH Invs., LLC*, 2017 US Dist. LEXIS 113295:法院以受益人自行撤诉为由驳回受益人不当拒付诉讼,从而判决认为开证人构成胜诉方有权基于 UCC§5 获得律师费赔偿。

[2] 学者将此因诉讼而导致自愿履行之行为称为"催化剂"(catalyst)。早期判决承认催化剂理论下的一方当事人构成胜诉方,从而有权要求对方赔偿律师费损失。See Charles L. Knapp, ed., *Commercial Damages: A Guide to Remedies in Business Litigation* §7.03 Statutory Exceptions to the General Rule (Matthew Bender 2017).

[3] See *Buckhannon Bd. & Care Home v. W. Va. Dep't of Health & Human Res.*, 2001 US, LEXIS 4117.

[4] *Dependable Component Supply, Inc. v. Carrefour Informatique Tremblant, Inc.*, 572 Fed. Appx. 796, 2014 US App. LEXIS 13932.

[5] Federal Rules of Civil Procedure Rule 12(b).

终判决。基于此开证人要求受益人赔偿律师费损失,并引发本案争议。法院认为,由于联邦地区法院作出最终判决驳回受益人起诉,尽管不影响受益人的实体性权利,但开证人属于"胜诉方"。

第二,律师费赔偿并不取决于信用证是否有明确规定或开证人与受益人是否达成协议,也不取决于开证人不当拒付行为是否存在恶意。[1]例如,在"Western Surety案"中,[2]法院指出,尽管开证人不当拒付时不存在恶意,但判决开证人承担受益人律师费并不构成对 1995 UCC§5-111(e)规定的裁量权利滥用,因为1995 UCC§5-111(e)律师费赔偿并不以败诉方存在恶意为前提。

第三,该条所规定的律师费赔偿不限于不当拒付诉讼案件,凡是"根据本编"所提起的赔偿诉讼,都应赔偿律师费。例如,基于 1995 UCC§5-109 条提起的信用证欺诈诉讼以及基于§5-110 条提起的保证诉讼都可主张律师费赔偿。[3]在"Wings Mfg.案"中,[4]申请人依据 UCC§2 起诉受益人信用证下不当支款,法院判决受益人应退还申请人信用证下所支取款项并赔偿附带损失与间接损失,但法院并未判决受益人应赔偿申请人律师费。

---

[1] James E. Byrne, *6B Hawkland UCC Series* § 5-111: 12 [Rev] Attorney's fees for the prevailing party (Thomson Reuters 2016).

[2] *Western Surety Co. v. North Valley Bank*, 2005 Ohio App. Lexis 3200.

[3] 1995 UCC § 5-111, cmt. 6. See also 2002 *Irrevocable Trust for Richard C. Hvizdak v. Huntington Nat'l Bank*, 515 F. App'x 792, 794 (11th Cir. 2013); *Jaffe v. Bank of America*, *NA*, 674 F. Supp. 2d 1360 (SD Fla. 2009). 在 Jaffe 案中,申请人以欺诈为由向法院起诉开证人止付,最终法院判决申请人败诉。为此,开证人要求申请人赔偿其律师费损失。但要强调的是,如果是申请人向法院起诉主张欺诈止付,即使开证人或保兑人败诉,也不适用律师费赔偿规定,即申请人不得要求开证人赔偿其律师费损失,因为此开证人或保兑人并非"败诉方"[1995 UCC § 5-111 cmt. 6; James E. Byrne, *6B Hawkland UCC Series* § 5-111: 12 [Rev] Attorney's fees for the prevailing party (Thomson Reuters 2016)]。

[4] *Wings Mfg. Corp. v. Lawson*, 2005 Tenn. App. LEXIS 485.

第五章 不当拒付损害赔偿基本范围

学者评论指出,如果申请人是基于 1995 UCC §5-110 条提起保证诉讼,则法院理应判决赔偿申请人律师费。[1]

然而,基于保护受益人利益的目的,受益人起诉开证人要求赔偿信用证项下款项损失的,即使其所主张的诉由并非"不当拒付",而是其他诸如违约等,只要实质上是根据 1995 UCC §5 提出的索赔,受益人仍得依据 1995 UCC §5-111(e)获得律师费赔偿。例如,在"BankPlus 案"中,[2]开证人就信用证项下款项提起确定权利竞合之诉,并就受益人因此而支付的律师费抗辩认为不应赔偿。法院驳回此抗辩,认为受益人提交了相符单据,而开证人违反承付义务,受益人为驳回开证人权利竞合之诉而采取的努力显然是在行使其 UCC §5 下的权利。因此,受益人为此支付的律师费理应根据 1995 UCC §5-111(e)获得赔偿。另在"Ace American Ins. 案"中,[3]尽管受益人是以违约而不是不当拒付为由起诉开证人,但法院认定更为严谨来讲,此诉讼为受 1995 UCC §5 规范的不当拒付诉讼,从而胜诉的当事人有权根据 1995 UCC §5-111(e)要求赔偿律师费损失。[4]

而且,即使受益人基于多个理由起诉开证人,诸如同时起诉开证人不当拒付、违约、违反诚信原则、侵权等,但凡是有一个诉由实质上是基于 UCC §5 的规定,诸如欺诈、违反担保或不当拒付,且被法院判决胜诉的,该当事人即为胜诉方,其便

---

[1] John F. Dolan, *The Law of Letters of Credit: Commercial & Standby Credits* §9.04 [6] Damages for Breach of Warranty and Fraud note 560 (LexisNexis AS Pratt 2018).

[2] *United States Bank, NA v. BankPlus*, 2010 US Dist. LEXIS 33413 (SD Ala. 2010).

[3] *Ace American Ins. Co. v. Bank of the Ozarks*, 2012 US Dist. LEXIS 110891.

[4] See also *American Ex. Travel Related Servs. Co. v. Sevier County Bank*, 2011 US Dist. LEXIS 16536.

有权就其所应支付的律师费要求对方予以赔偿。注意,此时法院在认定律师费是否合理时,并不会区分胜诉方律师在不当拒付诉由中花费了多少时间,并将其与违约、侵权诉由所花费的时间区分开来,而是一概予以赔偿。[1]当然,由于1995 UCC §5-111明确禁止惩罚性损害赔偿,[2]故此胜诉方无权就惩罚性损害赔偿所耗费的律师费要求败诉方承担。[3]

第四,传统上,大部分美国法所规定的律师费例外转付规定都只是单方的、亲原告(pro-plaintiff)的律师费转付,而非双向的。[4]据此,如果原告胜诉,其有权要求被告赔偿其律师费损失;但如果原告败诉,其无需赔偿被告律师费损失。此单向律师费转付目的在于鼓励原告通过诉讼维护自身合法权益,对被告的违法行为进行谴责。[5]而1995 UCC §5-111(e)实行的是双向律师费转付制度,即不论是开证人败诉,还是受益人败诉,都需赔偿胜诉对方当事人律师费。[6]

---

[1] 2002 *Irrevocable Trust for Richard C. Hvizdak v. Huntington Nat'l Bank*, 515 F. App'x 792, 794 (11th Cir. 2013); *Dependable Component Supply, Inc. v. Carrefour Informatique Tremblant, Inc.*, 572 Fed. Appx. 796, 2014 US App. LEXIS 13932; *Jaffe v. Bank of America, NA*, 674 F. Supp. 2d 1360 (SD Fla. 2009), aff'd sub nom; *Jaffe v. Bank of America, NA*, 399 F. App'x 535 (11th Cir. 2010).

[2] 1995 UCC §5-111, cmt. 4; UCC §1-305 (a); *Amwest Sur. Ins. Co. v. Concord Bank*, 248 F. Supp. 2d 867 (ED Mo. 2003).

[3] *Amwest Sur. Ins. Co. v. Concord Bank*, 248 F. Supp. 2d 867 (ED Mo. 2003).

[4] See e.g., UCC §2A-108 (4); David A. Root, "Attorney Fee-Shifting in America: Comparing, Contrasting, and Combining the 'American Rule' and 'English Rule'", 15 Ind. Int'l & Comp. L. Rev., 583, 588 (2005). 即使是那些双向律师费移转规定,在司法实践中,法院对于胜诉之被告主张律师费赔偿的门槛要求要远高于胜诉之原告主张律师费赔偿标准 [Margaret L. Moses, "The Impact of Revised Article 5 on Small and Mid-Sized Exporters", 29 UCC L. J., 390, 408 (1997)]。

[5] Margaret L. Moses, "The Impact of Revised Article 5 on Small and Mid-Sized Exporters", 29 UCC L. J., 390, 408 (1997).

[6] See e.g. *Salam Jeans Limited v. Regions Bank*, 2010 US Dist. LEXIS 151765.

第五章　不当拒付损害赔偿基本范围

第五，1995 UCC §5-111（e）规定的律师费赔偿属于法院必须判决赔偿的事项，而无需当事人主张。[1]一般而言，损害赔偿必须要由当事人自行主张，法院只是被动认定当事人主张是否符合法律规定，而不会积极介入当事人具体索赔项目。但1995 UCC §5律师费等法律服务费用赔偿不同，即使胜诉方并未主张，法院都必须主动判决。

UCC之所以强制要求赔偿律师费，而无需当事人主张，背后跟ALI和NCCUSL之间的争议有关。如前述，[2]美国统一州法委员会在1994年8月通过UCC §5的最终修改草案后，美国法学会明确要求在§5-111中规定间接损失的赔偿。UCC §5起草委员会反对如此修改。在经过多轮沟通后，美国法学会做出妥协，建议如果UCC §5起草委员会同意将律师费赔偿强制化，则他们可以放弃要求规定间接损失赔偿。最终，这一修改建议获得美国统一州法委员会与起草委员会的同意。[3]

第六，律师费必须合理。[4]受益人索赔律师费等费用损失时，应负责举证证明该费用的合理性。例如，律师费理应符合律师当地收费标准或律师所在国收费标准。超出合理范围的律师费，法院或仲裁机构有权予以酌减。但要注意的是，败诉方所应赔偿的合理律师费不一定就等于胜诉方应向其律师支付的金额。两者之间并不一定具有相等关系。合理律师费可能高于

---

[1]　*Mt. Commerce Bank v. First State Fin. , Inc.*, 2013 Tenn. App. LEXIS 360.

[2]　参见本章第四节。

[3]　Katherine A. Barski, "Letters of Credit: A Comparison of Article 5 of the Uniform Commercial Code and the Uniform Customs and Practice for Documentary Credits", 41 Loy. L. Rev. , 735, 753~754 (1996).

[4]　*Export-Import Bank of the US v. United California Discount Corp.* 2011 US Dist. LEXIS 6227.

胜诉方应向其律师支付的金额，也可能低于这一金额。[1]法院判决败诉方应赔偿的律师费并非以胜诉方所应支付的金额为依据，而是以 Lodestar 规则进行综合衡量计算得出的合理金额为依据。[2]当然，通常情况下，法院最终判决赔偿的律师费不会高于受益人实际应支付的律师费。

第七，1995 UCC §5-111（e）除了强调败诉方必须赔偿胜诉方律师费外，还需赔偿诉讼费用（expenses of litigation）。据官方评注指出，此诉讼费用之范围要比 costs of litigation 广。通常诉讼过程中所产生的诸如律师差旅费、证据资料翻译费、专家证人费等都属于败诉方应赔偿的范围。

（三）1995 UCC §5 律师费赔偿目的

1995UCC §5-111 之所以一改美国传统律师费由诉讼各方当事人自行承担规则，是因为强制律师费赔偿能够实现如下目的：[3]

第一，弥补受害人损失。在开证人不当拒付时，根据广泛接受的完全赔偿原则，受损害的受益人为索取合法的信用证项下款项而支付的律师费，理应获得赔偿。因为，这些费用原本是根本不需要支付的，完全是由于开证人顽固拒绝履行其信用证下的义务所致。而且，这些费用作为开证人不当拒付所造成

---

[1] Samuel R. Berger, "Court Awarded Attorneys' Fees: What Is 'Reasonable'?", 126 U. Pa L. Rev., 281, 282~283（1977）. 在 *Export-Import Bank of the US v. United California Discount Corp.* 2011 US Dist. LEXIS 6227 一案中，法院判决律师费高于胜诉方实际支付的律师费，而在 *International-Matex Tank Terminals-Illinois v. Chemical Bank*, 2010 WL 3222515 一案中，法院判决律师费则远低于胜诉方实际支付的律师费。

[2] "Lodestar 规则" 是一种律师计费规则。See *International - Matex Tank Terminals-Illinois v. Chemical Bank*, 2010 WL 3222515; *Dependable Component Supply, Inc. v. Carrefour Informatique Tremblant, Inc.*, 572 Fed. Appx. 796, 2014 US App. LEXIS 13932. 详见后述。

[3] See Markus Jager, *Reimbursement for Attorney's Fees*, at 51（Eleven International Publishing 2010）.

的损失，理应在开证人所能预见的范围内。开证人也理应可以避免此类费用支出。如果受益人律师费无法获得开证人赔偿，则意味着其合法权益没有获得完全保护，而且也严重不公平，特别是在败诉一方显然存在恶意的情况下更是如此。[1]相反，如果开证人并不构成不当拒付，受益人起诉毫无根据，则开证人与申请人不应遭受此无辜的损失。[2]

第二，激励受害人维护自身合法利益。一般信用证金额都比较大，尤其是备用信用证，金额甚至可达上千万美元。[3]而律师费收费又往往和争议标的额相挂钩，争议标的额越大，通常所需支付的律师费越高。如果按传统法律观点诉讼各方当事人各自承担自己的律师费用，显然遭遇不当拒付的受益人要衡量再三，是否有必要通过诉讼方式以维护自身权益。即使受益人有充足理由认定开证人构成不当拒付，并因此而选择起诉以积极维护自身合法权益，也极有可能导致受益人"赢了官司输了钱"。[4]相反，如果法律明文规定律师费由败诉方承担，则咨询专业律

[1] Markus Jager, *Reimbursement for Attorney's Fees*, at 51 (Eleven International Publishing 2010).

[2] 开证人通常会在申请合同中要求申请人赔偿开证人因信用证纠纷而支付之律师费等损失，从而，在开证人胜诉的情况下，由无正当理由起诉之受益人赔偿开证人律师费，有助于避免申请人遭受不当之损失。See 1995 UCC §5-111, cmt. 6.

[3] 据统计，2013年平均每笔信用证金额为653 000美元（Gary Collyer, *The Guide to Documentary Credit*, at 5 (IFS University College 5th ed 2015)）。2015年平均每笔信用证金额为350 000美元，2016年是463 000美元（See ICC, 2017 *Rethinking Trade & Finance*, at 92 (ICC Publication No. 884E 2017)）。

[4] 律师费在美国商事诉讼中非常高昂，例如，在 *Jaffe v. Bank of America*, NA, 674 F. Supp. 2d 1360 (SD Fla. 2009), aff'd per curiam, 2010 US App. LEXIS 20963 (11th Cir. Oct. 8, 2010) (ltd. prec. Unpub. op.) 一案中，涉案金额超过600万美元，而法院根据UCC §5-111 (e) 判决申请人赔偿开证人的律师费则达46.9万美元；在 *LaBarge Pipe & Steel Co. v. First Bank*, 2011 US Dist. LEXIS 96786 (MD La. 2011) 一案中，涉案金额约20万美元，但法院判决开证人赔偿受益人的律师费高达13.4万美元，外加3万多美元的诉讼费用与证人费用，总金额接近17万美元。

师后深信开证人构成不当拒付的受益人便有激励去提起诉讼以维护自身合法权益，而不必因昂贵律师费等而畏首畏尾、忍气吞声。

第三，发挥阻却违法、减少无谓诉讼效果。强制要求败诉方承担律师费赔偿也有助于阻却潜在违法的当事人损害他人利益，并在某种意义上实现鼓励当事人通过调解、协商等手段自行解决双方争议，从而避免司法压力过重。[1]从开证人、保兑人等角度而言，如果受益人所提交单据与信用证相符，抑或开证人或保兑人未能严格遵守 UCP、UCC 等所规定的拒付通知要求，此时一旦受益人提起诉讼，开证人或保兑人十之八九将会败诉，并由此导致必须承担受益人高昂律师费等法律费用损失时，明智的开证人或保兑人便有可能会主动选择积极承付信用证项下款项，或积极主动通过和解等手段解决双方争议，以避免进入诉讼而支出更多的额外费用。从受益人角度来看，如果在咨询专家与专业律师意见后确认开证人拒付合法的，受益人也会衡量再三而选择接受拒付事实或通过基础合同解决问题，而不做无谓的诉讼。由此，最终达到阻却违法、减少无谓诉讼的效果。[2]

---

[1] 阿拉斯加州是美国唯一一个常规适用律师费移转规则的州 [Alaska Rules of Civil Procedure Article 82 (a)]。阿拉斯加司法委员会对律师费移转规则适用情况的调查表明，有35%的受访律师谈到律师费移转规则对当事人选择是否起诉以及确定诉求意义重大。有些律师认为律师费移转规则有利于促进争议双方早日达成和解 [See Susanne Di Pietro & Teresa W. Carns, "Alaska's English Rule: Attorney's Fee Shifting in Civil Cases", 13 Ala. L. Rev., 33, 68, 75, 78 (1996)]。另有一组数据表明，实行律师费各自负担原则的美国的民事诉讼案件是实行律师费移转规则的英国的民事诉讼案件的20倍之多（已根据人口数量进行了修正） [David A. Root, "Attorney Fee-Shifting in America: Comparing, Contrasting, and Combining the 'American Rule' and 'English Rule'", 15 Ind. Int'l & Comp. L. Rev., 583, 605 (2005)]，这也间接说明了律师费移转规则对于抑制无谓诉讼的效果。

[2] But see Margaret L. Moses, "The Impact of Revised Article 5 on Small and Mid-Sized Exporters", 29 *Uniform Commercial Code Law Journal*, (1997), p. 416 note 89. "我们（纽约市律协）就阻却无谓诉讼之建议感到不自在（uncomfortable），并没有证据表明诉讼是无意义的。"

第四,发挥惩罚违法行为效果。如果开证人不当拒付时无需赔偿受益人律师费损失的话,则等于是开证人无需为其不当行为承担任何惩罚,[1]甚至极端情况下开证人还会因此而获益,[2]由此反而可能导致激励开证人不当拒付。实际上,美国很多州都是将律师费作为惩罚性损害赔偿来认定的,并用以惩处恶意的当事人。[3]当然,律师费赔偿的惩处效果是相对传统的各方当事人自行承担各自律师费用而言的,它人为地加大了开证人不当拒付的成本,以及受益人无谓起诉开证人不当拒付的成本。[4]但显然它并不会像真正意义上的惩罚性损害赔偿那样,具有如此强烈的惩罚效果。总体上来讲,律师费赔偿仍是遵循合理弥补受损害方损失这一原则的。

第五,1995 UCC§5-111一改传统规定精神而明确不当拒付下败诉方应承担胜诉方律师费最为核心的原因是,贯彻并维护信用证付款机制的迅捷、确定、高效与低成本。并无合法理由拒付的开证人通常会考虑到拒付所带来的信誉损失,以及需赔偿胜诉受益人高昂的律师费等法律费用损失,而明智选择主动承付。如果受益人为了获取合法信用证项下款项而必须支付高昂律师费,则信用证成本对受益人而言将是不可接受的,最终信用证付款机制将会在市场上失去效用。信用证诉讼纠纷会严重有损信用证付款迅捷性、确定性机制的发挥,严重违背信

---

[1] James E. Byrne, *6B Hawkland UCC Series* § 5-111: 12 [Rev] Attorney's fees for the prevailing party (Thomson Reuters 2016).

[2] James J. White, *Trade Without Tears, or Around Letters of Credit in 17 Sections*, UCC Bulletin 1 (1995), cited from Carter H. Klein, *Attorney's Fees in Letter of Credit Cases under US UCC Section 5-111 (e)*, 9 DCW, 32, 34 (2005 November/December).

[3] Marshall J. Breger, "Compensation Formulas for Court Awarded Attorney Fees", 47 Law & Contemp. Probs, 249, 252 (1984).

[4] 刘东华:"论律师费用分配机制在纠纷解决中的作用——国外实践与立法的经验式研究概述",载《中国社会科学院研究生院学报》2013年第3期,第76页。

用证先付款后诉讼的特征,导致信用证沦落为一般意义上的、先诉讼后付款的从属担保,严重违背当初信用证交易各方当事人事先就风险、利益的分配安排。正因为如此,法律应极力避免开证人与受益人之间发生不必要的纠纷与诉讼,律师费赔偿便是这种机制之一。[1]

总而言之,支持开证人承担受益人律师费损失,体现了法律完全赔偿原则。它既可以起到惩戒开证人、补偿受益人的作用,也可以激励受益人合法维护自身权益,阻却开证人不当拒付,甚至可以起到预防不必要的诉讼和恶意诉讼行为。最为核心的,它是信用证付款迅捷、确定、低成本与高效精神的体现。[2] 当然,律师费赔偿强制化的客观效果是,其可以更好地发挥阻却与惩罚功能,促使信用证交易当事人不要轻易干涉信用证付款,即使当事人就付款存有争议,也是鼓励当事人通过基础合同下诉讼解决,从而避免信用证"先付款、后诉讼"机制落空。[3]

(四)美国学者评析

针对1995 UCC §5-111律师费赔偿规定,伯恩积极评价认为,自规定败诉方需赔偿胜诉方律师费损失以来,信用证不当拒付诉讼争议已大量减少。[4] 而且,由于开证人实力强大,其

---

[1] John F. Dolan, "The Domestic Standby Letter of Credit Desk Book for Business Professionals", Bankers and Lawyers § 10.09 Attorney's Fees under Article 5 (Matthew Bender 2015); John F. Dolan, "The Role of Attorney's Fees in Letter of Credit Litigation", 133 Banking L. J., 555, 566 (2016).

[2] James E. Byrne, *International Letter of Credit and Practice* § 66: 7 US law—Expenses of litigation (Thomson Reuters 2017).

[3] John F. Dolan, "The Role of Attorney's Fees in Letter of Credit Litigation", 133 Banking L. J., 555, 569 (2016).

[4] James E. Byrne, *International Letter of Credit and Practice* § 66: 7 US law—Expenses of litigation (Thomson Reuters 2017); James E. Byrne, *6B Hawkland UCC Series* § 5-111: 12 [Rev] Attorney's fees for the prevailing party (Thomson Reuters 2016).

通常会在申请合同中规定申请人需赔偿开证人因诉讼而支付的律师费等法律费用，故此，规定败诉开证人必须赔偿胜诉受益人所支付的律师费，也有助于平衡申请人与受益人之间的利益关系。[1]如果开证人不当拒付时无需赔偿受益人所支付的律师费，则将导致开证人就其不当拒付行为无需受到任何惩罚。[2]

但多兰教授观察研究认为，强制律师费赔偿规定在实践中尚未能够充分发挥作用。[3]一是因为强制律师费赔偿规定与传统普通法律师费各自负担规则不同，而部分律师对此特殊规定并未留意，导致实践中律师比较少主张。再加上很多法院也没有太多意识，对强制律师费赔偿规定没有给予足够重视；[4]二是纽约等个别州明确修改了律师费强制赔偿规定，[5]导致实践中部分受益人有意在纽约提起诉讼，而不在更合适的其他规定

---

〔1〕 James E. Byrne, *International Letter of Credit and Practice* § 66：7 US law—Expenses of litigation (Thomson Reuters 2017).

〔2〕 James E. Byrne, *6B Hawkland UCC Series* § 5-111：12 [Rev] Attorney's fees for the prevailing party (Thomson Reuters 2016).

〔3〕 John F. Dolan, T*he Domestic Standby Letter of Credit Desk Book for Business Professionals, Bankers and Lawyers* § 10.09 Attorney's Fees under Article 5 (Matthew Bender 2015). See also Carter H. Klein, *Attorney's Fees in Letter of Credit Cases under US UCC Section* 5-111 (e), 9 DCW, 32, 36 (2005 November/December).

〔4〕 See e.g., *Sava Gumarska In Kemijska Industria D. D. v. Advance Polymer Sciences, Inc.*, 128 SW3d 304 (Tex. Ct. App. 2004)：一审中，受益人并未主张律师费赔偿，法院最终也未判决律师费赔偿。二审法院改判，要求一审法院审理受益人是否有权主张律师费赔偿。

〔5〕 Alabama, Connecticut, New Jersey 与 Texas 将律师费赔偿规定中的"must"改为了"may"，从而律师费并非必须赔偿项目。而 New York UCC § 5-111 则直接删除了律师费赔偿规定，从而除非信用证另有明确规定，否则胜诉的受益人无权要求开证人赔偿其律师费损失。而 Wyoming 则用"shall"取代了"must"，并用"plaintiff"取代了"party"，从而得以获得律师费损害赔偿的仅限于原告。在 *Banco Nacional v. Societe*, 820 NYS 2d 588 (2006) 一案中，上诉法院拒绝给予保兑人律师费赔偿，因为所适用之纽约州 UCC § 5-111 并未规定律师费赔偿；在 *Ocean Rig ASA v Safra Nat. Bank of New York*, 72 F. Supp. 2d 193 (SDNY 1999) 一案中，纽约法院判决驳回胜诉受益人的律师费索赔。

强制律师费赔偿的州法院起诉。[1]更有甚者,申请人和开证人为避免支付律师费而明确将信用证适用法律规定为纽约州 UCC §5。[2]针对此有意规避行为,多兰教授认为,法院应基于公共政策理由认定此规避律师费赔偿规定无效,从而败诉的开证人必须承担受益人律师费损失。[3]

与多兰教授的观察结果类似,巴基斯(Barski)认为,律师费赔偿强制化的唯一逻辑理由便是"阻却功能",但是实际效果如何颇有疑问。且在没有"胜诉方"时导致适用困难,例如,多个争议、双方互有胜负等。[4]

斯特恩(Stern)则强调认为,除非将 1995 UCC §5-111(e)规定为不可变更条款,否则开证人完全可在信用证中排除此律师费强制赔偿的规定,从而 1995 UCC §5 当初立法的目的便无法实现。[5]

当然,也有学者持批评意见,认为强制律师费赔偿将有可能

---

[1] See *Self Int'l (HK) Ltd. v. La Salle Nat'l Bank*, 2002 US Dist. LEXIS 5631; *Shin Won Corp. v. La Salle Nat'l Bank*, 2002 US Dist. LEXIS 4503.

[2] *Louisville Mall Assoc., LP v. Wood Center Props.*, LLC, 361 SW 3d 323 (Ky. Ct. App. 2012):Kentucky 的法院推翻了赔偿律师费之判决,因为涉案信用证明确规定适用 New York 法律。

[3] John F. Dolan, *The Drafting History of UCC Article 5*, at 197-198 (Carolina Academic Press 2015). 在 *Man Indus. (India) Ltd. v. Midcontinent Express Pipeline, LLC*, 407 SW 3d 342 (Tex. App. 2013) 一案中,争议信用证适用纽约州 UCC §5-111,法院依据 TX Declaratory Judgment Act 判决败诉之受益人需赔偿对方当事人律师费损失(James E. Byrne, *6B Hawkland UCC Series* §5-111: 12 [Rev] Attorney's fees for the prevailing party (Thomson Reuters 2016));在 *Voest-Alpine Trading USA Corporation v. Bank of China*, 288 F. 3d 262 (5th Cir. 2002) 一案中,法院基于 Texas Civil Practice and Remedies Code 判决开证人应赔偿受益人律师费损失。

[4] Katherine A. Barski, "Letters of Credit: A Comparison of Article 5 of the Uniform Commercial Code and the Uniform Customs and Practice for Documentary Credits", 41 Loy. L. Rev., 735, 754 (1996).

[5] Sandra Stern, "Varying Article 5 of the UCC by Agreement", 114 Banking L. J. 516, 529~530 (1997).

第五章　不当拒付损害赔偿基本范围

导致中小企业因资金实力有限而不敢或放弃起诉开证人不当拒付。[1]针对此疑虑,多兰解释强调,实际情况却往往是申请人故意借助无谓诉讼而拖延信用证下对受益人的承付。[2]此时,如果受益人起诉开证人不当拒付并获得胜诉判决,但却不赔偿受益人所遭受的律师费损失,将显然不公平。例如在"Air Cargo Serv. 案"中,[3]申请人以受益人"欺诈"为由故意提起无谓诉讼以拖延开证人对受益人的承付。申请人于 2009 年 9 月 11 日获得临时禁止令(TRO)。尽管受益人的行为可能存在问题(actionable),但绝不到需要颁布临时或永久禁止令以限制付款的程度。最终,法院驳回了申请人的申请。但问题是,受益人不得不等待 82 天,并且要在纽约高等法院提起诉讼以撤销临时禁止令。显然,拖延如此长的时间严重有损信用证付款迅捷性目标。更为关键的是,受益人只能在纽约州提起诉讼,从而不能就其所遭受的律师费损失要求申请人或开证人赔偿。申请人与开证人如此行为显然严重损害了信用证付款迅捷性、确定性的目标,并导致信用证先付款后诉讼机制沦落为与普通担保无异的先诉讼后付款机制。[4]

与前述批评意见类似,还有学者疑虑,强制败诉方承担胜诉方律师费,有可能导致模糊案件中受益人不敢起诉开证人。[5]

---

〔1〕 See Margaret L. Moses, "The Impact of Revised Article 5 on Small and Mid-Sized Exporters", 29 UCC L. J., 390, 391 (1997); David A. Root, "Attorney Fee-Shifting in America: Comparing, Contrasting, and Combining the 'American Rule' and 'English Rule'", 15 Ind. Int'l & Comp. L. Rev., 583, 607~608 (2005).

〔2〕 John F. Dolan, *The Law of Letters of Credit: Commercial & Standby Credits* § 9.09 Attorneys' Fees (LexisNexis AS Pratt 2018).

〔3〕 *Air Cargo Serv. LLC v. Aeroflot-Cargo*, 2009 NY Misc. LEXIS 3235.

〔4〕 John F. Dolan, *The Law of Letters of Credit: Commercial & Standby Credits* § 9.09 Attorneys' Fees (LexisNexis AS Pratt 2018).

〔5〕 Sandra Stern, "Varying Article 5 of the UCC by Agreement", 114 Banking L. J., 516, 529 note 11 (1997).

在部分边缘性或模糊性争议案件中,由于担忧一旦败诉,必将承担对方当事人高昂律师费等法律服务费用,可预见将会导致资金实力一般的受益人望而却步,宁可息事宁人,转为自力救济避免损失,而不积极主张自身权利。[1]可能正是担忧强制律师费赔偿给受益人带来的潜在风险,新泽西州将强制律师费赔偿修改为由法院自由裁量是否判决败诉方赔偿胜诉方律师费;[2]而怀俄明州则更为激进,其明确将1995 UCC§5-111(e)修改为,开证人败诉情况下必须赔偿受益人律师费损失,而否定了受益人败诉情况下需赔偿开证人律师费的可能性,即只承认单向律师费转付。

当然,单向律师费转付有矫枉过正之嫌,而对申请人不利。因为在开证人胜诉,即开证人合法拒付的情况下,如果其无法要求受益人赔偿其律师费损失,则开证人定将通过申请协议要求申请人赔偿其律师费损失。等于是最后由无辜的申请人

---

[1] New Jersey 法律改革委员会认为强制律师费与诉讼费赔偿将会严重影响受益人起诉开证人不当拒付的积极性 [Richard F. Dole, Jr., "The Essence of A Letter of Credit Under Revised UCC Article 5: Permissible and Impermissible Nondocumentary Conditions Affecting Honor", 35 Hous. L. Rev., 1079, 1087 note 52 (1998)]。

[2] New Jersey Law Revision Commission, *Final Report on Uniform Commercial Code Revised Article 5 - Letters of Credit* (June 1996), available at: http://www.lawrev.state.nj.us/rpts/ucc5.pdf, visited on 2021-2-10. 当然,新泽西州将"must"修改为"may",第二个原因是其与新泽西州传统遵循的各方当事人自行承担各自律师费,只有在基于公共利益或保护经济政治地位弱势之一方当事人的情况下,才有法律规定例外(e.g., Consumer Fraud Act; Law Against Discrimination; Residential Tenant's Security Deposit Return);第三个原因是,受益人交单是否严格相符,并不存在一套科学的衡量标准,而且开证人在申请人偿付能力不足的情况下往往会借助一些细小不符点来拒付,此时如果受益人起诉开证人但被法院判决败诉的情况下,要求受益人必须赔偿开证人律师费损失,并不合适;第四个理由是,1995 UCC 5-111(e)强制律师费赔偿的另一个目的是避免无谓诉讼。但新泽西州已经有专门规定针对此滥诉行为 [New Jersey Law Revision Commission, *Final Report on Uniform Commercial Code Revised Article 5-Letters of Credit* (June 1996), at 7-8, available at: http://www.lawrev.state.nj.us/rpts/ucc5.pdf, visited on 2021-2-10]。

承担了律师费损失风险。[1]至于边缘性争议导致受益人不敢起诉的现象,实践中受益人与律师也可通过风险代理机制予以解决。[2]似乎没有必要为此牺牲申请人利益以达到鼓励受益人起诉的目的。

至于将强制律师费赔偿修改为由法院自由裁量,似也无必要。这从阿拉斯加州的经验可见一斑。阿拉斯加州是美国目前唯一一个在民事诉讼法中承认律师费转付规则的州。[3]从其运行情况来看,律师费转付规则在实践中并无学者所担忧的那么严重的弊端。正是基于此,阿拉斯加州在通过 1995 UCC§5 时并未将"must"改为"may"。[4]

三、美国不当拒付律师费赔偿的司法适用

在具体判决中,美国法院究竟如何适用律师费赔偿规则,特别是如何衡量索赔的律师费是否合理?对此,美国法院一般采纳"Lodestar 规则"进行判定。[5]具体而言,首先法院根据

---

〔1〕 See Margaret L. Moses, "The Impact of Revised Article 5 on Small and Mid-Sized Exporters", 29 UCC L. J., 390, 411 (1997); 1995 UCC§5-111, cmt. 6.

〔2〕 David A. Root, "Attorney Fee-Shifting in America: Comparing, Contrasting, and Combining the 'American Rule' and 'English Rule'", 15 Ind. Int'l & Comp. L. Rev., 583, 598 (2005).

〔3〕 Alaska Rules of Civil Procedure Article 82 (a).

〔4〕 当然,阿拉斯加州将 must 改为了 shall。但 shall 和 must 在法律意义上并无差别。See Alaska Statutes 45.05.111- Remedies (e):"Attorney fees and costs shall be awarded under Rules 79 and 82, Alaska Rules of Civil Procedure, to the prevailing party in an action in which a remedy is sought under this chapter."

〔5〕 Lodestar 规则首先是由 *Lindy Bros. Builders of Philadelphia v. American Radiator & Standard Sanitary Corp.*, 487 F. 2d 161 (3d Cir. 1974) (Lindy I); 540 F. 2d 102 (3d Cir. 1976) (Lindy II) 一案法院创设。后为其他法院所采纳。See Marshall J. Breger, "Compensation Formulas for Court Awarded Attorney Fees", 47 *Law & Contemp. Probs*, 249, 253 (1984).

律师所合理耗费的时间（小时数）乘以当地（通常为律师所在地）律师通常计时报酬率（hourly rate）。依据该公式计算出来的律师费金额被认为是"评价律师服务的唯一合理客观的基准数（basis）"。随后，法院再根据其他因素，诸如案件难度、需耗费之时间、律师声誉与水平等[1]加以适当调整。[2]以下结合若干判例介绍律师费赔偿制度的具体适用。

（一）"IMTT 案"律师费赔偿

在"IMTT 案"中，[3]受益人起诉开证人不当拒付并索赔律师费及其他法律服务费用高达 190 006.68 美元。与之对比的是，法院最终判决开证人需赔偿受益人信用证索款金额外加迟延利息总额仅为 213 361.01 美元。换言之，索赔律师费金额几乎接近于争议金额本身。

那么，受益人律师费索赔金额是否合理？法院认定应根据"Lodestar 规则"确定。即，首先应确定当地类似法律服务通常收费标准。一般来讲，此收费标准可通过可靠调查或其他可靠证据来确定。其次，法院应将该金额乘以该案律师所耗费的合理时间。最后，法院再根据《密歇根州职业行为规则》所列举的考量因素对上述基数进行调整。[4]

---

[1] 计算合理律师费经常援引的 *Johnson v. Georgia Highway Express, Inc.*, 488 F. 2d. 714, 717-719 (5th Cir. 1974) 一案，将考量因素分为 12 项：①需耗费之时间与劳力；②争议之新奇性与难度；③正确履行法律服务所需之技能；④接受该业务后即无法再揽其他律师业务的可能性；⑤通常收费标准；⑥固定收费还是胜诉酬金；⑦客户或客观情况限定之时间期限；⑧争议金额及判决赔偿金额；⑨提供服务律师之经验、声誉与能力；⑩案件"不受欢迎程度"；⑪与客户之间的职业关系性质与期限；⑫类似案件律师费赔偿。

[2] See Marshall J. Breger, "Compensation Formulas for Court Awarded Attorney Fees", 47 *Law & Contemp. Probs*, 249, 253 (1984).

[3] *International-Matex Tank Terminals-Illinois v. Chemical Bank*, 2010 WL 3222515.

[4] Michigan Rule of Professional Conduct Article 1.5 (a).

《密歇根州职业行为规则》所列举的考量因素包括：①需要耗费之时间与劳力、问题之新奇性与难度以及正确提供法律服务所必需之技巧技能；②一旦律师接受该业务后即无法再承揽其他律师业务的可能性；③当地类似法律服务通常收费标准；④争议金额及判决赔偿金额；⑤客户或客观情况限定之时间期限；⑥与客户之间的职业关系性质与期限；⑦提供服务律师之经验、声誉与能力；⑧是固定收费还是胜诉酬金。[1]

律师费是否合理，由主张赔偿的一方当事人举证。举证方必须提交详细的律师时间记录以及客观的市场通常收费标准。而所谓客观的市场通常收费标准，是指当地类似法律服务通常收费标准，即当地拥有相当技能、经验与声誉的律师类似服务通常收费标准。该标准必须是有证词或"调查或其他可靠报告所公布的实证数据"，仅是律师自己的宣誓陈述（affidavit）并不足够。

就本案律师费通常收费标准的判定，法院认为，可参照法院所在地密歇根州律协（SBM）就该州法律服务收费费率所做的定期调查报告。根据2007年的调查报告，法院否决了受益人所主张的450美元/小时的收费费率，认为该费率是底特律奥克兰县顶尖出庭律师的收费标准，而合理律师费不应是大部分有钱客户支付给顶级律师的费用。受益人可以奢侈，聘请高收费律师，但不应由败诉的开证人为受益人的奢侈买单。当然，鉴于上述调查报告是2007年的数据，法院认为应根据劳工统计局公布的通货膨胀率进行适当调整。

就受益人所主张的律师所耗费的合理小时数，受益人就简易判决主张索赔355小时的律师费，就损害赔偿及律师费计算主张索赔83.9小时的律师费，共计438.9小时。法院认为，与

---

[1] Michigan Rule of Professional Conduct Article 1.5 (a).

受益人索赔 200 000 美元的信用证金额相比，此时间并不合理。当然，法院也承认，部分浪费的时间是由被告（即开证人）的过错导致的，开证人在整个诉讼过程中都提出不恰当的抗辩，要求受益人申请简易判决，就简易判决反动议提出抗辩（defend a cross-motion for summary judgment），就损害赔偿问题为开证人的无益挑战抗辩。就此而言，显然开证人应对浪费的时间负责，并弥补受益人因此而额外支付的律师费。但受益人仅就 200 000 美元的信用证损害赔偿耗费了近三个月的律师时间，而且案件根本没有庭审、没有听证（in-court hearings）、没有宣誓作证（depositions），显然是严重过长。

而且，法院认为受益人聘请了过多律师，很难理解如此简单的一起索赔诉讼竟然耗费 5 名律师如此长的时间。[1]律师过多就不可避免地会存在重复与低效。鉴于本案涉及金额不大、争议问题简单，许多有经验的商事律师都会倾向独自代理本案。或许再聘请一名有经验的受雇律师协助研究并撰写材料也是合理的。但显然受益人并无必要聘请 5 名律师来处理如此简单的争议案件。

就律师所耗费的 438.9 小时的时间列表，法院也进行了细致审查，以认定每一个律师实际在案件辩护过程中所起的作用，以及实际投入的时间是否必要。例如，Chester 花了 3.9 小时查证基础合同是否独立于信用证。独立性原则是信用证法律的根基，原告律师顶多花个十来分钟查找标准商法论著便可查到权威观点支持独立性原则。另 Chester 花了 1.4 个小时来搜索"信用证目的"，显然也是毫无必要之举。故此，最终法院建议将受雇律师的时间缩减 20%。

此外，该案受益人所申请赔偿的律师费中，包含了律师助理、资料员以及其他文书人员所花费时间。但是受益人并未提

---

[1] 2 名合伙律师（partners），3 名受雇律师（associates）。

第五章 不当拒付损害赔偿基本范围

供任何密歇根州先例来证明是否允许索赔这些费用损失。根据密歇根州法律，只有律师所耗费的时间费用才能够要求对方予以赔偿。[1]律师助理、秘书、其他文书人员等的费用损失属于律所的业务开支范畴，故此法院判决认为不应予以赔偿。[2]

最终，法院根据合理花费的小时数乘以法院当地市场通行计时收费率得出了一个基数 74 471.31 美元。这个基数构成计算合理律师费的起点，法院在此基数基础上，综合考量各种因素再进行调整。

例如，在前述《密歇根州职业行为规则》所列举的八项因素中，因素 1 考量的是需要耗费的时间与劳力、问题的新奇性与难度以及正确提供法律服务所必需的技巧技能。如果案件异常复杂，显然就会上调基数。因素 2 考量的是一旦律师接受该业务后即无法再承揽其他律师业务的可能性，但本案受益人并未提供证据证明这一因素，而且对于一家具有近千名律师的律所而言，也不会因为本案 200 000 美元的索赔诉讼便导致其无法承接其他业务。因素 4 考量的是争议金额及判决赔偿金额，如果案件争议标的大，风险高，则可能会导致律师费基数上调。但本案争议标的相对比较小，自然受益人聘请律师时应注意适当掌控律师收费不能过高。因素 5 考量的是客户或客观情况限定的时间期限，但双方当事人都未就此提供证据，故此法院不予考虑。因素 6 关注的是与客户之间的职业关系性质与期限，有些案件[3]如果律师和客户之间比较熟悉，更为有助于争议的高效解决，但本案似乎也无需考虑这一因素。因素 7 提供服务

---

〔1〕 *Joerger v. Gordon Food Service, Inc.*, 568 NW 2d 365, 371 (Mich. Ct. App. 1997).

〔2〕 See also *Caroline Apts. Joint Venture v. M&I Marshall & Ilsley Bank*, 2011 Wisc. App. LEXIS 366.

〔3〕 特别是证券或反倾销案件。

律师的经验、声誉与能力在本案中也影响不大,不会因此而需要上调基数。

最后值得提出的是,法院强调,1995 UCC §5-111 (e) 所规定的诉讼费用范围比较广,它还包括证人差旅费、专家证人费等。本案原告除了律师费外,最终总共还索赔了其他费用损失共计4368.6美元。开证人对此并未提出异议。但法院认为其中一项费用不应赔偿,Rieser 和 O'Meara 两人也将加入本院律师成员的入会费(admission fee)及相关材料费175美元纳入索赔范围,显然这些职业资格证书费用不应向客户收取,更不能要求对方当事人赔偿。

据此,法院部分支持、部分否决了原告的律师费主张,并最终判决要求被告赔偿受益人74 471.31美元的律师费以及3992.88美元的其他费用损失,两项合计78 463.64美元。比受益人实际索赔的律师费与其他法律服务费用少了110 000美元之多。

(二)"LaBarge 案"律师费赔偿

在"LaBarge 案"中,[1]法院判决认定开证人构成失权,应赔偿受益人包括律师费在内的损失。[2]但就律师费金额,双方发生争议,并引发本诉讼。由于涉及分别支付给 Jones Walker 和 Bryan Cave 律师事务所的律师费,故此法院分开进行了审查。

就应支付给 Jones Walker 的律师费用,开证人对每小时收费率并无争议,但对耗费的时间有意见。

首先,开证人认为,律师费和涉案金额不成比例。涉案判决赔偿金额是121 769.94美元,而受益人索赔律师费173 042美

---

[1] *LaBarge Pipe & Steel Co. v. First Bank*, 2011 US Dist. LEXIS 96786 (MD La. 2011).

[2] *LaBarge Pipe & Steel Co. v. First Bank*, 550 F. 3d 442 (5th Cir. 2008).

第五章 不当拒付损害赔偿基本范围

元,是赔偿信用证金额的 140%。但是法院认为,一审受益人被判决败诉并需赔偿开证人律师费 42 069 美元,二审改判受益人胜诉,开证人需赔偿受益人信用证金额再加利息损失,共计 169 818.75 美元。前述两项金额相加,才是开证人因不当拒付而给受益人造成的真正损失 211 887.75 美元,而并非开证人所声称的 121 769.94 美元损失。将 211 887.75 美元和受益人索赔的 134 091.2 美元律师费以及 13 845.05 美元其他费用相对比,并非不合理。其次,开证人抗辩认为涉案信用证争议事实比较简单,律师提供的服务应当有所折扣。但法院认为,涉案争议涉及开证人拒付通知是否合法的问题,而就此争议,两位知名信用证法教授意见不一,这些问题都需要受益人及其律师进行深入研究并投入巨额费用于诉讼。再次,就开证人律师投入时间低于受益人律师投入时间,法院认为也不足以说明受益人律师收费小时数过多,只要其工作与时间投入是必要的且尽快的。复次,开证人抗辩认为受益人律师在准备上诉与副本通知(notice of appeal and transcript request)等事项上耗费时间过长,经受益人解释,法院认为合理。最后,开证人还认为受益人律师询问申请人等耗费的时间和信用证争议无关。法院认定询问和信用证争议有关,特别是涉及信用证原件问题。

就上述款项,受益人提供了详尽的律师收费账单:律师费金额 134 091.2 美元以及其他费用 13 845.05 美元。此外,受益人还支付了专家证人费用 16 235.18 美元。最终法院认定,这些费用都是适当的,律师收费也不存在不合理之处。故此,开证人应赔偿受益人 134 091.2 美元律师费以及 30 080.23 美元其他费用。

就应支付给 Bryan Cave 的费用,受益人主张其支付了律师费及其他费用共计 42 288.44 美元。这当中,仅部分费用与本案有关，为此受益人向法院索赔8737.5美元律师费以及133.42美元其他费用。受益人是根据"2003年3月到2003年4月间律师账单"选取若干发票得出上述索赔数据。法院认为这样随机抽取发票无法向法院提供充分证据证明其向Bryan Cave应支付金额。

法院认真审查了受益人提供的账单数据，判决认为开证人仅需赔偿6705美元律师费。由于受益人未能提供证据证明其向Bryan Cave支付了任何其他费用，故就133.42美元费用，予以驳回。

最终，法院判决认为，开证人应赔偿受益人律师费损失共计140 796.2美元，其他法律服务费用30 080.23美元。

（三）"Export-Import Bank案"律师费赔偿

在"Export-Import Bank 案"中，[1]受益人索赔律师费58 600美元。

本案受益人是由US Attorneys Office代理的。而这些律师都是工资制，并不会就其律师费服务按小时数或其他标准向其客户收费。然而，受益人的律师重新计算了其投入的时间，大概146.5小时，每小时收费率400美元。

但实际上由于政府支付给这些律师的每小时费率是74.46美元。故此，开证人要求法院以受益人与律师之间约定的律师费标准以及司法部规定的受益人索赔金额的3%为限额判定律师费赔偿金额。据此，开证人仅需向受益人支付律师费19 806.29美元。[2]开证人抗辩认为如容许受益人索赔每小时400美元的收费率，是不合理的。

---

[1] Export-Import Bank of the US v. United California Discount Corp., 2011 US Dist. LEXIS 6227.

[2] 即索赔总金额660 209.6美元的3%。

但开证人并未举证上述收费率不合理。法院认为根据受益人律师的经验,每小时 400 美元是合理的市场收费率。法院同时也驳回了开证人所主张的应以索赔金额的 3% 为限。因为政府在其联邦代理内部分配费用的内部规定与受益人索赔律师费是否合理并不相关。而开证人也并未提供证据证明受益人律师费不合理。而受益人也并未主张上调。法院同时审查了受益人律师的投入时间、诉讼费用,发现小时数以及费用均合理。

最终,法院判决开证人应赔偿受益人律师费 58 600 美元。

(四)"Amwest 案"律师费赔偿

在"Amwest 案"中,[1] 就受益人主张的律师费及相应利息赔偿,法院认为,根据密苏里州 UCC§5-111(e)的规定,律师费赔偿是强制性规定,败诉的当事人必须赔偿对方当事人律师费损失。但本案中,原告只是依据一份泛泛的收费发票来索赔高额律师费及律师费利息损失。

法院承认,律师费必须予以赔偿,但受益人必须提交相应证据来证明律师费的合理性。法院认为,受益人必须提供其所聘请律师的教育背景、相似争议案件诉讼经验以及每一律师与律师助理的标准小时收费率。而且,索赔的小时数必须仅限于不当拒付与侵权索赔诉由中所投入的时间,而不包括惩罚性损害赔偿所投入的时间。而且,每一律师与律师助理在本案中所投入的时间都必须具体标明。最后,法院指出,法院通常不会判决败诉方赔偿律师费利息损失。故此,除非受益人能够提交有效法律依据或判例支持其律师费利息赔偿主张,法院才会判决败诉的开证人赔偿律师费利息损失。

---

[1] *Amwest Sur. Ins. Co. v. Concord Bank*, 248 F. Supp. 2d 867 (ED Mo. 2003).

(五) 简要评析

从上述四个案例介绍来看，法院衡量律师费金额是否合理，不仅要考虑律师所耗费的时间是否合理，还要考虑当地律师通常的收费标准如何，据此计算出一个客观基数后，再来根据案情等各种情况综合考量进行上调或下调。

注意，根据时间和收费标准计算出来的基准数是客观市场的收费标准，而非具体涉案律师的收费标准。而后法院结合其他因素进行综合考量，则是回到具体案件进行个案判定，以避免律师费赔偿过高或者过低。但一般情形下，对基于"Lodestar规则"计算出来的律师费向上调的概率非常低，通常法院都会拒绝上调。[1] 故此，对于那些采纳胜诉酬金制的律师代理案件，法院并不会判决败诉方按胜诉方与代理律师约定的报酬率予以赔偿。[2]

具体来看，美国法院判定律师费是否合理，有如下几点值得注意：

1. 举证义务

从上述判例可知，原则上主张律师费赔偿的胜诉方必须提供证据证明其索赔的律师费的合理性，以及其已经支付或有义务支付该费用的事实。

因律师收费是否合理并不属于可被司法认知（judicial notice）的事实范畴，故此胜诉方必须提供可信证据，通常是要求提供律师详尽的时间记录。该时间记录应明确记载具体哪个律师、在什么时间从事了什么工作，以便法院及败诉方评估律师时间

---

[1] See e.g. *Microsoft Corp v. United Computer Resources of New Jersey Inc.*, 216 F. Supp. 2d 383, 2002.

[2] See Charles L. Knapp, ed., *Commercial Damages: A Guide to Remedies in Business Litigation* § 7.08 Calculation and Documentation of Fees and Costs (Matthew Bender 2017).

记录及具体工作的妥当性。[1]如果根据客观情况以及案件争议问题,法院认定律师所投入的时间是不必要的、不相关的或者属于重复投入的话,法院可以将律师投入的时间予以酌减。[2]在"IMTT案"中,法院正是经过审查认为,胜诉方索赔的律师时间不合理,在综合考量案情基础上,将律师投入时间扣减了20%。[3]如果胜诉方当事人未能提供详尽的律师时间记录的,将会导致其无法就律师费赔偿额获得法院支持。[4]

当然,除此之外,胜诉方还必须提供小时收费率的合理性。此合理性可通过证人证言予以证明,也可通过权威机构的调查报告予以证明。[5]只是要强调的是,胜诉方律师自身所提供的宣誓陈述效力有限,不足以证明律师小时收费率或索赔的律师

---

[1] *International - Matex Tank Terminals - Illinois v. Chemical Bank*, 2010 WL 3222515; *LaBarge Pipe & Steel Co. v. First Bank*, 2011 US Dist. LEXIS 96786 (MD La. 2011); *Amwest Sur. Ins. Co. v. Concord Bank*, 248 F. Supp. 2d 867 (ED Mo. 2003). See also *Microsoft Corp v. United Computer Resources of New Jersey Inc.*, 216 F. Supp. 2d 383, 2002; Charles L. Knapp, ed., *Commercial Damages: A Guide to Remedies in Business Litigation* §7.04 Contractual Exceptions to the General Rule (Matthew Bender 2017). 甚至,如果胜诉方当事人索赔律师费中包含有电话通讯费、差旅费等,胜诉方还必须举证证明往来通讯对象、目的及具体讨论事项,出差时间、地点、目的及具体内容等。See *Export - Import Bank of the US v. United California Discount Corp.* 2011 US Dist. LEXIS 6227; Charles L. Knapp, ed., *Commercial Damages: A Guide to Remedies in Business Litigation* §7.08 Calculation and Documentation of Fees and Costs (Matthew Bender 2017).

[2] *International - Matex Tank Terminals - Illinois v. Chemical Bank*, 2010 WL 3222515; *Caroline Apts. Joint Venture v. M&I Marshall & Ilsley Bank*, 2011 Wisc. App. LEXIS 366.

[3] *International - Matex Tank Terminals - Illinois v. Chemical Bank*, 2010 WL 3222515. See also D*ependable Component Supply, Inc. v. Carrefour Informatique Tremblant, Inc.*, 2012 US Dist. LEXIS 9246; *Young v. NCH Invs., LLC*, 2017 US Dist. LEXIS 113295.

[4] *Amwest Sur. Ins. Co. v. Concord Bank*, 248 F. Supp. 2d 867 (ED Mo. 2003).

[5] *International - Matex Tank Terminals - Illinois v. Chemical Bank*, 2010 WL 3222515.

费的合理性。[1]

注意，胜诉方所提供的律师即时时间记录及小时收费率证言等证据属于表面证据，败诉方如对此合理性有疑问，必须提供反证证明其不合理性。[2]就证人证言，必要时，法院可组织进行交叉询问。[3]

当然，有时法院会根据自身经验认定律师费是否合理，而无需依据任何证据。因为法官作为一名富有经验的法律人，其完全有资格根据自身经验认定律师费的合理性。[4]例如，对于属于律师管理费用或运营费用的部分，属于整个律所的运营成本，自然不应由某个具体律师当事人承担，更不应由败诉方当事人赔偿。[5]另外，秘书成本也属于律师管理费用部分，这部分费用已经在律师小时收费率中有所体现，自然不应单独列举并收取。[6]就此等费用，法院完全可根据自身经验认定属于不

---

[1] *International-Matex Tank Terminals-Illinois v. Chemical Bank*, 2010 WL 3222515. See also D*ependable Component Supply, Inc. v. Carrefour Informatique Tremblant, Inc.*, 2012 US Dist. LEXIS 9246; Charles L. Knapp, ed., *Commercial Damages: A Guide to Remedies in Business Litigation* § 7.04 Contractual Exceptions to the General Rule (Matthew Bender 2017).

[2] *Export-Import Bank of the US v. United California Discount Corp.* 2011 US Dist. LEXIS 6227. See also *Eastman Software, Inc. v. Texas Commerce Bank*, NA, 28 SW 3d 79 (Tex. App. 2000).

[3] Charles L. Knapp, ed., *Commercial Damages: A Guide to Remedies in Business Litigation* § 7.04 Contractual Exceptions to the General Rule (Matthew Bender 2017).

[4] Charles L. Knapp, ed., *Commercial Damages: A Guide to Remedies in Business Litigation* § 7.04 Contractual Exceptions to the General Rule (Matthew Bender 2017); D*ependable Component Supply, Inc. v. Carrefour Informatique Tremblant, Inc.*, 2012 US Dist. LEXIS 9246; *Jaffe v. Bank of America*, NA, 674 F. Supp. 2d 1360 (SD Fla. 2009).

[5] *International-Matex Tank Terminals-Illinois v. Chemical Bank*, 2010 WL 3222515; Charles L. Knapp, ed., *Commercial Damages: A Guide to Remedies in Business Litigation* § 7.08 Calculation and Documentation of Fees and Costs (Matthew Bender 2017).

[6] *International-Matex Tank Terminals-Illinois v. Chemical Bank*, 2010 WL 3222515; Charles L. Knapp, ed., *Commercial Damages: A Guide to Remedies in Business Litigation* § 7.08 Calculation and Documentation of Fees and Costs (Matthew Bender 2017).

合理收费，而无需依据任何证据。[1]

最后，值得再度强调的是，1995 UCC §5-111（e）规定的是"强制律师费赔偿"，即无需受益人主张，更无需受益人就其律师费赔偿提供法律依据，法院必须在商业合理范围内判决败诉开证人赔偿胜诉受益人律师费损失。然而，实践中却仍有部分法院忽略强制律师费赔偿的精神，而错误要求受益人举证证明其律师费赔偿具有法律上的依据。[2]

2. 外地律师

有些案件中，索赔律师费赔偿的胜诉方当事人可能并非在法院所在地聘请的律师。此时，法院是按法院所在地通常的律师收费标准来衡量胜诉方当事人索赔的律师费是否合理，还是依据该外地律师所在地通常律师收费标准来衡量律师费是否合理不无疑问。似乎法院通常会默认按照该外地律师所在地收费标准来衡量胜诉方索赔律师费金额是否合理。[3]但是，败诉方往往会去质疑是否有必要聘请外地律师，索赔的律师费和外地律师的技能、声誉与经验相比，是否合理。如果败诉方当事人举证证明法院所在地当地具有相当经验、声誉的律师费收费更低，则法院便有理由质疑外地律师收费的合理性。[4]"IMTT

---

[1] But for different opinion, see *Microsoft Corp v. United Computer Resources of New Jersey Inc.*, 216 F. Supp. 2d 383, 2002: The Court may not, however, adjust the fee for reasons not raised by the objecting party.

[2] See e. g., *International-Matex Tank Terminals-Illinois v. Chemical Bank*, 2010 WL 3222515.

[3] Charles L. Knapp, ed., *Commercial Damages: A Guide to Remedies in Business Litigation* §7.08 Calculation and Documentation of Fees and Costs (Matthew Bender 2017).

[4] *International-Matex Tank Terminals-Illinois v. Chemical Bank*, 2010 WL 3222515. See also Charles L. Knapp, ed., *Commercial Damages: A Guide to Remedies in Business Litigation* §7.08 Calculation and Documentation of Fees and Costs (Matthew Bender 2017).

案"法院便是质疑了聘请芝加哥律师的必要性,并最终否决了受益人根据芝加哥当地律师小时计费标准索赔损失,而是根据法院所在地律师费收费标准判决赔偿。[1]

3. 费用调整

如前述,法院根据 lodestar rule 计算出一个客观基数后,会综合考虑各种因素予以调整。

就胜诉方所提供的律师时间记录,败诉方可以质疑其合理性。如果有证据表明或者法院根据自身经验认定,胜诉方所提供的律师时间记录存在过度的、冗余的部分,则法院可酌情予以全面(across-the-board)扣减。因为胜诉方律师就此冗余的时间收取胜诉方费用并不合理,自然更不应由败诉方赔付。[2]法院的全面扣减可按一定比例扣除律师费的方式进行。此种扣除方法被认为是妥当的,并被认定是对律师费重复计算或其他账单问题的一种惩罚。当胜诉方律师收费过度时,法院认为一项项地分析账单上的项目是不切实际的。故此,只要有合理理由认定胜诉方律师收费过度,便可采用全面削减的方式予以扣除。[3]

此外,如果胜诉方律师的辩护存在明显拖沓冗长,有意进行一些不必要的、无事实根据的辩护、动议、举证请求(discovery

---

[1] International - Matex Tank Terminals - Illinois v. Chemical Bank, 2010 WL 3222515.

[2] International - Matex Tank Terminals - Illinois v. Chemical Bank, 2010 WL 3222515. See also Dependable Component Supply, Inc. v. Carrefour Informatique Tremblant, Inc., 2012 US Dist. LEXIS 9246; Charles L. Knapp, ed., Commercial Damages: A Guide to Remedies in Business Litigation § 7.08 Calculation and Documentation of Fees and Costs (Matthew Bender 2017).

[3] International - Matex Tank Terminals - Illinois v. Chemical Bank, 2010 WL 3222515; Young v. NCH Invs., LLC, 2017 US Dist. LEXIS 113295. See also Charles L. Knapp, ed., Commercial Damages: A Guide to Remedies in Business Litigation § 7.08 Calculation and Documentation of Fees and Costs (Matthew Bender 2017).

requests）等，核定律师费是否合理时也可相应扣除。[1]

如果律师从事了一些与其业务能力不符的行为，特别是律师去从事文书、管理或秘书性质的工作，诸如存档、邮寄或传真文件等，在计算律师费时，这些时间不应按照律师小时收费率标准进行计算。[2]

就胜诉方律师的声誉、经验水平，胜诉方必须提供充分信息。毕竟律师声誉、经验水平不同，小时收费率便不同。[3]例如，一个专门从事反倾销案件的律师，如果来代理信用证案件，即使该律师在反倾销领域经验丰富，其信用证案件收费率也不应依照其反倾销案件收费率来计算，而应是更低。合伙律师和受雇律师身份不同，通常也就意味着其经验差异与声誉不同，自然收费率也就有所不同。如果胜诉方未能提供充分的律师背景信息，法院也可酌情相应扣减。[4]

如果胜诉方律师有多人的话，则重复收费的可能性更高。更多律师意味着需要更多时间开会与沟通，重复账单现象便不可避免，此类费用不应由败诉方承担。自然，就人员冗余造成

---

[1] *International-Matex Tank Terminals-Illinois v. Chemical Bank*, 2010 WL 3222515. See also Charles L. Knapp, ed., *Commercial Damages: A Guide to Remedies in Business Litigation* §7.08 Calculation and Documentation of Fees and Costs (Matthew Bender 2017).

[2] *International-Matex Tank Terminals-Illinois v. Chemical Bank*, 2010 WL 3222515; *Microsoft Corp v. United Computer Resources of New Jersey Inc.*, 216 F. Supp. 2d 383, 2002. See also Charles L. Knapp, ed., *Commercial Damages: A Guide to Remedies in Business Litigation* §7.08 Calculation and Documentation of Fees and Costs (Matthew Bender 2017).

[3] *International-Matex Tank Terminals-Illinois v. Chemical Bank*, 2010 WL 3222515; *LaBarge Pipe & Steel Co. v. First Bank*, 2011 US Dist. LEXIS 96786 (MD La. 2011).

[4] Charles L. Knapp, ed., *Commercial Damages: A Guide to Remedies in Business Litigation* §7.08 Calculation and Documentation of Fees and Costs (Matthew Bender 2017).

的额外时间，法院也可酌情相应扣减。[1]

除了上述诸多考量因素外，还有诸如案件复杂程度、案件时间限定、争议金额及判决赔偿金额、是固定收费还是胜诉酬金等因素也会对最终律师费赔偿额有所影响。例如，在"IMTT案"中，法院正是认为涉案争议简单，而大幅削减胜诉方律师费赔偿额。[2]案件争议金额对最终律师费赔偿也有一定影响，法院判定律师费赔偿额时会有所考量，但注意这并非关键因素。因为案件金额大小和案件难度、律师时间投入并非必然正相关。[3]此外，案件时间紧迫程度对律师费也有影响，一个时间紧迫的案件和时间充裕的案件，律师小时收费率肯定有所不同。而且，律师费收取方式不同，对最终律师费赔偿也有影响。

四、我国不当拒付律师费赔偿

（一）律师费赔偿基本规则

我国民事法律就律师费赔偿基本和美国规则一致，采纳各方当事人自行负担规则。背后逻辑在于，我国并未实行强制律师制度，是否聘请律师纯属当事人自由。[4]自然，律师费支付

---

[1] *International - Matex Tank Terminals - Illinois v. Chemical Bank*, 2010 WL 3222515. See also *Microsoft Corp v. United Computer Resources of New Jersey Inc.*, 216 F. Supp. 2d 383, 2002; Charles L. Knapp, ed., *Commercial Damages: A Guide to Remedies in Business Litigation*, §7.08 Calculation and Documentation of Fees and Costs (Matthew Bender 2017).

[2] *International - Matex Tank Terminals - Illinois v. Chemical Bank*, 2010 WL 3222515. See also D*ependable Component Supply, Inc. v. Carrefour Informatique Tremblant, Inc.*, 2012 US Dist. LEXIS 9246; *Young v. NCH Invs., LLC*, 2017 US Dist. LEXIS 113295.

[3] *LaBarge Pipe & Steel Co. v. First Bank*, 2011 US Dist. LEXIS 96786 (MD La. 2011).

[4]《民事诉讼法》第58条。另可参见黄茂荣:《债法通则之二：债务不履行与损害赔偿》，厦门大学出版社2014年版，第108页。

第五章 不当拒付损害赔偿基本范围

也就并非对方当事人所能够预见。但基于公共利益、鼓励诉讼、避免恶意诉讼等目的，以及在争议具有专业性、技术性等情况下，我国法律与司法解释对律师费各自承担原则也设定了若干例外。据学者总结，[1]民事案件中法院通常可在如下情形判决由败诉方赔偿胜诉方律师费损失：一是合同明确约定由败诉方承担律师费的案件；二是著作权侵权案件；三是商标侵权案件；四是专利侵权案件；五是不正当竞争案件；六是合同纠纷中债权人行使撤销权诉讼案件；七是担保权诉讼案件；八是商事仲裁案件；九是恶意诉讼、虚假诉讼、滥用诉讼权利案件；十是环境公益诉讼案件。[2]

（二）学者对律师费赔偿规则的反思

国内学者早在十多年前便已对律师费各自负担原则进行了反思，并提出律师费转付主张。例如，有学者从法史角度研究指出，败诉方赔偿胜诉方律师费早在古罗马法时期便已存在，并被《优士丁尼法典》所吸收。背后的理论基础在于法院判决

---

[1] 参见吴取彬："哪些案件胜诉后律师费可以由被告承担"，载《中国商报》2017年4月20日。
[2]《最高人民法院关于审理著作权民事纠纷案件适用法律若干问题的解释》（法释〔2002〕31号，2020年修正）第26条；《最高人民法院关于审理商标民事纠纷案件适用法律若干问题的解释》（法释〔2002〕32号，2020年修正）第17条；《最高人民法院关于审理专利纠纷案件适用法律问题的若干规定》（法释〔2015〕4号，2020年修正）第16条；《反不正当竞争法》（2017年修订）第17条；《民法典》第389条、第540条、第691条；《中国国际经济贸易仲裁委员会仲裁规则》（2015年版）第52条（费用承担）第2款；《最高人民法院关于进一步推进案件繁简分流优化司法资源配置的若干意见》（法发〔2016〕21号）第22条；《最高人民法院关于人民法院进一步深化多元化纠纷解决机制改革的意见》（法发〔2016〕14号）第38条；上海市高级人民法院《关于民事案件审理的几点具体意见》（沪高法民〔2000〕44号）第14条；上海市高级人民法院《关于审理道路交通事故损害赔偿案件若干问题的解答》（沪高法民〔2005〕21号）第2条；《最高人民法院关于审理环境民事公益诉讼案件适用法律若干问题的解释》（法释〔2015〕1号，2020年修正）第22条。

败诉即意味着败诉方不正当地主张了其法律立场,[1]而且胜诉方所受律师费损失与败诉方行为之间具有因果关系,[2]或者说属于败诉方可预见范围。

还有学者研究了律师费转付制度的作用。首先,有助于鼓励正当诉讼,抑制无益诉讼。[3]其次,有利于分流案件,减轻司法压力。[4]最后,有助于增加当事人违约、违法成本。当然,最重要的是,由败诉方赔偿胜诉方律师费能够有效弥补胜诉方所遭受的实际损失,从而充分实现民事损害全面赔偿原则,[5]并发挥诉讼"制裁民事违法行为,保护当事人的合法权益"的作用。[6]

正是基于上述诸多原因,中国律协曾明确建议:"胜诉当事人可以请求对方当事人赔偿律师费等合理费用。当事人部分胜诉、部分败诉的,可以按胜诉比例请求对方当事人赔偿律师费等合理费用。律师费用过高的,人民法院可以按照当地通常标准酌定。"[7]

---

〔1〕 屈广清、周后春:"诉讼费(仲裁费)与律师费承担的比较研究",载《河南省政法管理干部学院学报》2003年第4期,第71页。

〔2〕 屈广清、周后春:"诉讼费(仲裁费)与律师费承担的比较研究",载《河南省政法管理干部学院学报》2003年第4期,第77页。

〔3〕 傅郁林:"律师代理费该不该由败诉方承担——兼论我国诉讼成本的控制机制",载《人民法院报》2005年5月18日;杨傲多:"律师费应由败诉方承担",载《法制日报》2007年8月28日;屈广清、周后春:"诉讼费(仲裁费)与律师费承担的比较研究",载《河南省政法管理干部学院学报》2003年第4期,第71页。

〔4〕 傅郁林:"律师代理费该不该由败诉方承担——兼论我国诉讼成本的控制机制",载《人民法院报》2005年5月18日。

〔5〕《民法典》第584条、第1184条。另参见张建升:"败诉方负担律师费是未来趋势",载《检察日报》2003年1月7日。

〔6〕《民事诉讼法》第2条。另参见张建升:"败诉方负担律师费是未来趋势",载《检察日报》2003年1月7日。

〔7〕 中华全国律师协会:"律师费当由败诉方当事人负担",载《检察日报》2012年7月16日。

第五章 不当拒付损害赔偿基本范围

然而，时至今日，我国仍仅是在有限领域实行了律师费转付制度。

(三) 不当拒付律师费赔偿判决梳理

在笔者搜集范围内，信用证不当拒付案中受益人有明确主张律师费赔偿的案件共 20 起，法院最终判决开证人应赔偿受益人律师费损失的案件共 6 起，其中 3 起由天津市的中级与高级人民法院判决。这 6 起中，除 1 起没有给予判决理由外，[1]另外 5 起法院都有给予判决理由。[2]但理由多只是简单地基于受益人所支出的律师费是开证人不当拒付所造成，甚至是基于开证人未能就受益人主张的律师费损失赔偿予以反驳。

剩余 14 起主张律师费赔偿的案件中，法院都明确驳回受益人律师费索赔主张。除 2 起案件没有说明驳回理由外，[3]有 5 起案件法院基于受益人未举证证明其律师费金额或已实际支付

---

[1] 天津市高级人民法院"北京圣仑恒业国际贸易有限公司与韩国中小企业银行信用证欠款纠纷案"[2002]津高民四终字第 5 号，天津市第一中级人民法院[2002]一中经初字第 56 号。

[2] 江苏省高级人民法院"常州市金誉来商贸有限公司与株式会社新韩银行信用证议付纠纷案"[2013]苏商外终字第 0024 号；江苏省无锡市中级人民法院[2012]锡商外初字第 0021 号；天津市高级人民法院"韩国中小企业银行与河北省保定市进出口贸易公司银行信用证纠纷上诉案"[2003]津高民四终字第 40 号；天津市第一中级人民法院"大连中垦鑫源国际贸易有限公司诉韩国株式会社新韩银行信用证纠纷案"[2004]一中民三初字第 105 号；北京市第二中级人民法院"苏黎世财务有限公司与广东发展银行北京分行涉外票据纠纷案"[1999]二中经初字第 1837 号；威海威克贸易有限公司与株式会社韩亚银行信用证纠纷案（案号及审理法院不详，载吴庆宝、孙亦闽、金赛波主编：《信用证诉讼原理与判例》，人民法院出版社 2005 年版，第 638~643 页）。

[3] 天津市第一中级人民法院"唐山汇达集团进出口有限公司与中国光大银行天津分行信用证纠纷案"[2001]一中经初字第 336 号；北京高级人民法院"意大利信贷银行诉哈尔滨经济技术开发区对外经济贸易公司信用证结算纠纷上诉案"[2000]高经终字第 376 号；北京第二中级人民法院[1998]二中经初字第 55 号。

— 465 —

而驳回受益人主张，[1]有1起案例法院以受益人所主张的律师费"不能完全认定是因本案而支出的费用"，[2]其潜台词是否意味着只要受益人能够举证证明其实际支付的律师费金额，法院便会支持，并不清楚。此外，有4起案例法院以缺乏法律依据为由驳回受益人主张；[3]有2起案例法院基于当事人之间并未约定律师费赔偿而驳回受益人主张。[4]显然背后的逻辑在于，律师费赔偿并无法律依据，除非开证人与受益人之间有约定律师费赔偿，否则法院不予支持。当然，这14起案例否认律师费

---

〔1〕 江苏省高级人民法院"江苏华西国际贸易有限公司诉韩国中小企业银行信用证议付纠纷上诉案"［2009］苏商外终字第0003号；无锡市中级人民法院［2009］锡民三初字第56号；江苏省无锡市中级人民法院"江苏华西国际贸易有限公司诉釜山银行信用证议付纠纷案"［2009］锡民三初字第55号；浙江省高级人民法院"株式会社庆南银行与舟山市世创水产有限公司信用证纠纷上诉案"［2010］浙商外终字第15号；浙江省高级人民法院"水产业协同组合中央会与舟山市世创水产有限公司信用证纠纷上诉案"［2010］浙商外终字第16号；江苏省南京市中级人民法院"中国光大银行股份有限公司南京分行与交通银行股份有限公司江苏省分行信用证纠纷案"［2015］宁商外初字第31号。另在山东省高级人民法院"中国长江航运集团对外经济技术合作总公司、中国长江航运集团青山船厂与中国建设银行股份有限公司青岛中山路支行海事担保合同纠纷案"［2014］鲁民四终字第148号中，法院也是以受益人主张的"律师费用及其他法律费用的损失，没有证据证明"而驳回受益人主张。但鉴于该案法院以保函不具有涉外性而认定其为从属担保，故未纳入统计范围。

〔2〕 北京市第二中级人民法院"深圳高富瑞粮油食品有限公司诉德意志银行损失赔偿纠纷案"［1996］二中经初字第471号。

〔3〕 浙江省高级人民法院"中国机械设备工程股份有限公司与中国建设银行股份有限公司杭州宝石支行保证合同纠纷案"［2013］浙商外终字第89号；四川省高级人民法院"农协银行株式会社与中国农业银行股份有限公司成都总府支行信用证纠纷案"［2018］川民终187号；上海市第一中级人民法院"北京丽格林进出口有限公司与荷兰合作银行有限公司上海分行保证合同纠纷案"［2015］沪一中民六（商）初字第S413号；浙江省宁波市中级人民法院"宁波南衡进出口有限公司与株式会社新韩银行信用证纠纷案"［2020］浙02民初281号。

〔4〕 山东省青岛市中级人民法院"三阳纺织有限公司与韩国外换银行信用证纠纷案"［2005］青民四初字第317号；江苏省南京市中级人民法院"中国光大银行股份有限公司南京分行与交通银行股份有限公司江苏省分行信用证纠纷案一审民事判决书"［2015］宁商外初字第31号。

赔偿的案件中,有 2 起案例法院判决结论是准确的。即,在"UBAF 案"中,[1] 因为反担保履约保函受益人索赔的是其自己对外开立的预付款保函下所遭受的律师费损失,而非其在反担保履约保函下所遭受的律师费损失。法院基于两者之间"无对应关系"而驳回了受益人的律师费主张;[2] 在"农协银行案"中,[3] 议付人索赔的律师费等费用不仅包括他在本案诉讼中所支付的部分,而且还包括在基础合同下及与受益人确认之诉中所支付的部分,就后一部分费用索赔,法院明确指出,"基础贸易合同的诉讼是买卖合同中的买方以卖方信用证欺诈为由提起的诉讼",开证人"并非上述案件当事人",议付人因此而支出的相关费用,与开证人"无关";议付人"也没有举证证明在韩国进行的确认之诉与本案诉讼之间的关联性"。如前述,无论是"UBAF 案"中法院所述的"无对应关系"还是"农协银行案"法院所述的"无关"或缺乏"关联性",本质上都是信用证或保函独立性的体现。[4]

从上述统计可知,就受益人起诉开证人不当拒付案中,法院真正判决开证人应赔偿受益人律师费损失的案件非常之少,仅有有限的 6 件而已,仅占全部不当拒付案的 7.5%。绝大多数不当拒付案中受益人都没有主张律师费赔偿。没有主张的原因,可能最为根本的是缺乏律师费赔偿的必要法律依据。但即使是支持律师费赔偿的案件中,法院并未就律师费是否合理进行审

---

[1] 最高人民法院"中国银行河南省分行与阿拉伯及法兰西联合银行(香港)有限公司独立保函纠纷案"[2018] 最高法民终 880 号。

[2] 王金根:"论独立保函不当拒付损害赔偿:以中国银行与 UBAF 独立保函纠纷案为中心",载《经贸法律评论》2021 年第 1 期,第 105~106 页。

[3] 四川省高级人民法院"农协银行株式会社与中国农业银行股份有限公司成都总府支行信用证纠纷案"[2018] 川民终 187 号。

[4] 参见本书第五章第二节。

查，败诉当事人也并未提出律师费是否合理的抗辩。此外，还有值得提出的是，通常胜诉一方当事人主张律师费赔偿的，多应提供实际支付律师费的发票，但在一案件中，法院判决指出，即使受益人并未实际全额支付律师费，但"尚未支付的6.4万元是肯定要发生的费用"，故开证人同样应予以赔偿。[1]法院的做法体现了一定的灵活性。

（四）应然立场

在信用证不当拒付中，明确肯定律师费赔偿，或者说承认律师费转付规则，有其必要性。律师费赔偿不仅能够起到维护胜诉方权益、惩处败诉方违法行为、鼓励争议双方通过诉讼外的途径解决纠纷从而分流诉讼压力等作用。更为关键的是，肯定律师费赔偿有助于实现信用证的商业目标与功能。

如前述，信用证所追求的是付款的迅捷性、确定性，低成本与高效率。信用证的所有制度，都应围绕这些目标来设计，这当然包括不当拒付损害赔偿制度。如果否认信用证不当拒付律师费转付规则，则意味着开证人在不当拒付下无需就其违法行为受到任何"惩罚"，甚至有可能因迟延付款而获益，从而导致开证人有动机选择不当拒付。而如果明确一旦开证人败诉，便应赔偿受益人包括律师费在内的所有信用证项下损失，则定会促使开证人决定拒付前思之再三，不去随意拒付。由此实现信用证付款的迅捷性、确定性、低成本与高效率目标。参与信用证交易的中间人，特别是银行，也能够有意愿参与信用证交易并为受益人提供贴现、议付等融资服务，并最终促进贸易的顺利实现。[2]

---

〔1〕 北京市第二中级人民法院"苏黎世财务有限公司与广东发展银行北京分行涉外票据纠纷案"[1999]二中经初字第1837号。

〔2〕 王金根："论独立保函不当拒付损害赔偿：以中国银行与UBAF独立保函纠纷案为中心"，载《经贸法律评论》2021年第1期，第106~107页。

而且，从更为宏观层面来讲，明确律师费赔偿也是大势所趋。基本上欧洲大陆国家都实行律师费转付规则，[1]而只有日本、中国等少数国家和美国一样，实行律师费各自负担规则。[2]但是，由于美国在信用证不当拒付中，除少数州外，基本都承认由败诉方赔偿胜诉方律师费规则。再加上，由美国法学会和国际私法统一协会联合草拟的《跨国民事诉讼程序原则》于25.1条明确规定，"通常情况下应判给胜诉方当事人全部或大部分的合理费用。此'费用'包括案件受理费、向法院速记员等官员支付的费用、专家证人费等费用，以及律师费"。[3]因此，由败诉方赔偿胜诉方律师费已是大势所趋。

最为关键的是，我国并不存在承认由败诉方赔偿胜诉方律师费的障碍。

首先，我国学者与律师界多是肯定败诉方赔偿胜诉方律师费的合理性及所能够起到的作用。[4]而最高人民法院在后来的回复中，也明确承认律师费转付制度具有积极意义。[5]

其次，由胜诉方赔偿败诉方律师费并不存在法律上的障碍。

---

[1] See especially Article 6 (3) (Compensation for Recovery Costs) of Late Payment Directive 2011/7/EU.

[2] Markus Jager, *Reimbursement for Attorney's Fees*, at 1 (Eleven International Publishing 2010).

[3] 本翻译参考了史新亚先生的翻译文本，载 https://www.unidroit.org/english/principles/civilprocedure/ali-unidroitprinciples-chinese.pdf，访问日期：2021年2月10日。

[4] 中华全国律师协会："律师费当由败诉方当事人负担"，载《检察日报》2012年7月16日。

[5] 最高人民法院2014年3月28日"关于国家考虑律师费由败诉方承担问题"的答复，载 http://www.court.gov.cn/zixun-xiangqing-6259.html，访问日期：2021年2月10日；最高人民法院2018年6月13日"关于建立律师费用转付制度的提案的答复"，载 https://mp.weixin.qq.com/s/g5_s66Mdz1m1LZKmsPwlhw，访问日期：2021年2月10日。

如前述,信用证不当拒付损害赔偿原则上可适用《民法典》的违约损害赔偿规则,而《民法典》第584条明确肯定了全面赔偿原则。鉴于信用证及信用证纠纷的专业性、技术性,在开证人不当拒付时受益人聘请律师提供专业法律服务,完全可为开证人所预期。[1]这在开证人与申请人合同中明确约定开证人就其所遭受的包括律师费在内的损失全部由申请人承担与赔偿中可窥见一斑。[2]因此,由开证人赔偿受益人律师费损失,并不会"超过违反合同一方订立合同时预见到或者应当预见到的因违反合同可能造成的损失"。因而,《民法典》的违约损害赔偿规则足以涵盖律师费赔偿。[3]

当然,应当承认的是,开证人所能预见也理应预见的律师

---

〔1〕 参见黄茂荣:《债法通则之二:债务不履行与损害赔偿》,厦门大学出版社2014年版,第108页。

〔2〕 参见浙江省绍兴市中级人民法院"上海浦东发展银行股份有限公司绍兴分行与浙江家天下家纺有限公司、绍兴县郑尚秀进出口有限公司、绍兴楚通纺织有限公司、尚秀玉信用证融资纠纷案"〔2014〕浙绍商外初字第55号;广东省佛山市中级人民法院"中国建设银行股份有限公司顺德分行与佛山市尚扬进出口有限公司等信用证融资纠纷案"〔2014〕佛中法民二初字第74号。ISP98甚至直接规定申请人必须偿付开证人律师费损失〔ISP98 Rule 8.01(b)〕。

〔3〕 最高人民法院"四川汉能光伏有限公司、成都西航港工业发展投资有限公司企业借贷纠纷案"〔2018〕最高法民终1214号。事实上,确认《民法典》第584条全面赔偿原则涵盖了律师费赔偿,在比较法上也有其依据。See Acquis Principles Article 8: 402 (Measure of damages); Reiner Schulze ed. , *Common Frame of Reference and Existing EC Contract Law*, at 339–340 (Sellier. European Law Publishers 2008); Felemegas, *The Award of Counsel's Fees under Article 74 CISG, in Zapata Hermanos Sucesores v. Hearthside Baking Co.* (2001), available, at http://www.cisg.law.pace.edu/cisg/biblio/felemegas1.html, visited on 2021-2-10; Burno Zeller, *Damages under the Convention on Contracts for the International Sale of Goods*, at 139–160 (Oxford University Press 2nd ed 2009);刘瑛:《国际货物买卖中的损害赔偿制度实证研究》,中国人民大学出版社2013年版,第169页;王徽:"CISG视角下争议解决费用的分摊",载《国际商务研究》2018年第2期,第77~86页。But see *CISG AC Opinion No. 6 Calculation of Damages under CISG Article* 74, available at: http://cisgw3.law.pace.edu/cisg/CISG-AC-op6.html, visited on 2021-2-10。

费应当是合理范围内的律师费，超过合理范围的律师费不应由开证人承担。一方面因为超过了开证人的预见范围，另一方面，受益人的奢侈不应由开证人以及最终的申请人来买单。

而信用证不当拒付律师费损害赔偿规则最为核心的是律师费赔偿数额合理性判定问题。对此，学者建议，可由法律规定由败诉方承担一个合理的数额。[1]但立法机构又依据什么标准来规定"合理的数额"，似乎并不明确。

另有学者建议，可根据不同收费方法设定不同标准。如果胜诉方律师是按小时计费，可由法律规定律师费每小时收费上限，同时以争议标的额为参数限定律师费上限，诸如是按小时计费的律师费总额不得超过不当拒付争议标的额的30%。[2]如果胜诉方律师是根据争议标的额固定收费，则法律可规定一确定标准，败诉方仅需在该标准范围内赔偿胜诉方律师费损失；同时法律设定一上限，容许胜诉方和其律师在法定上限范围内自由协商律师费收费标准。据此，一方面不会过于限制优秀律师竞争空间，另一方面又保障了败诉方承担律师费赔偿的确定性与可预见性。[3]

应当承认，建议律师费按照小时收费制与固定收费制分别规定一个标准或上限，兼具灵活性与可预见性，可以比较好地衡平胜诉方与败诉方利益。但"标准"或"上限"如何确定，恐怕并不容易。而且，即使按照一定因素设定了一个当时合理的标准或上限，是否又会随着时间推移及物价水平的涨跌而失

---

[1] 屈广清、周后春："诉讼费（仲裁费）与律师费承担的比较研究"，载《河南省政法管理干部学院学报》2003年第4期，第77页。

[2] 傅郁林："律师代理费该不该由败诉方承担——兼论我国诉讼成本的控制机制"，载《人民法院报》2005年5月18日。

[3] 傅郁林："律师代理费该不该由败诉方承担——兼论我国诉讼成本的控制机制"，载《人民法院报》2005年5月18日。

去其合理性呢？或者说，标准或上限是否应随客观情事而相应调整呢？

实际上，从我国律师费收费大趋势来看，废除政府指导价，实行市场调节价已是大势所趋。[1]果如此，则在信用证不当拒付损害赔偿案件中，我们再固守传统政府指导价并据此立法设定败诉方律师费赔偿标准，便过于保守与僵化。笔者以为，一旦律师费收费市场化已成趋势，则我们理应放弃以立法方式为律师费及律师费赔偿设定标准或上限的方案，而是交由法院根据律师当地通常收费标准，并在适当结合考虑各相关因素基础上，判定具体索赔律师费金额是否合理。

就当地通常律师收费标准，应由受益人承担举证义务。至于相关考量因素，笔者以为，美国法院前述诸项考量因素可为我国所借鉴。实际上，我国多数地区律师收费有关管理办法也明确了类似考量因素。例如，《上海市律师服务收费管理办法》规定，律师事务所与委托人协商确定律师费收费标准时，应当考虑耗费的工作时间、法律事务的难易程度、律师事务所与律师的社会信誉和工作水平及可能承担的风险和责任等。[2]而法院在个别案件中判决律师费赔偿额时也明确将上述因素纳入考量范围。[3]

---

[1] "北京市司法局、北京市律师协会《关于全面放开我市律师法律服务收费的通知》"，载 https://www.beijinglawyers.org.cn/cac/1519968117915.html，访问日期：2021年2月10日。

[2]《上海市律师服务收费管理办法》（沪发改规范〔2017〕3号）第9条。另可参见《北京市律师服务收费管理办法》（京发改规〔2016〕10号）（已失效）第9条；《广东省律师服务收费管理实施办法》（粤价〔2006〕10号）第6条；《江苏省律师服务收费管理实施办法》（苏价规〔2016〕9号），等等。

[3] 浙江省温州市中级人民法院"中国银行股份有限公司温州经济技术开发区支行与恒钢金属销售有限公司、瑞田钢业有限公司等信用证纠纷案"〔2013〕浙温商外初字第69号。

第五章 不当拒付损害赔偿基本范围

与此同时，为避免胜诉方与其律师串通故意虚高律师费，法院及败诉方应要求胜诉方提供律师事务所出具的律师收费发票。[1]当然，实践中可能会存在判决时受益人尚未实际支付或全额支付律师费的情形，此时法院应容许当事人事后一定期限内另行提交律师费收费发票，并据此索赔律师费赔偿。[2]注意，此时一方面，法院不应径直以胜诉方未提供律师费发票为由直接驳回胜诉方的律师费索赔，[3]另一方面，法院也不能简单以胜诉方尚未支付的律师费部分是"肯定要发生的费用"为由，而径行判决败诉方必须赔偿该部分损失。[4]

当然，依据《民法典》第584条判决律师费赔偿也并非毫无漏洞。因为一旦法院判决受益人败诉、开证人拒付合法时，开证人将无法依据《民法典》第584条要求受益人赔偿其律师费损失。因为《民法典》第584条规定的损害赔偿系以违约为前提，开证人胜诉时，似乎难以认定受益人便存在违约行为。

---

[1] 吴取彬："哪些案件胜诉后律师费可以由被告承担"，载《中国商报》2017年4月20日。

[2] 实际上，越来越多的法院注意到这一问题，而容许胜诉方另行起诉索赔律师费。参见浙江省绍兴市中级人民法院审理的"上海浦东发展银行股份有限公司绍兴分行与浙江家天下家纺有限公司、绍兴县郑尚秀进出口有限公司、绍兴楚通纺织有限公司、尚秀玉信用证融资纠纷案"[2014]浙绍商外初字第55号；广东省佛山市中级人民法院"中国建设银行股份有限公司顺德分行与佛山市尚扬进出口有限公司等信用证融资纠纷案"[2014]佛中法民二初字第74号。

[3] 在浙江省高级人民法院"水产业协同组合中央会与舟山市世创水产有限公司信用证纠纷上诉案"[2010]浙商外终字第16号、江苏省无锡市中级人民法院"江苏华西国际贸易有限公司诉釜山银行信用证议付纠纷案"[2009]锡民三初字第55号、江苏省高级人民法院"江苏华西国际贸易有限公司诉韩国中小企业银行信用证议付纠纷案"[2009]苏商外终字第0003号，无锡市中级人民法院[2009]锡民三初字第56号中，法院均是以受益人未能举证律师费金额或未提供相应证据材料为由驳回受益人律师费索赔。

[4] 北京市第二中级人民法院审理的"苏黎世财务有限公司与广东发展银行北京分行涉外票据纠纷案"[1999]二中经初字第1837号；最高人民法院"吴晓光与李强、杨娟等民间借贷纠纷案"[2016]最高法民终613号。

因此本书认为,最佳方案仍然是通过立法或司法解释确认信用证下律师费转付规则,从而为胜诉的开证人向受益人索赔律师费提供法律依据。但在立法解释或司法解释颁布之前,似乎可以考虑以败诉的受益人违反信用证这一特殊合同下的附随义务为由追究其对胜诉开证人律师费的赔偿责任。

最后,如前述,律师费转付规则也存在一定缺陷,即可能会导致资金实力一般的受益人不敢或不愿提起诉讼维护自身合法权益。为此,一方面,我们有必要逐步配套建立诉讼保险和律师费援助制度;[1]另一方面,我们也可鼓励受益人在此情况下采用风险代理。

诉讼保险能够为具有合法理由但又无法保证必定胜诉的受益人起诉开证人不当拒付提供保障,一旦受益人败诉,将由保险公司支付受益人本应赔偿开证人的律师费。因保险公司基于利益考虑而会严格审查、评估受益人诉讼的胜诉率,故此在一定程度上能有效减少滥诉情形的发生。[2]

而风险代理以最终结果为导向,根据律师服务所产生的最终效果为依据认定是否应支付律师费,从而更能调动律师的能动性。应当说,风险代理为所有人,特别是那些有合理依据但缺乏资金实力的受益人提供了利用法律武器维护自身合法权益的机会。[3]

当然,由于风险代理下一旦受益人胜诉,其律师将通常会

---

[1] 张建升:"败诉方负担律师费是未来趋势",载《检察日报》2003年1月7日。

[2] See David A. Root, "Attorney Fee-Shifting in America: Comparing, Contrasting, and Combining the 'American Rule' and 'English Rule'", 15 Ind. Int'l & Comp. L. Rev., 583, 601~602 (2005).

[3] David A. Root, "Attorney Fee-Shifting in America: Comparing, Contrasting, and Combining the 'American Rule' and 'English Rule'", 15 Ind. Int'l & Comp. L. Rev., 583, 598 (2005).

收取比一般收费标准更高的律师费,此时为维护败诉方的合法权益,不能当然地认为该胜诉酬金完全由败诉方承担。[1]败诉方赔偿胜诉方的律师费范围,仍应是以胜诉方聘请的律师当地通常收费标准为准。

第六节 本章小结

综上所述,美国就信用证不当拒付损害赔偿,由早期的根据基础合同确认开证人损害赔偿范围,到遵循信用证独立性精神,将开证人不当拒付损害赔偿仅限于受益人信用证下所遭受的损失本身。因而,受益人得索赔者,为信用证被拒付汇票或索款表面金额,而不包括受益人基础合同下诸如滞期费、滞港费等损失。

同样基于信用证独立性,受益人在信用证下对开证人并无减轻损失的义务。如此规定有助于避免给予开证人不当拒付动机,维护信用证付款的确定性与迅捷性。由此,开证人因不当拒付而应赔偿受益人损失时,不能以受益人未减轻损失进行抗辩。

显然,美国上述规定的精神在我国法语境下同样适用,基于信用证独立性原则,开证人同样无需赔偿受益人基础合同下的损失,而受益人也同样无需对开证人承担减轻损失的义务。

根据 1995 UCC § 5-111 (a) 的规定,受益人可以主张信用证下其所遭受的附带损失,但却不得主张信用证下的间接损失赔偿。由此决定了受益人不得要求开证人承担迟延承付而给受

---

[1] 傅郁林:"律师代理费该不该由败诉方承担——兼论我国诉讼成本的控制机制",载《人民法院报》2005 年 5 月 18 日;Charles L. Knapp, ed., *Commercial Damages: A Guide to Remedies in Business Litigation* § 7.04 Contractual Exceptions to the General Rule (Matthew Bender 2017).

益人造成的汇率损失。然而，此否定间接损失赔偿的规定更多地是以受益人为代表的利益方以及以开证人为代表的利益方博弈的结果。其并不符合传统合同法损害赔偿中的完全赔偿原则与可预见性原则的精神，也不利于限制开证人不当拒付动机。故此，从我国《民法典》背景出发，我们理应承认受益人得以主张信用证下可预见范围内的"间接损失（汇率损失）"赔偿。

律师费的赔偿不仅能够起到维护胜诉方权益、惩处败诉方违法行为、鼓励争议双方通过诉讼外的途径解决彼此纠纷从而分流诉讼压力等作用，更为关键的是，肯定律师费赔偿有助于实现信用证的商业目标。1995 UCC §5-111(e) 有关律师费强制赔偿规定对我国具有很大借鉴意义。

实践中，我国法院偶有判决承认开证人不当拒付时对受益人律师费的赔偿责任。但律师费赔偿理应在合理范围之内，应无疑问。当然，实际上 1995 UCC §5-111(e) 所规定的"法律费用"范围非常广泛，包括受益人所支付的专家证人费、差旅费、证据材料翻译费等。因这些费用损失通常都是属于开证人开立信用证时所能够预见或理应预见的范围，故而在我国法背景下，法院理应判决开证人赔偿。

总而言之，在我国法背景下，一旦开证人构成不当拒付，受益人得依据《民法典》第584条（或第579、583和584条）主张被拒付的汇票或索款表面金额，外加迟延利息，开证人开立信用证时可预见的附带损失与间接损失（汇率损失），以及合理的律师费等法律费用。

结 论

信用证是指开证人对受益人开具的于受益人提交相符单据时予以承付的确定书面承诺。

信用证具有付款、担保、融资与促进交易的功能。其追求的商业目标在于付款的迅捷、确定、低成本与高效率。而信用证独立性原则及严格相符原则是有效实现上述功能与目标的重要基础。信用证所有法律制度都是构建在上述目标、功能与原则之上的。这些构成了我们解释信用证法律制度是否妥当的标尺。

信用证从本质上来讲，系开证人与受益人之间的特殊的、单务的、金钱债务合同。该合同自信用证到达受益人之时起便成立并生效。由此决定了一旦开证人不当拒付，受益人得基于我国《民法典》第 584 条违约损害赔偿的规定（或《民法典》第 579、583 和 584 条关于金钱债务实际履行及额外损失赔偿的规定）追究开证人赔偿责任。当然，基于信用证开立方式、严格相符原则与独立性原则，以及信用证所追求的商业目标，信用证具有异于一般合同的特殊性。由此导致信用证不当拒付损害赔偿从构成要件到具体赔偿范围，在一定程度上都异于一般合同违约损害赔偿。这也正是本书研究的意义所在。

受益人欲追究开证人不当拒付损害赔偿责任，首先必须举证证明开证人所开立的文件为信用证，即必须在主体、形式与内容方面满足信用证的必要构成要素。具体而言，信用证必须具备具名开证人、具名受益人、书面形式、签署、确定的承付、确定或可确定的金额以及明确的单据要求等基本要素。其次，受益人必须举证证明其交单尚在信用证有效期内。对此，应注意信用证交单期与有效期的不同。原则上，受益人在信用证交单期外有效期限内交单的，开证人仍承担拒付通知义务，否则将会构成不当拒付；而受益人在信用证有效期外交单的，开证人并不承担拒付通知义务，尽管实务中开证人通常都会通知。对于开证人而言，其必须要注意循环信用证中有效期限的终止问题。一旦开证人未能以清楚明晰的措辞于限定期限内表达拒绝信用证延期的意思，将会导致信用证继续展期，从而开证人必须按照适用法律审核受益人交单并决定是否拒付。最后，受益人必须举证证明开证人存在不当拒付行为。此不当拒付根据开证人违反的期限，可分为预期不当拒付与实际不当拒付。而实际不当拒付又可分为两种情形：一是受益人交单与信用证严格相符，但开证人无合理理由拒付（严格相符下的不当拒付）；二是尽管受益人交单不符，但开证人未能遵守拒付通知要求或退单要求，导致失权（失权下的不当拒付）。应注意的是，由于UCP600、ISP98、URDG758、1995 UCC§5、《公约》以及我国《结算办法》就开证人拒付通知与退单要求规定并不一致，因此会导致根据UCP600开证人构成实际不当拒付，但根据ISP98、URDG758或1995 UCC§5等却又不构成不当拒付的情形。此以开证人拒付通知中是否必须表明单据处置方式以及是否必须及时、完整、无条件、原样退单最为明显。

根据美国相关判例，预期不当拒付可类型化为明示预期不当拒付与默示预期不当拒付。其中，明示预期不当拒付主要表现为：无合法理由明确告知受益人将不履行承付义务；开证人单方要求撤销、退还信用证或主张信用证无效；开证人无正当理由拒绝信用证自动续期。而默示预期不当拒付表现为：开证人单方强制要求增加或修改信用证条款；分期支款或循环信用证下开证人就某一期支取不当拒付；开证人破产或资不抵债。一旦开证人构成预期不当拒付，受益人即可免除交单义务。但毕竟由于开证人承担承付义务的前提是受益人交单相符，因此如何平衡预期不当拒付的开证人与无需交单的受益人之间的利益，便非常关键。按照美国各判例所确认的规则，受益人无需交单，但却必须承担举证证明其有能力、有意愿且已经准备好了履行交单义务，只是由于开证人预期不当拒付，导致受益人无需去从事毫无意义的交单行为而已。否则，受益人将有不当得利之嫌。当然，鉴于开证人才是违约方，如果法院过于强调受益人举证证明其提交相符单据的意愿与能力，显然有违公平精神。因此，本书认为，法院对此要求不应过于严苛，只要单据要求合理，不存在难以做到的软条款，便应推定受益人具有提交相符单据的能力与意愿。相反，开证人如欲反驳，其必须提交确切证据予以证明。

但无论如何，如果开证人有充分证据证明受益人实施了信用证欺诈，则可以欺诈例外来抗辩受益人的索款。且开证人的信用证欺诈例外抗辩不受信用证有效期或开证人审单期限的限制。只是开证人应明白，我国法院就开证人欺诈例外抗辩限定条件总体上要严于美国法。在我国，只有受益人实施了欺诈或知悉欺诈而仍然提交单据索款的，开证人才可主张拒付。如果受益人并未实施欺诈，也无证据证明受益人交单时知悉第三人实施了欺诈，则开证人不得主张欺诈例外抗辩。

追究信用证不当拒付损害赔偿责任的适格原告，除了受益人外，还包括第二受益人、法定受让人、款项受让渡人以及被指定人。而信用证不当拒付损害赔偿责任的适格被告，除开证人外，还包括保兑人。通知人、转开证人以及申请人并非信用证不当拒付损害赔偿的适格被告。至于被指定人、偿付人，如果其事先有明确向对方当事人表达承付、议付或偿付的意图的，则也构成信用证不当拒付损害赔偿的适格被告。对此中美两国大体精神一致，只是就信用证款项让渡，美国法明确赋予开证人是否承认的权利。由此导致在未经开证人承认的信用证款项让渡下，受让渡人将无权享有追究开证人不当拒付损害赔偿的权利。而我国并无类似限制。

　　就信用证不当拒付损害赔偿范围，美国 UCC 及相关法院判例有个逐步演变过程。具体而言，此演变过程体现在如下诸方面：首先，计算损害赔偿方法上，实现由买卖赔偿法到表面金额法的转变，即计算损害赔偿时需以受益人（卖方）基础买卖合同下所遭受的实际损失为依据，到单纯以受益人遭受不当拒付时其信用证下所遭受的损失为依据。其次，买卖赔偿法以基础买卖合同下卖方（受益人）的实际损失为赔偿依据，体现了信用证不独立于买卖合同的精神。而表面金额法则是纯粹以受益人信用证下所遭受的损失为赔偿依据，和基础合同下债权人的损失无关，体现了不当拒付损害赔偿中信用证同样独立于基础合同的精神。同时，这也表明信用证不当拒付损害赔偿规则实现了从仅适用于商业信用证到同样适用于备用信用证（独立保函）的转变。再次，由明确肯定受益人对开证人承担基础合同项下减轻损失的义务，到明确否定受益人对开证人承担基础合同项下减轻损失义务的转变。这是信用证独立性原则在不当拒付损害赔偿中的当然要求。当然，为避免受益人不当得利，法律也明确强调，如果开证人有证据证明受益人实际减轻损失了，则该减轻损失部分应从损害赔偿中予以扣除。复次，同样是基于信用证独立性原则，由明确将受益人得主张的附带损失界定为基础买卖合同下的附带损失,到强调受益人得主张的附带损失仅为信用证下的附带损失。又次,由区分实际不当拒付损害赔偿与预期拒付损害赔偿,到统一计算实际不当拒付与预期不当拒付损害赔偿,而不再根据受益人是否已经取得信用证下单据而异其规定。换言之,等于是在预期不当拒付中,受益人也得主张信用证表面金额,外加利息、附带损失以及律师费等。最后,由间接否定间接损失赔偿到明确否定间接损失赔偿权利。当然,作为平衡,UCC修改了传统美国普通法所遵循的律师费各自负担规则,而要求法院主动判决败诉方承担胜诉方包括律师费在内的所有法律费用损失。

上述演变史,一方面是将信用证独立性原则贯彻于信用证不当拒付损害赔偿的结果,另一方面也是信用证单纯由商业信用证过渡到商业信用证与备用信用证并存的体现。同时,更是贯彻简化损害赔偿规则、避免过度昂贵诉讼目的,以实现信用证所追求的迅捷、确定、高效与低成本商业目标的结果。

应当来讲,美国信用证不当拒付损害赔偿演变史对我们准确理解信用证独立性原则及其所追求的付款迅捷、确定、低成本与高效目标,具有重大意义。我国信用证不当拒付损害赔偿制度的规则适用,理应遵守上述原则与目标,当然也必须同时兼顾我国《民法典》规定的精神。基于此,本书认为,我国信用证不当拒付损害赔偿应注意如下几点:

第一,基于信用证独立性原则,开证人只需赔偿受益人信用证下所遭受的损失,而无需赔偿受益人基础合同下所遭受的损失。同理,开证人也不得以受益人基础合同下实际损失为由来抗辩受益人信用证下损害赔偿主张。由此决定了受益人在基础合同下遭受的滞期费、滞港费、仓储费、出口退税等损失无权要求开证人赔偿,其只能在基础合同下要求申请人赔偿。

第二，同样基于信用证独立性，受益人在信用证下对开证人并无减轻损失义务。如此规定有助于避免给予开证人不当拒付动机，维护信用证付款的确定性与迅捷性。但一旦开证人有证据证明受益人实际减轻了损失，则开证人有权主张在损害赔偿中予以扣减。当然，在不当拒付诉讼存在不确定性时，从维护自身利益角度出发，受益人理应尽力去减轻损失并索赔被拒付表面金额与单据转售价格之间的差额，外加利息等损失；而开证人也应尽力去配合受益人，诸如采取临时措施，以双方名义共同处理该批次货物，并将款项存入共同账户名下。

第三，受益人得索赔的损失，除了受益人实际索款金额本身及利息外，尚可索赔附带损失甚至是间接损失，只要该损失在开证人开立信用证时可预见的范围内。1995 UCC§5-111（a）否认受益人主张信用证下间接损失赔偿的规定并不可取。因为此否定间接损失赔偿的规定更多的是以受益人为代表的利益方以及以开证人为代表的利益方博弈的结果，其并不符合我国《民法典》的违约损害赔偿完全赔偿原则与可预见性原则的精神，也不利于限制开证人不当拒付动机。当然，鉴于信用证系由开证人单方向受益人出具，而未经一般合同签订的反复磋商过程，故而开证人可预见的损失范围比一般合同下违约方可预见的范围要窄。基于此，受益人得要求开证人承担迟延承付而给其造成的汇率损失。

第四，律师费赔偿不仅能够起到维护胜诉方权益、惩处败诉方违法行为、鼓励争议双方通过诉讼外的途径解决彼此纠纷从而分流诉讼压力等作用，更为关键的是，肯定律师费赔偿还有助于实现信用证商业目标。当然，律师费赔偿理应在合理范围之内。1995 UCC§5-111（e）有关律师费强制赔偿规定对我们具有很大的借鉴意义。实际上，1995 UCC§5-111（e）所规定的"法律费用"范围非常广泛,包括受益人所支付的专家证人费、差旅费、证据材料翻译费等。因这些费用损失通常都是属于开证人开立信用证时所能够预见或理应预见的范围,故而在我国法背景下,法院也理应判决开证人赔偿。

总而言之,信用证所追求的是付款的迅捷性、确定性,低成本与高效率。信用证相关的所有制度,包括不当拒付损害赔偿,都应围绕这些目标来设计。

附表
我国信用证不当拒付损害赔偿案例表

说明：

1. 本附表按法院案号时间排列。

2. 不涉及单据是否相符争议，而仅因法院认定欺诈不成立或迟延承付等而构成不当拒付的案例类型统计入严格相符下的不当拒付范畴，并标之以"实质性严格相符不当拒付"。

3. 雷同案件纳入同一序号之下。

序号	法院	案例名称与案号	不当拒付类型	损害赔偿依据	损害赔偿范围
1	北京市第二中级人民法院	深圳高富瑞粮油食品有限公司诉德意志银行损失赔偿纠纷案 [1996] 二中经初字第471号	严格相符不当拒付	《民法通则》第84、111条	赔偿货物差价损失、码头费与利息【受益人转售后主动扣减转售款项部分】 驳回律师费赔偿
2	上海市第二中级人民法院	西安市医药保健品进出口公司诉澳大利亚和新西兰银行集团有限公司信用证付款纠纷案 [1997] 沪二中经初字第842号	实质性严格相符不当拒付/法院援引失权规则	无	赔偿信用证项下款项与利息

附　表　我国信用证不当拒付损害赔偿案例表

续表

序号	法院	案例名称与案号	不当拒付类型	损害赔偿依据	损害赔偿范围
3	北京市第一中级人民法院	韩国CNK交易株式会社诉中国光大银行信用证纠纷案 ［1998］一中经初字第1336号	失权不当拒付	《涉外经济合同法》第23条	赔偿信用证项下款项、利息、翻译费与汇率损失、驳回差旅费损失索赔
4	山东省威海市中级人民法院	（意大利）纤维素转化设备公司与中国银行威海分行信用证纠纷案 ［1998］威经外初字第1号	实质性严格相符不当拒付	《民法通则》第106条	赔偿信用证项下尾款与利息【开证行已支付部分】
5	江苏省无锡市中级人民法院	韩国大河贸易株式会社与中国农业银行无锡分行、锡山市对外贸易集团公司信用证议付纠纷案 ［1999］锡经初字第133号	失权不当拒付	无	赔偿信用证项下款项与利息
6	江苏省南京市中级人民法院	日本东海银行神户支店诉中国农业银行南京市分行信用证付款纠纷案 ［1999］宁经初字第106号	失权不当拒付	《票据法》第44条	赔偿信用证项下款项与利息
7	北京市第二中级人民法院	辽宁省纺织品进出口公司诉意大利圣保罗意米银行信用证结算纠纷案 ［1999］二中经初字第1636号	实质性严格相符不当拒付	《民法通则》第111条	赔偿信用证项下款项与利息

— 485 —

续表

序号	法院	案例名称与案号	不当拒付类型	损害赔偿依据	损害赔偿范围
8	山东省高级人民法院	烟台市五金矿产机械进出口公司诉韩国外换银行拒付信用证项下货款纠纷上诉案 [1999] 鲁经终字第693号	失权不当拒付	无	赔偿信用证项下款项余款与利息【受益人主动扣减开证人此前已支付款项部分】
9	北京市第二中级人民法院	苏黎世财务有限公司与广东发展银行北京分行涉外票据纠纷案 [1999] 二中经初字第1837号	实质性严格相符不当拒付	《票据法》第44条	赔偿信用证项下款项、利息及律师费
10	辽宁省沈阳市中级人民法院	宏照有限公司诉中国农业银行沈阳市盛京支行信用证款项纠纷案 [2000] 沈经一初字第313号	严格相符不当拒付	无	赔偿信用证项下款项与申请人支付款项差额及利息【受益人主动扣减】
11	北京高级人民法院	意大利信贷银行诉哈尔滨经济技术开发区对外经济贸易公司信用证结算纠纷案 北京市第二中级人民法院 [1998] 二中经初字第55号 [2000] 高经终字第376号	（一审）严格相符不当拒付 （二审）失权不当拒付	《民法通则》第111条	赔偿信用证项下款项与利息 驳回律师费赔偿

附　表　我国信用证不当拒付损害赔偿案例表

续表

序号	法院	案例名称与案号	不当拒付类型	损害赔偿依据	损害赔偿范围
12	江苏省镇江市中级人民法院	中国银行镇江分行诉韩国国民银行信用证纠纷案 ［2000］镇经二初字第9号	严格相符不当拒付	《民法通则》第108条	赔偿信用证项下款项与利息
13	北京市高级人民法院	陕西省粮油食品进出口公司诉荷兰商业银行信用证纠纷上诉案 ［2000］高经终字第295号	严格相符不当拒付/失权不当拒付	《民法通则》第111条	赔偿信用证项下款项与利息驳回"经济损失"赔偿请求
14	上海市高级人民法院	(韩国)国民银行诉上海苏豪国际贸易有限公司、比利时联合银行上海分行信用证纠纷案 ［2001］沪高经终字第339号	严格相符不当拒付	无	赔偿信用证项下款项与利息
15	天津市第一中级人民法院	唐山汇达集团进出口有限公司与中国光大银行天津分行信用证纠纷案 ［2001］一中经初字第336号	失权不当拒付	《民法通则》第106、111条	赔偿信用证项下款项与利息驳回律师费赔偿

续表

序号	法院	案例名称与案号	不当拒付类型	损害赔偿依据	损害赔偿范围
16	山西省太原市中级人民法院	山西省晋阳碳素股份有限公司与泰国盘古银行香港分行信用证项下货款拒付纠纷案　[2001]并知初字第7号	严格相符不当拒付	无	赔偿信用证项下款项与利息驳回受益人索赔的"因违反信用证约定造成原告的损失"
17	上海市高级人民法院	东方铜业有限公司与中国光大银行上海浦东第二支行信用证纠纷上诉案　[2002]沪高民三（商）终字第2号	失权不当拒付	无	赔偿信用证项下款项与申请人支付款项差额及利息【受益人主动扣减】【按受益人主张汇率折算成人民币赔偿】
18	福建省高级人民法院	中国银行福建分行诉东亚银行有限公司信用证不符点纠纷案　[2002]闽经终字第126号　[2002]闽经终字第127号　[2002]闽经终字第128号	严格相符不当拒付	无	赔偿信用证项下款项与利息

附　表　我国信用证不当拒付损害赔偿案例表

续表

序号	法院	案例名称与案号	不当拒付类型	损害赔偿依据	损害赔偿范围
19	天津市高级人民法院	北京圣仑恒业国际贸易有限公司与韩国中小企业银行信用证欠款纠纷案 [2002]津高民四终字第5号	实质性严格相符不当拒付/法院援引失权规则	无	赔偿信用证项下款项、利息及律师费
20	福建省高级人民法院	韩国大林株式会社诉中国银行厦门市分行信用证纠纷案 [2003]闽经终字第125号	严格相符不当拒付	无	未提供证据证明转让差价及滞船、滞港、滞报损失，驳回受益人损害赔偿主张
21	天津市高级人民法院	韩国中小企业银行与河北省保定市进出口贸易公司银行信用证纠纷上诉案 [2003]津高民四终字第40号	实质性严格相符不当拒付	《民法通则》第111条	赔偿信用证项下款项、利息及律师费
22	江苏省南京市中级人民法院	江苏西门控电器有限公司诉东亚银行有限公司信用证纠纷案 [2003]宁民五初字第18号	实质性严格相符不当拒付	《合同法》第107条	赔偿信用证项下款项与利息【未按照受益人主张汇率标准折算成人民币】

续表

序号	法院	案例名称与案号	不当拒付类型	损害赔偿依据	损害赔偿范围
23	江苏省高级人民法院	韩国中小企业银行（汉城总行）与连云港口福食品有限公司信用证纠纷案 ［2003］苏民三终字第052号	实质性严格相符不当拒付/法院援引失权规则	无	赔偿信用证项下款项与利息
24	天津市第一中级人民法院	大连中垦鑫源国际贸易有限公司与韩国株式会社新韩银行信用证纠纷案 ［2004］一中民三初字第105号	失权不当拒付	《民法通则》第111条	赔偿信用证项下款项、利息，并赔偿出口退税与律师费损失
25	辽宁省沈阳市中级人民法院	马来西亚KUB电力公司与中国光大银行股份有限公司沈阳分行担保合同纠纷案 ［2004］沈中民（4）外初字第12号	实质性严格相符不当拒付	《合同法》第107条	赔偿保函余额、利息及翻译费
26	山东省青岛市中级人民法院	三阳纺织有限公司与韩国外换银行信用证纠纷案 ［2005］青民四初字第317号	实质性严格相符不当拒付/法院援引失权规则	无	赔偿信用证项下款项与利息驳回律师费赔偿

附　表　我国信用证不当拒付损害赔偿案例表

续表

序号	法院	案例名称与案号	不当拒付类型	损害赔偿依据	损害赔偿范围
27	山东省威海市中级人民法院	山东汇泉工业有限公司与株式会社新韩银行信用证议付纠纷案 ［2005］威民二外初字第16号	严格相符不当拒付	《合同法》第107条	赔偿信用证项下款项与利息
28	山东省高级人民法院	韩国中小企业银行与青岛华天车辆有限公司信用证纠纷上诉案 ［2005］鲁民四终字第71号	严格相符不当拒付	无 但援引《合同法》第66、77条	赔偿信用证项下款项与利息
29	浙江省宁波市中级人民法院	宁波市江北丛中笑礼品有限公司与宁波市商业银行股份有限公司、意大利国民劳动银行股份有限公司信用证付款纠纷案 ［2006］甬民四初字第37号	实质性严格相符不当拒付	无	赔偿信用证项下款项【未按照受益人主张汇率标准折算成人民币】
30	北京市第二中级人民法院	连云港南天国际经贸有限公司诉德国商业银行股份有限公司布鲁塞尔分行信用证议付纠纷案 ［2007］二中民初字第6571号	严格相符不当拒付	无	赔偿信用证项下款项与利息【未按照受益人主张汇率标准折算成人民币】

续表

序号	法院	案例名称与案号	不当拒付类型	损害赔偿依据	损害赔偿范围
31	上海市高级人民法院	东方汇理银行萨那分行与四川川投进出口有限公司信用证纠纷案 [2007] 沪高民四（商）终字第41号	严格相符不当拒付	无	赔偿信用证项下款项与利息 驳回受益人主张的预期利益损失赔偿以及电信费、快递费、翻译费、差旅费等损失赔偿
32	上海市第一中级人民法院	通州市博铭家用纺织品有限公司诉意大利西雅那银行股份有限公司信用证议付纠纷 [2008] 沪一中民五（商）初字第205号	实质性严格相符不当拒付	无	赔偿信用证项下款项
33	山东省高级人民法院	中国银行股份有限公司莱芜分行与山东岱银纺织集团股份有限公司信用证纠纷案 [2008] 鲁民四终字第113号	实质性严格相符不当拒付	《结算办法》第44条	赔偿信用证项下款项与利息
34	山东省高级人民法院	美国美联银行有限公司与山东一方膏业有限公司信用证纠纷案 [2008] 鲁民四终字第129号	失权不当拒付	《合同法》第107、112条	赔偿信用证项下款项与利息【按拒付通知当日汇率折算成人民币】驳回受益人ICC China咨询费等经济损失赔偿

附　表　我国信用证不当拒付损害赔偿案例表

续表

序号	法院	案例名称与案号	不当拒付类型	损害赔偿依据	损害赔偿范围
35	北京市高级人民法院	株式会社友利银行与北京宣联食品有限公司、中国银行股份有限公司北京市分行信用证纠纷案 [2008] 高民终字第516号	失权不当拒付	《合同法》第107条	赔偿信用证项下款项及利息【按拒付通知次日汇率折算成人民币】
36	上海市第一中级人民法院	友利银行与乐恩商务有限公司信用证议付纠纷上诉案 [2009] 沪一中民五(商)终字第34号	失权不当拒付	《民法通则》第108条	赔偿信用证项下款项及利息
37	江苏省无锡市中级人民法院	江苏华西国际贸易有限公司诉釜山银行信用证议付纠纷案 [2009] 锡民三初字第55号	失权不当拒付	《民法通则》第111条	赔偿信用证项下款项及利息【按判决作出之日汇率折算成人民币】驳回受益人律师费索赔
38	江苏省高级人民法院	江苏华西国际贸易有限公司诉韩国中小企业银行信用证议付纠纷案 [2009] 苏商外终字第0003号	失权不当拒付	《民法通则》第111条	赔偿信用证项下款项及利息【按判决作出之日汇率折算成人民币】驳回受益人律师费索赔

续表

序号	法院	案例名称与案号	不当拒付类型	损害赔偿依据	损害赔偿范围
39	山东省高级人民法院	招商银行股份有限公司青岛分行与韩国输出保险公社信用证纠纷上诉案 [2010] 鲁民四终字第 227 号	实质性严格相符不当拒付	不知	赔偿信用证项下款项及利息
40	浙江省高级人民法院	株式会社庆南银行与舟山市世创水产有限公司信用证纠纷上诉案 [2010] 浙商外终字第 15 号	严格相符不当拒付	《合同法》第 107 条	赔偿信用证项下款项及利息【按拒付之日汇率折算成人民币】驳回受益人律师费、翻译费、差旅费等索赔 二审确认受益人得主张汇率损失赔偿
41	浙江省高级人民法院	水产业协同组合中央会与舟山市世创水产有限公司信用证纠纷上诉案 [2010] 浙商外终字第 16 号	严格相符不当拒付	《合同法》第 107 条	赔偿信用证项下款项及利息【按拒付之日汇率折算成人民币】驳回受益人律师费、翻译费、差旅费等索赔 二审确认受益人得主张汇率损失赔偿

附　表　我国信用证不当拒付损害赔偿案例表

续表

序号	法院	案例名称与案号	不当拒付类型	损害赔偿依据	损害赔偿范围
42	山东省高级人民法院	枣庄市对外经济技术合作公司与韩国光州银行信用证纠纷案 [2011]鲁民四终字第19号	失权不当拒付	《合同法》第107条	赔偿信用证项下款项及利息【折算成人民币赔偿】
43	浙江省高级人民法院	中国机械设备工程股份有限公司与中国建设银行股份有限公司杭州宝石支行保证合同纠纷案 [2013]浙商外终字第89号	实质性严格相符不当拒付	《民法通则》第106条	赔偿保函金额及利息 驳回受益人律师费索赔
44	江苏省高级人民法院	常州市金誉来商贸有限公司与株式会社新韩银行信用证议付纠纷案 [2013]苏商外终字第0024号	失权不当拒付	《民法通则》第111条	赔偿信用证项下款项及利息 赔偿受益人律师费损失 驳回受益人出口退税损失索赔
45	四川省高级人民法院	招商银行股份有限公司成都科华路支行与成都华川进出口集团有限公司、华川格鲁吉亚有限公司保函纠纷案 [2013]川民终字第750号	严格相符不当拒付	无	赔偿保函项下金额

续表

序号	法院	案例名称与案号	不当拒付类型	损害赔偿依据	损害赔偿范围
46	山东省潍坊市中级人民法院	韩国中小企业银行首尔分行与潍坊雅翔国际贸易有限公司信用证纠纷案 [2014]潍外重字第3号	实质性严格相符不当拒付	无	赔偿信用证项下款项及利息【按拒付通知日汇率折算成人民币】 驳回"其他合理费用"索赔
47	江苏省南京市中级人民法院	南京三五〇三投资发展有限公司与RBS联合投资与金融集团、中国建设银行股份有限公司江苏分行、中国银行股份有限公司江苏省分行信用证纠纷案 [2014]宁商外初字第53号	实质性严格相符不当拒付	无	赔偿信用证项下款项
48	河北省唐山市中级人民法院	唐山海港汇丰能源有限公司诉交通银行股份有限公司广东省分行等信用证纠纷案 [2014]唐民初字第443号 [2015]唐民重字第9号	失权不当拒付	《民法通则》第134条；《结算办法》第44条	赔偿信用证项下款项及每日万分之五"赔偿金"

附　表　我国信用证不当拒付损害赔偿案例表

续表

序号	法院	案例名称与案号	不当拒付类型	损害赔偿依据	损害赔偿范围
49	山东省威海市中级人民法院	威海育铭进出口有限公司与株式会社友利银行信用证纠纷案 [2014]威民二外初字第20号	严格相符不当拒付	《合同法》第107条	赔偿信用证项下款项及利息
50	湖北省武汉海事法院	上海北海船务股份有限公司与中国光大银行股份有限公司南京分行、江苏熔盛重工有限公司海事担保合同纠纷案 [2014]武海法商字第00823号	实质性严格相符不当拒付	《合同法》第107条	赔偿保函项下款项及利息 【法院判决受益人向申请人和/或保函开立人索款金额不得超过预付款及利息本身】
51	江苏省南京市中级人民法院	中国光大银行股份有限公司南京分行与交通银行股份有限公司江苏省分行信用证纠纷案 [2015]宁商外初字第31号	实质性严格相符不当拒付	《国内信《结算办法》第44条	赔偿信用证项下款项每日万分之五"赔偿金" 【开证人起诉期间已支付信用证款项，故议付行主动扣减】 驳回律师费索赔

续表

序号	法院	案例名称与案号	不当拒付类型	损害赔偿依据	损害赔偿范围
52	上海市第一中级人民法院	北京皕格林进出口有限公司与荷兰合作银行有限公司上海分行保证合同纠纷案 [2015]沪一中民六(商)初字第S413号	实质性严格相符不当拒付	无援引了《合同法》第125条	赔偿保函项下款项、利息及翻译费 【未按照受益人主张汇率标准折算成人民币】 驳回律师费索赔
53	内蒙古自治区高级人民法院	远洋装饰工程股份有限公司与鄂尔多斯市人民政府、鄂尔多斯银行股份有限公司建设工程施工合同纠纷案 [2016]内民初35号	实质性严格相符不当拒付	《合同法》第107、109、114条	对申请人基础合同下工程欠款及违约金承担连带赔偿责任
54	江苏省南通市中级人民法院	五冶集团上海有限公司与中国建设银行股份有限公司启东支行保证合同纠纷案 [2016]苏06民终2779号	实质性严格相符	无	赔偿保函项下款项
55	湖北省武汉海事法院	重庆长江轮船公司与台州市银合投资担保有限公司海事担保合同纠纷案 [2016]鄂72民初698号	实质性严格相符	无援引了《合同法》第60条	赔偿保函项下款项

附　表　我国信用证不当拒付损害赔偿案例表

续表

序号	法院	案例名称与案号	不当拒付类型	损害赔偿依据	损害赔偿范围
56	最高人民法院	无锡湖美热能电力工程有限公司与新加坡星展银行信用证纠纷案 [2017]最高法民终字第327号	严格相符不当拒付	《合同法》第174条,《买卖合同司法解释》第24、45条	赔偿信用证项下款项及利息【按受益人与交单人汇率掉期合同约定的汇率折算成人民币】
57	北京市第二中级人民法院	西班牙商业银行股份有限公司与东亚泛海国际商务咨询(北京)有限公司信用证纠纷案 [2017]京02民终5995号	实质性严格相符不当拒付-无不符点争议	无	赔偿信用证项下款项及利息
58	湖南省长沙市中级人民法院	长沙银行股份有限公司东风路支行、刘创波信用证纠纷案 [2017]湘01民终5367号	实质性严格相符不当拒付	无	赔偿保函项下款项及利息
59	江苏省苏州工业园区人民法院	华电内蒙古能源有限公司土默特发电分公司与中信银行股份有限公司苏州分行保证合同纠纷案 [2017]苏0591民初10194号	实质性严格相符不当拒付	无	赔偿保函项下款项

续表

序号	法院	案例名称与案号	不当拒付类型	损害赔偿依据	损害赔偿范围
60	浙江省杭州市中级人民法院	杭州长乔旅游投资集团股份有限公司与杭州银行股份有限公司西湖支行独立保函纠纷案 [2017] 浙01民终8763号	实质性严格相符不当拒付	《合同法》第107、109条	赔偿保函项下款项及利息
61	四川省乐山市中级人民法院	汝城县满天星水力发电厂与中国银行股份有限公司乐山分行合同纠纷案 [2018] 川11民终1196号	实质性严格相符不当拒付	无援引和《合同法》第8、44、60条	赔偿保函项下款项
62	最高人民法院	中国银行股份有限公司河南省分行与阿拉伯及法兰西联合银行（香港）有限公司独立保函纠纷案 [2018] 最高法民终880号	严格相符不当拒付	无	赔偿保函项下款项及利息 驳回受益人预付款保函下所遭受的律师费索赔
63	广东省佛山市禅城区人民法院	莫某伟、莫某耀等与中国建设银行股份有限公司佛山市分行保证合同纠纷案 [2018] 粤0604民初13518号	实质性严格相符不当拒付	无援引了《合同法》第60条	赔偿保函项下款项 驳回受益人利息赔偿

附 表 我国信用证不当拒付损害赔偿案例表

续表

序号	法院	案例名称与案号	不当拒付类型	损害赔偿依据	损害赔偿范围
64	上海金融法院	中国葛洲坝集团股份有限公司与意大利裕信银行股份有限公司上海分行独立保函纠纷案 ［2018］沪74民初1419号 ［2018］沪74民初1420号 ［2018］沪74民初1421号	实质性严格相符不当拒付	《合同法》第107条	赔偿保函项下款项利息损失【开立人起诉期间已支付信用证款项】
65	重庆市第五中级人民法院	重庆市永川区政鑫国有资产经营有限责任公司与中国建设银行股份有限公司南昌铁路支行合同纠纷案 ［2018］渝05民终1957号	实质性严格相符不当拒付	《合同法》第107、109条	赔偿保函项下款项及利息
66	贵州省贵阳市南明区人民法院	华能赤峰新能源有限公司与中国建设银行股份有限公司贵阳河滨支行合同纠纷案 ［2018］黔0102民初14593号	实质性严格相符不当拒付	《合同法》第107条	赔偿保函项下款项及利息

续表

序号	法院	案例名称与案号	不当拒付类型	损害赔偿依据	损害赔偿范围
67	四川省高级人民法院	农协银行株式会社与中国农业银行股份有限公司成都府支行信用证纠纷案 [2018]川民终187号	实质性严格相符不当拒付	无但援引了《民法通则》第145条	赔偿信用证项下款项利息、驳回议付人诉讼费、律师费、翻译费等费用索赔
68	上海市高级人民法院	交通银行股份有限公司上海市分行与保乐力加（中国）贸易有限公司独立保函纠纷案 [2019]沪民终107号	严格相符不当拒付	《合同法》第113条第1款	赔偿保函项下款项及利息
69	安徽省合肥市中级人民法院	平安银行股份有限公司与徽商银行股份有限公司信用证议付纠纷案 [2019]皖01民初2479号	严格相符不当拒付/援引失权规则	无援引了《合同法》第60、124条	赔偿信用证项下部分款项及利息【起诉期间申请人支付部分款项】
70	湖南省高级人民法院	发得科技工业股份有限公司与交通银行股份有限公司湖南省分行信用证纠纷案 [2019]湘民终277号	实质性严格相符不当拒付/法院援引了失权规则	无但援引了《涉外民事法律关系适用法》第41条	赔偿保函项下款项

附　表　我国信用证不当拒付损害赔偿案例表

续表

序号	法院	案例名称与案号	不当拒付类型	损害赔偿依据	损害赔偿范围
71	内蒙古自治区鄂托克前旗人民法院	鄂尔多斯市上海庙鹰骏环保科技有限公司与长沙农村商业银行股份有限公司金霞支行合同纠纷案 ［2019］内0623民初249号	实质性严格相符不当拒付	无	赔偿保函项下款项 驳回受益人利息索赔
72	上海金融法院	中国工商银行股份有限公司上海市新金桥支行与上海浦东发展银行股份有限公司长沙分行信用证议付纠纷案 ［2019］沪74民初2872号	实质性严格相符不当拒付	无 但援引了《合同法》第60条	赔偿信用证项下款项及利息
73	广东省深圳市中级人民法院	深圳宝安融兴村镇银行有限责任公司与中山市海雅投资有限公司独立保函纠纷案 ［2019］粤03民终12094号	实质性严格相符不当拒付	无	赔偿保函项下款项
74	广东省深圳市中级人民法院	中国建设银行股份有限公司深圳福田支行与重庆市涪陵区农业综合开发办公室独立保函纠纷案 ［2019］粤03民终18957号 ［2020］粤03民终6749号	实质性严格相符不当拒付	无	一审判决赔偿保函项下款项；二审驳回受益人索赔【因受益人已获得申请人赔偿】

续表

序号	法院	案例名称与案号	不当拒付类型	损害赔偿依据	损害赔偿范围
75	浙江省宁波市中级人民法院	宁波南衡进出口有限公司与株式会社新韩银行信用证纠纷案 [2020]浙02民初281号 [2020]浙02民初282号 [2020]浙02民初283号 [2020]浙02民初284号	实质性严格相符不当拒付	《合同法》第107条	赔偿信用证项下款项及利息、汇率损失 驳回律师费、翻译费索赔
76	福建省厦门市中级人民法院	紫金财产保险股份有限公司厦门分公司与厦门金宝大酒店保证保险合同纠纷案 [2020]闽02民终2545号 [2020]闽02民终2726号	实质性严格相符不当拒付	无	赔偿保函项下款项
77	—	威海威克贸易有限公司与株式会社韩亚银行信用证纠纷案 —	严格相符不当拒付	无	赔偿信用证项下款项、逾期付款违约金及律师费

附　表　我国信用证不当拒付损害赔偿案例表

续表

序号	法院	案例名称与案号	不当拒付类型	损害赔偿依据	损害赔偿范围
78	江苏省扬州市中级人民法院	扬州市邗利皮革制品有限公司诉韩国朝兴银行信用证拒付案 —	失权不当拒付	无	赔偿信用证项下款项及逾期付款违约金【但诉讼中受益人已经获得申请人部分货款】
79	山东省青岛市中级人民法院	山东省仪器进出口公司、朝兴银行釜山本部及中国农业银行青岛市分行因受益人请求付款被开证行拒付纠纷案 —	严格相符不当拒付	无	赔偿信用证项下款项及利息
80	山东省济南市中级人民法院	山东省农业生产资料有限责任公司与法国兴业银行信用证纠纷案 —	实质性严格相符不当拒付/法院援引失权规则	《民法通则》第106条、第112条第1款	赔偿信用证项下款项及利息判决赔偿受益人汇率损失以及翻译费、公告费

参考文献

一、中文文献

(一) 著作类

1. [美] Johannes C. D. Zahn:《信用状论:兼论托收与保证》,陈冲、温耀源合译,中华企业管理发展中心 1980 年版。
2. [古罗马] 优士丁尼:《法学阶梯》(第 2 版),徐国栋译,中国政法大学出版社 2005 年版。
3. [美] ALI(美国法学会)、NCCUSL(美国统一州法委员会):《美国〈统一商法典〉及其正式评述》(第 2 卷),李昊等译,中国人民大学出版社 2005 年版。
4. 陈治东:《国际贸易法》,高等教育出版社 2009 年版。
5. 陈自强:《无因债权契约论》,中国政法大学出版社 2002 年版。
6. 邓旭:《跟单信用证法律与实践》,学林出版社 2010 年版。
7. 房沫:《信用证法律适用问题研究》,中国民主法制出版社 2012 年版。
8. 高祥主编:《独立担保法律问题研究》,中国政法大学出版社 2015 年版。
9. 高祥主编:《信用证法律专题研究》,中国政法大学出版社 2015 年版。
10. 郭瑜:《国际贸易法》,北京大学出版社 2006 年版。
11. 韩德培主编:《国际私法》(第 3 版),高等教育出版社 2013 年版。
12. 韩世远:《合同法总论》(第 4 版),法律出版社 2018 年版。
13. 韩世远:《违约损害赔偿研究》,法律出版社 1999 年版。
14. 黄进主编:《国际私法》(第 2 版),法律出版社 2005 年版。
15. 黄立:《民法债编总论》,中国政法大学出版社 2002 年版。
16. 黄茂荣:《债法通则之一:债之概念与债务契约》,厦门大学出版社 2014

年版。

17. 黄茂荣：《债法通则之二：债务不履行与损害赔偿》，厦门大学出版社2014年版。
18. 金赛波、李健：《信用证法律》，法律出版社2004年版。
19. 金赛波：《中国信用证法律和重要案例点评》，对外经济贸易大学出版社2002年版。
20. 金赛波编著：《中国信用证法律和重要案例点评（2002）年度》，对外经济贸易大学出版社2003年版。
21. 金赛波编：《中国信用证和贸易融资法律：案例和资料》，法律出版社2005年版。
22. 李道金：《信用证风险防范与纠纷处理技巧》，中国海关出版社2015年版。
23. 李国安主编：《国际融资担保的创新与借鉴》，北京大学出版社2005年版。
24. 李永军：《合同法》，法律出版社2004年版。
25. 梁慧星主编：《中国民法典草案建议稿附理由：合同编》（下册），法律出版社2013年版。
26. 梁慧星主编：《中国民法典草案建议稿附理由：债权总则编》，法律出版社2006年版。
27. 林建煌：《品读UCP600：跟单信用证统一惯例》，厦门大学出版社2008年版。
28. 刘承韪：《英美法对价原则研究：解读英美合同法中的"理论与规则之王"》，法律出版社2006年版。
29. 刘阳主编：《国际结算实务案例精析（2016）》，上海远东出版社2016年版。
30. 刘瑛：《国际货物买卖中的损害赔偿制度实证研究》，中国人民大学出版社2013年版。
31. 沈达明、冯大同编著：《国际贸易法新论》，法律出版社1989年版。
32. 孙南申主编：《国际商法》，浙江大学出版社2010年版。
33. 王传丽主编：《国际贸易法》（第3版），法律出版社2005年版。

34. 王家福主编:《中国民法学·民法债权》,法律出版社1991年版。
35. 王利明:《法学方法论》,中国人民大学出版社2011年版。
36. 王利明:《合同法分则研究》,中国人民大学出版社2013年版。
37. 王利明:《合同法研究》(第2卷)(第3版),中国人民大学出版社2015年版。
38. 王利明:《违约责任论》,中国政法大学出版社2000年版。
39. 王利明主编:《中国民法典学者建议稿及立法理由:债法总则编、合同编》,法律出版社2005年版。
40. 王卫国主编:《银行法学》,法律出版社2011年版。
41. 吴庆宝、孙亦闽、金赛波主编:《信用证诉讼原理与判例》,人民法院出版社2005年版。
42. 徐冬根:《信用证法律与实务研究》,北京大学出版社2005年版。
43. 阎之大:《UCP600解读与例证》,中国商务出版社2007年版。
44. 杨大明:《国际货物买卖》,法律出版社2011年版。
45. 杨立新:《债法》,中国人民大学出版社2014年版。
46. 杨良宜:《损失赔偿与救济》,法律出版社2013年版。
47. 杨良宜:《信用证》,中国政法大学出版社1998年版。
48. 余劲松、吴志攀主编:《国际经济法学》,高等教育出版社2016年版。
49. 张锦源:《信用状理论与实务》,三民书局2004年版。
50. 朱广新:《合同法总则研究》(下册),中国人民大学出版社2018年版。
51. 左海聪:《国际贸易法》,法律出版社2004年版。
52. 左晓东:《信用证法律研究与实务》,警官教育出版社1993年版。

(二) 期刊论文

1. 崔建远:"民法总则应如何设计民事责任制度",载《法学杂志》2016年第11期。
2. 高祥:"论国内独立保函与备用信用证在我国的法律地位——兼评最高人民法院独立保函司法解释征求意见稿",载《比较法研究》2014年第6期。
3. 高祥:"一部走在世界前列的理性创新的司法解释",载《中国审判》2017年第15期。

4. 龚柏华、龙凤:"美国 Voest-Alpine 贸易公司诉中国银行信用证不当拒付案评析",载《国际商务研究》2003 年第 1 期。
5. 姜立文:"信用证开证银行付款中的违约责任探讨",载《上海金融》2006 年第 10 期。
6. 梁慧星:"《中华人民共和国民法总则(草案)》:解读、评论和修改建议",载《华东政法大学学报》2016 年第 5 期。
7. 刘斌:"独立担保:一个概念的界定",载《清华法学》2016 年第 1 期。
8. 刘斌:"独立担保的独立性:法理内涵与制度效力——兼评最高人民法院独立保函司法解释",载《比较法研究》2017 年第 5 期。
9. 刘斌:"独立担保的司法判断:困难与路径",载《法学杂志》2015 年第 10 期。
10. 刘斌:"论独立担保的修正类型谱系——兼评最高人民法院独立保函司法解释",载《法学杂志》2017 年第 12 期。
11. 刘斌:"论我国独立担保制度的理论基础和规则构建",载《研究生法学》2010 年第 6 期。
12. 刘斌:"美国备用信用证制度的演进与借鉴",载《河南财经政法大学学报》2016 年第 2 期。
13. 刘东华:"论律师费用分配机制在纠纷解决中的作用——国外实践与立法的经验式研究概述",载《中国社会科学院研究生院学报》2013 年第 3 期。
14. 屈广清、周后春:"诉讼费(仲裁费)与律师费承担的比较研究",载《河南省政法管理干部学院学报》2003 年第 4 期。
15. 桑一:"国际原油信用证应用特点解析",载《对外经贸实务》2012 年第 1 期。
16. 涂启明:"警惕出口来证欺诈",载《金融 & 贸易》2013 年第 4 期。
17. 王超:"完善中国信用证法律体系的立法思考",载《商业研究》2003 年第 19 期。
18. 王徽:"CISG 视角下争议解决费用的分摊",载《国际商务研究》2018 年第 2 期。
19. 王金根:"UCP 600 信用证失权规则研究",载《国际经济法学刊》2020

年第 3 期。

20. 王金根:"交货不符通知制度研究",载《西南政法大学学报》2011 年第 2 期。

21. 王金根:"论独立保函不当拒付损害赔偿:以中国银行与 UBAF 独立保函纠纷案为中心",载《经贸法律评论》2021 年第 1 期。

22. 王金根:"信用证开立若干问题探讨",载《对外经贸实务》2011 年第 11 期。

23. 王金根:"信用证下议付行追索权探讨",载《对外经贸实务》2009 年第 8 期。

24. 王利明:"民法分则合同法编立法研究",载《中国法学》2017 年第 2 期。

25. 王玳:"《关于审理信用证纠纷案件若干问题的规定》的理与适用",载《人民司法》2006 年第 1 期。

26. 肖永平、徐保民:"信用证的法律适用问题初探",载《河南省政法管理干部学院学报》2001 年第 1 期。

27. 徐涤宇、黄美玲:"单方允诺的效力根据",载《中国社会科学》2013 年第 4 期。

28. 徐冬根:"银行信用证审单标准的法哲学思考:精确性、模糊性还是原则性",载《现代法学》2004 年第 5 期。

29. 徐国栋:"罗马法中的信用委任及其在现代法中的继受——兼论罗马法中的信用证问题",载《法学家》2014 年第 5 期。

30. 徐捷:"探讨星展银行信用证拒付案",载《中国外汇》2017 年第 14 期。

31. 阎之大:"UCP600 修订意见评议",载《中国外汇》2017 年第 14 期。

32. 于飞:"我国民法典实质债法总则的确立与解释论展开",载《法学》2020 年第 9 期。

33. 袁田军:"汇率避险方略探析",载《中国外汇》2016 年第 8 期。

34. 张勇健、沈红雨:"《关于审理独立保函纠纷案件若干问题的规定》的理解和适用",载《人民司法(应用)》2017 年第 1 期。

35. 刘贵祥、王宝道:"《关于执行程序中计算迟延履行期间的债务利息适用法律若干问题的解释》的理解与适用",载《人民司法(应用)》2014年第17期。

(三) 论文集

1. [意] Oliviero Diliberto:"单方允诺作为债的渊源——从罗马法到现代论说",李云霞译,载费安玲主编:《学说汇纂》(第4卷),元照出版公司2012年版。

2. 曹发贵:"中国工商银行汕头市分行诉海岸实业集团公司信用证单证不符案评析",载孙亦闽主编:《信用证理论与审判实务》,厦门大学出版社2003年版。

3. 陈检:"备用信用证起源之谜",载高祥主编:《独立担保法律问题研究》,中国政法大学出版社2015年版。

4. 高祥:"循环信用证及其风险防范",载万鄂湘主编:《涉外商事海事审判指导》(2009年第1辑),人民法院出版社2009年版。

5. 高晓力:"信用证严格相符原则研究",载孙亦闽主编:《信用证理论与审判实务》,厦门大学出版社2003年版。

6. 呼家钰:"论保兑行的付款义务",载高祥主编:《信用证法律专题研究》,中国政法大学出版社2015年版。

7. 金赛波:"信用证单证不符类型和拒付通知问题",载孙亦闽主编:《信用证理论与审判实务》,厦门大学出版社2003年版。

8. 李方:"独立担保的识别标准",载高祥主编:《独立担保法律问题研究》,中国政法大学出版社2015年版。

9. 李健:"尊重国际惯例,规范信用证案件审理——最高人民法院信用证案件审理回顾",载孙亦闽主编:《信用证理论与审判实务》,厦门大学出版社2003年版。

10. 李杰:"试论跟单信用证欺诈中开证行的权利和义务",载孙亦闽主编:《信用证理论与审判实务》,厦门大学出版社2003年版。

11. 李宁:"从大陆走向混合的路易斯安那民法典",载梁慧星主编:《民商法论丛》(第61卷),法律出版社2016年版。

12. 李垠:"论信用证法上的失权规则",载高祥主编:《信用证法律专题研究》,中国政法大学出版社2015年版。

13. 沈丹丹："受让人为债权转让通知的法律效力认定"，载杜万华主编：《民事审判指导与参考》（2017年第1辑），人民法院出版社2017年版。
14. 王金根："论信用证修改"，载梁慧星主编：《民商法论丛》（第61卷），法律出版社2016年版。
15. 王金根："信用证交单不符时买方拒付货款权利证成"，载李曙光主编：《法大研究生》，中国政法大学出版社2019年版。
16. 王金根："信用证拒付通知制度研究"，载胡家勇、宋魏主编：《经济与法论丛》（第2卷），中国社会科学出版社2016年版。
17. 王金根："信用证欺诈例外构成要件研究"，载梁慧星主编：《民商法论丛》（第60卷），法律出版社2016年版。
18. 王利明："根本违约与同时履行抗辩权的行使"，载王利明主编：《中国民法案例与学理研究：债权篇》，法律出版社1998年版。
19. 王佩："信用证下开证银行的审单义务"，载沈四宝主编：《国际商法论丛》（第1卷），法律出版社1999年版。
20. 肖伟："跟单信用证法律性质"，载孙亦闽主编：《信用证理论与审判实务》，厦门大学出版社2003年版。

（四）报刊文章

1. 傅郁林："律师代理费该不该由败诉方承担——兼论我国诉讼成本的控制机制"，载《人民法院报》2005年5月18日。
2. 杨傲多："律师费应由败诉方承担"，载《法制日报》2007年8月28日。
3. 吴取彬："哪些案件胜诉后律师费可以由被告承担"，载《中国商报》2017年4月20日。
4. 张建升："败诉方负担律师费是未来趋势"，载《检察日报》2003年1月7日。
5. 中华全国律师协会："律师费当由败诉方当事人负担"，载《检查日报》2012年7月16日。
6. 最高人民法院民事审判第四庭："妥善审理信用证案件 应对国际金融危机——关于当前国际金融危机下人民法院审理信用证案件面临问题及其对策的调研报告"，载《人民法院报》2009年5月28日。

（五）学位论文

1. 姜立文："信用证项下开证银行付款问题研究"，中国社会科学院研究生院 2000 年硕士学位论文。
2. 金赛波："跟单信用证严格相符原则"，对外经济贸易大学 2006 年博士学位论文。
3. 田卫民："信用证拒付法律问题研究"，广东外语外贸大学 2007 年硕士学位论文。
4. 王光："跟单信用证项下开证行的法律地位"，吉林大学 2009 年硕士学位论文。

（六）网络文献

1. 金塞波："最高人民法院《关于审理独立保函纠纷案件若干问题的规定》司法解释逐条评论（四）"，载 http：//mp. weixin. qq. com/s/K2YpPzVVEmOT8 IWzU_ _ 9fg，访问日期：2021 年 2 月 10 日。
2. 苏娜："50+案件数据透视独立保函解释司法实践"，载 https：//mp. weixin. qq. com/s/5k3yqefC2pFbYNP rBfr07A，访问日期：2021 年 2 月 10 日。
3. 张勇健："最高法院发布审理独立保函纠纷案件司法解释"，载 http：//www. court. gov. cn /zixun-xiangqing-31221. html，访问日期：2021 年 2 月 10 日。

（七）案例

1. 安徽省高级人民法院 "澳大利亚和新西兰银行（中国）有限公司上海分行与安徽安粮国际发展有限公司信用证欺诈纠纷上诉案"［2011］皖民二终字第 00144 号；［2011］皖民二终字第 00168 号；［2011］皖民二终字第 00169 号。
2. 安徽省合肥市中级人民法院 "平安银行股份有限公司与徽商银行股份有限公司信用证议付纠纷案"［2019］皖 01 民初 2479 号。
3. 北京市第二中级人民法院 "连云港南天国际经贸有限公司诉德国商业银行股份有限公司布鲁塞尔分行信用证议付纠纷案"［2007］二中民初字第 6571 号。
4. 北京市第二中级人民法院 "辽宁省纺织品进出口公司诉意大利圣保罗意米银行信用证结算纠纷案"［1999］二中经初字第 1636 号。

5. 北京市第二中级人民法院"深圳高富瑞粮油食品有限公司诉德意志银行损失赔偿纠纷案"［1996］二中经初字第 471 号。
6. 北京市第二中级人民法院"苏黎世财务有限公司与广东发展银行北京分行涉外票据纠纷案"［1999］二中经初字第 1837 号。
7. 北京市第二中级人民法院"西班牙商业银行股份有限公司与东亚泛海国际商务咨询（北京）有限公司信用证纠纷案"［2017］京 02 民终 5995 号；北京市东城区人民法院［2016］京 0101 民初 1929 号。
8. 北京市第二中级人民法院"中国进出口银行与河南天冠企业集团有限公司等信用证融资纠纷案"［2019］京 02 民初 518 号。
9. 北京市第三中级人民法院"河北开元房地产开发股份有限公司诉渣打银行（中国）有限公司北京分行信用证开证纠纷案"［2014］三中民（商）初字第 12949 号。
10. 北京市第一中级人民法院"韩国 CNK 交易株式会社诉中国光大银行信用证纠纷案"［1998］一中经初字第 1336 号。
11. 北京市高级人民法院"株式会社友利银行与北京宜联食品有限公司、中国银行股份有限公司北京市分行信用证纠纷案"［2008］高民终字第 516 号；北京市第二中级人民法院［2006］二中民初字第 568 号。
12. 北京市高级人民法院"哈尔滨经济技术开发区对外经济贸易公司诉意大利信贷银行信用证结算纠纷上诉案"［2000］高经终字第 376 号；北京第二中级人民法院［1998］二中经初字第 55 号。
13. 北京市高级人民法院"陕西省粮油食品进出口公司诉荷兰商业银行信用证纠纷上诉案"［2000］高经终字第 295 号；北京市第二中级人民法院［1999］二中经初字第 720 号。
14. 北京市高级人民法院"上诉人中国新良储运贸易公司诉被上诉人广东发展银行北京分行、原审被告中国饲料集团公司信用证纠纷案"［2003］高民终字第 236 号。
15. 北京市高级人民法院"株式会社友利银行与北京宜联食品有限公司、中国银行股份有限公司北京市分行信用证纠纷案"［2008］高民终字第 516 号。
16. 北京市西城区人民法院"大连汇丰达国际贸易有限公司与株式会社韩

亚银行信用证纠纷案"［2015］西民（商）初字第 06132 号。

17. 重庆市第五中级人民法院"重庆市永川区政鑫国有资产经营有限责任公司与中国建设银行股份有限公司南昌铁路支行合同纠纷案"［2018］渝 05 民终 1957 号重庆市永川区人民法院［2016］渝 0118 民初 406 号。

18. 福建省高级人民法院"福建福鼎海鸥水产食品有限公司与韩国外换银行济州分行信用证议付纠纷上诉案"［2014］闽民终字第 402 号；［2014］闽民终字第 403 号。

19. 福建省高级人民法院"中国银行福建分行诉东亚银行有限公司信用证不符点纠纷案"［2002］闽经终字第 126 号；福州市中级人民法院［2001］榕经初字第 42 号。

20. 福建省高级人民法院"中国银行诉东亚银行信用证不符点纠纷案"［2002］闽经终字第 127 号；［2002］闽经终字第 128 号。

21. 福建省厦门市中级人民法院"韩国大林株式会社诉中国银行厦门市分行信用证纠纷案"［2002］厦经初字第 321 号；福建省高级人民法院［2003］闽经终字第 125 号。

22. 福建省厦门市中级人民法院"韩国晓星株式会社诉中国光大银行厦门支行信用证纠纷案"［2002］厦经初字第 234 号；福建高级人民法院［2003］闽经终字第 069 号。

23. 福建省厦门市中级人民法院"紫金财产保险股份有限公司厦门分公司与厦门金宝大酒店保证保险合同纠纷案"［2020］闽 02 民终 2545 号，［2020］闽 02 民终 2726 号。

24. 广东省佛山市禅城区人民法院"莫洪伟、莫雄耀等与中国建设银行股份有限公司佛山市分行保证合同纠纷案"［2018］粤 0604 民初 13518 号。

25. 广东省佛山市中级人民法院"中国建设银行股份有限公司顺德分行与佛山市尚扬进出口有限公司等信用证融资纠纷案"［2014］佛中法民二初字第 74 号。

26. 广东省高级人民法院"北京康正恒信融资担保有限公司与华商银行信用证纠纷案"［2019］粤民终 979 号。

27. 广东省高级人民法院"菱电升降机有限公司诉中国光大银行深圳分行信用证纠纷案"［2002］粤高法民四终字第 96 号。

28. 广东省高级人民法院"深圳发展银行诉 ELEKTA（医科达）信用证纠纷案"[2006] 粤高法民四终字第72号。

29. 广东省高级人民法院"中国工商银行汕头分行与海岸实业集团公司代开信用证纠纷上诉案"[2002] 粤高法民二终字第401号；广东省汕头市中级人民法院[2001] 汕中法经二初字第20号。

30. 广东省广州海事法院"开证行农行深圳罗湖支行对外付款取得多式联运单据诉君皇公司未付款赎单提货返还货物或货款案"（案号不详）1999. 11. 29。

31. 广东省深圳市罗湖区人民法院"广东爱玛车业科技有限公司与交通银行股份有限公司深圳罗湖支行信用证纠纷案"[2018] 粤0303民初21765号。

32. 广东省深圳市中级人民法院"深圳宝安融兴村镇银行有限责任公司与中山市海雅投资有限公司独立保函纠纷案"[2019] 粤03民终12094号。

33. 广东省深圳市中级人民法院"四川汇某化纤有限公司与中国某银行股份有限公司深圳市分行信用证纠纷上诉案"[2011] 深中法民二终字第483号。

34. 广东省深圳市中级人民法院"中国建设银行股份有限公司深圳福田支行与重庆市涪陵区农业综合开发办公室独立保函纠纷案"[2020] 粤03民终6749号，[2019] 粤03民终18957号。

35. 贵州省贵阳市南明区人民法院"华能赤峰新能源有限公司与中国建设银行股份有限公司贵阳河滨支行合同纠纷案"[2018] 黔0102民初14593号。

36. 河北省唐山市中级人民法院"唐山海港汇丰能源有限公司诉交通银行股份有限公司广东省分行等信用证纠纷案"[2014] 唐民初字第443号；[2015] 唐民重字第9号，河北省高级人民法院[2016] 冀民终229号。

37. 河南省郑州市中级人民法院"INTRACO TRADING PTE LTD 诉中国银行股份有限公司河南省分行信用证纠纷案"[2010] 郑民三初字第830号，河南省高级人民法院[2012] 豫法民三终字第0017号，最高人民法院[2013] 民申字第1380号。

38. 黑龙江省高级人民法院"呼伦贝尔龙辰物产资源（集团）有限公司与中国建设银行股份有限公司哈尔滨开发区支行、原审被告黑河市佳诚贸易有限公司、西林钢铁集团有限公司信用证纠纷案"［2016］黑民终 344 号。
39. 黑龙江省高级人民法院"上诉人庆安帝圣矿业有限公司与被上诉人中国建设银行股份有限公司哈尔滨开发区支行信用证纠纷案"［2016］黑民终 336 号。
40. 黑龙江省高级人民法院"上诉人天津金升冶金产品有限公司与被上诉人中国建设银行股份有限公司哈尔滨开发区支行信用证纠纷案"［2016］黑民终 572 号。
41. 黑龙江省哈尔滨市中级人民法院"中国建设银行股份有限公司哈尔滨开发区支行与庆安帝圣矿业有限公司、黑河市佳诚贸易有限公司等信用证融资合同纠纷案"［2015］哈民三商初字第 93 号。
42. 湖北省武汉海事法院"重庆长江轮船公司与台州市银合投资担保有限公司海事担保合同纠纷案"［2016］鄂 72 民初 698 号。
43. 湖北省武汉海事法院"上海北海船务股份有限公司与中国光大银行股份有限公司南京分行、江苏熔盛重工有限公司海事担保合同纠纷案"［2014］武海法商字第 00823 号。
44. 湖南省长沙市中级人民法院"长沙银行股份有限公司东风路支行、刘创波信用证纠纷案"［2017］湘 01 民终 5367 号。
45. 湖南省长沙市中级人民法院"湖南思瑞通钢铁有限公司与中国银行股份有限公司湖南省分行信用证纠纷一审民事判决书"［2017］湘 01 民初 1568 号。
46. 湖南省高级人民法院"发得科技工业股份有限公司与交通银行股份有限公司湖南省分行信用证纠纷案"［2019］湘民终 277 号。
47. 湖南省衡阳市雁峰区人民法院"特变电工衡阳变压器有限公司与浙江石油化工有限公司及第三人中国银行股份有限公司衡阳分行信用证欺诈纠纷一审民事判决书"［2018］湘 0406 民初 1152 号。
48. 江苏省高级人民法院"韩国中小企业银行（汉城总行）与连云港口福食品有限公司信用证纠纷案"［2003］苏民三终字第 052 号，南京市中级人民法院［2002］宁民五初字第 46 号。

49. 江苏省高级人民法院"江都造船厂诉中国工商银行扬州工行、中国银行香港分行信用证纠纷案"［2001］苏经初字第 003 号。
50. 江苏省高级人民法院"苏州美恩多贸易有限公司与中国银行张家港分行、奥合银行北京分行信用证纠纷案"［2019］苏民终 490 号。
51. 江苏省高级人民法院"中电电气（南京）光伏有限公司与阿尔法公司信用证欺诈纠纷案"［2017］苏民终 423 号。
52. 江苏省南京市中级人民法院"东亚银行（中国）有限公司上海分行与北京银行股份有限公司南京分行信用证议付纠纷一审民事裁定书"［2015］宁商外初字第 64 号。
53. 江苏省南京市中级人民法院"江苏西门控电器有限公司诉东亚银行有限公司信用证纠纷案"［2003］宁民五初字第 18 号。
54. 江苏省南京市中级人民法院"南京三五〇三投资发展有限公司与 RBS 联合投资与金融集团、中国建设银行股份有限公司江苏分行、中国银行股份有限公司江苏省分行信用证纠纷案"［2014］宁商外初字第 53 号。
55. 江苏省南京市中级人民法院"日本东海银行神户支店诉中国农业银行南京市分行信用证付款纠纷案"［1999］宁经初字第 106 号。
56. 江苏省南京市中级人民法院"中国光大银行股份有限公司南京分行与交通银行股份有限公司江苏省分行信用证纠纷案"［2015］宁商外初字第 31 号。
57. 江苏省南通市中级人民法院"五冶集团上海有限公司与中国建设银行股份有限公司启东支行保证合同纠纷案"［2016］苏 06 民终 2779 号。
58. 江苏省苏州工业园区人民法院"华电内蒙古能源有限公司土默特发电分公司与中信银行股份有限公司苏州分行保证合同纠纷一审民事判决书"［2017］苏 0591 民初 10194 号。
59. 江苏省苏州市中级人民法院"安徽淮化股份有限公司与上海浦东发展银行股份有限公司张家港支行合同纠纷上诉案—独立保函有效期届满实体权利消灭"［2019］苏 05 民终 4820 号。
60. 江苏省无锡市中级人民法院"常州市金誉来商贸有限公司与株式会社

新韩银行信用证议付纠纷案"［2012］锡商外初字第0021号，江苏省高级人民法院［2013］苏商外终字第0024号。

61. 江苏省无锡市中级人民法院"韩国大河贸易株式会社与中国农业银行无锡分行、锡山市对外贸易集团公司信用证议付纠纷案"［1999］锡经初字第133号

62. 江苏省无锡市中级人民法院"江苏华西国际贸易有限公司诉釜山银行信用证议付纠纷案"［2009］锡民三初字第55号。

63. 江苏省无锡市中级人民法院"江苏华西国际贸易有限公司诉韩国中小企业银行信用证议付纠纷案"［2009］锡民三初字第56号，江苏省高级人法院［2009］苏商外终字第0003号。

64. 江苏省无锡市中级人民法院"陆丰公司诉江阴市外贸公司信用证纠纷案"［1999］锡经初字第301号。

65. 江苏省扬州市中级人民法院"扬州市邗利皮革制品有限公司诉韩国朝兴银行信用证拒付案"（案号不详）。

66. 江苏省镇江市中级人民法院"中国银行镇江分行诉韩国国民银行信用证纠纷案"［2000］镇经二初字第9号。

67. 辽宁省高级人民法院"中国农业银行沈阳市盛京支行与宏照有限公司、沈阳升龙国际酒店有限公司信用证项下货款纠纷一案的审理报告"［2001］辽经一终字第8号。

68. 辽宁省沈阳市中级人民法院"宏照有限公司诉中国农业银行沈阳市盛京支行信用证货款纠纷案"［2000］沈经一初字第313号。

69. 辽宁省沈阳市中级人民法院"马来西亚KUB电力公司与中国光大银行股份有限公司沈阳分行担保合同纠纷案"［2004］沈中民（4）外初字第12号。

70. 内蒙古自治区鄂托克前旗人民法院"鄂尔多斯市上海庙鹰骏环保科技有限公司与长沙农村商业银行股份有限公司金霞支行合同纠纷一审民事判决书"［2019］内0623民初249号。

71. 内蒙古自治区高级人民法院"远洋装饰工程股份有限公司与鄂尔多斯市人民政府、鄂尔多斯银行股份有限公司建设工程施工合同纠纷一审民事判决书"［2016］内民初35号。

72. 山东省高级人民法院"(意大利)纤维素转化设备公司与中国银行威海分行信用证纠纷上诉案"[2000]鲁经终字第222号,山东省威海中级人民法院[1998]威经外初字第1号。

73. 山东省高级人民法院"大连泰富食品有限公司与中信银行股份有限公司烟台分行信用证转让纠纷案"[2014]鲁民四终字第151号,烟台市中级人民法院[2013]烟民三初字第212号。

74. 山东省高级人民法院"枣庄市对外经济技术合作公司与韩国光州银行信用证纠纷案"[2011]鲁民四终字第19号,山东省枣庄市中级人民法院[2006]枣民二初字第87号。

75. 山东省高级人民法院"韩国外换银行株式会社与华夏银行股份有限公司青岛分行信用证纠纷上诉案"[2009]鲁民四终字第38号,青岛市中级人民法院[2008]青民四初字第108号。

76. 山东省高级人民法院"韩国外换银行株式会社与青岛银行股份有限公司信用证纠纷上诉案"[2009]鲁民四终字第37号。

77. 山东省高级人民法院"韩国中小企业银行首尔分行与潍坊雅翔国际贸易有限公司信用证纠纷案"[2017]鲁民终1023号,山东省潍坊市中级人民法院[2014]潍外重字第3号。

78. 山东省高级人民法院"韩国中小企业银行与青岛华天车辆有限公司信用证纠纷上诉案"[2005]鲁民四终字第71号。

79. 山东省高级人民法院"美国美联银行有限公司与山东一方膏业有限公司信用证纠纷上诉案"[2008]鲁民四终字第129号,山东省枣庄市中级人民法院[2007]枣民二初字第29号。

80. 山东省高级人民法院"乳山宇信针织有限公与韩国中小企业银行信用证赔偿纠纷上诉案"[2006]鲁民四终字第25号,青岛市中级人民法院[2003]青民四初字第151号。

81. 山东省高级人民法院"烟台市五金矿产机械进出口公司与韩国外换银行拒付信用证项下货款纠纷上诉案"[1999]鲁经终字第693号,山东省烟台市中级人民法院[1999]烟经初字第11号。

82. 山东省高级人民法院"招商银行股份有限公司青岛分行与韩国输出保险公社信用证纠纷上诉案"[2010]鲁民四终字第227号。

83. 山东省高级人民法院"中国长江航运集团对外经济技术合作总公司、中国长江航运集团青山船厂与中国建设银行股份有限公司青岛中山路支行海事担保合同纠纷案"[2014]鲁民四终字第148号,[2014]鲁民四终字第147号。

84. 山东省高级人民法院"中国银行股份有限公司莱芜分行与山东岱银纺织集团股份有限公司信用证纠纷案"[2008]鲁民四终字第113号。

85. 山东省济南市中级人民法院"山东省农业生产资料有限责任公司与法国兴业银行信用证纠纷案"(案号不详,载山东省高级人民法院"关于山东省农业生产资料有限责任公司与法国兴业银行信用证纠纷一案中如何处理免除丧失上诉权效果申请的请示"[2010]鲁民四他字第3号)。

86. 山东省青岛市中级人民法院"三阳纺织有限公司与韩国外换银行信用证纠纷案"[2005]青民四初字第317号。

87. 山东省青岛市中级人民法院"山东省仪器进出口公司、朝兴银行釜山本部及中国农业银行青岛市分行因受益人请求付款被开证行拒付纠纷案"(案号不详)。

88. 山东省青岛市中级人民法院"伊藤忠商事(香港)有限公司与中国光大银行青岛分行信用证案"[1996]青经二初字第22号。

89. 山东省青岛市中级人民法院审理的"青岛华天车辆有限公司诉韩国中小企业银行与信用证纠纷案"[2005]青民四初字第75号。

90. 山东省日照市中级人民法院"交通银行股份有限公司日照分行与日照市弘鲁电力能源有限公司、日照圣和经贸有限公司等信用证开证纠纷案"[2015]日民三初字第15号。

91. 山东省日照市中级人民法院"株式会社TAESANS&T与日照银行股份有限公司信用证议付纠纷案"[2016]鲁11民初76号。

92. 山东省威海市中级人民法院"山东汇泉工业有限公司与株式会社新韩银行信用证议付纠纷案"[2005]威民二外初字第16号。

93. 山东省威海市中级人民法院"威海育铭进出口有限公司与株式会社友利银行信用证纠纷案"[2014]威民二外初字第20号。

94. 山东省潍坊市中级人民法院"韩国输出保险公司与中国工商银行潍坊

市分行信用证货款纠纷案"[1997]潍经初字第219号。

95. 山西省高级人民法院"山西省晋阳碳素股份有限公司与泰国盘古银行香港分行信用证项下货款拒付纠纷案"[2002]晋民四终字第70号,山西省太原市中级人民法院[2001]并知初字第7号。

96. 上海市第二中级人民法院"西安市医药保健品进出口公司诉澳大利亚和新西兰银行集团有限公司信用证付款纠纷案"[1997]沪二中经初字第842号。

97. 上海市第一中级人民法院"北京丽格林进出口有限公司诉荷兰合作银行有限公司上海分行保证合同纠纷案"[2015]沪一中民六(商)初字第S413号,上海市高级人民法院[2017]沪民终222号。

98. 上海市第一中级人民法院"通州市博铭家用纺织品有限公司诉意大利西雅那银行股份有限公司信用证议付纠纷"[2008]沪一中民五(商)初字第205号。

99. 上海市第一中级人民法院"友利银行与乐恩商务有限公司信用证议付纠纷上诉案"[2009]沪一中民五(商)终字第34号,上海市浦东新区人民法院[2008]浦民二(商)初字第2502号。

100. 上海市第一中级人民法院"兴杰国际私人有限公司诉上海银行浦东分行信用证纠纷案"[2000]沪一中经初字第3号。

101. 上海市高级人民法院"北京丽格林进出口有限公司与荷兰合作银行有限公司上海分行保证合同纠纷案"[2017]沪民终222号。

102. 上海市高级人民法院"德累斯顿银行上海分行与深圳中电投资股份有限公司信用证侵权纠纷案"[2003]沪高民三(商)终字第4号。

103. 上海市高级人民法院"东方汇理银行萨那分行与四川川投进出口有限公司信用证纠纷案"[2007]沪高民四(商)终字第41号,上海市第一中级人民法院[2003]沪一中民五(商)初字第137号。

104. 上海市高级人民法院"东方铜业有限公司与中国光大银行上海浦东第二支行信用证纠纷案"[2002]沪高民三(商)终字第2号。

105. 上海市高级人民法院"(韩国)国民银行诉上海苏豪国际贸易有限公司、比利时联合银行上海分行信用证纠纷案"[2001]沪高经终字第339号。

106. 上海市高级人民法院"脉织控股集团有限公司与交通银行股份有限公司信用证纠纷案"〔2017〕沪民终 408 号。

107. 上海市高级人民法院"交通银行股份有限公司上海市分行与保乐力加（中国）贸易有限公司独立保函纠纷案"〔2019〕沪民终 107 号。

108. 上海市高级人民法院"招商银行股份有限公司上海分行与上海新联纺进出口有限公司信用证纠纷上诉案"〔2010〕沪高民五（商）终字第 5 号。

109. 上海金融法院"中国葛洲坝集团股份有限公司与意大利裕信银行股份有限公司上海分行独立保函纠纷案"〔2018〕沪 74 民初 1419 号，〔2018〕沪 74 民初 1420 号，〔2018〕沪 74 民初 1421 号。

110. 上海金融法院"中国工商银行股份有限公司上海市新金桥支行与上海浦东发展银行股份有限公司长沙分行信用证议付纠纷案"〔2019〕沪 74 民初 2872 号

111. 四川省高级人民法院"农协银行株式会社与中国农业银行股份有限公司成都总府支行信用证纠纷案"〔2018〕川民终 187 号，最高人民法院〔2019〕最高法民申 6756 号。

112. 四川省高级人民法院"四川峨眉山进出口公司诉韩国新湖商社信用证纠纷案"〔1999〕川经初字第 07 号。

113. 四川省高级人民法院"招商银行股份有限公司成都科华路支行与成都华川进出口集团有限公司、华川格鲁吉亚有限公司保函纠纷案"〔2013〕川民终字第 750 号，最高人民法院〔2014〕民申字第 2078 号

114. 四川省乐山市中级人民法院"汝城县满天星水力发电厂与中国银行股份有限公司乐山分行合同纠纷案"〔2018〕川 11 民终 1196 号。

115. 天津市第一中级人民法院"大连中垦鑫源国际贸易有限公司与韩国株式会社新韩银行信用证纠纷案"（2004）一中民三初字第 105 号。

116. 天津市高级人民法院"北京圣仑恒业国际贸易有限公司与韩国中小企业银行信用证欠款纠纷案"〔2002〕津高民四终字第 5 号，天津市第一中级人民法院〔2002〕一中经初字第 56 号。

117. 天津市高级人民法院"韩国中小企业银行与河北省保定市进出口贸易公司银行信用证纠纷上诉案"〔2003〕津高民四终字第 40 号。

118. 天津市高级人民法院"唐山汇达集团进出口有限公司与中国光大银行天津分行信用证纠纷案"［2002］高经终字第51号，天津市第一中级人民法院［2001］一中经初字第336号。

119. 新疆维吾尔自治区高级人民法院"中国银行新疆维吾尔自治区分行诉新疆新兴水利电力实业总公司信用证交易纠纷案"［1997］新经初字1号。

120. 浙江省高级人民法院"韩国输出保险公社诉中国农业银行绍兴市分行信用证纠纷案"［2003］浙民三终字第153号。

121. 浙江省高级人民法院"上诉人澳大利亚和新西兰银行（中国）有限公司上海分行与被上诉人香港联创资源有限公司、宁波保税区盛通国际贸易有限公司信用证欺诈纠纷案"［2011］浙商外终字第20号。

122. 浙江省高级人民法院"上诉人西班牙班柯萨坦达银行香港分行诉被上诉人宁波经济技术开发区进出口公司、原审被告永顺明有限公司提单欺诈案"［2000］浙经终字第194号，宁波海事法院［1997］甬海商初字第164号。

123. 浙江省高级人民法院"水产业协同组合中央会与舟山市世创水产有限公司信用证纠纷上诉案"［2010］浙商外终字第16号。

124. 浙江省高级人民法院"中国工商银行股份有限公司义乌分行等诉中国技术进出口总公司公司保函欺诈纠纷案"［2016］浙民终922号。

125. 浙江省高级人民法院"中国机械设备工程股份有限公司与中国建设银行股份有限公司杭州宝石支行保证合同纠纷案"［2013］浙商外终字第89号，浙江省杭州市中级人民法院［2011］浙杭商外初字第16号。

126. 浙江省高级人民法院"株式会社庆南银行与舟山市世创水产有限公司信用证纠纷上诉案"［2010］浙商外终字第15号，浙江省舟山市中级人民法院［2008］舟民二初字第25号。

127. 浙江省杭州市中级人民法院"杭州长乔旅游投资集团股份有限公司与杭州银行股份有限公司西湖支行信用证纠纷案"［2017］浙01民终8763号，浙江省杭州市西湖区人民法院［2017］浙0106民初4086号，浙江省高级人民法院［2019］浙民申1298号。

128. 浙江省杭州市中级人民法院"某某银行股份有限公司诉某某家具有限公司等信用证融资纠纷案"[2013]浙杭商外初字第7号。
129. 浙江省杭州市中级人民法院"现代重工有限公司与中国工商银行股份有限公司浙江省分行保证合同纠纷案"[2014]浙杭商外初字第60号,浙江省高级人民法院[2016]浙民终字第157号。
130. 浙江省嘉兴中级人民法院"嘉兴三珍斋食品有限公司诉中国工商银行股份有限公司桐乡支行信用证纠纷案"[2007]嘉民二初字第96号。
131. 浙江省宁波市中级人民法院"海宁市正扬轴承有限公司与帕萨加德银行等信用证纠纷案"[2014]浙甬商外初字第53号。
132. 浙江省宁波市中级人民法院"宁波南衡进出口有限公司与株式会社新韩银行信用证纠纷案"[2020]浙02民初281号。
133. 浙江省宁波市中级人民法院"宁波市江北丛中笑礼品有限公司诉宁波市商业银行股份有限公司、意大利国民劳动银行股份有限公司信用证付款纠纷案"[2006]甬民四初字第37号。
134. 浙江省宁波市中级人民法院"杉杉集团有限公司诉南阳商业银行有限责任公司信用证纠纷上诉案"[2000]甬经终字第410号,浙江省宁波市海曙区人民法院[1998]甬海经初字第431号。
135. 浙江省绍兴市柯桥区人民法院"中国工商银行股份有限公司绍兴支行与绍兴县和松家纺有限公司信用证纠纷案"[2015]绍柯商初字第652号。
136. 浙江省绍兴市中级人民法院"上海浦东发展银行股份有限公司绍兴分行与浙江家天下家纺有限公司、绍兴县郑尚秀进出口有限公司、绍兴楚通纺织有限公司、尚秀玉信用证融资纠纷案"[2014]浙绍商外初字第55号。
137. 浙江省温州市中级人民法院"广东发展银行温州支行诉温州市进出口公司等4人委托开立信用证纠纷案"[2000]温经初字第451号。
138. 浙江省温州市中级人民法院"中国银行股份有限公司温州经济技术开发区支行与恒钢金属销售有限公司、瑞田钢业有限公司等信用证纠纷案"[2013]浙温商外初字第69号。
139. 最高人民法院"安徽博微长安电子有限公司与中国工商银行股份有限

公司南京军管支行合同纠纷再审审查与审判监督民事裁定书"[2019]最高法民申 396 号。

140. 最高人民法院"澳大利亚和新西兰银行（中国）有限公司上海分行与中基宁波集团股份有限公司及香港联创资源有限公司等信用证欺诈纠纷案"[2013]民申字第 1388 号。

141. 最高人民法院"北海宇能科技发展有限公司、中国银行股份有限公司北海分行、中国银行股份有限公司广西壮族自治区分行与花旗银行信用证纠纷申请再审民事裁定书"[2014]民申字第 823 号。

142. 最高人民法院"潮连物资（香港）有限公司与中国农业银行湖南分行信用证交易纠纷案"[1999]经终字第 432 号。

143. 最高人民法院"大连汇丰达国际贸易有限公司与东亚银行（中国）有限公司大连分行信用证议付纠纷申诉案"[2014]民申字第 680 号。

144. 最高人民法院"关于韩国输出保险公社与中国工商银行潍坊市分行信用证纠纷申诉一案的审查报告"[2002]民四监字第 59 号。

145. 最高人民法院"关于连云港口福食品有限公司与韩国中小企业银行信用证纠纷一案的请示的复函"[2003]民四他字第 33 号。

146. 最高人民法院"关于中国银行股份有限公司莱芜分行与山东岱银纺织集团股份有限公司信用证纠纷一案的请示的复函"[2009]民四他字第 9 号。

147. 最高人民法院"韩国新湖商社与四川峨嵋山进出口公司等信用证欺诈纠纷管辖权异议案"[2000]经终字第 153 号。

148. 最高人民法院"呼伦贝尔市龙辰物产资源（集团）有限公司、中国建设银行股份有限公司哈尔滨开发区支行信用证纠纷再审审查与审判监督民事裁定书"[2017]最高法民申 1107 号。

149. 最高人民法院"江西颂佳实业有限公司诉中国农业银行江西省分行国际业务部信用证纠纷案"[1995]经终字第 217 号。

150. 最高人民法院"江阴市海港国际物流有限公司与中国建设银行（亚洲）股份有限公司等信用证欺诈纠纷案"[2018]最高法民申 3899 号。

151. 最高人民法院"栖霞市绿源果蔬有限公司与中国银行股份有限公司北京市分行信用证转让纠纷再审案"[2013]民申字第 1296 号，北京市高级人民法院［2012］高民终字第 939 号。

152. 最高人民法院"仁和国际有限公司与中国光大银行股份有限公司杭州分行信用证议付纠纷案"［2017］最高法民申 3346 号，湖北省高级人民法院［2016］鄂民终 184 号，湖北省武汉市中级人民法院［2013］鄂武汉中民商外初字第 00014 号。

153. 最高人民法院"瑞士纽科货物有限公司诉中国建设银行吉林省珲春市支行信用证项下款项拒付纠纷案"［1998］经终字第 336 号，吉林省高级人民法院［1997］吉经初字第 100 号。

154. 最高人民法院"三和银行深圳分行诉交通银行长沙分行、湖南省进出口公司博能石油化工公司等买卖合同、信用证结算纠纷案"［1999］经终字第 86 号。

155. 最高人民法院"上海振华重工（集团）股份有限公司、中国银行股份有限公司上海市分行、希巴尔克系统公司与印度海外银行香港分行其他民事申请再审民事裁定书"［2014］民申字第 1384 号。

156. 最高人民法院"笙华国际物流有限公司与荷兰合作银行有限公司信用证纠纷案"［2019］最高法民申 906 号，北京市高级人民法院［2013］高民终字第 3294 号。

157. 最高人民法院"四川汉能光伏有限公司、成都西航港工业发展投资有限公司企业借贷纠纷案"［2018］最高法民终 1214 号。

158. 最高人民法院"唐山海港汇丰能源有限公司诉交通银行股份有限公司广东省分行等信用证纠纷案"［2016］最高法民申 3323 号。

159. 最高人民法院"天津天大天财股份有限公司与日本信越化学工业株式会社、中信实业银行天津分行国际货物买卖信用证付款纠纷案"（2004）民四终字第 11 号。

160. 最高人民法院"天津港保税区天工国际贸易有限公司、中国光大银行股份有限公司台州支行信用证纠纷再审审查与审判监督案"［2020］最高法民申 2897 号。

161. 最高人民法院"兖矿铝业国际贸易有限公司、重庆市电煤储运集团华东有限公司买卖合同纠纷再审审查与审判监督民事裁定书"［2019］最高法民申 5016 号。

162. 最高人民法院"乌兹特拉斯加斯股份有限公司、上海贝尔股份有限公司、中国进出口银行上海分行独立保函纠纷管辖权异议案"［2014］民申字第 64 号。

163. 最高人民法院"无锡湖美热能电力工程有限公司与新加坡星展银行信用证纠纷案"［2017］最高法民终字第 327 号，江苏省高级人民法院［2014］苏商外初字第 0004 号。

164. 最高人民法院"吴某光与李某、杨某等民间借贷纠纷案"［2016］最高法民终 613 号。

165. 最高人民法院"印度 GMR 卡玛朗加能源公司与印度国家银行班加罗尔分行独立保函欺诈纠纷案"［2019］最高法民终 413 号。

166. 最高人民法院"中国工商银行哈尔滨市分行、哈尔滨纺织品进出口公司与黑龙江龙涤集团公司信用证纠纷案"［1998］经终字第 152 号，黑龙江省高级人民法院［1995］黑经初字第 40 号。

167. 最高人民法院"中国工商银行新加坡分行与枣庄金鑫非金属晶体材料有限公司等信用证结算纠纷案"［1997］经终字第 34 号。

168. 最高人民法院"中国建设银行股份有限公司哈尔滨开发区支行与庆安帝圣矿业有限公司、黑河市佳诚贸易有限公司等信用证纠纷申诉、申请民事裁定书"［2017］最高法民申 906 号。

169. 最高人民法院"中国水利水电第四工程局有限公司与中工国际工程股份有限公司独立保函欺诈纠纷案"［2019］最高法民终 349 号。

170. 最高人民法院"中国银行河南省分行与阿拉伯及法兰西联合银行（香港）有限公司独立保函纠纷案"［2018］最高法民终 880 号，河南省高级人民法院［2014］豫法民三初字第 3 号。

171. 最高人民法院"中国银行山西省分行与太原电子厂、山西省国际贸易广告公司信用证开证及担保纠纷案"［2000］经终字第 79 号。

172. 最高人民法院"中油龙昌（集团）股份有限公司与中国建设银行辽宁省分行营业部、沈阳沈港对外贸易公司信用证垫款纠纷案"［2001］民四终字第 22 号。

二、英文文献

(一) 著作类

1. A. G. Guest ed., *Benjamin's Sale of Goods* (Sweet & Maxwell 6th ed 2002).
2. Agasha Mugasha, *The Law of Letters of Credit and Bank Guarantee* (The Federation Press 2003).
3. Ali Malek QC & David Quest, *Jack: Documentary Credits* (Tottel Publishing Ltd. 4th ed 2009).
4. Arthur R. Pinto & Douglas M. Branson, *Understanding Corporate Law* (Carolina Academic Press 5th ed 2018).
5. Boris Kozolchyk, *Chapter 5 Letters of Credit* (JCB Mohr (Paul Siebeck) Tubingen and Sijthoff & Noordhoff Alphen a/d Rihn 1979).
6. Boris Kozolchyk, *Commercial Letters of Credit in the Americas* (Matthew Bender 1966).
7. Brooke Wunnicke, Diane B. Wunnicke & Paul S. Turner, *Standby & Commercial Letter of Credit* (Wolters Kluwer Law & Business 3rd ed 2013).
8. Burno Zeller, *Damages under the Convention on Contracts for the International Sale of Goods* (Oxford University Press 2nd ed 2009).
9. Burton V. McCullough, Esq., *Letters of Credit* (Matthew Bender 2018).
10. Byran A. Garner ed., *Black's Law Dictionary* (West 8th ed 2004).
11. Carole Murray et al., *Schmitthoff's Export Trade: The Law and Practice of International Trade* (Sweet & Maxwell 11th ed 2007).
12. Charles del Busto ed., *Documentary Credits: UCP 500 & 400 Compared* (ICC Publisher SA No. 511 1983).
13. Charles del Busto, *Case Studies on Documentary Credits under UCP500* (ICC Publishing SA No. 535 1995).
14. Charles E. Aster, Esq. & Katheryn C. Patterson Esq. ed., *A Practical Guide to Letters of Credit* (Executive Enterprises Inc., 1990).
15. Charles L. Knapp, ed., *Commercial Damages: A Guide to Remedies in Busi-

ness Litigation (Matthew Bender 2017).

16. Djakhongir Saidov, *The Law of Damages in the International Sales* (Hart Publishing 2008).
17. E. Allan Farnsworth, *Contracts* (Aspen Law & Business 3rd ed 1999).
18. Ebenezer Adodo, *Letters of Credit: The Law and Practice of Compliance* (Oxford University Press 2014).
19. Ewan Mckendrick, *Contract Law* (Palgrave 12th ed 2017).
20. Ewan Mckendrick, *Goode on Commercial Law* (LexisNexis 4th ed 2009).
21. Frans P. de Rooy, *Documentary Credits* (Kluwer Law & Taxation Publishers 1984).
22. G. H. Treitel, *The Law of Contract* (Sweet & Maxwell 11th ed 2000).
23. Gary Collyer, *Frequently Asked Questions under UCP 600* (Collyer Consulting LLP 2009).
24. Gary Collyer, *The Guide to Documentary Credit* (IFS University College 5th ed 2015).
25. Georges Affaki & Roy Goode, *Guide to ICC Uniform Rules for Demand Guarantees URDG 758* (ICC Services Publications No. 702E 2011).
26. H. G. Beale ed., *Chitty on Contracts* (商务印书馆 30th ed vol 1 2012).
27. H. G. Beale ed., *Chitty on Contracts* (商务印书馆 30th ed vol 2 2012).
28. Henry Harfield, *Bank Credits and Acceptances* (The Ronald Press Company 5th ed 1974).
29. Henry Harfield, *Letters of Credit* (The American Law Institute 1979).
30. Herbert Lemelman, *Uniform Commercial Code Forms Annotated* (Thomson Reuters 3rd ed 2016).
31. Herman N. Finkelstein, *Legal Aspects of Commercial Letters of Credit* (Columbia University Press 1930).
32. ICC, *2017 Rethinking Trade & Finance* (ICC Publication No. 884E 2017).
33. ICC, *International Standard Banking Practice for the Examination of Documents under UCP600* (ICC Services Publications No. 745E 2013).
34. Jack Ebetson et. al., *Anson's Law of Contract* (Oxford University Press 29 ed

2010).
35. James E. Byrne & Christopher S. Byrnes, 2001 *Annual Survey of Letters of Credit Law & Practice* (Institute of International Banking Law & Practices 2001).
36. James E. Byrne & Christopher S. Byrnes, 2003 *Annual Survey of Letters of Credit Law & Practice* (Institute of International Banking Law & Practices 2003).
37. James E. Byrne & Christopher S. Byrnes, 2004 *Annual Survey of Letters of Credit Law & Practice* (Institute of International Banking Law & Practices 2004).
38. James E. Byrne & Christopher S. Byrnes, 2005 *Annual Survey of Letters of Credit Law & Practice* (Institute of International Banking Law & Practices 2005).
39. James E. Byrne & Christopher S. Byrnes, 2006 *Annual Survey of Letters of Credit Law & Practice* (Institute of International Banking Law & Practices 2006).
40. James E. Byrne & Christopher S. Byrnes, 2007 *Annual Survey of Letters of Credit Law & Practice* (Institute of International Banking Law & Practices 2007).
41. James E. Byrne & Christopher S. Byrnes, 2010 *Annual Review of Letters of Credit Law & Practice* (Institute of International Banking Law & Practices 2010).
42. James E. Byrne & Christopher S. Byrnes, 2011 *Annual Review of Letters of Credit Law & Practice* (Institute of International Banking Law & Practices 2011).
43. James E. Byrne, 1996 *Annual Survey of International Banking Law & Practice* (Institute of International Banking Law & Practice 1996).
44. James E. Byrne et al., 2017 *Annual Review of International Banking Law & Practice* (Institute of International Banking Law & Practice 2017).
45. James E. Byrne, *6B Hawkland UCC Series* (Thomson Reuters 2016).

46. James E. Byrne et al. , *UCP 600*: *An Analytical Commentary* (Institute of International Banking Law & Practice 2010).
47. James E. Byrne, *International Letter of Credit Law and Practice* (Thomson Reuters 2017).
48. James E. Byrne, *ISP98 & UCP500 Compared* (Institute of International Banking Law & Practice 2000).
49. James E. Byrne, *The Official Commentary on the International Standby Practice* (Institute of International Banking Law & Practice 1998).
50. James E. Byrne et al. , *Standby & Demand Guarantee Practice*: *Understanding UCP600, ISP98 & URDG758* (Institute of International Banking Law & Practice 1st ed 2014).
51. James G. Barnes et al. , *The ABCs of UCC Article 5*: *Letters of Credit* (American Bar Association 1998).
52. James J. White & Robert S. Summers, *Uniform Commercial Code* (West 4th ed vol 3 1995).
53. James J. White & Robert S. Summers, *Uniform Commercial Code* (West 6th ed 2010).
54. Jan Cornelis Dekker, *Case Studies on Documentary Credits*: *Problems, Queries, Answers* (ICC Publishing SA No. 459 1989).
55. Jan Cornelis Dekker, *More Case Studies on Documentary Credits*: *Problems, Queries, Answers* (ICC Publishing SA, No. 489 1991).
56. John F. Dolan, *The Law of Letters of Credit*: *Commercial & Standby Credits* (LexisNexis AS Pratt 2018).
57. John F. Dolan, *The Domestic Standby Letter of Credit Desk Book for Business Professionals, Bankers and Lawyers* (Matthew Bender 2015).
58. John F. Dolan, *The Drafting History of UCC Article 5* (Carolina Academic Press 2015).
59. John Mo, *International Commercial Law* (LexisNexis 6th ed 2015).
60. Larry A. DiMatteo & Lucien J. Dhooge, *International Business Law*: *A Transactional Approach* (Thomson West 2nd ed 2006).

61. Lazar Sarna, *Letters of Credit: The Law and Current Practice* (Carswell Legal Publications 1984).
62. Markus Jager, *Reimbursement for Attorney's Fees* (Eleven International Publishing 2010).
63. Michael Bridge, *The International Sale of Goods* (Oxford University Press 3rd ed 2013).
64. Michael Bridge ed., *Benjamin's Sale of Goods* (Sweet & Maxwell 8th ed 2010)
65. Michille Kelly-Louw, *Selective Legal Aspects of Bank Demand Guarantees: The Main Exceptions to the Autonomy Principle* (VDM Verlag Dr. Muller 2009).
66. Nelson Enonchong, *The Independence Principle of Letters of Credit and Demand Guarantees* (Oxford University Press 2011).
67. Paul Todd, *Bills of Lading and Banker's Documentary Credits* (Informa 4th ed 2007).
68. Peter E. Ellinger & Dora Neo, *The Law and Practice of Documentary Letters of Credit* (Hart Publishing 2010).
69. Peter E. Ellinger, *Documentary Letters of Credit: A Comparative Study* (University of Singapore Press 1970).
70. Peter Huber & Alastair Mullis, *The CISG: A New Textbook for Students and Practitioners* (Sellier European Law Publishers 2007).
71. Peter Schlechtriem & Ingeborg Schwenzer ed., *Commentary on the UN Convention on the International Sale of Goods (CISG)* (Oxford University Press 2nd (English) ed 2005).
72. Ramandeep Kaur Chhina, *Standby Letters of Credit in International Trade* (Kluwer Law International 2013).
73. Reiner Schulze ed., *Common Frame of Reference and Existing EC Contract Law* (Sellier. European Law Publishers 2008).
74. Richard A. Lord, *Williston on Contracts* (Thomson Reuters 4th ed 2017).
75. Richard King ed., *Gutteridge and Megrah's Law of Banker's Commercial*

Credits (Europa 8th ed 2001).

76. Roeland F. Bertrams, *Bank Guarantees in International Trade* (Kluwer Law International 4th rev ed 2013).

77. Rolf A. Schutze & Gabriele Fontane, *Documentary Credit Law Throughout the World* (ICC Publishing SA No. 633 2001).

78. Roy Goode, *Guide to the ICC Uniform Rules for Demand Guarantees* (ICC Publishing SA No. 510 1992).

79. Roy Ryden Anderson, *Damages Under the Uniform Commercial Code* (Thomson Reuters 2016).

80. Stefan Vogenauer & Jan Kleinheisterkamp, ed., *Commentary on the Unidroit Principles of International Commercial Contracts (PICC)* (Oxford University Press 2009).

81. Timothy Murray, *Corbin on Contracts* (Matthew Bender 2018).

82. UCP600 Drafting Group, *Commentary on UCP600: Article - by - Article Analysis* (ICC Services Publication Department No. 680 2007).

83. Ulrich Drobnig ed., *Principles of European Law on Personal Security* (Oxford University Press 2007).

84. Walter (Buddy) Baker & John F. Dolan, *User's Handbook for Documentary Credits under UCP 600* (ICC Publication No. 694 2008).

85. William D. Hawkland et al., *6B Hawkland UCC Series* (Thomson Reuters 2016).

86. Xiang Gao, *The Fraud Rule in the Law of Letters of Credit: A Comparative Perspective* (Kluwer Law International 2002).

(二) 期刊论文

1. Alan W. Armstrong, "The Letter of Credit as a Lending Device in a Tight Money Market", 22 Bus. Law, 1105 (1967).

2. Albert J. Givray et al., "Letter of Credit", 47 Bus. Law., 1571 (1992).

3. Alireza Gharagozlou, "Cordelia Returns–Using Letters of Credit to Reduce Borrowing Costs", 34 Dayton L. Rev., 305 (2009).

4. Bill Nartker, "Consequences and Desirability of Requiring Presentation of the

参考文献

Original Operative Instrument", 19 Documentary Credit World, 28 (2015 June).

5. Boris Kozolchyk, "Legal Aspects of Letters of Credit and Related Secured Transactions", 11 U. Miami Inter-Am. L. Rev., 265 (1979).

6. Boris Kozolchyk, "Strict Compliance and the Reasonable Document Checker", 56 Brook L. Rev., 45 (1990).

7. Boris Kozolchyk, "The Emerging Law of Standby Letters of Credit and Bank Guarantees", 35 Revista de la Facultad de Derecho de México, 287 (1985).

8. Boris Kozolchyk, "The Legal Nature of the Irrevocable Commercial Letter of Credit", 14 Am. J. Comp. L., 395 (1965).

9. Carter H. Klein, "Attorney's Fees in Letter of Credit Cases under US UCC Section 5-111 (e) ", 9 *Documentary Credit World*, 32 (2005 November/December).

10. Charl Hugo, "Documentary Credits: The Basis of the Bank's Obligation", 117 S. Afr. L. J., 224 (2000).

11. Charles Proctor, "Breach of International Payment Obligations", 5 J. Int'l. Banking & Fin. L., 184 (1998).

12. Clark L. Derrick, "An Issuing Bank's Duty of Payment under An Irrevocable Letter of Credit: Asociacion de Azucareros de Guatemala v. United States National Bank of Oregon", 12 Ariz. L. Rev., 835 (1970).

13. Comments, "Damages for Breach of Irrevocable Commercial Letters of Credit: The Common Law and The Uniform Commercial Code", 25 U. Chi. L. Rev., 667 (1958).

14. David A. Root, "Attorney Fee-Shifting in America: Comparing, Contrasting, and Combining the 'American Rule' and 'English Rule' ", 15 Ind. Int'l & Comp. L. Rev., 583 (2005).

15. David Gray Carlson & William H. Widen, " Letters of Credit, Voidable Preferences, and the 'Independence' Principle", 54 Bus. Law., 1661 (1999).

16. Dellas W. Lee, "Letters of Credit: What Does Revised Article 5 Have to Offer to Issuers, Applicants and Beneficiaries", 101 Com. L. J., 234 (1996).

17. Donald Harris, "Incentives to Perform, or Break Contracts", 45 CLP, 29 (January 1992).
18. Ehrenzweig, "Reimbursement of Counsel Fees and the Great Society", 54 Calif. L. Rev., 792 (1966).
19. G. W. Bartholomew, " Relations Between Banker and Seller under Irrevocable Letters of Credit", 5 McGill L. J., 89 (1959).
20. James E. Byrne & Lee H. Davis, " New Rules for Commercial Letters of Credit under UCP600", 39 UCC L. J., 301 (2007).
21. James E. Byrne et. al., "An Examination of UCC Article 5", 45 Bus. Law., 1521 (1990).
22. James E. Byrne, " Contracting out of Revised UCC Article 5 (Letters of Credit) ", 40 Loy. L. A. L. Rev., 297 (2006).
23. James E. Byrne, "Going Beyond the Four Corners: Reflections on Teaching Letters of Credit as a Subset of International Banking Law", 3 Am. U. Bus. L. Rev., 1 (2014).
24. James E. Byrne, "Negotiation in Letter of Credit Practice and Law: The Evolution of the Doctrine", 42 Tex. Int'l L. J., 561 (2007).
25. James G. Barnes & James E. Byrne, "Letters of Credit", 61 Bus. Law., 1591 (2006).
26. James G. Barnes & James E. Byrne, "Letters of Credit", 66 Bus. Law., 1135 (2011).
27. James G. Barnes & James E. Byrne, "Letters of Credit", 69 Bus. Law., 1201 (2014).
28. James G. Barnes & James E. Byrne, "Letters of Credit", 71 Bus. Law., 1299 (2016).
29. James G. Barnes & James E. Byrne, "Letters of Credit", 72 Bus. Law., 1119 (2017).
30. James G. Barnes & James E. Byrne, "Letters of Credit: 1995 Cases", 51 Bus. Law., 1417 (1996).
31. James G. Barnes & James E. Byrne, "Letters of Credit: 1999 Cases", 55

Bus. Law. , 2005 (2000).

32. James G. Barnes & James E. Byrne, "Letters of Credit: 2000 Cases", 56 Bus. Law. , 1805 (2001).

33. James G. Barnes & James E. Byrne, "Letters of Credit: 2001 Cases", 57 Bus. Law. , 1725 (2002).

34. James G. Barnes & James E. Byrne, "Letters of Credit: 2002 cases", 58 Bus. Law. , 1605 (2003).

35. James G. Barnes & James E. Byrne, "UCC: Revision of Article 5", 50 Bus. Law. 1449 (1995).

36. James G. Barnes, "Internationalization of Revised UCC Article 5--Letters of Credit", 16 Nw. J. Int'l L. & Bus. , 215 (1996).

37. James G. Barnes, "Nonconforming Presentations under Letters of Credit: Preclusion and Final Payment", 56 Brook. L. Rev. , 103 (1990).

38. James J. White, "Influence of International Practice on the Revision of Article 5 of the UCC", 16 Nw. J. Int'l L. & Bus. , 189 (1995).

39. James J. White, "Trade Without Tears, or Around Letters of Credit in 17 Sections", UCC Bulletin 1 (1995).

40. Jeffrey S. Wood, "Drafting Letters of Credit: Basic Issues under Article 5 of the Uniform Commercial Code, UCP600, and ISP98", 125 Banking L. J. , 103 (2008).

41. Jia Hao, "Refusal Notice as a Shield or as a Sword: A Comprehensive Analysis of the Validity of a Refusal Notice under UCP 500 and Letter of Credit Law", J. Payment Sys. L. , 287 (2006).

42. John F. Dolan, "Documentary Compliance in Letter of Credit Law: What's in a Name, and What Need for an Original?", 28 Banking & Fin. L. Rev. , 121 (2012).

43. John F. Dolan, "Insolvency in Letter of Credit Transactions-Part I", 132 Banking L. J. , 195 (2015).

44. John F. Dolan, "Letter of Credit Litigation Under UCC Article 5: A Case of Statutory Preemption", 57 Wayne L. Rev. , 1269 (2011).

45. John F. Dolan, "Strict Compliance with Letters of Credit: Striking a Fair Balance", 102 Banking L. J. , 18 (1985).
46. John F. Dolan, "The Role of Attorney's Fees in Letter of Credit Litigation", 133 Banking L. J. , 555 (2016).
47. John F. Dolan, "Weakening the Letter of Credit Product: The New Uniform Customs Practice for Documentary Credits", 1994 Int'l Bus. L. J. , 149 (1994).
48. Joseph J. Ortego & Evan H. Krinick, "Letters of Credit: Benefits and Drawbacks of the Independence Principle", 115 Banking L. J. , 487 (1998).
49. Katherine A. Barski, "Letters of Credit: A Comparison of Article 5 of the Uniform Commercial Code and the Uniform Customs and Practice for Documentary Credits", 41 Loy. L. Rev. , 735 (1996).
50. Keith A. Rowley, "Anticipatory Repudiation of Letters of Credit", 56 SMU L. Rev. , 2235 (2003).
51. Lisa G. Weinberg, "Letter of Credit Litigation—Bank Liability for Punitive Damages", 54 Fordham L. Rev. , 905 (1986).
52. Margaret L. Moses, "The Impact of Revised Article 5 on Small and Mid-Sized Exporters", 29 UCC L. J. , 390 (1997).
53. Margaret L. Moses, "The Irony of International Letters of Credit: They Aren't Secure, But They (Usually) Work", 120 Banking L. J. , 479 (2003).
54. Marshall J. Breger, "Compensation Formulas for Court Awarded Attorney Fees", 47 Law & Contemp. Probs, 249 (1984).
55. Michael Bridge, "Mitigation of Damages in Contract and the Meaning of Avoidable Loss", 105 LQR, 398 (1989).
56. Peter E. Ellinger, "New Problems of Strict Compliance in Letters of Credit", J. Bus. L. , 320 (1988).
57. Peter E. Ellinger, "Standby Letters of Credit", 6 Int'l Bus. Law. , 604 (1978).
58. Richard F. Dole, Jr. , "The Essence of A Letter of Credit Under Revised UCC Article 5: Permissible and Impermissible Nondocumentary Conditions Affecting Honor", 35 Hous. L. Rev. , 1079 (1998).

59. Richard K. Walker, "Court Awarded Attorney's Fees Under the Private Attorney General Concept: A Defense Perspective", 23 U. Kan. L. Rev., 653 (1975).
60. Rolf Eberth & Peter E. Ellinger, "Assignment and Presentation of Documents in Commercial Credit Transactions", 24 Ariz. L. Rev., 277 (1982).
61. Rolf Eberth & Petter E. Ellinger, "Deferred Payment Credits: A Comparative Analysis of Their Special Problems", 14 J. Mar. L. & Com., 387 (1983).
62. Ronald J. Mann, "The Role of Letters of Credit in Payment Transactions", 98 Mich. L. Rev., 2494 (2000).
63. Roy Goode, "Abstract Payment Undertakings in International Transactions", 22 Brook. J. Int'l L., 1 (1996).
64. Samuel R. Berger, "Court Awarded Attorneys' Fees: What Is 'Reasonable'?", 126 U. Pa L. Rev., 281 (1977).
65. Sandra Stern, "Varying Article 5 of the UCC by Agreement", 114 Banking L. J., 516 (1997).
66. Susanne Di Pietro & Teresa W. Carns, "Alaska's English Rule: Attorney's Fee Shifting in Civil Cases", 13 Ala. L. Rev., 33 (1996).
67. W. E. McCurdy, "Commercial Letters of Credit", 35 Harv. L. Rev., 539 (1922).
68. Wang Jingen, "Disposition of Documents Dishonored in UCP600-Part I", 135 Banking L. J., 607 (2018).
69. Wang Jingen, "Disposition of Documents Dishonored in UCP600-Part II", 136 Banking L. J., 37 (2019).
70. Wang Jingen, "Disposition of Documents Dishonored in UCP600-Part III", 136 Banking L. J., 236 (2019).
71. Wang Jingen, "Reviewing the Kingho Case: Does Actual Return of Documents Trigger the UCP600 Preclusion Rule?", 34 *Banking & Fin. L. Rev.*, 417 (2019).
72. Wang Jinge, "Reviewing Zhengyang Bearing Case: Fraud Rule, Mitigation and Partial Payment in Damages for LC Wrongful Dishonor", 137 Banking

L. J., 91 (2020).
73. Wang Jingen, "Understanding Notice of Refusal Period in UCP600", 135 Banking L. J., 289 (2018).
74. Wayne Raymond Barr, "Cause of Action by Beneficiary against Bank for Wrongful Dishonor of Draft or Demand for Payment under Letter of Credit", 6 Causes of Action 337 (Thomson Reuters 2016).
75. Xiang Gao & Ross P. Buckley, "The Unique Jurisprudence of Letters of Credit: Its Origin and Sources", 4 San Diego Int'l L. J., 91 (2003).
76. Xiang Gao, "Fraud Rule in Law of Letters of Credit in the PRC", 41 Int'l Law., 1067 (2007).
77. Xiang Gao, "The Fraud Rule under the UN Convention on Independent Guarantees and Standby Letters of Credit: A Significant Contribution from An International Perspective", 1 Geo. Mason J. Int'l Comm. L., 48 (2010).
78. Xiang Gao & Ross P. Buckley, "A Comparative Analysis of the Standard of Fraud Required under the Fraud Rule in Letter of Credit Law", 13 Duke J. Comp. & Int'l L., 293 (2003).
79. John M. Czarnetzky, "Modernizing Commercial Financing Practices: The Revisions to Article 5 of the Mississippi UCC", 66 Miss L. Rev., 325 (1996).

(三) 论文集

1. Carter H. Klein, "Transfers and Assignment of Proceeds", in James E. Byrne & Christopher S. Byrnes, 2001 Annual Survey of Letters of Credit Law & Practice (Institute of International Banking Law & Practice 2001).
2. Earnest T Patrikis & Donald Rapson, "UCC Article 5 Revision: Consequential Damages", in James E. Byrne ed., 1996 Annual Survey of Letter of Credit Law & Practice (Institute of International Banking Law & Practice 1996).
3. George A. Hisert, "Comptroller General Continues to Misunderstand UCP", in James E. Byrne ed., 1996 Annual Survey of Letter of Credit Law & Practice (Institute of International Banking Law & Practice 1996).
4. ICC Commission on Banking Technique and Practice, "Transferable Credits and the UCP 500 (30 October 2002)", in James E. Byrne & Christopher

S. Byrnes, 2003 Annual Survey of Letters of Credit Law & Practice (Institute of International Banking Law & Practice 2003).

5. John P McMahon, "Is a Post-Breach Decline in the Value of Currency an Article 74 CISG 'Loss'?", in Camilla B Andersen & Ulrich G Schroeter, ed., Sharing International Commercial Law across National Boundaries (Wildy, Simmonds & Hill Publishing 2008).

6. N. D. George, "Delete 'Reasonable Time' and 'Without Delay' from the UCP", in Ron Katz ed., Insight into UCP600: Collected Articles from DCI 2003 to 2008 (ICC Service Publication No. 682 2008).

7. Pavel Andrle, "On 'Reasonable Time' and Holding Documents at Disposal of the Presenter", in Ron Katz ed., Insight into UCP600: Collected Articles from DCI 2003 to 2008 (ICC Service Publication No. 682 2008).

8. Peter E. Ellinger, "Assignment of the Proceeds of Letters of Credit: The Common Law Position", in James E. Byrne & Christopher S. Byrnes, 2004 Annual Survey of Letter of Credit Law & Practice (Institute of International Banking Law & Practice 2004).

9. Soh Chee Seng, "Escalation Clauses in Oil LCs", in James E. Byrne & Christopher S. Byrnes, 2006 Annual Survey of Letter of Credit Law & Practice (Institute of International Banking Law and Practice 2006).

10. The Insight Interview: Carlo di Ninni, "Some Real Problems with the Definition of 'Bank' ", in Ron Katz ed., Insight into UCP600: Collected Articles from DCI 2003 to 2008 (ICC Service Publication, No. 682 2008).

(四) 学位论文

1. Charl Hugo, "The Law Relating to Documentary Credits from a South African Perspective with Special Reference to the Legal Position of the Issuing and Confirming Banks", PhD Thesis of the University of Sellenbosch 1996.

2. Husam M. Botosh, "Striking the Balance Between the Consideration of Certainty and Fairness in the Law Governing Letters of Credit", PhD Thesis of the Sheffield University 2000.

(五) 网络文献

1. Christian Von Bar et al. , ed. , "Principles, Definitions and Model Rules of European Private Law, Draft Common Frame of Reference (DCFR) ", available at: http://ec. europa. eu/justice/contract, visited on 2021-2-10.

2. CISG AC Opinion No. 6, "Calculation of Damages under CISG Article 74", available at: http://cisgw3. law. pace. edu/cisg/CISG-AC-op6. html, visited on 2021-2-10.

3. Commission on Banking Technique and Practice, "When a non-bank issues a letter of credit" (30 October 2002), available at: https://iccwbo. org/publication/when-a-non-bank-issues-a-letter-of-credit, visited on 2021-2-10

4. Felemegas, "The Award of Counsel's Fees under Article 74 CISG, in Zapata Hermanos Sucesores v. Hearthside Baking Co. (2001) ", available at http:// www. cisg. law. pace. edu /cisg/biblio/felemegas1. html, visited on 2021-2-10.

5. John F. Dolan, "The Original LC as a 'Document' ", 19 DC Insight 18 (January-March 2013), available at: http://www. ssrn. com/link/Wayne-State-U-LEG. html, visited on 2021-2-10.

6. New Jersey Law Revision Commission, "Final Report on Uniform Commercial Code Revised Article 5-Letters of Credit (June 1996) ", available at: http://www. lawrev. state. nj. us/rpts/ucc5. pdf, visited on 2021-2-10.

(六) 案例

1. 2002 *Irrevocable Trust for Richard C. Hvizdak v. Huntington Nat'l Bank*, 515 F. App'x 792, 794 (11th Cir. 2013).

2. 3*Com Corp. v. Banco do Brasil, SA*, 171 F. 3d 739 (1999).

3. *5 East 59th Street Holding Co. , LLC v. Farmers and Merchants Bank of Eatonton, Ga.* , 816 NYS 2d 68 (NY App. Div. 1. Dept. , 2006).

4. *Accord First Union Nat'l Bank v. 2800 SE Dune Drive Condominium Ass's*, 661 So. 2d 955 (Fla. Dist. Ct. App. 1995).

5. *Accord Truman L. Flatt & Sons Co. v. Schupf*, 649 NE 2d 990, 994 (Ill. App. Ct. 1995).

6. *ACE American Ins. Co. v. Bank of the Ozarks*, 2012 US Dist. LEXIS 110891,

参考文献

2014 US Dist. LEXIS 140541.

7. *ACE American Ins. Co. v. Bank of the Ozarks*, 2014 WL 4953566 (SDNY 2014).
8. *ACR Systems, Inc. v. Woori Bank*, 2017 WL 532300.
9. *Addison Bank v. Temple-Eastex, Inc.*, 665 SW 2d 550 (Tex. Ct. App.), rev'd on other grounds, 672 SW 2d 793 (Tex. 1984).
10. *Agri Export Co-op. v. Universal Sav. Ass'n*, 767 F. Supp. 824 (SD Tex. 1991).
11. *Ahmed v. National Bank of Pak.*, 572 F. Supp. 550, 553 (SDNY 1983).
12. *Air Cargo Serv. LLC v. Aeroflot-Cargo*, 2009 NY Misc. LEXIS 3235.
13. *Airline Reporting Corp. v. First Nat. Bank of Holly Hill*, 832 F. 2d 823 (1987).
14. *Airlines Reporting Corp. v. Norwest Bank, NA*, 529 NW 2d 449 (Minn. Ct. App. 1995).
15. *Alaska Textile Co., Inc. v. Chase Manhattan Bank*, 982 F. 2d 813 (2d Cir. 1992).
16. *Algemene Bank Nederland, NV v. Soysen Tarim Urunleri Dis Tiscaret Ve Sanayi*, 748 F. Supp. 177 (SDNY 1990).
17. *All American Semiconductor, Inc. v. Wells Fargo Bank Minnesota, NA*, 2003 US Dist. LEXIS 26429.
18. *Alyeska Pipeline Service Co. v. Wilderness Society*, 421 US 240 (1975).
19. *American Airlines, Inc. v. FDIC*, 610 F. Supp. 199 (D. Kan. 1985).
20. *American Bell International v. Islamic Republic of Iran*, 474 F. Supp. 420 (SDNY 1979).
21. *American Coleman Co. v. Intrawest Bank of Southglenn, NA*, 1987 WL 28579, 887 F. 2d 1382 (1989).
22. *American Employers Ins. Co. v. Pioneer Bank and Trust Co.*, 538 F. Supp. 1354 (ND Ill. 1981).
23. *American Ex. Travel Related Servs. Co. v. Sevier County Bank*, 2011 US Dist. LEXIS 16536.
24. *American Express Bank Ltd. v. Banco Espanol de Credito, SA*, 597 F. Supp. 2d 394 (SDNY 2009).

25. *American National Bank and Trust Co. of Chicago v. Hamilton Industries Intern. , Inc.* , 583 F. Supp. 164 (ND Ill. 1984).
26. *American Steel Co. v. Irving National Bank*, 266 Fed. 41 (2d Cir. 1920).
27. *Amoco Oil Co. v. First Bank and Trust Co.* , 759 SW 2d 877 (Mo. Ct. App. ED 1988).
28. *Amwest Sur. Ins. Co. v. Concord Bank*, 248 F. Supp. 2d 867 (ED Mo. 2003).
29. *Anchor Centre Partners, Ltd. v. Mercantile Bank, NA*, 803 SW 2d 23 (Mo. banc 1991).
30. *Arbest Construction Co. v. First National Bank & Trust Co.* , 777 F 2d 581 (10th Cir. 1985).
31. *Arcambel v. Wiseman*, 3 US 306 (1796).
32. *Arch Specialty Insurance Co. v. First Community Bank of Eastern Arkansas*, 2016 US Dist. LEXIS 114337.
33. *Armac Industries, Ltd. v. Citytrust*, 203 Conn. 394 (1987).
34. *Asociacion de Azucareros de Guatemala v. United States National Bank of Oregon*, 423 F. 2d 638 (9th Cir. 1970).
35. *Atari, Inc. v. Harris Trust and Sav. Bank*, 599 F. Supp. 592 (ND Ill. 1984).
36. *Auto Servicio San Ignacio, SRL v. Compania Anonima Venezolana de Navegacion*, 765 F. 2d 1306 (3rd Cir. 1985).
37. *Averbach v. Vnescheconombank*, 280 F. Supp. 2d 945 (ND Cal. 2003).
38. *Avery Dennison Corp. v. Home Trust & Savings Bank*, 2003 WL 2269715 (ND Iowa 2003).
39. *AXA Assurance, Inc. v. Chase Manhattan Bank*, 770 A. 2d 1211 (NJ Super. Ct. App. Div. 2001).
40. *Balboa Insurance Co. v. Coastal Bank*, 42 UCC Rep. Serv. (Callaghan) 1716 (SD Ga. 1986).
41. *BalfourBeatty Civil Engineering v. Technical and General Guarantee CO.* , *Ltd.* [2000] CLC 252.
42. *Banca Del Sempione v. Provident Bank of Maryland*, 75 F. 3d 951 (1996); 160 F. 3d 992 (4th Cir. 1998).

43. *Banca Nazionale del Lavoro v. SMS Hasenclever GmbH*, 439 SE 2d 502 (Ga. Ct. App. 1993).
44. *Banck Para el Comercio Exterior de Cuba v. First Nat'l City Bank*, 658 F 2d 913 (2d Cir. 1981), rev'd, 462 US 611 (1983).
45. *Banco di Roma v. Fidelity Union Trust Co.*, 464 F. Supp. 817 (1979).
46. Banco do Brasil, SA v. City Nat'l Bank, 1992 Fla. App. LEXIS 4748.
47. *Banco Espanol de Credito v. State Street Bank & Trust Co.*, 385 F. 2d 230 (CA 1 1967).
48. *Banco General Runinahui, SA v. Citibank International*, 97 F. 3d 480 (11th Cir. 1996).
49. *Banco Nacional de Cuba v. Chase Manhattan Bank*, 505 F. Supp. 412 (SDNY 1980).
50. *Banco Nacional v. Societe*, 820 NYS 2d 588 (2006).
51. *Banco Nacional De Desarrollo v. Mellon Bank, NA*, 726 F. 2d 87 (3d Cir. 1984).
52. *Banco Santander SA v. Banque Paribas* [2000] 1 All ER (Comm.) (CA) 776.
53. *Banco Santander SA v. Bayfern Ltd. & Ors.* [1999] 2 All ER (Comm.) (QB) 18, aff'd.
54. *Bank of Cochin, Ltd. v. Manufacturers Hanover Trust Co.*, 808 F. 2d 209 (2d Cir. 1986).
55. *Bank of East Asia, Ltd. v. Pang*, 140 Wash. 603, 249 P. 1060 (1926).
56. *Bank of Joliet v. Firstar Bank Milwaukee, NA*, 1997 WL 534244 (ND Ill. 1997).
57. *Bank of North Carolina, NA v. Rock Island Bank*, 630 F. 2d 1243 (1980).
58. *Bankers Trust Co. v. State Bank of India* [1991] 2 Lloyd's Rep. 443.
59. *Banque de L'Union Haitienne, SA v. Manufacturers Hanover Int'l Banking Corp.*, 787 F. Supp. 1416 (SD Fla. 1991).
60. *Banque Paribas v. Hamilton Industries International, Inc.*, 767 F. 2d 380 (7th Cir. 1985).
61. *Banque San Paolo v. Iraqi State Co.*, 93 Civ. 5259 (KTD) (SDNY 1996).

62. *Barclays Bank DCO v. Mercantile Nat. Bank*, 481 F. 2d 1224 (5th Cir. 1973).
63. *BasicNet SpA. v. CFP Services Ltd.*, 988 NY S. 2d 593 (1st Dep't 2014).
64. *Bayerische Vereinsbank Alkiegesellschaft v. National Bank of Pak.* [1997] 1 Lloyd's Rep. 59 (QB).
65. *BCM Electronics Corporations v. LaSalle Bank*, NA, 59 UCC Rep. Serv. 2d 280 (ND Ill. 2006).
66. *Beckman Cotton Co. v. First National Bank*, 666 F 2d 181 (5th Cir 1982).
67. *BEI Intern., Inc. v. Thai Military Bank*, 978 F. 2d 440 (1992).
68. *Bergerco Canada v. Iraqi State Company for Food Stuff Trading*, 924 F. Supp. 252 (DDC 1996).
69. *Beyene v. Irving Trust Co.*, 762 F. 2d 4 (2d Cir. 1985).
70. *Black River Electric Cooperative v. People's Community State Bank*, 466 SW 3d 638 (Mo. Ct. App. 2015).
71. *Board of County Comm'rs v. Colorado Nat. Bank*, 43 Colo. App. 186, 607 P2d 1010 (1979), modified, 634 P2d 32 (Colo. 1981).
72. *Board of Trade of San Francisco v. Swiss Credit Bank*, 597 F. 2d 146 (1979).
73. *Board of Trade of San Francisco v. Swiss Credit Bank*, 728 F. 2d 1241 (1984).
74. *Bossier Bank & Trust Co. v. Union Planters Nat. Bank*, 550 F. 2d 1077 (6th Cir. 1977).
75. *Boston Hides & Furs, Ltd. v. Sumitomo Bank, Ltd.*, 870 F. Supp. 1153 (1994).
76. *Boston Mfg Co. v. Fiske*, 2 Mason 119, 3 F. Cas. 957, No. 1681 (CCD. Mass. Oct. Term 1820).
77. *Bouzo v. Citibank*, NA, 96 F. 3d 51 (2d Cir. 1996).
78. *Breathless Associates v. First Sav. & Loan Ass'n of Burkburnett*, 654 F. Supp. 832 (1986).
79. *Brul v. MidAmerican Bank & Trust Company*, 820 F. Supp. 1311 (D. Kan. 1993).
80. *Brummer v. Bankers Trust of South Carolina*, 231 SE 2d 298 (1977).
81. *Buckhannon Bd. & Care Home v. W. Va. Dep't of Health & Human Res.*, 2001 US, LEXIS 4117.

参考文献

82. *Bulgrains & Co Limited v. Shinhan Bank* [2013] EWHC 2498 (QB).
83. *Bunge Corporation v. Vegetable Vitamin Foods Ltd.* [1985] 1 Lloyd's Rep 613.
84. *Canadian Imperial Bank of Commerce v. Pamukbank Tas*, 166 Misc. 2d 647 (1994).
85. *Capehart Corp. v. Shanghai Commercial Bank, Ltd.*, 369 NYS 2d 751 (1975).
86. *Cappaert Enterprises v. Citizens and Southern International Bank of New Orleans*, 486 F. Supp. 819 (ED La. 1980).
87. *Caroline Apts. Joint Venture v. M&I Marshall & Ilsley Bank*, 2011 Wisc. App. LEXIS 366.
88. *Carte Blanche (Singapore) Pte. Ltd. v. Diners Club Int'l, Inc.*, 2 F. 3d 24 (2d Cir. 1993).
89. *CE Casecnan Water & Energy Co. v. Korea First Bank*, 1998 NY App. Div. LEXIS 3366.
90. *Cemar Tekstill Ithalat Ihracat San. ve Tic. AS v. Joinpac, Inc.*, 1992 WL 1163 70 (SDNY 1992).
91. *Chase Manhattan Bank v. Equibank*, 394 F. Supp. 352 (WD Pa. 1975), 550 F. 2d 882 (3rd Cir. 1977).
92. *Chrysler Motors Corp. v. Florida Nat'l Bank at Gainesville*, 382 So. 2d 32, 38 (Fla. Dist. Ct. App. 1979).
93. *CI Union de Bananeros de Urubá, SA v. Citibank, NA*, Index No. 602314/ 1999 (NY Sup. Ct., 12 April 2000).
94. *City of Maple Grove v. Marketline Constr. Capital*, 2011 Minn. App. LEXIS 99.
95. *Clarendon, Ltd. v. State Bank of Saurashtra*, 77 F. 3d 632 (2d Cir. 1996).
96. *Clement v. FDIC*, 2 UCC Rep. Serv. 2d (Callaghan) 1017 (WD Okla. 1986).
97. *Cobb Restaurants, LLC v. Texas Capital Bank, NA*, 201 SW 3d 175 (2006).
98. *Colonial Cedar Co. v. Royal Wood Products, Inc.*, 1984 Fla. App. LEXIS 12861.
99. *Colorado Nat. Bank of Denver v. Board of County Com'rs of Routt County*, 634 P. 2d 32 (Colo. 1981).
100. *Commonwealth Bank of Australia v. Greenhill International Pty. Ltd* [2013]

SASCFC 76 [Australia].
101. *Compass Bank v. Morris Cerullo World Evangelism*, 696 Fed. Appx. 184 (9th Cir. 2017).
102. *Consolidated Aluminum Corp. v. Bank of Va.*, 544 F. Supp. 386, (D. Md. 1982), aff'd, 704 F. 2d 136 (4th Cir. 1983).
103. *Constructora Andrade Gutierrez, SA v. American International Insurance Company*, 247 F. Supp. 2d 83 (DPR 2003).
104. *Continental Casualty Co. v. Southtrust Bank*, 2006 WL 29204, 58 UCC Rep. Serv. 2d (West) 372 (Ala. Jan. 6, 2006).
105. *Continental Grain Co. v. Meridien Intern. Bank, Ltd.*, 894 F. Supp. 654 (1995).
106. *Cooperative Agricole Groupement De Producteurs Bovins De L'Ouest v. Banesto Banking Corporation, et. al*, 1989 WL 82454.
107. *Corporation de Mercadeo Agricola v. Mellon Bank International*, 608 F. 2d 43 (2d Cir. 1979).
108. *Courtaulds North America, Inc. v. North Carolina National Bank*, 528 F. 2d 802 (4th Cir. 1975).
109. *Creaciones Con Idea v. MashreqBank*, 51 E Supp. 2d 423 (SDNY 1999).
110. *Credit Industrial et Commercial v. China Merchants Bank* [2002] EWHC 973 (QB Comm. 2002).
111. *Credit life Ins. Co. v. FDIC*, 870 F. Supp. 417 (D N H 1993).
112. *Crist v. J. Henry Schroder Bank & Trust Co.*, 693 F. Supp. 1429 (1988).
113. *Crocker Commercial Services Inc. v. Countryside Bank*, 538 F. Supp. 1360 (ND Ill 1981).
114. *Crossroads Bank of Georgia v. State Bank of Springfield*, 474 NW 2d 14 (Minn, Ct. App. 1991).
115. *Crow Forgings v. Aero Inds.*, 93 Misc. 2d 65 (App. Term 1978).
116. *CVD Equipment Corp. v. Taiwan Glass Industrial Corp.*, 2011 WL 1210199 (SDNY 2011).
117. *Cypress Bank v. Southwestern Bell Tel. Co.*, 610 S. W. 2d 185 (Tex. App. 1980).
118. *Darby v. Societe des Hotels Meridien*, 1999 WL 459816 (SDNY 1999).

119. *Data General Corp. v. Citizens Nat. Bank*, 502 F. Supp. 776 (D. Conn. 1980).
120. *Datapoint Corp. v. M & I Bank*, 665 F. Supp. 722 (WD Wis. 1987).
121. *DBJJJ, Inc. v. National City Bank*, 123 Cal. App. 4th 530 (2004).
122. *De Smeth v. Bank of New York*, 879 F. Supp. 13 (SDNY 1995).
123. *Décor by Nikkei Int'l, Inc. v. Fed. Republic of Nigeria*, 497 F. Supp. 893 (SDNY 1980), aff'd, 647 F. 2d 300 (2d Cir. 1981).
124. *Dependable Component Supply, Inc. v. Carrefour Informatique Tremblant, Inc.*, 2011 WL 1832772; 2012 US Dist. LEXIS 9246; 572 Fed. Appx. 796, 2014 US App. LEXIS 13932.
125. *Dexters Ltd. v. Schenker & Co.* (1923) 14 Ll L Rep 586.
126. *Dibrell Bros. v. Banca Nazionale Del Lavoro*, 38 F. 3d 1571, 1579 (11th Cir. 1994).
127. *Distribuidora del Pacifico SA v. Gonzales*, 88 F. Supp. 538 (1950).
128. *Dodge Motor Trucks Inc. v. First National Bank*, 519 F 2d 578 (8th Cir 1975).
129. *Doelger v. Battery Park Nat. Bank*, 201 AD 515 (1922).
130. *Dorchester Financial Securities, Inc. v. Banco BRJ, SA*, 2003 US Dist. LEXIS 19419 (SDNY).
131. *Dovenmuehle, Inc. v. East Bank of Colorado Springs*, 563 P. 2d 24 (Colo. App. 1977).
132. *E & H Partners v. Broadway National Bank.* 39 F. Supp. 2d 275 (SDNY 1998).
133. *Eakin v. Continental Ill. Nat. Bank & Trust Co.*, 875 F. 2d 114 (7th Cir. 1989).
134. *East Girard Sav. Ass'n v. Citizens Nat. Bank and Trust Co. of Baytown*, 593 F. 2d 598 (5th Cir. 1979).
135. *Eastman Software, Inc. v. Texas Commerce Bank, NA*, 28 SW 3d 79 (Tex. App. 2000).
136. *Eddins-Walcher Co. v. First National Bank of Artesia*, 932 F. 2d 975 (10th Cir. 1991).
137. *Edward Owen Engineering Ltd. v. Barclays Bank International Ltd.* [1978]

QB 159.
138. *Engel Industries, Inc. v. First American Bank, NA*, 798 F. Supp. 9 (1992).
139. *English, Scottish & Australia Bank Ltd. v. Bank of South Africa* (1922) 13 Ll L Rep. 21.
140. *Equal Justice Foundation v. Deutsche Bank Trust Co. Americas*, 61 UCC Rep. Serv. 2d 120 (SD Ohio 2006).
141. *Equitable Trust Co. of NY v. Dawson Partners* (1926) 25 Lloyd's Rep. 90, and (1927) 27 Lloyd's Rep. 52.
142. *Ernesto Foglino & Co. v. Webster* (1926) 217 AD 282.
143. *Esso Petroleum Canada v. Security Pacific Bank*, 710 F. Supp. 275 (1989).
144. *Exchange Mut. Ins. Co. v. Commerce Union Bank*, 686 SW2d 913 (Tenn App 1984).
145. *Export-Import Bank of the US v. United California Discount Corp.*, 738 F. Supp. 2d 1047 (2010), 2011 US Dist. LEXIS 6227, 484 Fed. Appx. 91 (2012).
146. *Exxon Co. v. Banque de Paris et des Pays-Bas*, 1987 US App. LEXIS 13388.
147. *Fair Pavilions, Inc. v. First Nat. City Bank*, 24 AD 2d 109, 264 NYS 2d 255 (NY App. Div. 1965).
148. *Far Eastern Textile, Ltd. v. City Nat. Bank & Trust Co.*, 430 F. Supp. 193 (1977).
149. *Federal Deposit Insurance Corp. v. Freudenfeld*, 492 F. Supp 763 (ED Wis 1980).
150. *Fiat Motors of North America, Inc. v. Mellon Bank, NA*, 827 F. 2d 924 (1987).
151. *Fifth Third Bank v. Kohl's Indiana, LP*, 918 NE 2d 371 (Ind. Ct. App. 2009).
152. *First Arlington National Bank v. Stathis*, 90 Ill. App. 3d 802 (1st Dist. 1980); 115 Ill. App. 3d 403 (1983).
153. *First Commercial Bank v. Gotham Originals Inc.*, 64 NY 2d 287, 486 NYS 2d 715, 475 NE 2d 1255 (1985).
154. *First Empire Bank v. Federal Deposit Insurance Corp*, 572 F 2d 1361 (9th

Cir 1978), cert den 439 US 919 (1978), later app 634 F2d 1222 (9th Cir 1980), cert den 452 US 906 (1981).
155. *First National Bank v. Wynne*, 256 SE 2d 383 (1979).
156. *Fish Creek Capital, LLC v. Wells Fargo Bank, NA*, 2012 WL 2335315 (10th Cir. 2012).
157. *Flagship Cruises, Ltd. v. New England Merchants Nat. Bank of Boston*, 569 F. 2d 699 (1st Cir. 1978).
158. *Fortis Bank (Nederland) NV v. Abu Dhabi Islamic Bank*, 2010 NY Slip Op 52415 (U).
159. *Fortis Bank v. Indian Overseas Bank* [2011] EWCA Civ. 58; [2010] EWHC 84 (COMM).
160. *Full-Bright Industrial Co. v. Lerner Stores, Inc.*, 1994 US Dist. LEXIS 3381 (SDNY 1994).
161. *GAN General Ins. Co. v. National Bank of Canada* [1997] OJ No. 6400 (SCJ), aff'd, (1999) 44 BLR (2d) 67 (OCA).
162. *Gatx Leasing Corp. v. Capital Bank & Trust Co.*, 1988 US Dist. LEXIS 16615.
163. *Gian Singh & Co., Ltd. v. Banque de l'Indochine* [1974] 1 WLR 1234.
164. *Gilday v. Suffolk County National Bank*, 100 AD 3d 690, 954 NYS 2d 109 (NY App. Div. 2012).
165. *Golden West Refining Co. v. SunTrust Bank*, 2006 WL 4007267; 538 F. 3d 1233 (2008).
166. *Granite Re, Inc. v. NCUA Bd.*, 2018 US Dist. LEXIS 220831, reversed and remanded by 2020 US App. LEXIS 13196.
167. *Great Wall De Venezuela CA v. Interaudi Bank*, 117 F. Supp. 3d 474 (2015).
168. *Greenhill International Pty. Ltd. v. Commonwealth Bank of Australia* [2013] SADC 7.
169. *Grunwald v. Wells Fargo Bank NA*, 2005 Iowa App. LEXIS 1407.
170. *Gunn-Olson-Stordahl Joint Venture v. Early Bank*, 748 SW 2d 316 (Tex. App. 1988).
171. *H Ray Baker Inc v. Associated Banking Corp.*, 592 F. 2d 550 (9th Cir. 1979),

cert den 444 US 832 (1979).
172. *Habib Bank Ltd. v. Convermat Corp.*, 554 NYS 2d 757 (App. Term. 1990).
173. *Habib Bank, Ltd. v. National City Bank, et al.*, 1999 US Dist. LEXIS 4549.
174. *Hamilton Bank NA v. Kookmin Bank*, 245 F. 3d 82 (2nd Cir. 2001).
175. *Hamzeh Malas & Sons v. British Imex Industries Ltd.* [1958] 2 QB 127.
176. *Hanil Bank v. PT Bank Negara Indonesia*, 2000 US Dist. LEXIS 2444.
177. *Harbottle (Mercantile) Ltd. v. National Westminster Bank Ltd.* [1978] 1 QB 146.
178. *Hellenic Republic v. Standard Chartered Bank*, 244 AD 2d 240 (App. Div. 1997).
179. *Hendry Construction Co. v. Bank of Hattiesburg*, 562 So. 2d100 (Miss. 1990).
180. *Heritage Bank v. Redcom Laboratories, Inc.*, 250 F. 3d 319 (5th Cir. 2001).
181. *Hilton Group, PLC v. Branch Banking & Trust Co. of South Carolina*, Civil Action No. 2: 05-973-DCN (DSC Nov. 15, 2006).
182. *Hofmeyer v. Willow Shores Condo. Ass'n*, 722 NE 2d 311 (1999).
183. *Hong Kong Huihuang Industrial Co. v. Allahabad Bank* [2016] HKEC 1165; [2016] HKCU 2564.
184. *Housing Securities, Inc. v. Maine Nat. Bank*, 391 A. 2d 311 (1978).
185. *In re Cooper Mfg. Corp.*, 344 BR 496 (Bankr. SD Tex. 2006).
186. *In re Grayson*, 488 BR 579 (Bankr. SD Tex. 2012).
187. *In re Joella Grayson*, 488 BR 579 (Bankr. SD Tex. 2012).
188. *In re Montgomery Ward*, 292 BR 49 (Bankr. D. Dela. 2003).
189. *In re Perry H. Koplik & Sons, Inc.*, 357 BR 231 (2006).
190. *In re Twist Cap, Inc*, 1 Bankr. 284 (Bankr. D. Fla. 1979).
191. *Indoafric Exports Private Ltd. Co. v. Citibank, NA*, 2016 WL 6820726 (SDNY 2016).
192. *Industrial & Commercial Bank Ltd. v. Banco Ambrosiano Veneto SpA* [2003] 1 SLR 221 (Singapore High Ct. 2003).
193. *Integrated Measurement Systems, Inc. v. International Commercial Bank of China*, 757 F. Supp. 938 (ND Ill. 1991).

参考文献

194. *Interchemicals Co. v. Bank of Credit*, 635 NYS 2d 194 (NY App. Div. 1995).
195. *International Fidelity Insurance Co. v. State Bank of Commerce*, 1988 US Dist. LEXIS 5397.
196. *International Trade Relationship and Export v. Citibank*, 2000 US Dist. LEXIS 4076 (SDNY 2000).
197. *International Union of Operating Engineers v. LA Pipeline Construction Co.*, 786 SE 2d 620 (W. Va. 2016).
198. *International-Matex Tank Terminals-Illinois v. Chemical Bank*, 2009 US Dist. LEXIS 92371, 2010 WL 3222515, 2010 WL 2219396.
199. *ITM Enterprises, Inc. v. Bank of New York*, 2003 NY App. Div. Lexis 743 (NY App. Div. 2003).
200. *J H Rayner & Co., Ltd. v. Hambros Bank Ltd.* [1943] 1 KB 37.
201. *J. Zeevi & Sons, Ltd. v. Grindlays Bank (Uganda) Ltd.*, 333 NE 2d 168 (NY 1975).
202. *Jaffe v. Bank of America, NA*, 674 F. Supp. 2d 1360 (SD Fla. 2009), 399 F. App'x 535 (11th Cir. 2010).
203. *Jaks (UK) Ltd. v. Cera Inv. Bank* [1998] 2 Lloyd's Rep. 89 (QB).
204. *Joerger v. Gordon Food Service, Inc.*, 568 NW 2d 365 (Mich. Ct. App. 1997).
205. *Johnson v. Georgia Highway Express, Inc.*, 488 F. 2d. 714 (5th Cir. 1974).
206. *Johnston v. State Bank*, 195 NW 2d 126 (Iowa 1972).
207. *JP Doumak Inc. v. Westgate Financial Corp.*, 776 NYS 2d 1 (NY App. Div. 2004).
208. *JP Morgan Chase Bank v. The Tamarack Capital, LLC*, 57 UCC Rep. Serv. 2d 788 (D. Ariz. 2005).
209. *JP Morgan Trust Co., NA v. US Bank, NA*, 381 F. Supp. 2d 865 (ED Wisc. 2005), 446 F. Supp. 2d 956 (ED Wis. 2006).
210. *Kelley v. First Westroads Bank*, 840 F 2d 554 (8th Cir. 1988).
211. *Kerr-McGee Chemical Corp. v. Federal Deposit Ins. Corp.*, 872 F2d 971 (11th Cir. 1989).
212. *KMW International v. Chase Manhattan Bank, NA*, 606 F. 2d 10 (2d Cir.

1979).

213. *Kuntal, SA v. Bank of New York*, 703 F. Supp. 312 (SDNY 1989).

214. *LaBarge Pipe & Steel Co. v. First Bank*, 550 F. 3d 442 (5th Cir. 2008), 2011 US Dist. LEXIS 96786 (MD La. 2011).

215. *Ladenburg Thalmann & Co, Inc. v. Signature Bank*, 128 AD 3d 36 (NY App. Div. 2015).

216. *Lamborn v. Lake Shore Banking & Trust Co.*, 196 NY App. Div. 504 (1921), aff'd 231 NY 616 (1921).

217. *Lamborn v. Nat'l Park Bank*, 240 NY 520, 148 NE 664 (1925).

218. *Landmark Bank v. National Credit Union Admin.*, 748 F. Supp. 709 (ED Mo. 1990).

219. *Laudisi v. American Exchange National Bank*, 239 NY 234 (1924).

220. *Leary v. McDowell County National Bank*, 552 SE 2d 420 (W. Va. 2001).

221. *LeaseAmerica Corp. v. Norwest Bank Duluth, NA*, 940 F. 2d 345 (8th Cir. 1991).

222. *Lennox Indus. Inc. v. Mid-Am. Nat. Bank*, 550 NE 2d 971 (1988).

223. *Lectrodryer v. Seoulbank*, 2000 Cal. App. LEXIS 30.

224. *Lexon Insurance co. v. FDIC*, NO. 2 2018cv18-4245 (E. D. La. 2019).

225. *Lincoln National Life Insurance v. TCF National Bank*, 2012 US Dist. LEXIS 84889.

226. *Lindy Bros. Builders of Philadelphia v. American Radiator & Standard Sanitary Corp.*, 487 F. 2d 161 (3d Cir. 1974) (Lindy I); 540 F. 2d 102 (3d Cir. 1976) (Lindy II).

227. *Louisville Mall Assoc., LP v. Wood Center Props., LLC*, 361 SW 3d 323 (Ky. Ct. App. 2012).

228. *M. Golodetz Export Corp. v. Credit Lyonnais*, 493 F. Supp. 480, 487 (CD Cal. 1980).

229. *Macomb County Bd. of Com'rs v. StellarOne Bank*, 2010 WL 891247.

230. *Mago International v. LHB AG*, 833 F. 3d 270 (2016).

231. *Mahonia Ltd. v. JP Morgan Chase Bank* [2003] EWHC 1927 (QB).

参考文献

232. *Majorette Toys (US), Inc. v. Bank of Shawsville*, 18 UCC 2d 1217 (WD Va. 1991).
233. *Mam Apparel & Textiles Ltd. v. NCL Worldwide Logistics USA, Inc.*, 2020 US Dist. LEXIS 133657.
234. *Man Indus. (India) Ltd. v. Midcontinent Express Pipeline, LLC*, 407 SW 3d 342 (Tex. App. 2013).
235. *MAP Marine Ltd. v. China Construction Bank*, 70 AD 3d 404 (NY App. Div. 2010).
236. *Marino Indus. Corp. v Chase Manhattan Bank, NA*, 686 F 2d 112 (2nd Cir 1982).
237. *Marquette Transp. Fin., LLC v. Soleil Chtd. Bank*, 2020 US Dist. LEXIS 4867.
238. *Maurice O'Meara Co. v. National Park Bank*, 239 NY 386, 146 NE 636 (1925).
239. *Mayhill Homes Corp. v. Family Fed. Sav. & Loan Ass'n*, 324 SE 2D 340 (SC Ct. App. 1984).
240. *Mead Corp. v. Farmers & Citizens Bank*, 14 Ohio Misc. 163, 232 NE 2d 431 (CP 1967).
241. *MEPT 757 Third Avenue LLC v. Sterling National Bank*, Index No. 652089-2016 (Sup. Ct., NY Co., NY 2016).
242. *Merchants Bank of New York v. Credit Suisse Bank*, 585 F. Supp. 304 (SDNY 1984).
243. *Michigan Commerce Bank v. TDY Industries, Inc.*, 2011 US Dist. LEXIS 137992.
244. *Midstates Excavating, Inc. v. Farmers & Merchants Bank & Trust*, 410 NW 2d 190 (SD 1987).
245. *Molter Corp. v. Amwest Surety Insurance Co.*, 642 NE 2d 919 (1994).
246. *Monzingo v. Alaska Air Group, Inc.*, 112 P. 3d 655 (Alaska 2005).
247. *MSF Holding Ltd. v. Fiduciary Trust Co. Intern.*, 435 F. Supp. 2d 285 (2006).
248. *Mt. Commerce Bank v. First State Fin., Inc.*, 2013 Tenn. App. LEXIS 360.
249. *Nassar v. Fla. Fleet Sales Inc.*, 79 F. Supp. 2d 284 (SDNY 1999).

250. *National American Corp. v. Federal Republic of Nigeria*, 425 F. Supp 1365 (SDNY 1977).

251. *National Bank & Trust Co. of North America Ltd. v. JLM Intern. Inc.*, 421 F. Supp. 1269 (1976).

252. *National Credit Union Administration Board v. Fisher*, 653 F. Supp. 349 (ED Mo. 1986).

253. *National Union Fire Ins. Co. of Pittsburgh, Pa. v. Manufacturers Hanover Trust Co.*, 598 NYS 2d 228 (1993).

254. *National Union Fire Ins. Co. v. Standard Fed. Bank*, 309 F. Supp. 2d 960 (ED Mich. 2004).

255. *Navana Logistics Limited v. TW Logistics, LLC*, 2016 WL 796855 (SDNY 2016).

256. *New Braunfels Nat. Bank v. Odiorne*, 780 SW 2d 313 (Tex. Ct. App. 1989).

257. *New York Life Ins. Co. v. Hartford National Bank & Trust Co.*, 173 Conn. 492 (1977).

258. *Newport Indus. N. Am., Inc. v. Berliner Handels under Frankfurter Bank*, 923 F. Supp. 31 (SDNY 1996).

259. *NFC Collections LLC v. Deutsche Bank Aktiengesellschaft*, 2013 WL 3337800 (CD Cal. 2013).

260. *Nina Industries, Ltd. v. Target Corp.*, 6 UCC Rep. Serv. 2d 138 (SDNY 2005).

261. *Nissho Iwai Europe PLC v. Korea First Bank*, 99 NY 2d 115 (2002).

262. *Nobel Ins. Co. v. First Nat'l Bank of Brundid*, 2001 Ala. LEXIS 433.

263. *Nobs Chemical, USA, Inc. v. Koppers Co., Inc.*, 616 F. 2d 212 (1980).

264. *Northern Trust Co. v. Community Bank*, 873 F2d 227 (9th Cir. 1989).

265. *NV Koninklijke Sphinx Gustavsberg v. Cooperative Centrale, Raiffeisen-Bocrenleenbank BA* [2004] 439 HKCU (Hong Kong High Ct.).

266. *O'Hare Ground Transport Facility, LLC v. Commercial Vehicle Center, LLC*, 2013 WL 2244594 (Ill. App. Ct. 2013).

267. *Occidental Fire & Casualty Co. v. Continental Bank, NA*, 918 F. 2d 1312

(7th Cir. 1990).
268. *Ocean Rig ASA v Safra Nat. Bank of New York*, 72 F. Supp. 2d 193 (SDNY 1999).
269. *Old Republic Sur. Co. v. Quad City Bank & Trust Co*, 681 F. Supp. 2d 970 (2009).
270. *Optopics Laboratories Corp. v. Savannah Bank of Nigeria, Ltd.*, 816 F. Supp. 898 (1993).
271. *Osten Meat Co. v. First of America Bank-Southeast Michigan, NA*, 205 Mich. App. 686 (1994).
272. *Owner-Operator Independent Drivers Ass'n v. New Prime, Inc.*, 398 F. 3d 1067 (8th Cir. 2005).
273. *Ozalid Group (Export) Ltd. v. African Continental Bank Ltd.* [1979] 2 Lloyd's Rep. 231 (QB).
274. *Palmisciano v. Tarbox Motors, Inc.*, 39 UCC Rep. Serv. 146 (RI Super. Ct. 1984).
275. *Pan Pac. Specialties Ltd. v. Shandong Mach. & Equip. I/E Corp.*, 2001 BCD Civ. J. LEXIS 20 (BC Sup. Ct. 2001).
276. *Pasir Gudang Edible Oils Sdn Bhd v. Bank of New York*, Index No. 603531/99 (NY Sup. Ct. 1999).
277. *Pastor v. National Republic Bank of Chicago*, 76 Ill. 2d 139 (1979).
278. *Petra Int'l Forest Prods., Inc. v. Shinhan Bank*, 860 F. Supp. 151 (SDNY 1994).
279. *Petra Intern. Banking Corp. v. First American Bank of Virginia*, 758 F. Supp. 1120 (1991).
280. *Philadelphia Gear Corp v. Federal Deposit Insurance Corp.*, 587 F. Supp 294 (WD Okla 1984).
281. *Philadelphia Gear Corp. v. Central Bank*, 717 F. 2d 230 (5th Cir. 1983).
282. *Philadelphia Gear Corp. v. FDIC*, 751 F. 2d 1131 (10th Cir. 1984).
283. *Piaggio & CSpA v. The Bank of Nova Scotia*, CV-11-9066-00CL (Ont Sup Ct) (3-30-2011).

284. *Procter & Gamble Cellulose Co. v. Investbanka Beograd*, 2000 WL 520630; 2001 US App. LEXIS 2434 (2nd Cir.).
285. *Pro-Fab, Inc. v. Vipa, Inc*, 772 F. 2d 847 (11th Cir. 1985).
286. *Rafsanjan Pistachio Producers Cooperative v. Bank Leumi* [1992] 1 Lloyd's Rep. 513.
287. *Record Club of Am., Inc. v. United Artists Records, Inc.*, 890 F. 2d 1264 (2d Cir. 1989).
288. *RHB Bank Bhd v. Dato Lee Hock Soon & Anor* [2013] MLJU 657 [Malaysia].
289. *Romika-USA, Inc. v. HSBC Bank USA, NA*, 514 F. Supp. 2d 1334; 2007 US Dist. LEXIS 34962.
290. *Ross Bicycles, Inc. v. Citibank, NA*, 161 Misc. 2d 351 (1994).
291. *Royal American Bank v. LaSalle National Bank*, Case No. 1-04-0234 (Ill. Ct. App. 2005).
292. *S & S Textiles Intern. v. Steve Weave, Inc.*, 2002 WL 1837999.
293. *Salam Jeans Limited v. Regions Bank*, 2010 US Dist. LEXIS 151765.
294. *San Diego Gas & Electric Co. v. Bank Leumi*, 42 Cal. App. 4th 928 (1996).
295. *Sava Gumarska In Kemijska Industria D. D. v. Advance Polymer Sciences, Inc.*, 128 SW3d 304 (Tex. Ct. App. 2004).
296. *Savarin Corp. v. National Bank of Pakistan*, 447 F. 2d 727 (1971).
297. *Seaconsar (Far East) Ltd. v. Bank Markazi Jomhouri Islami Iran* [1999] 1 Lloyd's Rep 36.
298. *Seattle Iron & Metals Corp. v. Lin Xie*, 2010 Wash. App. LEXIS 982.
299. *Second Nat. Bank of Hoboken v. Columbia Trust Co.*, 288 F. 17, 30 ALR 1299 (3rd Cir. 1923).
300. *Second National Bank of Toledo v. M. Samuel & Sons, Inc.*, 12 F. 2d 963 (2d Cir. 1926).
301. *Self Int'l (HK) Ltd. v. La Salle Nat'l Bank*, 2002 US Dist. LEXIS 5631.
302. *Semetex Corp. v. UBAF Arab Am. Bank*, 853 F. Supp. 759 (SDNY 1994), 51 F. 3d 13 (2nd Cir. 1995).

参考文献

303. *SewChez Intern. Ltd. v. CIT Group/Commercial Services, Inc.*, 359 Fed. Appx. 722 (9th Cir. 2009).
304. *Shaanxi Jinshan TCI Elecs. Corp. v. FleetBoston Fin. Corp.*, 2004 Mass. App. LEXIS 440.
305. *Shanghai Commercial Bank, Ltd. v. Bank of Boston Intern.*, 53 AD 2d 830 (1976).
306. *Shin Won Corp. v. La Salle Nat'l Bank*, 2002 US Dist. LEXIS 4503.
307. *Shin-Etsu Chem. Co., Ltd. v. ICICI Bank Ltd.*, 230 NYLJ 19 (NY Sup. Ct. 2003), rev'd on other grounds, 777 NY S 2d (NY App. Div. 2004).
308. *Singer Housing Co v. Seven Lakes Venture*, 466 F. Supp 369 (D Colo 1979).
309. *Skanska USA Civil Southeast Inc. v. UP Cmty. Fund, LLC*, 2020 US Dist. LEXIS 209596.
310. *Sokol Holdings, Inc. v. BMB Munai, Inc.*, 438 Fed. Appx. 45 (2011).
311. *Solo Industries UK Ltd v. Canara Bank* [2001] All ER (D) 34 (Jul).
312. *Sound of Market Street v. Continental Bank International*, 819 F. 2d 384 (3rd Circuit 1987).
313. *Speedway Motorsports International Ltd. v. Bronwen Energy Trading, Ltd.*, 706 SE 2d 262 (NC Ct. App. 2011).
314. *Sports, Inc. v. Sportshop, Inc.*, 14 Kan. App. 2d 141, 783 P. 2d 1318 (1989).
315. *Standard Chartered Bank v. Dorchester LNG (2) Ltd* [2014] EWCA Civ 1382.
316. *Standard Bank of London Ltd. v. The Bank of Tokyo Ltd.* [1995] 2 Lloyd's Rep. 169.
317. *Stathis v. First Arlington Nat'l Bank*, 226 Ill. 3d 47 (1992).
318. *Sztejn v. J Henry Schroder Banking Corp.*, 31 NYS 2d 631 (1941).
319. *Temple-Eastex, Inc. v. Addison Bank*, 672 SW 2d 793 (Tex. 1984).
320. *Tesoro Refining & Marketing Co. v. National Union Fire Insurance Co.*, 96 F. Supp. 3d 638 (WD Tex. 2015), 833 F. 3d 470 (5th Cir. 2016).
321. *Textron Financial Corp. v. Citizens Bank of Rhode Island*, 2003 Mass. App. LEXIS 1500.
322. *Todi Exports v. Amrav Sportswear Inc.*, 1997 US Dist. LEXIS 1425 (SDNY

1997).

323. *Tosco Corp. v. Federal Deposit Ins. Corp.* , 723 F. 2d 1242 (6th Cir. 1983).

324. *Total Energy Asia Limited v. Standard Chartered Bank (Hongkong) Limited*, HCCL 68/ 2002; HKCU 2134/ 2006.

325. *Toyota Industrial Trucks USA Inc v. Citizens National Bank*, 611 F. 2d 465 (1979).

326. *Toyota Tsusho Corp. v. Comerica Bank*, 929 F. Supp. 1065 (ED Mich. 1996).

327. *Transparent Products Corp. v. Paysaver Credit Union*, 864 F. 2d 60 (7th Cir. 1988).

328. *Travelers Indem. Co. v. US Bank Nat. Ass'n*, 59 UCC Rep. Serv. 2d 786 (Conn. Super. Ct. 2006).

329. *Travis Bank & Trust v. State of Texas*, 1983 Tex. App. LEXIS 5225.

330. *TTI Team Telecom International v Hutchison 3G UK Ltd.* , 2003 WL 1823104 (2003).

331. *Tutill v. Union Savings Bank*, 534 NYS 2d 88 (Sup. Ct. 1988); 166 AD 2d 702, 702 (1990).

332. *Turquoise Props. Gulf, Inc. v. Iberiabank*, 2009 US Dist. LEXIS 97795.

333. *Ufitec, SA v. Trade Bank & Trust Co.* , 249 NYS 2d 557, 560 (NY App. Div. 1964), aff'd, 209 NE 2d 551 (NY 1965).

334. *Ultra Scope Intern. , Inc. v. Extebank*, 158 Misc. 2d 117 (1992).

335. *Uniloy Milacron Inc. v. PNC Bank, NA*, 2008 US Dist. LEXIS 33063.

336. *Unique Sys. , Inc. v. Zotos Int'l, Inc.* , 622 F. 2d 373 (8th Cir. 1980).

337. *United City Merchants Ltd v. Royal Bank of Canada* [1983] 1 AC 168.

338. *United Shippers Co-op. v. Soukup*, 459 NW 2d 343 (Minn. App. 1990).

339. *United States Bank, NA v. BankPlus*, 2010 US Dist. LEXIS 33413 (SD Ala. 2010).

340. *Urquhart Lindsay & Co. v. Eastern Bank* [1922] 1 KB 318.

341. *US Material Supply, Inc. v. Korea Exchange Bank*, 417 F. Supp. 2d 652 (DNJ 2006); 2008 US Dist. LEXIS 60665.

342. *Van Zeeland Oil Co. v. Lawrence Agency, Inc.* , 704 F. Supp. 2d 711 (WD

Mich. 2010).
343. *Vest v. Pilot Point National Bank*, 996 SW 2d 14 (Tex. App. 1999).
344. *Village of Long Grove v. Austin Bank*, 644 NE 2d 456 (Ill Ct. App. 1994).
345. *Voest-Alpine Intern. Corp. v. Chase Manhattan Bank, NA*, 707 F. 2d 680 (2d Cir. 1983).
346. *Voest-Alpine Trading USA Corp. v. Bank of China*, 142 F. 3d 887 (5th Cir. 1998); 167 F. Supp. 2d 940 (SD Tex. 2000); 288 F. 3d 262 (5th Cir. 2002).
347. *Wahbe Tamari v. 'Colprogeca' -Sociedada Geral de Fibras* [1969] 2 Lloyd's Rep 18.
348. *Western Surety Co. v. North Valley Bank*, 2005 Ohio App. Lexis 3200.
349. *Weyerhaeuser Co. v. Israel Discount Bank of New York*, 872 F. Supp. 44 (SDNY 1994).
350. *Weyerhaeuser Co. v. UBAF Arab American Bank*, 768 F. Supp. 481 (SDNY 1991).
351. *Wichita Eagle & Beacon Publishing Co. v. Pacific Nat'l Bank*, 493 F. 2d 1285 (9th Cir. 1974).
352. *Wing On Bank Ltd. v. American National Bank & Trust Co.*, 457 F. 2d 328 (5th Cir. 1972).
353. *Wings Mfg. Corp. v. Lawson*, 2005 Tenn. App. LEXIS 485.
354. *WL Hamilton Eng'g, P. C. v. Bank Umum Servitia (PT)*, No. CV-99-20455-GHK (AJWx) (CD Cal. 2000), IIBLP, 2001 Annual Survey, 277.
355. *Wooten v. DeMean*, 788 SW 2d 522 (Mo. Ct. App. 1990).
356. *Young v. NCH Invs., LLC*, 2017 US Dist. LEXIS 113295.

致 谢

本书是在我博士学位论文基础上修改而成的,它是我四年信用证法研习的一个系统总结,更是我学术生涯真正的起点。在本书即将付梓之际,特借此一方天地来表达对诸位老师、朋友与家人的感恩之情。

首先,特别感谢我的导师高祥教授。高老师是信用证法领域的国际知名学者,他的博士论文 "The Fraud Rule in the Law of Letters of Credit" 一经出版,即在国际上产生了重大影响。国际著名信用证法学家约翰·F. 多兰(John F. Dolan)教授为此专门撰写书评,称其为 "a significant work ... a major contribution to letter of credit literature"。高老师在学术上的建树令我高山仰止,并深深激励我,唯有不断努力,才能不辜负老师的一片厚爱。在读博士的四年里,高老师耳提面命,悉心教导,令我受益良多。尤其是针对我的博士论文,高老师从论文选题到结构设计,从行文规范到措辞标点,无不尽心指点。同时,高老师也极力提供各种学术资讯与机会,带领我们参加各种专业学术会议,结识各位法学界、银行界前辈与先进。更为难得的是,高老师高瞻远瞩,早早敦促我为出国访学做好准备,并推荐国外导师,为我访学提供很大帮助。本博士论文的顺利完成与出版,凝聚了高老师大量的心血。

感恩多兰教授。多兰教授是韦恩州立大学法学院终身荣休教授,更是国际著名信用证法大家。在他 77 岁高龄且已"金盆

致 谢

洗手"放弃信用证而转入其家族史研究的情况下,依然毫不犹豫地在最短时间内给我提供邀请函,使我得以顺利提交材料申请国家留学基金委访学资助。访学期间,多兰教授不畏底特律冬季的严寒,坚持定期开车到学校与我见面,并对我的疑问详加解释与指导。多兰教授属于信用证法百科全书式的学者,对于我的各种疑惑,他总是能够及时给予精辟的回复并提供相应的资料或案例佐证。更为令人感动的是,他不仅将其两卷本信用证法巨著及最新大作赠送于我,更是在临别前将其珍藏的 Henry Harfield、James E. Byrne 等信用证法大家的著作相赠,并为我未来的学术研究指明了方向。而当我告知他我博士论文即将出版,并想请他在我博士论文开篇就信用证不当拒付损害赔偿阐述他的"立场","以飨读者"时,他亦是欣然应允,尽管他无法通读我论文且已知晓我文中一些观点"与之相佐"。多兰教授撰写的"信用证交易中的大象与格雷伊猎犬"一文极其简短,但却通过大象与特雷伊猎犬两种动物形象地道尽了合同法与信用证法的实质性区别。其实,细细品读多兰教授的立场,与我博士论文持观点并无实质性差异,我只是试图 "put new wine in old bottle",以期达到迂回效果而已。从这个角度来讲,我对他的观点 "couldn't agree more"。也正因为此,他才在邮件中表示,该文 "should fit as a preface to your dissertation"。

感谢拉里·A. 迪马特奥(Larry A. DiMatteo)博士。迪马特奥博士是佛罗里达大学商学院与法学院双聘教授。他的主要研究兴趣集中在比较合同法、国际货物买卖法与国际商法。尽管其学术志趣不在信用证,但他却是我学术生涯最为重要的引路人之一。承蒙他不弃,于 2014 年邀请我前往佛罗里达大学访学,指导我研习国际货物买卖法。在访学期间,他赠送了我他全部的学术著作,并为我搜集资料提供各种便利。犹记得佛罗里达大学法学院图书馆当时并没有多兰教授的信用证法大作，他在知悉后第一时间通过馆际互借帮我联系借阅。访学期间，他还积极鼓励我用英文撰写论文并引领我参加学术会议。访学回国后，他仍然关心我的学术成长，积极为我参加国际学术会议提供机会，并为我的博士论文撰写提供建议与意见。

感谢詹姆斯·G. 巴恩斯（James G. Barnes）律师。巴恩斯律师是美国信用证法领域著名律师，著作等身。承蒙关照，他每次对我的邮件都及时回复，并详细解答我的疑问。

感谢比较法学研究院的刘承韪教授、王志华教授、柳经纬教授、张彤教授、朱伟一教授，以及车虎博士、何启豪博士、迟颖博士，感谢他们对我的耳提面命以及对我论文写作的指导。尤其是承韪老师、车虎博士、启豪博士、迟颖博士，他们对我美国法与德国法方面的疑问总是给予及时、详尽的解答。

其次，感谢比较法学研究院朱宏生师兄及王宏、聂爱轩、张燕与胡頔师妹，以及好友马鸿庆博士、周山博士、王喜博士、范晓渝博士等。他们为我枯燥的博士学习生涯注入了快乐与关爱。尤其是宏生师兄，对我信用证法的疑问总是给予积极回复，并为我无偿提供他花费巨资购买的信用证法资料。

感谢高门诸位师兄弟姐妹。特别是要感谢刘斌师兄，他积极关注我的博士学习与论文写作，并对我的疑问及时予以回应；同时也要感谢鹏程师弟，将其珍藏香港信用证法书籍相赠；感谢魏臻、子腾师弟，总是在我最需要帮助时伸出援手。

感谢我的硕士研究生导师蔡永民教授，感谢上海交通大学沈伟教授、浙江工商大学宋杰教授、西北政法大学孙尚鸿教授、河北大学宋阳教授、南开大学石巍教授，他们对我的帮助我将永生难忘。

感谢泉州师范学院陈守仁商学院许旭红院长、黄身发主任、

致 谢

王建福主任对我工作以来特别是读博期间的诸多关照。

感谢博士论文答辩委员会的姚辉教授、廖凡研究员等,感谢答辩前论文匿名评审的诸位老师,以及答辩后评优的诸位匿名评审老师。他们对我的博士论文从各个方面都提出了宝贵的意见与建议,从而使得论文增色不少。

感谢中国政法大学的信任,将我的论文选入法大优秀博士学位论文丛书。论文正式交付出版前,我虽已尽全力修订更新,但仍不免战战兢兢。但愿本书不至于辱没法大的声名。同时,也借此机会感谢法大出版社的丁春晖编辑为本书的出版付出的辛劳。

最后,感谢妻子惠钦女士。她积极鼓励我攻读博士,并在我读博期间,一力承担对小女的照顾。要知道,我前往北京读博时,小女才出生40天整。感谢小女之遥,是她以及妻子的陪伴,才使得我艰难的四年博士生涯得以圆满结束,而不至于迷失其中。感谢父母及岳父母。没有他们的无私关爱与照顾,我不可能全身心地投入博士学习与论文写作中。

王金根
2021年4月27日于泉州